CB065070

PRECEDENTES JUDICIAIS EM MATÉRIA TRIBUTÁRIA NO STF

CIP-BRASIL. CATALOGAÇÃO NA PUBLICAÇÃO
SINDICATO NACIONAL DOS EDITORES DE LIVROS, RJ

C19p

Camilotti, José Renato

Precedentes judiciais em matéria tributária no STF : pragmática da aplicação das súmulas vinculantes e os critérios de verificação para aplicação e distinção (distinguishing) / Renato Camilotti. - 1. ed. - São Paulo : Noeses, 2018.

608 p. : il. ; 23 cm.
Inclui bibliografia
ISBN 978-85-8310-094-2

1. Direito tributário - Brasil. I. Título.

17-46077

CDU: 34:351.713(81)

José Renato Camilotti

Doutor e Mestre em Direito Tributário pela PUC/SP. Especialista em Direito Tributário pela COGEAE/PUC-SP. Advogado e Consultor Tributário.

PRECEDENTES JUDICIAIS EM MATÉRIA TRIBUTÁRIA NO STF:

Pragmática da aplicação das súmulas vinculantes e os critérios de verificação para aplicação e distinção (*distinguishing*)

editora e livraria
NOESES
2018

Copyright © Editora Noeses 2018
Fundador e Editor-chefe: Paulo de Barros Carvalho
Gerente de Produção Editorial: Rosangela Santos
Arte e Diagramação: Renato Castro
Revisão: Patricia Menezes
Designer de Capa: Aliá3 - Marcos Duarte

TODOS OS DIREITOS RESERVADOS. Proibida a reprodução total ou parcial, por qualquer meio ou processo, especialmente por sistemas gráficos, microfílmicos, fotográficos, reprográficos, fonográficos, videográficos. Vedada a memorização e/ou a recuperação total ou parcial, bem como a inclusão de qualquer parte desta obra em qualquer sistema de processamento de dados. Essas proibições aplicam-se também às características gráficas da obra e à sua editoração. A violação dos direitos autorais é punível como crime (art. 184 e parágrafos, do Código Penal), com pena de prisão e multa, conjuntamente com busca e apreensão e indenizações diversas (arts. 101 a 110 da Lei 9.610, de 19.02.1998, Lei dos Direitos Autorais).

2018

editora e livraria
NOESES

Editora Noeses Ltda.
Tel/fax: 55 11 3666 6055
www.editoranoeses.com.br

Cada letra de meus escritos, de outrora até o porvir, é dedicada à memória de minha mãe, Sandra Maria Buffolo Camilotti. Sigo esperando por seu abraço mais uma vez.

E ao Eduardo, razão de minhas realizações.

"E o verdadeiro homem da ciência é aquele que está disposto a abandonar todas as suas crenças no momento em que isso se prove necessário."

Tercio Sampaio Ferraz Júnior

(1941-)

"Alguns homens veem as coisas como são, e dizem 'Por quê?' Eu sonho com as coisas que nunca foram e digo 'Por que não?'"

George Bernard Shaw

(1856-1950)

AGRADECIMENTOS

Há muito o que agradecer. Todos os eventuais acertos do presente trabalho são méritos dos Mestres com os quais tive o privilégio da convivência acadêmica. Os equívocos os assumo integralmente.

Não posso deixar de expressar minha gratidão, uma vez mais, à minha orientadora, Clarice von Oertzen de Araújo. A semântica da língua portuguesa para o termo "orientador" não lhe faz justiça, ante às funções que desempenha na academia. Na língua inglesa, diz-se *mentor*, termo mais apropriado, penso. Assim, à minha mentora, significado de conselheira, condutora, educadora, guia, iniciadora, inspiradora, instrutora, mestra, enfim, professora, agradeço pela paciência, mas principalmente pela confiança, e pela atividade de semear, em cada aluno, a cada aula, a cada hora, a curiosidade da ciência. Meu débito com ela não pode ser saldado.

São muitos os nomes a quem devo gratidão pelas marcas acadêmicas e pessoais, que me transformaram como professor e homem, as quais todas, não tenho dúvidas, fazem parte indelével dos acertos deste trabalho. Não posso deixar de citar nominalmente por sua genialidade e influência o Professor Paulo de Barros Carvalho, mestre de nosso tempo. Aos Professores Robson Maia Lins, Tácio Lacerda gama, Fabiana Del Padre Tomé, Aurora Tomazini de Carvalho, Charles William

McNaughton, Roque Antonio Carrazza, Maria Rita Ferragut, Paulo Ayres Barreto, Paulo César Conrado, Tárek Moysés Moussallem, Christine Mendonça, José Artur Lima Gonçalves e Celso Fernandes Campilongo, meus mais sinceros agradecimentos. Indescritível foi o privilégio!

Ao Prof. Fernando Gomes Favacho, pela disposição generosa em atender os anseios de alguém que queria compartilhar os conhecimentos de sua tese. Muito obrigado!

Aos amigos-mestres, contemporâneos da academia, colegas no Programa de Doutorado, a quem devo muitos debates provocativos e instigantes, nas pessoas dos Professores Lucas Galvão de Brito, Camila Campos Vergueiro Catunda, Gustavo Froner Minatel, Maria Ângela Lopes Paulino Padilha e Silvia Regina Zomer, estendo a vocês todos os meus agradecimentos.

Aos meus amigos e sócios, que em minha ausência profissional desempenharam por mim as honrosas atividades de operação do Direito e me suportaram, assumindo para si as tarefas que me cabiam. Obrigado, Danilo da Fonseca Crotti, Dante da Fonseca Crotti, Maurício Dellova de Campos, Adelmo do Valle Sousa Leão, Ana Paula Simone de Oliveira Souza e Higor Fabrício de Oliveira.

Ao amigo de todas as horas, das horais mais importantes, sócio e irmão, Fernando F. Castellani, pela compreensão e apoio incondicionais. Agradeço a sua prontidão e postura de não titubear em cuidar de todo o resto, para que eu pudesse cuidar deste trabalho. Não bastasse, pude aproveitar suas considerações acadêmicas, certeiras e fecundas, no presente trabalho. Por sua cumplicidade, agradeço hoje e sempre.

Não posso deixar de mencionar especialmente Carlos Eduardo Pretti Ramalho. Amigo definitivo, desses que as surpresas da vida lhe trazem, e você não a deixa levar embora. Sua disposição na coleta de meus materiais de pesquisa foi fundamental; suas indagações, provocações e tantas considerações tornaram o percurso mais difícil, os caminhos mais árduos, mas contribuíram decisivamente para fazer este trabalho atingir o seu fim. Obrigado, meu valioso amigo!

Por fim, à minha família. Ao meu pai, José Roberto Camilotti, por me ensinar a arte da teimosia em seguir acreditando nas pessoas. E à Nice, pela compreensão e carinho.

Ao meu irmão, José Roberto Camilotti Júnior. A trilha do Direito segue por penhascos íngremes, com muitos obstáculos. Mas cada passo vale a pena quando a jornada é feita pelos motivos certos.

Aos meus tios, Tida e Ademir, sempre meus segundos pais. Mesmo quando, por minha negligência, não estão tão próximos como pede meu coração, meus passos seguem seus ensinamentos. Maria Camila e Maria Fernanda são as irmãs que nunca tive... ou melhor, as irmãs que sempre tive!

Athos, Mara e Higor, reaprendi com vocês o significado de união e família. Obrigado pela acolhida. Graças a vocês me tornei uma pessoa melhor. *"Tu deviens responsable pour toujours de ce que tu as apprivoisé."*[1]

Aos meus alunos, que me desafiam e me provam. Que sigam assim!

---

1. SAINT-EXUPÉRY, Antoine de. *Le petit prince*. France: Gallimard, 1999, p. 76.

Amanda,

Quem eras tu, que vieste a mim
Quando os ventos sopraram,
E as árvores titubearam,
E me salvaste do fim.

Serias tu o meu jasmim?
Quando as certezas se abalaram
E as respostas me rarearam,
Eras já senhora do meu jardim.

Às incertezas do porvir,
Com ternura cálida e branda
Trouxeste o amor como elixir.

E essa poção que agora me manda
No coração o amor sentir
Só sinto por ti Amanda.

José Renato Camilotti
(1978)

SUMÁRIO

AGRADECIMENTOS IX
PREFÁCIO XXVII

1. **INTRODUÇÃO** 01

    1.1 Primeiras linhas 01
    1.2 Notas de epistemologia geral 02
    1.3 Repertório teórico-epistemológico geral 06
        1.3.1 O Pragmatismo como recurso metodológico de investigação 08
            1.3.1.1 Insuficiência da lógica: Crítica ao pensamento cartesiano 11
            1.3.1.2 Triadicidade pragmática I: As categorias cenopitagóricas de Peirce 15
            1.3.1.3 Triadicidade pragmática II: O entrelaçamento da lógica, da ética e da estética 19
        1.3.2 Características atribuídas ao Pragmatismo: Falibilidade, Contextualismo e Consequencialismo 22
    1.4 Notas de epistemologia jurídica 26

1.4.1 Direito como sistema de comunicação construído a partir de textos e as correlatas ponderações 27

1.4.2 Notas estruturais que permitem cognição sistematizada: elementos da teoria das normas como unidades de comunicação 30

1.4.3 A operatividade (sempre contextual) do sistema de comunicação jurídica 34

1.4.4 Axiologia na comunicação jurídica 36

1.4.5 O pragmatismo no debate comunicacional do direito como caminho para a argumentação, a racionalidade, a justificação e a "correção" da decisão judicial 37

    1.4.5.1 A teoria da argumentação jurídica de Robert Alexy 42

        1.4.5.1.1 Uma nota adicional sobre a pretensão de correção no discurso jurídico (ou da decisão judicial) e seu elo com a universalização 51

1.5 O ambiente de nossas indagações 57

1.6 A relevância temática 59

1.7 O eixo organizacional 61

2. **ELEMENTOS PARA UMA TEORIA GERAL DOS PRECEDENTES JUDICIAIS VINCULANTES** 65

2.1 Do início: o termo precedente 65

    2.1.1 Precedente como decisão judicial (ou normas referentes ao regramento de um sistema ordenado de observância facultativa ou obrigatória de decisões judiciais) 67

2.1.2 Precedente persuasivo 71
2.1.3 Precedente vinculante 74
2.2 Axiologia dos precedentes vinculantes 78
    2.2.1 Segurança Jurídica como vetor de orientação na aplicação e no comportamento 79
    2.2.2 Isonomia como tratamento aos comportamentos dos destinatários 87
2.3 Essência funcional dos precedentes vinculantes . 91
    2.3.1 Implementar valores sociais 91
    2.3.2 Firmar a cultura jurídica do sistema social .. 93
    2.3.3 Uniformizar a solução de conflitos 95
2.4 Elementos e institutos aplicáveis a um sistema de precedentes vinculantes 96
    2.4.1 *Stare decisis* 97
    2.4.2 *Ratio decidendi* 100
    2.4.3 *Obiter dictum* 108
    2.4.4 *Distinguishing* 111
        2.4.4.1 *Ampliative Distinguishing* e *Restrictive Distinguishing* 113
    2.4.5 *Overruling* 116
        2.4.5.1 Causas potenciais do *Overruling* 119
        2.4.5.2 O *Overruling* e o tempo 122
    2.4.6 *Overriding* 125

3. OS PRECEDENTES ENTRE OS SISTEMAS DO *CIVIL LAW* E DO *COMMON LAW* 127

3.1 O *common law* em suas raízes históricas: do costume aos precedentes 128

3.2 A "lei" no *commom law* 132

3.3 A decisão ou o Estado-Juiz no *common law* 135

3.4 "Nasce" o sistema da *civil law* 137

3.5 A lei suplanta os costumes 139

3.6 O Estado-Juiz no *civil law* 140

3.7 Entre dois mundos: *civil law* e *common law* 142

3.8 Notas de comparação entre sistemas 149

    3.8.1 Notas sobre o sistema norte-americano 149

    3.8.2 Notas sobre o sistema inglês 153

    3.8.3 Notas sobre o sistema francês 158

    3.8.4 Notas sobre o sistema alemão 163

4. ESCORÇO DO HISTÓRICO DOS PRECEDENTES JUDICIAIS NO DIREITO BRASILEIRO 169

4.1 A identificação de precedentes no Império do Brasil 170

    4.1.1 Decreto 2.684, de 23 de outubro de 1875 170

4.2 A identificação de precedentes no Brasil República 173

    4.2.1 Decreto 848, de 11 de outubro de 1890 174

    4.2.2 Constituição da República de 1891 177

    4.2.3 O Decreto 16.273, de 20 de dezembro de 1923   180

    4.2.4 Código de Processo Civil de 1973 182

    4.2.5 Lei 8.038, de 28 de maio de 1990 – verbo imperativo – marco expresso da vinculação como pedra angular dos precedentes 189

    4.2.6 Emenda Constitucional 3, de 17 de março de 1993 191

    4.2.7 Lei 9.868, de 10 de novembro de 1999 193

4.2.8 Lei 10.352, de 26 de dezembro de 2001......... 197

4.2.9 Emenda Constitucional 45, de 30 de dezembro de 2004 e a inauguração expressa do sistema de precedentes vinculantes no Direito Brasileiro......... 200

4.2.10 O Código de Processo Civil de 2015 e a consolidação do sistema de precedentes vinculantes......... 208

4.3 O que podem dizer as prescrições normativas sobre precedentes no curso da história do Direito no Brasil......... 217

5. **AS FRONTEIRAS E DELIMITAÇÕES PRAGMÁTICAS DE NOSSO UNIVERSO DE ANÁLISE.......** 221

5.1 A delimitação dos quadrantes de análise pelos recortes jurisprudenciais......... 223

5.1.1 Recorte específico de natureza jurídica do precedente vinculante aplicado......... 224

5.1.2 Recorte institucional (sobre a corte que aplica o precedente vinculante)......... 225

5.1.2.1 Recorte institucional material (natureza da decisão que aplica o precedente)......... 226

5.1.3 Recorte temporal (sobre o tempo da aplicação do precedente vinculante)......... 227

5.2 A operacionalização dos recortes de análise na pragmática da aplicação dos precedentes vinculantes do STF em matéria tributária......... 227

5.3 O universo das decisões referentes às Súmulas Vinculantes em matéria tributária editadas pelo STF......... 228

5.4 As amostras representativas do universo de análise 230

XIX

6. AS DECISÕES ACERCA DA SÚMULA VINCULANTE 8 233

6.1 Universo de acórdãos sem juízo meritório sobre o tema da Súmula Vinculante 8 237

    6.1.1 Não cabimento de Reclamação contra retardo no julgamento de recursos 239

    6.1.2 Direito Intertemporal (art. 103-A, §3º, da CF/88) 243

    6.1.3 Supressão de instância 247

    6.1.4 Coisa Julgada 249

    6.1.5 Decisão que se refere à Súmula 8 apenas como *obiter dictum* sem aplicá-la ao caso concreto 254

6.2 Universo de acórdãos com juízo meritório sobre o tema da Súmula Vinculante 8 257

    6.2.1 Decisões com juízo meritório que aplicaram a da Súmula Vinculante 8 ao caso em julgamento 257

    6.2.2 Decisões que não aplicaram a Súmula Vinculante 8 ao caso em julgamento 268

7. AS DECISÕES ACERCA DA SÚMULA VINCULANTE 19 289

7.1 Universo dos acórdãos com juízo meritório sobre o tema da Súmula Vinculante nº 19 293

    7.1.1 Decisões com juízo de mérito que aplicaram a Súmula Vinculante 19 294

        7.1.1.1 Uso potencial do serviço público remunerado por taxa 296

      7.1.1.2 Especificidade e divisibilidade ou utilização de elementos de imposto na base de cálculo do serviço público remunerado por taxa........................... 300

      7.1.1.3 Especificidade e divisibilidade ou utilização de elementos de imposto na base de cálculo do serviço público remunerado por taxa – conjunção das Súmulas Vinculantes 19 e 29....... 309

      7.2.1.4 A Decisão que não aplicou a Súmula Vinculante 19 ao caso em julgamento 314

8. AS DECISÕES ACERCA DA SÚMULA VINCULANTE 21.. 321

    8.1 Necessárias advertências 325

    8.2 O universo dos acórdãos sem juízo meritório sobre o tema da Súmula Vinculante 21..................... 328

    8.3 O universo dos acórdãos com juízo meritório sobre o tema da Súmula Vinculante 21..................... 330

      8.3.1 As decisões que aplicaram a Súmula Vinculante 21 ao caso concreto................................. 331

      8.3.2 As decisões que não aplicaram a Súmula Vinculante 21 ao caso concreto..................... 342

9. AS DECISÕES ACERCA DA SÚMULA VINCULANTE 28 355

    9.1 O Universo dos acórdãos com juízo meritório sobre o tema da Súmula Vinculante 28 que não aplicaram o preceito ao caso concreto........................... 356

XXI

10. AS DECISÕES ACERCA DA SÚMULA VINCULANTE 29 369

10.1 O Universo das decisões com juízo meritório sobre o tema da Súmula Vinculante 29 372

    10.1.1 A subclassificação das decisões de mérito em função da espécie de taxa analisada .. 373

        10.1.1.1 Decisões que aplicaram a Súmula Vinculante 29 aos casos em julgamento 374

            10.1.1.1.1 Taxas de Coleta de Lixo – Aplicação conjunta com a Súmula Vinculante 19 376

            10.1.1.1.2 Taxas de Coleta de Lixo – Aplicação isolada da Súmula Vinculante 29 382

            10.1.1.1.3 Taxas de Fiscalização e Licença de Funcionamento 383

            10.1.1.1.4 As Taxas de fiscalização Florestal/Ambiental 388

            10.1.1.1.5 As Taxas de Combate a Sinistros 391

            10.1.1.1.6 As Taxas de Licença para Construção 392

        10.1.1.2 As decisões que não aplicaram a Súmula Vinculante 29 ao caso em julgamento 393

        10.1.1.2.1 As Taxas de Coleta de Lixo – raciocínio conjunto com Súmula Vinculante 19 394

        10.1.1.2.2 A Súmula Vinculante 29 e as Taxas de Fiscalização e Licença de Funcionamento 396

11. AS DECISÕES ACERCA DA SÚMULA VINCULANTE 31 401

11.1 O universo dos acórdãos sem juízo meritório sobre o tema da Súmula Vinculante 31 406

11.2 O universo dos acórdãos com juízo meritório sobre o tema da Súmula Vinculante 31 407

    11.2.1 As decisões que aplicaram a Súmula Vinculante 31 ao caso em julgamento 409

        11.2.1.1 Tema I: a clássica divergência entre obrigações de dar x obrigações de fazer 411

        11.2.1.2 Tema II: aplicação no conflito potencial e coexistência de prestação de serviços (obrigação de fazer) e locação de coisas móveis (obrigação de dar) 416

        11.2.1.3 Tema III: a questão da cessão de espaço/cessão de direito 423

    11.2.2 As decisões que não aplicaram a Súmula Vinculante 31 ao caso em julgamento 425

11.2.2.1 Tema I: não aplicação no conflito potencial e coexistência de prestação de serviços (obrigação de fazer) e locação de coisas móveis (obrigação de dar) 427

11.2.2.2 Tema II: a questão da cessão de espaço/cessão de direito 441

12. AS DECISÕES ACERCA DA SÚMULA VINCULANTE 32 445

12.1 As duas decisões sem juízo meritório sobre o tema da Súmula Vinculante 32 447

13. AS DECISÕES ACERCA DA SÚMULA VINCULANTE 41 455

13.1 A decisão de aplicação 459

14. AS SÚMULAS VINCULANTES SEM DECISÕES COLEGIADAS 465

14.1 A Súmula Vinculante 48 465

14.2 A Súmula Vinculante 50 468

14.3 A Súmula Vinculante 52 471

15. CONCLUSÃO 483

15.1 O caminho para as linhas finais 483

15.2 Sobre a aproximação do sistema de direito positivo brasileiro ao *common law* – reflexos nas decisões judiciais...................................... 485

15.2.1 Há uma aproximação entre os sistemas de direito identificados pela *civil law* e pela *common law*? 485

15.2.2 Os juízes e as decisões judiciais no sistema de *civil law* brasileiro........................... 490

15.2.3 Os juízes e as decisões: a forma de justificação no sistema (*civil law*) de direito brasileiro com a adoção do *stare decisis* vertical no Novo Código de Processo Civil 500

15.3 Pragmática da aplicação dos precedentes obrigatórios (Súmulas Vinculantes) no sistema de direito positivo brasileiro e a caracterização de sua natureza jurídica.. 505

15.3.1 A Súmula Vinculante é aplicada? 505

15.3.2 Súmula Vinculante é "Norma Jurídica"? 507

15.3.3 Qual a natureza jurídica da Súmula Vinculante? 511

15.3.4 Qual é a função (utilidade) da Súmula Vinculante? 516

15.3.5 A Súmula Vinculante tem *ratio decidendi*? 519

15.3.6 Identificando os critérios de aplicação das Súmulas Vinculantes em matéria tributária... 520

    15.3.6.1 Súmula Vinculante 8 523

    15.3.6.2 Súmula Vinculante 19 524

    15.3.6.3 Súmula Vinculante 21 525

    15.3.6.4 Súmula Vinculante 28 527

    15.3.6.5 Súmula Vinculante 29 528

    15.3.6.6 Súmula Vinculante 31 530

  15.3.6.7 Súmula Vinculante 32 531

  15.3.6.8 Súmula Vinculante 41 532

  15.3.6.9 As Súmulas Vinculantes sem decisão de aplicação 48, 50 e 52 533

15.4 As linhas finais: desafios na operação das comunicações do sistema de direito das decisões judiciais no Brasil 535

REFERÊNCIAS 541

PREFÁCIO

Como onda e corpo, entes indissociáveis para a mecânica quântica, crença e ação, para o pragmatismo, estão em intrínseca correlação. Crenças (ondas, na comparação que traçamos), entendidas como estado de propensão para a ação (corpo), orientam, em prefácio abstrato, o agir concreto (epílogo fenomênico), se e quando verificadas condições que assim propiciem (capítulos intermediários).

A observação do mundo real, com a constatação da presença das condições próprias, preenche de sentido a fração intermediária do fenômeno, permitindo o acionamento da crença, realizando-a. A *contrario sensu*, a constatação, observado o mesmo mundo real, de condições impróprias colocam-na (a crença) em xeque, gerando sua redefinição. Tudo porque, como entidades correlacionadas, crença e ação devem estar em necessário estado de implicação: a primeira (crença) tendendo à segunda (ação) – por isso, insistimos, se as condições verificadas no mundo concreto desautorizarem uma dada crença, ela se reescreverá, viabilizando, aí sim, sua transformação em ação.

Assumidas essas premissas como inerentes ao pragmatismo, podemos dizê-las aplicáveis, em grande medida, ao sistema de precedentes que se vem construindo no decorrer dos últimos anos – com especial ênfase para o recente advento do

Código de Processo Civil de 2015 – no Direito brasileiro. Daí a proximidade do referido sistema com importantes vertentes do pragmatismo.

Pois é esse o campo de especulação em que intercede José Renato Camilotti neste seu potente "Precedentes judiciais em matéria tributária no STF: pragmática da aplicação das súmulas vinculantes e os critérios de verificação para aplicação e distinção (*distinguishing*)".

Tese de doutorado do autor (de cuja banca tivemos a honra de participar), o trabalho que ora se apresenta, para além de dignificar sua orientadora – a inexcedível Professora Clarice von Oertzen de Araújo –, nos qualifica, a todos nós, sobre questões que, na realidade viva, são importantíssimas, dentre elas a mais presente no dia a dia, sobre como se processa, *in concreto*, a (des)vinculação do caso a julgar a um certo precedente.

O Código de Processo Civil de 2015, reorganizando o sistema de vinculação com o qual operávamos sem grandes amarras, até tratou, parece, desse problema. É o que se vê no art. 489, §1º, do CPC/2015, dispositivo que sanciona o uso equivocado do regime de precedentes, dizendo carente de fundamentação o ato decisório que (i) se limita "a invocar precedente ou enunciado de súmula, sem identificar seus fundamentos determinantes nem demonstrar que o caso sob julgamento se ajusta àqueles fundamentos" (inciso V) ou (ii) deixa "de seguir enunciado de súmula, jurisprudência ou precedente invocado pela parte, sem demonstrar a existência de distinção no caso em julgamento ou a superação do entendimento" (inciso VI).

A receita imposta pelo legislador exige, ao que se vê, o confronto analítico de casos, "presente" e "precedente", método responsável pela validação da correlação "crença-ação" ("onda-corpo"). Se, desse confronto, resultar a constatação da compatibilidade da lógica subjacente a um caso (o "precedente") com a do outro (o "presente"), impor-se-á a vinculação (consolidando-se a crença em ação, a onda em corpo); do contrário, o julgamento deverá se dar independentemente da "crença" preordenada no *decisum* precedente – a "ação" será traçada tomando-se "crença" diversa do precedente. Ao final das contas, eventual inobservância dessas variantes importará uma mesma consequência (sancionatória): reputar-se-á nulo o ato decisório.

Sobra, a par dessas certezas preliminares, uma intrigante pergunta: qual percurso a ser seguido pelo julgador para que se repute suficientemente efetivado o confronto de casos, "precedente" *vs* "presente", seja para aplicar a solução imposta pelo primeiro, seja para recusar sua aplicação?

Se é, *per se*, de difícil trato, esse problema se potencializa quando a orientação vinculante deriva de Súmula – alvo precípuo do estudo desenvolvido pelo autor. É que, como índices que propiciam a aglutinação de temas enfrentados pelas Cortes que as emitem – como acertadamente observa o Professor Camilotti –, como é possível tomá-las (as Súmulas), em si próprias, como base de julgamento de um caso concreto, ignorando-se as decisões precedentes que justificaram a produção de seu enunciado?

Não é possível (!)– é o que concluiríamos, especialmente depois das valorosas lições do autor –, dada a necessária tomada do "corpo" constituído quando da elaboração do(s) precedente(s) implicativo(s) da Súmula, única forma de aproximar/diferençar as circunstâncias que a ensejaram das que recobrem o caso "presente".

Usando outros termos: a "crença" geradora de uma "ação" pode até ser reduzida a um enunciado indicativo de seu teor (uma Súmula), propiciando, a partir de então, a reprodução de outras tantas "ações", mas desde que as condições concretamente tomadas pelo observador se ajustem a esse resultado.

Essa a precípua finalidade, no regime de precedentes que vem se articulando em nosso Direito, do processo, relação jurídica posta não como fim, senão como meio que averba o resultado da observação dialética das condições que qualificam um caso, identificando-o, singularizando-o.

Essas condições a que nos referimos, no vocabulário forense corrente, são denominadas "fatos", respondendo pelo relevantíssimo papel de descortinar o direito (material) subjacente. Por isso é que se diz, amiúde: "não há direito sem fato". Indo além, diríamos, por derivação: "não há jurisdição teorética, despida de facticidade".

É no mundo dos fatos que os conflitos – inclusive os tributários – se apresentam. Pois é nesse mesmo mundo que o direito deve penetrar, reescrevendo-o, tudo precedido de inafastável investigação da realidade concreta, algo de que as decisões precedentes (aí incluídas as gerativas de Súmulas) devem se ocupar com especial cuidado, pois, antevisto seu potencial vinculante, imperativa a delimitação dos contornos fáticos, se relevantes, para sua construção – pistas para o usuário futuro.

Há de ser nesse conteúdo que os destinatários do efeito vinculante (Fisco, contribuite, Juiz ordinário, etc.) hão de se amparar para fugir da grave sanção a que se referem os incisos V e VI – antes copiados – do art. 489, §1º, do Código de Processo Civil.

Destaca-se, com esse registro, a relevância, para o funcionamento do sistema, não só das Cortes emissoras de Súmulas – mais ainda do Supremo Tribunal Federal, no caso das Súmulas Vinculantes –, mas também dos que as aplicam, positiva ou negativamente (*distinguinshing*), vale dizer, todos nós, partícipes desse sistema.

Quando indaga, em importante reflexão, se estamos preparados, considerados nossos traços culturais, para essas operações, ao autor responderíamos: sim, se atentos às suas lições!

Motivos temos, e muitos, para comemorar a produção dessa versão do corajoso estudo de José Renato Camilotti. Basta-nos a referência, entretanto, à seriedade como descritas, de um lado, as dificuldades projetadas pelo novel sistema e, de outro, as soluções avistadas. O mais, todos teremos o prazer de conferir página a página.

São Paulo, 17 de novembro de 2017.

Paulo Cesar Conrado
Mestre e Doutor em Direito Tributário pela PUCSP. Professor do Mestrado Profissional em Direito da FGV-Direito-SP. Juiz Federal em São Paulo. Professor do IBET. Coordenador do curso e grupo de estudos "Processo tributário analítico" (IBET).

1. INTRODUÇÃO

1.1 Primeiras linhas

Todo discurso tem a pretensão de verdade. Fazer valer suas premissas, suas conclusões e possibilitar uma tese é a razão inerente a qualquer dado discursivo. A ciência é, talvez, a espécie de discurso que mais fortemente pretende atingir esse objetivo; a Ciência do Direito, a que mais apaixonadamente o faz. Também é razão dos presentes escritos. Almejar a aceitação de nossas conclusões é a força motriz da ciência, em que pese o caráter de definitividade das verdades científicas seja, em nosso pensar, um mito. Talvez o seja o caráter de todas as verdades. Até que se prove o contrário?

Por isso, consideramos fundamental, antes de iniciar qualquer percurso que se aventura na trilha do caminho da ciência, expor os alicerces que pretendem sustentar a construção de teses, para que a "verdade" ali proposta possa ser testada e avaliada. Ao realizar a explanação desses elementos fundantes, não queremos mais do que desvelar em quais dos quadrantes de pensamentos desenvolvemos nossas ideias.

Desta feita, não temos pretensão de desenvolver discursos sobre correntes de pensamentos sobre filosofia ou teorias do conhecimento. Buscaremos conectá-los, quando acharmos possível, e explicarmos a linha de conexão, para possibilitar a crítica. Nossa missão aqui é, portanto, por honestidade intelectual, referenciar os argumentos teóricos e metodológicos que usamos para trilhar o bom caminho da ciência ou o caminho da boa ciência, para facilitar a compreensão contextual-científica dos escritos que virão e, inclusive, possibilitar seu teste de "verdade".

1.2 Notas de epistemologia geral

O real existe. Existe porque é dado bruto, composto de matéria. Essa é uma afirmação da qual partimos porque cremos que a existência em si da matéria em seu estado bruto não é passível de teorização[2]. Mas esse enunciado é próprio de uma postura epistemologicamente tendente a receber a classificação de realista?

Tomemos a palavra *realismo*, ambígua e dotada de ampla plurivocidade semântica. Que realismo? Mais próximo do realismo positivista, que assume a preponderância de fatos sobre intepretações; tendente ao realismo político, espécie de realismo prático, voltado às ações? Ou me refiro ao realismo epistemológico, mais apropriado no contexto desses escritos?

E sobre esse realismo de fundo epistêmico, trata-se do chamado realismo natural, no qual supõe-se que o conhecimento é meramente reprodutivo da realidade, ou do realismo dito científico, que, sem o veio da equiparação reprodutiva, aceita a cautela da verificação da realidade em uma espécie de dualidade de percepção/conhecimento? E tal postura não se aproximaria aos idealistas, pelo menos aos idealistas

---

2. Em certo sentido, são as afirmações de Karl Popper: "Minha tese é que o realismo não é demonstrável nem refutável. O realismo, como qualquer coisa fora da lógica e da aritmética finita, não é demonstrável; mas, embora teorias científicas e empíricas sejam refutáveis, o realismo nem sequer é refutável" (POPPER, Karl Raimund. *Conhecimento objetivo*: uma abordagem evolucionária. Trad. Minton Amato. São Paulo: Universidade de São Paulo, 1972, p. 46).

moderados? Como asseverou e advertiu JOHN R. SEARLE[3], esse debate deve ocupar espaço ou, pelo menos, ser o centro das discussões da filosofia nos dias de hoje? Bem, a nossa resposta é: pelo menos, não nesta oportunidade.

A resposta acima, pela negativa, contudo, não é salvo-conduto para que a trilha do conhecimento não seja pavimentada por caminhos seguros e premissas evidenciadas. Ficaremos assim, portanto: repudiando classificações epistemológicas estanques, mas objetivando a exposição de nossas posturas, de forma que o conhecimento científico aqui gerado possa passar por seu teste de coerência.

Conforme aludimos acima, a matéria existe, é substância. Entretanto, a matéria só é descrita em elementos químicos, átomos e moléculas, apenas para ficarmos em um certo nível de percepção microscópica, porque esses nomes, átomo e *molécula*, nesse contexto, foram cunhados, construídos pela linguagem, e passaram, convencionalmente, a designar essas partículas elementares[4]. A linguagem não criou ou constituiu a matéria como dado bruto, não forjou os elementos da natureza formados por essas partículas, mas criou, construiu e moldou a forma de percebermos esses dados como tal, na medida da designação, do significado e do uso desses termos no contexto de sua descoberta e do conhecimento humano. Mas esse processo de construção, cremos, é sempre potencialmente falível e perenemente contínuo.

---

3. SEARLE, John R. *Consciência e linguagem*. Trad. Plínio Junqueira Smith. São Paulo: WMF Martins Fontes, 2010, p. XII: "Pessoalmente constatei que não consigo levar muito a sério as preocupações céticas tradicionais. A meu ver, cometemos um erro ao levar tão a sério, por todo o século XX, a linha cética de argumentação e resposta que começou com Descartes. No século XVII, era legítimo, na minha opinião, considerar problemática a existência do conhecimento e sentir que esse conhecimento exigia uma base segura. Agora me parece absurdo julgar problemática a existência do conhecimento. Se há alguma certeza sobre a situação intelectual de hoje, é que o conhecimento se desenvolve diariamente. Já não se questiona a existência do conhecimento. Mas é surpreendente como a persistência de preocupações céticas e a consequente atitude epistêmica continuam a ter efeito deletério na filosofia".

4. Nesse sentido GUIBOURG, Ricardo; GHIGLIANI, Alejandro; GUARINONI, Ricardo. *Introducción al conocimiento científico*. Buenos Aires: Eudeba, 1985, p. 39.

E as assertivas acima, por suas vezes, nos alocariam nas fileiras dos adeptos da filosofia da linguagem, àquela primeira, que fez forte oposição à função designativa da linguagem, mas de inegável contribuição para o pensamento, cujo emblema pode ser a famosa proposição n° 5.6, cunhada por LUDWIG WITTGENSTEIN em seu *Tratactus logico-philosoficus*: "Os limites de minha linguagem são os limites do meu mundo"[5]?

A primeira fase da filosofia da linguagem de WITTGENSTEIN, símbolo da obra acima referida, critica a linguagem como simples mediadora e reprodutora da estrutura ontológica do mundo, mas não nega essa sua função designativa.

O que de fato podemos afirmar, pois essa afirmação é expressão de nossa postura, é que a visão de mundo de um indivíduo não ocupa nossos interesses nessa hora; e certamente se nos aproximamos da filosofia da linguagem, e, portanto, caso haja um Wittgenstein[6] que se aproxima do que queremos ressaltar, é aquele "segundo", o que em *Investigações Filosóficas* ocupou-se de considerações que permeiam a linguagem em seu aspecto mais pragmático, forjando suas concepções dos jogos de linguagem e identificando elementos que lhe fossem primordiais: os elementos linguísticos, os usuários e a situação linguística (que podemos chamar de contexto pragmático). O contexto como elemento fundamental da linguagem é destacado na seguinte passagem de Manfredo A. Oliveira:

> Em nossa linguagem, não se trata apenas de designar objetos por meio de palavras; as palavras estão inseridas numa *situação global* que gera seu uso, aqui neste caso, por exemplo, pela relação de objetos que devem ser trazidos. Isso significa que a relação específica a objetos resulta da situação da construção em questão, ou seja, a análise da significação das palavras não se pode fazer sem levar em consideração o *contexto global* de vida, onde elas

---

5. WITTGENSTEIN, Ludwig. *Tractatus logicus philosophicus*. Trad. e apresent. José Arthur Giannotti. São Paulo: Companhia Editora Nacional, 1968, p. 111.

6. A comunidade acadêmica calhou chamar de "primeiro Wittgenstein" a postura do autor no *Tractatus Logico-Philosophicus* e de "segundo Wittgenstein" a postura revelada posteriormente em *Investigações Filosóficas*.

estão. O problema da significação, problema central da tradição de pensamento e também de WITTGENSTEIN não se pode resolver sem consideração dos diversos *contextos de uso* das palavras. O conceito de jogo da linguagem pretende acentuar que, nos diferentes contextos, seguem-se diferentes regras, podendo-se, a partir daí, determinar o sentido das expressões linguísticas[7].

Em investigações filosóficas, dessa forma, WITTGENSTEIN se volta para uma postura de algo que temos em alta conta nos presentes escritos, de que a linguagem tem função operativa no contexto comunicativo, ou seja, leva a ações e *performances*. Absolutamente diferente da concepção "objetiva" e "mecânica" da linguagem em sua primeira fase, denotando um simbolismo frio, o segundo Wittgenstein revela que somente no uso, no contexto dos jogos de comunicação, por interação dos agentes comunicativos, será possível compreender os significados da linguagem: "As conexões simbólicas da linguagem comum não são, nesse sentido, puras, pois só são inteligíveis num contexto de interação".

Essa postura investigativa da linguagem centrada em seu no contexto de uso e, notadamente, na função de produzir ações no processo comunicativo, em viés pragmático, poderia se aproximar, sob certo aspecto, com a filosofia da percepção, de JOHN SEARLE, na qual a mente, a consciência e a linguagem não se dissociam. Aliás, consideramos, ao final, que a preocupação central da filosofia de SEARLE[8] é, se não a questão mais importante do conhecimento, em nosso sentir, uma das mais relevantes quer do ponto de vista cultural, quer socialmente considerada, notadamente quando o Direito, enquanto sistema comunicacional regulador de condutas, também se ocupa dela, como anota SEARLE:

---

7. OLIVEIRA, Manfredo A. *Reviravolta linguístico-pragmática na filosofia contemporânea*. 4. ed. São Paulo: Loyola, 2015, p. 139.

8. Anota Searle: "Desde que comecei a trabalhar com filosofia, quase cinquenta anos atrás, um único problema me preocupa: como obter uma explicação unificada e teoricamente satisfatória de nós mesmos e de nossas relações uns com os outros e com o mundo natural?" (SEARLE, John R. *Consciência e linguagem*. Trad. Plínio Junqueira Smith. São Paulo: WMF Martins Fontes, 2010, p. IX).

> Estou tentando mostrar de que modo é possível conciliar duas abordagens aparentemente incompatíveis da filosofia da linguagem e do significado. Segundo meu argumento, as abordagens que privilegiam, de um lado, a subjetividade individual e, de outro, as práticas sociais, não se acham realmente em conflito na qualidade de explicações do significado e dos atos de fala. As capacidades necessárias para a execução desses atos se realizam inteiramente na minha mente, e as execuções efetivas de determinados atos de fala são expressões de minha intencionalidade. Mas, assim como as expressões da minha intencionalidade se direcionam frequentemente a outros membros da sociedade, se direcionam *normalmente* a outros membros da sociedade, assim também as próprias capacidades fazem referência a outros membros da sociedade, precisamente porque são capacidades sociais. Meus atos de dialogar, comprar e vender e escrever artigos de filosofia só existem como parte de uma atividade social.[9]

Assim, não cremos na grande utilidade, pelo menos não para o assunto a ser aqui tratado, em classificações estáticas para assuntos filosóficos e/ou epistemológicos. Muito mais profícuas são a exposição das premissas e tendências de pensamento que adotamos. As classificações vêm depois.

1.3 Repertório teórico-epistemológico geral

O que procuramos evidenciar com as notas que ora escrevemos é que, independentemente de alocação nesta ou naquela corrente de pensamento, todo o conhecimento é dependente, intrinsecamente, das posturas epistemológicas, de signos, que denotam linguagem. Nenhum realista ou idealista, por exemplo, se faria ouvir ou conhecer, sem a linguagem que, minimamente, seria a expressão de suas ideias e pensamentos. Para sair do subjetivo, a linguagem é necessária. A linguagem é a consciência objetivada socialmente. Desta feita, independentemente de posturas filosóficas ou epistemológicas, a linguagem estará lá, cumprindo seu papel de lente do mundo e de força propulsora, de objetivação, de instrumento de intersubjetividade de qualquer dado de conhecimento.

---

9. Ibid., p. 252-253.

É exatamente nesse sentido, diga-se de passagem, que entendemos, pessoalmente, a conexão linguagem e realidade proposta por Vilém Flusser, e que já tivemos oportunidade de ressaltar[10]. Vemos e percebemos o mundo pelas lentes dos signos ou da linguagem, ou, mais especificamente, pelas lentes do repertório de linguagem de nossa consciência, que carregamos em nosso ser, como seres dotados de capacidade cognitiva e como herança do passado apresentado em repertório.

E se assim o é, os sistemas de direito ou os ordenamentos jurídicos, como fenômeno cultural com função de orientação social, são eminentemente linguísticos, pois, como anota Clarice von Oertzen de Araújo, "A língua é um produto social da faculdade da linguagem, um conjunto de convenções necessárias adotadas pelo corpo social"[11]. A afirmação revela a língua em sua porção idiomática como subproduto específico da linguagem, como intermédio de interconexão social ou, se formos mais, além, como condição de possibilidade de uma sociedade organizada.

Essa premissa nos aproxima da postura epistemológica adotada por inúmeros juristas, dos quais iremos destacar, pelos objetivos aqui tracejados, Paulo de Barros Carvalho e Gregório Robles, cujas investigações seguem o curso de afirmar que o direito como texto.

---

10. CAMILOTTI, José Renato. *Denúncia espontânea no contexto da cadeia (normativa) de comunicação jurídica*. São Paulo: Noeses, 2015, p. 1-2: "A filosofia da linguagem de VILÉM FLUSSER registra o mundo como dado bruto, desorganização, algo não compreensível; enfim, o caos. A função organizadora, pela qual o mundo se apresenta inteligível, é exercida exclusivamente pela língua: 'Se definirmos realidade como o 'conjunto de dados', podemos dizer que vivemos em realidade dupla: na realidade das palavras e na realidade dos 'dados brutos' ou 'imediatos'. Como os dados 'brutos' alcançam o intelecto propriamente dito em forma de palavras, podemos ainda dizer que a realidade consiste de palavras e de palavras *in statu nascendi*. [...] As palavras que chegam até nós através dos sentidos vêm organizadas. São agrupadas em obediência a regras preestabelecidas, formando frases. Quando percebemos palavras, percebemos uma realidade ordenada, um cosmos'".

11. ARAÚJO, Clarice von Oertzen de. *Semiótica do direito*. São Paulo: Quartier Latin, 2005, p. 13.

Não queremos, de outra sorte, enfatizar qualquer viés estruturalista do direito. Temos em mente que os sistemas de direito positivo, constituídos em linguagem que o são, têm uma função específica. São sistemas de comunicação que têm como objetivo primordial orientar as condutas de forma que os comportamentos sociais ocorram no mundo fenomênico em congruência e sentido apontados pelos vetores axiológicos desses sistemas. O direito serve a esses valores. Ele serve à sociedade. Se não for assim, perde-se o sentido de uma tal "ordem jurídica". Como anotação adicional, a "justiça", termo tão vago, que denota toda a dose de abstração, é um de seus pilares fundantes.

Para além de todas as premissas de cunho epistemológico aqui referidas, pensamos poder utilizar o pragmatismo como concepção pela qual se percebe o mundo e, portanto, produz-se conhecimento, o pragmatismo como recurso metodológico de investigação dos fenômenos tal qual se apresentam, e com aplicação também de seus elementos na investigação dos fenômenos linguísticos jurídicos identificados pela movimentação das estruturas do sistema de direito, considerando seu contexto, suas consequências e valorizando sua função. Um pragmatismo epistemológico que desembocará em um pragmatismo hermenêutico-jurídico que buscará evidenciar que o processo de construção da decisão judicial enquanto norma individual e concreta ou norma concreta e geral é falível, passa necessariamente pela análise do contexto e das consequências desse ato de fala decisório.

1.3.1 O Pragmatismo como recurso metodológico[12] de investigação

O termo *pragmatismo* foi, desde o final do Século XIX, utilizado para designar múltiplos sentidos no curso da história do conhecimento, tendo sido associado a um sem número de

---

12. SANTAELLA, Lúcia. *O método anticartesiano de Peirce*. São Paulo: UNESP, 2004, p. 227.

correntes de pensamento que, em sua maioria, se opunham aos preceitos metafísicos contidos em filosofias de cunho idealista.

Normalmente conecta-se o pragmatismo às ideias atreladas à verificação empírica, ou seja, um enunciado somente pode ser validado por seu teste de verificação prática, ou a ideias de utilidade, como em que dados enunciados somente teriam valor se trouxessem resultados úteis a determinados objetivos ou anseios, o que não é um equívoco em si, mas revela um modo simplista e insuficiente para cunhar uma explicação do que seja o pragmatismo filosófico ou mesmo o pragmatismo propriamente jurídico.

Ironicamente, o pragmatismo tem sido associado a vertentes filosóficas antirrealistas, na figura, por exemplo, de RICHARD RORTY, mas a sua gênese deu-se justamente no contexto de pensamentos de filosofia de fundo realista, como CHARLES SANDERS PEIRCE, WILLIAM JAMES e JOHN DEWEY[13].

Desta feita, não podemos utilizar o termo *pragmatismo* indiscriminadamente e sem compromisso com o rigor que a ciência exige, sem, afinal, empreender esforços para elucidar em qual concepção ele é utilizado. Nesse sentido, de epistemologia geral, elucidamos que queremos destacar a utilização do termo pragmatismo nos contornos da concepção funcional originalmente cunhada por CHARLES SANDERS PEIRCE[14], que, ao constatar a multiplicidade de uso indiscriminado do termo, terminou por abandoná-lo, passando a adotar *pragmaticismo*, justamente para diferenciar-se do uso indistinto assumido sobre o termo *pragmatismo*. Advertimos que utilizaremos o termo *pragmatismo*, dada a diferenciação já feita, as elucidações aqui referidas e seu consagrado uso.

É certo que mesmo PEIRCE desenvolveu suas investigações em diversos sentidos e que todas as vertentes de seus

---

13. EISENBERG, José; POGREBINSCHI, Thamy. Pragmatismo, direito e política. *Revista de Direito Tributário*, São Paulo: CEBRAP, n. 62, mar. 2002, p. 107.

14. A história registra que a palavra fora utilizada primeira vez por Peirce no artigo *How do make our ideas clear*, datado do ano de 1878.

estudos acabaram sendo inseridas dentro do termo *pragmatismo*; RICHARD BERNSTEIN faz importante constatação que se alinha a essa assertiva: "Apesar das intenções sistemáticas de Peirce, foram-nos deixados fragmentos e sugestões provocativas – nem todas compatíveis. Pensar com Peirce e se desenvolver em diálogo crítico com ele exige não somente pensar através do que ele diz, mas pensar além do que ele fala"[15].

Não pretendemos tratar o pragmatismo em tom crítico, mas buscaremos unicamente destacar suas características, suas premissas e suas assertivas para colher em cada uma delas a utilidade necessária para suporte ao desenvolvimento do tema aqui proposto.

Com essas notas iniciais, essa utilização funcional identifica-se como um "método de elaboração teórica do pensamento" ou "uma máxima orientadora da conduta científica", nas sentenças utilizadas por LAURO FREDERICO BARBOSA DA SILVEIRA[16].

E o pensamento não é algo que possa ser entendido de maneira nominalista, é algo que não propicia a todo o tempo a consciência sobre si mesmo, sendo algo a que a consciência se conforma.

Assim, ele (pensamento) permeia todas as coisas, não nos sendo permitido afirmar que ele está em uma determinada consciência; ao oposto, a consciência é que deve estar no pensamento, segundo os ensinamentos de PEIRCE. O pensamento é da natureza do hábito, regularidade em toda universalidade. Assim, uma mente já se encontra em um determinado contexto, permeado de conhecimentos já formados, que, de certa forma, orienta suas ações, supõe fins, os quais são sempre gerais, pois estão no modo de ser do pensamento.

Destacaremos, portanto, os pontos elementares das muitas ponderações filosóficas do pensamento de PEIRCE, que

---

15. BERNSTEIN, Richard J. *A sedução do ideal*. Trad. Cecília Almeida Salles. *Revista Semestral de Semiótica e Comunicação*, v. 3, n. 2, jul./dez.1990, p. 196.
16. SILVEIRA, Lauro Frederico Barbosa da. *Curso de Semiótica Geral*. São Paulo: Quartier Latin, 2007, p. 182.

consideramos de utilidade indiscutível para nossas concepções das investigações do direito como fenômeno de comunicação (constituído em linguagem), notadamente quanto consideramos a visão dos participantes, enquanto focos ejetores, na tomada de uma decisão jurídica.

1.3.1.1 Insuficiência da lógica: Crítica ao pensamento cartesiano

Firmes nas afirmações acima, pensamos poder destacar uma vertente importante do pensamento de PEIRCE para uma concepção de mundo, que, em nosso sentir, nos leva a um bom caminho, que é a de invocar intensa crítica à tradição cartesiana. Essa crítica é desdobrada em função de quatro incapacidades do ser humano, sustentadas fundamentalmente por PEIRCE, as quais inviabilizariam o método cartesiano.

Essas incapacidades, inclusive, resvalariam também em direta crítica do pensamento de KANT, especificamente da existência de seus juízos *a priori*.

As quatro incapacidades: (i) não somos dotados de capacidade de introspecção, ou seja, todo e qualquer conhecimento interno que temos deriva-se, por raciocínio hipotético, do que conhecemos da experiência (fatos externos); (ii) não somos dotados de poderes de intuição; todas as cognições são produto de cognições anteriores; (iii) é impossível pensarmos sem signos; e (iv) não temos qualquer espécie de concepção do absolutamente incognoscível.[17]

Como explica LUCIA SANTAELLA, ao apontar essas quatros incapacidades humanas, PEIRCE centra seu ataque no conceito de intuição[18], que é tomado no modelo cartesiano de pensamento como uma espécie de mola propulsora para o

---

17. PEIRCE, Charles Sanders. *Semiótica*. Tradução de José Teixeira Coelho Neto. 4. ed. São Paulo: Perspectiva, 2010, p. 260-261.

18. SANTAELLA, Lúcia. *O método anticartesiano de Peirce*. São Paulo: UNESP, 2004, p. 32.

conhecimento e a verdade; dirige o núcleo de sua crítica ao que KANT aludia como conhecimento *a priori*. Esse conceito é confirmado por MARCOS ANTONIO STRIQUER SOARES[19].

O "eu" como portador de conhecimentos apriorísticos e dotado de intuição, que significaria cognição apriorística, é veementemente refutado por PEIRCE. O eu-espírito como fonte de verdade intuitiva, como conhecimento introspectivo independente da experiência, é alvo de lúcidas críticas dirigidas diretamente ao método cartesiano.

Assentadas as quatro incapacidades, PEIRCE propõe sete questionamentos, cujas respostas, igualmente, inviabilizariam a tradição cartesiana:

(i) se, através da simples contemplação de uma cognição, independentemente de qualquer conhecimento anterior e sem raciocinar a partir de signos, estamos corretamente capacitados a julgar se essa cognição foi determinada por uma cognição prévia ou se se refere imediatamente a seu objeto;

(ii) se temos uma autoconsciência intuitiva;

(iii) se temos um poder intuitivo de distinguir entre os elementos subjetivos de diferentes tipos de cognições;

(iv) se temos algum poder de introspecção ou se todo nosso conhecimento do mundo interno deriva da observação de fartos externos;

(v) se podemos pensar sem signos;

(vi) se um signo pode ter algum significado uma vez que, por esta definição, é o signo de algo absolutamente incognoscível.

---

19. SOARES, Marcos Antônio Striquer. A decisão judicial analisada sob o enfoque da crítica de Charles Sanders Peirce à tradição do cartesianismo. *Revista NEJ – Eletrônica*, v. 17, n. 3, set./dez. 2012, p. 444.

(vii) se há alguma cognição não determinada por uma cognição anterior.

Com a resposta a essas sete indagações, PEIRCE aponta para a inviabilidade ou insuficiência do cartesianismo. Procuraremos expor sinteticamente as oposições naquilo que podem ser consideradas as respostas do autor.

À primeira indagação, PEIRCE sugere que a intuição é escape para a impossibilidade de comprovação das premissas do raciocínio simplesmente dedutivo e complementa com a incapacidade, sequer, de distinguirmos o que é uma intuição, de uma cognição havida de outra cognição prévia, exterior, portanto, à consciência. PEIRCE não acreditava que uma intuição pudesse ser distinguida, que os seres humanos possuíssem essa capacidade. Se a intuição é tida como algo pressuposto, isso era cartesianismo. E a intuição, como cognição apriorística, não existe para o autor.

A segunda questão refere-se à possibilidade de conhecimento interior. Há conhecimento de nós mesmos, independentemente de qualquer coisa? PEIRCE acreditava fortemente que autoconsciência não existe senão de maneira inferencial, ou seja, até mesmo a imagem do eu seria a projeção do outro, com o dado externo sempre presente.

A questão número três traz à baila a máxima do cartesianismo de que os sentimentos turvariam os julgamentos da razão; essa última, e somente ela, seria capaz para chegar à verdade. Os homens deveriam separar razão e sentimento para trilhar o bom caminho do conhecimento. PEIRCE opõe-se justamente nesse ponto; para o autor, não é possível essa separação entre conhecimento interior e exterior, essa segregação entre esses elementos subjetivos e cognição previamente determinada. Assim, como o autor afirma que não é possível saber o conhecimento da consciência é anterior ao conhecimento dos objetos e como não se distingue intuição de cognição determinada por outra prévia, impossível saber se há poder intuitivo para fazer tal diferenciação. Não há cognições independentes de cognição anterior. E assim é ao regresso infinito, posto que outra alternativa nos levaria ao incognoscível.

PEIRCE segue veemente na negativa para a resposta à questão número cinco. Nega a possibilidade de conhecimento de um mundo interior sem inferências feitas a partir do mundo exterior, da realidade, por assim dizer.

E continua respondendo negativamente à questão número seis, ainda de forma mais veemente. Se a consciência do eu é dada necessariamente por inferência a dados externos, é impossível pensar sem signos. O signo seria condição de possibilidade do pensamento. A afirmação é fundamental e condiciona todo o resto de seu pensamento.

PEIRCE formula uma concepção triádica de signo, e essa concepção segue o modo relacional: (a) o signo, *representamen*, é aquilo que tem função de representação de algo para alguém, criando em sua mente (b) uma representação (signo mais desenvolvido que o primeiro ou *interpretante* do primeiro signo), e sendo sempre referente ou representando alguma coisa, ou seja o seu (c) objeto.

Assim, na concepção aqui adotada, a relação entre esses três fundamentos é indispensável para a caracterização de um signo e, como já anotamos, para o pensamento. Dessa feita, o interpretante é a representação, a produção de uma significação, sempre referente a algo (objeto) em uma mente, no contexto de um processo de semiose. O interpretante é gerado a partir das operações de substituição que são processadas em nossa mente entre signo e objeto; nessa medida, o interpretante é o produto de tais associações e se mantém em relação com o signo, sendo, ele próprio, também um signo. Ele é a representação de algumas potencialidades determinadas do objeto, podendo representar potencialidades e qualidades distintas, num eterno processo de "vir a ser". São, assim, signos de compreensão de outros signos na cadeia semiótica.

Desta feita, todo raciocínio é ligado a outro raciocínio e assim, *ad infinitum*, ou seja, o raciocínio liga algo que se acaba de aprender com o conhecimento já previamente adquirido, num fundir de presente (representação imediata do que se aprende) e passado (o ego), fazendo com que o futuro (não ego) seja assimilado ao ego. Dessa forma, o raciocínio é experiência que envolve algo velho e algo desconhecido (até então). Nessa medida, a resposta à pergunta tende à negativa, ou seja, não seria possível aprender qualquer coisa nova sem utilização de conhecimento já previamente adquirido.

A dedução própria do cartesianismo, primaria, desta feita, pela boa condução lógica à conclusão a partir das premissas maior e menor (silogismo clássico), sem, entretanto, ocupar-se ou preocupar-se com a investigação da origem das premissas. Formalmente, logicamente, perfeito, mas substancialmente despreocupado. Pensamos poder dizer isto acerca da crítica de PEIRCE ao cartesianismo.

Em fecho parcial, o grande elemento que extraímos dos escritos de PEIRCE, em sua crítica ao método cartesiano e sua lógica dedutiva, é a despreocupação com a comprovação das premissas, de seu conhecimento, de sua indagação.

1.3.1.2 Triadicidade pragmática I: As categorias cenopitagóricas de Peirce

O próprio PEIRCE assentou, certa feita, que para compreender o pensamento de seu pragmatismo era necessário conhecer as categorias cenopitagóricas por ele cunhadas[20]. PEIRCE adotava concepções tradicionalmente classificadas na corrente dos realistas, e, assim, a hipótese da existência de leis que agem sobre a natureza, relacionando e conectando as coisas, poderia ser considerado uma premissa. A essa fundação permite-se identificar a possibilidade do estabelecimento de uma certa dose de "previsibilidade" de que fatos ocorrerão no futuro de acordo com a formulação de tais leis, mas, nesse

---
20. SANTAELLA, Lúcia. *O método anticartesiano de Peirce*. São Paulo: UNESP, 2004, p. 233.

particular, longe da tradição aristotélica relativa às categorias do discurso.

As categorias aristotélicas pregavam a correspondência entre o discurso e a realidade, uma certa predicação realizada pelo sujeito, que expressava em discurso uma representação da realidade, o que nos levaria a um pensamento de que essas categorias estariam nas coisas em si.

PEIRCE rompe definitivamente com essa tradição aristotélica e propõe suas categorias cenopitagóricas (lógico-fenomenológicas), dado que elas se refeririam aos modos elementares de articulação e combinação dos fenômenos que apresentam-se no universo da experiência ou como se apresentam em nossa mente. A diferença fulcral em relação a Aristóteles é que as categorias de CHARLES SANDERS PEIRCE não estariam na realidade, mas na forma em que se apresentam como experiência (fenômeno em nossa consciência). Seriam elas a *Primeiridade*, a *Secundidade* e a *Terceiridade*.

E como não podemos pensar sem signos, as categorias fenomenológicas seriam, também, semióticas, o que nos leva à conclusão de que, a partir das maneiras pelas quais os fenômenos se nos apresentam, não há sentido separar o mundo em reinos distintos (semiótico e não semiótico). Em alguns aspectos, isso parece mesmo uma caracterização da filosofia da linguagem, mas este não é o momento e nem a oportunidade de desenvolver essa possibilidade.

Assim, esses componentes elementares que caracterizariam os fenômenos e que preenchem o universo da experiência são as "categorias" de PEIRCE; são as aparências que preenchem todo o fenômeno do universo da experiência, são a forma pela qual a realidade se apresenta, universalmente[21]. Distingue, dessa forma, a realidade como se apresenta aos nossos sentidos, identificando a *Primeiridade*, inicialmente

---

21. SILVEIRA, Lauro Frederico Barbosa da. *Curso de Semiótica Geral*. São Paulo: Quartier Latin, 2007, p. 39.

como potencialidade, a *Secundidade*, como existência ou factualidade, e a *Terceiridade*, como generalidade. Estes seriam os modos de apresentação dos fenômenos à nossa mente.

A *Primeiridade* seria o ser em si mesmo das coisas, seria o presente imediato, a potencialidade, a qualidade, as coisas como são sem qualquer articulação ou representação; seria associada aos sentimentos, às impressões. Tanto o *ego* (eu) e o *alter* (o outro) se enquadrariam nesta categoria, pois são potencialidades, qualidades do esperado.

Já a *Secundidade* seria uma tal articulação mediante uma resistência, seria uma tomada de consciência, uma reação ao ser e ao estar no mundo, com representação do factual, de uma certa confrontação. As interações, no sentido de ações e reações entre os seres, operando na realidade existente, no mundo dos fatos e dados, seriam *Secundidade*.

A *Terceiridade* seriam as concatenações em raciocínio, a inteligibilidade, um nível de articulação em pensamentos (signos), um modo de representação e de interpretação da realidade, do mundo em seu estado. Ações que representam padrões, padrões que governam as interações aludidas e que seriam parte da *Secundidade*, podem ser tidos como generalidade, como leis universais, como organização que governa fatos futuros e são, nesse sentido, *Terceiridade*.

Desta feita, a ação como expressão de *Secundidade* é a categoria que denota a realidade circundante enquanto simples reação; após interpretada, pensada, racionalizada, alça-se à *Terceiridade*.

Como já acima aludido, não há pensamentos sem signos, e PEIRCE estipula, a um só tempo uma concepção triádica/relacional de signo. Para restar nítido, signo é relação: (*i*) o signo ou *representamen* tem função de representação de algo a alguém, criando em sua mente (*ii*) uma representação ou *interpretante*, (*iii*) sendo sempre referente ao que representam, o seu objeto.

Nessa concepção relacional, podemos dizer, o objeto, se pertencente a cada uma das categorias da Primeiridade, Secundidade ou Terceiridade, determina o seu interpretante (significado) do signo. Os interpretantes seriam, assim, *Emocional* (Primeiridade), *Energético* (Secundidade) e *Lógico* (Terceiridade). Sem tencionar discorrer mais que o necessário, o interpretante emocional terá a natureza, por exemplo, de um sentimento; o interpretante energético de uma ação (por exemplo, um esforço físico ou mental) e o interpretante lógico é conceito, é um geral, uma lei.[22]

Mas, se acima fizemos referência a uma tríade referente ao (*ii*) interpretante, determinado pelos (*iii*) objetos, também há uma nova referência triádica quanto às espécies de (*i*) signos, que Peirce distingue em ícones, índices ou *símbolos*[23].

Ícone seria um *representamen* (signo) que denota Primeiridade e, nesse sentido, expressa uma potencialidade, uma ideia, sem necessariamente existência fenomenológica; o Índice é signo que representa a Secundidade, expressa ser um referente existencial, coisa, objetos ou fatos; uma batida na porta é um índice de que alguém quer entrar[24]. Por fim, há os *Símbolos*, espécies de signos convencionais. Palavras, frases, expressões, enfim, a língua de um determinado idioma é signo simbólico, pois convencional. E, assim, uma lei, que rege as ações futuras. O significado de uma palavra (símbolo) será usado no contexto de uma atividade comunicativa, e cada usuário conceberá seu significado no contexto dessa atividade, porque é lei estabelecida que aquele símbolo possua, naquele contexto, aquele determinado significado.

---

22. SILVEIRA, Lauro Frederico Barbosa da. *Curso de Semiótica Geral*. São Paulo: Quartier Latin, 2007, p. 52.

23. PEIRCE, Charles Sanders. *Semiótica*. Tradução de José Teixeira Coelho Neto. 4. ed. São Paulo: Perspectiva, 2010, p. 52.

24. PEIRCE, Charles Sanders. *Semiótica*. Tradução de José Teixeira Coelho Neto. 4. ed. São Paulo: Perspectiva, 2010, p. 67.

A categoria da *Terceiridade*, portanto, é representação, é generalização e, segundo Peirce, operatória da natureza no sentido de que possibilita conhecer a realidade, concatenando-a a ações futuras, prevendo em certa medida ações e reações vindouras, com racionalização. As normas ou, em outras palavras, o sistema de direito positivo, seriam nitidamente pertencentes à *Terceiridade*, enquanto os textos de direito são símbolos de padrões de organização para prever expectativas de ações e reações que tendem a ocorrer.

O direito, como objeto cultural que se apresenta em normas que criam padrões potenciais de conduta tendente à universalidade, é *Terceiridade*.

1.3.1.3 Triadicidade pragmática II: O entrelaçamento da lógica, da ética e da estética

Em seguimento do que pensamos profícuo do pensamento pragmático de Peirce, é que ele entrelaça de maneira quase indissociável o que ele chamou de ciências normativas[25], ou ciências do dever ser: a lógica, a ética e estética[26].

E esse entrelaçamento expressa, em nosso sentir, a busca (inalcançável) de Peirce pela articulação do ideal supremo ou o *summum bonun*[27], e que jamais seria atingindo completamente, a não ser pela razão concreta, ou seja, pela objetivação da busca desse ideal nas ações concretas.

Essa conexão indissociável é que alça o pragmatismo de Peirce a uma importância tal no pensamento jurídico, pois é

---

25. "As Ciências Normativas investigam as leis universais e necessárias da relação dos fenômenos com os fins. Sua característica sendo estudar os fenômenos em relação aos fins e, consequentemente, a um estado a ser alcançado, sempre estudarão os fenômenos em relação a um outro e, consequentemente, por tais ciências, os fenômenos serão vistos como secundidade" (SILVEIRA, Lauro Frederico Barbosa da. *Curso de Semiótica Geral*. São Paulo: Quartier Latin, 2007, p. 210).

26. PEIRCE, Charles Sanders, op. cit., p. 197-209.

27. BERNSTEIN, Richard J. *A sedução do ideal*. Trad. Cecília Almeida Salles. *Revista Semestral de Semiótica e Comunicação*, v. 3, n. 2, jul./dez.1990, p. 196.

preciso indagar o fim, o propósito e o objetivo, a função, para o pensamento que se constitua racional e lógico. A ética e a estética[28], em nossas palavras, são moldes de escolha da lógica. Lúcia Santaella destaca e expressa a ideia que queremos transmitir na seguinte passagem:

> [...] a lógica tem por objeto apenas o raciocínio submetido ao autocontrole e à autocrítica, afastando de seu campo toda a neblina e errâncias dos pensamentos fora de nosso controle. [...] No ensaio 'Porque estudar lógica?' (CP 2.119-218), Peirce afirmou, mais uma vez, que o raciocínio é o controle inferencial que se desenvolve pela interpretação do conhecimento perceptivo. Mas, uma vez que as interpretações são muitas, o raciocínio pode tomar várias direções. Quando se opta por uma direção, essa escolha deve ser submetida à avaliação crítica da lógica. Esta é uma aplicação normativa da lógica na medida em que algum critério de como se deve pensar precisa ser utilizado para determinar se o raciocínio é bom ou mau. Mas esse critério depende da descoberta anterior do propósito último do pensamento, ele mesmo, o que é uma tarefa da ética e da estética.[29]

Essa associação logico-ético-estética reverbera no pragmatismo como método: "Se a lógica é estabelecer regras que deveriam ser seguidas ao raciocinar, então ela precisa recorrer ao propósito ou meta através do qual podemos justificar essas regras"[30] e ganha força na condução do controle dos raciocínios, pela funcionalidade dos propósitos e objetivos desse mesmo raciocínio, no contexto de uma ação comunicativa

---

28. "O problema fundamental da ética, aliás, não é o que é certo, mas '*o que estou deliberadamente preparado para aceitar como afirmação daquilo que quero fazer, o que tenho em mira, o que busco? Para o que deve ser a força de minha vontade ser dirigida?*' (CP 2.198). [...] Ela tem a ver com normas e ideais. É a verdadeira ciência dos fins. [...] A questão da estética, portanto, é determinar o que pode preencher esse requisito de ser admirável, desejável, em e por si mesmo, sem nenhuma razão ulterior (CP 2.199). É da estética que que virá, assim, a determinação daquilo para que o empenho ético deve se dirigir, daquilo que deve ser buscado como ideal" (SANTAELLA, Lúcia. *O método anticartesiano de Peirce*. São Paulo: UNESP, 2004, p. 238-239).

29. Ibid., p. 236-237.

30. BERNSTEIN, Richard J. *A sedução do ideal*. Trad. Cecília Almeida Salles. *Revista Semestral de Semiótica e Comunicação*, v. 3, n. 2, jul./dez.1990, p. 198.

Assim sendo, as ciências normativas teriam por fim examinar as leis de conformidade das coisas aos fins, esta a razão por que foram chamadas de normativas, quer dizer, uma ciência normativa é o estudo do que deve ser (CP 1.218), que exclui, consequentemente, de seu campo tanto a compulsão incontrolada quanto o determinismo rígido, uma vez que como nos lembra Potter (1966, p. 7), é sempre possível agir contrariamente ao dever ser. [...] com as ciências normativas ele estava pensando os fins, propósitos, valores metas e ideais que atraem e guiam a conduta deliberada. Esses ideais são os verdadeiros objetos da lógica, da ética e da estética, de cuja inter-relação viria surgir a munição que faltava para a passagem do primeiro pragmatismo ao segundo pragmatismo.[31]

Pensar é uma espécie de ação. Raciocinar é pensamento sob autocontrole. A lógica crítica, segundo Peirce, lida com a estrutura do raciocínio, não lida com a textura do pensamento, nem lida com os sentimentos que o acompanham, nem com os avanços e recuos, vicissitudes e percalços que são próprios do ato de pensar; mas lida isto sim com os processos conscientes do pensamento, aqueles que se submetem ao autocontrole[32].

O pragmatismo como método impõe-se como algo que quer a busca do ideal, mas sem ser ou parecer ingênuo, PEIRCE anota a intangibilidade do ideal supremo, mas faz constar que as ações concretas em sua busca revelam que o *caminho é o objetivo*.

> A lógica, como o estudo raciocínio correto, é a ciência dos meios para se agir razoavelmente. A ética ajuda e guia a lógica pela análise dos fins aos quais esses meios devem ser dirigidos. Finalmente, a estética guia a ética ao definir qual é a natureza de um fim em si mesmo que seja admirável e desejável [...] É na inter-relação indissolúvel dessas três ciências dos ideais e propósitos humanos que o pragmatismo se define.[33]

---

31. SANTAELLA, Lúcia. *O método anticartesiano de Peirce*. São Paulo: UNESP, 2004, p. 238-239.

32. Id. A relevância da semiótica para a construção do conhecimento. In: CARVALHO, Paulo de Barros (Coord.); BRITO, Lucas Galvão de (Org.). *Lógica e direito*. São Paulo: Noeses, 2016, p. 86.

33. Id., op. cit, 2004, p. 240.

Esse ideal deve ser identificado pelas metas, pelos objetivos, pelos valores atinentes, cremos, a uma comunidade social e exteriorizados nos discursos que levam às ações para a consecução, a cada ação, de ideal, que é buscado incessantemente, o que parece se ajustar ao que aduziu Lucia Santaella: "Pensamentos-signos que realmente importam são aqueles que são extrojetados e corporificados em signos materiais, tomando seu lugar na realidade e assumindo mais eficazmente sua natureza social"[34].

E a consciência desse ideal inalcançável, inatingível, afeta as ações e hábitos que o buscam de uma importância ainda maior, em uma curva assintótica eterna.

Assim é que o método pragmatista de Peirce, com o já destacado entrelaçamento umbilical das ciências normativas na tríade lógica-ética-estética, apresenta-se ao encontro do que pensamos seja a maneira de haver uma hermenêutica dos textos jurídicos, sem certezas, sem premissas absolutas, sem argumentos de autoridade, falível, contextual e cônscio das consequências de que os atos de movimentação do sistema de direito positivo, notadamente os atos decisórios devem buscar a concretização dos valores, dos ideais de tal comunidade social, sempre.

1.3.2 Características atribuídas ao Pragmatismo: Falibilidade, Contextualismo e Consequencialismo

O pragmatismo de Peirce rejeita a existência de um único caminho, uma estrada segura para o estabelecimento de verdades ou, em termos cartesianos, da verdade.

Das considerações que se perfazem, principalmente sobre o antideterminismo, que o pensamento está em nós, podemos atrelar as três características que historicamente foram atribuídas como marcas do desenvolvimento do pensamento pragmático; não necessariamente, ao pragmatismo ligado

---

34. Id., op. cit., 2016, p. 80.

diretamente a PEIRCE, mas que dele podemos inferir e que, em nosso contexto, são agora de extrema proficuidade: (i) falibilidade, (ii) contextualismo e (iii) consequencialismo.

A característica do falibilismo ou da falibilidade expressa-se no interior do processo de conhecimento em si e reverbera evidentemente também na condução do processo de conhecimento científico. Expressa e simboliza que o conhecimento é afeto às mudanças evolutivas, notadamente quando somos específicos em relação aos sistemas de ciência, em função da evolução das linguagens, dos métodos científicos, da tecnologia etc. A ciência, para PEIRCE, é corpo vivo.

> Ciência, para Peirce, não se confunde com conhecimento cristalizado e disposto em prateleiras. Esse é o conhecimento já sedimentado. Quando a ciência é compreendida não como um corpo estagnado de crenças, mas como um corpo vivo, em crescimento, vemos que sua inclinação natural está voltada para a liberdade, a mudança, a liberalidade. A ciência é a busca executada por seres humanos vivos, e quando essa busca é genuína, a ciência vive em incessante estado de metabolismo e crescimento.[35]

A ciência, assim, é falível na representação ou apreensão dos fenômenos, na medida em que busca aspectos do objeto de investigação e constrói hipóteses sobre ele, jamais com ele se confundindo, jamais com ele coincidindo. Assim, ciência e pensamento, tomado aqui como algo capaz de aprender através da experiência sempre impulsionado pelo desejo de conhecimento de um determinado objeto, apenas cuidam do dever ser dos objetos.

Essa falibilidade pode ser associada ao propagado antideterminismo do pragmatismo de PEIRCE, evidentemente, por sua vez, associado ao pensamento em signos:

---

35. SANTAELLA, Lúcia. A relevância da semiótica para a construção do conhecimento. In: CARVALHO, Paulo de Barros (Coord.); BRITO, Lucas Galvão de (Org.). *Lógica e direito*. São Paulo: Noeses, 2016, p. 82.

> [...] ele anunciou sua grande tese anticartesiana de que não há pensamentos sem signos e que todo o pensamento, mesmo muito mais aquele que brota nas supostas luzes da intuição, é irremediavelmente falível, devendo ser submetido ao teste da experiência ou à crítica de uma comunidade de investigadores.[36]

O falibilismo em associação ou como sinônimo de antidetermismo impõe como consequência a rejeição do cartesianismo como preceptor de fornecimento de seguranças absolutas no caminho do conhecimento. A ciência, assim como o processo de percepção e conhecimento, tem por característica essa falibilidade. São inúmeros os exemplos de efeitos provenientes da aplicação de novas tecnologias, provocando correções na elaboração dos enunciados científicos, em função de descobertas que deitam por terra verdades que eram até então consideradas "absolutas".

A segunda nota fundamental das fundações do pragmatismo pode ser diretamente relacionada ao contextualismo, o qual, por sua vez, mantém íntima conexão com a terceira característica, o consequencialismo.

Uma ideia que subjaz forte no pensamento de PEIRCE contribui fortemente para a caracterização do pragmatismo como contextual e consequencialista, e se expressa na assertiva de que "a linha do pensamento peirceano começa aqui a se tornar mais clara. Toda ação pressupõe fins e os fins são o modo de ser do pensamento porque esses são gerais. O pensamento, entretanto, não está meramente na consciência, mas perpassa tudo, de modo que a consciência está no pensamento"[37].

> [...] o ambiente sociocultural seria a principal variável explicativa das configurações da personalidade dos homens. O processo de conhecimento, de acordo com Peirce, sempre se iniciaria a

---

36. SANTAELLA, Lúcia. A relevância da semiótica para a construção do conhecimento. In: CARVALHO, Paulo de Barros (Coord.); BRITO, Lucas Galvão de (Org.). *Lógica e direito*. São Paulo: Noeses, 2016, p. 80.

37. Id. Contribuições do pragmatismo de Peirce para o avanço do conhecimento. *Revista de Filosofia.*, Curitiba, v. 16, n. 18, jan./jun. 2004, p. 77.

partir do estado da mente no qual já se encontra o homem conforme um determinado contexto, inevitavelmente tomado de uma enorme massa de cognição já formada e não questionada.[38]

O pensamento para Peirce está na sociedade, admitindo, como admitimos, que a sociedade se forma pelo tecido de comunicação social, comunicação esta, no sentido mais amplo do termo, com todos os potenciais signos (ícones, índices e símbolos) utilizados nos processos semióticos que permeiam e constituem essa sociedade.

Pensamentos são sempre contextuais. A produção de raciocínio sempre está inserida em um determinado contexto e, no mais das vezes, e naquilo que nos interessa, esse é o contexto da comunicação social de um grupo determinado pelas condicionantes de tempo e espaço, cujos valores, objetivos, metas variarão no curso da história.

E se a tendência é atingir esse ideal, como dissemos e expusemos em linhas pregressas, o pensamento pragmatista, tendente à ação, sem se confundir com ela, persegue o desenvolvimento de ideias que são gerais, propósitos racionais do pensamento.

> Na medida em que a evolução segue seu curso, a inteligência humana desempenha um papel cada vez maior no desenvolvimento do ideal pragmático, por meio de seu poder característico de autocrítica e autocontrole. É esse poder que está na base do interpretante como mudança de hábito, pois esta depende de autocontrole, o controle que é exercido por meio das consequências referentes aos hábitos de ação.[39]

Aquilo que buscamos enfatizar neste tópico é que as três características normalmente associadas ao pragmatismo epistemológico e, em especial, às correntes do pragmatismo jurídico, podem ser compatibilizadas com a tônica do pensamento

---

38. EISENBERG, José; POGREBINSCHI, Thamy. Pragmatismo, direito e política. *Revista de Direito Tributário*, São Paulo: CEBRAP, n. 62, mar. 2002, p. 108.

39. SANTAELLA, Lúcia. Contribuições do pragmatismo de Peirce para o avanço do conhecimento. *Revista de Filosofia.*, Curitiba, v. 16, n. 18, jan./jun. 2004, p. 84.

de PEIRCE, podendo ainda serem inferidas de um certo ângulo de compreensão das fundações de seu pensamento.

Saber que demos conta de enunciar que as premissas que adotamos servem a um pragmatismo que estabelece que não há pensamentos sem signos, que o cartesianismo é insuficiente para explicar os fenômenos que se apresentam à mente no processo de conhecimento, que o raciocínio visa à concretização de metas, de valores, da busca pelo ideal, sem o caráter de ingenuidade, conforme asseveramos, que deve ser moldado em sua estruturação sob os auspícios dos elementos das ciências normativas, nos dizeres de PEIRCE (lógica, ética e estética), é nosso objetivo até aqui. Nas palavras de CLARICE VON OERTZEN DE ARAÚJO:

> Apresentando-se como um objeto cultural o direito positivo se constitui como um sistema simbólico. Na medida em que o significado dos símbolos cresce, conforme evolui o direito e a cultura em seu entorno, a interpretação das normas, a construção de suas significações e a própria concepção que se tem do Direito não pode supor nenhum método de análise que se apoie em premissas unicamente deterministas. A semiótica e o pragmatismo peirceano não negam as regularidades e os aspectos lógicos dos sistemas de (checar) signos; mas acrescentam a esta dimensão uma outra, que confere espaço a uma margem de erro, acaso e imprevisibilidade nas interações.[40]

Esses elementos compõem um método no qual a hermenêutica jurídica pode ser embasada, pode buscar alicerçar-se, pode buscar apoio para a concretização daquilo que seja o ideal funcional de todos os sistemas de direito positivo.

1.4 Notas de epistemologia jurídica

A postura epistemológica aqui exibida, tomado o sentido do termo como expressivo da teoria do conhecimento

---

40. ARAÚJO, Clarice von Oertzen de. O problema do conceito de direito e a crítica ao ontologismo. In: ROBLES, Gregorio; CARVALHO, Paulo de Barros. (Coord.). *Teoria comunicacional do direito*: diálogo entre Brasil e Espanha. São Paulo: Noeses, 2011, p. 73.

humano, calcado, a um só tempo, no pragmatismo de CHARLES SANDERS PEIRCE, mas com elementos e proposições que podem ser encontrados também na filosofia da linguagem, em seu viés pragmático.

Somado ao ambiente de nossa análise, ou seja, o contexto do sistema jurídico decisório, que é integrante do sistema comunicacional jurídico pátrio, que, por sua vez, é parte do sistema comunicacional social brasileiro, precisamos expor os instrumentais teóricos que nos valerão para responder às hipóteses e questões formuladas.

Voltamos a frisar, previamente, que não temos intenção alguma de desenvolver assertivas críticas às teorias e correntes do pensamento, mas apenas deflagrar os elementos de cada uma delas que foram utilizados na formação e fundamentação das presentes investigações.

1.4.1 Direito como sistema de comunicação construído a partir de textos e as correlatas ponderações

Precisamos desvelar o que já parecia implícito por nossas premissas. Se não pensamos sem signos, consideramos a sociedade formada por uma complexa espécie de sistema de comunicação. Não é caso, todavia, de nos aprofundarmos nesse aspecto, que requereriam outras ampliações de nossas bases teóricas.

Insta salientar, todavia, que as relações sociais são permeadas por comunicação, ensejadas por signos, construídas, modificadas e extintas no contexto desse substrato.

O direito, tomado aqui na sua porção semântica de sistema de normas, ou direito positivo, é, não resta dúvidas, objeto cultural, fruto de produção humana e, portanto, substrato dessa cultura que se constitui em signos simbólicos produzidos e aceitos pelos homens em sociedade. O direito, nesse sentido, é um subsistema de comunicação, parcial ao sistema de comunicação social.

O direito positivo, portanto, apresenta-se como um sistema de normas cujo substrato fundamental é a linguagem idiomática por excelência; e, simbólico, dado que fruto de convenções arbitrárias[41], como são as palavras de qualquer sistema linguístico.

A posição se coaduna com a teoria comunicacional do direito, como assentamos em linhas anteriores, e é inevitável associar essas nossas premissas aos pensamentos de PAULO DE BARROS CARVALHO e GREGORIO ROBLES, respectivamente.

> O direito, como sistema de objetivações que projeta as formas pretendidas para a interação social, manifesta-se invariavelmente pela linguagem, seja ela escrita ou não escrita, pouco importa. Sistema de signos utilizado para a comunicação, a linguagem jurídica assume, desde logo, a função de conteúdos prescritivos voltados para o setor específico das condutas intersubjetivas.[42]
>
> [...] a teoria comunicacional do direito concebe o direito como um sistema de comunicação cuja função pragmática é organizar a convivência humana mediante, basicamente, a regulação de ações. Outra forma de expressar que o direito é um sistema de comunicação se obtém a partir da informação de que direito é *texto*. Diversamente de outros textos, como o literário ou o histórico, o jurídico é um texto organizador regulador.[43]

A manifestação do fenômeno jurídico em linguagem, portanto, é algo que não se afasta jamais de nossas premissas epistêmicas. A produção de todo tecido normativo é feita em linguagem. Ganharão força, nesse sentido, para qualquer

---

41. "Os signos arbitrários são sobremaneira relevantes para a comunicação, pois permitem toda e qualquer veiculação de mensagens e, com isso, conferem à nossa sociedade o mais elevado potencial para agir. [...] Todavia, os signos arbitrários, ao serem estabelecidos por convenção, só são operativos para aqueles que conhecem o acordo firmado" (MENDES, Guilherme Adolfo. A intencionalidade jurídica. In: ROBLES, Gregorio; CARVALHO, Paulo de Barros. (Coords.). *Teoria comunicacional do direito*: diálogo entre Brasil e Espanha. São Paulo: Noeses, 2011. p. 295).

42. CARVALHO, Paulo de Barros. Regras técnicas ou procedimentais no direito tributário. In: ROBLES, Gregorio; CARVALHO, Paulo de Barros. (Coord.). *Teoria comunicacional do direito*: diálogo entre Brasil e Espanha. São Paulo: Noeses, 2011. p. 34.

43. MORCHÓN, Gregorio Robles. *Direito como texto*: quatro estudos de teoria comunicacional do direito. Trad. Roberto Barbosa Alves. Barueri: Manole, 2005, p. 1.

esforço de entendimento sobre o fenômeno jurídico, importantes acepções de cunho semiótico.

Em primeiro lugar, destacamos os prismas sobre os quais podem ser feitas as análises de linguagem. Neste sentido, ganham vulto as instâncias ou dimensões de linguagem: (i) *sintática*, (ii) *semântica* e (iii) *pragmática*, conforme proposto por CHARLES MORRIS, pois assumem papeis decisivos em qualquer sujeito com postura cognitiva.

É de se lembrar que a as instâncias de análise não são dissociáveis, mas integrantes de um todo indivisível que é a manifestação de um fenômeno linguístico em seu viés analítico. Em tese, também não têm hierarquia intrínseca, ou seja, nenhum prisma de análise da linguagem, entre a sintaxe, a semântica e a pragmática deve ter prevalência sobre outra.

O que se verifica é a diferença de ênfase dada a cada uma dessas instâncias, no contexto de um discurso, o que acaba por revelar preferências. E se não é oculto que temos por interesse não a análise da linguagem em seu viés individualista, como formadora do mundo de cada ser em si, mas, senão, o oposto, o de aproximar o efeito pragmático do fenômeno linguístico, ao identificar que o uso da linguagem é o seu papel mais importante, no contexto da vida em sociedade, não é difícil estabelecer a ênfase que conferimos à instância pragmática da linguagem.

Assim o fazemos, fortes nas premissas de que o pragmatismo, na porção epistêmica que já expusemos, deve ser adotado como postura hermenêutica nos sistemas de direito positivo. O exame da pragmática do discurso jurídico, considerando, assim, seu contexto e suas consequências, ganha vulto na hermenêutica que pretendemos adjetivar como a que mais se aproxima da funcionalidade do sistema, com relação à consecução de seus objetivos.

De qualquer forma, é inegável que cada uma das três instâncias de análise da linguagem (sintaxe, semântica e pragmática) força a conclusão de que o fenômeno jurídico pode ensejar esses três planos de análise: (i) da literalidade de enunciados componentes de seu texto[44], (ii) das significações desses enunciados textuais e (iii) do efeito dessas significações na vida em sociedade. O hermeneuta, para empreender seus típicos esforços, busca os vetores axiológicos inseridos no sistema de direito de dada sociedade, que são, em outros desígnios, as metas, os objetivos, a função do direito.

De outra sorte, com a mesma premissa de que o direito é sistema de comunicação vazado em linguagem (simbólica), é imperioso fazermos algumas distinções que permitirão a análise do fenômeno jurídico enquanto discurso que dirige-se à regulação de comportamentos.

1.4.2 Notas estruturais que permitem cognição sistematizada: elementos da teoria das normas como unidades de comunicação

A manifestação em linguagem impõe ao direito uma análise com prisma semiótico. Isso já o dissemos. Importa, portanto, a concepção que comporte ilações sob o ponto de vista da sintaxe, da semântica e da pragmática dos textos de direito, sendo essa a afirmação mais importante por agora: o direito é, de fato, produzido por textos que assumem diversas formas em sua construção linguística.

Desta feita, organizar a estrutura e o sentido dos textos, conferindo certa uniformidade para a percepção do fenômeno é característica de qualquer técnica de aproximação. A teoria das normas funciona assim, por exemplo, como instrumental teórico de sistematização do fenômeno jurídico.

---

44. Tomamos texto aqui na porção mais ampla do significado para denotar quaisquer textos produzidos no sistema de direito positivo de uma dada sociedade, desde os textos de quaisquer espécies de atos normativos, passando pelos textos das decisões judiciais, até chegar aos textos produzidos pelos particulares, desde que inseridos em um processo de comunicação jurídica.

A organização do caldo textual jurídico, tal como se apresenta em juízos estruturais lógicos dotados de proposições antecedentes que descrevem fatos e proposições consequentes que prescrevem relações, cuja conexão opera-se pelo modal neutro 'dever ser', cumpre importante papel na organização dos dados brutos do direito. É, assim, um importante ferramental, na medida em que os componentes básicos das ordens jurídicas revelam-se nas normas jurídicas.

> A norma jurídica é uma estrutura lógico-sintática de significação: a norma conceptua fatos e condutas, representa-os não como desenho intuitivo, imagem reprodutiva (que somente pode ser do concreto – há normas abstratas) de fatos-eventos e fatos--conduta. Representa-os como significações objetivas – endereças ao objetivo – confirmáveis ou não na espécie de eficácia ou ineficácia por parte das situações objetivas (*states of affairs*).[45]

Cremos, desta feita, que outros elementos que complementam a teoria da norma, em viés comunicacional do direito, auxiliam também a função explicativa e organizacional dos fenômenos jurídicos, na medida em que sintetizam e organizam o pensar sobre o sistema jurídico.

Nesse sentido, queremos destacar alguns desses elementos que consideramos extremamente profícuos na identificação do dado jurídico enquanto fenômeno linguístico e sistematizado.

Um primeiro destaque pode ser dado à composição da teoria das fontes como órgãos produtores de normas jurídicas, como preconizou PAULO DE BARROS CARVALHO:

> Por fontes do direito havemos de compreender os focos ejetores de regras jurídicas, isto é, os órgãos habilitados pelo sistema para produzirem normas, numa organização escalonada, bem como a própria atividade desenvolvida por essas entidades, tendo em vista a criação de normas. [...] O significado da expressão *fontes do direito* implica refletirmos sobre a circunstância de que regra jurídica alguma ingressa no sistema de direito positivo sem

---

45. VILANOVA, Lourival. *Escritos jurídicos e filosóficos*. V. I, II. São Paulo: Axis Mundi; IBET, 2003, p. 208-209.

que seja introduzida por outra norma, que chamaremos, daqui avante, de 'veículo introdutor de normas'. Isso já nos autoriza a falar em *'normas introduzidas'* e *'normas introdutoras'*. Pois bem, nos limites dessa proposta as *fontes do direito* serão os acontecimentos no mundo social, juridicizados por regras do sistema e credenciados a produzir normas jurídicas que introduzam no ordenamento outras normas, gerais e abstratas, gerais e concretas, individuais e abstratas e individuais e concretas.[46]

Essa concepção normativista, como o próprio autor aduz[47], está inserida em um contexto em que a organização do sistema jurídico é plasmada no conjunto de normas existentes. Partindo de tal concepção, seriam fontes "o próprio acontecimento do processo criativo do direito, manifestado no exercício da competência legislativa, judicial ou administrativa".[48]

É conhecido que tal concepção dista do que a maioria da doutrina chama classicamente de fontes do direito, mas ela permite fazer uma útil distinção, com lastro em fundamentos da semiótica, entre os seguintes elementos: (i) enunciação; (ii) enunciação-enunciada; (iii) enunciado-enunciado, (iv) para além da norma introdutora, também chamada de veículo introdutor, acima aludida.

Trata-se de uma atividade que permite reconstruir o processo de criação dos textos de lei, partindo de seu produto (enunciados-enunciados), pelo exame das marcas de tempo e espaço do processo criativo do direito, que envolve procedimento e agente competente, ou os seus dêiticos, (enunciação-enunciada), os quais, por sua vez, remeterão ao processo de criação em si (enunciação) como atividade que existiu no mundo fenomênico.[49]

---

46. CARVALHO, Paulo de Barros. *Curso de direito tributário*. 18. ed. São Paulo: Saraiva, 2007, p. 47.

47. Ibid., p. 49.

48. SANTI, Eurico Marcos Diniz de. *Decadência e prescrição no direito tributário*. 2. ed. São Paulo: Max Limonad, 2001, p. 65.

49. MOUSSALLEM, Tárek Moysés. *Revogação em matéria tributária*. São Paulo: Noeses, 2005, p. 73-74.

Podemos, assim, fazer as seguintes asserções: (i) o processo de criação de normas ou veículos introdutores de normas denomina-se *enunciação*[50], sendo as atividades dadas no mundo fenomênico, em tempo e espaço determinado, de acordo com o procedimento para a criação dessas normas; (ii) os dêiticos de tempo e espaço, relativos a esse procedimento, que estão no texto normativo são a *enunciação-enunciada*; (iii) os veículos introdutores de normas são os instrumentos aptos a introduzirem esses enunciados prescritivos no sistema de direito positivo, são as leis ordinárias, as leis complementares, as decisões judiciais, as decisões administrativas, etc. de normas (enunciação de enunciados); (iv) os enunciados ou *enunciados-enunciados* são os textos escritos, na função prescritiva da linguagem, embora nem sempre nessa forma se apresentem, que regulam e orientam a conduta pelos modais deônticos permitido, proibido e obrigatório.

Os enunciados prescritivos são *frases*, são os *textos* de direito positivo, inseridos por veículos introdutores previsto no sistema. Nestes textos, o hermeneuta centra seu foco investigativo e constrói o significado, formulando proposições (jurídicas), depois aglutina essas proposições para formar normas jurídicas em sentido completo, com a estrutura proposicional hipotético-condicional, dotadas de natureza prescritiva e referentes à regulação de condutas.[51]

Em uma possibilidade classificatória, esses juízos hipotéticos-condicionais que regulam o comportamento são: (i) normas gerais e abstratas; (ii) normas gerais e concretas; (iii) normas individuais e concretas; e (iv) normas individuais e abstratas. O critério é a dualidade concretude/abstração do

---

50. "Enunciação – atividade psicofísica produtora de normas jurídicas. O resultado dessa atividade é o conjunto de enunciados que formam os textos de lei do direito positivo" (GAMA, Tácio Lacerda. *Competência tributária*: fundamentos para uma teoria da nulidade. São Paulo: Noeses, 2009, p. XLV).

51. "O objeto dos comandos jurídicos só pode ser o comportamento humano. Nenhum preceito se volta para outra coisa senão o comportamento. Não há norma jurídica dirigida às coisas" (ATALIBA, Geraldo. *Hipótese de incidência tributária*. 6. ed. São Paulo: Malheiros, 2000, p. 22).

fato descrito como apto a desencadear as relações jurídicas, em combinação com a dualidade individualidade/generalidade, que se refere aos destinatários da norma, conforme já tivemos oportunidade de discorrer.[52]

Em prisma estrutural, pode-se organizar o sistema comunicacional do direito em unidades normativas. É, sem dúvida, sob o prisma sintático, lógico, que se apresentam os comandos normativos. Este é o sentido da unidade básica de comunicação desse sistema.

O hermeneuta, desta feita, construirá a partir dos enunciados de direito, de seus textos, ejetados por veículos introdutores aptos, de acordo com o próprio direito (autopoiese), proposições que figuram uma proposição antecedente que descreve um fato (com potencialidade de ser colhido pela incidência [aplicação] da norma), ao que se desencadeará a relação jurídica havida entre dois ou mais sujeitos de direito, em torno de um objeto, elementos os quais estarão na posição sintática de proposição consequente. Essa relação jurídica corresponderá ao direito do sujeito ativo a que se preste o objeto da relação, ao que corresponde o correlato dever jurídico do sujeito passivo.

1.4.3 A operatividade (sempre contextual) do sistema de comunicação jurídica

Decorrem das asserções acima que o direito é sistema de comunicação inserido em um todo maior, que é o sistema social. Não se lhe pode ficar à margem, alheio ou omisso. As ações de comunicação desse sistema são processadas segundo um código lícito/ilícito, qualificando as condutas em conformidade/desconformidade com as prescrições desse sistema, nos termos das decisões jurídicas, e tomadas em consideração dos valores sociais.

---

52. CAMILOTTI, José Renato. *Denúncia espontânea no contexto da cadeia (normativa) de comunicação jurídica*. São Paulo: Noeses, 2015, p. 87-91.

A programação da comunicação no interior do sistema, portanto, revela-se da espécie condicional, e dado que assumimos que as normas podem ser as unidades básicas de comunicação, estarão logicamente organizadas em proposições (antecedente e consequente normativo) conectados pelo elemento deôntico neutralizado (dever-ser). Serão elas, necessariamente, expressões de decisão, cujo horizonte é sempre o contexto social, seus anseios, suas expectativas.

Os textos serão introduzidos no sistema através de instrumentos próprios (veículos de introdução), como as leis, os atos normativos infralegais, as decisões jurídicas. Serão organizados logicamente na estrutura normativa para a concreção da operação de comunicação do direito e sua boa compreensão. É a norma jurídica que cumpre a função comunicativa do direito (norma cria norma, direito cria direito). A norma é o meio próprio e característico do sistema jurídico (da comunicação jurídica).

A operação de comunicação, nesse sentido, pode ser tomada como semiose jurídica, no sentido da produção (construção) da norma jurídica, a partir das estruturas linguísticas (enunciados) do sistema, o que se adequa às premissas de que não podermos sequer pensar sem signos.

Mas a construção da norma, no seio de um sistema jurídico e inserida em um contexto mais amplo de comunicação, a comunicação social deve ser expressão sistêmica dos princípios e valores da sociedade ao qual regula. Deve ser expressão de contextualidade.

> [...] o contextualismo implica em sublinhar os conceitos e as práticas jurídicas à sua origem sociocultural. O seu fundamento reside nas práticas e interações sociais, e é nesse sentido que a análise do direito e da construção jurisprudencial não estão muito distantes da antropologia. Para que compreendamos o funcionamento de um determinado sistema jurídico nós precisamos analisar a cultura – seja no sentido mais amplo, seja no sentido mais restrito, como cultura jurídica – da qual ele retirará a sua substância.[53]

---

53. ALMEIDA, Leonardo Monteiro Crespo de; REGO, George Browne. Pragmatismo jurídico e decisão judicial. *Pensar* – revista de ciências jurídicas, Fortaleza, v. 20, n. 2, maio/ago. 2015, p. 410.

Não há sentido jurídico em uma norma que não seja expoente dos valores consagrados no sistema, pois o direito é o todo ele fenômeno social (cultural) de uma determinada comunidade com um único propósito de buscar efetividade dos objetivos, princípios e valores.

1.4.4 Axiologia na comunicação jurídica

Objeto cultural que é inafastável é a influência de valores, ínsitos aos seres humanos na conformação das normas jurídicas.

Essa assertiva pode ser tomada com uma dupla função. Os valores enquanto princípios, valores sociais, refletidos no sistema de direito positivo de uma sociedade, ou os valores inatos aos seres individualmente considerados. Essa segunda porção de sentido ganha contornos de importância quando perquirimos que espécies de valores podem ser essas, inatas aos sujeitos aptos a ejetar normas jurídicas por meio de decisões judiciais.

Pensamos ser impossível uma postura cognoscente neutra ante a potencialidade de uma decisão judicial, operação prática de interpretação do direito que se constitui no próprio objeto desta investigação. As decisões judiciais não são imunes às influências axiológicas.

Queremos aqui, com essas reflexões, iniciar a condução de uma discussão que pode ser a linha que nos guiará de ora em diante. O processo de interpretação dos textos jurídicos, e, portanto, de construção de sentido das normas jurídicas para dar operatividade ao sistema, deve consagrar o contexto e as consequências da comunicação, que serão sentidas em todo o sistema.

Os princípios são como expoentes valorativos, são orientações à compreensão de todo o sentido jurídico (contextual e consequencialista, conforme as premissas já aduzidas). PAULO DE BARROS CARVALHO põe em destaque o viés aglutinador dos princípios para denotar a sua forte influência em todo o sistema de direito positivo:

> Os indivíduos da comunidade tendem a ter um núcleo coincidente de valores básicos, advindos da contingência de viverem no mesmo território e no mesmo tempo histórico. Em derredor desse núcleo, contudo, a trajetória existencial de cada um vai depositando outros valores, recolhidos individualmente, de tal sorte que os padrões axiológicos das pessoas acabam apresentando variações muito sensíveis.[54]

A axiologia de JOHANNES HESSEN considera que "não é o dever-ser que nos dá o fundamento do valor; é o valor que nos dá o fundamento do dever-ser"[55]. A assertiva é suficiente para que afirmemos que os princípios, expressão de valores, devem espelhar funcionalmente as aspirações do sistema de direito positivo, concretizando, a um só tempo, seus valores e buscando a razão concreta de seu ideal.

1.4.5 O pragmatismo no debate comunicacional do direito como caminho para a argumentação, a racionalidade, a justificação e a "correção" da decisão judicial

Pensamos ser certo que as notas e elementos do pragmatismo epistemológico que adotamos seguem a linha desenvolvida por PEIRCE, sem nela esgotar-se, é verdade. Todavia, quando o termo *pragmatismo* é qualificado pelo termo *jurídico*, outras intrincadas nebulosidades podem pairar sobre a expressão e contaminar o discurso.

Queremos aqui dizer que o pragmatismo jurídico que pensamos útil aos desígnios de uma boa aplicação do direito é essencialmente centrado nos efeitos da linguagem jurídica na sociedade, atrelado, assim, a duas das três características que aduzimos acima: o *contextualismo* e o *consequencialismo*.

---

54. CARVALHO, Paulo de Barros. Sobre princípios constitucionais tributários. *Revista de Direito Tributário*, São Paulo: Revista dos Tribunais, v. 55, ano 15, jan./mar. 1991, p. 148.

55. HESSEN, Johannes. *Filosofia dos valores*. Tradução de L. Cabral de Moncada. 4. ed. Coimbra: Armênio Amado Editor, 1974, p. 84.

Especialmente quando vamos nos referir ao direito na dimensão de análise que se expressa no processo de construção da decisão judicial – e todo o sistema jurídico é integrado por decisões, desde a edição de uma lei, até o julgamento de um caso –, devem-se pôr em altiplano os efeitos produzidos pela linguagem jurídica como condicionantes de sua hermenêutica.

> Lo novedoso es el hecho de contemplar en Derecho como un sistema de comunicación entre las personas desde una triple perspectiva: la decisión jurídica, su estudio científico semántico por la dogmática jurídica y su análisis formalista o lógico-lingüístico, y todo ello con el fin de dirigir la acción humana.[56]

Importa ainda consignar neste ponto que esse nosso pragmatismo contextual e consequencialista serve à construção da decisão, no interior de um sistema de direito positivo, com cotejo de regras e princípios, valores e expectativas geradas por esses valores, serve como justificação e busca da "correção" da decisão e, portanto, de maneira alguma, antiteórico.

> Decisão e contexto não são dissociáveis: uma decisão é sempre pautada por problemas e questões singulares, inclusive quando mobiliza disposições normativas gerais, como as leis. [...] A compreensão de uma decisão, no sentido de conhecer e determinar o seu propósito, vai exigir, portanto, uma reconstrução de sua inserção no contexto em que ela incidiu.[57]

Sendo o direito positivo um sistema de comunicação[58], cujas unidades básicas são as normas jurídicas, e sendo essas

---

56. GURRUCHAGA, Liliana Mijancos. La "intención inmanente" de la Teoría Comunicacional del Derecho. In: ROBLES, Gregorio; CARVALHO, Paulo de Barros (Coord.). *Teoria comunicacional do direito*: diálogo entre Brasil e Espanha. São Paulo: Noeses, 2011. p. 265.

57. ALMEIDA, Leonardo Monteiro Crespo de; REGO, George Browne. Pragmatismo jurídico e decisão judicial. *Pensar* – revista de ciências jurídicas, Fortaleza, v. 20, n. 2, maio/ago. 2015, p. 411.

58. "Entiende el derecho como un sistema de comunicación entre los hombres cuya finalidad o función inmanente es dirigir la acción humana" (GURRUCHAGA, Liliana Mijancos, op. cit., p. 265).

proposições construídas a partir dos textos de direito (linguagem simbólica), é tempo de afirmarmos que a decisão judicial é, como produto final, espécie de norma, que pode, de diferentes formas, regular situações, por exemplo, individuais e concretas (sentenças ou decisões colegiadas na clássica tradição do *civil law*), ou mesmo, tratando de situações concretas, estipular o regramento para situações similares, em tempo futuro, como na clássica definição dos precedentes judiciais, por exemplo, mais comuns na tradição clássica dos sistemas de direito da *common law*.

A norma tomada como unidade básica de comunicação, que, ao fim e ao cabo, será construída a partir dos textos das decisões judicias, deve possuir a pretensão de *correção*. Nesse sentido, queremos fazer com que as premissas epistemológicas gerais do pragmatismo de PEIRCE e as premissas de epistemologia jurídica da teoria comunicacional do direito possam ser aplicada às decisões emitidas nesse sistema.

Cremos não poder fazer isso, especialmente quando tratamos de decisões, sem esteio em elementos de uma teoria da argumentação jurídica ou elementos sobre a estruturação e produção do discurso jurídico, dado que a perspectiva da construção da norma jurídica é, a partir da decisão, uma perspectiva de quem participa do sistema, como foco ejetor de comandos normativos. A decisão é uma perspectiva de análise específica sobre o sistema de direito. É diferente, por exemplo, da postura do cientista que apenas analise em tons descritivos esse sistema.

Ao tratar da decisão, e que nos importa especialmente a decisão judicial, tomada em qualquer instância emissora dos órgãos estatais que exercem o monopólio da jurisdição, temos por certo que é através do discurso, da argumentação, do manejo dialógico entre teses e antíteses que a decisão judicial será produzida.

A decisão, em um aspecto, é nada mais do que texto (jurídico), enunciados a partir dos quais se construirão proposições jurídicas para a formação dos juízos hipotético-condicionais para formar as unidades básicas da comunicação jurídica (normas), cuja performance é ordenar comportamentos.

Mas, como dissemos, a norma construída a partir da decisão é produto. O processo é o debate, travado pelas partes e seus auxiliares, com esteio em discursos que, sem pretensão de verdade, têm pretensão estratégica de atingir objetivos, vinculados às expectativas de cada uma das partes. E o processo é a justificação que será encontrada pelo julgador para emissão da decisão que se configurará no comando normativo.

Nos argumentos deduzidos pelas partes, haverá componentes da ciência do direito, de enunciados descritivos doutrinários de sujeitos que ocuparão a posição, nesse instante, de meros observadores em relação ao sistema de direito positivo; haverá, outrossim, argumentos calcados em boa retórica, em outras decisões vazadas anteriormente, sobre matérias similares ou análogas, tudo para formar a convicção do julgador, neste ou naquele sentido.

Podemos afirmar que a atividade que se confabula na decisão judicial é dependente, portanto, dos enunciados probatórios, que são construídos, no mais das vezes, por argumentos no contexto de um discurso travado no seio de um processo, pelo direito que se autorregula.

O caminho do pragmatismo tende a uma aproximação com a concepção de direito na condição de sistema de comunicação, uma prática social, mais próximo dos elementos expostos por HERBERT HART[59] do que por KELSEN[60], que o via, ou pelos menos podemos inferir da exposição de sua Teoria Pura, como elemento de controle social.

---

59. HART, Herbert Lionel Adolphus. *O conceito de direito*. Trad. Antônio de Oliveira Sette-Câmara. São Paulo: WMF Martins Fontes, 2009.

60. KELSEN, Hans. *Teoria pura do direito*. Tradução de João Baptista Machado. 7. ed. São Paulo: Martins Fontes, 2006.

Ambas as concepções são prismas de análise sobre o fenômeno jurídico. Há a porção de controle e há a porção de aceitação, não só pela coerção e punição, mas pela promoção ativa de valores almejados pela sociedade. Ao fim, como prática social, posto que inserido no contexto de uma dada sociedade, somente havendo sentido se assim o for, o direito é, a um só tempo, técnica inibitória e estimulante de condutas. Até porque tanto a norma fundamental de KELSEN quanto a regra de reconhecimento de HART desempenham o mesmo papel de sustentação dos sistemas[61].

A ênfase, entretanto, como já o desvelamos, é no uso da linguagem jurídica, na disposição de utilidade da decisão, com fins e objetivos sistêmicos; nesse sentido, as concepções, digamos, de significação e de pragmatismo do sistema de direito positivo têm mais lugar em nossas premissas, notadamente quando concebemos que o emissor da decisão é um participante do sistema, enquanto foco ejetor de normas, e não tem, por exemplo, faculdades de apontar lacunas ou omitir-se em decidir por ausência de expressões e regras claras de aplicação.

> A racionalidade que informa o enunciado prescritivo é a pragmaticamente constituída, pelo método dialético e retórico. Ao realizar a interpretação, a autoridade jurídica deve considerar o sistema de direito como um todo unitário, coerente e consistente. As autoridades jurídicas, por imposição operacional do próprio sistema, não podem perceber sistemas plurais, incoerentes ou lacunosos, pois sua função, como órgãos credenciados a produzir direito, é agir em nome da unidade, coerência e completude.[62]

Essa parece ter sido a cisão promovida por RONALD DWORKIN[63], a ponto de separar por exemplo, a teoria da de-

---

61. BUSTAMANTE, Thomas da Rosa. *Teoria do precedente judicial*: a justificação e a aplicação das regras jurisprudenciais. São Paulo: Noeses, 2012, p. 128.

62. DIAS, Ana Carolina Papacosta Conte de Carvalho. Decisões, normas e autoridades jurídicas. A conversação criadora do direito. In: ROBLES, Gregorio; CARVALHO, Paulo de Barros. (Coords.). *Teoria comunicacional do direito*: diálogo entre Brasil e Espanha. São Paulo: Noeses, 2011, p. 340.

63. DWORKIN, Ronald. *Levando os direitos a sério*. Trad. Nelson Boeira. 3 ed., 2. ti-

cisão (*adjudication*), do cumprimento e observância das normas (*compliance*), revelando, em seu pensamento, um modelo construtivista de normas, como fruto de interpretação do sistema de direito positivo, tido como prática social. Assim, DWORKIN identifica que uma das funções da teoria da decisão, senão a mais importante, é apresentar, ou melhor, *construir* o discurso da prática jurídica[64].

1.4.5.1 A teoria da argumentação jurídica de Robert Alexy

Firmes nas linhas que alicerçamos até aqui, de cunho epistêmico, de viés comunicacional-pragmático e, portanto, contextual e consequencialista, a teoria do discurso racional, concebida por ROBERT ALEXY como fundo da argumentação jurídica, é instrumento pertinente para orientar a movimentação do sistema comunicacional do direito com viés pragmático. Cremos que sua concepção de justificação racional não se contrapõe ao pragmatismo como o pensamos, mas ajuda a colocá-lo em bases mais sólidas, pelo menos especificamente com relação ao contexto do discurso jurídico e da produção de decisões.

Evidentemente não atuaremos com viés exploratório de toda a teoria composta pelo jurista alemão, mas, como dissemos em notas iniciais, revelaremos aquilo que, para nós, tem valia na utilização das considerações que traçamos ao longo dos presentes escritos.

Não é caso, assim, de ficarmos explorando exaustivamente cada uma das regras da racionalidade do discurso propostas por ALEXY, mas apenas e tão somente mencioná-las e, eventualmente, destacar seus elementos naquilo que será útil à nossa composição discursiva.

---

ragem. São Paulo: Martins Fontes, 2011, p. VIII-IX.
64. BUSTAMANTE, Thomas da Rosa, op. cit., 2012, p. 134.

Nesse sentido, a extrema proficuidade da teoria do discurso racional é não rejeitar o formalismo, ou a análise da sintaxe das normas, ou o prestígio à coerência do raciocínio lógico, mas, partindo dela, somar outros elementos que compõem o discurso jurídico, indicando seja ele racional e tendente à pretensão de correção no asserto de suas decisões, como podemos extrair das passagens que seguem.

> Uma teoria da argumentação auxilia no estabelecimento de critérios que indiquem quais são as razões consideradas boas para justificar a decisão e, portanto, justificar os passos do raciocínio dedutivo.[65]
>
> Em conclusão, a racionalidade da motivação admite uma variabilidade de interpretação dogmática na construção do legislador racional, que não repousa apenas nas dificuldades semânticas de se obter uma denotação e uma conotação mais precisas (momento da motivação da sentença). Repousa, também, no uso pragmático da codificação e sua decodificação no jogo da comunicação humana, conforme padrões de justiça e sua função (momento da convicção).[66]

A teoria tem elementos que consideramos extremamente atinentes na concepção de uma hermenêutica que possa ser considerada pragmática, pois vislumbramos que está fundada em algumas assertivas angulares e, mesmo com advertência de que fora cunhada em um contexto europeu, no seio de um Estado Democrático de Direito[67] espraia-se como geral.

Destacamos, em linhas pessoais, os seguintes pontos fundamentais de seus pensamentos: (i) todo enunciado do discurso jurídico tem a pretensão de ser correto, busca a correção; (ii) todo enunciado do discurso jurídico requer justificação, dado fundamental de qualquer estado de direito; (iii) todo enunciado

---

65. PISCITELLI, Tathiane dos Santos. *Argumentando pelas consequências no direito tributário*. São Paulo: Noeses, 2011, p. 110.

66. FERRAZ JÚNIOR, Tercio Sampaio. Lógica da motivação e lógica da convicção na decisão judicial. In: CARVALHO, Paulo de Barros (Coord.); BRITO, Lucas Galvão de (Org.). *Lógica e direito*. São Paulo: Noeses, 2016, p. 288.

67. ALEXY, Robert. *Teoria da argumentação jurídica*: a teoria do discurso racional como teoria da fundamentação jurídica. Trad. Zilda Hutchinson Schild Silva. rev. tec. da trad. e introd. Cláudia Toledo. 3. ed. Rio de Janeiro: Forense, 2013, p. 1.

do discurso jurídico deve ser construído com racionalidade (iv.1) substancial, relativamente ao conteúdo das asserções, e (iv.2) formal, relativamente ao procedimento – lógica do discurso; e (v) a correção revela-se na pretensão de consenso.

ALEXY parte de uma teoria da argumentação geral, aplicável racionalmente em discursos gerais, muito fundada no pensamento de CHAÏM PERELMAN e também na teoria consensual da verdade, de JÜRGEN HABERMAS.

PERELMAN já anotava, especificamente em relação à espécie do discurso jurídico, a insuficiência do raciocínio lógico-formal para resolver as controvérsias no âmbito das decisões, enfatizando que raciocínio jurídico é tipicamente pragmático, pois volta-se para escolhas que implicam decisões e de decisões que implicam ações.[68]

> O raciocínio jurídico teria, para PERELMAN, um objetivo argumentativo de persuadir e convencer àqueles aos quais é dirigido (a "audiência"), pela apresentação de razões capazes de justificar a decisão e de salientar a sua razoabilidade e consonância com o ordenamento jurídico. [...] O valor de um argumento seria determinado pela sua capacidade de convencer a audiência universal, o que significa a adesão de todo ser racional.[69]
>
> 2. De grande interesse é, ademais, que Perelman, por um lado, oriente a argumentação racional de acordo com a ideia de universalidade, mas a vincule, por outro lado, ao estado social e historicamente dado a concepções e atitudes. A argumentação não pode partir do nada nem começar de qualquer ponto. Busca chegar, a partir do faticamente dado como concepções e atitudes, mediante um processo de elaboração racional, a resultados aceitáveis de maneira geral. 3. Por isso, frequentemente, não se pode indicar um resultado como o único e correto de maneira definitiva. Isso obriga a uma abertura à crítica e à tolerância.[70]

---

68. PERELMAN, Chaïm. *Juízos de valor, justificação e argumentação*. Trad. Maria Ermantina de Almeida Prado Galvão. São Paulo: Martins Fontes, 2004, p. 168.

69. PISCITELLI, Tathiane dos Santos. *Argumentando pelas consequências no direito tributário*. São Paulo: Noeses, 2011, p. 15-16.

70. ALEXY, Robert, op. cit., p. 173.

Em relação à verdade consensual de HABERMAS, anota ALEXY:

> Resumindo, pode-se dizer que a teoria de Habermas contém, em que pese seus numerosos pontos criticáveis, muitas contribuições importantes para uma teoria da argumentação racional. Os pontos a reter foram elaborados e reformulados parcialmente, assim como dotados de novas fundamentações, no curso da discussão sobre esta teoria. Deve-se apenas ressaltar, uma vez mais, as três regras de razão construídas sobre a regra geral de fundamentação e as duas regras de fundamentação. Elas constituem as regras fundamentais de uma teoria geral do discurso prático racional.[71]

Pensamos que a passagem acima ilustra que não há um acatamento ingênuo da verdade consensual ou, de outro giro, uma necessária rejeição integral de outras teorias sobre a verdade, por exemplo, a que sugere a correspondência, mas uma adoção dos elementos de HABERMAS dentro das regras do jogo do discurso jurídico.

Nunca se perde de vista que o discurso jurídico é pragmático, no sentido de ser voltado às ações humanas, aos comportamentos, mas também limitado e regrado, ou seja, a produção de enunciados é limitada e condicionada às regras de produção, o que torna muito atrativa a *verdade* de HABERMAS.

Desta feita, o elemento nuclear da teoria de ALEXY é que o discurso jurídico deve ser racionalmente fundamentado, sempre com pretensão de correção; e essa tal pretensão confere uma certa validade ao discurso, representando um consenso.

A racionalidade jurídica, obviamente, seria uma racionalidade possível dentro do contexto normativo do sistema jurídico, portanto. ALEXY aponta para regras e formas em sua teoria, de maneira a justificar racionalmente o discurso de argumentação jurídica, havendo: (i) regras e formas de justificação interna e (ii) regras e formas de justificação externa.

---

71. ALEXY, Robert. *Teoria da argumentação jurídica*: a teoria do discurso racional como teoria da fundamentação jurídica. Trad. Zilda Hutchinson Schild Silva. rev. tec. da trad. e introd. Cláudia Toledo. 3. ed. Rio de Janeiro: Forense, 2013, p. 140.

Nas regras de justificação interna[72] da racionalidade discursivo-jurídica, guarda-se relação com a sintaxe da linguagem jurídica, em que a lógica impera, inclusive a tradicional forma do silogismo jurídico. Justifica-se internamente através da operação de inclusão de classes, na clássica alocação (subsunção) do fato à norma, ou na aplicação da norma ao fato, que produz seus efeitos de fundamentar o discurso jurídico. A realização da condição de que dos fatos expostos se deduzem as consequências ou se da motivação decorre logicamente a decisão são acepções que estão em voga nas regras de justificação interna, conferindo racionalidade ao discurso.

ROBERT ALEXY aponta para algumas regras de justificação interna, aduzindo, *o princípio da universalidade como alicerce ao princípio da justiça formal*, ou seja, tratar universalmente os seres de uma mesma categoria, no sentido de identidade e igualdade[73], sendo: (i) para fundamentação de uma decisão jurídica deve-se apresentar ao menos uma norma universal; (ii) a decisão deve seguir-se logicamente ao menos de uma norma universal, junto a outras proposições; (iii) sempre que houver dúvida sobre a identidade de elementos (se A é um T ou um M) deve-se apresentar uma regra que decida a questão; (iv) São necessárias etapas de desenvolvimento de justificações que permitam formular expressões cuja aplicação ao caso em questão não seja discutível; (v) deve-se articular o maior número possível de etapas de desenvolvimento.[74]

Pensamos, outrossim, que as relações de derivação e fundamentação normativas, invocadas na decisão, a composição de enunciados tomados como premissas para o desenvolvimento do silogismo, caracterizam essa etapa de justificação.

---

72. "Os problemas ligados à justificação interna têm sido amplamente discutidos sob o nome de 'silogismo jurídico'" (ibid., p. 219).

73. ALEXY, Robert. *Teoria da argumentação jurídica*: a teoria do discurso racional como teoria da fundamentação jurídica. Trad. Zilda Hutchinson Schild Silva. rev. tec. da trad. e introd. Cláudia Toledo. 3. ed. Rio de Janeiro: Forense, 2013, p. 220.

74. Ibid., p. 221-226.

Acatando apenas as bases de justificação interna, correríamos o risco de regresso ao pensamento cartesiano, da adoção de justificações meramente lógicas na aplicação do sistema de direito positivo; e isso seria de todo uma contradição, dado que nos credenciamos como pragmatista tingida de tonalidades Peirceanas e dedicamos algumas boas linhas a reproduzir a crítica que o autor americano concebeu sobre o pensamento cartesiano.

É certo, porém, que às premissas dessa justificação apenas lógica, como bem assentou em tom crítico MARCOS ANTONIO STRIQUER SOARES[75], são somadas outras regras para verificação da racionalidade do discurso jurídico. São as regras de *justificação externa* a que alude ALEXY: "A exigência de justificação interna não é descabida. Na justificação interna é necessário ficar claro quais as premissas devem ser justificadas externamente"[76].

O objeto da justificação externa, portanto, como assinala o autor, é a fundamentação das premissas tomadas na justificação interna, encadeando o discurso em sintaxe, semântica e, principalmente, pragmática. Essas premissas podem ser enunciados do próprio direito positivo ou, nas palavras do autor, (i) regras de direito, que seriam fundamentadas pela conformidade dos critérios de validade normativa, com a respectiva demonstração; (ii) enunciados empíricos, que seriam demonstrados com uma

---

75. "A decisão judicial no método *a priori*, por não explicar a origem de suas premissas, deixa um espaço muito amplo para abuso de autoridade no instante de proferir a decisão. Talvez seja mesmo impossível evitar um espaço de decisão para o juiz, mas a ausência de explicação da origem das premissas deixa esse espaço bastante amplo. [...] A sentença judicial pode, desse modo, ser construída sem muitas explicações e sem muitos debates, não obstante se apresentar como digna de respeito, porquanto construída e protegida sob os critérios da 'lógica' O juiz tem o dever de desenvolver uma única linha de raciocínio para formar suas conclusões, satisfazendo o jurisdicionado" (SOARES, Marcos Antônio Striquer. A decisão judicial analisada sob o enfoque da crítica de Charles Sanders Peirce à tradição do cartesianismo. *Revista NEJ* – Eletrônica, v. 17, n. 3, set./dez. 2012, p. 452-453).

76. ALEXY, Robert. *Teoria da argumentação jurídica*: a teoria do discurso racional como teoria da fundamentação jurídica. Trad. Zilda Hutchinson Schild Silva. rev. tec. da trad. e introd. Cláudia Toledo. 3. ed. Rio de Janeiro: Forense, 2013, p. 227.

multiplicidade de métodos, inclusive de outras ciências, como perícias, laudos, a depender da natureza do fato enunciado; ou (iii) enunciados que não satisfaçam nenhuma das qualificadoras acima, a que o autor atrela a "argumentação jurídica".[77]

> En lo fundamental, el discurso jurídico intenta que cada pretensión jurídica sea comprendida en el marco de una fundamentación racional, de acuerdo al cuadro jurídico vigente, esto es, sujeto a la ley, a los precedentes judiciales y a la doctrina.[78]

Desta feita, a justificação externa será feita pelas *formas de argumentos*, e as regras de justificação se ocuparão, desta feita, dentre outras coisas, com as especificidades dos fatos. O autor as aponta como sendo: (*i*) regras de interpretação (lei); (*ii*) regras de argumentação dogmática (ciência do direito); (*iii*) regras do uso dos precedentes (precedente); (*iv*) regras da argumentação prática geral (razão); (*v*) regras da argumentação empírica (empiria); e (*vi*) regras das formas especiais de argumentos jurídicos.

Na regras de (i) *interpretação da lei* ou cânones da interpretação, a primeira acima aludida, cabem formas de argumentos de índole (i.1) *semântica*, com viés justificar uma dada significação de um termo legal ou revelar que uma interpretação é admissível; (i.2) *genética*, normalmente atrelada à "vontade do legislador"; (i.3) *histórica*, fazendo referências a fatos históricos em um outro sentido, a favor ou contra uma determinada tese; (i.4) *comparativa*, com referência a um determinado estado de coisas em outra sociedade, outro sistema de direito; (i.5) *sistemática*, quando se invoca que a posição de determinada norma cumpre papel em referência ao todo sistêmico (outras normas ou princípios); e (i.6) *teleológica*, que vincula intenção ou vontade, a finalidade da lei.

---

77. Ibid., p. 228.

78. GURRUCHAGA, Liliana Mijancos. La "intención inmanente" de la Teoría Comunicacional del Derecho. In: ROBLES, Gregorio; CARVALHO, Paulo de Barros (Coord.). *Teoria comunicacional do direito*: diálogo entre Brasil e Espanha. São Paulo: Noeses, 2011, p. 283.

A (*ii*) dogmática, como ciência que produz enunciados acerca do sistema de direito, é identificada pelo autor em três vertentes: descrição do direito vigente, análise sistêmica e conceitual, e solução de propostas para casos problemáticos. Os enunciados da dogmática entram firmes na definição de conceitos jurídicos e são usados como fundamentação no discurso jurídico. ALEXY anota importantes funções da dogmática, nesse sentido, como estabilização do sistema, pelo uso corrente de conceitos doutrinários; evolução do sistema, pelas inovações e renovações das ideias doutrinárias, enfim uma importância central na produção do discurso e argumentação.[79]

O que nos importa destacar acerca do (*iv*) discurso prático geral é que elas se inserem na argumentação jurídica notadamente pelo cumprimento de suas próprias regras, ao menos potencialmente, que darão sustentabilidade ao específico discurso jurídico, quais sejam: (a) nenhum falante pode contradizer-se; (b) todo falante só pode afirmar aquilo em que ele mesmo acredita; (c) todo falante que aplique um predicado *F* a um objeto *A* deve estar disposto a aplicar também *F* a qualquer objeto igual a *A* em todos os aspectos relevantes; e (d) diferentes falantes não podem usar a mesma expressão com diferentes significados.[80]

Relativamente à (*v*) empiria, as regras se valem de enunciados referentes a uma infinidade de áreas do conhecimento, podendo ser denotativos de ações simples, complexas, motivação, estado de coisas, eventos no mundo fenomênico, específicos e técnicos de outras ciências, como economia, medicina, etc.

As (*vi*) formas de argumentos jurídicos especiais seriam o argumento em contrário, o argumento do impossível ou do absurdo, a analogia, ou seja, formas de argumento tipicamente do discurso metodológico jurídico, segundo o autor.

---

79. ALEXY, Robert. *Teoria da argumentação jurídica*: a teoria do discurso racional como teoria da fundamentação jurídica. Trad. Zilda Hutchinson Schild Silva. rev. tec. da trad. e introd. Cláudia Toledo. 3. ed. Rio de Janeiro: Forense, 2013, p. 260-265.

80. Ibid., p. 187.

Finalmente, por sua relevância ao nosso tema, temos as regras ou formas de (*iii*) uso dos precedentes, os quais na teoria de ALEXY, advertimos, devem ser contextualizados e compatibilizados em relação ao sistema que é tomado por referência ou, em outras palavras, na realidade sistêmico-jurídica vivida pelo autor, que não adota uma teoria dos precedentes obrigatórios.

Com relação à temática dos precedentes, portanto, insta destacar que o autor sustenta que o *princípio da universalidade* está na razão nuclear de sua aplicação, no viés de concretização da justiça para tratar igualmente os seres em mesma situação, para, exatamente neste ponto, identificar que seu maior problema ressoa na identificação das diferenças, ou seja, quando não se aplicariam os precedentes.

Pensamos de maneira um pouco diferente, na medida em que tanto a identificação de similitude para aplicação quanto das diferenças para a não aplicação emergem com a mesma sorte de importância para uma teoria da decisão jurídica.

ALEXY formula duas regras para uso dos precedentes[81]: (iii.1) quando se puder citar um precedente a favor ou contra uma decisão, deve-se fazê-lo; e (iii.2) quem quiser afastar um precedente assume a carga da argumentação.

Nesse sentido, as regras são universalmente válidas, permitindo a racionalização tanto em sistema de *civil law*, quando em sistemas de *common law*, tanto em casos em que se apresentam sistemas de precedentes obrigatórios, quanto em casos que haja a mera persuasão, como tônica do uso dos precedentes, justamente porque o autor impõe a utilização dos precedentes pela expressão *deve-se fazê-lo*, na regra iii.1.

---

81. ALEXY, Robert. *Teoria da argumentação jurídica*: a teoria do discurso racional como teoria da fundamentação jurídica. Trad. Zilda Hutchinson Schild Silva. rev. tec. da trad. e introd. Cláudia Toledo. 3. ed. Rio de Janeiro: Forense, 2013, p. 270.

1.4.5.1.1 Uma nota adicional sobre a pretensão de correção no discurso jurídico (ou da decisão judicial) e seu elo com a universalização

Observar, e bem observar as regras, na concepção de ALEXY, proporciona a racionalidade requerida pelo discurso jurídico, o que lhe conferiria, nesse espeque, o tom de sua universalidade, reconhecida no consenso. "[O] pragmatismo jurídico possui uma preocupação prospectiva: o que importa são as consequências a serem extraídas de uma dada interpretação, seja para a jurisprudência e/ou para a sociedade como um todo, por exemplo."[82]

Sem jamais usar de sinonímias entre direito e moral, ALEXY pretende que a pretensão de correção no discurso jurídico tenha com ela, a moral, uma conexão, ainda que ideal. A aplicação do direito que gerasse imoralidades ou injustiças, o que seria *de per se* imoral, desencadearia *defeito* nos enunciados produzidos no discurso jurídico. Nos referimos a "defeito", e não "invalidade", porque o próprio autor considera que a pretensão de correção, no sentido de conexão moral, é necessária ao direito, mas não induz invalidade, de onde seu caráter ideal.

> A exigência da fundamentação e a pretensão de correção ligada a ela podem fundamentar-se também, ao menos no que concerne às decisões judiciais, mediante o direito positivo. [...] Questão diferente é a de se esta pretensão está necessariamente presente nas decisões judiciais. Assim, seria se o conceito de decisão incluísse o conceito de pretensão de correção. A resposta a esta questão depende de como se define o conceito de decisão judicial. Há boas razões para definir este conceito no âmbito de uma teoria jurídica analítica, de maneira que não se abranja esta pretensão. Por outo lado, deve-se considerar que uma sentença judicial como 'Em nome do povo, condena-se o senhor N a dez anos de privação de liberdade, mesmo que não haja boas razões para isso' é defeituosa não só por razões morais. [...] É na verdade possível que uma sentença semelhante, sobretudo se permanece

---

82. ALMEIDA, Leonardo Monteiro Crespo de; REGO, George Browne. Pragmatismo jurídico e decisão judicial. *Pensar* – revista de ciências jurídicas, Fortaleza, v. 20, n. 2, maio/ago. 2015, p. 413-414.

como um caso isolado, realmente se aplique e seja aceita pelos membros da comunidade jurídica. Mas isso não altera em nada seus defeitos. Portanto, há razões para dizer que a falta da pretensão de correção de uma decisão não a priva necessariamente do seu caráter de decisão judicial válida, mas a torna defeituosa em um sentido relevante não só moralmente.[83]

Os participantes do processo discursivo jurídico, notadamente os focos ejetores de enunciados prescritivos, das decisões, mais especificamente, têm o ideal intrínseco de correção pressuposto no sistema. Cremos nisso como uma força motriz dos sistemas de direito positivo. E se isso conecta, em algum sentido, o Direito com a moralidade; a moralidade passa a ser pressuposto de atuação no discurso jurídico neste instante.

Anotando acerca desse potencial ou pressuposta conexão que ALEXY teria feito, elucidativas são as asserções de THOMAS DA ROSA BUSTAMANTE:

> A pretensão de correção atribui ao Direito, portanto, um caráter ideal que desautoriza todos os Positivismos que definem o ordenamento jurídico como mera facticidade ou expressão do poder de autoridade. Essa dimensão ideal do Direito serve de fundamento para um princípio geral de moralidade que é válido como norma jurídica implícita em todas as Constituições jurídicas. Junto à pretensão de correção reconhece-se, dessa maneira, uma norma pragmaticamente pressuposta que estabelece um dever (ainda que seja um dever ser ideal) de construir e aplicar corretamente o Direito.[84]

ALEXY não foge ao debate e complementa indagando em que medida essa pretensão de correção seria satisfeita, ou seja, suas condições de satisfação seriam saturadas e, mais além, em que medida isso se revelaria importante para a aceitação das decisões judiciais.

---

83. ALEXY, Robert. *Teoria da argumentação jurídica*: a teoria do discurso racional como teoria da fundamentação jurídica. Trad. Zilda Hutchinson Schild Silva. rev. tec. da trad. e introd. Cláudia Toledo. 3. ed. Rio de Janeiro: Forense, 2013, p. 213.

84. BUSTAMANTE, Thomas da Rosa. *Teoria do precedente judicial*: a justificação e a aplicação das regras jurisprudenciais. São Paulo: Noeses, 2012, p. 150.

O ideal como razoabilidade concreta de PEIRCE parece guardar semelhança com a pressuposição de correção dos enunciados deste discurso jurídico.

A estruturação do discurso racional por ALEXY, cremos, não força a um determinismo, como a primeira impressão pudesse parecer. Ao oposto, na medida em que considera a lógica insuficiente para justificar a racionalidade do discurso jurídico (a justificação interna é apenas um elemento de uma dualidade), essa estruturação, pelas justificações externas, que são todas produzidas no contexto de um dado sistema, que é comunicação em um dado contexto social, uma ponte com o pragmatismo, abre espaço para apontar que a aceitação das decisões é dependente de suas consequências.

> Isso não implica que o desenvolvimento de ferramentas analíticas, como as que exemplificamos, seja inútil ou contraproducente, sendo o contrário: é precisamente porque a elaboração de teorias e compartimentalização de problemas entre áreas de investigação específicas se mostra útil que elas precisam estar continuamente ajustadas com o tipo de problema ou questão que buscam explicar, clarificar ou responder.
> [...]
> A investigação é sempre coletiva, marcada por uma pluralidade de perspectivas e sustentada pela troca e pelo diálogo, sendo fundamental que as hipóteses de pesquisa pressionem o avanço da investigação em vez de sua obstrução e estagnação.[85]

O consequencialismo ingressará no cerne da argumentação jurídica, ou melhor, na base das justificativas externas, para conformar todos os argumentos do discurso racional. A correção, pelo menos em potencialidade de vir a ser, é medida pelas consequências, que se tornam moldes para o desenvolvimento das formas de argumentação do discurso racional, como revelam as seguintes assertivas.

---

85. ALMEIDA, Leonardo Monteiro Crespo de; REGO, George Browne. Pragmatismo jurídico e decisão judicial. *Pensar* – revista de ciências jurídicas, Fortaleza, v. 20, n. 2, maio/ago. 2015, p. 421.

> Os argumentos consequencialistas são parte do processo de justificação judicial [...]. O tema da justificação das decisões judiciais está diretamente ligado à teoria da argumentação jurídica.[86]
>
> A previsibilidade da decisão existe dentro dos limites sintáticos e semânticos que representam o fundamento jurídico-normativo da decisão.
>
> [...]
>
> As múltiplas formas de indeterminação que podem integrar o momento da decisão judicial, como as de ordem semântica e pragmática, são recepcionadas pelo consequencialismo e por outras características que acompanham o pragmatismo.[87]

É inviável negar que o consequencialismo, nota de um pragmatismo que estamos a aplicar, subjaz ao discurso jurídico. São vários os exemplos de decisões que dão início ao processo de desenvolvimento das justificativas internas e externas, considerando as consequências deste ou daquele sentido de decisão. A modulação de efeitos de uma decisão que declara uma norma inconstitucional é tipicamente uma construção consequencialista, de forma a preservar os valores da boa-fé e segurança de nossa sociedade, refletidos no sistema de direito. As consequências são elementos fundamentais nas escolhas de justificação dentre as possibilidades de decisão racionalmente possíveis no contexto do discurso jurídico.

Assim, vemos conectadas *pretensão de correção* em ALEXY, com a *universalização* potencial de toda decisão, conforme já destacado pelo próprio autor alemão, quando menciona a universalidade como princípio da justiça formal, tal qual perpassamos linhas atrás. Será aceita a decisão que não contiver graus de obstáculos à sua universalidade ou universalização. Quanto maiores as razões para que uma decisão não seja universal, maior sua tendência de rejeição pela sociedade.

---

86. PISCITELLI, Tathiane dos Santos. *Argumentando pelas consequências no direito tributário*. São Paulo: Noeses, 2011, p. 11.

87. ALMEIDA, Leonardo Monteiro Crespo de; REGO, George Browne. Pragmatismo jurídico e decisão judicial. *Pensar* – revista de ciências jurídicas, Fortaleza, v. 20, n. 2, maio/ago. 2015, p. 417-418.

> Ao considerar as consequências jurídicas de decidir através de suas implicações para casos hipotéticos, nós descobrimos que uma decisão nos compromete a tratar universalmente como correta uma ação que subverte ou falha em ter respeito suficiente aos valores em jogo, ou a tratar como erradas formas de conduta que não incluem subversão ou falhas.[88]

Pensar em universalização potencial da decisão como elemento de aceitabilidade faz a conexão de ALEXY com NEIL MACCORMICK, que tem na universalização potencial de todas as decisões jurídicas, posto que elas estabelecem padrões de conduta, a base de seu pensamento consequencialista, e assevera que a argumentação jurídica possui função dual: (i) persuasão e (ii) justificação e que ambas são ligadas na medida em que o grau de justificação será conferido pela justificação dos argumentos, para concluir que ao juiz não basta demonstrar aplicação da norma, mas é preciso justificar essa aplicação, para, somente depois, realizar a aplicação (dedutiva) da norma, como destacam as assertivas abaixo:

> Qualquer estudo de raciocínio jurídico é, portanto, uma tentativa de explicitar o critério assim como o que constituiu um tipo de argumento em direito que seja bom ou mau, aceitável ou inaceitável.[89]
>
> As consequências relevantes em face das quais a decisão deve ser justificada são as consequências lógicas vinculadas ao princípio da universalidade. Em poucas palavras, de acordo com MacCormick, as decisões judiciais introduzem um padrão normativo de conduta, que deve ser observado (do ponto de vista jurídico e não apenas moral) por todos os cidadãos e autoridades, por exigência do princípio da justiça formal. Por essa razão, a atividade de justificar decisões judiciais implica a apresentação de

---

88. MACCORMICK, Neil. *Rhetoric and the rule of law*: a theory of a legal reasoning. Oxford, MI, US: Oxford University Press, 2005, p. 114 apud PISCITELLI, Tathiane dos Santos. *Argumentando pelas consequências no direito tributário*. São Paulo: Noeses, 2011, p. 3-4.

89. MACCORMICK, Neil. *Legal reasoning and legal theory*. Clarendon Law Series. Oxford, MI, US: Oxford University Press: 1978, p. 12-13 apud PISCITELLI, Tathiane dos Santos. *Argumentando pelas consequências no direito tributário*. São Paulo: Noeses, 2011, p. 17.

razões universais (ou universalizáveis) em favor da solução dada ao caso concreto, pois, uma vez proferida, a decisão se torna um 'tipo de regra para todas as pessoas.[90]

Desta feita, pensamos que a teoria da argumentação jurídica de ROBERT ALEXY, que já destaca o princípio da universalidade na justificação interna do discurso jurídico, pode atrelar-se ao consequencialismo de MACCORMICK, que influenciaria todas as escolhas de padrões das regras e formas de argumentação atinentes às justificativas externas, para estabelecer um padrão de aceitabilidade e pretensão de correção das decisões judiciais.

Essa conexão parece ter sido objeto de destaques conferidos por TATHIANE DOS SANTOS PISCITELLI, quando investigava o pensamento de MACCORMICK.

> O silogismo ou a argumentação lógica-dedutiva é um momento importante na tomada de decisão e, segundo MacCormick, é uma exigência do Estado de Direito, mas a justificação não se encerra nele. Na medida em que existem soluções rivais para o caso em juízo, é necessário recorrer a uma justificação de 'segunda ordem', que envolve o teste das possíveis decisões em face dos critérios normativos segundo os quais uma decisão é considerada correta (o que significa bem justificada). Tais critérios envolvem a consideração de argumentos consequencialistas e a verificação da consistência e coerência da decisão com a ordem jurídica[91].

> [...] a justificação de uma decisão judicial pressupõe a observância dos seguintes passos: identificada a norma geral e abstrata aplicada ao caso, o juiz deve justificar o porquê aquela solução estabelecida por essa norma está correta. Nesse 'apontar de correção', o magistrado deve apresentar as razões (universais ou universalizáveis, como adiante será detalhado), pelas quais a decisão não é contraditória com o sistema jurídico (teste de consistência) e, de outro lado, razões segundo as quais a decisão realiza os fins e valores perpetrados pelo sistema (teste de coerência). Por fim,

---

90. PISCITELLI, Tathiane dos Santos. *Argumentando pelas consequências no direito tributário*. São Paulo: Noeses, 2011, p. 24.

91. Ibid., p. 19.

o teste final das consequências: o juiz deve apresentar as razões pelas quais a decisão possui consequências jurídicas aceitáveis.[92]

Em linhas finais, pensamos seriamente que o pragmatismo jurídico, vazado nas necessárias características de contextualidade e consequencialismo, pode ter ponto de apoio na teoria do discurso racional de ALEXY, com as notas acerca do pensamento consequencialista de MACCORMICK, e, por tudo o quanto exposto em nossas premissas, longe de se oporem, caminham para que a construção (racional) de normas atrelem-se aos resultados de sua aplicação, na concreção, em cada decisão, do ideal da razoabilidade concreta proposto por PEIRCE.

1.5 O ambiente de nossas indagações

Feitas, por necessidade científica, as anotações acerca das premissas epistemológicas e científicas que orientarão nossas investigações, é tempo de desvelar as hipóteses que nos levaram pensar no trabalho que aqui correrá. Elas são nítidas e podem ser singelamente enunciadas a partir do contexto social e jurídico em que foram levantadas.

A inauguração de um novo sistema de leis processuais no direito civil brasileiro parece, e promete ser, uma quebra de paradigma na maneira pela qual se opera no ambiente judicial pátrio, mais precisamente no ambiente que circunda o Poder Judiciário como foco ejetor de decisões.

Sem qualquer pretensão de uma análise mais fecunda sobre o novo Código Processual Civil brasileiro, posto não ser este o espaço para isso, percebe-se que há linha diretiva, no que se poderia chamar de uma hialina intensão de revigorar o funcionamento do Poder Judiciário, visando, dentre outros objetivos, celeridade, estabilidade e, principalmente, garantir

---

92. PISCITELLI, Tathiane dos Santos. *Argumentando pelas consequências no direito tributário*. São Paulo: Noeses, 2011, p. 20-21.

o fornecimento de uma efetividade na entrega da prestação jurisdicional à sociedade.

Decisão efetiva é decisão eficaz, e eficácia congrega tempo e qualidade, como jazia na advertência de Rui Barbosa[93]. Fazer com que o Estado-Juiz possa atender os cânones da eficiência, aproximando-se de uma decisão que entregue solução para contendas, e não meramente que dê ou negue procedência a um direito oco e sem substância, deverá ser pedra de toque da operação das leis instrumentais no Brasil. Esse pelo menos é o nosso sentir. E isso se aproxima da tônica pragmática.

Uma das maneiras pelas quais buscou-se a realização desses intentos, dessa tão desejada efetividade, foi a elevação dos precedentes judiciais obrigatórios a um nível de potência jamais visto em outras épocas, pelo menos em nossa jovem República, no sentido de influenciar e se fazer presente no cotidiano decisório em todos os níveis do judiciário nacional.

Para a vinculação dos precedentes, a legislação pátria dissemina a chamada doutrina do *stare decisis* em sua modalidade vertical. Esse império das decisões das Cortes Superiores impele uma observância sistêmica de precedentes, que busca emprestar estabilidade às relações jurídicas, com viés de previsibilidade, trazendo a reboque celeridade, com todo o prêmio de eficácia que está embutido nestes elementos.

Esse sistema muda a forma de justificação das decisões judiciais no sistema de direito pátrio e pede uma nova racionalidade discursiva dos focos efetores de decisões.

Nossa principal inquietação é saber como têm sido tratados, no contexto da movimentação do sistema de direito

---

93. Cf. BARBOSA, Rui. *Oração aos Moços*. Rio de Janeiro: Edições Casa de Rui Barbosa, 1999, p. 40: "Mas justiça atrasada não é justiça, senão injustiça qualificada e manifesta. Porque a dilação ilegal nas mãos do julgador contraria o direito escrito das partes, e, assim, as lesa no patrimônio, honra e liberdade. Os juízes tardinheiros são culpados, que a lassidão comum vai tolerando. Mas sua culpa tresdobra com a terrível agravante de que o lesado não tem meio de reagir contra o delinquente poderoso, em cujas mãos jaz a sorte do litígio pendente".

positivo, os precedentes judiciais obrigatórios em nosso sistema de direito e, evidentemente, indagar como deve sê-lo, de ora em diante.

1.6 A relevância temática

A primeira questão que veio-nos à mente foi em que medida, em tal ambiente de mudanças, haveria influência na maneira de decidir, de fundamentar/justificar as decisões judiciais, no direito brasileiro; em que dimensão essa potencial influência ocorrerá sobre o tema da tributação, fenômeno dotado de uma dualidade eterna, no balanço entre a necessidade de arrecadação para o desempenho das atividades estatais, contraposto aos direitos e liberdades individuais e mesmo coletivos, mormente os patrimoniais, dos chamados cidadãos contribuintes.

Ao depois, outra hipótese, com desdobramentos em questões: estaria o sistema brasileiro, mecanicamente classificado como um sistema jurídico de *civil law*, aproximando-se, especificamente com relação à fundamentação das decisões, de uma sistemática típica dos chamados sistemas de *common law*? Muda-se o papel dos juízes na maneira de expor os fundamentos decisórios, de justificar racionalmente suas decisões? Estamos preparados culturalmente para a adoção generalizada de um sistema de precedentes obrigatórios? E mais importante, pelo menos para o nosso tema, as relações tributárias, fundadas eminentemente na aplicação de normas ou regras-matrizes de incidência tributária serão alcançadas pelas mudanças, se é que as haverá?

Para depurar e pelos menos orbitar nas respostas a esses questionamentos, dado que algumas delas somente a práxis decisória vindoura nos fornecerá, optamos por um viés metodológico estritamente pragmático ou, melhor dizendo, empírico, de análise.

Cremos que, modernamente, esse é um viés analítico das decisões judiciais torna-se necessário e premente. Não se explica o fenômeno jurídico em qualquer sociedade no século XXI sem atentar-se para o chamado direito dos tribunais. Saber de que forma as Cortes de Justiça, notadamente as superiores, interpretam as normas de um dado sistema, como interpretam e entendem juridicamente os diversos temas sensíveis do ponto de vista social, serve de guia às decisões e comportamentos sociais, desde grandes conglomerados econômicos até aos comportamentos individuais. E, ao fim e ao cabo, a função do Direito, enquanto ordenamento jurídico, é exatamente esta: orientar comportamentos interpessoais.

Nesse sentido, elegemos as Súmulas Vinculantes em matéria tributária como fundo de nossa análise, dado que são elas a perfeita identificação do *stare decisis* vertical, já adotado especificamente para esse instrumento em nosso sistema. E tomamos como espectro de amostra as decisões da própria Suprema Corte para realizar o teste empírico de como a fundamentação desses julgados foi, desde sua criação, até os dias de hoje, realizada. A técnica de análise, portanto, é empírica.

As Súmulas Vinculantes são uma rica experiência como instrumento de vinculação de decisões; têm uma potencialidade de eficácia de enormes dimensões, posto que as relações tributárias são simétricas do ponto de vista lógico-normativo, e os fatos-espécie multiplicam-se na proporção da grandiosidade do fenômeno tributário em nosso país, ou seja, o potencial de replicação é muito considerável, porque, dentre outras perspectivas, são preceitos vinculantes da Corte Suprema brasileira.

O empirismo analítico nos imporia outras indagações: Súmulas Vinculantes são normas? As Súmulas Vinculantes são aplicadas? As súmulas vinculantes são precedentes? Como são, na práxis, aplicadas as Súmulas Vinculantes? As razões fundamentais da decisão tomada em outros julgados são levadas em consideração? Quais são, de fato, os fundamentos de decisão de aplicação dos precedentes vinculantes em matéria tributária que tanto podem influenciar no comportamento dos contribuintes? Há maneiras de identificar esses fundamentos?

Algumas dessas respostas já são alardeadas pela comunidade doutrinária, até tomadas como dogmas; nosso empenho é obter o resultado a partir do teste empírico. Desvelar o contexto de aplicação das Súmulas vinculantes em matéria tributária é nosso maior propósito. São essas as questões das quais pretendemos tratar. E faremos esse tratamento em um modelo que consideramos efetivo e útil, em uma análise pragmático-empírica das decisões, descrevendo seus argumentos e investigando o contexto daquele direito que está sendo escrito pelos tribunais.

1.7 O eixo organizacional

Em epílogo de todas as considerações feitas no presente capítulo inaugural, podemos deixar clara a estrutura de organização dos capítulos seguintes.

Adiante dos presentes escritos de ordem epistêmica e teórica, em que visamos desnudar a postura orientadora do presente trabalho, os dois capítulos seguintes tratarão diretamente da teoria dos precedentes. No capítulo 2, serão feitas considerações de caráter conceitual, sobre os elementos necessários para se compor um conhecimento específico sobre os precedentes judiciais; rudimentos de uma espécie de teoria geral da temática dos precedentes. Procuraremos contextualizar conceitos que nasceram em sistemas de direito alienígenas, tais como *ratio decidendi (holding)*, *overruling*, *overriding*, *civil law*, *common law*, para poder utilizá-los e debatê-los sem ressalvas.

O capítulo 3 tem vocação, sob certo aspecto, para considerações acerca da dinâmica contextual em que são emitidas as decisões judiciais e propõe a questão se há diferenças entre a decisão judicial no sistema de direito brasileiro, tomado aqui como sinônimo de *civil law*, e a decisão exarada no seio dos sistemas de *common law*, notadamente quanto à inflexão hermenêutica, suas possibilidades e potencialidades.

No quarto capítulo, um breve relato eminentemente histórico dos fragmentos de textos normativos indicativos de qualquer ordem de mandamento que pudesse ser colhido como relativo à existência de precedentes judiciais no Brasil. Sem pretensão de construção de juízos de valor, o capítulo é eminentemente declarativo-histórico, com foco nas Súmulas Vinculantes, que ocupam o tema central dessa tese.

No capítulo seguinte, o 5º, emerge a vocação eminentemente expositiva da técnica de aproximação do objeto de nossas investigações: a análise das decisões que aplicam os precedentes judiciais em matéria tributária, da Corte Suprema, pela Corte Suprema. Os recortes, critérios, argumentos de pesquisa e eleição do universo das decisões são exibidos sob holofotes.

Desde o capítulo 6 até o capítulo 13 é feita a análise pragmático-empírica das decisões, colhidas em sua integralidade, com lastro nos acórdãos das duas turmas de julgamento do Supremo Tribunal Federal e também por seu órgão plenário. Uma advertência aqui é cabível. Não temos objetivo estatístico. A produção de tabelas, gráficos de análise, de uma "jurimetria" das decisões de forma a descrevê-las não foi nossa e nem poderia sê-lo. Os Capítulos de análises de súmulas visaram analisar de forma a constatar se é possível evidenciar os argumentos das decisões, se é possível, por exemplo, a identificação de suas razões de decidir para aplicação ou não aplicação (*distinguishing*) da súmula vinculante. E, por fim, juízos críticos acerca do ambiente (contexto) em que se deram as decisões.

Especificamente no capítulo 14 nos dedicamos a explicitar considerações acerca das Súmulas (48, 50 e 52) de conjunto vazio, ou seja, verbetes que, até o momento em que se pesquisou, não contavam com decisões emitidas ou contavam com decisões que não satisfizeram os critérios dos recortes metodológicos eleitos para designação do universo de análise e delimitados no capítulo 5.

Por fim, no derradeiro capítulo, a Conclusão, todo o esforço de contextualização e desenvolvimento de problematização culmina em assertivas de cunho conclusivo, acerca das decisões de aplicação de precedentes em matéria tributária, o juízo sobre a súmula vinculante ser norma jurídica e, assim sendo, se é precedente, para além de discorrer sobre as mudanças de paradigma no sistema de decisão judicial com lastro nas normas de precedentes e se isso acaba por influenciar a decisão em matéria tributária, notadamente quanto à hermenêutica da norma tributária.

2. ELEMENTOS PARA UMA TEORIA GERAL DOS PRECEDENTES JUDICIAIS VINCULANTES

Como pressuposto elementar do desenvolvimento de nosso raciocínio, temos por fundamental o esclarecimento de conceitos e definições acerca da teoria dos precedentes judiciais, que são amplamente utilizados na doutrina especializada.

A questão ganha relevância quando percebemos que muitos desses conceitos, para não dizer a quase totalidade, foram forjados em sistemas jurídicos alienígenas, especialmente nos de tradição *common law*.

A importação de tais definições, sem a necessária contextualização, quando necessário, com o sistema nacional, é perigosa por trazer insegurança e imprecisão ao texto. E isso não é admissível.

2.1 Do início: o termo *precedente*

Destacamos o termo *precedente* como um termo de definição problemática. Pode ser utilizado na função conotativa ou denotativa e padece das características de vaguidade e ambiguidade; enfim, pode denotar muitos objetos distintos entre si, em universos de conhecimento diferentes.

CHARLES SANDERS PEIRCE[94], seguindo a esteira de seu pragmatismo, tece considerações sobre o sentido do termo em correlação com sua utilização. PEIRCE adverte que os termos *extensão* e *compreensão* foram introduzidos por J. S. MILL, tendo também *amplitude* e *profundidade* como os seus correlatos respectivos mais largamente usados antes da referência inicial de MILL.

Baseado em estudos de GOTTLOB FREGE e partindo da premissa de distinção dos planos da realidade e com os planos de linguagem, RICARDO GUIBOURG, ALEJANDRO GHIGLIANI e RICARDO GUARINONI destacam as duas formas de composição dos significados: denotação e conotação.

Quando um termo é utilizado, todo o conjunto de elementos que caibam no conceito expressam a denotação de tal termo. A delimitação é feita em função dos critérios usados para a classificação, o critério de uso da palavra; de outro lado, a conotação designa elementos, requisitos ou características que compõem tal critério.[95]

A vaguidade caracteriza a imprecisão da conotação de uma palavra ou termo, havendo dúvidas sobre o significado do termo; há falta de precisão em seu significado. Todas as palavras são vagas em alguma medida. Para cada termo há um conjunto central de casos em que essa palavra é aplicável, encaixando-se nos critérios usuais. Porém, há infinidade de casos em que a vaguidade deve ser resolvida com parâmetros para precisar o significado do termo; a ambiguidade revela que o termo possui duas ou mais significações distintas. Também é chamada de polissemia.[96]

---

94. PEIRCE, Charles Sanders. *Semiótica*. Tradução de José Teixeira Coelho Neto. 4. ed. São Paulo: Perspectiva, 2010, p. 129.

95. GUIBOURG, Ricardo; GHIGLIANI, Alejandro; GUARINONI, Ricardo. *Introducción al conocimiento científico*. Buenos Aires: Eudeba, 1985, p. 40-43.

96. Ibid., p. 47-51.

O contexto, o uso do termo, portanto a dimensão pragmática, é relevante para a determinação de seu significado; portanto, precisaremos delimitar a extensão de seu emprego no presente contexto.

2.1.1 Precedente como decisão judicial (ou normas referentes ao regramento de um sistema ordenado de observância facultativa ou obrigatória de decisões judiciais)

Não olvidamos, por óbvio, que até mesmo as decisões de tribunais administrativos (tributários, econômicos, etc.), isoladamente consideradas, portanto, podem ser tomadas como sinônimos de precedentes. E seu uso na linguagem jurídica é indistinto, podendo ser utilizado tanto na esfera do contencioso administrativo quanto nas discussões havidas junto ao Poder Judiciário.

Temos que advertir em linhas iniciais que faremos uso do termo *precedente* em algumas acepções, que serão percebidas no contexto de seu uso: (i) como sinônimo de decisão judicial de observância não obrigatória; (ii) como sinônimo de decisão judicial de observância obrigatória; (iii) como sinônimo de conjunto de enunciados prescritivos que versem sobre observância facultativa ou obrigatória de decisões consideradas como precedentes; (iv) como sinônimo de normas jurídicas construídas a partir de enunciados prescritivos que regulem a observância facultativa ou obrigatória de decisões consideradas como precedentes.

O objetivo imediato é dar relevo ao primeiro sentido que queremos destacar, do precedente como significação sinônimo de decisão judicial; um sentido mais amplo, com maior extensão semântica, conforme destaque de GILBERTO ANDREASSA JUNIOR:

> Embora o termo "precedente" seja polissêmico, em uma breve leitura dos seus requisitos formais já podemos distingui-lo da jurisprudência. De forma sucinta, podemos delimitar o precedente

como decisão anterior que funciona como modelo (potencialidade de influência) para decisões posteriores (isonomia – *treat like cases like*).[97]

Nota-se que a extensão semântica conferida ao termo, na passagem acima, é reveladora de uma amplitude em grau que tende ao máximo de generalização conotativa. O precedente é tido como uma decisão anterior, potencialmente influente para outras decisões futuras.

Destaca-se o elemento do óbvio cronológico. *Precedente* é um adjetivo oriundo da língua latina (*praecedens, praecedentis*) que significa 'que precede'. O verbo *preceder*, de mesma origem (*praecedere*), significa estar diante de, anteceder, chegar antes de, existir antes de, suceder ou ocorrer antes de, anteceder.[98] Uma decisão anterior que potencialmente pode exercer influência sobre a uma decisão posterior.

Essa extensão, de tom mais vago e impreciso não se faça errônea, mas ao oposto, seja o ponto de partida para especificações e distinções necessárias ao uso do termo.

Sequencialmente ao elemento cronológico, por ligação direta com o tempo, emerge uma segunda distinção sempre encontrada na doutrina que é dada pelo paralelismo comparativo entre decisão e jurisprudência, que também merece destaque por sua utilidade.

Precedente não é jurisprudência, porém, por incrível que possa parecer, os termos por vezes são usados indistintamente. O precedente é uma decisão judicial. A primeira em seu gênero. A que firmou um entendimento sobre um caso. Jurisprudência é coletivo de decisões que se harmonizam no mesmo sentido decisório.

---

97. ANDREASSA JÚNIOR, Gilberto. Jurisprudência x precedentes judiciais: a equivocada aplicação dos sistemas nos tribunais superiores. In: _____; AMARAL, Letícia Mary Fernandes do (Coords.). *Novos Rumos do direito*. Curitiba: Juruá, 2013, p. 16.

98. LAROUSSE. *Grande Dicionário Larousse Cultural da língua portuguesa*. São Paulo: Nova Cultural, 1999, s.v. *precedente*.

Precedente é uma decisão judicial, e uma decisão judicial não pode ser considerada uma jurisprudência, nem mesmo qualquer conjunto de decisões. Para definirmos, inclusive, o que é jurisprudência não nos basta o critério quantitativo, pois é necessário que esse conjunto de decisões seja harmônico e que verse sobre determinado tema.[99]

A função ou funções dos precedentes é uma propriedade que costumeiramente influencia a doutrina no âmbito conceitual. Corriqueiramente encontram-se definições que fazem dos objetivos dos precedentes a força motriz de seus termos de definição. Valores como a isonomia de tratamento dos usuários do Poder Judiciário e a própria estabilidade do sistema jurídico, com viés de previsibilidade, frequentam as definições de precedentes não em raros casos.

> A denominação de Precedente, ainda que não se traduza, efetivamente, no pressuposto conceitual e interpretativo do que se pode compreender como tal, se pauta na relevância de se zelar pela igualdade de tratamento em face das decisões judiciais dentro de um Estado Constitucional, pois que nada nega tanto a igualdade quanto dar a quem já teve um direito violado ou sofre iminente ameaça de tê-lo, uma decisão em desacordo com o padrão de racionalidade já definido pelo Poder Judiciário em querelas verdadeiramente idênticas.[100]

A ênfase nas funções é nitidamente importante, e as funções dos precedentes merecem consideração teórica específica e atenção especial, dado que os objetivos e funções são intimamente conectados com a justificação de sua existência em um dado sistema de direito positivo.

Mais próximo do que pensamos expressar a classe de

---

99. FREIRE, Alexandre; FREIRE, Alonso. Elementos para a compreensão do sistema de precedentes judiciais no processo civil brasileiro. *Revista dos Tribunais*, São Paulo: Revista dos Tribunais, v. 103, n. 950, dez. 2014, p. 215.

100. GAIO JÚNIOR, Antônio Pereira. Considerações acerca da compreensão do modelo de vinculação às decisões judiciais: os precedentes no novo código de processo civil brasileiro. *Revista de Processo*, São Paulo, v. 41, n. 257, jul. 2016, p. 350-351.

objetos que podem ser incluídas no conceito é a definição que se vale no argumento da fundamentação das decisões, ou seja, um precedente caracterizaria um ou mais fundamentos (no sentido de justificação jurídica) que sustentam lógica e pragmaticamente o sentido de uma decisão, aplicada a uma dada a situação posta sob o exame de juízo de uma autoridade decisória, monocrática ou colegiada. Essa, sem dúvida, revela a dimensão de definição mais aclamada na doutrina, aproximando o conceito de precedente com a razão fundamental para a tomada de decisão em qualquer sentido que seja.

> Precedente é a decisão judicial tomada à luz de um caso concreto, cujo núcleo essencial pode servir como diretriz para o julgamento posterior em casos análogos. É composto das circunstâncias de fato que embasam a controvérsia, bem como da tese ou princípio jurídico assentado na motivação do provimento decisório (ratio decidendi, que será melhor analisado adiante).[101]

Ao sentido de precedente, portanto, alinha-se dimensão semântica de decisão, em sentido lato; não sem especificar que tratamos de decisão judicial, emitida por órgãos integrantes do Poder Judiciário, em razão do objeto da presente investigação.

Há uma dualidade de espécie de justificações que podem ser cindidas em uma espécie de ontologia dos fundamentos decisórios. A razão nuclear da decisão pode ser uma situação fática, ou seja, circunstâncias materiais de condutas, ações ou estados de fato ocorridas no mundo fenomênico e, evidentemente, traduzidas em fatos jurídicos processuais nos termos do código linguístico jurídico, que serviram como elemento central na justificação decisória; ou, ainda, em circunstâncias normativas, com a apresentação de teses jurídicas centradas em normas jurídicas comportamentais (regras de incidência), regras de competência (que não deixam de ser comportamentais,

---

101. LOURENÇO, Haroldo. Precedente judicial como fonte do direito: algumas considerações sob a ótica do novo CPC. *Revista temas atuais de processo civil* [on-line], v. 1, n. 6, dez. 2011. Disponível em: <http://www.temasatuaisprocessocivil.com.br>. Acesso em: 12 jul. 2016.

consideradas as autoridades legitimadas para emiti-las)[102], fundadas notadamente em hermenêutica de normas sistemicamente consideradas, para assentar o núcleo da decisão.

Em todos os casos de decisão judicial, obviamente, haverá narrativas fáticas e normativas (tanto nas teses quanto nas antíteses apresentadas pelos partícipes do processo). A preponderância e o grau de influência no núcleo decisório distinguirão se a justificação é eminentemente fática ou normativa.

2.1.2 Precedente persuasivo

Decisões, ou melhor, os fundamentos de justificação jurídica de uma decisão original, assim considerada em virtude de não haver similitude evidente entre casos julgados que lhe sejam pregressos, o que lhe confere, conceitualmente, o caráter de precedente, podem se projetar de distintas maneiras no sistema jurídico.

No sentido de decisão judicial, portanto, o precedente tem a expectativa de afetar a linguagem jurídica ou, ainda melhor, influenciar a produção da linguagem jurídica em certo sentido. É, neste aspecto, um mecanismo potencialmente gerador de empatia aos argumentos fáticos e/ou teses jurídicas defendidos.

É neste sentido que queremos destacar o tom de persuasão que utilizaremos para diferenciarmos o gênero do termo *precedente*, tratado topicamente em item pregresso. Assim, haveremos de diferenciar os precedentes persuasivos dos precedentes vinculativos ou obrigatórios.

O critério de distinção é nítido. Trata-se da observância obrigatória ou facultativa de determinados fundamentos justificadores adotados em uma decisão que caracterizou-se como precedente, por ser a primeira a tratar de determinada questão ou porque o sistema jurídico assim a qualifica, questão que será analisada em futuro breve.

---

102. Para aprofundamento da questão, ver GAMA, Tácio Lacerda. *Competência tributária*: fundamentos para uma teoria da nulidade. São Paulo: Noeses, 2009, p. 212.

Esse critério envolve diretamente a capacidade e liberdade de produção de linguagem jurídica decisória acerca de uma situação que, em tese, amolda-se aos esquadros fáticos ou normativos da fundamentação dos precedentes. Se o julgador possuir o arbítrio de seguir os fundamentos do precedente, a natureza que lhe é conferida é nitidamente persuasiva; se, por outro lado, os fundamentos de uma decisão original não puderem ser ignorados pelas autoridades julgadoras em casos similares, restando-lhes apenas argumentar pela similitude e aplicar os mesmos fundamentos da decisão adotada no precedente, trata-se de um precedente obrigatório. Interessam-nos, nesse exato momento, os precedentes persuasivos.

> Considera-se persuasivo o precedente quando o juiz de determinada demanda não se vê obrigado a segui-lo. Nisso, se tem por bem segui-lo, significa que ali está convencido de que o mesmo ali se aplica, estando certo, portanto, de sua significativa aplicabilidade ao caso em questão.[103]

O caráter distintivo se revela hialino. Diante da possibilidade de seguir-se o precedente facultativamente, sua natureza é meramente persuasiva e funcionará como mecanismo de sensibilização racional e jurídica, ou, em outras palavras, uma ferramenta de sensibilização jurídico-racional, apta a despertar na autoridade julgadora sensações de simpatia à tese ou argumentos defendidos. Esses sentimentos transmudam-se em ações externas no sentido de que os fundamentos do precedente sejam acatados pelo julgador para serem objeto de sua própria justificação racional para que sejam aplicados ao caso, movimentando o sistema de direito positivo pelo código de produção da linguagem jurídica para as decisões.

> [...] o precedente persuasivo (*persuasive precedent*) não tem eficácia vinculante; possui apenas força persuasiva (*persuasive autority*), na medida em que "constitui indício de uma solução

---

103. GAIO JÚNIOR, Antônio Pereira. Considerações acerca da compreensão do modelo de vinculação às decisões judiciais: os precedentes no novo código de processo civil brasileiro. *Revista de Processo*, São Paulo, v. 41, n. 257, jul. 2016, p. 353.

racional e socialmente adequada". Nenhum magistrado está obrigado a segui-lo; "se o segue, é por estar convencido de sua correção". Há situações em que o próprio legislador reconhece a autoridade do precedente persuasivo e isso tem o condão de repercutir em processos posteriores.[104]

E conquanto a diferenciação dos precedentes em persuasivos e obrigatórios se faça por sua natureza, há vezes em que a doutrina situa o elemento obrigatório ou persuasivo nos efeitos dos precedentes, como nos escritos de HAROLDO LOURENÇO, mas, ao final, nada impede que classifiquemos atribuindo a natureza jurídica dos precedentes por seus efeitos, o que, no nível da práxis, portanto, não acarretará maiores altercações:

> *Efeito persuasivo*: é um efeito mínimo do precedente, o de convencer o julgador. Nesse sentido, por exemplo, quanto mais elevado hierarquicamente o órgão prolator, maior será sua força persuasiva. É um indício de uma solução razoável e socialmente adequada, podendo ser observado no art. 285-A [art. 332 do Novo CPC], do incidente previsto no art. 476 a 479 [art. 926 do Novo CPC], dos embargos de divergência (art. 546) [arts. 1.043 e 1.044 do Novo CPC], bem como do recurso especial por dissídio jurisprudencial (art. 105, III, "c" da CF/88).[105]

Crítica feita a essa espécie de precedente no sistema brasileiro é colhida nos escritos de LUIZ GUILHERME MARINONI:

> Para que se tenha eficácia persuasiva é preciso que exista algum constrangimento sobre aquele que vai decidir. É necessário que o juiz tenha alguma obrigação diante da decisão já tomada. O reflexo deste constrangimento ou desta obrigação apenas pode estar na fundamentação. A Corte obrigada não pode ignorar o precedente, devendo apresentar convincente fundamentação para não adotá-lo.

---

104. DIDIER JR., Fredie. *Curso de direito processual civil*. V. 3, 7. ed. Salvador: Juspodivum, 2009, p. 388-389.

105. LOURENÇO, Haroldo. Precedente judicial como fonte do direito: algumas considerações sob a ótica do novo CPC. *Revista temas atuais de processo civil* [on-line], v. 1, n. 6, dez. 2011. Disponível em: <http://www.temasatuaisprocessocivil.com.br>. Acesso em: 12 jul. 2016.

Isso quer dizer que, no Brasil, os precedentes não vêm sequer sendo tidos como persuasivos. Embora constitua uma patologia, os tribunais e juízes muitas vezes não se julgam obrigados a respeitar os precedentes das Cortes Supremas. Em alguns casos, nem mesmo tomam em consideração os precedentes articulados pelos advogados das partes.[106]

Tocando especialmente o caráter persuasivo do precedente, a passagem adrede transcrita cuida de revelar o nítido descompromisso, na esteira do pensamento do autor, da pragmática da produção decisória no sistema jurídico pátrio, evidenciando o pouco prestígio que os precedentes persuasivos gozam na dinâmica da linguagem das decisões judiciais.

Chamamos essa pouca influência, com a qual tendemos expressar concordância, de persuasão retórica, pois, na práxis da linguagem de movimentação do sistema jurídico de decisões, chega-se ao nível da utilização de decisões (que não são necessariamente precedentes, mas apenas jurisprudência), como mera retórica argumentativa, para quase tocar o fundo do poço do desprezo pelos precedentes, na medida em que a utilização de precedentes persuasivos é feita sem critérios, sem paralelismo argumentativo entre a tese defendida e os argumentos do precedente, e, muitas vezes, sem qualquer correlação com as circunstâncias fáticas e normativas jacentes ao caso para o qual se busca uma decisão.

2.1.3 Precedente vinculante

Na esteira dos objetivos diretamente conceituais dos presentes escritos, podemos dizer que, como definição para uma teoria geral, precedente judicial vinculante é aquele que necessariamente deve ser observado pela autoridade julgadora legitimada à emissão da decisão de um caso qualquer, do qual se extraia a similaridade fática e/ou normativa

---

106. MARINONI, Luiz Guilherme. *Precedentes obrigatórios*. 4. ed., rev. atual. e ampl. São Paulo: Revista dos Tribunais, 2016, p. 93.

com os fundamentos de justificação adotados pela decisão precedente.

Distinguindo a natureza por seus efeitos, conforme a trilha seguida por HAROLDO LOURENÇO e já delineada anteriormente, haveria, na espécie dos precedentes vinculantes, o efeito vinculante propriamente dito ou os efeitos que seriam meramente impeditivos de revisão das decisões, conforme anota o autor:

> *Efeito impeditivo ou obstativo da revisão das decisões:* existem precedentes que, se observados, impedem sua discussão através de recurso, como as súmulas do STJ ou do STF (art. 518 §1º do CPC) [art. 1.010 do Novo CPC, impedir o reexame necessário art. 475 §3º do CPC) [art. 496, §4º do Novo CPC], impedir a revisão da matéria recursal, como se extrai do art. 557 do CPC [arts. 1.010 e 932 do Novo CPC];
>
> *Efeito vinculante:* alguns precedentes vinculam e, obrigatoriamente, devem ser observados, pois ostentam uma eficácia normativa. No sistema da *commmon law* essa é a regra. As súmulas vinculantes, produzidas pelo STF (art. 103-A da CF/88), de ofício ou por provocação, mediante decisão de dois terços dos seus membros, após reiteradas decisões sobre matéria constitucional, que, a partir de sua publicação na imprensa oficial, terão efeito vinculante em relação aos demais órgãos do Poder Judiciário e à administração pública direta e indireta, nas esferas federal, estadual e municipal. Observe-se que a súmula vinculante determina não só a norma geral do caso concreto, como impedem também o recurso.[107]

Os exemplos nas notas falam por si e é no efeito vinculante propriamente dito no qual queremos nos concentrar. Quando se adota um sistema que preveja a existência de precedentes vinculantes, não há espaço, pelo menos em tese, para tergiversações. Ou bem há similaridade entre o caso julgado e o precedente invocado (paralelismo entre as circunstâncias

---

107. LOURENÇO, Haroldo. Precedente judicial como fonte do direito: algumas considerações sob a ótica do novo CPC. *Revista temas atuais de processo civil* [on-line], v. 1, n. 6, dez. 2011. Disponível em: <http://www.temasatuaisprocessocivil.com.br>. Acesso em: 12 jul. 2016.

do caso e os fundamentos de justificação do precedente) e o precedente deve ser aplicado; ou bem não os há, e o precedente deve ser afastado. É o sentido que parece ser conferido por FREDIE DIDIER JR:

> Como o próprio nome sugere, diz-se que o precedente é vinculante/obrigatório (*binding precedent*), ou dotado de *binding autority* (autoridade vinculante) quando tiver eficácia vinculativa em relação aos julgados que, em situações análogas, lhe forem supervenientes.
>
> [...]
>
> Ao falar em *efeito vinculante do precedente*, deve-se ter em mente que, em certas situações, a norma jurídica geral (tese jurídica, *ratio decidendi*) estabelecida na fundamentação de determinadas decisões judiciais tem o condão de vincular decisões posteriores, obrigando que os órgãos jurisdicionais adotem aquela mesma tese jurídica na sua própria fundamentação.[108]

O precedente vinculante toca diretamente na liberdade de decisão do julgador, por uma presunção de acerto premente, para fazer valer a decisão precedente em todo e qualquer caso que lhe seja circunstancialmente similar do ponto de vista fático ou jurídico (relativo à tese de interpretação normativa).

O caráter de observação compulsória e adoção de sua fundamentação para o caso em apreço pela autoridade julgadora, independentemente de concordância com sentido decisório, é pedra de toque de um sistema jurídico que adote a vinculação dos precedentes como uma das balizas de seu sistema de decisões.

A sistemática de observação e adoção dos fundamentos do precedente vinculante é tão significativa do ponto de vista de subserviência, que, pelo menos em tese, pode ser tida, sob certo prisma, como uma coação racional que se assemelhe a uma presunção.

---

108. DIDIER JR., Fredie. *Curso de direito processual civil*. V. 3, 7. ed. Salvador: Juspodivum, 2009, p. 388-389.

CLARICE VON OERTZEN DE ARAÚJO, em análise semiótica do sistema de direito positivo, tomando-o como um sistema comunicacional, exatamente como fazemos, destacou o caráter simbólico-presuntivo do conhecimento de todas as normas existentes pelos utentes do sistema jurídico. Chamou a isso de equiparação de repertório jurídico, pela presunção de conhecimento do todas as normas, prevenindo alegações de descumprimento de lei por ignorância de sua existência e atribui a isso condição de operatividade do sistema jurídico.

> No direito positivo brasileiro, o art. 3º da Lei de Introdução ao Código Civil, possui a operacionalidade de uma metanorma sobre todo o sistema, na medida em que trata da intepretação do sistema jurídico nacional prescrevendo: [...]. Ou seja, para o Direito, a homogeneidade do repertório dos pares emissores/receptores integrantes da sociedade é uma presunção jurídica em nome do interesse público, a partir do qual o sistema opera, realizando a sua dimensão dinâmica.[109]

Não há mais Lei de Introdução ao Código Civil; ela foi substituída, pelo menos na alcunha, pela Lei de Introdução às Normas do Direito Brasileiro, expressão a qual é mais adequada e somente ressalta o acerto da autora em atribuir-lhe o caráter de metanorma do sistema.

Pois bem, em um sistema de precedentes vinculantes, podemos traçar paralelo entre a presunção simbólico-cognitivo-normativa, acima destacada, e uma espécie de presunção argumentativo-valorativo-positiva, que evidenciaria o acerto universal dos fundamentos da decisão precedente, segundo os valores perseguidos pelo sistema de direito positivo.

Esse caráter de quase-dogma foi destacado por ANTÔNIO PEREIRA GAIO JÚNIOR, quando em sua exposição destacou a necessidade de observância dos precedentes, por mais irracionais ou incorretos que um juízo de valor pudesse lhe atribuir:

---

109. ARAÚJO, Clarice von Oertzen de. *Semiótica do direito*. São Paulo: Quartier Latin, 2005, p. 49.

No que se refere ao precedente absolutamente obrigatório, considera-se este como o que deve ser seguido, ainda que o órgão judicial do caso a ser julgado e vinculado ao aplicá-lo, o considere incorreto ou irracional. Atém-se ao precedente judicial e não se move o que está quite, justificando em tudo o brocado do *stare decisis* (*stare decisis et non quieta movere*).[110]

Nesse sentido, a hermenêutica de um sistema de direito positivo, na vigência de leis que imponham normas que caracterizem precedentes vinculantes, sofre uma espécie de mudança paradigmática. A atividade de intepretação não pode ser feita apenas com vistas às normas jurídicas cujos veículos introdutores sejam leis em sentido estrito; o hermeneuta jurídico deve atentar-se ao direito dos tribunais, aos precedentes vinculantes, metainterpretações da lei que passam a ser.

2.2 Axiologia dos precedentes vinculantes

É notória a frase *valores não são, valores valem*, buscando denotar a dificuldade, para não dizer plena impossibilidade, de uma definição do que seriam valores, pois, como expresso, valores simplesmente não são. Fazem parte de validades irreais, não se encontram no mundo do ser, mas atuam sobre o ser. Não há expressão ôntica nos valores. São, enquanto valem em relação a um ser; enquanto predicam a existência de um dado objeto.

JOHANNES HESSEN refere-se à axiologia, no sentido de uma filosofia dos valores, asseverando que "não é o dever-ser que nos dá o fundamento do valor; é o valor que nos dá o fundamento do dever-ser"[111]. O sentido da pequena consideração do autor dá o tom de nossas presentes considerações: quais valores seriam fundamentais a um sistema de precedentes

---

110. GAIO JÚNIOR, Antônio Pereira. Considerações acerca da compreensão do modelo de vinculação às decisões judiciais: os precedentes no novo código de processo civil brasileiro. *Revista de Processo*, São Paulo, v. 41, n. 257, jul. 2016, p. 353.

111. HESSEN, Johannes. *Filosofia dos valores*. Tradução de L. Cabral de Moncada. 4. ed. Coimbra: Armênio Amado Editor, 1974, p. 84.

judiciais que preveja uma certa restrição à liberdade hermenêutica da imensa maioria das autoridades julgadoras em um dado sistema de direito positivo em uma certa sociedade.

Podemos falar, desta feita, que o ambiente em que se busca determinar esses valores é permeado de alta complexidade, fruto da evolução, em todos os aspectos, da sociedade moderna. A contingência das relações sociais é o pano de fundo para uma rede de comunicação que se utiliza da tecnologia para movimentar relações sociais, complexas e contingentes, em um ritmo frenético e incessante, com dimensões quantitativas quase incompreensíveis para a limitada capacidade cognitiva humana.

Queremos aqui diferenciar que os valores aos quais nos referimos não são valores fundantes de um dado tecido social, que podem ser muitos e variados, a depender da cultura inerente a tal sociedade.

Tencionamos, em verdade, identificar quais valores são inerentes ao próprio sistema de precedentes, os quais, *de per se*, estarão presentes como balizas fundantes desse sistema, que, por sua vez, justificariam sua necessidade de existência na maximização e otimização da busca dos valores sociais em si mesmos. Valores justificadores de um sistema de precedentes são, sempre, coincidentes com os valores de determinado grupo social, ao menos em sua potencialidade performadora.

2.2.1 Segurança Jurídica como vetor de orientação na aplicação e no comportamento

Se o ambiente é complexo, as reduções de complexidades serão instrumentos úteis e dinâmicos na composição de eventuais interesses em litígio, no seio das relações jurídicas processuais e no esteio da tomada de decisão judicial. Essas reduções são, essencialmente, uma necessidade.

A adoção por um dado sistema jurídico ou a simples existência de um sistema de precedentes judiciais vinculantes desenvolvido na pragmática social e jurídica de um dado Estado enaltece o valor da segurança nas relações de direito, na previsibilidade da movimentação do sistema, de um lado, pelo foco ejetor de decisões judicias na aplicação das normas, e, de outro, pelos seus destinatários, orientando os comportamentos futuros.

A busca de estabilização nas relações jurídicas é um claro objetivo dos precedentes vinculantes no contexto dos ambientes em que sejam adotados. A segurança das relações na atual sociedade e seu alto teor de complexidades inclusive quanto à sua natureza jurídica são preocupação central de muitas das sociedades, notadamente as ocidentais com tradição democrática. Trata-se da segurança jurídica com expressividade, mas, notadamente com representatividade dos anseios e valores sociais, própria das nações livres, que se perfaz em valor fundante dos precedentes judiciais vinculantes.

Essa linha é assinalada por TERCIO SAMPAIO FERRAZ JÚNIOR, quando assevera sobre como deve ser tomada a segurança jurídica hodiernamente:

> Para entender o tema segurança jurídica na atualidade é preciso observar que, sobretudo nos últimos 40 anos, o advento da sociedade tecnológica aumentou consideravelmente o nível de complexidade da vida humana.
>
> [...]
>
> Na complexa sociedade tecnológica de nossos dias, as atividades de controle mudam de vetor, deixando de voltar-se primordialmente para o passado, para ocupar-se basicamente do futuro. A questão não está mais em controlar o desempenho comportamental como foi *realizado*, mas como ele *realizará*.[112]

A segurança jurídica, talhada aqui para o assunto dos precedentes, colhe sua melhor acepção na doutrina de PAULO DE BARROS CARVALHO, o qual atribui ao princípio da segurança

---

112. FERRAZ JUNIOR, Tercio Sampaio. *O Direito, entre o futuro e o passado*. São Paulo: Noeses, 2014, p. 123.

jurídica o caráter de sobreprincípio jurídico[113], aduzindo que a certeza do direito é um primado que funciona como uma espécie de tradução do valor-sobreprincípio da segurança jurídica:

> O princípio da certeza do direito traduz as pretensões do primado da segurança jurídica no momento em que, de um lado, (i) exige do enunciado normativo a especificação do fato e da conduta regrada, bem como, de outro, (ii) requer a previsibilidade do conteúdo de coatividade normativa. Ambos apontam para a certeza da mensagem jurídica, permitindo a compreensão do conteúdo, nos planos concretos e abstratos. Pensamos que esse segundo significado (ii) quadra melhor no âmbito do princípio da segurança jurídica.[114]

O destaque deve ser dado mesmo ao conteúdo de significação do princípio da segurança jurídica, conforme destacado pelo autor. A previsibilidade de conteúdo implica em apreensão plena da mensagem normativa, a qual, por sua vez, implica em previsibilidade de comportamento, dado que o dado lícito/ilícito do código jurídico será exposto na mensagem.

Assim funciona na decisão que tem caráter de precedente. A mensagem normativa, contida nos fundamentos justificadores da decisão ou, como querem alguns, nas razões de decidir, orientará potencialmente uma gama infindável de comportamentos que poderão se conduzir com cognição prévia acerca do sentido do lícito, com base nos fundamentos da decisão dos precedentes[115].

---

113. CARVALHO, Paulo de Barros. *Direito tributário*: linguagem e método. 5. ed. São Paulo: Noeses, 2013, p. 276.

114. CARVALHO, Paulo de Barros. *Direito tributário*: linguagem e método. 5. ed. São Paulo: Noeses, 2013, p. 278.

115. "Las decisiones de los más altos Tribunales no sirven solo para resolver el caso sometido a examen sino para suministrar criterios que necesariamente van influir en la solución de casos futuros que presenten analogía con el resuelto. Una vieja y repetida frase de los Jueces alude a que la resolución acertada de un caso no interesa solo para el caso en sí sino para los diez mil casos iguales que no han llegado al Tribunal" (SOTELO, José Luiz Vazques. A jurisprudência vinculante na "common law" e na "civil law". In: CALMON FILHO, Petrônio; BELTRAME, Adriana (Orgs.). *Temas Atuais de Direito Processual Iber-Americano*: compêndio de relatórios e

Parece ser essa a dimensão alocada aos precedentes por HAROLDO LOURENÇO:

> Nesse ponto cumpre recordarmos as funções da fundamentação. A fundamentação da decisão judicial exerce duas funções primordiais, uma *endoprocessual*, outra *extraprocessual*, compondo o devido processo legal em um aspecto substancial.
>
> [...]
>
> Assim, diante da teoria do precedente, a função extraprocessual deve ser reforçada, identificando exatamente as questões de fato que se reputam como essenciais ao deslinde da causa e se delimite, precisamente, a tese jurídica acolhida, justamente porque a fundamentação será a norma geral, um modelo de conduta para a sociedade, principalmente para os indivíduos que nunca participaram daquele processo, e para os demais órgãos do Judiciário, haja vista ser legitimante da conduta presente.[116]

São dois prismas de análise de um mesmo fenômeno. Uma dualidade intrínseca e indissolúvel. A segurança na aplicação, para o julgador, e a segurança no comportamento, para os cidadãos, são graus de estabilidade próprios do sistema de precedentes vinculantes.

De um lado, (i) a presunção de legitimidade do precedente conferindo segurança às decisões que replicam casos similares; de outro, (ii) a prévia cognição do cidadão tutelado pelo ordenamento, de que seu comportamento adotado está em termos com as variantes licita ou ilícita do código jurídico, ou, até mesmo, para orientação de condutas futuras, em casos de comportamentos ainda não verificados.[117]

---

confetências apresentadas nas XVI Jornadas Ibero-americanas de Direito Processual. Rio de Janeiro: Revista Forense, 1998, p. 336).

116. LOURENÇO, Haroldo. Precedente judicial como fonte do direito: algumas considerações sob a ótica do novo CPC. *Revista temas atuais de processo civil* [on-line], v. 1, n. 6, dez. 2011. Disponível em: <http://www.temasatuaisprocessocivil.com.br>. Acesso em: 12 jul. 2016.

117. "A propalada segurança jurídica. No contexto da *common law*, remete à ideia de que o cidadão possa prever o resultado de um comportamento adotado ou a adotar, baseando-se em regras de conduta forjadas na práxis – precedentes jurisprudenciais – que lhe garantem a não surpresa, um resultado previsível pelas

> Há contudo, que se assegurar o presente e futuro, justamente para que o indivíduo paute seu comportamento e sua conduta. Há uma dimensão pública, pois as soluções dadas pelo Judiciário doutrinam a sociedade, criando uma previsibilidade do resultado de certas demandas.
>
> Assim, quanto mais uniformizada a jurisprudência mais se fortalece a segurança jurídica, garantindo ao jurisdicionado um modelo seguro de conduta, induzindo confiança, possibilitando uma expectativa legítima do jurisdicionado.[118]

A dimensão dual da estabilidade ou, no contexto em que nos referimos, da segurança jurídica com viés de previsibilidade, a que aludimos em linhas pregressas, tanto pelo vetor dos emissários, quanto pelo vetor dos destinatários das decisões, é explicitamente ressaltada por Luiz Guilherme Marinoni:

> O cidadão precisa ter segurança de que o Estado e os terceiros se comportarão de acordo com o direito e de que os órgãos incumbidos de aplicá-lo o farão valer quando desrespeitado. Por outro lado, a segurança jurídica também importa para que o cidadão possa definir o seu próprio comportamento e as suas ações. O primeiro aspecto demonstra que se trata de garantia em relação ao comportamento daqueles que podem contestar o direito e têm o dever de aplicá-lo; o segundo quer dizer que ela é indispensável para que o cidadão possa definir o modo de ser das suas atividades.[119]

Há que se distinguir, para bem assentar do que se fala, que as situações da segurança na decisão sob o viés dos precedentes, como mecanismo de estabilização, não tocam o tema da segurança da coisa julgada, dadas as distintas situações.

A proteção da coisa julgada em um dado sistema jurídico é elemento que participa de grau mínimo de segurança.

---

instâncias julgadoras" (FARIA, Gustavo de Castro. *Jurisprudencialização do direito*: reflexões no contexto da processualidade democrática. Belo Horizonte: Arraes Editores, 2012, p. 90).

118. LOURENÇO, Haroldo, op. cit.

119. MARINONI, Luiz Guilherme. *Precedentes obrigatórios*. 4. ed., rev. atual. e ampl. São Paulo: Revista dos Tribunais, 2016, p. 96.

Queremos dizer com essa expressão que a imutabilidade das decisões com caráter definitivo, como regra, é o mínimo elementar para que se esteja em um Estado de Direito. Sem tal proteção, falha a premissa de um Estado governado sob o império da lei, no sentido mais amplo da expressão.

A segurança que visa estabilidade, de outro olhar, visa otimizar potencialidades de comportamento, outorgando estabilidade pela previsibilidade, o que parece ter sido argutamente observado por JOAQUIM JOSÉ GOMES CANOTILHO:

> É diferente falar em segurança jurídica quando se trata de caso julgado e em segurança jurídica quando está em causa a uniformidade ou estabilidade da jurisprudência. Sob o ponto de vista do cidadão, não existe um direito à manutenção da jurisprudência dos tribunais, mas sempre se coloca a questão de saber se e como a proteção da confiança pode estar condicionada pela uniformidade, ou pelo menos, estabilidade, na orientação dos tribunais. É uma dimensão irredutível da função jurisdicional a obrigação de os juízes decidirem, nos termos da lei, segundo a sua convicção e responsabilidade. A bondade da decisão pode ser discutida, pelos tribunais superiores que, inclusivamente, a poderão revogar ou anular, mas o juiz é, nos feitos submetidos a julgamento, autonomamente responsável.[120]

Em um outro grau de análise, podemos sintetizar a questão da segurança jurídica almejada pela adoção ou existência de um sistema de precedentes como mecanismos de concretização e cristalização de certos valores caros a determinado grupo social. O sistema funciona neste espeque como catalizador dos valores que devem ser expressos na decisão; pelo menos, assim deve ocorrer em sistema que apresente o mínimo de funcionalidade.

Decisões judiciais serão, nessa medida, expressão dos valores sociais na medida em que a composição hermenêutica do julgado, com todas as suas peculiaridades e especificidades, é por eles permeada, ainda que inconscientemente.

---

120. CANOTILHO, José Joaquim Gomes. *Direito constitucional e teoria da Constituição*. 3. ed. Coimbra: Almedina, 2000, p. 260.

A carga axiológica é inevitável na empreitada de interpretar as normas jurídicas para aplicação ao caso concreto. A segurança das relações que impõe a observância dos precedentes pode ser tomada neste sentido: de fazer valer as decisões que expressam os valores então caros à sociedade em um dado momento histórico.

Leonardo Monteiro Crespo de Almeida e George Browne Rego parecem sintetizar esse outro ponto nuclear da dimensão valorativa da decisão precedente.

> Tanto a norma jurídica quanto os conceitos jurídicos são instrumentos mobilizados para a resolução de problemas e questões que emergem do mundo social. O conjunto de decisões sobre um dado caso é semelhante a um programa difuso de pesquisa: cada magistrado pensa a questão do seu modo, mas, juntos, compõem um corpo de decisões que traduzem, naquele momento, as impressões, tendências e abordagens majoritárias e minoritárias sobre a questão.[121]

Não descartamos, por óbvio, a existência de decisões, notadamente nos *hard cases*, que possam implicar em amplo debate, tons de dissenso e matizes de hermenêutica jurídica dos mais variados. Mas, em regra, nas Cortes tendem a prevalecer os anseios por determinar e concretizar, nas decisões, os valores que a maioria de um grupo social prestigia.

Há, nesse sentido, um certo monopólio da interpretação jurídica para casos nos quais se formam precedentes em geral; e nos vinculantes, especificamente. As Cortes formadoras de precedentes seriam espécies de emissores privilegiados de autoridade hermenêutica, exercendo a hierarquia interpretativa, o que pode ser analogamente comparada, em certa medida, à interpretação autêntica a que aludiu Hans Kelsen.

À margem de anotações críticas ou juízos de valor, é o que ocorre em nosso sistema na atualidade. Veja-se:

---

121. ALMEIDA, Leonardo Monteiro Crespo de; REGO, George Browne. Pragmatismo jurídico e decisão judicial. *Pensar* – revista de ciências jurídicas, Fortaleza, v. 20, n. 2, maio/ago. 2015, p. 427.

> Exposição de Motivos do Código de Processo Civil/2016:
>
> O novo Código prestigia o princípio da segurança jurídica, obviamente de índole constitucional, pois que se hospeda nas dobras do Estado Democrático de Direito e visa a proteger e a preservar as justas expectativas das pessoas.
>
> Todas as normas jurídicas devem tender a dar efetividade às garantias constitucionais, tornando "segura" a vida dos jurisdicionados, de modo a que estes sejam poupados de "surpresas", podendo sempre prever, em alto grau, as consequências jurídicas de sua conduta.
>
> Se, por um lado, o princípio do livre convencimento motivado é garantia de julgamentos independentes e justos, e neste sentido mereceu ser prestigiado pelo novo Código, por outro, compreendido em seu mais estendido alcance, acaba por conduzir a distorções do princípio da legalidade e à própria ideia, antes mencionada, de Estado Democrático de Direito. A dispersão excessiva da jurisprudência produz intranquilidade social e descrédito do Poder Judiciário.[122]

A segurança jurídica, nessa medida, seria atingida pela certeza que os valores caros a determinado grupo social, em um dado momento histórico, pelo menos potencial e majoritariamente, prevaleceriam pelo respeito aos precedentes, por neles serem expressos, pela característica da potencial congruência entre fundamentos da decisão do precedente e os valores dessa sociedade. Não sendo assim, deita em solo estéril a lógica desse sistema. Por ser assim, há mecanismos de superação quando os precedentes não mais representam esses valores.

Desta feita, em linhas tópicas finais, a segurança jurídica, como valor a ser perseguindo pelos precedentes vinculantes, toma as seguintes dimensões de destaque: (i) estabilidade como legitimação da decisão que aplica o precedente; (ii) estabilidade como legitimação da decisão que não aplica o precedente e determina os elementos de distinção; (iii) estabilidade como previsão de consequências de comportamentos

---

[122]. BRASIL. Congresso Nacional. Senado Federal. *Comissão de Juristas Responsável pela Elaboração de Anteprojeto de Código de Processo Civil.* Brasília: Senado Federal; Presidência, 2010.

verificados; (iv) estabilidade como orientação de comportamentos ainda não verificados; e (v) estabilidade como respeito à prevalência de decisões que exprimem os valores prestigiados majoritariamente pelo grupo social.

2.2.2 Isonomia como tratamento aos comportamentos dos destinatários

Almejar a maximização da isonomia de tratamento aos cidadãos, pelo mecanismo da uniformidade dos sentidos das decisões judiciais através da adoção de um sistema de precedentes obrigatórios, é pressupor, em nosso sentir, a realidade do dissenso hermenêutico na interpretação das normas, que se reflete nos resultados das decisões judiciais.

Nada mais aconselhável que essa realidade seja considerada pelos variados sistemas de direito. A questão da aplicação das normas aos casos concretos, ou da subsunção dos fatos às normas, em operação reversa, como mecanismo lógico infalível, como operação de dedução pura e simples, é um mito em que, pelo menos em relação ao discurso jurídico decisório, não acreditamos, como já ressaltamos em nossas premissas.

Nesse sentido, alocar esforços para a confabulação de um arcabouço normativo que seja, de uma certa maneira, aglutinador dessas potencialidades diversificadoras sob um pálio valorativo comum, é questão angular de todos os sistemas jurídicos da atualidade, dado o já referido contexto da complexidade e desenvolvimento das sociedades modernas.

> A aplicação desigual da lei, sem dúvida alguma, gera erosão do próprio Estado de Direito que a lei visa garantir. Assim, no que diz respeito à isonomia, é óbvio que a justiça da aplicação do direito é tão ou mais importante que a da sua elaboração. A incoerência, além de uma violação ao direito em si, cria uma espiral autônoma de práticas abusivas e ajuda a explicar queixas corriqueiras de desigualdade de tratamento na aplicação da lei e a descrença no Judiciário. Em regime de precedentes, se observa a experiência da generalidade do direito. Há hoje uma consciência muito fortalecida de que lei, por si só, não assegura igualdade

de tratamento. Mas permitir que um juiz aja de acordo com sua própria interpretação, ignorando decisões já tomadas por tribunais no passado e mesmo por si, sem nenhuma razão convincente, equivale a anarquia jurídica.[123]

A igualdade na aplicação das normas, função premente do Estado quando no exercício da atividade jurisdicional é tão reveladora de importância quanto as decisões de escolha que levam à elaboração das regras inaugurais em determinado sistema. Queremos conferir, com tais assertivas, níveis de importância similares aos atos de elaboração de normas gerais e abstratas (leis no sentido amplo) ao ato de aplicação dessas normas, para a produção das decisões judiciais. A isonomia em seu grau de generalização abstrata de um lado, e igualdade em sua individualidade concreta de outro.

Ambos os atos, o de legislar e o de decidir, implicam escolhas. E cada escolha implica em negligenciar infinitas possibilidades distintas; portanto, implicam preferências. E preferências, nesta ordem de ideias, implicam em privilégio hierárquico de certos valores em detrimento de outros.

Ao conceber um sistema de precedentes, qualquer sistema jurídico pressupõe invocar o manto da igualdade como veste fundamental de um Estado. Um valor fundante cuja dimensão de importância tem mais expressividade quando esse Estado adjetiva-se com o termo *Direito*. A igualdade de tratamento é alicerce de qualquer Estado de Direito e o sistema de precedentes assim o adota.

O princípio da igualdade ou, estamos certos que podemos utilizar como sinônimo neste contexto o valor da igualdade, tem lugar hierárquico privilegiado no altar de nossa República. Já o diz o preâmbulo da Carta Constitucional de 1988, consagrado em enunciado expresso contido na cabeça do quinto artigo da Constituição. A similaridade de tratamento

---

123. FREIRE, Alexandre; FREIRE, Alonso. Elementos para a compreensão do sistema de precedentes judiciais no processo civil brasileiro. *Revista dos Tribunais*, São Paulo: Revista dos Tribunais, v. 103, n. 950, p. 199-231, dez. 2014, p. 212.

com paridade de ações dispensadas aos iguais e a criteriosa distinção compensatória, dispensando diferentes ações e tratamentos em relação aos desiguais, na potencial dimensão quantitativa daquilo que os desiguala.

No universo das decisões emanadas pelo Estado-Juiz, pode-se invocar o princípio da igualdade, com a toda a sua carga valorativa nas mais infindáveis situações, exatamente porque a igualdade é um princípio, um valor cuja definição possui forte acepção filosófica.

Nessa potencial torrente de situações, o sistema de precedentes concede objetividade à igualdade pelas mãos das regras que perseguem a igualdade de tratamento dos litígios postos sob apreciação do Estado. O cerne desse sistema perfaz-se na premissa que torna obrigatória a observância dos parâmetros decisórios e fundamentos de justificação das decisões com caráter de precedente.

A positivação da igualdade foi determinante para a adoção sistematizada e ampla do sistema de precedentes no Brasil.

> Exposição de Motivos do Novo CPC:
>
> Essa é a função e a razão de ser dos tribunais superiores: proferir de- cisões que moldem o ordenamento jurídico, objetivamente considerado. A função paradigmática que devem desempenhar é inerente ao sistema.
>
> Por isso é que esses princípios foram expressamente formulados. Veja-se, por exemplo, o que diz o novo Código, no Livro IV: "A jurisprudência do STF e dos Tribunais Superiores deve nortear as decisões de todos os Tribunais e Juízos singulares do país, de modo a concretizar plenamente os princípios da legalidade e da isonomia.[124]

Dar concreção à igualdade, nesse viés e contexto, se dará pela necessária aplicação da mesma solução para casos com

---

124. BRASIL. Congresso Nacional. Senado Federal. *Comissão de Juristas Responsável pela Elaboração de Anteprojeto de Código de Processo Civil.* Brasília: Senado Federal; Presidência, 2010.

alta similaridade (pela aplicação dos mesmos fundamentos dos precedentes) e pela aplicação de solução distinta para casos em que a ausência de similaridade justifique a não identidade de decisões (pelo afastamento do precedente, justificado pelo critério distintivo da situação).

Em nota de tom crítico, CARLOS HENRIQUE SOARES e ANTÔNIO AURÉLIO DE SOUZA VIANA assim comentam a exposição de motivos do novo CPC:

> Parece haver a suposição de que, ao se estabelecer a padronização decisória pela vinculação obrigatória (e mecânica) aos precedentes, todos os litigantes seriam tratados de maneira exatamente igual, de modo a alcançar a decantada *felicidade do povo brasileiro*, conclusão que se revela uma quimera enervante, diante das inúmeras causas que efetivamente acarretam morosidade na prestação da atividade jurisdicional.[125]

Discursos utópicos sobre igualdade e justiça são altamente sedutores, pois seus argumentos de bem-estar e felicidade geral são naturalmente bem recebidos por representar os anseios de quaisquer sociedades, em quaisquer condicionantes de tempo e espaço. Não queremos dar a impressão de que os adotamos em qualquer aspecto.

A toda evidência, ninguém poderá asseverar-se de ingenuidade tal a pensar que a adoção de um sistema de precedentes à brasileira, vamos por hora assim chamar, fulminará com todas as mazelas de nossa infeliz realidade decisória, cujas fraturas e deficiências para além da ausência de estrutura, carência de julgadores e acúmulo de processos, não nos cabe aqui comentar; entretanto, não se pode negar a tendência real da potencial uniformização de tratamento, com vistas à concretização do valor da isonomia, no tratamento dos cidadãos que, por tais e quais razões, socorrem-se do Estado-Juiz para solver seus conflitos.

---

125. SOARES, Carlos Henrique; VIANA, Antônio Aurélio de Souza. Utilização antidemocrática de precedentes judiciais. *Revista Síntese*: Direito Civil e Processual Civil, v. 12, n. 90, jul./ago. 2014, p. 18.

As regras de um dado sistema de precedentes têm contexto mais amplo do que segurança e igualdade. Esses, identificamos nós, são valores que lhe são inerentes. Mas as funções do conjunto de regras que sistematizam a prevalência das decisões precedentes têm variadas funções.

2.3 Essência funcional dos precedentes vinculantes

2.3.1 Implementar valores sociais

Definitivamente um contexto de normas que evidenciem a existência de um sistema de precedentes judiciais busca a estabilização das decisões que julgam ser expressões máximas da representação dos interesses e dos valores de determinado grupo social.

A alternância e a ruptura parecem ceder espaço para um campo de positivação dos valores vigentes e expressos nas decisões dos precedentes; a manutenção de um esquadro decisório que externa os padrões de comportamento e os parâmetros de condutas aceitos e perseguidos pela sociedade e a composição de um cenário jurídico surgem como consequências das decisões com caráter de precedentes obrigatórios.

É de interesse presente mencionar que NORBERTO BOBBIO faz uma espécie de consideração classificatória entre as sociedades, cujo critério seria a escolha entre as categorias da inércia e da mudança:

> É notória a importância que têm, para uma análise funcional da sociedade, as categorias da conservação e da mudança. Considerando agora as medidas de desencorajamento e as de encorajamento de um ponto de vista funcional, o essencial a se destacar é que as primeiras são utilizadas predominantemente com o objetivo da conservação social e as segundas, com o objetivo da mudança. Podemos imaginar duas situações-limite: aquela em que se atribua valor à inércia, isto é, fato de as coisas permanecerem como estão, e aquela em que se atribua um valor positivo

à transformação, isto é, ao fato da situação subsequente ser diferente da anterior.[126]

Temos firme que nenhum desses elementos (conservação ou mudança) possam ser considerados axiologicamente bons ou ruins, e, portanto, não representem objetivamente, *de per se*, valores ou desvalores. Poderão designar um ou outro, tudo a depender do contexto social em que são implementados.

A existência de um complexo de normas que estabelece um sistema de precedentes obrigatórios tende, sem dúvida, à conservação, na medida em que adota por premissa o acerto valorativo das decisões precedentes com relação às expectativas sociais, e busca fazer valer seu máximo grau de eficácia pela imposição de sua observância.

A captação e representação dessas expectativas sociais sempre é mais explícita em temas considerados sensíveis, como a legalidade da interrupção da gestação em tais e quais situações, a redução da maioridade penal etc., pois são temas afetos às influências de informações e dados atinentes a outros subsistemas sociais, como a religião, a moral etc., mas não deixa de existir relativamente às questões de índole tributária, cujo subsistema normativo é muito mais receptivo aos influxos do subsistema econômico do que qualquer outro. Assim, naquilo que toca à ordem tributária, as expectativas sempre se relacionarão à economia, ao direito de propriedade, à liberdade de contratação, com toda a riqueza de variáveis dessa equação.

Essa expectativa de concretização de valores da sociedade no exercício da função jurídico-decisória foi captada por TERCIO SAMPAIO FERRAZ JÚNIOR, que exemplificou uma "responsabilidade finalística do juiz" em relação aos direitos sociais, produto da cultura premente em um Estado Social:

---

126. BOBBIO, Norberto. *Da estrutura à função* – novos estudos de teoria do direito. Barueri: Manole, 2007, p. 19.

> [...] os direitos sociais, produto típico do Estado previdência [...] colocam-se como exigência de implementação. Isso altera o desempenho e a função do Poder Judiciário, ao qual, perante eles ou perante sua violação, não cumpre apenas julgar no sentido de estabelecer o certo e o errado com base na lei (responsabilidade condicional do juiz politicamente neutralizado), mas também e sobretudo examinar se o exercício do poder de legislar conduz à concretização dos resultados objetivados (responsabilidade finalística do juiz que, de certa forma, o repolitiza).[127]

É interessante notar que a citação remete necessariamente a um componente consequencialista da decisão, não por acaso um dos esteios da pragmática jurídica na seara decisória e que é elemento indissociável do processo hermenêutico de aplicação da norma jurídica aos casos concretos.

2.3.2 Firmar a cultura jurídica do sistema social

Decorrência direta da implementação dos valores aceitos e prestigiados em um dado contexto social é que, ao passo em que um sistema de precedentes possibilite a tendência à estabilização das decisões, à preservação do pleno decisório que represente esses valores pela imposição de acatamento dos fundamentos de decisão tomados nos casos precedentes, fixa-se a cultura jurídica de uma dada sociedade. Novamente as palavras de TERCIO SAMPAIO FERRAZ JÚNIOR podem ser tomadas como referencial para nossas construções de raciocínio:

> Assim, a resposta sobre uma ação particular para um caso, com determinada propriedade, deve ser coerente com a solução encontrada para aquela mesma ação na hipótese de ausência daquela propriedade; ou que seja ainda coerente com a solução encontrada para outras ações análogas àquela primeira ação considerada ou relacionada com ela. Isso leva a doutrina jurídica a uma reconstrução de um sistema normativo com soluções coerentes para casos hipotéticos relevantes. A exigência de sistematização e coerência das codificações (comunicação normativa),

---

127. FERRAZ JUNIOR, Tercio Sampaio. *O Direito, entre o futuro e o passado*. São Paulo: Noeses, 2014, p. 123.

mediante soluções identificadas pelo intérprete impõe uma racionalização do material normativo levado à decisão do juiz.[128]

A coerência interna ao sistema que é requerida na passagem acima pode ser diretamente identificada com uma função primária dos precedentes judiciais obrigatórios. A fixação de decisões em temas sensíveis ou mesmo em termos que tenham representação de origem, cuja regra seja a mandatória observação de seus fundamentos para casos iguais, torna possível identificar a cultura jurídica de uma sociedade para saber, por exemplo, se naquela sociedade, com os determinantes de espaço-tempo, aceita-se legalmente a união homossexual, se se prestigia amplamente o livre mercado ou se há liberdade restrita dos agentes econômicos; enfim, pela emissão de decisões precedentes em um curso temporal, depuram-se os temas controversos e fixa-se a cultura jurídica de uma dada sociedade.

Essa visão, de permitir antever essa cultura jurídica, entendendo as variantes de interpretação dos termos jurídicos, permitem aos mais diversos atores sociais, desde individualmente, até mesmo os grandes agentes da economia privada, ou mesmo Estados e nações, orientar suas condutas e relações em relação àquilo que a sociedade, ao menos potencialmente, revela.

Como dissemos, o ato de legislar e o de julgar estão amplamente atrelados à decisão. Escolhas possíveis dentre amplas possibilidades. A lei, em si, representa a decisão de juridicizar comportamentos, com o código do lícito/ilícito, com os elementos deônticos modalizados da proibição, da permissão e da obrigação. Esse processo envolve decisões que buscam sintetizar os valores sociais, com a busca da generalização de condutas que se quer implementar. A decisão, de outro lado, mas no mesmo sentido, sintetiza esses valores com vistas, via de regra, para o caso concreto e, no caso do precedente, de efeitos gerais.

---

128. FERRAZ JÚNIOR, Tercio Sampaio. Lógica da motivação e lógica da convicção na decisão judicial. In: CARVALHO, Paulo de Barros (Coord.); BRITO, Lucas Galvão de (Org.). *Lógica e direito*. São Paulo: Noeses, 2016, p. 282.

Ao curso de um dado período de tempo, se houver funcionalidade do sistema de precedentes obrigatórios, a tendência é de estabilização e fixação da cultura. É um processo de fixação, e não um ato inerte; em seu movimento incessante que tende ao infinito.

As mudanças nessa cultura, via de regra, salvo fatos excepcionais que causem efeitos imediatos na sociedade e que exijam resposta imediata em giro de sentido, são, igualmente, processadas e depuradas, conforme mudam-se os valores ou mesmo a hierarquia entre eles.

> Ao reconstruir o ordenamento, a doutrina pressupõe determinados padrões de racionalidade e postulados acerca do comportamento do legislador, que organizam a lhe permitem conceitualizar o conjunto de normas como decorrente de uma decodificação forte, isto é, um sistema unitário e racional de conhecimentos e preferências.[129]

Enfim, um sistema de precedentes potencializa a moldura jurídico-cultural de uma sociedade, e isso é de valia extrema quando se pensa em orientação de condutas.

2.3.3 Uniformizar a solução de conflitos

Nova decorrência pode ser encontrada quando encadeamos os argumentos acima expostos. Se a segurança e a igualdade são valores imanentes aos sistemas que contemplam precedentes judiciais e se esse conjunto normativo tenciona implementar os valores sociais e orquestrar a fixação da cultura jurídica, uma das consequências funcionais dos precedentes obrigatórios é a uniformização da solução dos conflitos jurídicos.

A uniformidade de solução de conflitos, portanto, é consequência que dialoga com todas as frentes argumentativas

---

129. FERRAZ JÚNIOR, Tercio Sampaio. Lógica da motivação e lógica da convicção na decisão judicial. In: CARVALHO, Paulo de Barros (Coord.); BRITO, Lucas Galvão de (Org.). *Lógica e direito*. São Paulo: Noeses, 2016, p. 282.

até aqui tratadas, revelando-se como causa e consequência da isonomia de tratamento, em um movimento cíclico-sistêmico que se retroalimenta. Quanto maior a isonomia, maior a tendência de uniformidade das decisões para casos iguais. Quanto maior a uniformidade, maior a tendência de concretização do princípio da igualdade de tratamento dispensado aos tutelados do Estado-Juiz.

A segurança jurídica vem a reboque da uniformidade de tratamento. A uniformização de decisões confere estabilidade de previsão, tanto para o aplicador-julgador quanto para o cidadão destinatário, na medida em que orienta a conformação de relações jurídicas futuras, permitindo racionalização de causas e consequências dos mais diversos matizes de comportamento.

Se essa racionalização é fornecida, com vistas à orientação de conduta, a tendência de prevalecimento são os comportamentos chancelados com o código lícito, em detrimento dos comportamentos marcados pelo sinal da ilicitude.

2.4 Elementos e institutos aplicáveis a um sistema de precedentes vinculantes

Teremos experimentado certo sucesso se até aqui tivermos conseguido expressar as linhas essenciais para a compreensão do tema dos precedentes judiciais. Há infindáveis prismas de análise e um universo vasto de exploração temática. A evidência que perseguimos é a essência fundamental de um sistema de precedentes, naquilo que tocam seus valores fundantes e consequências essenciais.

Para seguir com a tônica de substrato para a análise empírica que faremos, ou seja, para fixar conceitos teóricos essenciais como instrumentos de aplicação prática da análise das decisões que aplicaram precedentes, precisamos de um mínimo de compreensão sobre termos e expressões linguísticas nascidas originalmente fora do território brasileiro, notadamente no Estados Unidos e no Reino Unido.

Procuraremos ser precisos na exposição conceitual ou exploração de definições, em função dos objetivos aqui traçados.

2.4.1 *Stare decisis*

Há vasta doutrina sobre as definições do que seja *stare decisis*; portanto, faremos uso dessa técnica discursiva para firmar em linhas fortes tons das definições que virão. Em inauguração de nossas considerações, a expressão em língua inglesa pode ser livremente traduzida por "respeito obrigatório às decisões precedentes".

Expressa grande amplitude semântica, tal qual o próprio termo *precedentes*. A acepção aqui enfatizada serve aos propósitos do contexto do estabelecimento de elementos da teoria dos precedentes judiciais.

A primeira advertência a ser feita é que pode-se falar de *stare decisis* vertical ou *stare decisis* horizontal. O primeiro refere-se ao respeito mandatório a decisões precedentes de Cortes que sejam hierarquicamente superiores; e o segundo refere-se ao respeito às decisões precedentes (pretéritas) das próprias cortes ou juízos que as proferiram, ainda que tenha havido alternações de composição.

Nesse sentido, o termo pode ser entendido como a própria essência da doutrina, sendo ele mesmo, muitas vezes, definido como uma "doutrina do respeito às decisões precedentes" e, nesses termos, dada sua origem no *common law*, já fora utilizado até mesmo como sinônimo de legalidade ou Estado de Direito, como assinala MURILO STRÄTZ:

> A "Rule of Law" tem origem em Aristóteles e Cícero, passando pela Magna Carta. Os fundadores norte-americanos a consideravam um dogma essencial. Revolucionários como Thomas Paine e John Adams insistiam, em seus escritos pró Declaração de Independência, que a *Rule of Law* era condição *sine qua non* do auto-governo. O Juiz Scalia afirmou, no caso Morrison v. Olson,

487 U.S. 654, 607 (1988): *"It is the proud boast of our democracy that we have 'a government of laws a not of men'*.[130]

Marca-se a origem da doutrina do *stare decisis*, pelo menos na acepção de respeito às decisões precedentes, no *common law* inglês. Acolhido nos Estados Unidos por razões históricas, ambos os países são hodiernamente os mais emblemáticos na larga utilização da doutrina.

MARCOS JOSÉ PORTO SOARES assinala o aspecto acima ressaltado e, de outro giro, fornece elementos de definição bastante atrelados à origem em um *common law*, em que a decisão era vista como fonte primordial e primeira do direito. Muitas considerações têm exatamente o mesmo jaez, confirmando a origem da doutrina do *stare decisis*.[131]

> O *stare decisis*, como técnica de utilização dos precedentes, foi moldado na Inglaterra e posteriormente levado aos Estados Unidos da América. A sua característica principal é dar força ao precedente, para que este tenha o poder de vincular futura decisão. É por razões históricas que o sistema do *common law* se caracteriza pela eleição do precedente como fonte primária, sendo a força vinculativa das decisões o centro de formação do Direito.[132]

Adicionalmente a tais considerações pregressas, não há que se confundir a doutrina do *Stare decisis* com o próprio sistema da *common law*, como inadvertidamente, por vezes,

---

130. STRÄTZ, Murilo. O papel dos precedentes judiciais diante da (in)certeza e da (in)segurança jurídica: uma análise argumentativa da jurisprudência dominante. *Revista da AGU*, v. 12, n. 37, jul./set. 2013, p. 319.

131. "É da Teoria do *Stare Decisis* que vêm os precedentes. A Teoria do *Stare Decisis* é aquela adotada pelos países da *common law* e considera os precedentes judiciais como de observância obrigatória (*binding precedents*). Assim, é a prática de aplicar precedentes para o desenvolvimento do raciocínio jurídico na decisão ou como forma de alegação, de modo a manter a igualdade entre casos anteriores e presentes que sejam similares, que é a base do *Stare Decisis*" (NOGUEIRA, Cláudia Albagli. O novo código de processo civil e o sistema de precedentes judicias: pensando um paradigma discursivo da decisão judicial. *Revista Brasileira de Direito Processual*, Belo Horizonte, v. 22, n. 88, out./dez. 2014, p. 199).

132. SOARES, Marcos José Porto. A *ratio decidendi* dos precedentes judiciais. *Revista Brasileira de Direito Processual*, Belo Horizonte, v. 22, n. 85, jan./mar. 2014, p. 43-44.

verificamos em algumas considerações. Isso certamente pode provocar inquietações. Dissemos acima que o *stare decisis* (vertical ou horizontal) nasce no sistema da *common law*, o que implica na assertiva de que o contrário não é verdadeiro.

A *common law* tem raízes há várias centenas de anos na Inglaterra, e até hoje muito se assenta sobre um desenvolvimento natural do direito inglês, alienado e isolado das influências do direito romano e/ou continental europeu[133] e se desenvolveu durante muito tempo em observância aos costumes e tradições, sem, necessariamente, falar-se em respeito às decisões precedentes.

Essa distinção de fulcral importância para a compreensão moderna do sistema de *civil law*, de origem atrelada à revolução francesa, e o *common law* não escapou a LUIZ GUILHERME MARINONI:

> Com efeito, o *stare decisis* constitui apenas um elemento do moderno *common law*, que também não se confunde com o *common law* de tempos imemoriais ou com os costumes gerais, de natureza secular, que dirigiam o comportamento dos Englishmen. É imprescindível ter-se em mente que, muito embora o *common law* contemporâneo tenha configuração bem distinta e mais ampla daquele da antiguidade e que *stare decisis* seja algo que faz parte da modernidade, não há como identificar o *common law* dos dias de hoje com o *stare decisis*. Assim, a circunstância de o common law ter iniciado a sua existência muito antes de se falar em *stare* decisis não é a única distinção entre ambos.
>
> Mas, mesmo sendo certo que o *stare decisis* não é necessário para a existência do sistema de direito material nem para o funcionamento do sistema de distribuição de justiça, alguém poderia dizer que ele é indispensável no *common law* sob o argumento de que aí as decisões judiciais estabelecem o direito não edificado pelo Legislativo.[134]

---

133. BUSTAMANTE, Thomas da Rosa. *Teoria do precedente judicial*: a justificação e a aplicação das regras jurisprudenciais. São Paulo: Noeses, 2012, p. 54.

134. MARINONI, Luiz Guilherme. *Precedentes obrigatórios*. 4. ed., rev. atual. e ampl. São Paulo: Revista dos Tribunais, 2016, p. 30-31.

Parece nítido que o *stare decisis* pode ser tido como uma evolução natural do direito inglês, passando-se dos costumes e tradições a um grau de formalização mais evoluído das decisões, o que parece ser a origem possível da doutrina. "A utilização de uma teoria do *stare decisis* ganha peso na medida em que as decisões anteriores pertencem a um corpo histórico de fundamentação (*reasoning*), que devem servir de inspiração para futuras reflexões."[135]

Importa-nos aqui, em tom de constatação, estabelecer que uma doutrina do respeito obrigatório às decisões precedentes tem aplicação em quaisquer dos sistemas de direito, segundo a classificação que tradicionalmente se faz entre *common law* e *civil law*.

O conjunto normativo regulador dos precedentes ou mesmo a tradição mandatória de sua aplicação é variante de Estado para Estado. Verticalmente ou horizontalmente, a doutrina segue seu curso na história recente em crescente grau de importância, motivo dos presentes escritos.

2.4.2 Ratio decidendi

Ratio decidendi, holding ou mesmo *principle of a case* são diferentes expressões para um conceito que é, de fato, indeterminado. Dotado de uma vaguidão ampla, há inúmeras propostas de conceituação da *ratio decidendi* expostas vastamente pela doutrinária jurídica pátria e internacional. Seus usos, em que pesem diferentes em cada uma das propostas, parecem indicar uma mesma intenção, que é identificação de qual foi a razão fundamental para que a decisão tenha sido tomada no sentido que fora.

---

135. BARBOZA, Estefânia Maria de Queiroz. Escrevendo um romance por meio dos precedentes judiciais: Uma possibilidade de segurança jurídica para a jurisdição constitucional brasileira. *A&C – Revista de Direito Administrativo & Constitucional*, Belo Horizonte: Fórum, ano 14, n. 56, abr./jun. 2014, p. 185.

Precisamos expor em linhas sumulares de definição o que pode ser entendido pela razão de decidir de uma decisão, para que de tal definição possa ser considerada a potencialidade de criação de um precedente. Apenas esse nosso objetivo.

Há escritos no sentido de dizer que a razão de decidir são os fundamentos jurídicos que sustentaram a decisão[136], outras no sentido de que a *ratio*, embora contida nos fundamentos com eles não se confundem, como anotam, LUIZ GUILHERME MARINONI[137] ou GUSTAVO HENRIQUE SCHNEIDER NUNES[138], que evocam ser a tese ou princípio jurídico assente na fundamentação.

Há posições que pendem para situar a *ratio* no âmbito das normas[139], como a de LUCAS BURIL DE MACÊDO, não sem

---

136. "Esta norma geral, construída pela jurisprudência, recebe nome de *ratio decidendi* (ou para os norte-americanos a *holding*), que está sempre localizada na fundamentação da decisão. São, a rigor, os fundamentos jurídicos que sustentam a decisão, sem os quais a decisão não teria sido proferida como foi, ou seja, os fundamentos essenciais. [...]. Observe-se que a *ratio decidendi*, norma geral constante da decisão, deve ser interpretada e compreendida à luz do caso concreto" (LOURENÇO, Haroldo. Precedente judicial como fonte do direito: algumas considerações sob a ótica do novo CPC. *Revista temas atuais de processo civil* [on-line], v. 1, n. 6, dez. 2011. Disponível em: <http://www.temasatuaisprocessocivil.com.br>. Acesso em: 12 jul. 2016).

137. MARINONI, Luiz Guilherme. *Precedentes obrigatórios*. 4. ed., rev. atual. e ampl. São Paulo: Revista dos Tribunais, 2016, p. 161.

138. "A *ratio decidendi* (ou *holding*) constitui a tese ou princípio jurídico assentado na motivação da decisão judicial, que, essencialmente, mostra-se suficiente para resolver o caso concreto. É o fundamento determinante da decisão, a opção hermenêutica contida, sem a qual a decisão não teria sido proferida como foi" (NUNES, Gustavo Henrique Schneider. Precedentes judiciais vinculantes no novo código de processo civil. *Revista dos Tribunais*, São Paulo: Revista dos Tribunais, ano 105, v. 970, ago. 2016, p. 101).

139. "Nos sistemas jurídicos de *common law*, a *ratio decidendi*, terminologia adotada predominantemente no direito inglês, ou *holding*, termo mais utilizado no direito norte-americano, refere-se às razões de decidir ou razões para a decisão, e configura sinônimo de norma jurídica. No direito brasileiro, o termo é utilizado como razões de decidir ou motivos determinantes pelo Supremo Tribunal Federal e pelo Superior Tribunal de Justiça. Assim sendo, ao se falar em dever de aplicar determinado precedente, quer se dizer, mais propriamente, o dever de aplicar a sua *ratio decidendi*, ou a norma jurídica (*legal rule*) dele decorrente. Costuma-se definir, portanto, *ratio decidendi*, como a parcela obrigatória do precedente judicial. Por isso, as questões do "quando" e "por que" os juízes devem seguir os precedentes equivalem à questão da determinação de sua regra jurídica" (MACÊDO, Lucas Buril de. Contributo para a

apresentar reticências em relação a essa postura:

> A concepção de *ratio decidendi* como norma, entretanto, não tem sido bem notada no direito brasileiro, ocasionando algumas confusões. A própria nomenclatura utilizada pelo Supremo Tribunal Federal demonstra a equivocidade com que o tema é tratado no Brasil. Como se sabe, ao se abordar os precedentes obrigatórios o termo "eficácia transcendente dos motivos determinantes" vem sendo utilizado pela Corte, dando a clara ideia de que é a própria fundamentação que vincula, quando, na verdade, a vinculação é à norma do precedente, construída *a partir* da fundamentação, mas que com ela não se confunde. Por isso a terminologia adotada pelo STF não é a melhor, pois imprime a noção de que é o próprio texto da fundamentação que vincula, o que é falso.[140]
>
> A posição de identificar a razão de decidir como norma ou regra jurídica parece relevar alinhamento com a adotada por RUBERT CROSS: "The ratio decidendi of a case is any rule of law expressly or impliedly treated by the judge as a necessary step in reaching his conclusion, having regard to the line of reasoning adopted by him, or a necessary part of his direction to the jury."[141]

Pensamos ser plenamente possível evidenciar a razão de decidir como uma norma jurídica, ou seja, como uma proposição ou proposições que são construídas a partir da interpretação dos textos jurídicos havidos no núcleo fundamental dos motivos levaram à tomada da decisão tida como precedente.

THOMAS DA ROSA DE BUSTAMANTE fornece interessante percurso como trilha de identificação da razão ou razões de decidir:

> Interpretar um precedente significa, portanto, distinguir no caso tomado como paradigma os fatos considerados "materiais", que constituem a *ratio decidendi*, dos fatos "não-materiais", ou seja, que constituem meros *obiter dicta*, na medida em que não foram decisivos para a solução específica elaborada pelo juiz no caso em

---

definição de ratio decidendi na teoria brasileira dos precedentes judiciais. In: DIDIER JR., Fredie (Coord.). *Precedentes*. Salvador: Juspodivm, 2015, p. 217).

140. Ibid., p. 218.

141. CROSS, Rupert; HARRIS. J. W. *Precedent in English law*. Oxford: Clarendon Press, 1991, p. 72.

questão. Em linhas muito gerais, as seguintes regras são válidas para se determinar a *ratio decidendi* de um caso: "(1) A *ratio decidendi (principle of a case)* não é encontrada nas razões dadas na *judicial opinion*; (2) a *ratio (principle)* não é encontrada na regra jurídica estabelecida na *opinion*; (3) a *ratio (principle)* não é necessariamente encontrada por meio da consideração de todos os fatos encontrados no caso, juntamente com a decisão do juiz; (4) a *ratio (principle)* de um caso é encontrada ao se levar em conta (a) os fatos tratados pelo juiz como *materiais* e (b) a decisão que juiz tenha tomado com base nesses fatos; (5) ao buscar a *ratio decidendi* ou *principle of a case* é também necessário estabelecer quais fatos foram considerados não-materiais pelo juiz, pois a *ratio* pode depender tanto da exclusão quanto da inclusão de certos fatos.[142]

A toda evidência, ao enxergar a possibilidade de construir uma norma advinda da *ratio decidendi*, haveremos de sumarizá-la. Queremos dizer que a *ratio* é eminentemente texto. São os argumentos, narrativas e fundamentos da decisão que permitirão a identificação de seu núcleo fundamental determinante, e, a partir dessa composição, é possível estabelecer a construção de norma no sentido lógico-estrutural já consagrado, em antecedente e consequente, cujo elo seja o elemento deôntico neutralizado (dever-ser). A norma da *ratio*, aqui, é tomada como um redutor de complexidades.

Esse núcleo, advertimos, tende a ser fatos ou circunstâncias materiais advindas da argumentação narrativa das partes, sobre eventos ocorridos no mundo fenomênico e objeto de versão em linguagem jurídica (linguagem das provas) e que levam à composição da decisão pela aplicação ou afastamento de normas componentes do sistema, inclusive os princípios de fundo eminentemente axiológico.

Pode ser, todavia, que a razão seja fundada também unicamente no que chamaremos de tese jurídica, que não deixa, ela mesma, de ser circunstância material, mas, voltada à análise dinâmico-estrutural do direito, ou seja, são os casos de análise de validade de fundamentação e derivação de normas,

---

142. BUSTAMANTE, Thomas da Rosa. *Teoria do precedente judicial*: a justificação e a aplicação das regras jurisprudenciais. São Paulo: Noeses, 2012, p. 109.

utilização correta do veículo introdutor; enfim, elementos do encadeamento da produção normativa, segundo os ditames estabelecidos pelo próprio sistema jurídico. Como exemplo, podemos falar em norma que extrapole a competência material dada pela constituição da República, como o fato de uma lei ordinária tratar de matérias reservadas à lei complementar, como o fato de um município legislar, por lei ordinária, sobre material penal.

A perspectiva de análise de Neil MacCormick segue em compasso com o raciocínio de que a razão de decidir guarda elemento característico com a potencialidade de identificação da justificativa ou justificação para a tomada de decisão:

> A *ratio decidendi* is a ruling expressly or impliedly given by a judge which is sufficient to settle a point of law put in issue by the parties' arguments in a case, being a point on which a ruling was necessary to his justification (or one of his alternative justifications) of the decisions in the case.[143]

A assertiva do jurista escocês é diretamente relacionada à argumentação tecida pelo julgador como construção necessária e racional para a tomada da decisão, e, segundo sua linha teórica, a intenção de persuadir e justificar as decisões[144].

A justificação e persuasão tende à universalização. A universalização de uma decisão é a ciência de que a mesma razão determinante para a tomada de decisão em caso, em um certo sentido, pode ser replicada infinitamente para casos que apresentem as mesmas circunstâncias fáticas ou jurídicas.

> Portanto, haverá uma *ratio decidendi* útil para a solução de casos futuros não apenas quando a corte decida determinada questão pontual cerca das consequências do caso particular – tal como "*x* deve fazer A" –, mas também quando essa mesma corte tenha estabelecido – com clareza e de forma justificada – uma regra

---

143. MACCORMICK, Neil. *Why cases have rationes and what these are*. Precedent in Law. Oxford: Clarendon Press, 1987, p. 170.

144. Ibid., p. 12-13.

geral que possa abarcar, além de *x*, os indivíduos *y*, *z* e outros que se achem na mesma situação. Pode-se falar; portanto, em uma *pluralidade de rationes decidendi* em um mesmo caso concreto: "Seria errôneo, uma vez individualizada uma *ratio decidendi*, necessária e suficiente para a decisão, crer que os outros princípios enunciados na sentença sejam *obter dicta*. Tais outros princípios podem ser não necessários, mas suficientes para a decisão: e serão, portanto, *rationes decidendi* ulteriores em relação à primeira" [De Nova, 1999: 249-250].[145]

De todas as considerações acima, temos, pelo menos, identificados cinco sentidos para a definição da razão de decidir de uma decisão: (i) norma, no sentido de regra; (ii) norma, no sentido de princípio, (iii) fatos ou circunstâncias materiais; (iv) fundamento, argumentação ou tese jurídica; (v) motivação determinante da decisão.

Pensamos que a razão de decidir, como construção de intelecto que seja, como proposição arguida a partir da interpretação de textos jurídicos (decisões), pode assumir todas essas feições, até porque a razão de decidir de um precedente, via de regra, é invocada pela parte que em seus argumentos desejará aproveitar a aplicação do precedente, demonstrando a similaridade das circunstâncias determinantes da decisão ou de sua não aplicação, ou pela parte que interessada em sua não aplicação, elaborando os argumentos dos elementos de distinção.

Decisões são eminentemente argumentativas. São textos jurídicos que revelam narrativas de índole normativa, com referência a fatos positivos cujas provas ocorreram ou não, fatos negativos cujas provas de sua ocorrência se fizeram ou não, normas, outras decisões, passagens de doutrina; enfim, a compostura de uma decisão é complexa, seja por sua textualidade, contextualidade e intertextualidade. Construir norma a partir de decisões é um exercício possível que pode tomar vários caminhos.

---

145. BUSTAMANTE, Thomas da Rosa. *Teoria do precedente judicial*: a justificação e a aplicação das regras jurisprudenciais. São Paulo: Noeses, 2012, p. 271-272.

Se tomarmos as decisões judiciais como normas individuais e concretas, na estrutura lógica clássica aludida, por exemplo, por LOURIVAL VILANOVA[146], a razão de decidir pode variar de local sintático a depender da semântica frásica construída. A técnica da exemplificação pode ser útil para externar nossas proposições e nossas intenções em enunciados.

Em exemplo, em uma ação individual movida pelo cidadão C, a decisão D julga inválida uma taxa T instituída por um Município M, porque a taxa T foi instituída para remunerar o Município M por um dado e específico serviço público prestado por este município de caráter geral e indivisível ou universal U, em afronta ao artigo 79 do Código Tributário Nacional, poderemos construir a norma individual da decisão assim:

D 1 = Antecedente normativo: dado que o Município M-individual (Fato) instituiu a taxa T-concreta (fato) para remunerar seu serviço público geral e indivisível ou universal U-concreto (Fato) e que as taxas-abstrato (Norma) são espécies tributárias para remunerar apenas serviços de caráter específicos e divisíveis I-abstrato (Norma),

Functor deôntico: deve ser

Consequente normativo: que o cidadão C-individual está desobrigado a pagar a taxa T-concreta do Município M-individual.

A norma poderia ser construída com estrutura semântica diferente? Pensamos não haver empecilhos de ordem lógica ou jurídica.

D 2 = Antecedente normativo: dado que o Município M-individual (Fato) instituiu a taxa T-concreta (fato) para remunerar seu serviço público geral e indivisível ou universal U-concreto (Fato); e que as taxas-abstrato (Norma) são espécies tributá-

---

146. VILANOVA, Lourival. *As estruturas lógicas e o sistema do direito positivo*. 4. ed. São Paulo: Noeses, 2010, p. 73-90.

rias para remunerar apenas serviços de caráter específicos e divisíveis I-abstrato (Norma),

Functor deôntico: deve ser

Consequente normativo: que o cidadão C-individual está desobrigado a pagar a taxa T-concreta do Município M-individual porquanto as taxas-abstrato (Norma) são espécies tributárias para remunerar apenas serviços de caráter específicos e divisíveis I-abstrato (Norma).

De um jeito ou de outro ou de outros tantos mais, se toda a decisão deve ser tomada com vistas à sua potencialidade universalizadora, como advertiu NEIL MACCORMICK[147], a razão de decidir ou, como querem alguns a regra jurídica da razão de decidir será identificada, em quaisquer dos casos acima e poderá ser construída também de formas frásicas diferentes, mas expressamente a mesma proposição: a impossibilidade de instituição de taxas para remunerar serviços que não sejam específicos e divisíveis.

(i) Serviços públicos U-abstratos não podem ser remunerados por taxas T-abstratas;

(ii) Taxas T-abstratas que remuneram serviços públicos U-abstratos são inválidas.

Queremos dizer que a razão de decidir poderá ser identificada, independentemente da sumarização da decisão em norma ou, da interpretação, digamos assim, bruta, do texto, mas, com vistas à identificação das circunstâncias materiais fáticas (Fato) e jurídicas (Norma), como aduzimos acima, e que jazem no contexto da decisão, poderá chegar à razão determinante para que o Cidadão C não pague a Taxa T, ou seja,

---

147. "Ao considerar as consequências jurídicas de decidir através de suas implicações para casos hipotéticos, nós descobrimos que uma decisão nos compromete a tratar universalmente como correta uma ação que subverte ou falha em ter respeito suficiente aos valores em jogo, ou a tratar como erradas formas de conduta que não incluem subversão ou falhas" (MACCORMICK, Neil. *Rhetoric and the rule of law*: a theory of a legal reasoning. Oxford, MI, US: Oxford University Press, 2005, p. 114).

a razão determinante para o sentido de decisão e que talvez fosse outro, se a aquela razão não estivesse presente.

A questão de aplicação de um precedente, por quem o alega, está em saber se as taxas do Municípios M´, M´´, M.... serão similares à taxa T objeto da decisão precedente ou, de outro lado, se os serviços U´, U´´, U´´´.... prestados por Municípios serão, de fato similares ao prestado pelo Município M versado no precedente.

Argumentos e provas sobre a espécie tributária (taxa) e o gênero de serviço prestado (se específico ou divisível ou se universal e indivisível) serão determinantes para a aplicação ou distinção dos precedentes, pois são esses os elementos nucleares da decisão, a razão de sua decisão.

2.4.3 Obiter dictum

Já se supôs que *obiter dictum* eram argumentações de caráter extrajurídico, ponto ao qual levantaríamos fortes objeções, dado que a construção discursiva da decisão judicial, o texto enunciado na sentença ou acórdão, nada tem de extrajurídico e se insere como enunciados prescritivos a partir dos quais as normas podem ser construídas; fragmentos de linguagem que são base para a construção da mensagem normativa. São, assim, textos jurídicos por excelência.

Uma definição para *obiter dictum*, termo de origem latina que significa algo como "dito de passagem", deve ser eminentemente contextual com vistas à decisão judicial. É mais um exemplo de que o uso condiciona o conceito.

O tom discursivo das argumentações jurídicas vazadas na movimentação do sistema comunicacional do direito denota que, se a um tempo, a razão de decidir pode ser tomada como núcleo fundante da decisão judicial, o argumento ou argumentos centrais pela qual fora tomada neste ou naquele sentido a decisão, enfim, a justificação racional segundo as normas do sistema de direito, a esse mesmo tempo a decisão se tece em linguagem, se perfaz em texto, em expressão linguística[148], e, nesse sentido, as argumentações de sustentação das razões de decidir podem ser tidas como tratativas linguísticas para racionalizar o discurso jurídico.

Obiter dictum, nesse sentido, são todos argumentos de suporte das razões de decidir. São as construções textuais colaterais, se qualificarmos a *ratio decidendi* como nucleares; orbitais ao centro fundamental e justificador da decisão. É texto de apoio, narrativa de sustentação que indica, muitas vezes, o ambiente dos fatos ou da decisão.

A *ratio decidendi* e o *obiter dictum* podem ser tomadas como definições complementares, cujas dimensões de denotação podem ser caracterizadas em uma dialogia mútua. A extensão da *ratio* é fronteiriça com a extensão do *obiter dictum*[149]. O citoplasma do núcleo fundamental da decisão é o *obiter dictum*.

> É o argumento jurídico exposto apenas de passagem, pelo caminho (*saying by the way*) na motivação da decisão, de natureza secundária e acessória, incapaz de exercer influência relevante e substancial para a decisão, sendo prescindível para o deslinde da controvérsia. Trata-se de um argumento utilizado pelo juiz incidentalmente, que pode ser definido de forma negativa: *obiter dictum* é a regra jurídica que não compõe a *ratio decidendi*.[150]

---

148. MORCHÓN, Gregorio Robles. *Direito como texto*: quatro estudos de teoria comunicacional do direito. Trad. Roberto Barbosa Alves. Barueri: Manole, 2005, p. 1.

149. "De igual modo, imprescindível a compreensão da diferença entre *ratio decidendi* e *obiter dictum*. Nem tudo que consta da fundamentação é a *ratio decidendi*, pois pode ter sido utilizado por argumentação tangenciando o ponto central, portanto, mencionado de passagem, lateralmente, consubstanciando juízos acessórios, prescindíveis para o deslinde da controvérsia. *Obiter dictum* (*obiter dicta*, no plural) não vira precedente, pois esse somente engloba a *ratio decidendi*, contudo, não pode ser desprezado, pois, por exemplo, sinaliza uma futura orientação do tribunal" (LOURENÇO, Haroldo. Precedente judicial como fonte do direito: algumas considerações sob a ótica do novo CPC. *Revista temas atuais de processo civil* [on-line], v. 1, n. 6, dez. 2011. Disponível em: <http://www.temasatuaisprocessocivil.com.br>. Acesso em: 12 jul. 2016).

150. NUNES, Gustavo Henrique Schneider. Precedentes judiciais vinculantes no novo código de processo civil. *Revista dos Tribunais*, São Paulo: Revista dos Tribunais, ano 105, v. 970, ago. 2016, p. 102.

Duas acepções se destacam na utilização da expressão: a de elemento de persuasão, de um lado, e de justificação, de outro. Serviria o *obiter dictum* a persuadir[151] o destinatário a alinhar-se com a decisão. Seria, em outras palavras e na esteira do pensamento de ROBERT ALEXY, um elemento auxiliar de fundamentação racional[152].

O *obiter dictum* engloba as matérias argumentadas e decididas no curso do processo de maneira periférica. Nele não se instala o que foi decisivo para a solução da questão posta em juízo. O *obiter dictum* é considerado quando muito um elemento persuasivo e confirmador da decisão proferida, mas não o ponto que a fez existir.[153]

A melhora técnica para a identificação dos argumentos *obiter dictum* é a interpretação residual. Com essa expressão queremos evidenciar que a identificação dos argumentos da razão de decidir deve ser o primeiro intento. O exame dos fatos e das teses jurídicas, na constância da dinâmica de subordinação e coordenação das normas, permitirão ao intérprete identificar com grau aceitável de segurança a razão de decidir da decisão judicial; o *obiter dictum* são os argumentos que restaram periféricos após esse intento.

Uma decisão judicial é certamente uma narrativa. E narrativas são discursos que se concatenam segundo a sintaxe de uma determinada língua, determinado idioma, cuja redação

---

151. "Na medida em o sistema de *common law* reconhece o caráter meramente persuasivo dos *obiter dictum*, da mesma forma que a jurisprudência no sistema brasileiro, temos aí mais um exemplo de aproximação dos institutos dos dois sistemas, no que tange especificamente a tais institutos. O paralelo entre o *obiter dictum* e a jurisprudência, resguardadas as devidas diferenças, é possível no que tange a seu caráter de persuasão" (CHULAM, Eduardo. A função e relevância dos precedentes judiciais no direito brasileiro. *Revista do Instituto dos Advogados de São Paulo*, São Paulo, v. 16, n. 32, jul./dez. 2013, p. 118-119).

152. ALEXY, Robert. *Teoria da argumentação jurídica*: a teoria do discurso racional como teoria da fundamentação jurídica. Trad. Zilda Hutchinson Schild Silva. rev. tec. da trad. e introd. Cláudia Toledo. 3. ed. Rio de Janeiro: Forense, 2013, p. 211.

153. SOARES, Marcos José Porto. A *ratio decidendi* dos precedentes judiciais. *Revista Brasileira de Direito Processual*, Belo Horizonte, v. 22, n. 85, jan./mar. 2014, p. 49.

influenciará sobejamente a clarividência dos fatos e situações constatados e ali mencionados. Das técnicas de redação segundo a sintaxe do idioma, resultará o grau de clareza das normas jurídicas tecidas na decisão.

Dessa feita, haverá textos dos quais não se permitirá construir a razão fundamental da decisão, segundo as regras da sintaxe jurídica, mas apenas identificar a narrativa de circunstâncias argumentativas de suporte aos argumentos centrais.

Podem se referir a fatos históricos, sequer utilizados na narrativa de quaisquer das partes do processo, podem se referir a estados de índole subjetiva, como sentimentos de felicidade, tristeza, etc. Enfim, como dissemos, somente o contexto da decisão analisada, a partir do resíduo da identificação da *ratio decidendi*, poderá ser caminho seguro para a construção dos argumentos *obiter dictum*.

2.4.4 *Distinguishing*

O *distinguishing* é mais comumente conhecido e assinalado na doutrina como uma técnica de não aplicação do precedente, por uma distinção das circunstâncias que levaram à decisão[154], ou seja, uma construção argumentativa de que a *ratio* do precedente não pode ser aplicada ao caso em julgamento, porquanto há elementos que os diferem, circunstâncias elementares das razões de decidir que impedem o reconhecimento da similaridade necessária para a aplicação do precedente.

---

154. "[...] fala-se em *distinguishing* quando houver distinção entre o caso concreto em julgamento e o paradigma, seja porque não há coincidência entre os fatos fundamentais discutidos e aqueles que serviram de base à *ratio decidendi* (tese jurídica) constante do precedente, seja porque, a despeito de existir uma aproximação entre eles, alguma peculiaridade no caso em julgamento afasta a aplicação do precedente" (LOURENÇO, Haroldo. Precedente judicial como fonte do direito: algumas considerações sob a ótica do novo CPC. *Revista temas atuais de processo civil* [on-line], v. 1, n. 6, dez. 2011. Disponível em: <http://www.temasatuaisprocessocivil.com.br>. Acesso em: 12 jul. 2016).

> À luz de uma perspectiva *dinâmica*, cuida de técnica de distinção entre o precedente e o caso pendente de julgamento quando do encerramento da etapa decisória deste, momento em que haverá condições reais de verificar se a *ratio decidendi* deve ser aplicada para solucionar o caso concreto, por guardar com ele similitude fática ou jurídica.[155]

Não se trata de superação do precedente; a se falar disto, estaremos dizendo sobre o *overruling*, tema para ser tratado em seguida. Afastar a aplicação do precedente pela utilização da técnica da distinção é invocar fatos e circunstâncias jurídicas que impelem razão de decidir diferente da adotada no precedente. A decisão precedente permanece intocada. Não é, de maneira alguma, revogada ou maculada em sua força.[156]

> O *distinguishing* pode ser descrito como uma *judicial departure que* se diferencia do *overruling* porque o afastamento do precedente não implica em seu abandono – ou seja, sua validade como norma universal não é infirmada –, mas apenas a sua não aplicação em determinado caso concreto, seja por meio da criação de uma exceção à norma adstrita estabelecida na decisão judicial ou de uma interpretação restritiva dessa mesma norma, com o fim de excluir suas consequências para quaisquer outros fatos não expressamente compreendidos em sua hipótese de incidência.[157]

Deve-se ressaltar que o *distinguishing* tende a ser a revelação, por parte da parte ou do julgador, da existência de diferenças do precedente em relação às circunstâncias fáticas do caso analisado ou, bem assim, a evidência de que no caso em espécie não há preenchimento da moldura da *ratio decidendi* do precedente e, assim, de que o direito do precedente não deve ser o direito aplicado ao caso concreto.[158]

---

155. NUNES, Gustavo Henrique Schneider. Precedentes judiciais vinculantes no novo código de processo civil. *Revista dos Tribunais*, São Paulo: Revista dos Tribunais, ano 105, v. 970, ago. 2016, p. 103.

156. Com a necessária advertência de que quanto maior for a utilização da técnica de distinção, maior é a tendência de superação do precedente.

157. BUSTAMANTE, Thomas da Rosa. *Teoria do precedente judicial*: a justificação e a aplicação das regras jurisprudenciais. São Paulo: Noeses, 2012, p. 470.

158. MARINONI, Luiz Guilherme. *Precedentes obrigatórios*. 4. ed., rev. atual. e ampl.

Poder-se-ia, portanto, a partir do escrito até então, concluir que a técnica da distinção serve apenas ao propósito de não aplicar o precedente. Pode ser assim, quando de fato haja o afastamento do precedente; entretanto, há diversidade nessa realidade, pode ser também que haja aplicação com distinção, o que faz com que a razão de decidir do precedente receba novas fronteiras de aplicação.

2.4.4.1 *Ampliative Distinguishing e Restrictive Distinguishing*

Casos haverá em que a utilização da técnica de distinção poderá ocasionar a extensão das fronteiras materiais de aplicação do precedente ou, de outra forma, a sua restrição, casos em que ocorrerão, respectivamente, o *ampliative distinguishing* e o *restrictive distinguishing*. "Caso conclua-se pela aplicação do precedente de forma diversa, pode haver o chamado *ampliative distinguishing* ou *restrictive distinguishing*, ou seja, amplia-se ou restringe-se a abrangência da *ratio decidendi* a ser aplicada."[159]

A pragmática da aplicação dos precedentes em sistemas de direito em que ele é historicamente utilizado revelam a possibilidade de que, ao aplicar um precedente, o julgador faça uso do precedente em circunstâncias materiais para além daquelas nele relacionadas como razão de decidir, ou seja, aplica-se precedente para novas situações que não contempladas no contexto do julgamento do precedente, ampliando a dimensão de aplicação.

Seria como se circunstâncias materiais mais completas, presentes, que requeressem a mesma razão de decidir do precedente e que nele não estava, agora se somassem para

---

São Paulo: Revista dos Tribunais, 2016, p. 230-231.

159. CHULAM, Eduardo. A função e relevância dos precedentes judiciais no direito brasileiro. *Revista do Instituto dos Advogados de São Paulo*, São Paulo, v. 16, n. 32, jul./dez. 2013, p. 119.

possibilitar a aplicação do precedente a essas novas situações.

Acomoda-se a *ratio decidendi* do precedente para um grau de amplitude maior, somando às circunstâncias materiais de sua decisão outras que não originalmente contempladas, mas que reclamam idêntica solução.

O contrário, entretanto, pode ocorrer, na medida em que haja limitação do âmbito de incidência do precedente, negando-lhe aplicação ao caso concreto em julgamento.[160] Pensamos que o caso pode ser explicado como sendo a mudança de alguma circunstância, que, tomada à época do precedente, denotava uma determinada interpretação, mas que, ao depois, dada circunstância específica, dentre outras presentes, revela nova interpretação, justificando a não aplicação.

O caso da distinção ampliativa, poderíamos tentar explicar da seguinte forma:

(i) Precedente: *Michelangelo vs. Da Vinci* ⎫
Circunstâncias de fato presentes: f^1, f^2, e f^3 ⎬ Razão de decidir
Decisão no sentido S → ⎭

(ii) *Ampliative distinguishing*: *Rafael x Botticelli* ⎫
Circunstâncias de fato presentes: f^1, f^2, f^3 e f^{1*} ⎬ Razão de decidir
Decisão no sentido S → ⎭

*f4 considerada circunstância ampliadora que requeria a decisão de S →, aplicando o precedente *Michelangelo vs. Da Vinci*

(iii) *Restrictive distinguishing*: *Matisse x Picasso* ⎫
Circunstâncias de fato presentes: f1, f2, f3* ⎬ Razão de decidir
Decisão no sentido S ← ⎭

---

160. MARINONI, Luiz Guilherme. *Precedentes obrigatórios*. 4. ed., rev. atual. e ampl. São Paulo: Revista dos Tribunais, 2016, p. 233.

*f3 considerada circunstância que não mais permite a decisão S →, afastando-se precedente para o caso, que acaba julgado no sentido S ←, mas sem negar que fatos f1 e f2 permanecem sob os auspícios do caso *Michelangelo vs. Da Vinci*.

Ainda cabe mencionar, sobre as maneiras de distinção, aquela que encontra-se a meio passo entre o *distinguishing* e o *overruling* (revogação do precedente), de utilização rica na pragmática dos tribunais dos Estados Unidos da América, que é a *technique of sinaling*, que ocorre quando a Corte não realiza o *distinguishing* do caso concreto com o precedente, por não ser possível, ou seja, trata-se mesmo de idênticas circunstâncias, mas o Tribunal sabe que o precedente não mais representa a melhor aplicação do direito, nos termos das expectativas sociais; não revoga o precedente, mas sinaliza que irá fazê-lo em futuro breve, como destacado na seguinte passagem.

> Porém, embora não ocorra o overruling, entende-se necessário comunicar que o precedente, que até então orientava as atividades dos jurisdicionados e a estratégia dos advogados, será revogado, evitando-se, com isso, que alguém atue em conformidade com a ordem estatal, e ainda assim ou por isso mesmo, seja prejudicado em seus negócios ou afazeres, ou, em suma, em sua esfera jurídica.[161]

Por fim, a *transformation* é técnica de negação do precedente. Deixa-se de aplicar um precedente, sem que tenha havido sua revogação (*overruling*) ou mesmo tendo sido feito o *distinguishing*. A Corte não expressa revogação formal ao precedente, talvez, em prestígio de uma pretensa segurança jurídica contextual.

A principal distinção entre o *overruling* e a *transformation* seria o fato de que neste último evidenciam-se reiteradas tentativas de uma artificial compatibilidade dos resultados de casos sob julgamento e o precedente que, de fato, já fora transformado.[162]

---

161. MARINONI, Luiz Guilherme. *Precedentes obrigatórios*. 4. ed., rev. atual. e ampl. São Paulo: Revista dos Tribunais, 2016, p. 237.

162. MARINONI, Luiz Guilherme. *Precedentes obrigatórios*. 4. ed., rev. atual. e ampl. São Paulo: Revista dos Tribunais, 2016, p. 243.

Essas técnicas apenas nos dão conta de confirmação da dinâmica do direito dos tribunais, que tendem e refletem de maneira mais célere e, portanto, respondem mais rapidamente aos anseios das mudanças nas expectativas da sociedade com relação ao que lhe pode entregar o sistema de direito positivo.

2.4.5 Overruling

Overruling é termo de língua inglesa que pode ser traduzido contextualmente aos presentes escritos como espécie de rejeição ou de superação. Superação de um precedente, expressamente designado pela Corte, que o declara inaplicável. Em nova síntese, o *overruling* é a revogação do precedente pela Corte que o formou.

> Notamos que o procedimento de aplicação dos precedentes judiciais dispõe de dois institutos cuja referência é pertinente a este estudo. De um lado, o chamado *overruling*, que consiste no afastamento ou superação de um precedente por parte do julgador. Em determinadas situações, em especial com a alteração da conjuntura fático-jurídica, pode-se pleitear junto à Corte que emitiu o precedente o cancelamento ou retificação do antigo precedente.[163]

Em raciocínio associativo, pensamos se poder traçar uma espécie de paralelo comparativo entre o *overruling* e a revogação total e expressa[164] de lei, e entre a técnica da *transfor-*

---

163. CHULAM, Eduardo. A função e relevância dos precedentes judiciais no direito brasileiro. *Revista do Instituto dos Advogados de São Paulo*, São Paulo, v. 16, n. 32, jul./dez. 2013, p. 118-119.

164. "O que diferencia o *overruling* e o torna especialmente relevante é que ele não se refere a um simples problema de aplicação do precedente judicial – não se contenta com a não-ocorrência de suas consequências no caso concreto –, mas vai bem além disso, já que representa uma ab-rogação da própria norma adscrita aceita como precedente. O *overruling* apresenta-se como o resultado de um discurso de justificação em que resulta infirmada a própria validade da regra antes visualizada como correta. Por isso, as razões que o justificam devem ser ainda mais fortes que as que seriam suficientes para o *distinguish* (seja interpretação restritiva ou a redução teleológica do precedente judicial)" (BUSTAMANTE, Thomas da Rosa. *Teoria do precedente judicial*: a justificação e a aplicação das regras jurisprudenciais. São Paulo: Noeses, 2012, p. 388).

mation, adrede mencionada, que se aproximaria da revogação tácita da lei[165].

Há, outrossim, escritos doutrinários que distinguem da associação acima feita, e registram a existência de *overruling* expresso (*express overruling*) e *overruling* implícito ou tácito (*implied overruling*).[166]

> O precedente que perde sua força vinculante é substituído por outro, seja de modo expresso (*express overruling*), quando o tribunal informa a adoção de uma nova orientação, abandonando a anterior, seja de modo implícito (*implied overruling*), quando uma nova orientação é adotada em confronto com a anterior, sem aviso expresso quanto à substituição desta última, hipótese esta não permitida no ordenamento jurídico brasileiro, em conformidade com o disposto no art. 927, §4º do novo CPC.[167]

A importância da distinção tem utilidade presente para afirmar expressamente que, no sistema de precedentes obrigatórios adotados pelo direito pátrio, o *overruling* será sempre expresso, conforme anota a passagem acima, a teor da proposição normativa construída a partir do enunciado do art. 927, § 4º, do Código de Processo Civil vigente[168].

---

165. "Mediante a *transformation*, a Corte nega o conteúdo do precedente, mas deixa de expressar isso formalmente, através do *overruling*. Ou seja, no *overruling* a Corte expressamente anuncia a revogação do precedente, enquanto na *transformation* isso não acontece" (MARINONI, Luiz Guilherme. *Precedentes obrigatórios*. 4. ed., rev. atual. e ampl. São Paulo: Revista dos Tribunais, 2016, p. 243).

166. "*Overruling* pode ser expresso (*express overruling*), quando o tribunal resolve expressamente adotar nova orientação, abandonando a anterior. Pode ser tácito, denominado de *implied overruling*, quando uma orientação é adotada em confronto com posição anterior, embora sem expressa substituição dessa última" (LOURENÇO, Haroldo. Precedente judicial como fonte do direito: algumas considerações sob a ótica do novo CPC. *Revista temas atuais de processo civil* [on-line], v. 1, n. 6, dez. 2011. Disponível em: <http://www.temasatuaisprocessocivil.com.br>. Acesso em: 12 jul. 2016).

167. NUNES, Gustavo Henrique Schneider. Precedentes judiciais vinculantes no novo código de processo civil. *Revista dos Tribunais*, São Paulo: Revista dos Tribunais, ano 105, v. 970, ago. 2016, p. 104.

168. "Art. 927, § 4º, CPC/2015: "A modificação de enunciado de súmula, de jurisprudência pacificada ou de tese adotada em julgamento de casos repetitivos observará

O fato da revogação expressa, em nosso sentir, seja porque o direito brasileiro assim o exigiu, seja mesmo em termos de considerações para uma teoria dos precedentes, parecer ser elemento essencial para a caracterização do *overruling*. Sem manifestação expressa da superação, poderá se falar em outras técnicas de superação de precedentes, como a *transformation* ou mesmo a sinalização de revogação (*technique of signaling*).

Pensamos, nesta sorte de ideias, que a natureza do *overruling* remete a uma situação de extremidade, que requer a manifestação expressa da Corte que o criou. A segurança e estabilidade de um sistema de precedentes é prestigiada pela advertência da mudança, pela publicidade da revogação, muito mais estável se comparada à manutenção apenas formal da existência de um precedente cuja aplicação é restrita e tendente para a inexistência.

> O *overruling* é uma espécie do gênero das denominadas *judicial departures*, ou seja, dos casos de *afastamento* de uma regra jurisprudencial. Uma das hipóteses de afastamento se dá quando o tribunal resolve um problema jurídico solucionável por um precedente judicial, mas de forma diferente. O juiz apela, nesses casos, para uma nova regra jurídica que conduz a um resultado diverso do previsto no precedente. Como explicam Summers e Eng [1997:521], nas *judicial departures* "a decisão precedente deve ser apropriadamente semelhante ao caso subsequente". Em última instância, o precedente e o caso a ser decidido devem trazer à tona as mesmas questões jurídicas, e o caso precedente deve já ter resolvido a questão. [...]. Em países de *common law*, uma *departure* ou afastamento de um precedente por uma corte superior pode, via de regra, ser pontualmente identificada como um regramento [*ruling*] diferente para a questão posta por fatos materiais relevantemente semelhantes aos da decisão precedente.[169]

---

a necessidade de fundamentação adequada e específica, considerando os princípios da segurança jurídica, da proteção da confiança e da isonomia".

169. BUSTAMANTE, Thomas da Rosa. *Teoria do precedente judicial*: a justificação e a aplicação das regras jurisprudenciais. São Paulo: Noeses, 2012, p. 387.

Manter-se um tal precedente superado, mas não revogado com expressa manifestação, seria trabalhar contra a segurança e estabilidade das relações jurídicas, na medida em que as ações e comportamentos poderiam se pautar por um precedente que na realidade existe na forma, mas não na substância.

2.4.5.1 Causas potenciais do *Overruling*

Se dimensionarmos em termos genéricos e amplos, podemos dizer que o *overruling* se encontra no ambiente de mudança de perspectivas sociais, com potencialidade de refletir no sistema jurídico, o meio propício para sua ocorrência. Mudanças essas, em sua maioria, acerca das perspectivas sociais, sobre os valores sociais, sobre as necessidades sociais; enfim, mudanças na perspectiva da cultura da sociedade em relação a fatos (sociais).

Em exemplo, até poucos anos o termo *casamento* (no sentido eminentemente jurídico) era interpretado no contexto do sistema jurídico brasileiro como sendo a união entre duas pessoas de gêneros distintos. A pragmática das perspectivas sociais, com reflexo na pragmática jurídica, através da criação do direito pela atividade judicial, deu nova dimensão ao termo, para admitir que em sua extensão também se contem a possibilidade de união de pessoas de mesmo gênero. Destacamos os seguintes trechos da linguagem decisória para ilustrar nossas assertivas

> Onde há sociedade há o direito. Se a sociedade evolui, o direito evolui. Os homoafetivos vieram aqui pleitear uma equiparação, que fossem reconhecidos à luz da comunhão que tem e acima de tudo porque querem erigir um projeto de vida. A Suprema Corte concederá aos homoafetivos mais que um projeto de vida, um projeto de felicidade.[170]
>
> O direito existe para a vida, não é a vida que existe para o direito. Contra todas as formas de preconceitos há a Constituição

---

170. Trecho do voto do Ministro Luis Fux no julgamento da ADI nº 4.277 (BRASIL. Supremo Tribunal Federal. *Ação Direta de Inconstitucionalidade nº 4.277/DF*. Relator: Ministro Ayres Brito. Julgamento: 05 maio 2011. Órgão Julgador: Tribunal Pleno. Publicação: DJe, 14 out. 2011, p. 10).

Federal. [...] Aqueles que fazem a opção pela união homoafetiva não podem ser desigualados da maioria. As escolhas pessoais livres e legítimas são plurais na sociedade e assim terão de ser entendidas como válidas.[171]

Se há mudança dos valores sociais, que potencialmente são representados nos princípios jurídicos do sistema jurídico dessa sociedade, a tendência é a mudança de interpretação dos textos jurídicos, cuja pragmática influenciará diretamente a dimensão semântica de sua hermenêutica.[172]

> Forçoso concluir que o *overruling* está inteiramente atrelado a uma mudança de prisma pelo qual o homem enxerga os fatos – em busca de um valor maior: a justiça. Quando um tribunal superior conclui que certo precedente, embora antes vigente, não mais possa ser utilizado, exsurge a possibilidade, através do *overruling*, de os juízes deixarem de aplicar o precedente, agora ultrapassado, e criarem um novo.[173]

THOMAS DA ROSA DE BUSTAMANTE fez interessantes anotações sobre dados empíricos da Suprema Corte dos Estados Unidos da América sobre a situações que acabem por ter influência decisiva na superação dos precedentes.

Não que pensemos que os mesmos dados podem ser validados indistintamente para qualquer outro sistema social, notadamente o brasileiro, mas, sem dúvida, de grande valia são as considerações como recursos para interpretar o fenômeno do *overruling*. Vale a transcrição de suas anotações:

---

171. Trecho do voto da Ministra Cármen Lúcia no julgamento da ADI nº 4.277 (BRASIL. Supremo Tribunal Federal. *Ação Direta de Inconstitucionalidade nº 4.277/DF.* Relator: Ministro Ayres Brito. Julgamento: 05 maio 2011. Órgão Julgador: Tribunal Pleno. Publicação: DJe, 14 out. 2011, p. 3, 7).

172. "Essa técnica de superação de um precedente (*overruling*) se dá pelo desgaste de sua dupla coerência (social e sistêmica) e pela não aplicação dos princípios básicos que sustentam a regra do stare decisis (segurança jurídica e igualdade), de modo a não autorizar a sua aplicabilidade (*replicability*)" (ibid., loc. cit.).

173. SOARES, Marcos José Porto. A *ratio decidendi* dos precedentes judiciais. *Revista Brasileira de Direito Processual*, Belo Horizonte, v. 22, n. 85, jan./mar. 2014, p. 43-44.

Vários fatores podem condicionar – positiva ou negativamente – a prática de se estabelecer e reformar precedentes judiciais de natureza vinculante. Na Suprema Corte norte-americana, por exemplo, um estudo empírico-descritivo informa que as seguintes variáveis normalmente influem sobre a probabilidade de a Suprema Corte revogar seus precedentes judiciais:

"(1) Quanto maior a disparidade ideológica entre um precedente e a corte subsequente, maior a probabilidade de esse precedente ser revogado."

"(2) Um precedente judicial terá menos chances de ser revogado se tiver se embasado na interpretação da legislação, ao invés da interpretação da Constituição."

"(3-a) Quanto mais frequentemente tenha a corte tratado um precedente positivamente (isto é, seguido o precedente), menor a chance de o precedente ser revogado."

"(3-b) Quanto mais frequentemente tenha a corte tratado um precedente negativamente (v.g., distinguindo-o ou limitando-o), maior a chance de o precedente ser revogado."

"(4) Quanto mais próximo do contexto político-ideológico estiver um precedente, menor a chance de ele ser revogado."

"(5) Um precedente tem mais chances de ser revogado se a coalização que o sustentou consistir em simples maioria de julgadores."

"(6) Quanto maior o número de opiniões concorrentes que tenham sido publicadas com um precedente, maiores as chances de ele ser revogado" [Spriggs/Hansford 2001:1.097].[174]

Temos que questões de influência na superação de precedentes podem ser assim talhadas como determinantes para a ocorrência do *overruling*:

(i) mudanças de composição de tribunais, com influência clara do pleno de valores dos julgadores na superação dos precedentes;

(ii) desatualização do precedente com relação às expectativas e valores sociais (desatualização cultural);

---

174. BUSTAMANTE, Thomas da Rosa. *Teoria do precedente judicial*: a justificação e a aplicação das regras jurisprudenciais. São Paulo: Noeses, 2012, p. 392-393.

(iii) precedentes cujos núcleos decisórios forem hermenêutica de valores e princípios constitucionais possuem maior probabilidade de superação, justamente em função da influência de fatores axiológicos nessas normas;

(iv) precedentes cujos núcleos decisórios forem hermenêutica de regras (normas comportamentais no arquétipo lógico e clássico do antecedente descritos e consequente prescritor ou mesmo enunciados) têm menor probabilidade de superação, pela menor influência de fatores axiológicos nessas normas em função da semântica mais precisa.

Essas constatações e considerações nos inclinam à conclusão de que a complexidade da sociedade atual, tomada aqui sob o prisma de velocidade de produção, acesso e disseminação de uma gama indescritível de informações indica uma tendência de maior facilidade de superação de precedentes do que há um século atrás, por exemplo, na medida em que essa teia de dados de linguagem das mais diversas matizes temáticas influencia a sociedade e seus valores de uma maneira muito mais efetiva e veloz, se comparado com qualquer outro tempo da evolução da civilização.

2.4.5.2 O *Overruling* e o tempo

O tempo que temos é tempo presente. O passado se foi e o futuro é potencialidade. A frase acima não tem objetivos ou pretensões filosóficas, que guiaram desde SANTO AGOSTINHO até ALBERT EINSTEIN, senão chamar atenção para os efeitos de decisões de superação de precedentes nas relações jurídicas (portanto, na sociedade).

Mas, que importa o tempo, então? É que os efeitos jurídicos de uma superação de precedentes podem imbricar-se com o tempo das relações jurídicas. Se a observação de um precedente havida por décadas denotava que do fato F implicava-se a solução S e, em sua superação, emerge nova ilação, de que do fato F não mais implica a solução S, mas sim a solução R, como serão reguladas as novas relações jurídicas de conteúdo de fato F, que esperavam a solução S, mas que soubessem que a solução seria R, não praticariam o tal fato F?

É nesse contexto e para apaziguar as expectativas e conservar a estabilidade do sistema de direito que surge a técnica do *prospective overruling*, que, de fato, pode ser associado à vigência do precedente ou à aplicação do precedente superado.

> O que justifica a técnica do *prospective overruling* é o estabelecimento, em um precedente judicial, de uma *norma adscrita de natureza geral* juntamente com outra norma *individual*, mais *específica*, que elide sua aplicação no caso concreto, tendo em vista considerações de segurança jurídica e outras razões que tornam irracional a aplicação da nova orientação jurisprudencial ao caso concreto.[175]

O *prospective overruling* pode ser, *mutatis mutandis*, associado à modulação de efeitos de uma decisão que declara a inconstitucionalidade de uma norma, pelo Supremo Tribunal Federal, em nosso sistema nacional.

São os conhecidos efeitos *ex nunc* e *ex tunc*, cuja adoção serve para conferir e preservar a segurança jurídica e a certeza do direito, dois princípios caros e imanentes aos sistemas que adotam os precedentes obrigatórios em seu contexto normativo.

> Pode-se propor, destarte, a seguinte diretiva geral para o *prospective overruling*: (D) Na presença de precedentes vinculantes ou quase-vinculantes (vinculantes *de facto*) dos tribunais superiores, quando uma nova decisão venha a revogar regramentos judiciais previamente estabelecidos, o tribunal pode estabelecer, na presença de fatores que possam lesionar os mais importantes princípios do sistema jurídico, como a justiça material ou a

---

175. BUSTAMANTE, Thomas da Rosa. *Teoria do precedente judicial*: a justificação e a aplicação das regras jurisprudenciais. São Paulo: Noeses, 2012, p. 457.

segurança jurídica, as condições da eficácia temporal do novo Direito jurisprudencial. [Bustamente/Silva 2007:124].[176]

Desta feita, o equilíbrio na superação dos precedentes é pedra de toque da utilização da técnica da *prospective overruling*. Pelo termo *equilíbrio*, queremos designar os efeitos na segurança, certeza e confiança que os tutelados devem guardar no Estado-Juiz, frente à superação de um precedente. LUIZ GUILHERME MARINONI nos parece anotar muito bem essas ponderações:

> No caso de necessidade de superação apenas para frente do precedente, além da proteção da segurança e da igualdade, a modulação dos efeitos deve levar em consideração a *maior ou menor densidade das normas* aplicadas para resolução do caso ou da questão jurídica e a *maior ou menor abertura semântica do texto* empregado na redação legislativa. Quanto *menor a densidade normativa* (por exemplo, princípio), *maior a confiança* na sua concretização judicial. Quanto *maior a abertura semântica* (por exemplo, cláusulas gerais e conceitos jurídicos indeterminados), *maior a confiança na sua concretização judicial*. São *critérios* que podem colaborar na outorga de eficácia *ex nunc* à mudança do precedente.
>
> Pode ocorrer de não ser *oportuna* - ou *necessária* - a revogação total do precedente. Nesses casos, para patrocinar em parte a sua alteração (*overturning*) alça-se mão das figuras da transformação (*transformation*) e da reescrita (*overriding*). São técnicas de *superação parcial* do precedente.[177]

De qualquer forma, é uma técnica própria dos sistemas estrangeiros que se aproxima em muito dos efeitos *ex nunc*, próprios da modulação de efeitos de uma decisão havida em controle concentrado de constitucionalidade no direito brasileiro. Se outro paralelo ainda for necessário, o *prospective overruling* é a vigência prospectiva de uma norma, cujo princípio da irretroatividade impede a aplicação da nova lei aos fatos (potencialmente jurídicos) já havidos no passado.

---

176. BUSTAMANTE, Thomas da Rosa. *Teoria do precedente judicial*: a justificação e a aplicação das regras jurisprudenciais. São Paulo: Noeses, 2012, p. 462.

177. MARINONI, Luiz Guilherme; ARENHART, Sérgio Cruz; MITIDIERO, Daniel. *O novo processo civil*. 2. ed. São Paulo: Revista dos Tribunais, 2016.

2.4.6 *Overriding*

Se o *overruling* foi comparado, em linhas pregressas, à revogação total e expressa de um enunciado (norma), podemos seguir nessa trilha para associar o *overriding* à revogação parcial da lei[178].

De se notar que não fizemos menção à revogação parcial "expressa", dado que na aplicação da técnica de superação do *overriding* não há revogação expressa do precedente.

É certo que os efeitos do *overriding* acabam sendo a não aplicação de um precedente, mas, diferentemente da superação expressa, há uma espécie de desconexão da decisão precedente com o caso sob análise, que, em tese, se alinharia com o precedente. Ocorre que elaboração e construção de distinções substanciais e coerentes entre a decisão precedente e o caso concreto atual, que, no mais das vezes, tendem a ser situações (até de contexto social) que mudaram ao longo da história, se revelarão em entendimentos ou interpretações distintas das que foram feitas à época da decisão precedente, mas as quais não justificariam, por si só, a revogação da decisão precedente, justificando apenas uma certa restrição de seu âmbito de aplicação.

> [...] o *overriding* (reescrita) [...] somente acarreta a superação parcial do precedente, com a adoção de um posicionamento que restringe sua incidência. Nesse caso, "a reescrita funciona como redefinição do âmbito de incidência do precedente. O precedente é reescrito com o fim de restringir o seu âmbito de aplicação. A partir da reescrita algo que não foi considerado no precedente anterior é sopesado e aí o seu alcance é comprimido".[179]

---

178. "O *overriding* ocorre quando o tribunal apenas limita o âmbito de incidência de um precedente, em função da superveniência de uma regra ou princípio legal. Há, a rigor, uma superação parcial, semelhante a uma revogação parcial da lei" (LOURENÇO, Haroldo. Precedente judicial como fonte do direito: algumas considerações sob a ótica do novo CPC. *Revista temas atuais de processo civil* [on-line], v. 1, n. 6, dez. 2011. Disponível em: <http://www.temasatuaisprocessocivil.com.br>. Acesso em: 12 jul. 2016).

179. NUNES, Gustavo Henrique Schneider. Precedentes judiciais vinculantes no novo código de processo civil. *Revista dos Tribunais*, São Paulo: Revista dos

O *overriding* aparece, então, como uma técnica de aplicação (ou não aplicação) de precedentes, como de fato são o *distinguishing* e a *transformation*, por exemplo. Não se fala em revogação, posto que as razões de decidir do precedente não desaparecem, não sofrem superação ou modificação substancial, mas, dado o novo contexto social, a solução tende a ser parcialmente diferente, com restrição de aplicação.

Um exemplo ajudaria na clarificação. Nos Estados Unidos da América, na década de 1930, havia um precedente firmando que as promessas de doação não eram passíveis de execução. No ano de 1932, a seção 90 do *Restatement of contrats* elencou um princípio de que as promessas seriam exequíveis se fossem confiáveis. Depois disso, o precedente sofreu *overriding*, para manter a inexequibilidade, salvo nos casos de promessas que fossem confiáveis.[180]

Em linhas finais, seriam as mesmas razões de decidir do precedente que está sofrendo *overriding*, mas em uma dimensão de aplicação mais restrita, o que não justifica a sua revogação expressa. Seria uma espécie de revogação parcial tácita.

Tribunais, ano 105, v. 970, ago. 2016, p. 104.

180. MARINONI, Luiz Guilherme. *Precedentes obrigatórios*. 4. ed., rev. atual. e ampl. São Paulo: Revista dos Tribunais, 2016, p. 246-247.

3. OS PRECEDENTES ENTRE OS SISTEMAS DO *CIVIL LAW* E DO *COMMON LAW*

O direito, tomado em sua acepção mais ampla, enquanto sistema de normas direcionadas à orientação (coativa) de comportamentos sociais é, sem dúvida, objeto cultural, modelo de construção humana.

Dentre esses modelos[181] de manutenção da ordem pelo estabelecimento de normas, há dois que ocupam o ambiente de discussão jurídica, pelo menos no mundo ocidental, os sistemas denominados *civil law* e *common law*.

Raciocínios comparativos e paralelos associativos sempre foram feitos para distinguir os modelos de sistemas jurídicos ao longo da história. A fonte primária do direito, tomado aqui como expressão de criação do direito, sempre foi uma cisão emblemática entre os dois sistemas: a lei, ocupando essa função no *civil law*, e os costumes, no *common law*. Pelo menos, essa foi a tradição doutrinária até tempos recentes.

---

181. "Em qualquer caso, todavia, a construção dos modelos é obra do intérprete, que os constrói justamente a fim de tornar possível e racional análise de ordenamentos diversos (ou de institutos pertinentes a ordenamentos diversos)" (TARUFFO, Michele. Observações sobre os modelos processuais de civil law e de common law. In: WAMBIER, Luiz Rodrigues; WAMBIER, Teresa Arruda Alvim. *Coleção doutrinas essenciais*: processo civil. V. 9. São Paulo: Revista dos Tribunais, 2011, p. 1003).

Todavia, oportunamente já ressaltamos em algumas ocasiões dos presentes escritos que a alta complexidade da sociedade moderna é fator evolutivo de todo o caldo de cultura, em qualquer ambiente do globo.

O intercâmbio e multiplicidade crescente, incessante e progressiva das relações sociais entre as nações, nos níveis diplomáticos, econômicos, jurídicos ou em qualquer outro nível pensado, não deixaria incólume e estanques esses sistemas de direito.

> Seja como for, se não quer manter a realidade, a todo custo, fora da porta da ciência jurídica, é necessário levar em conta as numerosas e importantes transformações – operadas ou ainda em curso – em muitos ordenamentos processuais de *common law* e de *civil law*. Com efeito, são levados em conta os resultados dessas transformações que se poderão construir novos modelos úteis para análise comparatística dos sistemas processuais.[182]

É o caso de perguntar se ainda há relevantes diferenças entre os sistemas. É o caso perguntar se ainda podem ser feitas as clássicas distinções, com lastro nos clássicos critérios de classificação sempre adotados para segregar ambos os sistemas, se a complexidade atual permite essas classificações.[183]

Evidentemente que cada qual guarda suas peculiaridades, como sempre haverá de ser. Mas há uma aproximação inegável, não de um para outro, no sentido de que um se transformará no outro, mas, talvez, em um termo médio entre ambos, guardando, cada qual, ainda suas particularidades.

3.1 O *common law* em suas raízes históricas: do costume aos precedentes

A maneira mais evidentemente clássica de caracterização de um sistema de *common law* é atrelá-lo aos costumes.

---

182. Ibid., loc. cit.

183. TARUFFO, Michelle. El processo de "civil law": aspectos fundamentales. In: _____. La prueba, artículos e conferencias. Santiago del Chile: Metropolitana, 2009, p. 227-264

O critério é fonte de criação de direito, no sentido clássico de fontes[184]. Quando aqui nos referirmos às fontes, tencionaremos dizer elementos de criação do direito, elementos autorizadores para elaboração de enunciados componentes do sistema jurídico, em amplo sentido, seja uma lei geral e abstrata ou uma sentença individual e concreta.

Registra-se na história que a origem do *common law* é inglesa, oriunda da comunhão de costumes havidos entre as tribos anglo-saxônicas, cujo "direito" era, então, fracionado, ou seja, cada tribo submetida à égide dos costumes e regras não escritas que lhes expressavam em suas respectivas localidades.

> O *common law* inglês é descrito como um sistema jurídico fragmentado, não codificado e ancorado profundamente na tradição, cuja principal fonte – embora não a que tem maior hierarquia no sentido formal a que estamos acostumados nos sistemas jurídicos de tradição continental – é o costume reconhecido pelos órgãos com autoridade para dizer e interpretar o Direito. Quando se fala em "costume reconhecido", remete-se o leitor necessariamente à ideia de *precedente* e não ao *costume em si mesmo* considerado, ou seja, independente de reconhecimento formal pelas autoridades judiciárias.[185]

Marca-se a gênese do *common law*, em um fato de publicidade suficiente para ser relatado no curso da história, no ano 1066, com a criação dos Tribunais Reais, a partir dos quais, houve o espraiamento de um sistema decisório organizado para os rincões da antiga Britânia.

Certo de que há muita riqueza de detalhes, sob diversos prismas de análise, em muitos escritos, sobre a origem e desenvolvimento do *common law* e dado que nossa intenção com relação a esse tema é estritamente relacionada a estabelecer uma coerência temporal com os sistemas que atualmente são

---

184. Que se distingue, dessa forma, do sentido de fontes do direito que é coincidente com o processo de enunciação. Cf. CARVALHO, Paulo de Barros. *Direito tributário*: linguagem e método. 5. ed. São Paulo: Noeses, 2013, p. 423.

185. BUSTAMANTE, Thomas da Rosa. *Teoria do precedente judicial*: a justificação e a aplicação das regras jurisprudenciais. São Paulo: Noeses, 2012, p. 4.

identificados como sendo *common law*, pensamos ser profícua, pela acuidade, a transcrição das notas de ANTÔNIO PEREIRA GAIO JÚNIOR:

> Com efeito inicialmente foi regido sob a égide do direito anglo-saxônico, expressão cunhada em razão das tribos que dividiam a grande ilha – anglos, saxões e dinamarqueses. Apesar do povo inglês estar submetido a um único soberano, o direito era fracionado, guardando a característica de direito local.
>
> O direito comum, designado *common law*, iniciou seu desenvolvimento na Inglaterra no ano de 1066, através dos Tribunais Reais (Tribunais de Westminster), que eram, em princípio, cortes de exceção, tendo em vista que a intervenção do Rei em julgamentos somente se justificava em casos especiais, bem como o processo tinha seu curso marcado pela forma como a demanda era conduzida. Esse cenário sofre modificações paulatinas e a jurisdição se expande sobre aquela desenvolvida pelas cortes senhoriais.
>
> Visando evitar a expansão dos poderes do Rei através da jurisdição dos Tribunais, estabeleceu-se no Estatuto de Westminster II, de 1285, que os Tribunais Reais só concederiam *writs* em hipóteses em que já houvesse casos semelhantes decididos (precedentes) vedando-se, então, a criação de novas ações.
>
> [...]
>
> O excesso de formalismo da época, contudo, acabou por causar certo desprestígio ao direito da *common law*, abrindo espaço para o surgimento de uma nova de solução dos conflitos. Desse modo, após a grande expansão da *common law*, sentida no séc. XIII, surge sistema rival, a *equity*, buscando solucionar as injustiças perpetradas pela *common law*.
>
> [...]
>
> Por derradeiro, destaca-se o período moderno, marcado sobretudo pelas reformas do séc. XIX, e também, pelo triunfo das ideias democráticas e influência de Jeremy Bentham. Nada obstante, a organização judiciária sofre profundas alterações nos anos de 1873-1875 pelos *Judicature Acts* que consolidaram o término da cisão entre os tribunais da *common law* e da *equity*, cada qual podendo aplicar regras de uma ou outra jurisdição indistintamente.[186]

---

186. GAIO JÚNIOR, Antônio Pereira. Considerações acerca da compreensão do modelo de vinculação às decisões judiciais: os precedentes no novo código de

A narrativa acima é longa, mas rica e valiosa, e evidencia um dado até certo ponto desconhecido no curso do desenvolvimento do *common law*, a variante do *equity*. Tratava-se de um sistema rival ao direito comum (*common law*), solucionando os casos que não contavam com previsão no outro sistema.

O *equity* era baseado no que hoje podemos chamar de razoabilidade. Uma justiça que distribuía soluções com base no bom senso e ampla liberdade de atuação do julgador, àqueles que, em tese, não tinham, no sistema de comunhão dos direitos dos povos anglo-saxões, previsão para solução de seus conflitos, seja por ausência de previsão, seja por dificuldades de acesso, inclusive financeiro.

> Conhecido como sistema "fora da lei", o *Equity Law* era baseado na consciência, no bom senso. *Equity* significa igualdade, que provém do latim *equitas* (justiça), derivação de *equs* (justo, imparcial).
>
> O *Equity* desenvolveu-se principalmente para o direito de propriedade, direito dos contratos e também para questões relativas às garantias, e com o tempo ganhou forte expressão dentro do próprio *Common Law*, inclusive com decisões que serviam de base de consulta a esta.
>
> No século XIX, na Inglaterra, houve a fusão entre *Common Law* e *Equity Law* por conta da *Judicature Acts*. Nos Estados Unidos, em 1938, as diferenças que existiam entre *actions at Law* e *suits in equity* foram extintas pelo que se denominou *Civil Actions*.[187]

Num ou outro sistema, rivais por período histórico, mas que, por certa ironia, acabaram unidos por um *act*, como acima citado, os costumes, de fato, sempre estiveram em evidência nesse sistema, podendo ser caracterizados como fontes causadoras da criação do direito (decisões que resolvem conflitos).

> O sistema do *Common law*, também conhecido como sistema anglo-saxão, distingue-se do *Civil law* especialmente em razão

---

processo civil brasileiro. *Revista de Processo*, São Paulo, v. 41, n. 257, jul. 2016, p. 345-346.

187. CARPENA, Márcio Louzada. Os poderes do juiz no common law. *Revista de Processo*, São Paulo, v. 35, n. 180, fev. 2010, p. 207-208.

das fontes do Direito. Como dito, no *Civil law* o ordenamento consubstancia-se principalmente pelas leis, abrangendo os atos normativos em geral, como decretos, resoluções, medidas provisórias etc. No sistema anglo-saxão os juízes e tribunais se espelham principalmente nos costumes e, com base no direito consuetudinário, julgam o caso concreto, cuja decisão, por sua vez, poderá constituir-se em precedente para julgamento de casos futuros. Esse respeito ao passado é inerente à teoria declaratória do Direito e é dela que se extrai a ideia de precedente judicial.[188]

Todavia, em que pese a premência dos costumes para a aplicação no caso concreto, resolvendo conflitos através das decisões, podemos identificar, igualmente, que, há pelo menos seis séculos, as leis também desempenhavam funções notáveis no *common law*.

3.2 A "lei" no *common law*

Atualmente há uma grande gama de leis nos sistema de *common law*. Os costumes, entendemos, não são uma fonte de magnitude ampla como eram no passado; e eles, de certa forma, estão cristalizados nas decisões com enervgadura de precedentes.

De toda a forma, é inegável o crescimento da produção de *acts* ou *statutes* nos países que seguem o *comon law*. A constituição dos Estados Unidos da América é um exemplo, em antítese à inexistência de Constituição escrita na Inglaterra, até os dias de hoje. Outrossim, na inglaterra há, desde 2005, um código de processo civil, que evidencia o movimento de produção de enunciados gerais e abstratos, tendo como veículo introdutor uma lei, no sentido próximo do sistema e *civil law*.

No âmbito da statute law, a Constituição Federal dos Estados Unidos promulgada em 1787 é sua lei fundamental e marca o ato de fundação daquele país. Inspirada no Direito Natural e

---

188. DONIZETTI, Elpídio. A força dos precedentes no novo código de processo civil. *Revista direito UNIFACS*. [on-line], Salvador: Núcleo web UNIFACS, n. 175. janeiro, 2015. Disponível em: <http://www.revistas.unifacs.br>. Acesso em: 12 nov. 2016.

recorrendo à ideia de contrato social, limitou os poderes reconhecidos às autoridades federais nas suas relações com os Estados e com os cidadãos.

Na Inglaterra, os antigos *statutes* só abrangiam um ou poucos casos teóricos; contudo, durante o último século e no atual, cresceu o número de *statutes* e também as áreas que cada um deles abrange. Apareceram, além disso, leis que consolidam as leis já promulgadas na mesma matéria (*consolidating statutes*) e outros que integram não só as antigas leis, mas também a jurisprudência na respectiva matéria (*codifying statutes*). Mesmo assim, não há um código – como os códigos romano-germânicos – que abranja um ramo inteiro do direito.[189]

Esse pretenso movimento de legislar, se não pode ser identificado como uma tendência evolutiva, pode ser afirmado como real e irreversível. E se a produção de leis nos países de *common law* é realidade premente, não significa que é recente.

Como dissemos, desde há pelo menos seis séculos, há leis produzidas no *common law*. A diferença era a autoridade competente. Hoje, o Parlamento; outrora, o monarca, como Eduardo I[190], por exemplo, que deu à Inglaterra inúmeros *statutes*.

> A *statute law* (direito dos estatutos, ou seja, direito das leis promulgadas pelo legislador) desenvolveu-se à margem da *common law* e retomou, sobretudo no século XX, uma importância fundamental.
>
> Nos séculos XVIII e XIX, depois da jurisprudência, a legislação ocupava papel secundário nas fontes do direito. Os *acts* ou *statutes* (leis) são vistos como uma exceção à *common law*, predominando uma interpretação literal e restritiva de seus conteúdos por parte dos juízes.
>
> Num primeiro momento a função legislativa do parlamento inglês era bastante reduzida. Segundo Lopes (2002, p. 253), o procedimento parlamentar legislativo não diferia em substância da decisão judicial caso a caso, pois, no fundo, o Parlamento não tinha iniciativa, mas respondia a pedidos, solicitações e pressões.

---

189. MEDEIROS, Cristiano Carrilho Silveira de. *Manual de história dos sistemas jurídicos*. Rio de Janeiro: Elsevier, 2009, p. 109.

190. Edward Longshanks nasceu em 1239 e reinou entre 1272 e 1307, ano de sua morte.

É possível relacionar o desenvolvimento da *statute law* a alguns fatos históricos. Inicialmente a regra geral na Inglaterra era a privatização dos serviços nas mãos dos particulares e a ausência de uma burocracia organizada. Nem mesmo a força policial inglesa havia sido organizada até meados de 1770. Gradualmente o modelo foi sendo modificado por um processo lento de reformas que buscavam um maior controle por parte do Estado mediante a estatização de várias funções de governo anteriormente nas mãos dos particulares.[191]

Em 2016, até a presente data, foram editados 24 *acts* válidos para todo o Reino Unido (*UK Public General Acts*), contendo matérias desde imigração até forças armadas. Se considerarmos a presente década (2010-2016) são 213 *atcs*. Estendendo para a década passada (2000-2009) são mais 367. Retroagindo mais alguns decênios teremos: (1990-1999 / 539 *acts*); (1980-1989 / 542 *acts*); (1970-1979 / 482 *acts*) e, por fim; na década de 1960 (1960-1969 / 386 *acts*) totalizando 2.529 *acts*, somente da espécie *UK Public General Acts*. No total, desde 1801, são 4.238 *acts*, ou seja, cerca de 60% de toda a legislação desta espécie, ao longo de 315 anos, foi produzida nos últimos 56 anos[192].

Repisamos que nos referimos apenas a uma espécie de *act*, o *UK Public General Acts*. Há *acts* de outras espécies como *United Kingdom Local Acts, Acts of the Scottish Parliament, Acts of the National Assembly for Wales, Measures of the National Assembly for Wales, Church Measures, Acts of the Northern Ireland Assembly* etc.

É uma tendência que é influenciada por vários influxos sistêmicos, sociais, econômicos, morais etc. Isso significa a mudança do direito inglês para um sistema de *civil law*? Assertivamente, não. Trata-se, como já dissemos, do reflexo da complexidade da sociedade moderna.

---

191. MEDEIROS, Cristiano Carrilho Silveira de. *Manual de história dos sistemas jurídicos*. Rio de Janeiro: Elsevier, 2009, p. 108.

192. UNITED KINGDOM. *UK Public General Acts*. London, UK: The National Archives, 2016. Disponível em: <http://www.legislation.gov.uk/ukpga>. Acesso em: 12 jul. 2016.

3.3 A decisão ou o Estado-Juiz no *common law*

Como negar a força dos costumes, quer em sua dimensão pragmático-social, quer em sua dimensão cristalizada nos precedentes, os quais representam o pulsar do sistema, no *common law*?

Em que pesem os escritos adrede elaborados colocarem em conta o crescente da elaboração dos *acts* no direito inglês, como exemplo de atividade legislativa no *common law*, é inegável que ainda ocupe lugar periférico em relação, pelo menos, às decisões judicias[193]. Para confirmar essa assertiva, basta dizer que a nação em que se originou esse sistema, ou seja, o Reino Unido, não possui uma Constituição escrita. E a tendência é a manutenção desse estatuto.

Em que termos situa-se o Estado-Juiz nesse contexto? Não podemos negar que a liberdade do juiz, nos sistemas de *common law*, normalmente voltada à condição da condução do processo judicial é maior do que nos sistemas de *civil law*, ainda que haja leis instrumentais, dado que elas tendem a refletir apenas a regulação contra abusos, não uma exaustiva descrição procedimental.

> Pela liberdade e abertura do *Common Law*, na esfera processual, é dado ao juiz conduzir a demanda da forma que julgar mais adequada para conseguir resolver a controvérsia dentro daquilo que entender mais justo. Tal amplitude e flexibilidade, como se disse linhas atrás, dão ao magistrado poderes notáveis, o que, por alguns, é visto como um problema dentro do sistema, uma vez que, em determinadas situações, dependendo da ideologia do magistrado pode, na prática, resultar em situações desastrosas.

---

[193]. "Uma decisão judicial, segundo a perspectiva de tal sistema, ostenta: a) os fatos narrados ou visualizados pelo juiz; b) os princípios do direito aplicados ao fato; e c) o julgamento baseado numa combinação dos dois primeiros elementos ("a" e "b"). O que realmente vincula são os princípios do direito aplicados ao fato ("b") e não a decisão em si ("c"). A decisão em si ("c") interessa somente à parte que participou do processo; já os princípios de direito aplicáveis a determinados fatos ("b") interessam a toda sociedade, porquanto representam a interpretação da justiça sobre aquela situação, vinculando o juiz para todos os casos idênticos posteriores" (CARPENA, Márcio Louzada. Os poderes do juiz no common law. *Revista de Processo*, São Paulo, v. 35, n. 180, fev. 2010, p. 201).

Tem-se que, de qualquer sorte, em tese, os limites da atuação do juiz se encontram dentro de grandes conceitos, tais como respeito ao direito de defesa, direito de produção de prova, direito da parte de ser ouvida, devido processo legal, entre outros. Há nos Estados Unidos precedentes, por exemplo, que garantem a toda pessoa humana residente naquele país o direito irrestrito ao *Due Processo of Law*, bem como a não violação de seus direitos fundamentais, tais como, o direito à vida, à liberdade, à livre expressão, ao ir e vir, à propriedade individual, etc.[194]

Esse grau de liberdade do juiz como dado próprio dos sistemas de *common law* tende a ser moldado, inclusive, pelos próprios atos normativos editados nesses sistemas[195], mas a atividade de decisão, ou seja, a ação de interpretar o direito para elaboração de uma decisão judicial continua a ser uma atividade eminentemente de hermenêutica jurídica, constituída por argumentação racional ou o processo de justificação da decisão.

A afirmação acima diz respeito, especialmente, à diferença primária em relação ao objeto do julgador-hermeneuta no processo de decisão do *common law*. O processo de construção de decisão parece iniciar-se no caso concreto, interpretando-o em relação aos fatos jurídicos postos sob julgamento, criando-se potenciais soluções acerca da invocação dos precedentes pelas partes.

---

194. Ibid., p. 208.

195. "Com efeito, o *Civil Procedure Rules* inglês expressamente arrola uma série de medidas que bem demonstram atualmente, de forma exemplificativa, os poderes do juiz naquele país. É a regra n. 3.1. que registra caber ao juiz: dilatar ou encurtar prazos; adiar ou antecipar audiências; ordenar à parte ou ao seu representante que compareça ao tribunal; realizar audiências ou colher prova por telefone ou outro meio de comunicação oral direta; determinar que se processe em separado parte da matéria litigiosa; suspender total ou parcialmente o curso do feito, quer em termos genéricos, quer até a data ou acontecimento especificado; reunir processos; julgar duas ou mais causas na mesma ocasião; ordenar o julgamento separado por qualquer questão; estabelecer a ordem em que as questões serão decididas; excluir a apreciação de alguma; rejeitar ou proferir julgamento após decisão de questão preliminar, entre outras disposições, calhando notar que as referências legais não são taxativas, conforme dá a entender o próprio *Civil Procedure Rules*" (CARPENA, Márcio Louzada. Os poderes do juiz no common law. *Revista de Processo*, São Paulo, v. 35, n. 180, fev. 2010, p. 214-215).

A hermenêutica do precedente, pelo juiz, parece outro passo necessário ao processo de construção da decisão, dado que a justificação da razão da decidir no caso concreto (já atividade de interpretação) deverá ser associado à razão de decidir do precedente (também objeto de hermenêutica a cada análise) e a associação por similaridade tende para aplicação do precedente em sua integralidade, ao passo que a distinção de algumas das circunstâncias do caso concreto tende ao uso de técnicas de distinção, como o *distinguishing*.

3.4 "Nasce" o sistema da *civil law*

Tomado em acepção ampla, sinônimo de direito escrito, constante em enunciados legais, o código de Hamurabi pode ser descrito como um sistema de *civil law*. Entretanto, o registro histórico assenta que a gênese do *civil law* é associada diretamente a um direito romano-germânico, oriundo, notadamente, da separação entre os poderes sacros e os seculares, na Europa dos séculos XII e XIII.

Em que pese o registro, extremamente válido primordial para quem debruçar-se sobre a história do direito, é na Revolução Francesa que se apresenta o marco atual do aspecto hodierno do termo *sistema de civil law*, até sua disseminação para tornar-se o mais utilizado, em termos de nações que os adotam, no mundo contemporâneo.

Esse marco é simbólico porque pode ser representado pela consagração de ideais iluministas, cujo mastro principal desfraldou, a um só tempo, pela primeira vez no curso da história moderna, as bandeiras da democracia e do movimento constitucionalista como pilares do Estado de Direito.

> Sob a égide da Revolução Francesa – movimento, encabeçado pela burguesia, com a ajuda de vários grupos sociais, como a população miserável das cidades, pequenos produtores e comerciantes, os camponeses explorados pela servidão, com o *slogan* lançado pelos revolucionários "liberdade, igualdade e fraternidade" – alastraram-se ideais liberais que culminaram com o rompimento do

sistema de poder até então existente: uma vez reconhecida a legitimidade da Assembleia Nacional Constituinte pelo rei Luís XVI, em 1791, foi concluída a primeira Constituição francesa.

Esse documento teve como principal façanha coibir os abusos por parte do monarca: "o rei perdia os 'poderes absolutos' do Antigo Regime, não estando mais acima das Leis"; garantiam-se por escrito os direitos dos cidadãos; nascia, enfim, o sistema do *civil law* em que as leis foram elevadas ao trono como principal fonte do Direito – modelo posteriormente copiado por outros países.[196]

Identifica-se, assim, a gênese do sistema de *civil law* como hoje o conhecemos, a partir do movimento contra o arbítrio e absolutismo, representados, historicamente, pelas monarquias de até então.

Essa força contrária ao absolutismo monárquico, como sabemos, resultou na queda de muitos regimes, substituídos por Estados unitários ou federais, repúblicas presidencialistas e parlamentaristas, e, na transferência do poder político, mesmo nos regimes monárquicos, a um parlamento de representação popular.

A identificação da origem do *civil law* moderno, com o movimento revolucionário francês, em que umas das principais consequências foi o surgimento das Constituições escritas, como hoje as conhecemos, é nitidamente um movimento de pêndulo contrário ao arbítrio e a insegurança, objetivando normas para a segurança de todos[197].

---

196. SOARES Marcos José Porto. A *ratio decidendi* dos precedentes judiciais. *Revista Brasileira de Direito Processual*, Belo Horizonte, v. 22, n. 85, jan./mar. 2014, p. 42.

197. "No que se refere ao sistema da *civil law*, tem-se que o desencadeamento da Revolução Francesa foi responsável pelo desenvolvimento de um sistema jurídico novo, em que o ordenamento fosse claro e completo, a fim de evitar qualquer influência do sistema anterior e a abertura de espaço para que os juízes interpretassem a lei. Era necessário subordinar o poder do juiz à nova ordem jurídica traçada pelos representantes do povo" (GAIO JÚNIOR, Antônio Pereira. Considerações acerca da compreensão do modelo de vinculação às decisões judiciais: os precedentes no novo código de processo civil brasileiro. *Revista de Processo*, São Paulo, v. 41, n. 257, jul. 2016, p. 349).

A objetivação de regras permitiria a segurança de todos.

3.5 A lei suplanta os costumes

A marca fundamental do sistema de *civil law*, portanto, e historicamente falando, é a segurança da lei. A objetivação de enunciados escritos teria como resultado a resolução de todos os arbítrios e injustiças, próprios dos sistemas monárquicos absolutistas. Não podemos negar que essa ideia é centrada contextualmente no pensamento revolucionário francês e carregou valores aos sistemas de *civil law* durante muito tempo, principalmente, em relação aos deveres de "extrair" o "conteúdo da lei" e o "espirito da lei".

> Sendo assim, o *civil law* pode ser caracterizado pelo maior valor dado ao processo legislativo frente às demais fontes do direito, acentuando-se após a Revolução Francesa, momento em que a lei escrita passou a ser considerada como a única expressão autêntica por parte da nação, desenvolvida por meio da vontade geral da população.[198]

Identificamos que a utópica relação entre segurança e lei, entre representatividade da vontade democrática e lei, que evoluiriam para sistema de codificação, são parcialmente responsáveis por expectativas criadas no âmbito de diversos países de que a lei, como sinônimo de sistema jurídico, seria a solução para todos os problemas, demandas e expectativas da sociedade, e qualquer coisa, sem exceção, deve ser resolvida pelo sistema de direito.

O absolutismo passou à letra da lei. Em outro sentido, é claro, mas a regra escrita passa a ser expressão da vontade do povo, chegando-se até a afirmar-se que ela não contém palavras inúteis, como que se não pudesse errar.

---

198. GAIO JÚNIOR, Antônio Pereira. Considerações acerca da compreensão do modelo de vinculação às decisões judiciais: os precedentes no novo código de processo civil brasileiro. *Revista de Processo*, São Paulo, v. 41, n. 257, jul. 2016, p. 349.

Em linhas muito sumárias e diretamente voltadas aos nossos objetivos, o *civil law*, evidentemente em suas origens históricas, passa a dar à lei o valor supremo.

3.6 O Estado-Juiz no *civil law*

As ponderações feitas no item anterior nos levam ao suposto papel que caberia ao juiz no sistema de *civil law*, desde sua origem. Historicamente, sempre paralelos comparativos foram feitos entre os dois matizes jurídicas mais difundidas (*civil law e common law*), a função do Estado-Juiz, tomado aqui na porção semântica de julgador, no *civil law*, sempre foi identificada como sendo reprodutora do significado da lei.

Queremos dizer que a função do juiz no sistema de *civil law*, pelo menos historicamente registrada, sempre foi a de aplicador da lei, daquele que encontraria o significado da lei para, dedutivamente, aplicá-la ao caso concreto.

O silogismo dedutivo, portanto, nunca se afigurou tão importante quanto no sistema de *civil law*, mais especificamente na função decisória. A lei preveria as soluções, os juízes encontrariam seu "espírito" e, quase que em uma atividade mediúnica, a aplicariam para a dar ao caso a satisfação que lei previu ou, como adverte ELPÍDIO DONIZETE, "Em outras palavras, os adeptos da *Civil Law* consideram que o juiz é o interprete e aplicador da lei, não lhe reconhecendo os poderes de criador do Direito"[199]. Não queremos, entretanto, indicar radicalismo ou inflexibilidade na função de aplicação do direito nos sistemas de *civil law*, pois, como observa argutamente TERCIO SAMPAIO FERRAZ JÚNIOR,

> [...] a vinculação à lei positiva na aplicação do direito, não só do juiz ou da autoridade administrativa, mas de todos os sujeitos

---

199. DONIZETTI, Elpídio. A força dos precedentes no novo código de processo civil. *Revista direito UNIFACS*. [on-line], Salvador: Núcleo web UNIFACS, n. 175. janeiro, 2015. Disponível em: <http://www.revistas.unifacs.br>. Acesso em: 12 nov. 2016.

enquanto uma presunção decisiva para os países de tradição romanística, é um dado histórico de nossa cultura jurídica. Contudo, essa legalidade produziu variações no correr de sua experiência, ora pendendo para um sistema de segurança mais rígido e centralizado, de onde o risco de uma aplicação do direito denominada por valores políticos pragmaticamente impositivos, ora pendendo para uma descentralização e uma flexibilização que, no limite, até enfraquece o processo de subsunção, substituindo-o por uma aplicação menos rigorosa, atualmente com base em uma técnica de ponderação de princípios.[200]

Ainda assim, com variantes culturais no tempo-espaço social, a atividade lógico-dedutiva na aplicação do direito sempre foi uma característica que a doutrina histórica fez ser presente nas análises do *civil law*, a ponto de emergir a expressão do juiz *bouche de la loi*[201], para evidenciar que a atividade judicial, ou, melhor expressando, a atividade decisória faria do juiz um narrador do que dispunha lei, dado que ela, a lei, seria a salvação contra o arbítrio e a objetividade contra a volição arbitrária.

Ao realizar-se a análise do comportamento dos magistrados submetidos ao sistema do *civil law*, na atualidade, o que se percebe é que diante das lacunas existentes na legislação, acaba ele por criar direitos, mas diferentemente dos juízes da *common law*, não se submete aquele magistrado às suas próprias decisões em casos futuros, casos estes que muitas vezes se assemelham àquele anteriormente por ele julgado, levando-se inegavelmente, a um intenso grau de incerteza jurídica bem como acentuada ausência de isonomia.[202]

Essa seria uma diferença fundamental entre os sistemas de *civil law* e *common law*: a liberdade do julgador nesta última espécie de sistema, em grau muito maior do que no primeiro.

---

200. FERRAZ JUNIOR, Tercio Sampaio. *O Direito, entre o futuro e o passado*. São Paulo: Noeses, 2014, p. 117.
201. Em tradução livre, o juiz boca da lei.
202. GAIO JÚNIOR, Antônio Pereira. Considerações acerca da compreensão do modelo de vinculação às decisões judiciais: os precedentes no novo código de processo civil brasileiro. *Revista de Processo*, São Paulo, v. 41, n. 257, jul. 2016, p. 349-350.

Como dissemos, há explicação contextual-histórica para a evolução nesse sentido. Não há mais espaço para assim se assentar na sociedade moderna, repisamos, altamente complexa.

E, se não podemos dizer que *civil law* e *common law* devem se aproximar, porque isso impeliria impor juízo de valor sobre a necessidade de fazê-lo; de outro passo, pensamos inegável que haja essa aproximação. Adoção de elementos e categorias jurídicas historicamente identificados com um ou outro sistema, pelos seus opostos, é realidade imutável.

A atividade legislativa é um crescente nos países de sistema *common law* e exterioriza esse fenômeno, ao mesmo tempo em que a adoção de sistemas de precedentes obrigatórios em países de *civil law* é outro dado que não se pode ignorar.

3.7 Entre dois mundos: *civil law* e *common law*

O direito, como sistema comunicacional, é fenômeno da cultura, como cremos ter deixado assentado. Os sistemas *civil law* e *common law* têm origens históricas distintas, marcadas pelo nascimento em realidades sociais de um tempo e espaço que não são sequer semelhantes aos que hoje se apresentam. Cada sistema acabou por refletir a cultura contextual em sua gênese, como produto parcial do sistema social que são. Diferenças dessa gênese são ainda passíveis de demarcação.

> Em síntese, a principal distinção entre os dois sistemas é que o da *civil law* é um direito escrito, onde a jurisdição é estruturada preponderantemente com a finalidade de atuação do direito objetivo. Nesse sistema o juiz é considerado *boca da lei* (Montesquieu), para justificar a ideia de que seus poderes decorrem da lei, exercendo, portanto, uma subordinação sobre os juízes, de igual modo os juízes inferiores são rigidamente controlados pelos juízes superiores, para serem fiéis a essa missão de ser o instrumento de cumprimento da lei. Na *civil law* prevalece a vontade soberana, há um "justiça do rei", ou seja, do Estado.
>
> Enquanto no sistema da *common law* adota-se um direito costumeiro, aplicado pela jurisprudência, onde, no modelo de justiça, prepondera a visão de pacificação dos litigantes. Na *civil law*

busca-se a segurança jurídica, enquanto na *common law* a paz entre os litigantes, a re-harmonização e a reconciliação são os objetivos diretos; nessa pacificação dos litigantes pouco importa se é à luz da lei ou de outro critério, desde que seja adequado ao caso concreto, pois o importante é harmonizar os litigantes, havendo um profundo enraizamento na vida da comunidade. Há, nesse sistema, uma justiça paritária, da comunidade.[203]

Sempre será possível, desta feita, apontar distinções entre ambos os sistemas, da mesma forma que será sempre possível apontar elementos ou categorias coincidentes, ainda que não totalmente idênticos, mas ainda assim semelhantes em muitos aspectos.

Cada um dos sistemas guarda em si, portanto, características elementares, que definem a sua própria estrutura e marcam a diferença de sua concepção histórica e social.

A necessidade de enunciação expressa de lei pelo parlamento, para regulação dos comportamentos sociais é própria do *civil law*; a tradição de precedentes para a mesma função é imanente ao *common law*, em um exemplo que sinaliza uma breve distinção.

Entretanto, ambos os sistemas vêm em claro giro de aproximação[204], em um movimento em que ambos colhem em cada outro, elementos que, nos termos das regras internas de produção jurídicas, acolhem em adaptação às suas próprias realidades[205].

---

203. LOURENÇO, Haroldo. Precedente judicial como fonte do direito: algumas considerações sob a ótica do novo CPC. *Revista temas atuais de processo civil* [on-line], v. 1, n. 6, dez. 2011. Disponível em: <http://www.temasatuaisprocessocivil.com.br>. Acesso em: 12 jul. 2016.

204. "Cumpre registrar que não é somente o sistema da *civil law* que está se aproximando do sistema da *common law*, há relatos doutrinários que afirmam que países da *common law*, como a Inglaterra, têm buscado soluções para suas deficiências em técnicas adotadas em países da civil law" (ibid.).

205. "A aproximação das duas famílias é fato concreto hoje. A Inglaterra, por exemplo, famosa pelo direito não escrito, tem um Código de Processo Civil (LGL 1973/5) desde 2000, e o Brasil também está sentindo os efeitos dessa aproximação, principalmente através da importação de institutos jurídicos norte-americanos. Afirma José Carlos Barbosa Moreira que "é quase impensável que algum país,

Mas a razão e fundamento para essa aproximação, que pensamos, já são notórias e muito difundidas na doutrina processualista de diversos países, tanto do *civil law* quanto do *common law*?

Não cremos que haja outra resposta senão à finalidade de ambos os sistemas, frente aos desafios que se apresentam a ambos. A regulação de comportamentos sociais almejando a concretização de valores caros a cada grupo social é a função do direito; os desafios da sociedade moderna não se importam se estão frente ao *civil law* ou ao *common law*. Ambos os sistemas, tanto em sua gênese quanto em seu desenvolvimento, trazem como condição de possibilidade a eficácia da regulação de condutas pelos mecanismos das normas jurídicas, aqui tomada na acepção mais ampla para designar a construção de juízos hipotéticos condicionais que orientam as condutas sociais a partir de quaisquer textos jurídicos (leis de quaisquer espécies e decisões jurídicas de quaisquer espécies).

Justamente os desafios a essa previsibilidade de regulação de comportamentos, ao fornecimento de solução às disputas e dúvidas que permeiam essas condutas, em um ambiente altamente complexo das relações da sociedade moderna, é o catalizador entre os sistemas de *civil law* e *common law*.

> Altera-se, do mesmo modo, a posição do juiz, cuja neutralidade é afetada, ao ver-se ele posto diante de uma corresponsabilidade no sentido de uma exigência de ação corretiva de desvios na consecução das finalidades a serem atingidas por uma política legislativa.
>
> [...]
>
> Hoje, com o advento da sociedade tecnologicamente massificada (internet, redes sociais) e do Estado providência tecnologicamente burocrático (burocracia computadorizada), parecem

---

voluntariamente ou não, permaneça alheio à imponente presença econômica, política e cultural dos Estados Unidos, seja qual for o juízo de valor que cada um de nós venha formular ao propósito" (NOGUEIRA, Gustavo Santana. Jurisprudência vinculante no direito norte-americano e no direito brasileiro. *Revista de Processo*, São Paulo, v. 33, n. 161, jul. 2008, p. 101).

> desenvolver-se exigências no sentido de uma *desneutralização política* do juiz, que é chamado, então, a exercer uma função socioterapêutica, liberando-se do apertado condicionamento da estrita legalidade e da responsabilidade exclusivamente retrospectiva que ela impõe (julgar fatos, julgar o passado), obrigando-se uma responsabilidade prospectiva, preocupada com a consecução de finalidades políticas (julgar no sentido de prover o futuro).[206]

Parece-nos, assim, que a aproximação de ambos os sistemas decorre pode ser identificada, a um só tempo, como causa e efeito, em um movimento cíclico, oriundo das intensas interações em diversos campos sociais, dos diversos países que se integram no todo globalizado em que se transformou nosso planeta.

As porções sociais da economia, da política, da diplomacia, da religião, da moral e, assim com o direito, enquanto subsistemas de comunicação em intenso fluxo de interação global, requerem soluções e previsões normativas que não cabem mais neste ou naquele específico sistema, mas, em função de influxo contínuo, tendem a trocar informações, adaptando-as ao seu específico código comunicativo.

Nesse contexto, não se permite dispensar classificações estanques, tendo como pano de fundo as espécies de raciocínios, como dedutivo no *civil law* e indutivo no *common law*, por exemplo, para diagnosticar a produção de decisões judiciais e, nesse aspecto, a função do juiz em ambos os sistemas. TERESA ARRUDA ALVIM WAMBIER parece ter notado esse fenômeno:

> Na doutrina inglesa, encontra-se muito comumente a afirmação no "sentido de que a principal diferença de raciocínio nos países de *common law* e de *civil law* seria que, nestes países, o raciocínio começa do sistema em direção ao caso concreto, e, naqueles começa no próprio caso.
>
> Essa diferença, com a vênia de todos que assim entendem, parece-me não existir.

---

206. FERRAZ JÚNIOR, Tercio Sampaio. *O direito, entre o passado e o futuro*. São Paulo: Noeses, 2005, p. 125.

É evidente que o raciocínio jurídico do juiz tem que nascer do *caso*. Há muito tempo já se diz, no âmbito do *civil law*, que o raciocínio do juiz não se identifica com o silogismo, em que o sistema seria a premissa maior; os fatos, a menor; e a conclusão, a decisão propriamente dita.

Não há como ser de outro modo. O raciocínio jurídico começa nos fatos, que já são, todavia, *compreendidos* e *qualificados* à luz do conhecimento que tem o sujeito a respeito do direito.

[...]

No *common law*, depois de ser o acaso analisado em seus aspectos fáticos (indissociáveis de sua qualificação jurídica, aos olhos de quem os analisa), o foco passa a situar-se em um ou em vários (já selecionados) precedentes. Qual seria o adequado?

Então, *grosso modo*, os passos seriam:

Examinar o caso:

1) Verificar a *relevant similarity* entre ambos os casos, o que deve ser decidido e o precedente (*analogy*);

2) Determinação da *ratio decidendi*;

3) Decisão de aplicar o precedente para resolver o caso.

Correspondentemente, em países de *civil law*:

Examinar o caso;

1) Verificar a semelhança ou identidade do caso a ser decidido com aquele descrito na norma, ou abrangido pela norma;

2) Determinar exata e precisamente o sentido da norma;

3) Decisão de aplicar a norma ao caso concreto.[207]

A transcrição foi longa, mas valiosa por sua porção elucidativa. Cremos já ter deixado nítido que as premissas de uma decisão judicial são eminentemente argumentativas. Passam pela análise do caso, pela solução que mais reflete os valores da sociedade naquele espaço-tempo, pela construção de justificativas lógicas para a decisão, e pela construção de

---

207. WAMBIER, Teresa Arruda Alvim. Interpretação da lei e de Precedentes - Civil Law e Common Law. In: BITTAR, Eduardo Carlos Bianca; ADEODATO, João Maurício. *Filosofia e Teoria Geral do Direito: homenagem a Tercio Sampaio Ferraz Jr*. São Paulo: Quartier Latin, 2001, p. 1066-1067.

justificativas pragmáticas, abordando a consequência da decisão, como condicionante de justificação, buscando a racionalidade jurídica da decisão. Isso ocorrerá no *civil law*. Isso ocorrerá no *common law*.

Assim, cada sistema, com suas regras peculiares, com seus valores peculiares, proporcionará ao julgador argumentos e critérios de justificação e racionalidade distintos, que poderíamos assim, exemplificativamente, elencar:

(i) no *common law*, os precedentes tiveram um significado de respeito às decisões do passado, às decisões dos antepassados, que nunca tiveram e, arriscamo-nos, jamais terão no *civil law*;

(ii) a persuasão racional dos precedentes no *common law*, como tradição de respeito às decisões dos antepassados, tem um valor na justificação da decisão de aplicação no *common law*, que nunca experimentou em qualquer sistema histórico de *civil law*;

(iii) os atos normativos nos sistemas de *common law* sempre tiveram, historicamente, valor periférico em relação aos precedentes, como argumento de racionalização e justificação das decisões, o que, a toda evidência, é antagônico aos sistemas de *civil law*;

(iv) os costumes, cristalizados em decisões, sempre ocuparam lugar central nos sistemas históricos do *common law*, ao passo que nos sistemas de *civil law* são comumente negligenciados, ou, quando tanto, como considerados técnicas hermenêuticas subsidiárias à lei; construção de soluções em lacunas legais.

Esses elementos, com essas ou outras construções argumentativas, são sempre apontados como marcas distintivas históricas de ambos os sistemas. Entretanto, como delineado nos escritos e transcrições acima, há uma aproximação em curso.

Esse caminhar em aparente vértice entre os dois sistemas não significará jamais uma tal unicidade que justifique desaparecimento de suas classificações distintivas, mas parece que elementos tipicamente normativos são realidade em progresso nos sistemas de *common law* e a adoção da doutrina do *stare decicis* é tendência nos sistemas de *civil law*.

> A ideia que decorre da doutrina do *stare decisis* é a de respeito às decisões judiciais precedentes, ou respeito aos precedentes, decisões que já foram tomadas anteriormente por outros tribunais e que resolveram problema semelhante (*treat like cases alike*). Diversamente do que ocorre nos sistemas de *civil law*, o *stare decisis* significa que mesmo uma única decisão tomada individualmente pelos tribunais deve ser respeitada, é o que Goodhart chama de "doutrina do precedente individual obrigatório", ou seja, um só precedente é o bastante para construir o direito e gerar obrigação.
>
> Existem duas variações do *stare decisis*, que pode ser vertical ou horizontal. O *stare decisis* vertical exige que os tribunais inferiores sigam as decisões dos tribunais superiores. O *stare decisis* horizontal exige que a Corte siga seus próprios precedentes. A explicação para a deferência das Cortes inferiores às Cortes superiores se explica, segundo Hershovitz, na medida em que facilita a coordenação entre os juízes e tem potencial para melhorar o processo de decisão judicial uma vez que os juízes (ministros) dos tribunais superiores têm maior experiência do que aqueles de primeira instância. Já o *stare decisis* horizontal se justifica para aqueles que veem o direito como integridade e se comprometem com a história de sua comunidade.[208]

Já tivemos a oportunidade de colher elementos de definição para a doutrina do *stare decisis* no capítulo 2, e o único objetivo presente é destacar que, de um lado, se doutrina tem sido elemento aglutinadora entre os sistemas aqui mencionados, de outra perspectiva, acabou por criar uma espécie de subproduto do clássico *common law*, o *case law*.

---

208. BARBOZA, Estefânia Maria de Queiroz. *Precedentes judiciais e segurança jurídica*: fundamentos e possibilidades para a jurisdição constitucional brasileira. São Paulo: Saraiva, 2014, p. 198-199.

A assertiva acima guarda relação com a afirmação de que atualmente, a par da causa do fator crescente da atividade normativa, a aplicação do direito costumeiro, como classicamente empregado nas definições do *common law*, até pela própria escala evolutiva da quantidade de decisões que se criam precedentes, dá lugar à aplicação em grau muito maior das decisões em si. O *common law* tende ao *case law*, nesse sentido pelo menos.

3.8 Notas de comparação entre sistemas

A comparação entre sistemas jurídicos sempre foi recurso muito utilizado na doutrina. Não queremos aqui traçar nenhum paralelo comparativo com o sistema brasileiro, senão evidenciar aquilo que vimos trabalhando acerca da complexidade da sociedade moderna, refletida na quase impossibilidade de classificações estanques entre o *common law* e o *civil law*.

Desta feita, ao descortinar alguns dos elementos dos sistemas de alguns países, tanto aqueles que pretensamente são conhecidos por adotar o modelo do *civil law*, quanto os que são emblemas do *common law*, queremos apenas fornecer elementos para uma conclusão que será a nossa: *common law* e *civil law* são apenas índices de investigação, posto que cada sistema nacional possui intensamente peculiaridades que os tornam quase singulares.

3.8.1 Notas sobre o sistema norte-americano

Os Estados Unidos da América sustentam sua federação em um pilar muito relevante que se relaciona à autonomia dos estados. Isso reflete diretamente em seu sistema de decisões. Um exemplo interessante é o Estado da Louisiana, historicamente colonizado por franceses e que pode ser identificado muito mais proximamente do *civil law* em comparação com o *common law*.²⁰⁹ Dado histórico é que, inclusive, o então território da Louisiana, dominado pelos franceses, os quais dividiram com os ingleses a ação colonizadora na América do Norte, foi comprado pelos Estados Unidos por cerca de 15 milhões de dólares, o que atualmente representaria algo em torno de 300 milhões.

Não há quem negue hodiernamente que os Estados Unidos possuem um sistema jurídico dito misto, ou seja, convive um sistema de precedentes judiciais obrigatórios, o que identifica os americanos como um sistema de *case law*, com um sistema normativo, cujos *statutes law* regulam um sem número de matérias²¹⁰.

> No que se refere à experiência dos Estados Unidos, desde a época de sua colonização, vigora o sistema baseado no *case law*.
>
> O direito norte-americano também se desenvolveu com bases na *common law* por terem sido os primeiros núcleos de povoamento dos Estados Unidos formados por ingleses. Todavia, a opção pelo *judge made law* sofreu resistência inicial, sendo superado após a percepção de que suas normas favoreceriam a proteção das liberdades públicas contra o absolutismo real.²¹¹

Atualmente, há 32 temas sobre os quais as legislações são propostas e debatidas no Congresso dos Estados Unidos, com mais 11.000 projetos que se tornaram leis no país. Abaixo, apenas a título exemplificativo, vislumbramos as mais importantes.

---

209. MENEZES, Paulo Lucena. *A ação afirmativa (affirmative action) no direito norte-americano*. São Paulo: Revista dos Tribunais, 2001, p. 54.

210. CHULAM, Eduardo. A função e relevância dos precedentes judiciais no direito brasileiro. *Revista do Instituto dos Advogados de São Paulo*, São Paulo, v. 16, n. 32, jul./dez. 2013, p. 116-117.

211. GAIO JÚNIOR, Antônio Pereira. Considerações acerca da compreensão do modelo de vinculação às decisões judiciais: os precedentes no novo código de processo civil brasileiro. *Revista de Processo*, São Paulo, v. 41, n. 257, jul. 2016, p. 346.

TABELA DE LEIS[212]

Matéria objeto da lei	Número de atos
Government Operations and Politics	1339
Public Lands and Natural Resources	1178
Armed Forces and National Security	604
Economics and Public Finance	602
Transportation and Public Works	417
International Affair	382
Native Americans	343
Health	324
Crime and Law Enforcement	272
Agriculture and Food	249
Finance and Financial Sector	222
Commerce	221
Energy	207
Water Resources Development	192
Foreign Trade and International Finance	177
Environmental Protection	171
Education	168
Law	164
Science, Technology, Communications	152
Congress	150
Taxation	143

A lei, desta feita, ao oposto do que pode ser o lugar-comum de pensamentos sobre o sistema norte-americano, tem papel importante na estrutura jurídica do sistema. Compõe um caldo legislativo importante e regula diversas matérias, orientando os comportamentos dos cidadãos americanos, como simultaneamente fazem as decisões precedentes.

---

212. Fonte: UNITED STATES OF AMERICA. Library of Congress. *Search "legislation", "bill-status":"law"*. Washington, DC, US: Library of Congress, 2016. Disponível em: < https://goo.gl/Evg8v8 >. Acesso em: 14 nov. 2016.

A origem do direito norte-americano é inglesa, por óbvias razões históricas. O país foi moldado em sua origem, no contexto da independência das então colônias britânicas, à luz de ideais liberais, não temos dúvida[213], e a sua marca distintiva enquanto nação, até os dias de hoje, é o valor conferido à sua Constituição.

Os valores do povo norte-americano estão encrustados no texto da Constituição, sendo que ela representa, de fato, os princípios da fundação do país, em conexão direta com o contexto com a vontade de seu povo. Esse é pensamento dominante e isso é refletido em todas as decisões judiciais nas Cortes do país.

A maneira pela qual foi redigida e sua estrutura, não temos dúvida, com alto grau axiológico, permitem que sua interpretação seja feita pelas Cortes, moldando-a à pragmática das expectativas sociais da sociedade no curso da história, sem, entretanto, necessidade de alterações em seu texto. Concebida originalmente no ano de 1787, recebeu até hoje apenas 27 emendas, sendo que as dez primeiras formam a *bill of rights*.

A tônica da Constituição dos Estados Unidos, refletido em sua linha hermenêutica, pode ser expressa na frase do Juiz Marshall: "Nunca devemos esquecer que é uma constituição que estamos explanando... Destinada a persistir nas eras vindouras e, consequentemente, a ser adaptada às várias crises dos assuntos humanos"[214]. A dimensão de significado que queremos ressaltar pode ser encontrada nas seguintes afirmações.

> Em que pese a Constituição dos Estados Unidos ser formalmente uma lei, a combinação da generalidade e abstratalidade de suas normas constitucionais (devido processo legal ou igual

---

213. "Nos Estados Unidos, a *Rule of law* foi construída baseada em dois princípios: i) forte fragmentação do poder; e ii) individualismo como base do constitucionalismo" (BARBOZA, Estefânia Maria de Queiroz. *Precedentes judiciais e segurança jurídica*: fundamentos e possibilidades para a jurisdição constitucional brasileira. São Paulo: Saraiva, 2014, p. 61).

214. Tradução livre de "We must never forget that it is a constitution we are expounding... intended to endure for ages to come, and consequently, to be adapted to the various crises of human affairs".

proteção) e a tradição judicial do *common law* garantem grande margem para construção judicial e constitucional do direito (*judicial constitutional lawmaking*).

Não obstante, Rosenfeld explica que, apesar da grande margem de atuação que tem o juiz do *common law*, há um grande respeito nos Estados Unidos pela função judicial, o que se deve em parte ao papel dos juízes na proteção dos direitos fundamentais dos cidadãos contra as arbitrariedades e violações do Estado.

Não se pode esquecer que a funcionalidade do modelo americano "repousa no princípio do *stare decisis*, na força vinculante das decisões judiciais. Por força desse princípio, no momento em que a Suprema Corte decide a respeito de qualquer questão constitucional, sua decisão é vinculante para todos os demais órgãos judicias", adquirindo a decisão eficácia *erga omnes*.

A experiência norte-americana é importante na medida em que consegue compatibilizar a adoção de uma Constituição escrita com a construção jurisprudencial do direito, comum à tradição do *common law*. Assim, apesar de ter texto constitucional escrito, nunca se considerou que ele pudesse ser completo, aceitando-se assim, a ideia de que o direito deve ser construído historicamente de acordo com seus contextos sociais e culturais.[215]

O sistema americano, desta feita, é calcado no valor supremo de uma lei escrita, sua Constituição. Em sua estrutura altamente descentralizada, com grande autônima organizacional para os Estados de sua federação, podemos dizer que também ocupa papel importante a existência de leis. E o *stare decisis* completa a moldura do sistema dos Estados Unidos, com alto grau de respeito aos precedentes, os quais sempre devem guardar sintonia com os valores supremos da nação, cuja consulta pode ser feita no texto e no contexto de sua Constituição.

3.8.2 Notas sobre o sistema inglês

O direito inglês, de certa forma, se confunde em vórtice com o próprio *common law*. Para diminuir o risco de repetição,

---

215. BARBOZA, Estefânia Maria de Queiroz. *Precedentes judiciais e segurança jurídica*: fundamentos e possibilidades para a jurisdição constitucional brasileira. São Paulo: Saraiva, 2014, p. 66-67.

queremos destacar presentemente as características elementares desse sistema, de forma a situá-lo atualmente no contexto dos modernos sistemas jurídicos.

Podemos dizer que o *common law* inglês, como classicamente reconhecido, como o direito dos costumes, seguiu um curso até o século XIX ou, mais precisamente, meados deste século.

Não havia, sequer, no direito inglês, obrigatoriedade estatuída de seguir as decisões precedentes, e isso era meramente um costume. Portanto, pode-se concluir que o *stare decisis* inglês era, até pouco tempo, uma tradição costumeira, de fato. E nesse sentido, o *common law* inglês, refletia o respeito ao costume, materialmente falando quanto ao mérito da decisão, e formalmente referido, quanto ao costume de respeito aos próprios precedentes, em quaisquer níveis em que as decisões tivessem sido tomadas.

Dois marcos históricos podem ser trazidos à baila para evidenciar a mescla de evolução dessa situação. O primeiro, um precedente datado de 1861, em que a Câmara dos Lordes, até então, ainda com função judicante, estatuiu em precedente a imutabilidade das suas decisões, e o segundo, registrado no ano de 1966, com a edição da *Pratice Statement*, em que a *House of Lords* tratou da possibilidade de superação de precedentes, condicionada a certas técnicas e circunstâncias[216].

Não temos dúvida em admitir que o sistema do reino unido atual vem respondendo à crescente complexidade das demandas e expectativas sociais, com a edição cada vez maior de leis[217] e, com certa surpresa, a recente transferência da má-

---

216. SOARES Marcos José Porto. A *ratio decidendi* dos precedentes judiciais. *Revista Brasileira de Direito Processual*, Belo Horizonte, v. 22, n. 85, jan./mar. 2014, p. 44.

217. "No direito interno da Inglaterra, excetuando-se o direito proveniente da Comunidade Europeia, uma regra pode ser proveniente de um ato do Parlamento (direito legislativo) ou das Cortes de Justiça do Reino (direito pretoriano), no primeiro caso se fala de *statute* (ou *statutory*) *law*, no segundo, de *common law* em sentido lato. O *common law* acabou tendo um papel primordial no direito inglês, servindo o *statute law* apenas para promover adequações no *common law*. Hoje, a realidade é

xima autoridade decisória nas demandas judiciais da *House of Lords* para a recém-criada *Supreme Court*.[218]

A mudança representou, de certa forma, uma quebra de paradigma, com as reformas feitas em 2005. Isso porque é corrente a ideia de que, ao contrário de outras sociedades, o direito da grande ilha não passou por profundas rupturas, mas por transformações evolutivas ao longo de sua história, refletindo suas tradições e costumes. E como é fato que a evolução da sociedade, com exceção dos dois últimos séculos, era lenta e gradual, modernamente as mudanças estão ocorrendo de forma mais rápida e com maior grau substância.

Há, como já visto anteriormente, crescente atividade legislativa em atos produzidos pelo parlamento britânico; há, como houve, de outra feita, a transferência da autoridade máxima judiciária para o colegiado de 12 ministros (*The Justices*), cujas características podem ser associadas diretamente com a Suprema Corte do Estados Unidos, emprestando, talvez, uma especificidade maior, com um certo aumento de formalismo para a autoridade judiciária.[219]

---

outra, sendo muito mais comum a atividade do Parlamento" (BARBOZA, Estefânia Maria de Queiroz. *Precedentes judiciais e segurança jurídica*: fundamentos e possibilidades para a jurisdição constitucional brasileira. São Paulo: Saraiva, 2014, p. 43).

218. "Estava em andamento uma importante reforma constitucional no Reino Unido, a qual já foi aprovada pelo Parlamento através do *Constitutional Reform Act* [2005], que obteve à sança real (*Rouyal asset*) em 24.5.2005. Entre as principais reformas institucionais destacam-se: (1) a criação de uma Suprema Corte do Reino Unido, que irá assumir todas as funções judiciais da *House of Lords* e será separada tanto física como institucionalmente desta última, a qual exercerá apenas as funções legislativas; (2) a extinção de todas as funções judiciais do *Lord Chancellor*, que serão transferidas para o *President of the Courts of England and Wales*; (3) a garantia formal (e não apenas costumeira) do princípio da autonomia do Judiciário; e (4) uma nova e independente *Judicial Appointments Commission*, para selecionar com fundamento em critérios meritocráticos os juízes dos tribunais" (BUSTAMANTE, Thomas da Rosa. *Teoria do precedente judicial*: a justificação e a aplicação das regras jurisprudenciais. São Paulo: Noeses, 2012, p. 48).

219. "Especificamente em relação à *House of Lords*, os julgamentos em sua Câmara Judicial podem ser caracterizados pela sua informalidade. A Corte não está dividida em seções ou câmaras; tem apenas dois Comitês que podem entrar em sessão simultaneamente e são constituídos *ad hoc* para cada caso [Wilbeforce 1978:93]. Os recursos para a *House of Lords* necessitam do denominado *leave do appeal* para

Entretanto, nada disso diminui a importância das decisões, dos juízes e do respeito que é devido aos precedentes que reflitam as tradições do direito britânico.

A tradição, os costumes e as decisões precedentes, essas últimas, as quais, em nossa opinião, traduzem, transcrevem e reescrevem as tradições e costumes em corpo vivo e mutável, desempenham, sem dúvida, papel central no sistema de direito do Reino Unido.

A assertiva acima parece ser confirmada pelo conhecido fato que marca distintivamente o sistema britânico em relação ao sistema americano, a ausência da constituição escrita.

A Constituição Britânica é, assim, espelho dos costumes e tradições, seus princípios e valores. É objeto de escritos doutrinários e é afirmada e reafirmada tanto nas leis elaboradas pelo Parlamento, quanto em todas e em cada uma das decisões judicias, e, especialmente, nos precedentes, os quais são a concretização dos valores e princípios constitucionais britânicos. Assim deve agir também a Suprema Corte e assim tem ela agido desde 2009.

> Importante ressaltar que o direito inglês moderno, diversamente do *civil law*, é muito mais um direito histórico, sem rupturas entre o passado e o presente como aconteceu nos direitos de tradição *civil law* da Europa Continental, especialmente na França que rompeu com o direito preexistente com a Revolução Francesa.
>
> Como explica Criscouli, a Inglaterra não conheceu Revoluções, Declarações de Independência ou Codificações, eventos que romperam com o passado como aconteceu na Europa Continental. Além disso, o direito não pode ser considerado em si mesmo, mas como um produto da sociedade na qual está inserido e de sua história.

---

serem apreciados [Rudden 1974:1.011]; este último (*leave*) deve ser deferido "pela corte intermediária de apelação, à exceção dos casos provenientes da *Court of Session* [competente para casos cíveis julgados na Escócia], ou por meio de um *subcommittee* da House" [Bankowski/MacCormick/Marshall 1997:318]" (ibid., p. 46).

Diferentemente do *civil law* no qual a autoridade da lei está na autoridade de quem as promulgou, no *common law* a autoridade do direito está em suas origens e em sua geral aceitabilidade por sucessivas gerações. Por essa razão admite-se a autoridade do direito construído jurisprudencialmente.[220]

Em linhas conclusivas relativamente a este tópico e ao anterior, temos que a era moderna, no que tange aos sistemas de direito reconhecidos originalmente como *common law*, traz algumas assertivas de relevo.

A primeira é que esses sistemas não deixam de ser *common law*. Mantêm suas características de origem, com relação ao peso e valor que os costumes, tradições e reflexos destes, o respeito aos precedentes neles, tiveram e continuam a ter.

Uma outra é que é inegável a crescente atividade de elaboração de ato normativos, como pudemos constatar, tanto nos Estados Unidos da América, quanto no próprio Reino Unido.

Para além, nova característica pode ser relatada: a de que ambos os países, sem dúvida os mais representativos em relação às origens do *common law*, têm Cortes Supremas de Justiça, responsáveis pela guarda dos valores, ideais e princípios que fundaram, desenvolveram e se cristalizaram em ambas as sociedades. A única diferença é que esses valores são expressamente enunciados em texto nos Estados Unidos, e não no Reino Unido.

Com tudo isso considerado, os precedentes reafirmam sua força em ambos os sistemas, em aproximação do conceito de *case law*. A lei e toda a atividade normativa em si, ou sejam, todos atos normativos, diferentemente dos países de *civil law*, vêm a reboque dos precedentes, em um movimento circular que não cessa.

---

220. BARBOZA, Estefânia Maria de Queiroz. *Precedentes judiciais e segurança jurídica*: fundamentos e possibilidades para a jurisdição constitucional brasileira. São Paulo: Saraiva, 2014, p. 44.

O juiz, nesse contexto, vale-se dos precedentes e da lei, interpretados para alcançar a práxis resolutiva dos casos.

O respeito aos precedentes é pedra angular de ambos os sistemas e condicionam, juntamente com os atos normativos, toda a argumentação e justificação racional das decisões tomadas nesses sistemas.

3.8.3 Notas sobre o sistema francês

Em escritos anteriores tivemos por bem registrar que o marco do nascimento dos sistemas de *civil law*, conforme os conhecemos atualmente, foi a revolução francesa, em 1789. Essa dado histórico-contextual também reverbera na dinâmica do sistema francês, até os dias atuais.

O sistema *civil law* da França, em nota de exame, parece ser um dos mais conservadores no que tange à função e atividade judicial, na clássica função de que os juízes seriam os aplicadores da lei, deduzindo racionalmente (logicamente dedutivo) o sentido da lei para aplicação ao caso concreto. Uma função eminentemente decisória, no sentido mais próximo de uma aplicação mecânica da norma.

Isso, inclusive é refletido no estilo das decisões das Cortes francesas, que adota o *phrase unique* para fundamentar e dispor sobre a determinação da decisão, ou seja, tanto os fundamentos quanto a parte dispositiva deverão ser construídos em uma, podemos dizer, singela frase única.

> Em França o estilo *phrase unique* exige que as decisões judiciais sejam estruturadas de uma forma comum, que em linhas gerais corresponde ao seguinte [cf. Mimin 1978:186]:
>
> "a) O Tribunal, após haver deliberado, [...]"
>
> "Considerando [*attendu*] que [...]; que [...];"
>
> "Por esses fundamentos [*motifs*] [...]"
>
> "b) Rejeita [...]"
>
> "Condena [...];

"E determina [...]."

Esse estilo, de um ponto de vista gramatical, exige que as duas partes do julgamento (*a*, que se refere aos fundamentos da decisão; e *b*, que constitui a parte dispositiva) se achem compreendidas em uma *única frase*: [...]".[221]

A anotação transcrita acima indica a herança à qual nos referimos algumas vezes no curso de nossas considerações. A tradição da lei como voz de autoridade, como palavra final para a solução dos casos faz, em tese, na França, que os juízes sejam apenas identificadores do sentido da lei, para empregá-la em lógica-dedutiva aos casos em julgamento. Vislumbramos algo que não se pode negar: a nítida influência de um legalismo de fundo positivista, que faz das decisões da Corte de Cassação, por exemplo, possuir uma tônica de silogismo.

> No modelo judicial *phrase unique*, se quisermos encontrar as razões interpretativas (das normas) ou classificatórias (dos fatos jurídicos relevantes) adotados pela Corte francesa em determinado julgado, não é no texto das decisões judicias que devemos buscar; devemos ou recorrer às *conclusions* do *Advocat-Général* (que são publicadas apenas nos casos mais importantes) ou, então, aguardar os ricos comentários que a doutrina faz para o fim de racionalizar *ex post* a jurisprudência de seus próprios Tribunais. Destarte, costuma-se dizer que a doutrina em França exerce a mesma função que os juízes exercem na Inglaterra de expor o Direito, desenvolvê-lo, criticá-lo, comentá-lo, propor ajustes, correções, analogias, diferenciações etc. Em França, é na doutrina que se encontra o Direito sendo exposto, racionalizado, formatado: A influência da *Chronique Dallaz*, das notas da *Revue Trimestralle de Droit Civil*, da *Clunet*, no desenvolvimento do *case law* é dramática. Acadêmicos de destaque fazem em França o que os juízes fazem na Inglaterra e os padrões de raciocínio e extensão [*dos comentários*] apresentam importante semelhança; as 'notas' francesas estão muito mais próximas dos julgamentos ingleses que os julgamentos franceses estão [Goutal 1976:64][222]

---

221. BUSTAMANTE, Thomas da Rosa. *Teoria do precedente judicial*: a justificação e a aplicação das regras jurisprudenciais. São Paulo: Noeses, 2012, p. 16-17.

222. Ibid., p. 19.

Essa clara dinâmica do juiz boca da lei está arraigada na cultura do direito decisório francês como uma espécie de cultura oficial ou posição oficial, ou seja, a de que o juiz é um aplicador da norma, e sua função restringe-se a essa. Legislar é com o parlamento, e a lei rege o sistema de modo soberano.

Entretanto, a pragmática, novamente ela, impõe-se sobejamente sobre a manutenção de quaisquer estados de pensamento ou "culturas oficiais". Essa tensão entre o juiz meramente aplicador (*bouche de la loi*) e o reconhecimento da atividade jurisdicional como construtora do sentido da norma e, até mesmo criadora do direito, pode ser expressa pelas notas de Eva Steiner:

> In France, constitutional theory precedents do not form part of the so called 'pyramid of norms' inherited from Kelsen's conception of legal normativity (i.e. the *grundnorm* is the fundamental norm and all other norms are derived from it in hierarchical structure). As a result French law does not view judicial decisions as 'norms' or official sources. This French approach to legal sources further arises out of a set of domestic rules that will be examined in this chapter, which prevent judges from interfering with the legislature in its law making function. In practice, however, French judges routinely make rules, as judges do in other legal systems. In this respect, some branches of French law which were not originally statute based, such as administrative and private international law, have been almost entirely created out of the decisions of the judges.[223]

Naquilo que interesse para nossos objetivos, temos de notar que essa "cultura oficial", em que se reconhece a lei como portadora de um sentido que deverá ser expresso pelos juízes em suas decisões evoca a uma certa univocidade de sentido legal, ou seja, a interpretação do texto da lei, por ser a lei, não admitiria contrassensos e plurivocidade de sentido, pois isso poria em dúvida a lógica perfeita do sistema de direito.

---

223. STEINER, Eva. *Theory and practice of judicial precedent in France*. In: DIDIER JR., Fredie (Coord.). *Precedentes*. Salvador: Juspodivm, 2015, p. 21.

Essa postura, como anotamos, choca-se com a realidade da operação do sistema de decisões na França, que vem demonstrando a relativa mudança dessa cultura[224], revelada pela tensão que mencionamos adrede.

É inegável que o direito se constrói nas interpretações das decisões judicias, na medida em que conferem, em nosso sentir, pela pragmática jurídica, a semântica normativa, no sentido construir normas que se amoldam ao sistema de direito como um todo.

A decisão judicial é construção por argumento, buscando a racionalidade decisória na justificação de seu acerto, ante todos os princípios e valores encartados no sistema, não uma mera atividade silogística simplória ou, como anota Thomas da Rosa Bustamante: "hoje a própria Cour é cônscia da necessidade de legitimar, por meio de argumentos que se exteriorizam para a comunidade jurídica e para toda a sociedade, o direito jurisprudencial por ela elaborado"[225.]

De toda sorte, ao que nos importa, não nos é dado dizer que o sistema francês adota a teoria dos precedentes obrigatórios. Não é certo nem mesmo dizer que ela adota o *stare decisis* em qualquer nível de verticalidade.

> The status accorded to French *jurisprudence* may be said to be outcome of a combination of long historical tradition, legal theory and legislative provisions. The position of the judiciary in this regard and the authority of its decisions can be summarized in three interrelated propositions:
>
> a) Following the French doctrine of separation of powers, judges are not allowed to interfere with the legislature in its law making function.
>
> b) From this it follows that judges are forbidden to make law intended to govern future cases, or to use previous decisions when adjudicating legal disputes. This is encapsulated in prohibition of *arrêts de règlement* set out in art. 5 of the Civil Code.

---

224. BUSTAMANTE, Thomas da Rosa. *Teoria do precedente judicial*: a justificação e a aplicação das regras jurisprudenciais. São Paulo: Noeses, 2012, p. 22-26.

225. Ibid., p. 31.

c) This has consequently resulted in the absence from French law of the doctrine of *stare decisis*, with effect that court decisions do not constitute binding precedents.[226]

Seja como for, temos de assentar que o sistema francês, embora revele-se um ambiente em escala de mudanças, notadamente às funções que as decisões judiciais ocupam em seu contexto jurídico, não há adoção da teoria dos precedentes obrigatórios ou da doutrina do *stare decisis*. A posição no sistema, das decisões pioneiras são apenas de persuasão racional.

Portanto, a Corte de Cassação vislumbra sua jurisprudência como um conjunto coerente e orgânico de decisões, referindo-se não raras vezes aos seus pronunciamentos sobre as questões jurídicas mais relevantes como *doctrine de la Cour de Cassation*, ou seja, um certo "posicionamento judicial dotado de autoridade regulando determinado tema jurídico" [Lasser 1995:1.390]. Não se trata de uma *doctrine of case law* como a britânica, que significa autoridade vinculante no sentido forte dos precedentes judiciais, mas de "um posicionamento em questão de direito expresso em um julgado da Corte de Cassação", uma opinião da Corte que, apesar de não vinculante – pois "pode agir indiretamente, mas não constranger" [Deumier 2006-a: 75-75] –, pretende unificar coerentemente a forma de se entender e aplicar o Direito. Por isso, quando o juiz francês enuncia os fundamentos de sua decisão, ele, da mesma forma que o juiz inglês, não olha apenas para o passado, contentando-se em convencer as partes que litigaram no processo em causa, mas também para o futuro, para o impacto que sua decisão terá para a doutrina da Corte de Cassação. O dever de motivação das decisões tem, portanto, uma dupla portada, como explicam Touffait e Tunc: de um lado, sob um ponto de vista psicológico, "responde a uma exigência essencial de justiça: aquele que perde o processo ou que sofre uma condenação pode legitimamente exigir conhecer as razões"; de outro, quanto aos efeitos normativos da decisão, "a motivação apresente um interesse ainda mais largo: ela é indispensável à claridade do Direito e a seu progresso" [Touffait/Tunc 1974: 488].[227]

---

226. STEINER, Eva. *Theory and practice of judicial precedent in France*. In: DIDIER JR., Fredie (Coord.). *Precedentes*. Salvador: Juspodivm, 2015, p. 22-23.

227. BUSTAMANTE, Thomas da Rosa. *Teoria do precedente judicial*: a justificação e a aplicação das regras jurisprudenciais. São Paulo: Noeses, 2012, p. 39-40.

Há, em fecho tópico, a apresentação de um horizonte alternativo de evolução no direito francês, em que decisão judicial não passará a ser mais vista como meramente a aplicação lógico-dedutiva da lei ao caso concreto, como de fato cremos que já é realidade operativa do sistema, mas sim uma construção normativa lastreada em argumentação e justificação jurídicas, tendente à universalização. Parece ser essa, hoje, tom dos julgamentos na *Cour de Cassation*.

3.8.4 Notas sobre o sistema alemão

A República Federal da Alemanha é outro exemplo de país expoente do *civil law*. Possui uma estrutura codificada, e a lei ocupa o centro do sistema jurídico alemão, na medida em que sobre ela são engendrados os trabalhos do intérprete para aplicação aos casos concretos.

Adota o *stare decisis* em matéria constitucional[228], nas decisões proferidas no âmbito da competência do *Bundesverfassungsgericht* (Tribunal Constitucional Federal), na medida em que o pronunciamento sobre a constitucionalidade das leis na Alemanha, pelo Tribunal, possui eficácia *erga omnes*, vinculando obrigatoriamente os órgãos da administração pública nos níveis federal e estaduais, e, bem assim, os demais órgãos do Poder Judiciário Alemão.

Estefânia Maria de Queiroz Barboza faz interessante relato sobre a formação dessa estrutura codificada, cujo relevo é ressaltado pelo paralelo com o fenômeno no sistema francês:

> Enquanto na França buscou-se a codificação sem que os Códigos tivessem qualquer ligação com o Direito que o antecedeu,

---

228. "The Federal Constitutional Court (Bundesverfassungsgericht) rules on constitutional issues. It is not formally identified as a "supreme court" at the federal level, but is the highest court of the German court system as far as constitutional issues are concerned" (COLNERCI, Ninon. *Guiding by Cases in a Legal System Without Binding Precedent*: The German Example, China Guiding Cases Project. Stanford, CA, US: Stanford LawSchool, June 19, 2013. Disponível em: <http://cgc.law.stanford.edu/commentaries/7-judge-colneric>. Acesso em: 12 nov. 2016).

na Alemanha a ideia não foi de substituição do antigo sistema, ao contrário, a ideia era codificar os princípios do direito alemão que foram construídos historicamente.

Na Alemanha, Savigny tratou do direito mais como sendo um reflexo dos costumes do que propriamente dos direitos estabelecidos nas leis escritas, defendendo, destarte, que o direito residiria fundamentalmente no espírito do povo e que, portanto, deveria ser para ele elaborado por seus juristas. O direito dos juristas originou-se de duas maneiras: primeiro, descobrindo-se os princípios fundamentais do direito e deduzindo-se consequências deles, a partir daí, produziram-se novas normas por meio da elaboração do conteúdo latente do direito positivo; segundo estabelecendo-se *communis opinio doctorum*.

Mencione-se que, diversamente da França, que buscou elaborar seu Código para os cidadãos como se fosse possível entendê-lo sem auxílio de advogados ou juristas, a Codificação alemã foi feita com base num estudo científico e como uma ferramenta para profissionais do direito. Além de prever rígida separação de poderes, o Código alemão servia ainda para unificar o direito de um Estado-Nação recentemente unificado.[229]

No que nos importa, é desde logo evidenciar que o sistema alemão, para além do que já foi dito em relação às decisões de competência do Tribunal Constitucional Federal Alemão, não possui enunciados prescritivos acerca da adoção de uma teoria do *stare decisis* e, bem assim, não tem tradição na obrigatoriedade de observância dos precedentes.

O que há historicamente no sistema é uma preocupação com o concerto das decisões em reflexo com as decisões das Cortes hierarquicamente superiores, mas, ainda assim, em dimensão somente persuasiva.

Dado interessante no sistema alemão, nota de sua organização, não temos dúvida, é a elaboração de relatórios jurídicos, pelos próprios tribunais, prática que surgiu no início do século XIX, para listar suas decisões, com notas das leis

---

229. BARBOZA, Estefânia Maria de Queiroz. *Precedentes judiciais e segurança jurídica*: fundamentos e possibilidades para a jurisdição constitucional brasileira. São Paulo: Saraiva, 2014, p. 73.

aplicadas e tratadas em julgamento. O objetivo era facilitar a compreensão e localização de precedentes judiciais desses Tribunais. Atualmente, esses relatórios são encontrados nas normas *interna corporis* de cada tribunal[230].

Se, de fato, não se pode falar propriamente que o Estado Alemão adote uma doutrina do *stare decisis*, salvo, como já dissemos, a questão do controle de constitucionalidade, pode-se falar em importância dos precedentes das cortes superiores, como instrumento de persuasão e, ao mesmo tempo, justificação racional das decisões das cortes de inferior hierarquia. A preocupação dos tribunais, desde há muito, como acima referido, com a emissão de relatórios em que se identificassem suas decisões, para facilitar a publicidade e o conhecimento desses precedentes é denotativa disso.

Pensamos que a evidência do acerto da assertiva acima pode ser colhida da anotação de NINON COLNERIC:

> German judges seek to compose headnotes with maximum precision. This approach is different from that sometimes adopted by the Court of Justice of the European Union. When answering questions about interpretation in preliminary reference proceedings, the Court of Justice of the European Union not infrequently uses the formulation "in circumstances such as those at issue in the main proceedings". German courts avoid such sweeping referrals to the circumstances of the underlying case in their headnotes. This facilitates work on future cases.
>
> Without headnotes, the lower courts would drown in thousands of pages of upper court rulings. The headnotes help them to find (and remember) the interpretations of law adopted by upper courts. Given the usually heavy case load of German judges, this is not only a major contribution to legal certainty but also to meting out justice within a reasonable time.[231]

---

230. COLNERCI, Ninon. *Guiding by Cases in a Legal System Without Binding Precedent*: The German Example, China Guiding Cases Project. Stanford, CA, US: Stanford LawSchool, June 19, 2013. Disponível em: <http://cgc.law.stanford.edu/commentaries/7-judge-colneric>. Acesso em: 12 nov. 2016.

231. COLNERCI, Ninon. *Guiding by Cases in a Legal System Without Binding Precedent*: The German Example, China Guiding Cases Project. Stanford, CA, US: Stanford LawSchool, June 19, 2013. Disponível em: <http://cgc.law.stanford.edu/com-

É absolutamente notável o que pragmática da movimentação de um sistema de direito pode conferir de mudanças nesse mesmo sistema. Mesmo que ele seja um sistema de *civil law* e mesmo que não tenha havido mudança legislativa.

O que queremos dizer com a frase acima é que o sistema de organizar as decisões em relatórios, conferindo segurança por enunciados expressos, que dão conta, de fato, do caso decidido e de suas razões, tornou a observância do precedente das cortes superiores uma realidade pulsante do sistema *civil law* alemão.

> In sum, although the German legal system does not follow a general rule of stare decisis, the practice of publishing cases with headnotes and citing headnotes or quoting sections of judgments in the reasoning of court decisions, in conjunction with the appeal system, has created a situation where precedents of the supreme courts are treated by the lower courts as having de facto binding effects.
>
> It is rare that lower courts intentionally deviate from rulings of the supreme courts. They do so only if they have very strong reasons for interpreting the law in a different way, such as when an upper court failed to account for prevailing European law.[232]

Cremos que não é audácia afirmar que, atualmente, o nível de persuasão do precedente no sistema alemão atingiu um patamar e dimensão que só podem ser sufragados na prática pela mudança na legislação que reflita a adoção expressa do *stare decisis* vertical.

Essa realidade é ainda mais interessante quando ressaltamos, como dito em linhas pregressas, que a práxis da movimentação do sistema, através do respeito às decisões das cortes superiores, adotada de maneira natural, foi o que elevou os precedentes alemães a esse nível.

Em notas finais do presente capítulo, uma linha conclusiva pode ser adotada. A segregação classificatória entre

---

mentaries/7-judge-colneric>. Acesso em: 12 nov. 2016.

232. Ibid.

sistemas *civil law* e *common law* já teve grau de importância muito maior para designar distintas realidades.

Significa, com a afirmação acima, que a classificação perdeu o sentido? Cremos que não. Apenas devemos nos despir de pré-conceitos que outrora revelavam muito mais acerca das distinções dos sistemas.

Há uma evidente aproximação de ambos como uma resposta de ambos às expectativas cada vez mais complexas e às demandas cada vez mais urgentes das sociedades modernas.

Com frequência, países de *common law* abastecem seu sistema de leis com a edição crescente de atos normativos. Com frequência, sistemas de *civil law* adotam fragmentos da teoria dos precedentes em seus sistemas. O *case law* é uma realidade presente em ambos os sistemas.

A estrada que pavimenta o futuro é uma interconexão cada vez maior entre esses sistemas, os quais guardarão suas peculiaridades em relação ao outro, assim como cada país guardará suas especialidades em relação a todos os outros e, nesse sentido, *common law* e *civil law* são e vão continuar sendo índices de investigação importantes.

4. ESCORÇO DO HISTÓRICO DOS PRECEDENTES JUDICIAIS NO DIREITO BRASILEIRO

A história dos precedentes no sistema de direito positivo brasileiro tem aqui escopo bastante específico, o qual queremos logo assentar em linhas claras.

Para isso, é necessário advertir que não pretendemos empreender ação de investigação analítica sobre cada um dos preceitos legais identificados como prescrições normativas denotadoras de precedentes no curso da história nacional. Não queremos, de igual maneira, estudar sua aplicação ou mesmo nos imiscuirmos em pesquisas que façam encontrar julgados aplicando ou referenciando, direta ou indiretamente, esses tais precedentes.

O esforço histórico aqui tem o condão de narrativa que exprime uma tendência.

A narrativa objetiva expor que, desde a criação de nosso país como ente soberano, seja, em sua origem, como Império, seja como República, no modelo atual da forma de Estado brasileiro, estiveram presentes prescrições normativas criando espécies de precedentes decisórios em território brasileiro.

A linha de narração é estritamente cronológica. Não há segregação em classes com lastro em critérios de identificação de natureza jurídica das normas identificadas como precedentes, senão uma posição eminentemente temporal da criação dos precedentes. O único corte identificado é o modelo de Estado Brasileiro, ou seja, quais foram os precedentes identificados no Império do Brasil e, ao depois, na República Federativa do Brasil.

Desta forma, ao passar pelo curso da história dessas prescrições, identificando os instrumentos normativos que as introduziram no rol de normas brasileiras, é possível aquiescer com uma ordem de ideias que nos faz concluir que o sentido da evolução dos precedentes no direito pátrio caminhou, como regra, da persuasão à vinculação.

Esse o sentido da presença dessa narrativa histórica. Entender que, como uma tendência, os precedentes vinculantes que outrora foram muito identificados com os sistemas de *common law*, vieram ocupando espaço no Direito brasileiro com cada vez mais pujança e que, com a promulgação da Lei 13.105/2016 (Código de Processo Civil), que, não por coincidência, fecha nosso percurso pela história, podem ser tidos como um dos mais prestigiados instrumentos de estabilização jurídica e social em nosso país.

4.1 A identificação de precedentes no Império do Brasil

Identificamos um instrumento normativo componente do Império do Brasil, exemplar a um só tempo, único e denotativo de certa controvérsia sobre ser considerado um precedente, pelo menos na acepção semântica que hodiernamente se empresta ao termo. Trata-se do Decreto 2.684/1875.

4.1.1 Decreto 2.684, de 23 de outubro de 1875

Um arremedo de precedente. Não seria totalmente desatinada a utilização dessa sentença para situar os preceitos do Decreto 2.684, de 23 de outubro de 1875 no pioneirismo da matéria aqui tratada. Arremedo porquanto não seja pacífica sua caracterização enquanto precedente, pelo menos, como dissemos, no uso linguístico em que o termo hoje é empregado.

Para aquiescer ou divergir da caracterização desse instrumento normativo como precedente, é preciso conhecer sua prescrição, nos fragmentos que nos importam pela pertinência temática, senão vejamos:

> Art. 2º *Ao Supremo Tribunal de Justiça compete tomar assentos para intelligencia das leis civis, commerciaes e criminaes, quando na execução dellas occorrerem duvidas manifestadas por julgamentos divergentes havidos no mesmo Tribunal, Relações e Juizos de primeira instancia nas causas que cabem na sua alçada.*
>
> § 1º Estes assentos serão tomados, sendo consultadas previamente as Relações.
>
> § 2º Os assentos serão registrados em livro proprio, remettidos ao Governo Imperial e a cada uma das Camaras Legislativas, numerados e incorporados á collecção das leis de cada anno; e serão obrigatorios provisoriamente até que sejam derogados pelo Poder Legislativo.[233]

O termo *assento*, como utilizado pelo aludido Decreto, guardava referência a um registro, uma resolução, termos os quais, por sua vez, transportados cotidianamente à pragmática de nossa linguagem jurídica, podem ser tomados como uma decisão da referida Corte, como uma decisão colhida no âmbito de uma instância superior de justiça. Seria o equivalente aos acórdãos exarados tão profusamente em nossos Tribunais na atualidade.

Era o início do Império Brasileiro como ente soberano e desvinculado, pelo menos juridicamente, da Coroa Portuguesa. Não é de se estranhar a conclusão de que pouco se era genuinamente brasileiro até então. Essa escassez de coisas do Brasil

---

233. BRASIL. Presidência da República. *Decreto 2.684, de 23 de outubro de 1875.* Dá força de lei no Imperio a assentos da Casa da Supplicação de Lisboa e competencia ao Supremo Tribunal de Justiça para tomar outros. Coleção de Leis do Império do Brasil de 1875, v. I, pt I. Rio de Janeiro: Typographia Nacional, 1876, p. 183.

atingia, inclusive, a jurisprudência, como veio de orientação de comportamentos dos súditos do Imperador. Nesse contexto, evidentemente simplificado para se sintonizar com nosso tema, o Decreto 2.684/1875 reconheceu força normativa no território imperial, aos assentos da Casa de Suplicação de Lisboa.

Ao mesmo tempo tratou de atribuir ao Supremo Tribunal de Justiça a aptidão de produzir esses assentos, a teor do texto que se verifica no *caput* do artigo 2º acima reproduzido. Aos assentos a referida norma reconheceu também com força de lei, condição que sustentariam até que fossem eventualmente derrogados pelo Poder Legislativo do Império.

Esse reconhecimento da imperatividade dos assentos a Casa de Suplicação de Lisboa no território do Império do Brasil é a nota que confere a característica desse instrumento como norma portadora de natureza de precedentes. Isso porque os assentos lusitanos era instrumentos de uniformização das decisões, havida em terras portuguesas, com coercibilidade futura para casos similares.

É o que registra ÁLVARO VILLAÇA AZEVEDO:

> Assim, foram os assentos portuguêses implantados no Brasil em nossa época imperial pelo Decreto 2.684, de 23 de outubro de 1875, mas o foram com fôrça de lei, ao que tudo indica, para iniciar-se, imediatamente, a uniformização jurisprudencial, com o conseqüente restabelecimento da segurança jurídica de nossa sociedade.[234]

Adstrito ao tema e interessante ainda a transcrição de outra passagem do mesmo autor acima citado, referindo-se especificamente ao artigo 2º do Decreto 2.684/1875:

> O presente artigo dispensa elucidações. Sua clareza nos mostra a forma como se tomavam êsses assentos interpretativos, que deixaram de existir em nosso Direito com o advento da República, pois, a partir dessa época, surgiram os prejulgados.[235]

---

234. AZEVEDO, Álvaro Villaça. Os assentos no direito processual civil. *Justitia* – Órgão do Ministério Público de São Paulo, n. 74, 1971, p. 121.

235. Ibid., p. 122.

Ao tecer os comentários adrede reproduzidos, parece-nos claro que não seremos demasiado ousados em atribuir aos assentos referidos no contexto do Decreto sesquicentenário a eficácia de precedentes vinculantes.

Vislumbramos essa dimensão quando reconhecemos que nos preceitos do Decreto houve internalização dos assentos portugueses da Casa de Suplicação em território imperial, a criação de competência para a Suprema Corte criar seus assentos, fazendo-os remeter ao Governo imperial para que fossem incorporados à coletânea legislativa imperial, permanecendo com tal condição, até que fossem substituídos por instrumentos produzidos pelo parlamento imperial.

Como debater a força vinculante dos assentos, se eles eram, inclusive, aglutinados à coleção de leis do Império. Pode-se discutir, é verdade, se, ao serem ali inseridos, perderiam sua natureza de decisões, passando a ser formalmente lei, mas isso não é tema para aprofundamentos presentes, e não obsta a caracterização da força vinculante dos assentos referidos pelo Decreto 2.684/1875.

4.2 A identificação de precedentes no Brasil República

A ruptura institucional mais abruta que tivemos, em nosso sentir, foi a proclamação da República, no festejado 15 de novembro de 1889. Até essa data, em que pese o Brasil já tivesse passado pelo processo de independência, não houve cisão substancial do modelo de Estado. Éramos parte de um Reino, o Reino Unido de Portugal, Brasil e Algarves, passamos a ser um Império. Ambos, entretanto, vinculados a um Monarca Soberano, antes o Rei de Portugal, depois o Imperador do Brasil. O sistema judicial, portanto, era típico de uma monarquia e a continuidade dessa cultura e a tradição podem ser sentidas com a própria inserção no ordenamento brasileiro, pelo Decreto 2.684/1875, de decisões proferidas por Tribunal Português, conforme aqui já comentado.

Foi como República, primeiramente como Estados Unidos do Brasil e depois como República Federativa do Brasil que verificamos verdadeiramente um corte na forma de organização de Estado. A rota da evolução da cultura jurídica dos precedentes em território pátrio, desde então, segue a linha do papel do Judiciário em uma República.

Vamos aos instrumentos que julgamos necessários na narrativa dessa escala evolutiva.

4.2.1 Decreto 848, de 11 de outubro de 1890

Havia em terras brasileiras o império do que ficou conhecido como a "Constituição Provisória" da República neófita. Nesse cenário político, social e jurídico foi publicado o Decreto 848, de 11 de outubro de 1890 pelo "Generalíssimo Manoel Deodoro da Fonseca, Chefe do Governo Provisório da Republica dos Estados Unidos do Brazil, constituído pelo Exercito e Armada", para organizar a Justiça Federal.

O contexto de sua edição aludia e refletia a forte influência que o modelo estatal dos Estados Unidos da América exerceu em nosso território a partir da edição do Decreto 1, de 15 de novembro de 1889, de lavra de Rui Barbosa. É ao que alude GILMAR MENDES:

> O regime republicano inaugura uma nova concepção. A influência do direito norte-americano sobre personalidades marcantes, como a de Rui Barbosa, parece ter sido decisiva para a consolidação do modelo difuso, consagrado já na chamada Constituição provisória de 1890 (art. 58, §1º, a e b).[236]

Nessa trilha, inaugurava-se em terras brasileiras, que adotara a República Federativa como forma provisória de governo, mais outra característica do sistema judicial norte-americano, o controle difuso de constitucionalidade. Vejamos

---

236. MENDES, Gilmar Ferreira. *Curso de direito constitucional.* 7. ed. rev. e atual. São Paulo: Saraiva, 2012, p. 1132.

o que dispunha o referido Decreto 848/1890, em seu artigo 3º: "Na guarda e applicação da Constituição e das leis nacionaes a magistratura federal só intervirá em especie e por provocação de parte".

Sobre tal dispositivo, novamente GILMAR MENDES dá o tom da inauguração do controle de constitucionalidade, sublinhando a atuação passiva da Justiça Federal.

> O Decreto 848, de 11-10-1890, estabeleceu em seu art. 3º, que, na guarda e aplicação da Constituição e das leis nacionais, a magistratura federal só intervirá em espécie e por provocação da parte. "Esse dispositivo [...] – afirma Agrícola Barbi – consagra o sistema de controle por via de exceção, ao determinar que a intervenção da magistratura só se fizesse em espécie e por provocação da parte". Estabelecia-se, assim, o julgamento incidental de inconstitucionalidade, mediante provocação dos litigantes. E, tal qual prescrito na Constituição provisória, o art. 9º, parágrafo único, a e b, do Decreto 848, 1980, assentava o controle de constitucionalidade das leis estaduais e federais.[237]

O batismo com o nome Supremo Tribunal Federal é originário da República, e foi trazido logo em seu liminar, com a própria Constituição Provisória. O Decreto 848/1890, ao dispor sobre a competência e organização do Supremo Tribunal, assim dispôs:

> *Art. 9º Compete ao Tribunal:*
>
> *[...]*
>
> *Paragrapho unico. Haverá tambem recurso para o Supremo Tribunal Federal das sentenças definitivas proferidas pelos tribunaes e juizes dos Estados:*
>
> *a) quando a decisão houver sido contraria à validade de um tratado ou convenção, á applicabilidade de uma lei do Congresso Federal, finalmente, á legitimidade do exercicio de qualquer autoridade que haja obrado em nome da União - qualquer que seja a alçada;*

---

237. Ibid., loc. cit.

b) *quando a validade de uma lei ou acto de qualquer Estado seja posta em questão como contrario á Constituição, aos tratados e ás leis federaes e a decisão tenha sido em favor da validade da lei ou acto;*

c) *quando a interpretação de um preceito constitucional ou de lei federal, ou da clausula de um tratado ou convenção, seja posta em questão, e a decisão final tenha sido contraria, á validade do titulo, direito e privilegio ou isenção, derivado do preceito ou clausula.*[238]

O sistema de recursos para acesso ao Supremo Tribunal Federal, tal qual a previsão normativa acima transcrita, acabou incorporado ao texto da que é considerada historicamente, a primeira Constituição da República no Brasil, promulgada em 24 de fevereiro de 1891.

Essa previsão, que reconhecia o poder revisional do Supremo Tribunal Federal, em grau recursal, das sentenças das Justiças dos Estados, proferidas definitivamente, nos termos do dispositivo adrede referido, atribuiu e revestiu as decisões do Supremo, não temos dúvida em afirmar, da importância típica dos precedentes, de influenciar comportamentos futuros, tanto dos tutelados pelo Poder Judiciário quanto de seus próprios integrantes.

Isso porque, relativamente à matéria apreciada, e nos termos do Decreto, se um dado comportamento não se coadunasse com o sentido da decisão proferida pela Suprema Corte, mesmo que tal comportamento fosse objeto de chancela por alguma decisão de outros Tribunais, fatalmente sabia-se que seriam reformados em caso de discordância do entendimento fixado pelos recursos julgados pelo Supremo Tribunal. A inauguração dos precedentes persuasivos na era de nossa República.

---

238. BRASIL. Presidência da República. *Decreto 848, de 11 de outubro de 1890*. Organiza a Justiça Federal. Rio de Janeiro. CLBR de 1890. Decretos do Governo Provisório da República dos Estados Unidos do Brazil, decimo fascículo, de 1 a 31 de outubro de 1890. Rio de Janeiro: Imprensa Nacional, 1890, p. 2744.

4.2.2 Constituição da República de 1891

Conforme assentamos em linhas pregressas, a previsão de acesso ao Supremo Tribunal Federal como instância recursal extraordinária, ou seja, nos termos dos permissivos legais, foi alçada ao texto da Constituição República de 1891.

Os assentos foram extintos. Eles, que no Império representaram relevante instrumento normativo, quer em seu viés de precedente, ou quer como integrantes da coletânea normativa imperial, conforme tivemos oportunidade de checar quando do exame do Decreto 2.684/1875 deram lugar à novel estrutura do Poder Judiciário, com o já pré-aludido prestígio do Supremo Tribunal Federal como instância decisória definitiva sobre a hermenêutica dos temas constitucionais. A introdução do recurso extraordinário teve inspiração direta do *writ of error* do direito norte-americano, como bem destaca JOSÉ ROGÉRIO CRUZ E TUCCI:

> Com a instalação do Supremo Tribunal Federal, em 1891, seguiu-se o modelo vigente nos Estados Unidos da América, pelo qual, dentre outras hipóteses, cabia recurso extraordinário contra acórdãos de tribunais estaduais, quando ocorresse divergência de interpretação de lei federal. A finalidade era exatamente a de exercer o controle nomofilático sobre distribuição de justiça pelos órgãos jurisdicionais inferiores.[239]

Não havia, há que se ponderar, nenhuma espécie de controle concentrado de constitucionalidade, de forma que ele somente seria exercido no bojo dos julgamentos de casos concretos que fossem levados ao Supremo Tribunal pelo aqui aludido sistema difuso criado pela Constituição de 1891, cujo fim precípuo, segundo ditames históricos, era propiciar proteção do Estado, de sua forma de governo, e, bem assim, a federação recém-emergida.

---

239. TUCCI, José Rogério Cruz e. *Precedente judicial como fonte do direito*. São Paulo: Revista dos Tribunais, 2004, p. 237.

Vale o texto de GILMAR MENDES, citando RUI BARBOSA, quanto este fazia paralelo crítico da Carta Brasileira com a Constituição do Estados Unidos, referindo-se justamente às competências relativas ao controle difuso:

> Não obstante a clareza dos preceitos, imperou alguma perplexidade diante da inovação. E o gênio de Rui destacou, com peculiar proficiência, a amplitude do instituto adotado pelo regime republicano, como se vê na seguinte passagem do seu magnífico trabalho elaborado em 1893:
>
> 'O único lance da Constituição americana, onde se estriba ilativamente o juízo, que lhe atribui essa intenção, é no art. III, seç. 2ª, cujo teor reza assim: 'O poder judiciário estender-se-á a todas as causas, de direito e equidade, que nasceram desta Constituição, ou das leis dos Estados Unidos'
>
> Não se diz aí que os tribunais sentenciarão sobre a validade, ou invalidade, das leis. Apenas se estatui que conhecerão das causas regidas pela Constituição, como conformes ou contrárias a ela.
>
> Muito mais concludente é a Constituição brasileira. Nela não só se prescreve que 'Compete aos juízes ou tribunais federais processar e julgar as causas, em que alguma das partes fundar a ação, ou a defesa, em disposição da Constituição Federal' (art. 60, *a*); como, ainda que 'Das sentenças das justiças dos Estados em última instância haverá recurso para o Supremo Tribunal Federal, quando se questionar sobre a validade de tratados e leis federais, e a decisão do tribunal do Estado for contrária (art. 59, §1º, *a*)'.
>
> A redação é claríssima. Nela se reconhece, não só a competência das justiças da União, como a das justiças dos Estados, para conhecer da legitimidade das leis perante a Constituição. Somente se estabelece, a favor das leis federais, a garantia de que, sendo contrária à subsistência delas a decisão do tribunal do Estado, o feito pode passar, por via de recurso, para o Supremo Tribunal Federal. Este ou revogará a sentença, por não procederem as razões de nulidade, ou a confirmará pelo motivo oposto. Mas, numa ou noutra hipótese, o princípio fundamental é a autoridade reconhecida expressamente no texto constitucional, a todos os tribunais, federais, ou locais, de discutir a constitucionalidade das leis da União, e aplicá-las, ou desaplicá-las, segundo esse critério.

É o que se dá, por efeito do espírito do sistema, nos Estados Unidos, onde a letra constitucional, diversamente do que ocorre entre nós, é muda a este propósito."[240]

Vejamos o texto da Primeira Carta Máxima Republicana, nas atribuições de competência do Supremo Tribunal Federal:

> *Art. 59 - Ao Supremo Tribunal Federal compete:*
>
> *I - processar e julgar originária e privativamente:*
>
> *a) o Presidente da República nos crimes comuns, e os Ministros de Estado nos casos do art. 52;*
>
> *b) os Ministros Diplomáticos, nos crimes comuns e nos de responsabilidade;*
>
> *c) as causas e conflitos entre a União e os Estados, ou entre estes uns com os outros;*
>
> *d) os litígios e as reclamações entre nações estrangeiras e a União ou os Estados;*
>
> *e) os conflitos dos Juízes ou Tribunais Federais entre si, ou entre estes e os dos Estados, assim como os dos Juízes e Tribunais de um Estado com Juízes e Tribunais de outro Estado.*
>
> *II - julgar, em grau de recurso, as questões resolvidas pelos Juízes e Tribunais Federais, assim como as de que tratam o presente artigo, § 1º, e o art. 60;*
>
> *III - rever os processos, findos, nos termos do art. 81.*
>
> *§ 1º - Das sentenças das Justiças dos Estados, em última instância, haverá recurso para o Supremo Tribunal Federal:*
>
> *a) quando se questionar sobre a validade, ou a aplicação de tratados e leis federais, e a decisão do Tribunal do Estado for contra ela;*
>
> *b) quando se contestar a validade de leis ou de atos dos Governos dos Estados em face da Constituição, ou das leis federais, e a decisão do Tribunal do Estado considerar válidos esses atos, ou essas leis impugnadas.*
>
> *§ 2º - Nos casos em que houver de aplicar leis dos Estados, a Justiça Federal consultará a jurisprudência dos Tribunais locais, e*

---

240. MENDES, Gilmar Ferreira. *Curso de direito constitucional.* 7. ed. rev. e atual. São Paulo: Saraiva, 2012, p. 1133.

vice-versa, as Justiças dos Estados consultarão a jurisprudência dos Tribunais Federais, quando houverem de interpretar leis da União.²⁴¹

Relativamente ao que toca o tema dos precedentes, a fase era de persuasão pura. Sequer a eficácia *erga omnes* havia nas decisões do Supremo Tribunal Federal, efeito das decisões que somente a Carta Constitucional de 1934 preveria, com atribuição ao Senado da República da competência de "suspender a execução, no todo ou em parte, de qualquer lei ou ato, deliberação ou regulamento, quando hajam sido declarados inconstitucionais pelo Poder Judiciário" (art. 91, IV, e 96).

A ênfase que ora emprestamos ao sistema de controle constitucional inaugurado pela Primeira Carta Republicana, desde sua origem, reverbera na temática dos precedentes, conforme já advertimos, na medida da redação do parágrafo segundo acima reproduzido.

A consulta à jurisprudência aludida no dispositivo da Carta de 1891 resumia a fase dos precedentes. Meramente consultiva. Persuasiva, para fazer uso do termo que vimos utilizando.

4.2.3 O Decreto 16.273, de 20 de dezembro de 1923

Ainda antes da Carta Constitucional que seria promulgada em 1934, o Decreto 16.273, de 20 de dezembro de 1923, prescreveu interessante instrumento. Tratava-se do *prejulgado*, mecanismo restrito à Corte de Apelação do Distrito Federal. Vejamos a redação do aludido dispositivo em seu artigo 103:

> Art. 103. Quando a lei receber interpretação diversa nas Camaras de Appellação civel ou criminal, ou quando resultar da manifestação dos votos de uma Camara em um caso sub-judice que se terá de declarar uma interpretação diversa, deverá a Camara divergente representar, por seu Presidente, ao Presidente da Côrte, para que

---

241. BRASIL. *Constituição da República dos Estados Unidos do Brazil*. Collecção das Leis da República dos Estados Unidos do Brazil de 1891. Rio de Janeiro: Imprensa Nacional, 1892, p. 13-14.

este, incontinenti, faça a convocação para a reunião das duas Camaras, conforme a materia, fôr civel ou criminal.

§ 1º. Reunidas as Camaras e submettida a questão á sua deliberação, o vencido, por maioria, constitue decisão obrigatoria para o caso em apreço e norma aconselhavel para os casos futuros, salvo relevantes motivos de direito, que justifiquem renovar-se identico procedimento de installação das Camaras Reunidas.

§ 2º. O accordam será subscripto por todos os membros das Camaras Reunidas e, na sessão que se seguir, a Camara que tenha, provocado o procedimento uniformisador, applicando o vencido aos factos em debate, decidirá a causa, resalvada aos membros das Camaras que se tenham mantido em divergencia a faculdade de fazer referencia não motivada, aos seus votos, exarados no referido accordam.

§ 3º. Para os fins previstos neste artigo, cada Camara terá um livro especial, sob a denominação de "livro dos prejulgados", onde serão inscriptas as ementas dos accordams das Camaras Reunidas, inscripção que será ordenada pelos respectivos presidentes.

§ 4º. Em caso de empate na votação, o presidente da sessão de Camaras Reunidas, que será o da Camara que provocou a decisão, submetterá o caso ao Presidente da Côrte, para que este, com precedencia sobre qualquer outro julgamento, submetta a materia á deliberação da mesma Côrte.

§ 5º. Serão, sempre, relatores dous desembargadores, um de cada Camara, designado pelo respectivo presidente.

§ 6º. Na primeira semana de cada trimestre, o secretario da Côrte providenciará para que seja feita, sob sua directa e pessoal inspecção, a permuta de inscripções entre os livros de prejulgados das Camaras de identica jurisdicção por materia.

§ 7º. As normas para confecção desses livros serão estabelecidas pelo Presidente da Côrte de Appellação, que exercerá sobre elles a necessaria inspecção e mandará que sejam franqueados ao publico.[242]

Saltam em importância histórica as prescrições aqui reproduzidas. Os prejulgados foram, em seu tempo, um conjunto

---

242. BRASIL. Presidência da República. *Decreto 16.273, de 20 de dezembro de 1923.* Reorganiza a Justiça do Districto Federal. Collecção das Leis da República dos Estados Unidos do Brazil de 1923. V. III, pt. I. Rio de Janeiro: Imprensa Nacional, 1924, p. 412-413.

de ementas uniformizadoras de jurisprudência atinente às competências das Câmaras de apelação a que aludiam.

É muito interessante notar no parágrafo primeiro do dispositivo a adoção de "norma aconselhável para os casos futuros", em uma redação que evidencia expressamente o caráter de precedente do prejulgado. É bem verdade que persuasivo, pois não desborda os limites do "conselho", mas, ainda, um precedente expressamente previsto na legislação.

Outro dado digno de menção é a passagem no mesmo parágrafo primeiro acerca da justificativa de não aplicação do prejulgado para casos futuros, em caso de "relevantes motivos de direito, que justifiquem renovar-se identico procedimento de installação das Camaras Reunidas". Olhos atentos verão uma referência ao instituto do *overruling* concentrado, ou seja, um procedimento específico, instaurado por um tribunal, para debater a superação de um precedente.

4.2.4 Código de Processo Civil de 1973

A codificação das leis processuais também representa expressão de precedentes judiciais no direito brasileiro. A Lei 5.869, de 11 de janeiro de 1973, instituidora do já revogado Código de Processo Civil, previu o incidente de uniformização de jurisprudência.

Em qualquer que seja o quadrante de análise, não há como se negar que tal instrumento tem como escopo a valorização de uma dada jurisprudência, ou seja, de um dado posicionamento reiterado, como um precedente judicial de estabilização e pacificação de interpretações.

O incidente de uniformização de jurisprudência tem viés preventivo, na medida em que busca fixar, previamente ao surgimento de decisões conflitantes, parâmetros de decisão acerca do tema referido. Tal se opera pela suspensão do julgamento do caso pelo Tribunal, para que se tenha oportunidade de análise do direito aplicável em tese a determinado caso, e, nessa dimensão, seja estabelecida a trilha hermenêutica a ser seguida para a aplicação das normas aos casos em julgamento, os quais, retomados, estarão vinculados à determinação fixada.

As prescrições relativas ao incidente de uniformização de jurisprudência foram estabelecidas nos artigos 476 a 479 do antigo Código de Processo Civil. Vejamos as prescrições normativas aqui aludidas:

> Art. 476. Compete a qualquer juiz, ao dar o voto na turma, câmara, ou grupo de câmaras, solicitar o pronunciamento prévio do tribunal acerca da interpretação do direito quando:
>
> I - verificar que, a seu respeito, ocorre divergência;
>
> II - no julgamento recorrido a interpretação for diversa da que lhe haja dado outra turma, câmara, grupo de câmaras ou câmaras cíveis reunidas.
>
> Parágrafo único. A parte poderá, ao arrazoar o recurso ou em petição avulsa, requerer, fundamentadamente, que o julgamento obedeça ao disposto neste artigo.
>
> Art. 477. Reconhecida a divergência, será lavrado o acórdão, indo os autos ao presidente do tribunal para designar a sessão de julgamento. A secretaria distribuirá a todos os juízes cópia do acórdão.
>
> Art. 478. O tribunal, reconhecendo a divergência, dará a interpretação a ser observada, cabendo a cada juiz emitir o seu voto em exposição fundamentada.
>
> Parágrafo único. Em qualquer caso, será ouvido o chefe do Ministério Público que funciona perante o tribunal.
>
> Art. 479. O julgamento, tomado pelo voto da maioria absoluta dos membros que integram o tribunal, será objeto de súmula e constituirá precedente na uniformização da jurisprudência.
>
> Parágrafo único. Os regimentos internos disporão sobre a publicação no órgão oficial das súmulas de jurisprudência predominante.[243]

---

243. REVISTA DOS TRIBUNAIS. *Código de Processo Civil, Legislação Processual Civil, Constituição Federal*. Obra coletiva. 17. ed. rev., ampl. e atual. São Paulo: Revista dos Tribunais, 2012, p. 192-193.

O incidente de uniformização de jurisprudência tem como pressuposto a divergência, como resolução a fixação da interpretação a ser dada à espécie e como efeito a vinculação do entendimento fixado à causa julgada e orientação para casos futuros.

As prescrições normativas acima reproduzidas, que não guardam segredos ocultos em sua redação, foram objeto das considerações de ARAKEN DE ASSIS:

> Os arts. 476 a 479 instituíram remédio equivalente ao prejulgado para uniformizar a divergência já ocorrida (ou prestes a ocorrer). E o CPC de 1973 baniu o recurso de revista, contemplado nos arts. 853 a 861 do CPC de 1939, cuja adoção naquele diploma suscitara críticas candentes, mas pouco isentas – chamou-se a revisão de 'preciosidade ridícula e absolutamente inútil'
>
> O instituto previsto nesses dispositivos, originários do Dec. 16.273, de 20.12.1923, relativo à organização judiciária do antigo Distrito Federal, exibe originalidade do caráter incidental ao julgamento do recurso ou causa de competência do tribunal. Inspirou-se o legislador, após abandonar a ideia de introduzir os assentos, no prejulgado do art. 861 do CPC de 1939. Obtida a uniformização *incidenter tantum*, repartindo a competência para julgar o recurso entre dois órgãos distintos, e por etapas, hoje e ontem o remédio carece de natureza recursal. Objetiva o incidente, a teor do art. 476, *caput*, obter pronunciamento "prévio" de órgão superior, fixando a tese jurídica aplicável, posteriormente, ao julgamento da causa ou recurso. Para albergar semelhante finalidade, desloca a competência para julgar o recurso e a causa, momentaneamente, para outro órgão colegiado ao qual incumbirá a relevante tarefa de estipular a tese jurídica, optando por uma das interpretações possíveis. Emitido o pronunciamento prévio, e justamente por tal característica, retornará o feito ao órgão de origem para aplicá-la no caso concreto, sirva ou não de precedente para casos futuros (art. 479, *caput*). Esses elementos indicam que não se cuida, absolutamente, de outro recurso. É apenas cisão da competência, *interna corporis*, para julgar o recurso ou causa pendente.[244]

---

244. ASSIS, Araken de. *Manual dos recursos*. 2 ed. rev., atual. e ampl. São Paulo: Revista dos Tribunais, 2008, p. 321.

NELSON NERY JUNIOR e ROSA MARIA DE ANDRADE NERY identificam o propósito estabilizador do instrumento de uniformização de jurisprudência, conferindo homogeneidade às decisões de um mesmo Tribunal, e propiciando, nessa dimensão, um mínimo de segurança jurídica intramuros.

> Incidente de uniformização de jurisprudência. É destinado a fazer com que seja mantida a unidade jurisprudencial interna de determinado tribunal. Havendo, na mesma corte, julgamentos conflitantes a respeito de uma mesma tese jurídica, é cabível o incidente a fim de que, primeiramente, o pleno do tribunal se manifeste sobre a tese, para, tão somente depois, ser aplicado o entendimento resultante do incidente ao caso concreto levado a julgamento pelo órgão do tribunal. Esse julgamento fica sobrestado até que o plenário resolva o incidente.[245]

Não são outras as considerações de FREDIE DIDIER JR. que destaca, de certa forma, a força hierárquica do incidente, ao mencionar que a competência para a resolução do incidente é conferida à órgão do tribunal que resolverá a questão relevante para a causa sob julgamento:

> Esses incidentes têm por função transferir, a um outro órgão do tribunal, a competência funcional para a análise de determinadas questões de direito, examinadas *incidenter tantum* e havidas como relevantes para o deslinde da causa.[246]

Também é a assertiva de CASSIO SCARPINELLA BUENO assentando a divergência como pressuposto da suscitação do incidente de uniformização de jurisprudência:

> De acordo coma art. 476, cabe a qualquer magistrado, de ofício, constatando que há divergência jurisprudencial no âmbito do Tribunal a que pertence (art. 476, I) ou quando a decisão recorrida estiver em dissonância com manifestação anterior de outros

---

245. NERY JUNIOR, Nelson; NERY, Rosa Maria de Andrade. *Código de processo civil comentado e legislação extravagante.* 11. ed. rev., ampl. e atual. até 17.2.2010. São Paulo: Revista dos Tribunais, 2010, p. 794.

246. DIDIER JR., Fredie. *Curso de direito processual civil.* V. 3, 7. ed. Salvador: Juspodivum, 2009, p. 559.

órgãos do seu Tribunal (art. 476, II), solicitar o pronunciamento prévio do órgão competente do Tribunal acerca do assunto, para que seja definida a interpretação a ser observada.

É possível que o relator ou revisor, ainda quando do estudo dos autos antes da sessão de julgamento, inaugure o procedimento aqui analisado sem prejuízo de, durante a sessão, procederem de igual forma, até porque alertados pelos demais magistrados que integram o órgão julgador. O que importa para os fins do incidente aqui discutido é que seja constatado que já há divergência, no âmbito do Tribunal, sobre a interpretação de determinada questão jurídica.[247]

No tocante à vinculação da decisão proferida por essa sistemática, os autores NELSON NERY e ROSA MARIA DE ANDRADE NERY assim apontam:

> Vinculação do órgão jurisdicional. Depois de fixada a tese jurídica pelo tribunal pleno, esse resultado vai ser aplicado àquele caso concreto que originou o incidente de uniformização. A câmara ou órgão competente para julgar o recurso ficará vinculado à tese fixada pelo plenário. No incidente nada se julga: apenas firma-se a tese jurídica. Se a parte não se conformar com o julgamento proferido no caso concreto que acabou suscitando o incidente, poderá recorrer. O recurso é dirigido não contra o plenário, que resolve o incidente, mas contra o ato do órgão jurisdicional – câmaras, turmas ou grupos – que julgou o feito.[248]

CASSIO SCARPINELLA BUENO, ao comentar o especificamente o artigo 479 do antigo Código de Processo Civil, expressamente dispôs que a aludida súmula do dispositivo, por mais litúrgico que possa ser o rito do incidente de uniformização de jurisprudência, não há que se falar em obrigatoriedade ou vinculação dos efeitos para fins de caracterizar o precedente como algo que ele não é. A súmula aqui versada caracteriza

---

247. BUENO, Cassio Scarpinella. *Curso sistematizado de direito processual civil*: recursos, processos e incidentes nos tribunais, sucedâneos recursais: técnicas de controle de decisões judiciais. V. 5. São Paulo: Saraiva, 2008, p. 366.

248. NERY JUNIOR, Nelson; NERY, Rosa Maria de Andrade. *Código de processo civil comentado e legislação extravagante*. 11. ed. rev., ampl. e atual. até 17.2.2010. São Paulo: Revista dos Tribunais, 2010, p. 794.

um importante instrumento persuasivo no trato da dinâmica dos julgados que sejam atinentes à competência dos juízes pertencentes aos Tribunal que o proferiu.

> A "súmula" referida pelo dispositivo não tem efeitos *vinculantes* mas, em plena harmonia com o "modelo constitucional do direito processual civil", desempenha papel importante, até mesmo decisivo, na aceleração dos atos processuais no âmbito dos Tribunais, tornando legítima a atuação monocrática do relator para *negar* provimento a recursos e, até mesmo, perante a primeira instância, como se vê expressamente no disposto no §1º do art. 518.[249]

Explicitando ainda mais os efeitos e a dimensão notadamente persuasiva e vinculativa específica aos membros do Tribunal emissor da decisão de uniformização, explicam novamente NELSON NERY e ROSA MARIA DE ANDRADE NERY:

> No julgamento do incidente de uniformização da jurisprudência, o tribunal fixa a tese jurídica vencedora e, em seguida, emite verbete, que será inserido na Súmula de jurisprudência predominante.
>
> [...]
>
> Editado o verbete e inserido na Súmula, a tese jurídica afirmada somente vincula os membros do tribunal que a emitiu: os demais órgãos jurisdicionais, inclusive os juízes que têm decisões revistas em grau de recurso pelo mesmo tribunal, não ficam vinculados à Súmula, podendo decidir de acordo com o seu livre convencimento motivado. Todos os tribunais jurisdicionais do País, inclusive o STF, podem formar sua própria Súmula, sem caráter vinculante.[250]

Da mesma forma, ARAKEN DE ASSIS, quanto aos efeitos da súmula editada como resultado do incidente de uniformização de jurisprudência, comparando-a até que o antigo instrumento do prejulgado:

---

249. BUENO, Cassio Scarpinella. *Curso sistematizado de direito processual civil*: recursos, processos e incidentes nos tribunais, sucedâneos recursais: técnicas de controle de decisões judiciais. V. 5. São Paulo: Saraiva, 2008, p. 368.

250. NERY JUNIOR, Nelson; NERY, Rosa Maria de Andrade, op. cit., p. 796.

Retornando o feito ao órgão de origem, ultimar-se-á o julgamento, colhendo-se os votos dos julgadores. O prejulgamento, como já acontecia no regime anterior, avulta precisamente nesse aspecto: a competência do órgão originário não fica suprimida e, resolvido o incidente, os autos voltam à mesa primitiva para completar o julgamento. O órgão fracionário realizará a subsunção da tese fixada no órgão superior, inexoravelmente incorporada ao julgamento da espécie, no esquema de fato da causa ou recurso. Se o objeto do recurso versar unicamente a questão de direito controvertida, a solução se encontrará predeterminada, na hipótese de alcançar-se o quórum do art. 479, *caput*, primeira parte, justificando-se a clássica denominação de prejulgado à figura. Nem sempre, entretanto, a parte aparentemente favorecida com o precedente logrará sucesso. A existência de questões de fato controversas pode levar a resultado diferente.[251]

Por fim, ROGÉRIO IVES BRAGHITTONI, emite declaração expressa sobre os efeitos da súmula a que se referia o art. 479 do revogado Código de Processo Civil:

> Observe-se, outrossim, que, ainda que ocorra a formação de súmula, a tese nela consagrada não vincula outros tribunais, órgãos de 1ª instância, nem vincula de forma absoluta o próprio tribunal que a fez nascer, posto que é sempre possível a revisão da tese sumulada.
>
> Entendemos sempre que, mesmo que haja elaboração de súmula, esta só será vinculante para aquele caso concreto, e nenhum outro, ainda que julgado por aquele mesmo tribunal – e até pela mesma Turma, Câmara ou Grupo.[252]

A vinculação da súmula editada no contexto do incidente de uniformização de jurisprudência, portanto, tem vinculação restrita e concentrada aos membros do Tribunal que a editou. Nem mesmos os juízes cujas decisões se submetem em grau recursal ao aludido Tribunal a ela se vinculam.

---

251. ASSIS, Araken de. *Manual dos recursos*. 2 ed. rev., atual. e ampl. São Paulo: Revista dos Tribunais, 2008, p. 333.

252. BRAGHITTONI, Rogério Ives. Uniformização de jurisprudência e art. 555, §1º, do CPC. In: NERY JUNIOR, Nelson; ABBOUD, Georges (Coords.). *Direito Processual Civil*: Recursos. V. 2. São Paulo: Revista dos Tribunais, 2015, p. 1183.

A persuasão continuou até esse momento, sendo a pedra de toque dos precedentes no sistema de direito positivo da República Federativa do Brasil.

4.2.5 Lei 8.038, de 28 de maio de 1990 – verbo imperativo – marco expresso da vinculação como pedra angular dos precedentes

Se obrigados fôssemos a escolher um marco para a alvorada dos precedentes vinculantes no Direito Brasileiro, dispositivo da Lei 8.038/1990 seria o nosso eleito. Após a Constituição de 1988, identificamos que teve início o movimento que não mais cessou no Brasil. Ele perdura até os dias atuais e reveste-se de pujança cada vez maior nas normas brasileiras. A criação, depuração e prestígio dos precedentes judiciais como instrumentos de estabilização do ordenamento jurídico, de isonomia de tratamentos aos jurisdicionados e de conferência de segurança jurídica nas relações sociais, com reflexos, por que não dizer, políticos e econômicos.

Importante dado nas considerações que acabamos de tecer foi a elevação a um outro nível de importância da decisão monocrática dos Ministros relatores integrantes do Supremo Tribunal Federal e do Superior Tribunal de Justiça, em um nítido viés de ampliação de poderes e responsabilidades no exercício dos juízos monocráticos nos tribunais.

O estágio embrionário do movimento de prestígio da adoção dos precedentes judiciais vinculantes no Brasil, pelo menos em seu histórico republicano, ocorreu no contexto das modificações da legislação processual que emprestaram importância às decisões monocráticas nos tribunais, para se permitir o julgamento de recursos, conforme observa WALTER PIVA RODRIGUES:

> Flagrante, pois, a mitigação do princípio que se convencionou rotular de 'colegialidade das decisões' que, como é sabido, se insere na garantia fundamental do duplo grau de jurisdição, pois,

inerente a esta garantia sempre esteve ligada a ideia de um direito ao julgamento por órgão fracionário, é bem verdade, mas, na forma de um Colegiado.²⁵³

Vejamos o dispositivo outrora contido na Lei 8.038/1990, hoje revogado pela Lei 13.105/2015:

> Art. 38 - O Relator, no Supremo Tribunal Federal ou no Superior Tribunal de Justiça, decidirá o pedido ou o recurso que haja perdido seu objeto, bem como negará seguimento a pedido ou recurso manifestamente intempestivo, incabível ou, improcedente ou ainda, que contrariar, nas questões predominantemente de direito, Súmula do respectivo Tribunal.²⁵⁴

A razão pela qual a Lei 8.038/1990 seria a nossa escolha como marco inaugural das espécies de precedente vinculantes em nosso sistema é a imperatividade do verbo *negar*, atrelada à ação de impedir o prosseguimento de recursos que contrarie Súmulas editadas pelo Supremo Tribunal Federal ou pelo Superior Tribunal e Justiça, constante de seu artigo 38.

Identificamos a imperatividade na redação como proposital, que adverte para uma ação obrigatória, não uma faculdade a ser exercida pelo relator, em que, vislumbrando a contrariedade do pedido recursal ante os mencionados entendimentos sumulados, deveria obstar o processamento do recurso.

Nesse sentido, a modificação legislativa que emprestou importância sem registros anteriores às decisões monocráticas dos Ministros, reverberou em elevar as súmulas do STF e STJ a um grau de vinculação que também não possuíam.

É certo que toda modificação substancial revela-se envolta em nebulosidades. Não há opinião pacífica sobre a imperatividade da conduta, que faria com que a escolha sobre obstar

---

253. RODRIGUES, Walter Piva. O princípio da colegialidade das decisões nos tribunais. *Revista Dialética de Direito Processual*, n. 1, 2003, p. 177.

254. REVISTA DOS TRIBUNAIS. *Código de Processo Civil, Legislação Processual Civil, Constituição Federal*. Obra coletiva. 17. ed. rev., ampl. e atual. São Paulo: Revista dos Tribunais, 2012, p. 700.

o recurso cujos pedidos fossem contrários às súmulas seria uma variante ao talante do relator. É o que assentam NELSON NERY e ROSA MARIA DE ANDRADE NERY:

> Nada obstante o teor imperativo da norma ("negará segmento"), o relator não fica obrigado a indeferir recurso que foi interposto contrariando súmula do próprio tribunal, ou tribunal superior. Trata-se de faculdade que a lei confere ao relator. Como não há procedimento legal previsto para a revisão de súmula de tribunal, seria cercear a defesa do recorrente (CF 5º, LV) negar-se a examinar sua pretensão recursal, sob o fundamento de que é contrária à súmula da jurisprudência predominante do tribunal. A jurisprudência é dinâmica e, quando necessário, deve ser revista.[255]

Ficamos cá com nossa consideração de que, historicamente, mais do que qualquer coisa, a Lei 8.038/1990 pode ser tomada como o primeiro estágio de uma vinculação a precedentes[256], no caso, às súmulas até então eminentemente persuasivas do STF e do STJ, obrigando Ministros desses tribunais a impedir o processamento de recursos que contivessem de pedidos contrários a tais enunciados.

4.2.6 Emenda Constitucional 3, de 17 de março de 1993

Se a temática é a vinculação, a Emenda Constitucional aqui aludida é expressão simbólica e explícita da regra da observância obrigatória de decisões consideradas precedentes, para além de explanar o campo de sua extensão. Nas palavras de GILMAR MENDES:

> A Emenda Constitucional 3, de 17-3-1993, disciplinou o instituto da ação declaratória de constitucionalidade, introduzido no sistema brasileiro de controle de constitucionalidade, no bojo da

---

255. NERY JUNIOR, Nelson; NERY, Rosa Maria de Andrade. *Código de processo civil comentado e legislação extravagante.* 11. ed. rev., ampl. e atual. até 17.2.2010. São Paulo: Revista dos Tribunais, 2010, p. 1002.

256. DONIZETTI, Elpídio. A força dos precedentes no novo código de processo civil. *Revista direito UNIFACS.* [on-line], Salvador: Núcleo web UNIFACS, n. 175. janeiro, 2015. Disponível em: <http://www.revistas.unifacs.br>. Acesso em: 12 nov. 2016.

reforma tributária de emergência. A Emenda Constitucional 3 firmou competência do STF para conhecer e julgar a ação declaratória de constitucionalidade de lei ou ato normativo federal, processo cuja decisão definitiva de mérito possuirá eficácia contra todos e efeito vinculante relativamente aos demais órgãos do Executivo e do Judiciário. Conferiu-se legitimidade ativa ao Presidente da República, à Mesa do Senado Federal, à Mesa da Câmara dos Deputados e ao Procurador-Geral da República.[257]

Se estamos aqui tratando da parte histórica dos preceitos relativos aos precedentes, julgamos de riqueza considerável destacar um trecho do estudo elaborado pelo próprio GILMAR FERREIRA MENDES e por IVES GANDRA MARTINS que serviu de suporte para a apresentação de proposta de emenda constitucional pelo Deputado ROBERTO CAMPOS:

> Além de conferir eficácia erga omnes às decisões proferidas pelo Supremo Tribunal Federal em sede de controle de constitucionalidade, a presente proposta de emenda constitucional introduz no Direito brasileiro o conceito de efeito vinculante em relação aos órgãos e agentes públicos. Trata-se de instituto desenvolvido no Direito processual alemão, que tem por objetivo outorgar maior eficácia às decisões proferidas por aquela Corte Constitucional, assegurando força vinculante não apenas à parte dispositiva da decisão, mas também aos chamados fundamentos ou motivos determinantes (tragende Gründe).[258]

Para nitidez de raciocínio, vejamos a redação da Constituição da República, pós inserção do texto do enunciado da emenda aqui mencionada:

> Art. 102. Compete ao Supremo Tribunal Federal, precipuamente, a guarda da Constituição, cabendo-lhe:
>
> [...]
>
> § 2º As decisões definitivas de mérito, proferidas pelo Supremo Tribunal Federal, nas ações declaratórias de constitucionalidade

---

257. MENDES, Gilmar Ferreira. *Curso de direito constitucional*. 7. ed. rev. e atual. São Paulo: Saraiva, 2012, p. 1158.

258. Id. *Controle abstrato de constitucionalidade*: ADI, ADC e ADO: comentários à lei n. 9.868/99. São Paulo: Saraiva, 2012, p. 463.

de lei ou ato normativo federal, produzirão eficácia contra todos e efeito vinculante, relativamente aos demais órgãos do Poder Judiciário e ao Poder Executivo.[259]

À margem de todas as considerações que poderíamos fazer acerca da modificação introduzida no sistema de precedentes brasileiros pela Emenda Constitucional 3/1993, concentramos toda a nossa intenção de destaque na questão a que alude a força vinculante das decisões, não apenas em seu dispositivo, mas, também, aos fundamentos ou motivos determinantes, como aludiram GILMAR MENDES e IVES GANDRA DA SILVA MARTINS.

Eis aqui o cálice sagrado dos precedentes vinculantes e motivo de toda nossa preocupação em estudar o tema. As razões de decidir ou motivos determinantes.

É absolutamente crucial que haja o reconhecimento pela comunidade jurídica, pelos usuários do sistema de direito, pelos juízes e pelos tribunais que os precedentes não se moldam nas ementas. Eles não se consomem no dispositivo da decisão, eles são identificados, de outra sorte, pelas razões que levaram à tomada da decisão, pelos motivos fundamentais do sentido de decisão dada ser este e não aqueloutro.

A fresta aberta pela Emenda Constitucional aqui aludida haveria de resultar em largos caminhos para a modificação do sistema de precedentes no Brasil, que culminaria com a reforma das leis processuais e promulgação de um novo códex instrumental civil. Mas ainda haveria alguns passos a serem dados.

4.2.7 Lei 9.868, de 10 de novembro de 1999

Na esteira da reforma introduzida pela Emenda Constitucional 3/1993, a continuidade do processo de precedentes

---

259. BRASIL. *Constituição da República Federativa do Brasil*: texto constitucional promulgado em 5 de outubro de 1988, com as alterações determinadas pelas Emenda Constitucionais de Revisão 1 a 6/94, pelas Emendas Constitucionais 1/92 a 91/2016 e pelo Decreto Legislativo 186/2008. Brasília, 1988.

vinculantes se deu com a edição da Lei 9.869/1999, regulamentadora dos instrumentos de controle concentrado de constitucionalidade. Vejamos o preceito que toca nossa temática de trabalho:

> Art. 28. Dentro do prazo de dez dias após o trânsito em julgado da decisão, o Supremo Tribunal Federal fará publicar em seção especial do Diário da Justiça e do Diário Oficial da União a parte dispositiva do acórdão.
>
> Parágrafo único. A declaração de constitucionalidade ou de inconstitucionalidade, inclusive a interpretação conforme a Constituição e a declaração parcial de inconstitucionalidade sem redução de texto, têm eficácia contra todos e efeito vinculante em relação aos órgãos do Poder Judiciário e à Administração Pública federal, estadual e municipal.[260]

O destaque do efeito vinculante da decisão que emite juízo de constitucionalidade ou inconstitucionalidade no contexto do controle concentrado é dado outra vez mais por GILMAR MENDES:

> Como se vê, com o *efeito vinculante*, pretendeu-se conferir eficácia adicional à decisão do STF, outorgando-lhe amplitude transcendente ao caso concreto. Os órgãos estatais abrangidos pelo efeito vinculante devem observar, pois, não apenas o conteúdo da parte dispositiva da decisão, mas a norma abstrata que dela se extrai, isto é, que determinado tipo de situação, conduta ou regulação – e não apenas aquele objeto do pronunciamento jurisdicional – é constitucional ou inconstitucional e deve, por isso, ser preservado ou eliminado.[261]

A vinculação obrigatória faz das decisões em controle concentrado um campo fértil para a análise da temática dos precedentes vinculantes, conferindo-lhes enormes potencialidades, sendo a Ação Direta de Inconstitucionalidade (ADI) e a Ação Direta de Constitucionalidade (ADC) os mecanismos

---

260. REVISTA DOS TRIBUNAIS. *Código de Processo Civil, Legislação Processual Civil, Constituição Federal*. Obra coletiva. 17. ed. rev., ampl. e atual. São Paulo: Revista dos Tribunais, 2012, p. 292.

261. MENDES, Gilmar Ferreira. *Controle abstrato de constitucionalidade*: ADI, ADC e ADO: comentários à lei n. 9.868/99. São Paulo: Saraiva, 2012, p. 668.

mais manejados para convidar o Supremo Tribunal Federal a examinar a constitucionalidade de uma dada norma.

Ambas as ações têm natureza jurídica dúplice, na medida em que a improcedência da ADI significa declaração de constitucionalidade do ato atacado e a improcedência da ADC significa declaração de inconstitucionalidade da norma a qual buscava referendo.

Fortes na premissa acima, em se tratando de ADI, em caso de procedência, dois são os resultados possíveis. A declaração de inconstitucionalidade com pronúncia de nulidade ou sem pronúncia de nulidade.

A primeira redunda em redução de texto, da qual resulta a supressão do enunciado prescritivo tido por incompatível com a Constituição. Por consequência respectiva, a norma que seria construída a partir daquele enunciado já não poderá sê-lo, dada a ausência do texto que lhe conferia o suporte físico.

A segunda é a declaração de inconstitucionalidade sem redução de texto, ou seja, sem pronúncia de nulidade. É o caso em que, havendo possibilidade de construção de mais de uma norma a partir de um dado enunciado prescritivo, a partir do texto da lei, uma dessas normas, ou seja, somente um destas possibilidades de interpretação seja incompatível com o texto constitucional, sendo as outras compatíveis. Será declarada a inconstitucionalidade da interpretação incompatível e constitucionais as outras.

Em ambos os casos, haverá vinculação do precedente que torna obrigatória a não aplicação da norma declarada inconstitucional, seja porque não há mais texto a partir do qual possa ela ser construída, como no primeiro caso, seja porque, havendo texto, uma determinada norma fruto da interpretação desse texto não poderá ser aplicada, em razão do reconhecimento de sua inconstitucionalidade.

Já na improcedência da ADI, teremos como efeito o atestado de constitucionalidade da norma, vinculando, portanto, a sua aplicação aos casos para os quais seja apta a incidir.

Em se tratando de ADC, a procedência tem o mesmo efeito de declarar a compatibilidade, vinculando a aplicação da norma. A improcedência resultará em declaração de inconstitucionalidade, que poderá se dar com ou sem redução de texto.

Por fim, há outra espécie de vinculação quando o Supremo Tribunal aplica a técnica da interpretação conforme a constituição. Significa dizer que, dentre interpretações possíveis, ou seja, construção de normas, o STF declara constitucional uma dada interpretação. A diferença da interpretação conforme e da declaração de inconstitucionalidade sem redução de texto é sutil e bem explanada nas palavras de ROBSON MAIA LINS:

> Apesar das semelhanças entre a interpretação conforme a Constituição e a declaração, sem pronúncia de nulidade, de inconstitucionalidade parcial, em rigor, somente nesta última hipótese há declaração de inconstitucionalidade das acepções (que são normas jurídicas!) incompatíveis com a Constituição. Na interpretação conforme a Constituição não há declaração de inconstitucionalidade de outras acepções construídas a partir do texto normativo, mas declaração de constitucionalidade de uma acepção (que também é norma jurídica!).[262]

A vinculação da decisão, neste espeque, é de aplicação da interpretação que fora tida como constitucional. Não importa vinculação de outras acepções que podem potencialmente ser tidas por inconstitucionais pelo controle difuso e, até mesmo, propiciar nova análise do dispositivo pelo Supremo Tribunal Federal.

Os efeitos da vinculação dos precedentes que se consubstanciam, portanto, em decisões exarados no controle concentrado serão observados em suas fronteiras limites a partir da análise da natureza das decisões em que foram exaradas, servindo de substrato para a aplicação ou razão para a não

---

262. LINS, Robson Maia. *Controle de Constitucionalidade da Norma Tributária*. Decadência e Prescrição. São Paulo: Quartier Latin, 2005, p. 146-147.

aplicação das normas jurídicas em todos os quadrantes do território pátrio.

4.2.8 Lei 10.352, de 26 de dezembro de 2001

No curso das alterações no âmbito da legislação instrumental civil, na direção dos precedentes obrigatórios, pode-se identificar mais um elemento embrionário vinculante trazido pela Lei 10.352/2001, que alterou o então vigente Código de Processo Civil.

Tratava-se de retirada da obrigatoriedade da submissão ao duplo grau de jurisdição, nos casos em que ela era impositiva, nas situações em que já, no primeiro grau de jurisdição, a decisão proferida estivesse em consonância com a jurisprudência plenária do Supremo Tribunal Federal, com o teor substancial de suas súmulas ou ainda em alinhamento com súmula de outros tribunais superiores. Era o que dispunha a redação do parágrafo terceiro do artigo 475 do antigo Código de Processo Civil. Vejamos:

> Art. 475. Está sujeita ao duplo grau de jurisdição, não produzindo efeito senão depois de confirmada pelo tribunal, a sentença:
>
> I – proferida contra a União, o Estado, o Distrito Federal, o Município, e as respectivas autarquias e fundações de direito público;
>
> II – que julgar procedentes, no todo ou em parte, os embargos à execução de dívida ativa da Fazenda Pública (art. 585, VI).
>
> § 1º Nos casos previstos neste artigo, o juiz ordenará a remessa dos autos ao tribunal, haja ou não apelação; não o fazendo, deverá o presidente do tribunal avocá-los.
>
> § 2º Não se aplica o disposto neste artigo sempre que a condenação, ou o direito controvertido, for de valor certo não excedente a 60 (sessenta) salários mínimos, bem como no caso de procedência dos embargos do devedor na execução de dívida ativa do mesmo valor.
>
> § 3º Também não se aplica o disposto neste artigo quando a sentença estiver fundada em jurisprudência do plenário do Supremo Tribunal Federal ou em súmula deste Tribunal ou do tribunal superior competente.[263]

---

263. REVISTA DOS TRIBUNAIS. *Código de Processo Civil, Legislação Processual Civil, Constituição Federal.* Obra coletiva. 17. ed. rev., ampl. e atual. São Paulo: Re-

Em sintética passagem, NELSON NERY JUNIOR comenta um primeiro elemento que merece destaque no esforço interpretativo do dispositivo, tratando da amplitude dos termos *tribunais superiores* a que alude o parágrafo terceiro acima reproduzido.

> Não está sujeita ao reexame obrigatório a sentença, proferida nos casos do CPC 475 I e II, com fundamento na jurisprudência oriunda do Plenário do STF, ainda que não sumulada. Essa dispensa também ocorre quanto à sentença fundada em súmula do STF e de tribunais superiores, como por exemplo STJ, TST, TSE e STM.[264]

CASSIO SCARPINELLA BUENO discorre na mesma linha, acerca do propósito do dispositivo, emprestando, em nosso sentir, ainda maior espectro à empresa "tribunais superiores", para concluir a plena possibilidade de nela se enquadrar qualquer tribunal competente para reexame da questão em segundo grau de jurisdição. Para além disso, assenta em tintas fortes o propósito do dispositivo aqui comentado.

> A dispensa do reexame necessário, em tais casos, justifica-se pela grande probabilidade de confirmação da sentença no segmento recursal em face de seu fundamento suficiente. Se o reexame necessário significa vedar a produção dos efeitos da sentença antes de sua análise pelo Tribunal competente, nada mais coerente do que admitir que estes efeitos sejam sentidos desde logo, quando a sentença se mostrar afinada a jurisprudência sumulada ou predominante. É esta a razão por que a expressão "tribunal superior competente", que se lê no dispositivo, deve ser interpretada amplamente, para nela compreender não só o Superior Tribunal de Justiça, mas também os tribunais de segunda instância que tenham competência para julgar o reexame necessário. Trata-se, portanto, de mais uma hipótese em que a existência de súmula ou, quando menos, jurisprudência predominante – é dizer, tendência jurisprudencial *objetivamente constatável* –, esta quando for proveniente do Supremo Tribunal Federal, impõe modificações procedimentais que não podem

---

vista dos Tribunais, 2012, p. 189-190.
264. NERY JUNIOR, Nelson; NERY, Rosa Maria de Andrade. *Código de processo civil comentado e legislação extravagante*. 11. ed. rev., ampl. e atual. até 17.2.2010. São Paulo: Revista dos Tribunais, 2010, p. 745.

passar despercebidas. A exemplo do que se dá com o §1º do art. 518, é correto tratar o §3º do art. 475 como um caso de "súmula impeditiva do *reexame necessário*".[265]

A aplicação do dispositivo revela intenção de obstar a multiplicação de processos em segundo grau de jurisdição, quando, repisemos, a questão estivesse submetida à regra do reexame necessário. A toda evidência, portanto, a aplicação da dispensa de remessa necessária deveria considerar um juízo de consonância com a jurisprudência dominante, valendo-se, para tal juízo, do exame dos julgados do plenário do STF e das súmulas dos tribunais, de tal forma que esses elementos deveriam ser a expressão atual do entendimento dos tribunais. Esse fato não escapou à perspicácia de ARAKEN DE ASSIS:

> Tampouco é isento de dúvida o art. 475, §3º, porque o exame dos fundamentos da resolução judicial constitui questão de maior transcendência. O reexame necessário não caberia quanto às questões resolvidas exclusivamente com base em súmula do tribunal superior ou na jurisprudência do plenário – logo, não bastaria a das turmas, e de resto, a orientação precisaria ser atual – do STF. Em particular, distinguindo-se as questões julgadas com nitidez, pouco importa que a sentença proferida na desapropriação direta haja admitido a cumulação de juros compensatórios e moratórios, de acordo com a Súmula do STJ, n. 102, se o provimento fixa como termo inicial daqueles juros a propositura da ação, e não a data da imissão antecipada da posse, divorciando-se do entendimento firmado na Súmula do STJ, n. 69. Por óbvio, a sentença se sujeita a reexame, escapando à incidência do art. 475, §3º. Eventual fundamento autônomo, num caso ou noutro, também exigiria remessa, ensejando a reforma ou correção do provimento pelo órgão *ad quem*.[266]

Pensamos com grau digno de certeza que os valores embutidos no dispositivo e almejados em sua aplicação aos casos

---

265. BUENO, Cassio Scarpinella. *Curso sistematizado de direito processual civil*: recursos, processos e incidentes nos tribunais, sucedâneos recursais: técnicas de controle de decisões judiciais. V. 5. São Paulo: Saraiva, 2008, p. 418.

266. ASSIS, Araken de. *Manual dos recursos*. 2 ed. rev., atual. e ampl. São Paulo: Revista dos Tribunais, 2008, p. 879.

concretos revelam intenção que identificamos pessoalmente como celeridade, eficiência e economia processuais, na medida em que destaca a alta probabilidade de confirmação do conteúdo decisório, nos termos do preconizado pelo disposto acima citado, evitando, assim, a profusão de processos que somente ocupariam o tempo do judiciário, mas que já teriam seu conteúdo decisório definitivo assentado desde a decisão de primeiro grau.

Essa intenção não deixa de resvalar no respeito aos preceitos fundamentais dos precedentes, mais especificamente, no *stare decisis*, quando impingem a manutenção dos fundamentos adotados em julgamentos de casos que sejam representativos de posição consolidada dos tribunais, expressos por suas súmulas ou mesmo por decisão plenária do Supremo Tribunal Federal.

4.2.9 Emenda Constitucional 45, de 30 de dezembro de 2004 e a inauguração expressa do sistema de precedentes vinculantes no Direito Brasileiro

Reforma do Judiciário[267] foi a expressão que sintetizou o contexto de proposta, discussão e aprovação da Emenda Constitucional 45/2004, que pretendia realizar mudanças sistêmicas no Poder Judiciário da República. Não é compatível com nossos objetivos outras digressões que não as referências à criação da repercussão geral e, principalmente, das Súmulas Vinculantes a serem editadas pelo Supremo Tribunal Federal.

O dispositivo que trouxe a substancial modificação foi o artigo 102 da Carta da República, que passou a contar com a seguinte redação:

---

267. "Agora, em razão da adoção do *stare decisis*, há que se repensar a compreensão do termo "lei", empregado na Constituição de 1988. Se até recentemente "lei" significava apenas as espécies legislativas, agora, em razão da força obrigatória dos precedentes, há que se contemplar também o precedente judicial, mormente aquele que, em razão do status da Corte que o firmou, tem cogência prevista no próprio ordenamento jurídico" (DONIZETTI, Elpídio. A força dos precedentes no novo código de processo civil. *Revista direito UNIFACS*. [on-line], Salvador: Núcleo web UNIFACS, n. 175. janeiro, 2015. Disponível em: <http://www.revistas.unifacs.br>. Acesso em: 12 nov. 2016).

Art. 102. Compete ao Supremo Tribunal Federal, precipuamente, a guarda da Constituição, cabendo-lhe:

[...]

§ 2º As decisões definitivas de mérito, proferidas pelo Supremo Tribunal Federal, nas ações diretas de inconstitucionalidade e nas ações declaratórias de constitucionalidade produzirão eficácia contra todos e efeito vinculante, relativamente aos demais órgãos do Poder Judiciário e à administração pública direta e indireta, nas esferas federal, estadual e municipal.

§ 3º No recurso extraordinário o recorrente deverá demonstrar a repercussão geral das questões constitucionais discutidas no caso, nos termos da lei, a fim de que o Tribunal examine a admissão do recurso, somente podendo recusá-lo pela manifestação de dois terços de seus membros.

Art. 103-A. O Supremo Tribunal Federal poderá, de ofício ou por provocação, mediante decisão de dois terços dos seus membros, após reiteradas decisões sobre matéria constitucional, aprovar súmula que, a partir de sua publicação na imprensa oficial, terá efeito vinculante em relação aos demais órgãos do Poder Judiciário e à administração pública direta e indireta, nas esferas federal, estadual e municipal, bem como proceder à sua revisão ou cancelamento, na forma estabelecida em lei.

§ 1º A súmula terá por objetivo a validade, a interpretação e a eficácia de normas determinadas, acerca das quais haja controvérsia atual entre órgãos judiciários ou entre esses e a administração pública que acarrete grave insegurança jurídica e relevante multiplicação de processos sobre questão idêntica.

§ 2º Sem prejuízo do que vier a ser estabelecido em lei, a aprovação, revisão ou cancelamento de súmula poderá ser provocada por aqueles que podem propor a ação direta de inconstitucionalidade.

§ 3º Do ato administrativo ou decisão judicial que contrariar a súmula aplicável ou que indevidamente a aplicar, caberá reclamação ao Supremo Tribunal Federal que, julgando-a procedente, anulará o ato administrativo ou cassará a decisão judicial reclamada, e determinará que outra seja proferida com ou sem a aplicação da súmula, conforme o caso.[268]

---

268. BRASIL. *Constituição da República Federativa do Brasil*: texto constitucional promulgado em 5 de outubro de 1988, com as alterações determinadas pelas Emenda Constitucionais de Revisão 1 a 6/94, pelas Emendas Constitucionais 1/92 a 91/2016 e pelo Decreto Legislativo 186/2008. Brasília, 1988.

Modificações extremamente importantes foram a introdução da chamada "repercussão geral" nos apelos extraordinários e a criação da Súmula Vinculante.

A primeira dessas mudanças nucleares tenciona concretizar a mitigação do papel de corte de apelação com a qual convivia o Supremo Tribunal Federal através das demandas levadas à corte pelos recursos extraordinários. Para obter acesso à Suprema Corte, após a promulgação da aludida emenda constitucional, tornou-se necessário provar a existência do interesse da sociedade no deslinde da demanda objeto de determinado processo[269]. Tal interesse coletivo, o qual transbordaria o dizer respeito da solução do caso apenas às partes do processo, seguiu-se definido como sendo todos os assuntos em discussão que fossem dotados de relevância de social, econômica, política ou jurídica, em mecanismo que se assemelha ao *writ of certiorari*[270-271], da

---

269. Pode-se fazer paralelo entre o interesse coletivo prestigiado no sistema de repercussão geral e a "significação fundamental" (*grunsätzliche Bedeutung*) do direito alemão, requisito para acesso ao *Bundsgerichtshof,* conforme MARINONI, Luiz Guilherme. *Repercussão geral no recurso extraordinário*. 3. ed. rev. e atual. São Paulo: Revista dos Tribunais, 2012. p. 25.

270. Cabe à Suprema Corte examinar se estão presentes "razões relevantes" (*compelling reasons*), como requisito de admissibilidade para o julgamento: "Rule 10. Considerations Governing Review on Certiorari Review on a writ of certiorari is not a matter of right, but of judicial discretion. A petition for a writ of certiorari will be granted only for compelling reasons. The following, al though neither controlling nor fully measuring the Court's discretion, indicate the character of the reasons the Court considers: (a) a United States court of appeals has entered a decision in conflict with the decision of another United States court of appeals on the same important matter; has decided an important federal question in a way that conflicts with a decision by a state court of last resort; or has so far departed from the accepted and usual course of judicial proceedings, or sanctioned such a departure by a lower court, as to call for an exercise of this Court's supervisory power; (b) a state court of last resort has decided an important federal question in a way that conflicts with the decision of another state court of last resort or of a United States court of appeals; (c) a state court or a United States court of appeals has decided an important question of federal law that has not been, but should be, settled by this Court, or has decided an important federal question in a way that conflicts with relevant decisions of this Court. A petition for a writ of certiorari is rarely granted when the asserted error consists of erroneous factual findings or the misapplication of a properly stated rule of law. Rules of the Supreme Court of the United States: adopted April 19, 2013 effective July 1, 2013" (UNITES STATES OF AMERICA. Supreme Court. *Court Rules*. Washington, D.C., US: Supreme Court, 2016. Disponível em: <https://www.supremecourt.gov/ctrules/ctrules.aspx.>. Acesso em: 15 out. 2016).

271. Ainda sobre o *writ of certiorari*: "retrata uma razão adicional conjugada a um

Suprema Corte dos Estados Unidos. Pensamos que numa sociedade complexa seja impossível a plena cisão temática entre os campos social, político, econômico e jurídico; ela faz sentido quando admitimos que sempre haverá premência de um desses campos no caso concreto.

O acesso restrito aos assuntos de relevo[272], nos termos acima dispostos, pela necessidade de provar-se a repercussão geral, outorga definitivamente ao Supremo Tribunal Federal a missão aglutinadora que lhe cabe, de unificar a hermenêutica das normas do sistema jurídico pátrio, pela via das decisões produzidas em casos concretos cuja amplitude de matéria evoque a manifestação da Suprema Corte, requerendo que essa manifestação ecoe ante todos os quadrantes do Poder Judiciário.

O objetivo dos recursos extraordinários admitidos ao Supremo Tribunal Federal passou a ser precipuamente a definição do direito aplicável à espécie em julgamento, sendo a resolução do caso concreto, se é que assim podemos dizer e, sob certo prisma, o seu pano de fundo. Pelo menos assim entendemos a função precípua da Suprema Corte após a Emenda Constitucional 45.

O efeito é vinculação das decisões proferidas na sistemática dos recursos julgados em repercussão geral. Essa eficácia de vinculação já é sentida no próprio juízo de seu reconhecimento, no qual o aceno positivo do STF pela existência da repercussão geral, já acarreta a paralisação dos feitos de mesma matéria perante os juízos e tribunais de todo país, os quais ficam impedidos de analisar o tema até o seu deslinde pela

---

recurso para a corte suprema com os motivos pelos quais a necessidade de julgamento deste processo e sua relevância devem ser defendidos" (VITA, Jonathan Barros. Os efeitos dos precedentes judiciais e administrativos na interpretação e afetação nas decisões do CARF, à luz do art. 62-A de seu regimento interno. In: HENARES NETO, Halley; LINS, Robson Maia; FROTA, Rodrigo Antonio da Rocha. (Orgs.). *Contencioso tributário administrativo e judicial: estudos em homenagem a José Augusto Delgado*. São Paulo: Noeses, 2013, p. 155).

272. Aproximação do sistema brasileiro com o sistema americano, a repercussão geral como pré-triagem: BULOS, Uadi Lammêgo. *Curso de direito constitucional*. São Paulo: Saraiva, 2007, p. 1080.

Suprema Corte, o que deontologicamente será feito no prazo de um ano.

Mas a modificação de maior jaez, em nosso sentir, por ser expressão importantíssima da natureza dos precedentes vinculantes, dado seja um mecanismo de formulação de enunciados emblema das julgados obrigatórias, cunhada pela mais alta corte do país, foi a introdução da Súmula Vinculante.

A Súmula Vinculante não difere dos verbetes persuasivos em si mesmos, como institutos que são com a finalidade de resumir o sentido de um precedente. Não, há, assim, diferença material, substancial, ontológica entre as Súmulas Vinculantes e as demais espécies de Súmulas, quer do Supremo Tribunal Federal, quer mesmo de outros Tribunais Superiores.

A questão que remete à diferença é mesmo o efeito obrigatório atribuído pela Emenda Constitucional 45 aos novos verbetes. Nesse sentido, não vemos, portanto, razão para que o STF continue a editar Súmulas meramente persuasivas, no que consideramos um desperdício de energia contra a uniformização das decisões da Suprema Corte.

Para aprovação da Súmula Vinculante, 2/3 (dois terços) dos membros do Supremo Tribunal devem aquiescer com a criação do enunciado, que deve ser indicativo da pacificação de um dado posicionamento da Suprema Corte, sobre um dado tema, após verificação da existência de um caldo decisório pregresso acerca do tema constitucional.

A diferença de regime jurídico com as demais súmulas se revela mesmo no efeito que a Súmula Vinculante inerentemente possui: obriga todos os órgãos do Poder Judiciário e, bem assim, a administração direta e indireta nos níveis federal, estadual e municipal. Nas palavras de HUMBERTO THEODORO JÚNIOR:

> Diversamente do que prevê o art. 479 do CPC [art. 926 do Novo CPC], a reforma do Poder Judiciário, operada por meio da Emenda Constitucional 45, de 08.12.2014, instituiu súmula que pode assumir força vinculante, observadas certas condições.
>
> Assim, pelo art. 103-A incluído na Constituição pela Emenda 45,

a súmula de decisões reiteradas do STF, em matéria constitucional, terá *efeito vinculante* em relação aos demais órgãos do Poder Judiciário e perante a "administração pública direta e indireta, nas esferas federal, estadual e municipal".

Para adquirir essa força vinculante, exige-se que a súmula, de ofício ou por provocação, seja aprovada por decisão de dois terços dos membros do STF. Tal eficácia dar-se-á a partir de publicação na imprensa oficial e restringe-se à matéria constitucional.[273]

E CASSIO SCARPINELLA BUENO:

Dentre as diversas novidades substanciais trazidas para o "modelo constitucional do direito processual civil" pela Emenda Constitucional 45/2004 está a relativa às "súmulas vinculantes" do Supremo Tribunal Federal, que hoje constam do art. 103-A da Constituição Federal. Diferentemente das súmulas anteriormente conhecidas pelo direito brasileiro, estas têm aptidão de *vincular* todos os órgãos jurisdicionais e, bem assim, todas as esferas e níveis da Administração Pública no sentido de serem de observação obrigatória.[274]

[...]

As súmulas vinculantes, uma vez editadas, revistas ou canceladas, e devidamente publicadas com observância do disposto no §4º do art. 2º da Lei 11.417/2006, têm eficácia *imediata*, isto é, aplicam-se desde logo, inclusive nos processos em curso, ressalvadas as hipóteses do artigo 4º da Lei 11.417/2006.

De acordo com este dispositivo, que faz eco ao art. 27 da Lei 9.868/1999, o qual cuida das "ações diretas de inconstitucionalidade" e das "ações declaratórias de constitucionalidade", oito dos onze Ministros do Supremo Tribunal Federal, isto é, dois terços de seus membros – mesmo quórum para a edição, revisão e cancelamento da súmula, convém o destaque –, poderão "restringir os efeitos vinculantes ou decidir que só tenha eficácia a partir de outro momento, tendo em vista razões de segurança jurídica ou excepcional interesse público.[275]

---

273. THEODORO JÚNIOR, Humberto. *Curso de direito processual civil* – teoria geral do direito processual civil e processo de conhecimento. Rio de Janeiro: Forense, 2010, p. 642.

274. BUENO, Cassio Scarpinella. *Curso sistematizado de direito processual civil*: recursos, processos e incidentes nos tribunais, sucedâneos recursais: técnicas de controle de decisões judiciais. V. 5. São Paulo: Saraiva, 2008, p. 373.

275. Ibid., p. 378.

MARCOS DESTEFENNI assim pontua os objetivos da Súmula Vinculante:

> No art. 103-A, § 1º, restou consignado que a súmula terá por objetivo a validade, a interpretação e a eficácia de normas determinadas, acerca das quais haja controvérsia atual entre os órgãos judiciários ou entre estes e a administração pública que acarrete grave insegurança jurídica e relevante multiplicação de processo sobre questão idêntica.[276]

Como instituto e com regime jurídico identificado[277], a súmula vinculante assume feições e naturezas distintas, a depender do prisma de análise e das premissas e contexto do esforço científico. Há autores, como MÔNICA SIFUENTES[278], que emprestam às súmulas vinculantes a natureza de ato normativo, aproximando-as, por sua generalidade e abstração, das próprias leis; já LUIZ GUILHERME MARINONI discorre sem sentido oposto:

> Se a súmula vinculante é um enunciado escrito a partir da *ratio decidendi* de precedentes – ou, excepcionalmente, de precedente – que versaram uma mesma questão constitucional, é indesculpável pensar em adotá-la, revisá-la ou cancelá-la como se fosse um enunciado geral e abstrato, ou mesmo tentar entendê-la considerando-se apenas as ementas ou a parte dispositiva dos acórdãos que lhe deram origem.[279]

MARINONI é ácido crítico das súmulas vinculantes e, ao comentar suas funções e objetivos, tratados no art. 103-A, § 1º

---

276. DESTEFENNI, Marcos. *Curso de processo civil* – processo de conhecimento: tutela antecipada, provas, recursos e cumprimento de sentença. V. I, tomo 2, 2. ed. São Paulo: Saraiva, 2010, p. 559.

277. Para as características da Súmula Vinculante, DIDIER JR., Fredie; BRAGA, Paula Sarno; OLIVEIRA, Rafael. *Curso de direito processual civil*. 4. ed., v. 2. Salvador: 2004, p. 398-402.

278. SIFUENTES, Mônica. *Súmula vinculante*: um estudo sobre o poder normativo dos tribunais. São Paulo: Saraiva, 2005, p. 275.

279. MARINONI, Luiz Guilherme. *Precedentes obrigatórios*. 4. ed., rev. atual. e ampl. São Paulo: Revista dos Tribunais, 2016, p. 313.

da Constituição da República, não lhes poupa críticas, atribuindo-lhes até mesmo a pecha da inutilidade, dado que considera que os precedentes não são os verbetes, mas as razões de decidir dos acórdãos que geraram os precedentes. Veja-se novamente:

> A súmula vinculante só pode ser editada quando houver "controvérsia atual". Entretanto, controvérsia atual não significa questão constitucional que está em discussão ou que acaba de ser discutida. A controvérsia é atual quando há discussão acerca da precisa *ratio decidendi* dos precedentes que dizem respeito a uma mesma questão constitucional. Controvérsia, portanto, representa dúvida sobre a *ratio decidendi* dos precedentes respeitantes a determinada questão constitucional. Ora, se os precedentes, uma vez proferidos, não geram dúvida quanto à *ratio decidendi*, não há razão para editar súmula. Quando os precedentes, ou o precedente, têm *ratio decidendi* claramente decifrável, inexiste motivo para ter súmula vinculante.[280]

Cremos que do verbete pode-se se extrair uma norma geral e abstrata, na clássica estrutura lógica de antecedente descritor e consequente prescritor, conectados pelo elemento deôntico; basta que, para isso, a postura hermenêutica seja margeada pela teoria da norma jurídica. Sendo as normas construções de sentido jurídico a partir dos enunciados prescritivos de direto, ao admitir-se a prescritividade do enunciado sumular, nada obstaria a construção de uma norma referente à súmula. Não cremos, contudo, que isso cuide de explicar, na integralidade que exige o ordenamento, a natureza, a função e o objetivo das súmulas vinculantes.

Somos firmes em assentar que as razões de decidir ou a *ratio decidendi* podem ser tomadas como o núcleo dos precedentes, núcleo ao qual se somam as circunstâncias fáticas tratadas na decisão de um dado caso concreto, em um binômio bem identificado por José Rogério Cruz e Tucci, sendo: "a) as circunstâncias de fato que embasam a controvérsia; e,

---

280. Ibid., p. 312-313.

b) a tese ou o princípio jurídico assentado na motivação (*ratio decidendi*) do provimento decisório"[281].

Nessa senda, a súmula é que o seu nome diz que é. É um resumo, um sumário temático. A *ratio decidendi* singular ou um conjunto delas é o que orienta a formação de um precedente. Nesse sentido, seria despicienda a edição do verbete? Somos igualmente incisivos em dizer que não, dado que não há tradição de precedentes em nosso sistema; há cultura de súmulas.

As súmulas vinculantes, nesse espeque, são instrumentos necessários à transposição da cultura das cortes revisoras, próprias e típicas da clássica definição do sistema de *civil law*, para a cortes uniformizadoras, definidoras, normatizantes, mais próximas da tradição do *common law* e que hoje são parte de uma evolução incessante das funções do moderno Poder Judiciário.

Assim, para o que nos resta cumprir no presente capítulo, as súmulas vinculantes são indicadores temáticos de precedentes judiciais. Não são normas jurídicas a serem aplicadas em si mesmas, em que pese possam assumir a estrutura normativa, como fragmento de linguagem normativa que são. Representam, entretanto, importante índice temático de precedentes. Ao oposto de atrapalharem, facilitam a operatividade do sistema, com potencialidades de identificação das razões de decidir das decisões formadoras dos precedentes.

4.2.10 O Código de Processo Civil de 2015 e a consolidação do sistema de precedentes vinculantes

A reforma da legislação instrumental civil no Brasil, com a promulgação da Lei 13.105, 16 de março de 2016, assim chamado de o "novo código de processo civil", foi o marco expressivo da consolidação do sistema de precedentes obrigatórios em nosso sistema de direito positivo.

---

281. TUCCI, José Rogério Cruz e. *Precedente judicial como fonte do direito*. São Paulo: Revista dos Tribunais, 2004, p. 12.

Há várias prescrições no código que cuidam de ambientar a adoção do sistema de precedentes obrigatórios no Brasil, querendo dizer com isso que a alusão aos precedentes ganhou um relevo especial e, arriscamos, fundamental na operação do sistema de direito, notadamente quando consideramos sua movimentação através do sistema decisório, ou seja, da emissão de normas pelo Poder Judiciário, em todas as suas esferas de competência e instâncias.

Exemplo dessa demarcação é o artigo 311 do Código, no qual se estipula o poder de concessão de tutela de evidência quando haja conectividade de teses jurídicas entre o caso em que se declina o pedido, desde que possam ser provados os fatos que o sustentam, as que tenham sido firmadas "em julgamento de casos repetitivos ou em súmula vinculante", no vernáculo do dispositivo. Veja-se:

> Art. 311. *A tutela da evidência será concedida, independentemente da demonstração de perigo de dano ou de risco ao resultado útil do processo, quando:*
>
> *[...]*
>
> *II - as alegações de fato puderem ser comprovadas apenas documentalmente e houver tese firmada em julgamento de casos repetitivos ou em súmula vinculante; [...].*[282]

A respeito do dispositivo, NELSON NERY JUNIOR:

> A redação do dispositivo demonstra que, neste caso, não basta haver direito comprovado apenas por documentação, para que se possa incidir em uma das hipóteses de tutela de evidência. Será preciso, ainda, que a tese discutida no feito já tenha sido objeto de discussão de casos repetitivos ou de súmula vinculante.[283]

---

282. SARAIVA. *Código 4 em 1 Saraiva*: Civil, Comercial, Processo Civil e Constituição Federal. Obra coletiva com a colaboração de Luiz Roberto Curia, Lívia Céspedes e Fabiana Dias Rocha. 12. ed. São Paulo: Saraiva, 2016, p. 362.

283. NERY JUNIOR, Nelson; NERY, Rosa Maria de Andrade. *Comentários ao código de processo civil*. São Paulo: Revista dos Tribunais, 2015, p. 872.

A reforma das tutelas antecipatórias[284] e cautelares[285] do antigo Código de Processo Civil trouxe à lume as tutelas provisórias, as quais se dividem em tutelas de urgência[286] ou evidência[287], con-

---

[284]. O Novo Código de Processo Civil traz em seu Livro V a tutela provisória em suas espécies:
"Art. 294. A tutela provisória pode fundamentar-se em urgência ou evidência.
Parágrafo único. A tutela provisória de urgência, cautelar ou antecipada, pode ser concedida em caráter antecedente ou incidental".

[285]. "Art. 305. A petição inicial da ação que visa à prestação de tutela cautelar em caráter antecedente indicará a lide e seu fundamento, a exposição sumária do direito que se objetiva assegurar e o perigo de dano ou o risco ao resultado útil do processo.
Parágrafo único. Caso entenda que o pedido a que se refere o caput tem natureza antecipada, o juiz observará o disposto no art. 303."

[286]. "Art. 300. A tutela de urgência será concedida quando houver elementos que evidenciem a probabilidade do direito e o perigo de dano ou o risco ao resultado útil do processo.
§1º Para a concessão da tutela de urgência, o juiz pode, conforme o caso, exigir caução real ou fidejussória idônea para ressarcir os danos que a outra parte possa vir a sofrer, podendo a caução ser dispensada se a parte economicamente hipossuficiente não puder oferecê-la.
§2º A tutela de urgência pode ser concedida liminarmente ou após justificação prévia.
§3º A tutela de urgência de natureza antecipada não será concedida quando houver perigo de irreversibilidade dos efeitos da decisão.
Art. 301. A tutela de urgência de natureza cautelar pode ser efetivada mediante arresto, sequestro, arrolamento de bens, registro de protesto contra alienação de bem e qualquer outra medida idônea para asseguração do direito.
Art. 302. Independentemente da reparação por dano processual, a parte responde pelo prejuízo que a efetivação da tutela de urgência causar à parte adversa, se:
I - a sentença lhe for desfavorável;
II - obtida liminarmente a tutela em caráter antecedente, não fornecer os meios necessários para a citação do requerido no prazo de 5 (cinco) dias;
III - ocorrer a cessação da eficácia da medida em qualquer hipótese legal;
IV - o juiz acolher a alegação de decadência ou prescrição da pretensão do autor.
Parágrafo único. A indenização será liquidada nos autos em que a medida tiver sido concedida, sempre que possível.
Art. 303. Nos casos em que a urgência for contemporânea à propositura da ação, a petição inicial pode limitar-se ao requerimento da tutela antecipada e à indicação do pedido de tutela final, com a exposição da lide, do direito que se busca realizar e do perigo de dano ou do risco ao resultado útil do processo."

[287]. "Art. 311. A tutela da evidência será concedida, independentemente da demonstração de perigo de dano ou de risco ao resultado útil do processo, quando:
I - ficar caracterizado o abuso do direito de defesa ou o manifesto propósito protelatório da parte;
II - as alegações de fato puderem ser comprovadas apenas documentalmente e hou-

centrando sua diferença no requisito fundamental para sua concessão, o perigo de dano no primeiro caso, e a probabilidade do direito no segundo, sendo essa última expressão alusiva ao que o antigo código civil tratava por verossimilhança das alegações.

Nesse espeque, é imperioso o raciocínio do prestígio emprestado aos precedentes, na medida que uma das situações de concessão da tutela de evidência, que foi construída para satisfazer situações as quais se revelariam nítidas ao juízo em dado sentido, vale-se da tese jurídica adotada em precedentes de casos repetitivos ou súmulas vinculantes.

Podemos dizer que, havendo súmula vinculante, por exemplo, sobre dada situação jurídica nela sintetizada, o juízo adota a tese ali resumida e pode conceder a tutela, prevalecendo-se da evidência já assentada, de que o direito assiste razão à parte que o alega. Sobre o dispositivo, valem as considerações e advertências de JOSÉ MIGUEL GARCIA MEDINA:

> No caso descrito no inc. II do art. 311 está-se diante de tutela de evidência, no sentido de a demonstração do fato não depender de outra prova, bastando a documental. A evidência, assim, não é suficientemente "forte", pois calcada em prova – ainda que documental. De todo modo, deve-se reputar comprovado o fato pelos documentos acostados pelo autor. Não pode haver controvérsia, na jurisprudência, acerca da procedência do que se pede. Como parâmetro para se aferir a ausência da controvérsia sob o aspecto jurídico da questão, indica a lei processual a existência de tese firmada em julgamento de recursos repetitivos ou em súmula vinculante. É necessário conferir, *in concreto*, ao invocar a orientação jurisprudencial, se a jurisprudência *mantém-se constante*, no sentido antes sumulado ou do que antes se decidiu através da técnica dos recursos repetitivos.[288]

---

ver tese firmada em julgamento de casos repetitivos ou em súmula vinculante;
III - se tratar de pedido reipersecutório fundado em prova documental adequada do contrato de depósito, caso em que será decretada a ordem de entrega do objeto custodiado, sob cominação de multa;
IV - a petição inicial for instruída com prova documental suficiente dos fatos constitutivos do direito do autor, a que o réu não oponha prova capaz de gerar dúvida razoável.
Parágrafo único. Nas hipóteses dos incisos II e III, o juiz poderá decidir liminarmente."

288. MEDINA, José Miguel Garcia. *Novo código de processo civil comentado*: com

Luiz Guilherme Marinoni, seguindo forte em sua orientação semântica do que sejam os precedentes, atrelados diretamente às razões de decidir das decisões configuradoras e formadoras dos acórdãos, destaca o artigo 311 nos seguintes termos:

> O art. 311, II, revela um equívoco de orientação em que incidiu o legislador a respeito do tema *precedentes* e que também na tutela de evidência se manifesta. O que demonstra a inconsistência da defesa do réu não é o fato de a tese do autor encontrar-se fundamentada em "julgamento de casos repetitivos" ou em "súmula vinculante". É o fato de se encontrar fundamento em *precedente* do Supremo Tribunal Federal ou do Superior Tribunal de Justiça ou em *jurisprudência* formada nos Tribunais de Justiça ou nos Tribunais Regionais Federais em sede de incidente de resolução de demandas repetitivas. O que o art. 311, II, autoriza, portanto, é a "tutela de evidência" no caso de haver *precedente* do STF ou do STJ ou *jurisprudência* firmada em incidente de resolução de demandas repetitivas nos Tribunais de Justiça ou nos Tribunais Regionais Federais. Esses precedentes podem ou não ser oriundos de casos repetitivos e podem ou não ter adequadamente suas razões retratadas em súmulas vinculantes.[289]

De qualquer forma, a semântica do termo *súmula vinculante* ou casos repetitivos, se tomadas na acepção de precedentes, quer porque o seriam em si mesmos, quer porque seriam representativos das razões de decidir dos julgados que sintetizam, põem em relevo um sistema de transferência de juízo acerca da existência da probabilidade do direito, pelo mecanismo da demonstração de que o direito invocado foi estabilizado pelos mecanismos dos julgados repetitivos ou pelas súmulas vinculantes.

Seguindo na trilha do novo Código de Processo Civil, tem-se o mandamento nuclear contido no artigo 927, o qual pode ser emblema de uma era diferente nas maneiras de decisão em nosso sistema. Vejamos:

---

remissões e notas comparativas ao CPC/1973. São Paulo: Revista dos Tribunais, 2015, p. 502.

289. MARINONI, Luiz Guilherme. *Novo curso de processo civil*: tutela dos direitos mediante procedimento comum. V. II. São Paulo: Revista dos Tribunais, 2015, p. 202.

Art. 927. Os juízes e os tribunais observarão:

I - as decisões do Supremo Tribunal Federal em controle concentrado de constitucionalidade;

II - os enunciados de súmula vinculante;

III - os acórdãos em incidente de assunção de competência ou de resolução de demandas repetitivas e em julgamento de recursos extraordinário e especial repetitivos;

IV - os enunciados das súmulas do Supremo Tribunal Federal em matéria constitucional e do Superior Tribunal de Justiça em matéria infraconstitucional;

V - a orientação do plenário ou do órgão especial aos quais estiverem vinculados.

§ 1º Os juízes e os tribunais observarão o disposto no art. 10 e no art. 489, § 1º, quando decidirem com fundamento neste artigo.

§ 2º A alteração de tese jurídica adotada em enunciado de súmula ou em julgamento de casos repetitivos poderá ser precedida de audiências públicas e da participação de pessoas, órgãos ou entidades que possam contribuir para a rediscussão da tese.

§ 3º Na hipótese de alteração de jurisprudência dominante do Supremo Tribunal Federal e dos tribunais superiores ou daquela oriunda de julgamento de casos repetitivos, pode haver modulação dos efeitos da alteração no interesse social e no da segurança jurídica.

§ 4º A modificação de enunciado de súmula, de jurisprudência pacificada ou de tese adotada em julgamento de casos repetitivos observará a necessidade de fundamentação adequada e específica, considerando os princípios da segurança jurídica, da proteção da confiança e da isonomia.

§ 5º Os tribunais darão publicidade a seus precedentes, organizando-os por questão jurídica decidida e divulgando-os, preferencialmente, na rede mundial de computadores.[290]

A nova era a que aludimos pode ser expressa pela adoção em nosso sistema, do mecanismo do *stare decisis*[291], na medida

---

290. SARAIVA. *Código 4 em 1 Saraiva*: Civil, Comercial, Processo Civil e Constituição Federal. Obra coletiva com a colaboração de Luiz Roberto Curia, Lívia Céspedes e Fabiana Dias Rocha. 12. ed. São Paulo: Saraiva, 2016, p. 191.

291. Art. 489, §1º CPC. "Não se considera fundamentada qualquer decisão judicial,

em que se impõe a observância do Poder Judiciário em geral, das decisões que são proferidas pela Cortes Superiores, desde o Supremo Tribunal Federal, passando pelo Superior Tribunal de Justiça, até os Tribunais de Justiça dos Estados, os Tribunais Regionais Federais, etc., cada qual em seu âmbito de competência. Essa constatação é feita por LUIZ GUILHERME MARINONI:

> Nada obstante todo o exposto, o art. 927 serve para instituir claramente o que a doutrina chama de *stare decisis* horizontal. Ao dizer expressamente que há dever de outorgar *unidade ao direito* e fazê-lo *seguro* – o que implica torná-lo *cognoscível, estável e confiável* – o legislador obviamente determinou ao Supremo Tribunal Federal e ao Superior Tribunal de Justiça *respeito aos próprios precedentes*, além de ter determinado aos Tribunais Regionais Federais e aos Tribunais de Justiça *respeito à própria jurisprudência* formulada a partir dos incidentes de resolução de demandas repetitivas e assunção de competência.[292]

JOSÉ MIGUEL GARCIA MEDINA destaca a redação do artigo 927, pontuando a amplitude do termo *precedente*, mas em sentido que indica sua concordância com a constatação da nova realidade do *stare decisis* em nosso ordenamento jurídico:

> O CPC/1973 referia-se a precedente, textualmente, apenas como a própria súmula, que serviria à uniformização de jurisprudência. À luz do CPC/2015, a expressão ganha sentido distinto, embora não exista definição precisa do que seria "precedente", à luz dos dispositivos que usam a expressão, no CPC/2015. No art. 489, §1º, V, o precedente é colocado ao lado de súmula *e* de jurisprudência, o que revela não haver identidade entre essas figuras. No §2º do art. 926 do CPC/2015, dispõe o CPC/2015 que os precedentes poderão ensejar a edição de súmula, o que revela que, por precedente, está-se diante de algo que pode surgir *com uma decisão*. No art. 927, o CPC/2015 refere-se a súmula, jurisprudência (pacificada ou dominante) e a *tese adotada*, que, segundo pensamos, deve identificar-se com aquilo que se

---

seja ela interlocutória, sentença ou acórdão, que: VI - deixar de seguir enunciado de súmula, jurisprudência ou precedente invocado pela parte, sem demonstrar a existência de distinção no caso em julgamento ou a superação do entendimento".

292. MARINONI, Luiz Guilherme. *Novo curso de processo civil*: tutela dos direitos mediante procedimento comum. V. II. São Paulo: Revista dos Tribunais, 2015, p. 612.

convencionou chamar de *ratio decidendi*. O §5º do art., 927 transmite a impressão de que "precedente" estaria sendo empregado em sentido *latíssimo*, para abranger julgados e súmulas (preferimos, no entanto, afastar esse modo de interpretar o dispositivo, pois nada contribui para deixar mais claro o tema). O art. 988, IV, do CPC/2015 indica que o precedente *está* na decisão, isso é, o precedente é proferido no julgamento do caso repetitivo, algo que, segundo pensamos, deve ser empregado ao se ler o art. 1.043, §1º, II do CPC/2015. Deve-se, à luz dos dispositivos referidos, buscar definição que se ajuste *funcionalmente* aos objetivos traçados pelo art. 926, *caput*, do CPC/2015, no sentido de se propiciar a consecução de uma jurisprudência íntegra, isso é, estável e coerente.[293]

No caminho que indica a alteração de paradigma na concepção das decisões judiciais em geral e no modo de tomar os argumentos para a exercer a sua fundamentação em particular, envolvidos num movimento que chancela a realidade do que vimos chamamos de a era do direito dos tribunais, precisamos conceder o merecido destaque às constatações de NELSON NERY JUNIOR:

> Tem-se ponderado, há muito tempo, que não haveria mais sentido para emprestar-se importância máxima à escola da exegese, cujo objetivo era restringir o poder de interpretação do juiz. Essa escola ficou conhecida pelo lema *le juge est la bouche de la loi* (o juiz é a boca da lei), isto é, o juiz deveria aplicar a lei sem maiores considerações a respeito de sua forma e/ou conteúdo. Com razão essa doutrina foi duramente criticada com a superveniência de várias outras correntes da teoria da interpretação [...] até chegarmos, no início do século XX, à escola do *gouvernement des juges* (governo dos juízes), segundo a qual cabe aos juízes não só elaborar os textos normativos abstratos e de caráter geral (obrigatório), isto é, *fazer lei* (súmula vinculante, súmula, orientações, precedentes), como também aplicá-la.
>
> A evolução da escola do governo dos juízes culminou, na Alemanha, com o não prestigiado *Richterrecht* (direito dos juízes) e, no *common law*, com o ativismo judicial (*judicial ativism*), matizes atualizados da escola do governo dos juízes.
>
> [...]

---

293. MEDINA, José Miguel Garcia. *Novo código de processo civil comentado*: com remissões e notas comparativas ao CPC/1973. São Paulo: Revista dos Tribunais, 2015, p. 1246.

O texto normativo impõe, imperativamente, aos juízes e tribunais que cumpram e apliquem os preceitos nele arrolados. Trata-se de comando que considera esses preceitos como *abstratos* e de *caráter geral*, vale dizer, com as mesmas características da lei. Resta analisar se o Poder Judiciário tem autorização constitucional para legislar, fora do caso da *Súmula Vinculante do STF*, para o qual a autorização está presente na CF 103-A. Somente no caso da súmula vinculante, o STF tem competência constitucional para estabelecer preceitos de caráter geral. Como se trata de situação excepcional – Poder Judiciário exercer *função típica* do Poder Legislativo – a autorização deve estar expressa no texto constitucional e, ademais, se interpreta restritivamente, como todo preceito de exceção.[294]

Destacamos, ademais, e por fim as presentes considerações, o artigo 947 do Código de Processo Civil vigente, que nos dá conta também da vinculação do precedente criado em processo de assunção de competência. Veja-se:

> Art. 947. *É admissível a assunção de competência quando o julgamento de recurso, de remessa necessária ou de processo de competência originária envolver relevante questão de direito, com grande repercussão social, sem repetição em múltiplos processos.*
>
> § 1º Ocorrendo a hipótese de assunção de competência, o relator proporá, de ofício ou a requerimento da parte, do Ministério Público ou da Defensoria Pública, que seja o recurso, a remessa necessária ou o processo de competência originária julgado pelo órgão colegiado que o regimento indicar.
>
> § 2º O órgão colegiado julgará o recurso, a remessa necessária ou o processo de competência originária se reconhecer interesse público na assunção de competência.
>
> § 3º O acórdão proferido em assunção de competência vinculará todos os juízes e órgãos fracionários, exceto se houver revisão de tese.
>
> § 4º Aplica-se o disposto neste artigo quando ocorrer relevante questão de direito a respeito da qual seja conveniente a prevenção ou a composição de divergência entre câmaras ou turmas do tribunal.[295]

---

294. NERY JUNIOR, Nelson; NERY, Rosa Maria de Andrade. *Comentários ao código de processo civil*. São Paulo: Revista dos Tribunais, 2015, p. 1836, 1837.

295. SARAIVA. *Código 4 em 1 Saraiva*: Civil, Comercial, Processo Civil e

Vê-se que nos casos dotados, nos termos da redação do dispositivo, de relevância e repercussão, requisitos que outra vez mais dão conta de que o processo tem função e dimensões maiores hoje do ponto de vista de predizer o direito para futuro[296] do que propriamente resolver uma demanda específica, como observa NELSON NERY JUNIOR:

> Quando se tratar de questão de grande relevância e com o objetivo de prevenir ou de compor divergência entre os órgãos do tribunal, pode o relator propor que o recurso seja julgado, não pelo órgão fracionário, mas pelo órgão colegiado que o regimento indicar. A assunção, pelo colegiado maior, da competência do colegiado menor, pode ocorrer quando convier ao interesse público – ou, nos termos do CPC 947, envolver questão relevante de direito, com grande repercussão social e sem repetição de processos (o que remete a questão para o incidente de resolução de demandas repetitivas ou para o procedimento específico do julgamento do RE/REsp repetitivos, conforme o caso).
>
> [...]
>
> A decisão proferida com vistas a prevenir ou compor divergência entre os órgãos fracionários de um mesmo Tribunal vincula apenas esses órgãos, que deverão seguir o entendimento firmado pelo órgão competente para tanto. Porém caso o julgamento dê causa à modificação de jurisprudência pacificada (CPC 927 §§ 2º a 4º), a vinculação se estenderá conforme disposto no CPC 927.[297]

4.3 O que podem dizer as prescrições normativas sobre precedentes no curso da história do Direito no Brasil

Não temos dúvida em afirmar que vivemos um intenso movimento de consolidação da era dos precedentes no direito

---

Constituição Federal. Obra coletiva com a colaboração de Luiz Roberto Curia, Lívia Céspedes e Fabiana Dias Rocha. 12. ed. São Paulo: Saraiva, 2016, p. 417.

296. Função preventiva: MEDINA, José Miguel Garcia. *Novo código de processo civil comentado*: com remissões e notas comparativas ao CPC/1973. São Paulo: Revista dos Tribunais, 2015, p. 1278; MARINONI, Luiz Guilherme. *Novo curso de processo civil*: tutela dos direitos mediante procedimento comum. V. II. São Paulo: Revista dos Tribunais, 2015, p. 566.

297. NERY JUNIOR, Nelson; NERY, Rosa Maria de Andrade. *Comentários ao código de processo civil*. São Paulo: Revista dos Tribunais, 2015, p. 1876.

brasileiro, por todas as mudanças legislativas que vêm ocorrendo, principalmente desde o início de nossa era republicana. Esse movimento pode ser qualificado como uma espécie de aproximação dos sistemas de *common law*, pelo menos no que tange à força vinculante que os precedentes adquiriram nas recentes reformas normativas nos últimos 15 (quinze) anos.

Todavia, como já considerado em linhas pregressas, essa aproximação não desnatura a natureza de *civil law* jacente em nosso ordenamento, uma vez que, em análise final, a fundamentação é a lei, mesmo quando haja julgamentos atrelados a precedentes, esses se formaram por intepretação da lei[298].

Aliás, modernamente, não há mais a pureza de sistemas decisórios, se é que assim podemos os chamar. Nem é o *common law* eminentemente fundado em decisões e precedentes, nem é o *civil law* fundado somente na lei[299]. A complexidade

---

298. Nesse sentido Cássio Scarpinella Bueno assevera não haver nada de novo no Código de Processo Civil "que autorize afirmações genéricas, que vêm se mostrando comuns, no sentido de que o direito brasileiro migra em direção ao *common law* ou algo do gênero. Sinceramente não consigo concordar com esse entendimento. O que há, muito menos que isso, é uma aposta que o legislador infraconstitucional vem fazendo mais recentemente no sentido de que as decisões proferidas pelo Tribunais Superiores e aquelas proferidas pelo demais órgãos jurisdicionais, haverá redução sensível do número de litígios e maior previsibilidade, maior segurança e tratamento isonômico a todos" (BUENO, Cássio Scarpinella. *Manual de direito processual civil*. 2. ed. São Paulo: Saraiva, 2016, p. 596).

299. Nesse sentido Daniel Mitidiero aponta que "Existe uma aproximação entre as tradições de *civil law* e de *common law* no mundo contemporâneo. De um lado, a tradição do *common law* cada vez mais trabalha com o direito legislado, fenômeno que já levou a doutrina a identificar a *statutorification* do *common law* e se perguntar a respeito de qual o lugar do *common law* em uma época em cada vez mais vige o *statutory law*. De outro lado, a tradição de *civil law* cada vez mais se preocupa em assegurar a vigência do princípio da liberdade e da igualdade de todos perante o direito trabalhando com uma noção dinâmica do princípio da segurança jurídica" (MITIDIERO, Daniel. Precedentes, Jurisprudência e Súmulas no Novo Código de Processo Civil Brasileiro. *Revista de Processo*, São Paulo: Revista dos Tribunais, v. 40, n. 245, jul. 2015, p. 333-334. Também Michele Taruffo: "as considerações precedentes não visam sustentar que haja desaparecido toda e qualquer diferença entre os sistemas processuais de *common law* e os de *civil law*: conclusão desse gênero seria evidentemente absurda, ante as numerosas e relevantes discrepâncias que ainda subsistem. O que se quer sugerir é que já não são aceitáveis os termos tradicionais em que por muito tempo se formulou a distinção entre os dois grupos de ordenamentos" (TARUFFO, Michele. Observações sobre os modelos processuais de civil law e de common law. In:

da sociedade atual não permite mais rótulos estanques, salvo se com intuito classificatório com fins orientadores.

A ponte entre os clássicos sistemas pode ser identificada pelo *stare decisis*, mais especialmente o *stare decisis* vertical. A adoção da vinculação das decisões das Cortes Superiores direciona o movimento de aproximação em sentido evolutivo, e segue a sorte de revitalizar o papel do judiciário, notadamente no *civil law*.

Pensamos que, neste dado momento histórico, é cá onde estamos, em um momento contínuo de influxo de informações entre os sistemas, em um balanço de aproximação entre os sistemas jurídicos de origem no *common law* e *civil law*, cuja tendência parece ser a diminuição do grau de utilidade dessa classificação, tudo por exigência de um mundo sem fronteiras e de relações globalizadas.

É isso que a histórico legislativo aqui demonstra.

WAMBIER, Luiz Rodrigues; WAMBIER, Teresa Arruda Alvim. *Coleção doutrinas essenciais*: processo civil. V. 9. São Paulo: Revista dos Tribunais, 2011, p. 154-155).

5. AS FRONTEIRAS E DELIMITAÇÕES PRAGMÁTICAS DE NOSSO UNIVERSO DE ANÁLISE

É tempo de para além das colunas epistemológicas sobre as quais assentamos a edificação das presentes análises de cunho científico, expormos também outras premissas, que não são epistemológicas em si, mas, desta feita, analíticas e específicas ao desenvolvimento dos esforços aqui empreendidos, portanto, de caráter eminentemente metodológico, como técnica de aproximação do objeto a ser investigado.

Essas tais outras premissas de análise terminam por direcionar todo o caminho a ser percorrido e a delimitar o substrato de elementos que serão objeto de nossas considerações e exames investigativos.

Por essa razão, como já denota o título inaugural dos presentes esforços, não nos dedicaremos a qualquer análise pragmática ou empírica sobre a "formação" dos precedentes judiciais vinculantes em matéria tributária, mas, sim, de outro giro, todos os nossos esforços serão dedicados à atividade de "aplicação" desses precedentes. Temos, a partir disso, que fazer importantes advertências.

A primeira é de cunho semântico. Utilizaremos, por hora, e nos capítulos seguintes de análise das decisões de aplicação das Súmulas Vinculantes, indistintamente expressões como *precedentes vinculantes* ou *precedentes judiciais vinculantes*, *precedentes obrigatórios*, assim com outras expressões que designem o universo de decisões de observância obrigatória, como sinônimas de *Súmula Vinculante*.

Dissemos *por hora*, pois em função da análise empírica que se fará, uma das respostas que pretendemos perseguir, como proposto no capítulo 1, é saber mesmo se as Súmulas Vinculantes são precedentes. Desta feita, feita a advertência, o contexto, o uso das expressões cuidará se desvelar seu significado no curso dos presentes escritos, como crê um bom pragmatista.

Nova advertência se faz necessária, vinculada à pregressa. A própria utilização das expressões *aplicação da Súmula Vinculante, aplicação do verbete*, etc., será feita sem que isso queira designar tecnicamente a aplicação de uma norma, resposta que pretendemos conferir a outra das hipóteses levantadas no capítulo 1. Outrossim, quando nos referimos a "decisões que aplicaram", as súmulas ou os verbetes, são as decisões listadas em que as súmulas foram invocadas para a aplicação, o que não induz, necessariamente, que tenham sido aplicadas. Mais uma vez, a usualidade governou nossos escritos, o que não significa carência de tecnicismo semântico ou qualquer precipitação conclusiva.

Portanto, a fronteira analítica fundamental fincada no presente trabalho é tratar do fenômeno da pragmática das decisões que aplicam os precedentes judiciais vinculantes e, a partir de tal análise, concluir sobre essa realidade.

Não desconsideramos sobremaneira a importância de sua formação, mas cremos, com veemência suficiente, que o entendimento sobre a sistemática, a maneira, e, portanto, a "linguagem" das decisões que aplicam os precedentes, fornecem em tons mais claros e agudos os elementos para a caracterização das razões de decidir do Juiz e, assim, permitem uma potencialidade de identificação de casos que se enquadram nos limites de aplicação dos precedentes, e casos que deles se distinguem, tudo nos termos da práxis em que se dá a movimentação do sistema de direito positivo brasileiro.

Também não é demasiado assentar que as decisões que nos importam são aquelas que lidam com a aplicação de precedentes vinculantes, nos termos da conceituação aqui já construída. Não fazem parte do universo analisado, portanto, decisões que aplicaram precedentes que não tenham o condão vinculativo ou, como já assentado, os precedentes tidos e classificados como meramente persuasivos.

Por fim, e arriscando-nos a ser repetitivos, da gama de decisões que aplicam precedentes vinculantes, somente nos importam, por opção e corte material, as que lidam com assuntos de natureza tributária, querendo aqui referir às diversas demandas postas sob o crivo dos julgadores que atinem aos fenômenos da instituição, da arrecadação e da fiscalização dos tributos, tal como o esquadro aceito e festejado pela doutrina como delimitador do escopo tributário em nosso sistema de direito positivo.

5.1 A delimitação dos quadrantes de análise pelos recortes jurisprudenciais

O assentamento das premissas analíticas forjadas no item anterior, ou seja, a delimitação do campo de análise como sendo as decisões aplicadoras de precedentes judiciais vinculantes em matéria tributária, é caminho seguro para fixação dos alicerces de nossa investigação científica, mas não se revela suficiente a possibilitar um espectro de análise possível do que pretendemos empreender.

Isso porque o universo das decisões que efetivamente "aplicam" as decisões que se configuram como precedentes vinculantes em matéria tributária possui um dinamismo constante, sendo a mutabilidade incessante e ininterrupta a marca desse sistema decisório.

A todo momento há órgãos integrantes do Poder Judiciário (as incontáveis varas judiciais de todas as Comarcas e Subseções Judiciárias, os Tribunais de Justiça dos Estados, os Tribunais Regionais Federais etc.) e, por que não dizer, da administração pública (Poder Executivo) produzindo normas (decisões) que aplicam esses tais precedentes vinculantes, em um ciclo cuja inércia é o movimento e a mutabilidade.

Conferir um quadrante de estabilização, nesse sentido, é necessidade para tornar a pesquisa científica possível, moldando as fronteiras do universo de análise. Esse molde deve ser tão vasto, rico e representativo quanto possível, de forma que possa, a só tempo, amparar as conclusões a que se chegará a partir de sua análise, mas, também, validar a sua importância.

Essa estabilização é alcançada com a eleição de critérios seletores das decisões que ingressarão nesse universo recortado. E esse recorte é dado pelas propriedades dos critérios eleitos, tais como recortes institucionais, conferindo seleção de Cortes e Tribunais dos quais as decisões serão analisadas, e ainda recortes temporais, com limitações do tempo em que foram proferidas as decisões selecionadas etc.

5.1.1 Recorte específico de natureza jurídica do precedente vinculante aplicado

Do universo específico das decisões que aplicam os precedentes judiciais vinculantes em matéria tributária, a nota inaugural que desenhará as bordas fronteiriças de nossas análises será dada pela espécie do precedente vinculante aplicado, ou seja, que tipo de precedente vinculante formará nosso campo de análise.

No sentido acima, emprestamos às Súmulas Vinculantes importância suficiente para elegê-la como representativa de um universo decisório que aplica os precedentes obrigatórios, de um lado, pela importância do papel que adquiriu como instrumento configurador de precedente judicial, de outro, pelo órgão emissor de seus verbetes ser a mais alta corte do país.

Eis o primeiro e incisivo corte. Tomaremos, portanto, como campo especulativo de nosso esforço científico, o rol de decisões que aplicam as Súmulas Vinculantes editadas pelo Supremo Tribunal Federal.

5.1.2 Recorte institucional (sobre a Corte que aplica o precedente vinculante)

Em raciocínio singelo, é possível antever uma quase impossibilidade de exame substancial do campo das decisões que aplicam as Súmulas Vinculantes editadas pelo Supremo Tribunal Federal. A razão é simples. Todos os juízes, desembargadores e ministros integrantes de toda a estrutura do Poder Judiciário podem e devem aplicar a Súmula Vinculante em suas decisões, quando, evidentemente, cabíveis as aplicações.

Não é só. Todas as autoridades integrantes das mais diversas estruturas decisórias dos mais variados órgãos dos Poderes Executivos Federal, Estaduais, Distrital e Municipais.

Com as considerações acima, restou imperativa a necessidade de um segundo recorte de análise no universo das decisões que aplicam as Súmulas Vinculantes. A vastidão de focos ejetores de decisões que devem aplicar o teor dos verbetes vinculantes requereu, desta forma, a promoção de um recorte que chamamos de institucional, ou seja, a eleição de um critério que delimitasse qual a instituição aplicadora dos precedentes judiciais vinculantes.

Assim, fortes nas premissas inaugurais do presente item, afirmamos que a eleição do Supremo Tribunal Federal como a instituição ejetora das decisões que serão analisadas é a escolha mais propícia para que as presentes análises tenham a representatividade e a dimensão de importância que lhes queremos emprestar.

Considerámos sobejamente que a aplicação dos precedentes editados nos verbetes das Súmulas Vinculantes do Supremo Tribunal Federal, pela própria Suprema Corte, tem correlação direta com os objetivos perseguidos no presente trabalho, na medida em que representam o tom máximo da hermenêutica sobre os enunciados sumulares vinculantes no contexto das decisões que aplicam esses precedentes e, nesse diapasão, orquestram as demais interpretações que serão levadas a cabo pelos demais focos ejetores de decisões que aplicam.

Assim, e finalmente, firmamos mais um recorte que forja as fronteiras de análise. As decisões que aplicam as Súmulas Vinculantes em matéria tributária exaradas pelo Supremo Tribunal Federal.

5.1.2.1 Recorte institucional material (natureza da decisão que aplica o precedente)

Em quase tom de finalização das bordas de investigação, em complemento ao critério institucional eleito, emprestamos ainda outro recorte ou, como poderão enxergar alguns, um sub-recorte ao recorte institucional anteriormente promovido.

Reforçando os mesmos argumentos de possibilidade utilizados no item anterior reduzidos uma última vez nosso universo de análise às decisões colegiadas da Suprema Corte Constitucional.

Essa derradeira delimitação contemplou a vantagem reducionista do número de decisões a serem analisadas sem retirar a representatividade do caldo decisório sobre o qual empreenderemos os esforços científicos.

A legitimidade da escolha das decisões colegiadas pode ser justificada sob diversos prismas de análise. O primeiro que consideramos foi o fato de que certamente o sentido e teor das decisões monocráticas dos Ministros do Supremo Tribunal Federal acabam por se refletir nos votos por eles proferidos e tomados nas turmas ou no plenário da Corte, quando do exame coletivo dos casos em que são exaradas as decisões colegiadas.

De outro lado, o universo de decisões monocráticas é demasiadamente vasto a ponto de inviabilizar que a utilização de tal critério nos permitisse aferir, com grau de confiabilidade razoável, o número de decisões examinadas frente ao número de decisões existentes, prejudicando a representatividade da amostra.

5.1.3 Recorte temporal (sobre o tempo da aplicação do precedente vinculante)

Relativamente aos quadrantes temporais, não estabelecemos limites à análise das decisões da Suprema Corte que cuidaram de aplicar os precedentes das Súmulas Vinculantes.

Nesse aspecto, portanto, o caldo decisório faz-se completo, na medida em que buscou-se ponderar sobre todas as decisões do Supremo Tribunal Federal que lidaram com as matérias nas quais houve a aplicação dos precedentes vinculantes sumulares.

Desta forma, conclusivamente, desde a autorização conferida pelo texto constitucional em seu artigo 103-A, na redação que lhe conferiu a Emenda Constitucional 45, de 30 de dezembro de 2004, e as respectivas edições dos entendimentos sumulares vinculantes, buscamos refletir analiticamente sobre a totalidade das decisões que aplicaram tais súmulas.

5.2 A operacionalização dos recortes de análise na pragmática da aplicação dos precedentes vinculantes do STF em matéria tributária

Consideramos alicerçadas as premissas epistemológicas nas quais fundamos nosso caminhar. Igualmente, cremos que há suficiência nas explicações na delimitação feita por nossas premissas analíticas – i) aplicação; ii) dos precedentes; iii) judiciais; iv) vinculantes; v) em matéria tributária – e nos recortes de seleção que foram feitos sobre esse universo pré-selecionado – i) aplicação pelo STF; ii) das Súmulas Vinculantes; iii) em decisões colegiadas.

Gostaríamos, entretanto, de fazer uma observação ainda em caráter preambular. Sem elevar a concessão que ora fazemos ao nível de uma regra, a lealdade científica nos impele a advertir que, caso as amostras do universo pesquisado resultem carentes de conteúdo, poderemos, a título de enriquecimento da pesquisa, nos utilizar de critérios que, em medida controlada, transbordem as fronteiras traçadas.

Esse desbordar do campo especulativo não é desprezo aos critérios eleitos; ao oposto, é esforço adicional para prestigiar a completude da ciência e do esforço pragmático que ora empreendemos. Por fim, quando houver qualquer sinal de que um elemento de análise será tomado mesmo sem enquadrar-se em todas as premissas analíticas e recortes efetuados, isso será prontamente revelado.

Desnudando a operação de pesquisa é preciso dizer que a base na qual houve a construção das ações de investigação foi o sítio eletrônico do Supremo Tribunal Federal (www.stf.jus.br). A razão é simples. O tema das Súmulas Vinculantes é suficientemente novo para que todas as decisões da Suprema Corte pudessem estar contempladas na base de dados digital e eletrônica do Tribunal Supremo.

Em consequência, como regra, não foi necessário percorrer caminhos mais tradicionais, como pesquisas físicas ou coleta de material em papel. Quando necessário, entretanto, não olvidamos em enviesar nossa investigação para além das decisões da Suprema Corte, buscando contextualizar juridicamente a demanda posta sob o crivo da Corte Suprema em decisões de instâncias inferiores, além de nos valer de investigação sobre os argumentos e pedidos deduzidos em petições iniciais e recursais.

De qualquer maneira, em regra, todos os dados armazenados eletronicamente faziam-se completos no universo investigado, atestando a completude da pesquisa.

5.3 O universo das decisões referentes às Súmulas Vinculantes em matéria tributária editadas pelo STF

Após diversos e sucessivos acessos ao sítio eletrônico do Supremo Tribunal Federal, todos com o mesmo resultado, até meados de 2017, concluímos haverem sido editadas onze súmulas que preenchem os requisitos de nosso universo pré-selecionado, ou seja, onze verbetes de Súmulas Vinculantes que tratam do campo possível relativo à instituição, arrecadação ou fiscalização dos tributos existentes em nosso sistema de direito positivo. Houve, por fim, desde a autorização constitucional conferida pela Emenda de 45 ao Supremo Tribunal Federal, a elaboração de onze verbetes vinculantes em matéria tributária.

Esses verbetes são identificados pelos números 8 (oito), 19 (dezenove), 21 (vinte e um), 28 (vinte e oito), 29 (vinte e nove), 31 (trinta e um), 32 (trinta e dois), 41 (quarenta e um), 48 (quarenta e oito), 50 (cinquenta) e 52 (cinquenta e dois).

Aqui é tempo de concretizar em dados o universo das decisões que queremos analiticamente investigar. Após depurados os critérios eleitos e fazendo uso das ferramentas disponíveis no sítio eletrônico da Suprema Corte, encontra-se, em filtro preliminar, um universo de 99 (noventa e nove) acórdãos do Supremo Tribunal Federal, proferidos em julgamentos em uma de suas duas turmas ou em seu órgão plenário, nos quais havia referência direta ao verbete, ou, no mínimo, referência à matéria que nelas eram ou seriam tratadas, no contexto das Súmulas Vinculantes em matéria tributária da acima listadas é mencionada.

Com lastro nesse primeiro filtro, portanto, e aplicados nossos recortes de pesquisa, apresentam-se da seguinte forma as decisões colegiadas coletadas:

Súmula Vinculante em Matéria Tributária	Número de acórdãos
Súmula Vinculante 8	23 acórdãos
Súmula Vinculante 19	18 acórdãos
Súmula Vinculante 21	14 acórdãos
Súmula Vinculante 28	03 acórdãos
Súmula Vinculante 29	15 acórdãos
Súmula Vinculante 31	22 acórdãos
Súmula Vinculante 32	03 acórdãos
Súmula Vinculante 41	01 acórdão
Súmula Vinculante 48	00 acórdãos
Súmula Vinculante 50	00 acórdãos
Súmula Vinculante 52	00 acórdãos

Como dito, o primeiro filtro, aplicado nos termos das ferramentas disponíveis no sítio do Supremo Tribunal Federal, não pode nos induzir a concluir que todas as decisões serão passíveis de análise, posto que somente as serão as que preencherem os critérios de análise e recortes aqui eleitos.

5.4 As amostras representativas do universo de análise

Importante consignar que o número de decisões colegiadas coletadas em amostra, e exposto no item anterior, parece representar, na verdade, a totalidade do universo objeto de análise, querendo dizer com isso que a amostra evidencia toda a gama das decisões colegiadas do Supremo Tribunal Federal que mencionam o verbete ou a matéria tratada, de alguma forma, nas Súmulas Vinculantes editadas pela própria Supremo Corte.

Sobre o dado acima exposto, valem algumas considerações. Não quer dizer que todos os acórdãos listados, em seu teor e conteúdo decisório, aplicam o verbete vinculante.

Adotamos como linha mestra de nossa identificação o critério considerações de ordem material, substancial, relativamente às questões de fato, que poderia se identificar com as razões de decidir do julgado que aplicou a Súmula, adentrado no mérito relativo à matéria objeto dos verbetes, resultando, basicamente em duas realidades decisórias: i) decisões que adentraram no juízo de mérito da matéria sumulada, fazendo-a parte importante da fundamentação do julgado; e ii) decisões que não adentraram no mérito da matéria objeto dos verbetes vinculantes, podendo, ou não, resultar em aplicação do verbete.

Há casos, por exemplo, listados isolada e nominalmente, em que a decisão colegiada refere-se à Súmula Vinculante, mas não adentra em seu cerne de aplicação, apenas proferindo decisão de cunho formal pelo não cabimento do instrumento processual adequado a tocar o tema.

Outros casos há ainda, em decisões referentes às Súmulas Vinculantes, em que a Suprema Corte aplica apenas regra de direito intertemporal para furtar-se ao exame do caso concreto em sua matéria, como nas situações em que há, por exemplo, o manejo de Reclamações perante a Suprema Corte por fatos e decisões tomadas antes da edição de aludida Súmula Vinculante, o que, a toda evidência, afasta a aplicação de reclamação por descumprimento do precedente.

Há, por fim, até exemplos de decisões prolatadas pela Suprema Corte e que são elas mesmas anteriores à edição das Súmulas Vinculantes.

Assim sendo, deste universo coletado, a análise pragmática e empírica dos fundamentos das decisões que aplicam os precedentes será depurado caso a caso, acordão a acórdão, de forma que a conclusão seja diretamente relacionada com a questão material tratada pela Súmula Vinculante, desvelando sua natureza no direito brasileiro.

Para tanto, advertimos finalmente que todas as ementas das decisões coletadas serão objeto de transcrição, para facilitação da composição de raciocínio, de visualização e de referência temática ao longo do trajeto. Quando necessário, entretanto, faremos a reprodução de trechos das decisões, sejam vazados no voto condutor, sejam vazados em votos de divergência ou mesmo em registro dos debates travados nas Turmas ou no Plenário da Suprema Corte.

Uma nota de última hora. No curso adiantado de nossas presentes investigações, o Supremo Tribunal Federal editou um livro digital chamado "Súmulas Vinculantes – Aplicação e Interpretação pelo STF", em que se traz dados relativos às decisões utilizadas na formação de enunciado do verbete. Faz ainda considerações de aplicação, com pequenos resumos de algumas dessas decisões.

Longe de sobreposição com nossa investigação, ele veio a ofertar importantes subsídios sobre as hipóteses de nossa investigação, o que acabou por confirmar suspeitas que levantamos, de que as Súmulas Vinculantes são um caso especial de precedente à brasileira e que tende a fugir da condição do conceito de precedente usualmente utilizado pela doutrina pátria e internacional.

O uso, pelo STF, neste livro, do mecanismo do "precedente representativo" acaba por confirmar, uma vez mais, algumas de nossas suspeitas sobre as condições pragmáticas de aplicação das Súmulas, que são distintas do usualmente percebido pelos membros da comunidade do discurso jurídico. Mas isso é justamente o que desvelará o caminho que percorremos.

De outro lado, manter-nos-emos fiel ao nosso corte e analisaremos as decisões que se encaixarem neste universo, admitindo somente as exceções devidamente justificadas nos presentes escritos.

É tempo de iniciarmos o percurso.

6. AS DECISÕES ACERCA DA SÚMULA VINCULANTE 8

A Súmula Vinculante 8 foi aprovada pelo Supremo Tribunal Federal em sua Sessão Plenária de 12 de junho de 2008 e publicada no Diário de Justiça Eletrônico (DJe) 112 e Diário Oficial da União (DOU), ambos no dia 20 de junho de 2008 e ambos nas respectivas páginas um.

A formação de seu verbete foi precedida e contextualizada pelos julgamentos havidos no Recursos Extraordinários 560.626, 556.664, 559.882, 559.943, segundo Ata da 22ª Sessão Extraordinária do Plenário do Supremo Tribunal Federal e possui o seguinte enunciado:

> **Súmula vinculante 8**
>
> São inconstitucionais o parágrafo único do artigo 5º do decreto-lei 1.569/77 e os artigos 45 e 46 da lei 8.212/91, que tratam de prescrição e decadência de crédito tributário.

De se ver que o verbete de número 8 inaugurou a era dos procedentes sumulares vinculantes em matéria tributária em nosso sistema de direito positivo. É, até presentemente e talvez por sua precedência, o mais versado enunciado sumular vinculante da seara, contando com 23 decisões colegiadas que o mencionam.

Identificar esse substrato decisório foi fundamental para ter em perspectiva o campo de análise sobre a aplicação da Súmula Vinculante 8. Ei-las, todas as decisões, tomadas em ordem cronológica da data em que foram julgadas:

1. Agravo Regimental no Recurso Extraordinário 486.169-1/PR, Relatoria do Ministro Marco Aurélio, da Primeira Turma do STF, julgado em 12/08/2008;

2. Agravo Regimental no Recurso Extraordinário 552.806-5/RS, Relatoria do Ministro Marco Aurélio, Primeira Turma do STF, julgado em 12/08/2008;

3. Agravo Regimental no Recurso Extraordinário 552.713-1/SC, Relatoria do Ministro Marco Aurélio, Primeira Turma do STF, julgado em 12/08/2008;

4. Agravo Regimental no Recurso Extraordinário 502.648-5/SC, Relatoria do Ministro Joaquim Barbosa, Segunda Turma do STF, julgado em 19/08/2008;

5. Agravo Regimental na Reclamação 6.638-0/DF, Relatoria do Ministro Cezar Peluso, Segunda Turma do STF, julgado em 18/11/2008;

6. Agravo Regimental no Recurso Extraordinário 557.695-7/DF, Relatoria do Ministro Cezar Peluso, Segunda Turma do STF, julgado em 02/12/2008;

7. Agravo Regimental no Recurso Extraordinário 543.778-7/RS, Relatoria do Ministro Eros Grau, Segunda Turma do STF, julgado em 09/12/2008;

8. Agravo Regimental na Reclamação 7.971/PA, Relatoria da Ministra Cármen Lúcia, Plenário do STF, julgado em 25/11/2009;

9. Agravo Regimental no Recurso Extraordinário 543.997/AL, Relatoria da Ministra Ellen Gracie, Segunda Turma do STF, julgado em 22/06/2010;

10. Recurso Extraordinário 562.276/PR, Relatoria da Ministra Ellen Gracie, Plenário do STF, julgado em 03/11/2010;

11. Agravo Regimental na Reclamação 8.341/PB, Relatoria da Ministra Ellen Gracie, Plenário do STF, julgado em 02/03/2011;

12. Agravo Regimental na Reclamação 8.480/PI, Relatoria do Ministro Celso de Mello, Plenário do STF, julgado em 22/06/2011;

13. Embargos de Declaração no Recurso Extraordinário 478.058/RS, Segunda Turma do STF, julgado em 23/08/2011;

14. Agravo Regimental no Agravo Regimental no Recurso Extraordinário 490.572/SC, Relatoria do Ministro Dias Toffoli, Primeira Turma do STF, julgado em 19/06/2012;

15. Agravo Regimental na Reclamação 11.747PA, Relatoria do Ministro Gilmar Mendes, Plenário do STF, julgado em 20/06/2012;

16. Agravo Regimental na Reclamação 7.979/PA, Relatoria do Ministro Dias Toffoli, Plenário do STF, julgado em 06/02/2013;

17. Agravo Regimental na Reclamação 15.773/DF, Relatoria da Ministra Cármen Lúcia, Plenário do STF, julgado em 06/06/2013;

18. Agravo Regimental no Recurso Extraordinário 546.727/SC, Relatoria do Ministro Marco Aurélio, Primeira Turma do STF, julgado em 18/06/2013;

19. Agravo Regimental na Reclamação 7.001/SC, Relatoria do Ministro Celso de Mello, Plenário do STF, julgado em 10/04/2014;

20. Agravo Regimental no Agravo no Recurso Extraordinário 783.000/DF, Relatoria da Ministra Cármen Lúcia, Segunda Turma do STF, julgado em 21/10/2014;

21. Agravo Regimental na Reclamação 15.527/DF, Relatoria do Ministro Dias Toffoli, Primeira Turma do STF, julgado em 04/11/2014;

22. Agravo Regimental no Recurso Extraordinário 816.084/DF, Relatoria do Ministro Marco Aurélio, Relatoria para Acórdão do Ministro Dias Toffoli, Primeira Turma do STF, julgado em 10/03/2015;

23. Agravo Regimental na Reclamação 21.797/SC, Relatoria do Ministro Celso de Mello, Segunda Turma do STF, julgado em 10/11/2015.

A primeira tarefa analítica que nos coube, portanto, foi depurar todas essas decisões, de forma a agrupá-las em classes e grupos que representassem similaridade em seu núcleo decisório de forma a permitir a identificação, com razoável grau de certeza, acerca de suas razões de decidir nucleares, as quais substanciaram e sustentaram os resultados dos julgamento com apreciação meritória do caso, seja pela aplicação ou não aplicação do teor do entendimento da Súmula Vinculante 8, ou, de outro lado, sem apreciação meritória do caso, reconhecendo-se a presença de questões impeditivas de exame de mérito, notadamente as de índole processual e de direito intertemporal, como restará claro no exame dos grupos de decisões.

Por fundamental que seja, registramos novamente que os objetivos perseguidos são a plena identificação das razões de decidir nas decisões que aplicaram os precedentes, de forma a cotejarmos o enunciado sumulado com as fronteiras de seu alcance de aplicação.

Fortes na premissa acima, após bem examinadas as decisões, achamos por bem esclarecer que, em todos os casos foram analisados os debates havidos e as referências de quaisquer questões de jaez material (no sentido da matéria posta a julgamento) que pudessem influenciar na composição dos argumentos da decisão, reverberando, assim, nas razões de decidir dos acórdãos; isso fora feito quer nos casos em que houve a apreciação de mérito da aplicação ou não aplicação da Súmula, quer nas situações de reconhecimento de impeditivos de seu conhecimento e exame.

Feitas essas considerações, apresentamos as conclusões na seguinte estrutura de exposição.

Universo de acórdãos referentes à Súmula Vinculante 8 → 23 decisões			
Com juízo meritório sobre o tema sumulado	14	Com aplicação da súmula ao caso	9
		Sem aplicação da súmula ao caso	5
Sem juízo meritório sobre o tema sumulado	9		

Vamos à exposição da matéria examinada em cada uma de suas vertentes de análise que foram aqui consideradas.

6.1 Universo de acórdãos sem juízo meritório sobre o tema da Súmula Vinculante 8

Nesta primeira segmentação encontram-se listados todos os acórdãos que sequer fizeram menção ao verbete vinculante 8, restando, portanto, plenamente justificada a sua inserção na lista abaixo.

De outro giro, cá estão também os acórdãos que, ainda que tenham feito menção à Súmula Vinculante 8, não adotaram qualquer fundamento referente à temática do verbete como núcleo decisório, carecendo, assim, a característica que julgamos fundamental em nosso intuito classificatório, que foi o adensamento da discussão sobre o mérito substancial da Súmula Vinculante 8.

Vamos à lista dos acórdãos que não adentraram ao mérito temático da Súmula 8:

1. Agravo Regimental na Reclamação 6.638-0/DF, Relatoria do Ministro Cezar Peluso, Segunda Turma do STF, julgado em 18/11/2008;

2. Agravo Regimental na Reclamação 7.971/PA, Relatoria da Ministra Cármen Lúcia, Plenário do STF, julgado em 25/11/2009;

3. Recurso Extraordinário 562.276/PR, Relatoria da Ministra Ellen Gracie, Plenário do STF, julgado em 03/11/2010;

4. Agravo Regimental na Reclamação 8.341/PB, Relatoria da Ministra Ellen Gracie, Plenário do STF, julgado em 02/03/2011;

5. Agravo Regimental na Reclamação 8.480/PI, Relatoria do Ministro Celso de Mello, Plenário do STF, julgado em 22/06/2011;

6. Embargos de Declaração no Recurso Extraordinário 478.058/RS, Segunda Turma do STF, julgado em 23/08/2011;

7. Agravo Regimental na Reclamação 11.747/PA, Relatoria do Ministro Gilmar Mendes, Plenário do STF, julgado em 20/06/2012;

8. Agravo Regimental na Reclamação 7.001/SC, Relatoria do Ministro Celso de Mello, Plenário do STF, julgado em 10/04/2014;

9. Agravo Regimental na Reclamação 15.527/DF, Relatoria do Ministro Dias Toffoli, Primeira Turma do STF, julgado em 04/11/2014.

Dos nove acórdãos identificados, há três razões fundamentais para a ausência de análise meritória, as quais separamos em itens específicos para fins de acuidade temática. Os obstáculos identificados foram: i) identificação de manejo de recursos de reclamação contra retardo no julgamento de recursos, o que de resto, tem-se como incabível; ii) impeditivo de análise de alegações por supressão de instância; e iii) alegações de violação da Súmula Vinculante nº 8, manejadas para modificar coisa julgada.

6.1.1 Não cabimento de Reclamação contra retardo no julgamento de recursos

Duas das decisões acabaram por dar guarida aos recursos em que se pretendia o reconhecimento do não cabimento do recurso de Reclamação em função de retardo ou demora no julgamento de ações/recursos postos aos crivos do Poder Judiciário, ainda que o pano de fundo das discussões travadas na origem fosse a matéria sumulada.

A justificativa para o não conhecimento dos recursos é que não houve, nos casos, atos atentatórios diretos ao precedente vinculante fustigado, a merecer proteção pela via da Reclamação ao Supremo Tribunal Federal. Os acórdãos foram vazados nos autos do Agravo Regimental na Reclamação 6.638-0 e nos autos do Agravo Regimental na Reclamação 15.527, que são assim ementados:

Ag. Reg. na Reclamação 6.638-0 Distrito Federal

RECLAMAÇÃO. Afronta a súmula vinculante. Não ocorrência. Alegação de demora no julgamento de recurso que a invoca. Usurpação de competência do Supremo. Não Caracterização. Reclamação não conhecida. Agravo improvido. Precedentes. Não cabe reclamação contra demora na cognição de recurso que invoque ofensa a súmula vinculante.[300]

Ag. Reg. na Reclamação 15.527 Distrito Federal

Agravo regimental em reclamação constitucional. Inexistência de ato administrativo ou decisão judicial contrários à Súmula Vinculante nº 8. Não cabimento da reclamação. Agravo regimental não provido. 1. Por atribuição constitucional, presta-se a reclamação para preservar a competência do STF e garantir a autoridade de suas decisões (art. 102, inciso I, alínea l, CF/88), bem como para resguardar a correta aplicação das súmulas vinculantes (art. 103-A, § 3º, CF/88). 2. Incabível reclamação constitucional quando ausente "ato administrativo ou decisão judicial que contrariar a súmula aplicável ou que indevidamente a aplicar" (art. 103-A, § 3º, CF/88). 3. Reclamação constitucional não é medida executiva de posicionamento concordante com o enunciado vinculante desta Suprema Corte já alcançado tanto administrativa quanto judicialmente em outra instância do Poder Judiciário. 4. Agravo regimental ao qual se nega provimento.[301]

Passemos sumariamente sobre os argumentos de cada um, a uma, por sua singeleza, e, a duas, dado que não cuidam efetivamente de aplicação do Precedente Vinculante Sumular 8.

O primeiro dos acórdãos trata de caso em que a reclamação foi manejada em função de uma decisão do juiz da 18ª Vara Federal da Seção Judiciária do Distrito Federal, por não apreciar exceção de pré-executividade cujo objeto era fazer

---

300. BRASIL. Supremo Tribunal Federal. *Agravo Regimental na Reclamação nº 6.638-0/DF*. Relator: Ministro Cezar Peluso. Agravante: Lotáxi Transportes Urbanos Ltda. Agravado: Juiz Federal da 18ª Vara Federal da Seção Judiciária do Distrito Federal. Julgamento: 18 nov. 2008. Órgão julgador: Segunda Turma. Publicação: DJe, 04 dez. 2008.

301. BRASIL. Supremo Tribunal Federal. *Agravo Regimental na Reclamação 15.527/DF*. Relator: Ministro Dias Toffoli. Agravante: Viação São Paulo Ltda. Agravado: Marcos Maia Junior e Outro(s). Julgamento: 04 nov. 2014. Órgão julgador: Primeira Turma. Publicação: DJe, 20 nov. 2014.

aplicar o teor da Súmula Vinculante 8. A parte processual requereu, no bojo da reclamação, a suspensão da ação de execução fiscal e a extração dos débitos suspostamente prescritos.

O teor das razões de decidir é muito claro, conforme exposto em voto simples e preciso:

> **Ag. Reg. na Reclamação 6.638-0 Distrito Federal**
>
> [...]
>
> O agravante alega que 'de fato, não há decisão violadora do conteúdo da Súmula. Há omissão [...] A omissão constitui verdadeira violação à autoridade da decisão'. Afirma ser cabível reclamação contra ato omissivo (art. 102, I, "l", da Constitucional Federal).
>
> [...]
>
> A inadmissibilidade da reclamação é, nesse caso, tão patente quanto naqueloutros em que as instâncias inferiores demoram a julgar ação ou recurso, contra cuja decisão se poderia interpor, ao depois, recurso extraordinário. [...]
>
> [...]
>
> <u>Não há nada, quer na natureza, quer na função da súmula vinculante, que permita extrair conclusão diversa. Certa demora – plenamente justificável por conta do conhecido excesso de feitos em trâmite no Judiciário – não representa, como é óbvio, afronta alguma à competência, nem à autoridade das decisões desta Corte.</u> De outro modo, irresignações infundadas contra pretensos atrasos na aplicação de súmulas vinculantes ensejariam a propositura de incontáveis reclamações, tão inadmissíveis quanto esta[302].

Os fundamentos nitidamente relacionados à ausência de ato que possa ser objeto de recurso de reclamação foram nucleares ao sentido da decisão e direcionaram-na para o universo de acórdãos sem imersão no conteúdo material tratado no verbete vinculante 8.

---

302. Id. Supremo Tribunal Federal. *Agravo Regimental na Reclamação 6.638-0/DF*. Relator: Ministro Cezar Peluso. Agravante: Lotáxi Transportes Urbanos Ltda. Agravado: Juiz Federal da 18ª Vara Federal da Seção Judiciária do Distrito Federal. Julgamento: 18 nov. 2008. Órgão julgador: Segunda Turma. Publicação: DJe, 04 dez. 2008, grifo nosso.

A segunda decisão versa uma reclamação que era manejada contra suposto ato administrativo da Procuradoria da Fazenda Nacional, consubstanciado na cobrança de débitos já alcançados pela decadência e prescrição em função do teor da Súmula Vinculante 08. O teor das razões de decidir, novamente, é muito simples:

Ag. Reg. na Reclamação 15.527 Distrito Federal

[...]

Com efeito, conforme destacado na minha decisão monocrática e confirmado pelo próprio agravante, pela análise dos autos se verifica que há decisão judicial favorável à pretensão do agravante nos autos do processo nº. 0050528-58.2004.4.03.6182 (DJe de 4/3/11), em que se reconheceu a prescrição dos créditos tributários relativos ao período de fevereiro de 1992 a novembro de 1997, bem como há ato da Administração Pública proferido em sentido favorável ao reconhecimento da decadência do crédito tributário.

[...]

O caso dos autos, observa-se não foi a erronia ou a negativa da Administração Pública na aplicação da Súmula Vinculante 08 que deu ensejo ao ajuizamento da presente reclamação constitucional, mas, sim, a demora na efetivação da decisão administrativa proferida em consonância com o entendimento do STF dotado de eficácia vinculante[303].

Da sorte de análise feita acima, conclui-se que ambos os julgados, como já adiantamos, apontaram para a imprestabilidade do recurso de Reclamação para acelerar o curso de processos, em suas variadas instâncias e em seus variados contextos, ainda que a matéria debatida nas ações pudesse ter desfecho necessariamente vinculado ao teor e sentido do precedente vinculante, no caso, o verbete 8.

Desta feita, assentou o Supremo Tribunal, em ambos os casos, que a preservação de competência do STF, por

---

303. BRASIL. Supremo Tribunal Federal. *Agravo Regimental na Reclamação 15.527/ DF.* Relator: Ministro Dias Toffoli. Agravante: Viação São Paulo Ltda. Agravado: Marcos Maia Junior e Outro(s). Julgamento: 04 nov. 2014. Órgão julgador: Primeira Turma. Publicação: DJe, 20 nov. 2014.

respeito às suas decisões de caráter vinculante, somente pode ser provocada quando haja ato judicial ou administrativo de afronta ao precedente.

Os fundamentos da decisão são pela ausência manifesta de ato administrativo ou judicial que o afrontasse em seu conteúdo de sentido e seu alcance de aplicação, tornando incabível o exame do apela reclamatório.

6.1.2 Direito Intertemporal (art. 103-A, § 3º, da CF/88)

Nessa passagem cuidaremos de ponderar, ainda que sumariamente, sobre duas outras decisões de nosso acervo de acórdãos com referência direta à Súmula Vinculante 8, as quais também não conheceram dos recursos que lhe traziam o pleito de aplicação do teor do verbete vinculante.

Trata-se do Agravo Regimental na Reclamação 8.840 e do Agravo Regimental na Reclamação 7.001. Vejam-se ambas as ementas:

> **Ag. Reg. na Reclamação 8.480 Piauí**
>
> RECLAMAÇÃO - ALEGADO DESRESPEITO AO ENUNCIADO DA SÚMULA VINCULANTE Nº 08/STF - IMPOSSIBILIDADE - DECISÕES ADMINISTRATIVAS RECLAMADAS QUE FORAM PROFERIDAS EM DATA ANTERIOR À DA PUBLICAÇÃO, NA IMPRENSA OFICIAL, DE REFERIDA FORMULAÇÃO SUMULAR - AUSÊNCIA DO INTERESSE DE AGIR - INVIABILIDADE DA UTILIZAÇÃO PROCESSUAL DO INSTRUMENTO DA RECLAMAÇÃO - PRECEDENTES - RECURSO DE AGRAVO IMPROVIDO. - Para que se legitime o acesso à via reclamatória, impõe-se a demonstração da efetiva ocorrência de desrespeito a julgamento ou a súmula vinculante do Supremo Tribunal Federal. Inexiste ofensa a enunciado constante de súmula vinculante do Supremo Tribunal Federal, se o ato de que se reclama é anterior a referido pronunciamento sumular.[304]

---

304. BRASIL. Supremo Tribunal Federal. *Agravo Regimental na Reclamação 8.480/PI*. Relator: Ministro Celso de Mello. Agravante: Estado do Piauí. Agravado: União. Julgamento: 22 jun. 2011. Órgão julgador: Tribunal Pleno. Publicação: DJe, 05 mai. 2014, grifo nosso.

Ag. Reg. na Reclamação 7.001 Santa Catarina

RECLAMAÇÃO – ALEGADO DESRESPEITO AO ENUNCIADO DA SÚMULA VINCULANTE Nº 08/STF – IMPOSSIBILIDADE – DECISÃO RECLAMADA PROFERIDA EM DATA ANTERIOR À PUBLICAÇÃO, NA IMPRENSA OFICIAL, DE REFERIDA FORMULAÇÃO SUMULAR – AUSÊNCIA DO INTERESSE DE AGIR – INVIABILIDADE DA UTILIZAÇÃO PROCESSUAL DO INSTRUMENTO DA RECLAMAÇÃO COMO INADMISSÍVEL SUCEDÂNEO DE AÇÃO RESCISÓRIA, DE RECURSOS OU DE AÇÕES JUDICIAIS EM GERAL – PRECEDENTES – RECURSO DE AGRAVO IMPROVIDO. ANTERIORIDADE DA DECISÃO RECLAMADA E AUSÊNCIA DE PARÂMETRO. - Considerado o que dispõe o art. 103-A, "caput", da Constituição, somente a partir da data em que o enunciado sumular é publicado em órgão da imprensa oficial é que passa a ter eficácia vinculante, impondo-se, em consequência, à observância dos demais juízes e Tribunais, <u>excluídos do seu alcance todos os atos decisórios, como o de que ora se cuida, anteriores à sua publicação</u>. - Impõe-se, à parte reclamante, para ter legítimo acesso à via reclamatória, demonstrar que o ato de que se reclama tenha sido proferido posteriormente à publicação, na imprensa oficial, do enunciado da Súmula Vinculante. - Inexiste ofensa a enunciado constante de súmula vinculante do Supremo Tribunal Federal, se o ato de que se reclama é anterior a referido pronunciamento sumular.[305]

De leitura analítica de ambas as decisões, verificar-se-ia que, se ao primeiro olhar, os casos levados ao conhecimento da Suprema Corte se amoldariam ao teor do verbete, de outro, houve o reconhecimento de obstáculo de ordem processual insuperável à aplicação do entendimento vazado na Súmula Vinculante 8.

A razão nuclear da impossibilidade de juízo meritório sobre a aplicação ou não do preceito vinculante foi a incapacidade de utilizar o modelo processual da reclamação na espécie. E tal razão fora plenamente justificada na medida em que os atos

---

305. Id. Supremo Tribunal Federal. *Agravo Regimental na Reclamação 7.001/SC*. Relator: Ministro Celso de Mello. Agravante: Dérlio Luiz de Souza. Agravado: Nilton Campos. Julgamento: 10 abr. 2014. Órgão julgador: Plenário. Publicação: DJe, 29 out. 2014, grifo nosso.

potencialmente atentatórios ao enunciado da Súmula Vinculante n° 8 foram praticados em data anterior à sua edição.

Nesse diapasão, as decisões direcionam a aplicação de regra que aqui chamaremos de direito intertemporal, na medida em que os preceitos vinculantes somente adquirem essa condição quando publicados nos órgãos de imprensa, após, evidentemente, aprovados pelo Plenário do Supremo Tribunal.

Não houve que se falar em afronta à decisão vinculativa da Suprema Corte, emblemada no verbete sumular 8 nos casos sob análise, a qual aplicou simplesmente o prescrito no artigo 103-A, § 3°, da Carta da República. Veja-se o dispositivo, em homenagem à clareza desse raciocínio:

> Art. 103-A. O Supremo Tribunal Federal poderá, de ofício ou por provocação, mediante decisão de dois terços dos seus membros, após reiteradas decisões sobre matéria constitucional, aprovar súmula que, a partir de sua publicação na imprensa oficial, terá efeito vinculante em relação aos demais órgãos do Poder Judiciário e à administração pública direta e indireta, nas esferas federal, estadual e municipal, bem como proceder à sua revisão ou cancelamento, na forma estabelecida em lei.
>
> [...]
>
> § 3° Do ato administrativo ou decisão judicial que contrariar a súmula aplicável ou que indevidamente a aplicar, caberá reclamação ao Supremo Tribunal Federal que, julgando-a procedente, anulará o ato administrativo ou cassará a decisão judicial reclamada, e determinará que outra seja proferida com ou sem a aplicação da súmula, conforme o caso.[306]

Não havia vinculação pregressa à materialidade decisória dos precedentes externados nas decisões da Suprema Corte sobre a matéria, porquanto eram meramente persuasivos. A vinculação vertical obrigatória se inicia com a publicação da Súmula Vinculante nos órgãos oficiais de imprensa, nessa

---

306. BRASIL. Constituição da República Federativa do Brasil: texto constitucional promulgado em 5 de outubro de 1988, com as alterações determinadas pelas Emenda Constitucionais de Revisão 1 a 6/94, pelas Emendas Constitucionais 1/92 a 91/2016 e pelo Decreto Legislativo 186/2008. Brasília, 1988.

medida, incabível a reclamação por ofensa, não havendo que se falar em desrespeito à Súmula Vinculante.

Queremos trazer breves passagens para externar a aplicação inequívoca da norma construída a partir do art. 103-A, § 3º, da Constituição, e, ao fazê-lo reproduzindo trechos do Agravo Regimental na Reclamação 8.480, fazemo-lo por via reflexa, também relativamente à outra decisão aqui analisada, dado que ambas são de lavra do Ministro Celso de Mello e, senão idênticas, com grau elevadíssimo de similaridade em sua redação. E assim sendo, suas razões de decidir são idênticas. Veja-se:

> **Ag. Reg. na Reclamação 8.480 Piauí**
>
> Como tive o ensejo de enfatizar quando da prolação da decisão ora agravada, o exame destes autos revela a ocorrência de situação processual apta a inviabilizar, por si só, o prosseguimento da reclamação. Refiro-me ao <u>fato, processualmente relevante, de que os atos dos quais se reclama foram proferidos em 29/05/2008, ocasião em que essa Suprema Corte sequer aprovara a Súmula Vinculante 08/STF</u>, o que somente viria a ocorrer em 12/06/2008.
>
> [...]
>
> Isso significa, portanto, que <u>inexistia, formal e objetivamente, qualquer pronunciamento vinculante do Supremo Tribunal Federal no momento em que proferidos os julgamentos administrativos reclamados</u>. O acesso ao remédio constitucional da reclamação, como típica ação judicial que é, submete-se, entre outros, aos requisitos pertinentes às condições da ação[307].

Se, ao tempo em que as decisões hoje contrárias em sentido material ao preceito vinculante, não havia obrigação de observância, quer porquanto outras decisões similares não eram dotadas de eficácia vinculativa, quer porque não havia decisão material alguma acerca da matéria, o manejo da reclamação torna-se inviável.

---

307. BRASIL. Supremo Tribunal Federal. *Agravo Regimental na Reclamação 8.480/PI*. Relator: Ministro Celso de Mello. Agravante: Estado do Piauí. Agravado: União. Julgamento: 22 jun. 2011. Órgão julgador: Tribunal Pleno. Publicação: DJe, 05 mai. 2014, *grifos nossos*.

6.1.3 Supressão de instância

Uma única decisão dentre todas as que nos referimos até então considerou impertinente o exame meritório da aplicação do precedente vinculante sumular de número 8, considerando que o seu juízo resultaria em supressão de instância pelo fato de que a alegação sobre a ocorrência do desrespeito ao verbete não fora feita em sedes de inferior hierarquia do Poder Judiciário.

Referimo-nos à decisão tomada nos Embargos de Declaração opostos no Recurso Extraordinário 478.058, cuja ementa é abaixo reproduzida:

> **Emb. Decl. no Recurso Extraordinário 478.058 Rio Grande do Sul**
>
> EMBARGOS DE DECLARAÇÃO OPOSTOS DE DECISÃO MONOCRÁTICA. CONVERSÃO EM AGRAVO REGIMENTAL. CONSTITUCIONAL. PREVIDENCIÁRIO. TRABALHADOR RURAL. PERÍODO ANTERIOR À EDIÇÃO DA LEI 8.213/1991. CONTAGEM RECÍPROCA. APOSENTADORIA NO SERVIÇO PÚBLICO. ART. 201, § 9º, DA CONSTITUIÇÃO. EXIGÊNCIA DE PRÉVIO RECOLHIMENTO DE CONTRIBUIÇÃO PREVIDENCIÁRIA. ALEGAÇÃO DE INCIDÊNCIA DA SÚMULA VINCULANTE 8. INOVAÇÃO DE MATÉRIA EM AGRAVO REGIMENTAL. IMPOSSIBILIDADE. AGRAVO IMPROVIDO.
> I – Consoante jurisprudência desta Corte, a contagem recíproca do tempo de serviço rural (CF, art. 201, § 9º), para efeito de aposentadoria no serviço público, pressupõe o recolhimento das contribuições previdenciárias respectivas. Precedentes. II – <u>A questão referente à incidência da Súmula Vinculante 8 não foi examinada no acórdão recorrido, tampouco foi arguida no recurso extraordinário e, desse modo, não pode ser aduzida em agravo regimental</u>. É incabível a inovação de fundamento nesta fase processual. Precedentes. III – Agravo regimental improvido.[308]

---

308. BRASIL. Supremo Tribunal Federal. *Embargos de Declaração no Recurso Extraordinário 478.058/RS*. Relator: Ministro Ricardo Lewandowski. Embargante: Ivo dos Santos Rocha. Embargado: Instituto Nacional do Seguro Social - INSS. Julgamento: 23 ago. 2011. Órgão julgador: Segunda Turma. Publicação: DJe, 09 set. 2011, *grifos nossos*.

O pano de fundo material do recurso tratava de uma questão pacífica nos salões da Suprema Corte, relativamente à contagem recíproca de tempo de serviço no trabalho rural, para fins de aposentadoria no serviço público, pressupondo, tal contagem, que houvessem sido recolhidas as contribuições previdenciárias respectivas.

A parte alegara a incidência da Súmula Vinculante 8 com relação à parte dos recolhimentos previdenciários, com vistas a obter o resultado pretendido acima indicado.

O que releva no momento é assentar em bases fortes sequer o exame do preceito vinculante à espécie, na medida em que não invocado nas instâncias pregressas do Poder Judiciário. Nessa medida, citando inúmeros precedentes da Corte Suprema sobre a impossibilidade de análise da incidência dos enunciados da Súmula Vinculante, *v.g.*, os Agravos Regimentais nos Recursos Extraordinários de números 513.466, 448.920, 371.200, dentre outros, receberam os embargos como recurso de agravo, julgando, na matéria que nos toca, da seguinte forma:

> Ademais, com relação à suposta incidência da Súmula Vinculante 8 do STF, verifico que essa matéria não foi debatida no Tribunal de origem, tampouco foi suscitada nas razões do recurso extraordinário, o que impede a sua apreciação, uma vez que é incabível a inovação de fundamento neste via recursal.

O sentido desse e de outros julgamentos impeditivos por supressão de instância por ausência da alegação conquanto à Súmula Vinculante nos faz recordar as duas regras de uso dos precedentes, de ROBERT ALEXY, a que aludimos no capítulo introdutório como formas de argumento para as justificações externas das decisões: (i) quando se puder citar um precedente a favor ou contra uma decisão, deve-se fazê-lo; e (ii) quem quiser afastar um precedente assume a carga da argumentação.

Desta feita, foi impelido óbice de ordem procedimental para a avaliação da aplicação dos fundamentos da Súmula Vinculante 8, dado que o manejo da alegação foi feito em sede de Recurso Extraordinário, mais precisamente, em oposição de Embargos de Declaração à decisão vazada no mencionado recurso, o qual acabou, inclusive, sendo recebido e julgado como recurso de agravo.

6.1.4 Coisa Julgada

Nos acórdãos a seguir identificados, vejamos o Agravo Regimental na Reclamação 7.971, o Agravo Regimental na Reclamação 8.341 e o Agravo Regimental na Reclamação 11.747, após depurados analiticamente, constatamos que houve ausência de juízo meritório sobre a aplicação da Súmula Vinculante 8, por constatação de que o manejo do sistema recursal estava a ser feito para atacar a coisa julgada.

Em que pesem alguns façam até referência ao verbete *obrigatório*, não adentram incisivamente ao mérito de aplicação, pelo que não se pode identificar claramente posição meritória sobre o tema. Não cuidam de aplicar o teor material do verbete vinculante 8 na medida em que encontram nos casos concretos, nas interpretações que lhes conferiram manejos de reclamações como subterfúgios para modificar decisões cristalizadas pelo instituto da "coisa julgada".

Os dois primeiros aqui listados trazem a mesma temática e, por isso, seguem perfilados em sua reprodução e comentários analíticos. Vejam-se suas ementas e, respectivamente abaixo delas, passagens do núcleo de fundamentação decisório acerca dos julgados:

> **AG. REG. na Reclamação 7.971 Pará**
>
> AGRAVO REGIMENTAL NA RECLAMAÇÃO. EXECUÇÃO TRABALHISTA. PRESCRIÇÃO. ALEGAÇÃO DE DESCUMPRIMENTO DA SÚMULA VINCULANTE N. 8. AGRAVO REGIMENTAL AO QUAL SE NEGA PROVIMENTO. 1. A decisão reclamada observou a prescrição quinquenal: inexistência de descumprimento da Súmula Vinculante n. 8. 2. <u>Não cabe Reclamação contra decisão com trânsito em julgado anterior ao seu ajuizamento</u> (Súmula 734 do Supremo Tribunal Federal). 3.

Impossibilidade da utilização da reclamação como sucedâneo de recurso. Precedentes.[309]

Relatório

Assim, o acórdão proferido pela Primeira Turma do Tribunal Regional do Trabalho da 8ª Região aplicou, conforme se percebe, a prescrição quinquenal dos arts. 173 e 174 do Código Tributário Nacional.

O Reclamante alega, no entanto, que, durante a execução daquele acórdão, teriam sido incluídos nos cálculos de fls. 54-58 períodos supostamente prescritos, porque superior[es] a cinco anos, a contar da data do início da execução´ (fl. 7).

[...]

Registre-se que os embargos à execução opostos pelo Reclamante aguardam julgamento, conforme consulta ao sitio do Tribunal Regional Federal do Trabalho da 8ª Região, momento em que o alegado pelo Reclamante será analisado.

Voto

2. Como afirmado na decisão agravada, a decisão reclamada aplicou a prescrição quinquenal, o que está em harmonia com o entendimento da Súmula Vinculante 8.

[...]

3. Ademais, cumpre anotar que o Agravante pretende que sejam excluídas parcelas definidas pela sentença ora em execução, o que não viabiliza a reclamação.

A jurisprudência do Supremo Tribunal Federal é pacífica no sentido de não ser cabível a reclamação contra decisão transitada em julgado, nos termos da Súmula 724: [...].

Ag. Reg. na Reclamação 8.341 Paraíba

AGRAVO REGIMENTAL EM RECLAMAÇÃO. ALEGAÇÃO DE OFENSA À DECISÃO PROFERIDA NO RECURSO EXTRAORDINÁRIO 569.056/PA E À SÚMULA VINCULANTE 8. DECISÃO TRANSITADA EM JULGADO. APLICAÇÃO DA SÚMULA STF 734. 1. Ajuizamento da reclamação com o objetivo

---

309. BRASIL. Supremo Tribunal Federal. *Agravo Regimental na Reclamação 7.971/ PA*. Relatora: Ministra Cármen Lúcia. Agravante: Município de Nova Timboteua. Agravado: Juiz do Trabalho da Vara do Trabalho de Capanema. Julgamento: 25 nov. 2009. Órgão julgador: Tribunal Pleno. Publicação: DJe, 10 dez. 2009, *grifos nossos*.

de tornar insubsistente sentença proferida por juízo trabalhista já transitada em julgado e que se encontra em fase de execução. 2. Ocorrido o trânsito em julgado da decisão que determinou o pagamento das contribuições previdenciárias impugnadas na presente reclamação, há de incidir o enunciado da Súmula STF 734. 3. Utilização da reclamação como sucedâneo de recursos e ações cabíveis. 4. Agravo regimental a que se nega provimento.[310]

Voto

A intenção da reclamante é, em verdade, tornar insubsistente a decisão judicial proferida em 10.3.2008 (fls. 16-19), já transitada em julgado e que se encontra em fase de execução.

[...]

A ora reclamante opôs embargos de declaração a essa sentença, que não foram conhecidos porque intempestivos, decisão da qual não houve interposição de recurso algum. É dizer, a sentença efetivamente transitou em julgado.

[...]

Objetiva, assim, a reclamante a suspensão da execução de contribuições previdenciárias promovida nos autos da Reclamação Trabalhista 00028.2008.026.13.00-4, decorrente de decisão transitada em julgado proferida ainda em fase de conhecimento, que não pode ser objeto de reclamação, a teor da Súmula STF 724: 'Não cabe reclamação, quando já houver transitado em julgado o ato judicial que se alega tenha desrespeitado decisão do Supremo Tribunal Federal'.

Ambos os casos tratam de agravos regimentais interpostos no bojo de reclamações contra suposto descumprimento da Súmula Vinculante 8 por decisões havidas em procedimentos de execução de ofício de créditos de contribuições previdenciárias constituídas em decorrência de sentença proferida em reclamações trabalhistas, nos termos do permissivo constitucional trazido no art. 100, § 3º, pela redação da Emenda 20/98, à Carta da República.

---

310. BRASIL. Supremo Tribunal Federal. *Agravo Regimental na Reclamação 8.341/ PB*. Relatora: Ministra Ellen Gracie. Agravante: Etiene Marinho Duarte. Agravado: Lucileia Maria da Silva. Julgamento: 02 mar. 2011. Órgão julgador: Tribunal Pleno. Publicação: DJe, 25 mar. 2011, *grifos nossos*.

Em ambas as decisões não houve aplicação da Súmula Vinculante de 8, por não se reconhecer possível que a aplicação do verbete para modificação dos valores executados, ainda que no contexto desses valores, houvesse o permeio de contribuições que, em tese, poderiam estar alcançadas pelo prazo prescricional de quinquenal trazido pelos artigos 173 e 174 do Código Tributário Nacional. A questão impeditiva é o manejo de recursos contra a coisa julgada.

O terceiro dos acórdãos aqui analisados é de relatoria do Ministro Gilmar Mendes, e, em que pese faça alusão à ausência de identidade material entre o caso concreto posto sob análise e a situação enunciada do contexto do verbete vinculante, sua argumentação deixa claro que as razões do decidir do acórdão fundam-se em óbices ao conhecimento de situações jurídicas já estabilizadas pela mão segura da coisa julgada.

Vejamos a ementa e a argumentação deduzida pelo Relator, as quais guardam consonância com as conclusões a que chegamos:

Ag. Reg. na Reclamação 11.747 Pará

Agravo regimental em reclamação. Não ocorrência de violação ao Enunciado 8 da Súmula Vinculante. Ausência de identidade ou de similitude de objeto entre o ato impugnado e o paradigma invocado. Agravo regimental a que se nega provimento.[311]

Relatório

No presente recurso, requer-se provimento judicial que aplique o prazo prescricional de cinco anos no momento de liquidação de termo de acordo judicial e fixe o período de recolhimento de INSS.

Voto

[...]

---

311. BRASIL. Supremo Tribunal Federal. *Agravo Regimental na Reclamação 11.747/PA*. Relator: Ministro Gilmar Mendes. Agravante: Paula Regina Arruda de Azevedo. Agravado: Maria do Amparo da Silva Araújo. Julgamento: 20 jun. 2012. Órgão julgador: Plenário. Publicação: DJe, 01 ago. 2012.

> O Juízo reclamado, como já mencionei, não deixou de observar o Enunciado Vinculante acima, mas apenas – ao ser provocado a se manifestar sobre a prescrição, após a celebração do pertinente termo de conciliação – afirmou que tal termo tinha força de coisa julgada e que não excluiu as parcelas alcançadas pela prescrição.
>
> Portanto, não vejo afronta à autoridade do Enunciado n. 8 da Súmula Vinculante, pois na decisão reclamada sequer houve menção expressa ou implícita dos preceitos declarados inconstitucionais por esta Corte.
>
> Desse modo, ratifico a decisão atacada, pois há ausência de identidade ou similitude de objeto entre o ato impugnado e o Enunciado Vinculante invocado, o que acarreta a inadmissibilidade do pedido, por ausência de pressuposto de cabimento necessário.

Houve opção pelo Ministro Gilmar Mendes em não acatar o recurso manejado sob o fundamento de ausência de similitude material, o que, a toda evidência, revela-se fundamento pertinente sob a justificativa de que não houve menção expressa ou implícita à Súmula Vinculante 8 no ato reclamado como se lhe fosse atentatório.

Preferimos, deveras, classificar a decisão como tendo sido resultado do óbice à análise da matéria de aplicação do verbete em função da razão de decidir adotada pelo Ministro; é a impossibilidade de desconstituição de coisa julgada.

A ausência de identidade material, propalada na decisão do ilustre relator, foi apenas um argumento da incapacidade de análise meritória, dado que os valores das contribuições supostas prescritas sob a égide do enunciado da Súmula Vinculante 8 tenham sido incluídos no procedimento de execução por decorrência direta da materialidade que se fez imutável em função do trânsito em julgado da decisão havida no termo de acordo judicial homologado pela 3ª Vara do Trabalho da 8ª Região.

6.1.5 Decisão que se refere à Súmula 8 apenas como *obiter dictum* sem aplicá-la ao caso concreto

Achamos por bem, neste momento, segregar do universo das vinte e três decisões aqui mencionadas, uma que, após analisado em seu inteiro teor, não cuidou de aplicar efetivamente o preceito da Súmula Vinculante 8, mas que, curiosamente, apenas tratando de matéria similar, cuidou de mencioná-la como argumento persuasivo no contexto, sem, contudo, tratar de aplicá-la.

Referimo-nos à decisão abaixo:

Recurso Extraordinário 562.276 Paraná

DIREITO TRIBUTÁRIO. RESPONSABILIDADE TRIBUTÁRIA. NORMAS GERAIS DE DIREITO TRIBUTÁRIO. ART. 146, III, DA CF. ART. 135, III, DO CTN. SÓCIOS DE SOCIEDADE LIMITADA. ART. 13 DA LEI 8.620/93. INCONSTITUCIONALIDADES FORMAL E MATERIAL. REPERCUSSÃO GERAL. APLICAÇÃO DA DECISÃO PELOS DEMAIS TRIBUNAIS. 1. Todas as espécies tributárias, entre as quais as contribuições de seguridade social, estão sujeitas às normas gerais de direito tributário. 2. O Código Tributário Nacional estabelece algumas regras matrizes de responsabilidade tributária, como a do art. 135, III, bem como diretrizes para que o legislador de cada ente político estabeleça outras regras específicas de responsabilidade tributária relativamente aos tributos de sua competência, conforme art. 128. 3. O preceito do art. 124, II, no sentido de que são solidariamente obrigadas "as pessoas expressamente designadas por lei", não autoriza o legislador a criar novos casos de responsabilidade tributária sem a observância dos requisitos exigidos pelo art. 128 do CTN, tampouco a desconsiderar as regras matrizes de responsabilidade de terceiros estabelecidas em caráter geral pelos arts. 134 e 135 do mesmo diploma. A previsão legal de solidariedade entre devedores – de modo que o pagamento efetuado por um aproveite aos demais, que a interrupção da prescrição, em favor ou contra um dos obrigados, também lhes tenha efeitos comuns e que a isenção ou remissão de crédito exonere a todos os obrigados quando não seja pessoal (art. 125 do CTN) – pressupõe que a própria condição do devedor tenha sido estabelecida validamente. 4. A responsabilidade tributária pressupõe duas normas autônomas: a regra matriz de incidência tributária e a regra matriz de responsabilidade tributária, cada uma com seu pressuposto de fato e seus sujeitos próprios. A referência ao responsável enquanto terceiro (dritter Persone, terzo ou terceiro) evidencia que não participa da relação contributiva, mas de uma relação específica de responsabilidade tributária, inconfundível com aquela. O "terceiro" só pode ser chamado responsabilizado na hipótese de descumprimento de deveres próprios de colaboração para com a Administração Tributária, estabelecidos, ainda que contrário sensu, na regra matriz de responsabilidade tributária, e desde que tenha construído para a situação de inadimplemento pelo contribuinte. 5. O art. 135, III, do CTN responsabiliza apenas aqueles que estejam na direção, gerência ou representação da pessoa jurídica e tão somente quando pratiquem atos com excesso de poder ou infração à lei, contrato social ou estatutos. Desse modo, apenas o sócio com poderes de gestão ou representação da sociedade é que pode ser responsabilizado, o que resguarda a pessoalidade entre o ilícito (mal gestão ou representação) e a consequência de ter de responder pelo tributo devido pela sociedade. 6. O art. 13 da Lei 8.620/93 não se limitou a repetir ou detalhar a regra de responsabilidade constante do art. 135 do CTN, tampouco cuidou de uma nova hipótese específica e distinta. Ao vincular à simples condição de sócio a obrigação de responder solidariamente pelos débitos da sociedade limitada perante a Seguridade Social, tratou a mesma situação genérica regulada pelo art. 135, III, do CTN, mas de modo diverso, incorrendo em inconstitucionalidade por violação ao art. 146, III, da CF. 7. O art. 13 da Lei 8.620/93 também se reveste de inconstitucionalidade material, porquanto não é dado ao legislador estabelecer confusão entre os patrimônios das pessoas física e jurídica, o que, além de impor desconsideração ex lege e objetiva da personalidade jurídica, descaracterizando as sociedades limitadas, implica irrazoabilidade e inibe a iniciativa privada, afrontando os arts. 5º, XIII, e 170, parágrafo único, da Constituição. 8. Reconhecida a inconstitucionalidade do art. 13 da Lei 8.620/93 na parte em que determinou que os sócios das empresas por cotas de responsabilidade limitada responderiam solidariamente, com seus bens pessoais, pelos débitos junto à Seguridade Social. 9. Recurso extraordinário da União desprovido. 10. Aos recursos sobrestados, que aguardavam a análise da matéria por este STF, aplica-se o art. 543-B, § 3º, do CPC [arts. 1.036 e 1.039 do Novo CPC].[312]

---

312. BRASIL. Supremo Tribunal Federal. *Agravo Regimental no Recurso Extraordinário nº 562.276/PR*. Relatora: Ministra Ellen Gracie. Recorrente: União. Recorrido: Owner's Bonés Promocionais Ltda - Me. Julgamento: 03 nov. 2010. Órgão julgador: Tribunal Pleno. Publicação: DJe, 09 fev. 2011.

A decisão acima trata, em verdade, de julgamento realizado no rito da repercussão geral, a teor do art. 543-B, do revogado Código de Processo Civil de 1973 e apenas menciona a existência do enunciado obrigatório consubstanciado na Súmula Vinculante 08, mas não o aplica efetivamente.

Trouxemo-lo aqui, entretanto, para introduzir a questão que julgamos pertinente para a identificação das razões de decidir travestidas no enunciado sumular de 8. O julgamento em questão tratava da invasão, por lei ordinária, da reserva de competência material delegada à lei complementar, feita pelo texto constitucional no art. 146, III.

Sinteticamente, até porquanto não se trata de objeto efetivo de nossa análise, o acórdão aqui em questão tratou do confronto entre o art. 13 da Lei 8.620/93, que atribuía a ordinariamente a responsabilidade patrimonial solidária aos sócios de uma sociedade de responsabilidade limitada, pelos débitos relativos às contribuições para a seguridade social havidos por tal sociedade, e o art. 135, III, do Código Tributário Nacional, que versa justamente sobre as hipóteses de responsabilização de sócios, que são excepcionais.

Nesse sentido, veja-se o trecho em que fora mencionada a existência da Súmula Vinculante 8:

> Enquanto tributos que são, submetem-se as contribuições de seguridade social às normas gerais em matéria de legislação tributária reservadas pelo art. 146, III, b, da CF, à lei complementar.
>
> Aliás, tal pressuposto já foi assentado por esta Corte por ocasião da análise do arts. 45 e 46 da Lei 8.212/91, em face dos arts. 173 e 174 do CTN, tendo sua inconstitucionalidade sido reconhecida justamente por violação ao art. 146, III, b, da Constituição. Refiro-me ao julgamento do RE 559.943, relatora a Ministra Cármen Lúcia, que deu origem à Súmula Vinculante 8: "São inconstitucionais o parágrafo único do artigo 5º do decreto-lei nº 1.569/77 e os artigos 45 e 46 da lei 8.212/91, que tratam de prescrição e decadência de crédito tributário".

Esse trecho dirá muito sobre as conclusões a que chegamos acerca das razões de decidir das decisões que sustentaram a origem e aplicação do enunciado da Súmula Vinculante 8, mas, por enquanto, por não se tratar de decisão que aplica o precedente vinculante, é o que basta como introito desta análise.

6.2 Universo de acórdãos com juízo meritório sobre o tema da Súmula Vinculante 8

Antes de adentrarmos no cerne das decisões meritórias acerca da incidência do verbete vinculante 8, essenciais algumas advertências acerca do substrato analisado. Das decisões de mérito, fizemos a divisão em duas grandes classes, a partir de um único critério, o reconhecimento pela Corte da aplicação do verbete vinculante ao julgamento analisado, ou, de outro lado, a conclusão para a não aplicação do verbete.

Decorre disso que, das decisões ditas positivas, que reconheceram o caso de aplicação do precedente, impele-nos identificar a matéria argumentativa para tanto na intenção de identificar as razões de decidir destes julgados, identificando pontos de similitude que resultaram em seu sentido.

De outro lado, nos casos em que não houve a aplicação do oitavo verbete vinculante à espécie, identificar os elementos de divergências, que permitem a depuração do *distinguishing* de fundamentação.

Nesse sentido, vamos às decisões colegiadas da Suprema Corte, que aplicaram o precedente obrigatório assentado nos enunciados da Súmula Vinculante 8.

6.2.1 Decisões com juízo meritório que aplicaram a da Súmula Vinculante 8 ao caso em julgamento

No universo de decisões coletadas, identificamos nove delas que aplicaram a Súmula Vinculante 8 à espécie em análise. São eles:

1. Agravo Regimental no Recurso Extraordinário 486.169-1/PR, Relatoria do Ministro Marco Aurélio, da Primeira Turma do STF, julgado em 12/08/2008;

2. Agravo Regimental no Recurso Extraordinário 552.806-5/RS, Relatoria do Ministro Marco Aurélio, Primeira Turma do STF, julgado em 12/08/2008;

3. Agravo Regimental no Recurso Extraordinário 552.713-1/SC, Relatoria do Ministro Marco Aurélio, Primeira Turma do STF, julgado em 12/08/2008;

4. Agravo Regimental no Recurso Extraordinário 502.648-5/SC, Relatoria do Ministro Joaquim Barbosa, Segunda Turma do STF, julgado em 19/08/2008;

5. Agravo Regimental no Recurso Extraordinário 557.695-7/DF, Relatoria do Ministro Cezar Peluso, Segunda Turma do STF, julgado em 02/12/2008;

6. Agravo Regimental no Recurso Extraordinário 543.778-7/RS, Relatoria do Ministro Eros Grau, Segunda Turma do STF, julgado em 09/12/2008;

7. Agravo Regimental no Recurso Extraordinário 543.997/AL Relatoria da Ministra Ellen Gracie, Segunda Turma do STF, julgado em 22/06/2010;

8. Agravo Regimental no Agravo Regimental no Recurso Extraordinário 490.572/SC, Relatoria do Ministro Dias Toffoli, Primeira Turma do STF, julgado em 19/06/2012;

9. Agravo Regimental no Recurso Extraordinário 546.727/SC, Relatoria do Ministro Marco Aurélio, Primeira Turma do STF, julgado em 18/06/2013;

Deste subcampo decisório com esses nove elementos, destacamos, primeiramente, os três acórdãos que inauguram a lista, e somamos a ele o último, agrupando-os pela razão eficiente de que trata-se de acórdãos com razões de decidir idênticas, com quase identidade total, inclusive, de redações de voto, com o destaque para insignificantes diferenças. Todos os acórdãos foram relatados pelo Ministro Marco Aurélio, cujas ementas são reproduzidas abaixo:

> **Ag. Reg. no Recurso Extraordinário 486.169-1 Paraná**
>
> DECADÊNCIA TRIBUTÁRIA – ARTIGO 45 DA LEI 8.212/91 – INCONSTITUCIONALIDADE – VERBETE VINCULANTE 8 DA SÚMULA DO SUPREMO. É inconstitucional, ante a inobservância do instrumental próprio – lei complementar –, o artigo 45 da Lei 8.212/91.[313]
>
> **Ag. Reg. no Recurso Extraordinário 552.806-5 Rio Grande do Sul**
>
> PRESCRIÇÃO TRIBUTÁRIA – ARTIGO 46 DA LEI 8.212/91 – INCONSTITUCIONALIDADE – VERBETE DA SÚMULA DO SUPREMO. É inconstitucional, ante a inobservância do instrumental próprio – lei complementar –, o artigo 46 da Lei 8.212/91.[314]
>
> **Ag. Reg. no Recurso Extraordinário 552.713-1 Santa Catarina**
>
> PRESCRIÇÃO E DECADÊNCIA TRIBUTÁRIAS – ARTIGOS 45 E 46 DA LEI 8.212/91 – INCONSTITUCIONALIDADE – VERBETE Nº DA SÚMULA DO SUPREMO. São inconstitucionais, ante a inobservância do instrumental próprio – lei complementar –, os artigos 45 e 46 da Lei 8.212/91.[315]

---

313. BRASIL. Supremo Tribunal Federal. *Agravo Regimental no Recurso Extraordinário 486.169-1/PR*. Relator: Ministro Marco Aurélio. Agravante: Instituto Nacional do Seguro Social - INSS. Agravado: Banco do Brasil S/A. Julgamento: 12 ago. 2008. Órgão julgador: Primeira Turma. Publicação: DJe, 25 set. 2008.

314. Id. Supremo Tribunal Federal. *Agravo Regimental no Recurso Extraordinário 552.806-5/RS*. Relator: Ministro Marco Aurélio. Agravante: União. Agravado: Empreiteira de Obras Laikoski Lta Me. Julgamento: 12 ago. 2008. Órgão julgador: Primeira Turma. Publicação: DJe, 25 set. 2008.

315. Id. Supremo Tribunal Federal. *Agravo Regimental no Recurso Extraordinário 552.713-1/SC*. Relator: Ministro Marco Aurélio. Agravante: União. Agravado: Visaplast Indústria e Comércio de Embalagem Ltda. Julgamento: 12 ago. 2008. Órgão julgador: Primeira Turma. Publicação: DJe, 09 out. 2008.

Ag. Reg. no Recurso Extraordinário 546.727 Santa Catarina
PRESCRIÇÃO TRIBUTÁRIA – ARTIGO 46 DA LEI 8.212/91 – INCONSTITUCIONALIDADE – VERBETE VINCULANTE Nº 8 DA SÚMULA DO SUPREMO. É inconstitucional, ante a inobservância do instrumental próprio – lei complementar –, o artigo 46 da Lei 8.212/91.[316]

Como evidenciam as ementas, essas quatro decisões sobre a aplicação do verbete vinculante 8 são de uma singeleza peculiar. Há votos que não perpassam uma lauda.

O primeiro julgado (486.169-1) trata da questão da incompatibilidade do art. 45, da Lei 8.212/91, que prescreveu o prazo decadencial decenal para a constituição do crédito tributário das contribuições para a seguridade social, com a Ordem Constitucional de 1988.

O segundo acórdão (552.806-5) versa sobre o mesmo juízo de incompatibilidade, mas, desta feita, acerca do art. 46, da mesma Lei 8.212/91, o qual, por sua vez, prescreveu o mesmo prazo decenal para verificação da prescrição para a cobrança judicial das contribuições para a seguridade social. De se notar que a ementa é idêntica ao acórdão vazado nos autos do Agravo Regimental no Recurso Extraordinário 546.727, o quarto no bloco de transcrição aludida acima.

O terceiro na ordem de transcrição (552.713-1), sem qualquer novidade em relação a todos os outros deste quadrante, versava sobre a inconstitucionalidade de ambos os dispositivos (artigos 45 e 46, da Lei 8.212/91) em conjunto. Veja-se o trecho do voto do Ministro Marco Aurélio, vazado nesta última decisão e repetido nos três acórdãos, e que exprime, sem qualquer exagero, todo o conteúdo decisório dos acórdãos:

---

316. Id. Supremo Tribunal Federal. *Agravo Regimental no Recurso Extraordinário 546.727/SC*. Relator: Ministro Marco Aurélio. Agravante: União. Agravado: Elinco Empresa de Limpeza Conservação e Vigilância Ltda Me e Outro(s). Julgamento: 18 jun. 2013. Órgão julgador: Plenário. Publicação: DJe, 31 jul. 2013.

AG. REG. no Recurso Extraordinário 552.713-1 Santa Catarina

O Plenário, na sessão de 11 de junho de 2008, ao apreciar os Recursos Extraordinários 556.664-1/RS, 559.882-9/RS e 559.943-3/RS, declarou a inconstitucionalidade dos arts. 45 e 46 da Lei nº 8.212/1991. Na assentada, concluiu, à luz do disposto na alínea "b" inciso III do artigo 146 da Constituição Federal, estarem a prescrição e a decadência em matéria tributária vinculadas a regência por lei complementar[317].

As assertivas dos votos acima cingiam-se a, peremptoriamente, dizer da inconstitucionalidade dos dispositivos contidos no enunciado da Súmula Vinculante 8. Mas, ainda assim, por mais singelas que fossem as argumentações e por mais sintéticos que fossem os votos, havia sempre referência a decisões anteriores da Suprema Corte. Constatamos que a alusão a decisões pregressas é sempre uma regra. A referência, ainda que indireta, nas decisões de aplicação da Súmula Vinculante 8, são sempre relativas a outras decisões.

A tônica da simplicidade e do sintetismo das decisões acima comentadas repete-se nos acórdãos do Agravo Regimental no Recurso Extraordinário 502.648-5, do Agravo Regimental no Recurso Extraordinário 557.695-7, do Agravo Regimental no Recurso Extraordinário 543.778-7, e do Agravo Regimental no Agravo Regimental no Recurso Extraordinário 490.572, repetindo-se, portanto, a sua fundamentação.

A singeleza parecia ser a pedra de toque dos primeiros tempos de decisões aplicadoras das Súmulas Vinculantes. Vejamos a ementa do primeiro julgado (502.648-5):

Ag. Reg. no Recurso Extraordinário 502.648-5 Santa Catarina
CONSTITUCIONAL. TRIBUTÁRIO. PRESCRIÇÃO E DECADÊNCIA. RESERVA DE LEI COMPLEMENTAR. LEI ORDINÁRIA QUE DISPÕE DE FORMA CONTRÁRIA ÀQUELA

---

317. BRASIL. Supremo Tribunal Federal. *Agravo Regimental no Recurso Extraordinário 552.713-1/SC*. Relator: Ministro Marco Aurélio. Agravante: União. Agravado: Visaplast Indústria e Comércio de Embalagem Ltda. Julgamento: 12 ago. 2008. Órgão julgador: Primeira Turma. Publicação: DJe, 09 out. 2008, *grifo nosso*.

NORMATIZADA EM LEI COMPLEMENTAR DE NORMAS GERAIS. ART. 146, III, B DA CONSTITUIÇÃO. ART. 46 DA LEI 8.212/19991. PROCESSO CIVIL. AGRAVO REGIMENTAL.

Viola a reserva de lei complementar para dispor sobre normas gerais em matéria tributária (art. 146, III, b da Constituição) lei ordinária da União que disponha sobre prescrição e decadência. Precedentes. "São inconstitucionais o parágrafo **único do artigo 5º do decreto-lei 1.569/77 e os artigos 45 e 46 da lei 8.212/91, que tratam de prescrição e decadência de crédito tributário**" (Súmula Vinculante 8). **Agravo Regimental conhecido, mas ao qual se nega provimento**[318]

Neste acórdão (502.648-5) destacamos a passagem do voto de lavra do Ministro Joaquim Barbosa, que evidencia a utilização quase gêmea do fundamento de decisão adrede exposto como a única razão de decidir dos três primeiros julgados. No caso em espécie, a decisão afastou o recurso da União, aplicando o verbete para manter a decisão que era guerreada pela Fazenda Nacional:

> A tese desenvolvida pela União está em franca divergência com a orientação firmada pelo Supremo Tribunal Federal e consolidada na Súmula Vinculante 8, assim redigida: [...]. Por ocasião do julgamento do RE nº 556.664, do RE 559.882, do RE 559.943 e do RE 560.626 (rel. min. Gilmar Mendes e min. Carmen Lúcia, Pleno, j. 11.06.2008), a Corte entendeu haver reserva de lei complementar para dispor sobre a matéria (art. 146, III, b da Constituição)[319].

Não difere da simplicidade da decisão acima, os argumentos trazidos pelo acórdão 557.695-7, cuja ementa ora se transcreve (557.695-7):

---

318. BRASIL. Supremo Tribunal Federal. *Agravo Regimental no Recurso Extraordinário 502.648-5/SC*. Relator: Ministro Joaquim Barbosa. Agravante: União. Agravado: Sulca S.A. Indústria Sulbrasileira de Calçados. Julgamento: 19 ago. 2008. Órgão julgador: Segunda Turma. Publicação: DJe, 27 nov. 2008.

319. Ibid.

AG. REG. no Recurso Extraordinário 557.695-7 Santa Catarina

RECURSO. Extraordinário. Inadmissibilidade. Tributo. Contribuição Social. Execução Fiscal. Prescrição e decadência. Arts. 45 e 46 da Lei 8.212/91. Inconstitucionalidade reconhecida. Súmula vinculante 8. Agravo regimental não provido. São inconstitucionais o parágrafo único do artigo 5º do Decreto-Lei 1.569/1977 e os artigos 45 e 46 da Lei 8.212/1991, que tratam da prescrição e decadência de crédito tributário.[320]

Chama a atenção nesse caso que todo o voto do Ministro Cezar Peluso possui exatas sete linhas ou sessenta e oito palavras, se quisermos elevar a tal nível de detalhe a curiosidade sobre o poder de síntese da decisão, mas, ainda assim, com referência aos julgados precedentes que culminaram com a criação do verbete. Veja-se todo ele:

> Inconsistente o recurso. Esta Corte, na sessão de 12.6.2008, ao julgar os REs 556.664, 559.882, 560.626 (Rel. Min. Gilmar Mendes) e 559.943 (Rel. Min. Carmen Lúcia), editou a Súmula Vinculante 8, de teor seguinte: 'São inconstitucionais o parágrafo único do art. 5º do Decreto-lei 1.569/77 e os artigos 45 e 46 da Lei 8.212/91, que tratam da prescrição e decadência de crédito tributário". Isso posto, nego provimento.

Por fim, com fecho sobre as decisões singelas, referimos aqui aos acórdãos abaixo, de relatoria do Ministro Dias Toffoli e Eros Grau, respectivamente:

> **Ag. Reg. no Ag. Reg. no Recurso Extraordinário 490.572 Santa Catarina**
>
> Agravo regimental no recurso extraordinário. Princípio da reserva de plenário. Não ofensa. Artigos 45 e 46 da Lei 8.212/91. Constitucionalidade. Súmula Vinculante 8. 1. O art. 557, *caput*, do Código de Processo Civil permite ao relator negar "seguimento ao recurso manifestamente inadmissível, improcedente, prejudicado ou em confronto com súmula ou com jurisprudência

---

320. Id. Supremo Tribunal Federal. *Agravo Regimental no Recurso Extraordinário 557.695-7/SC*. Relator: Ministro Cezar Peluso. Agravante: União. Agravado: Refrigo Indústria e Comércio de Câmaras Ltda Me e Outro(a/s). Julgamento: 02 dez. 2008. Órgão julgador: Segunda Turma. Publicação: DJe, 05 fev. 2009.

dominante do respectivo tribunal, do Supremo Tribunal Federal, ou de Tribunal Superior". 2. A Súmula Vinculante 8 firmou a inconstitucionalidade dos arts. 45 e 46 da Lei 8.212/91 e do art. 5º do Decreto-lei 1.569/77, considerando que tais dispositivos têm por objeto matéria reservada a lei complementar. 3. Agravo regimental não provido.[321]

AG. REG. no Recurso Extraordinário 543.778-7 Rio Grande do Sul

AGRAVO REGIMENTAL NO RECURSO EXTRAORDINÁRIO. CRÉDITO TRIBUTÁRIO. PRESCRIÇÃO. DECADÊNCIA. INCONSTITUCIONALIDADE DOS ARTIGOS 45 E 46 DA LEI N. 8.212/91. O Supremo, em recente pronunciamento, editou a Súmula Vinculante n. 8, de seguinte teor: "[s]ão inconstitucionais os parágrafo único do artigo 5º do Decreto-lei 1.569/77 e os artigos 45 e 46 da Lei 8.212/91, que tratam de prescrição e decadência de crédito tributário". Agravo regimental a que se enga provimento [sic].[322]

Uma leitura apressada e um pensamento mais animoso poderiam tragar o jurista à conclusão de que há carência de fundamentação nas decisões que tratam sumariamente do tema. A singeleza e economia nas palavras são consequência direta da previsão de dispositivos de lei tidos como incompatíveis com a ordem constitucional, a saber os artigos 45 e 46, da Lei 8.212/91 e o parágrafo único do artigo 5º, do Decreto-lei 1.569/77.

Em todos os julgados aqui citados, os quais aplicam o teor da Súmula Vinculante 8, suas fundamentações (fundamentação indireta) são emprestadas das adotadas no bojo dos acórdãos utilizados como precedentes de criação do verbete, todos julgados pelo Plenário do Supremo Tribunal Federal. Externando a

---

321. BRASIL. Supremo Tribunal Federal. *Agravo Regimental no Agravo Regimental no Recurso Extraordinário nº 490.572/SC*. Relator: Ministro Dias Toffoli. Agravante: União. Agravado: Eval Distribuidora de Alimentos Ltda e Outros. Julgamento: 19 jun. 2012. Órgão julgador: Primeira Turma. Publicação: DJe, 01 ago. 2012, grifo nosso.

322. Id. Supremo Tribunal Federal. *Agravo Regimental no Recurso Extraordinário 543.778-7/RS*. Relator: Ministro Eros Grau. Agravante: Instituto Nacional do Seguro Social - INSS. Agravado: Ivo Schuler. Julgamento: 09 dez. 2008. Órgão julgador: Segunda Turma. Publicação: DJe, 05 fev. 2009.

constatação acima, vale o destaque para o trecho do relatório de lavra do Ministro Eros Grau, que, referindo e reproduzindo um desses precedentes, desataca a natureza material das normas gerais em matéria de legislação tributária, reconhecendo que seu trato foi deferido exclusivamente à lei complementar nos termos dos requerimentos constitucionais. Vejamos:

> **Ag. Reg. no Recurso Extraordinário 543.778-7 Rio Grande do Sul**
>
> 2. O Pleno do Supremo Tribunal Federal, no julgamento do RE 559.943, Relatora a Ministra Cármen Lúcia, DJe de 26.9.08, ficou o seguinte entendimento:
>
> ′1. A Constituição da República de 1988 reserva à lei complementar o estabelecimento de normas gerais em matéria de legislação tributária, especialmente sobre prescrição e decadência, nos termos do art. 146, inciso III, alínea b, in fine, da Constituição da República. Análise histórica da doutrina e da evolução do tema desde a Constituição de 1946. 2. Declaração de inconstitucionalidade dos artigos 45 e 46 da Lei 8.212/1991, por disporem sobre matéria reservada à lei complementar. 3. Recepcionados pela Constituição da República de 1988 como disposições de lei complementar, subsistem os prazos prescricional e decadencial previstos nos artigos 173 e 174 do Código Tributário Nacional[323].

Todos os julgados seguem exatamente a mesma linha de fundamentação, acima desvelada, porque todos os casos nele refletidos tratavam de situações fáticas que se subsumiam às normas reflexas dos artigos 45 e 46, da Lei 8.212/91, ou seja, sobre a aplicação dos prazos de decadência e prescrição às contribuições para a seguridade social ou sobre a suspensão do prazo prescricional, em caso de não inscrição em dívida ativa de débitos de pequeno valor ou inexequíveis, a teor do parágrafo único, do art. 5º, do Decreto-lei 1.569/77.

---

323. BRASIL. Supremo Tribunal Federal. *Agravo Regimental no Recurso Extraordinário 543.778-7/RS*. Relator: Ministro Eros Grau. Agravante: Instituto Nacional do Seguro Social - INSS. Agravado: Ivo Schuler. Julgamento: 09 dez. 2008. Órgão julgador: Segunda Turma. Publicação: DJe, 05 fev. 2009, *grifo nosso*.

Em comum, todos os casos chegaram ao Supremo pelos recursos interpostos pelo Instituto Nacional da Seguridade Social (INSS) ou pela União; em todos eles, os Ministros da Suprema Corte cuidaram de manter as decisões atacadas e que já aplicavam o entendimento vazado na Súmula Vinculante nº 8, nas situações ali previstas.

Como a Súmula Vinculante faz menção expressa em seu enunciado aos dispositivos de lei que foram fustigados de inconstitucionalidade, a aplicação do verbete (incidência) em casos de clara subsunção das situações fáticas a esses mesmos dispositivos torna simples a tarefa de aplicação do precedente vinculante, explicando, em certa medida, a singeleza dos acórdãos aqui trazidos.

Destacamos, em separado, um último acórdão que cuidou de aplicar o verbete vinculante 8; trata-se do Agravo Regimental no Recurso Extraordinário 543.997, cuja temática é a mesma, ou seja, a aplicação do oitavo verbete vinculante; o pano de fundo torna sua análise em separado digna de nota. Vejamos, primeiramente, sua ementa:

> **AG. REG. no Recurso Extraordinário 543.997 Alagoas**
>
> TRIBUTÁRIO. CONTRIBUIÇÃO PARA O IAA. AGRAVO REGIMENTAL EM RECURSO EXTRAORDINÁRIO. NATUREZA JURÍDICA TRIBUTÁRIA. EC 8/77. PRESCRIÇÃO REGIDA PELO CTN. ART. 557, §1º-A DO CPC. APLICABILIDADE. 1. Tendo este Plenário já apreciado a questão dos autos, conclui-se que essa se encontra pacificada, sendo possível ao relator julgá-la monocraticamente, nos termos do art. 557, §1º-A, do CPC. 2. A Emenda Constitucional 8/77 não retirou da contribuição de intervenção no domínio econômico, como, por exemplo, a de que tratam estes autos (IAA), a sua natureza tributária. Precedente. 3. Agravo Regimental improvido.[324]

---

[324]. BRASIL. Supremo Tribunal Federal. *Agravo Regimental no Recurso Extraordinário 543.997/AL*. Relatora: Ministra Ellen Gracie. Agravante: União. Agravado: Usina Santa Clotilde S/A. Julgamento: 22 jun. 2010. Órgão julgador: Segunda Turma. Publicação: DJe, 05 ago. 2010.

O exame da matéria chegou à Suprema Corte pelo manejo de recurso da União, contra decisão do próprio STF, exarada em Recurso Extraordinário que considerou aplicáveis as prescrições normativas do Código Tributário Nacional à contribuição devida ao Instituto do Açúcar e do Álcool, a chamada contribuição ao IAA.

A importância da questão, pela pertinência temática com a Súmula 8, revela-se na medida em que, reconhecida a natureza tributária da contribuição ao IAA, obrigatória a sua submissão ao regime tributário, notadamente às normas insculpidas no CTN, e, especialmente, os seus artigos 173 e 174 (decadência e prescrição). Vejamos passagens do acórdão de lavra de Ministra Ellen Gracie, que didaticamente expõe o tema:

> **AG. REG. no Recurso Extraordinário 543.997 Alagoas**
>
> "E, conforme demonstrado na decisão atacada por meio do precedente citado (RE 158.208/RN), da relatoria do Min. Marco Aurélio, a Contribuição para o IAA configura contribuição de intervenção no domínio econômico, nos termos do art. 149 da Constituição Federal. [...]. Dessa forma, a prescrição é regida pelo CTN. Nesse mesmo sentido, manifestou-se o Ministério Público Federal.
>
> [...].
>
> E uma vez definida a natureza jurídico-tributária da contribuição ao IAA, apenas foi citada em não aplicada a Súmula Vinculante 8, tão somente como reforço de argumentação para explicar que o instituto da prescrição é aplicável às contribuições que têm natureza tributária e, por isso mesmo, submetem-se, quanto ao tema da prescrição, ao CTN (Lei 5.172/1966), que foi promulgado como lei ordinária e recebido como lei complementar pelas Constituições de 1967/69 e 1988.
>
> <u>Leis ordinárias, como por exemplo (Decreto-lei 1.569/77 e Lei 8.212/91) não poderiam dispor sobre prescrição tributária, porquanto somente lei complementar poderia fazê-lo</u>. No caso, o Código Civil, (art. 177), e por cuja aplicação, na hipótese dos autos, pugna a ora recorrente, não poderia regular tal instituto, por expressa vedação do art. 146, III, "b", da Constituição Federal[325].

---

325. BRASIL. Supremo Tribunal Federal. *Agravo Regimental no Recurso*

No caso em apreço, portanto, não estava propriamente em pauta a temática da compatibilidade de qualquer dispositivo legal mencionado na Súmula Vinculante 8. Estava em mesa de debates, isso, sim, a natureza jurídica da contribuição ao IAA, e, por consequência, a determinação do regime jurídico que lhe fosse aplicável, especialmente, o prazo prescricional para sua exigência do devedor.

Assentou a Suprema Corte, em decisões anteriores, que a natureza da contribuição ao IAA é tributária, enquadrando-se no arquétipo da espécie tributária definida no art. 149 da Constituição da República como uma contribuição de intervenção no domínio econômico. Todo o resto do raciocínio decisório é consequência da adoção dessa premissa.

Aplicou-se o entendimento esculturado no enunciado do verbete vinculante nº 8 sem qualquer ressalva ou dificuldade específica, comprovando sua efetividade.

6.2.2 Decisões que não aplicaram a Súmula Vinculante 8 ao caso em julgamento

Chegamos, enfim, ao ponto de analisar a subclasse das decisões que, mesmo que possam ter se referido a óbices processuais, acabaram por adentrar, ainda que em diferentes graus, ao mérito da questão versada em concreto nos autos de seus julgamentos, e que, consequentemente, acabaram por distinguir as situações das razões e fundamentos que podem ser considerados externados na Súmula Vinculante 8, não fazendo-a incidir sobre eles.

Adiantamo-nos em dizer que alguns acórdãos poderiam estar classificados, nos itens anteriores, àqueles que fizeram referências aos óbices para a apreciação de mérito. De outra sorte, identificamos relevância em sua análise, em razão de

---

Extraordinário 543.997/AL. Relatora: Ministra Ellen Gracie. Agravante: União. Agravado: Usina Santa Clotilde S/A. Julgamento: 22 jun. 2010. Órgão julgador: Segunda Turma. Publicação: DJe, 05 ago. 2010, *grifo nosso*.

quê, de alguma forma, revelaram indícios de distinção das circunstâncias materiais postas sob julgamento, o que nos importa para o descobrimento das razões de decidir dos julgados.

Vamos ao quadro enunciativo das decisões analisadas;

1. Agravo Regimental na Reclamação 7.979/PA, Relatoria do Ministro Dias Toffoli, Plenário do STF, julgado em 06/02/2013;

2. Agravo Regimental na Reclamação 15.773/DF, Relatoria da Ministra Cármen Lúcia, Plenário do STF, julgado em 06/06/2013;

3. Agravo Regimental no Agravo no Recurso Extraordinário 783.000/DF, Relatoria da Ministra Cármen Lúcia, Segunda Turma do STF, julgado em 21/10/2014;

4. Agravo Regimental no Recurso Extraordinário 816.084/DF, Relatoria do Ministro Marco Aurélio, Relatoria para Acórdão do Ministro Dias Toffoli, Primeira Turma do STF, julgado em 10/03/2015;

5. Agravo Regimental na Reclamação 21.797/SC, Relatoria do Ministro Celso de Mello, Segunda Turma do STF, julgado em 10/11/2015.

A quina de decisões acima listadas revela o imiscuir-se dos juízos meritórios acerca do cabimento da aplicação da Súmula Vinculante 8 e, ao distinguirem as situações versadas em cada uma das decisões, para concluir pela não incidência do enunciado do verbete, fornece didáticas trilhas para a percepção do que seja um termo seguro para a identificação de similaridade de matéria a ser a ele submetida.

Nessa medida, cuidaremos primeiro de ponderar sobre Agravo Regimental na Reclamação 21.797, assim ementado:

Ag. Reg. na Reclamação 21.797 Santa Catarina

RECLAMAÇÃO – ALEGADA TRANSGRESSÃO AO TEOR DA SÚMULA VINCULANTE 08/STF – NÃO CONFIGURAÇÃO – INEXISTÊNCIA DA NECESSÁRIA RELAÇÃO DE IDENTIDADE ENTRE A MATÉRIA VERSADA NA DECISÃO OBJETO DA RECLAMAÇÃO E OS FUNDAMENTOS QUE DÃO SUPORTE AO PARADIGMA DE CONFRONTO INVOCADO PELA PARTE RECLAMANTE – INADMISSIBILIDADE, NO CASO, DO INSTRUMENTO RECLAMATÓRIO – INADEQUAÇÃO, ADEMAIS, DO EMPREGO DA RECLAMAÇÃO COMO SUCEDÂNEO RECURSAL – RECLAMAÇÃO A QUE SE NEGOU SEGUIMENTO – POSSIBILIDADE DE O RELATOR DA CAUSA, NO SUPREMO TRIBUNAL FEDERAL, NEGAR SEGUIMENTO À AÇÃO RECLAMATÓRIA MEDIANTE DECISÃO MONOCRÁTICA – LEGITIMIDADE CONSTITUCIONAL DESSE PODER PROCESSUAL DO RELATOR – INEXISTÊNCIA DE OFENSA AO POSTULADO DA COLEGIALIDADE – PRECEDENTES – "AGRAVO REGIMENTAL" INTERPOSTO PELA RECLAMANTE – AUSÊNCIA DE IMPUGNAÇÃO DE TODOS OS FUNDAMENTOS EM QUE SE ASSENTOU O ATO DECISÓRIO RECORRIDO – PARECER DA PROCURADORIA-GERAL DA REPÚBLICA PELO NÃO PROVIMENTO DO "AGRAVO REGIMENTAL" – RECURSO DE AGRAVO IMPROVIDO.[326]

A decisão acima, a um passo em que trate de negar seguimento ao recurso de agravo na reclamação sob os auspícios dos argumentos de que a peça recursal não se presta a modificar decisões transitadas em julgado e nem serve à intenção de utilização como sucedâneo de recursos não manejados anteriormente, fundamentações estas, de toda a sorte, utilizadas e plenamente identificadas no conteúdo decisório, também presta-se a realizar interessante juízo de similaridade/ausência de similaridade com a matéria sumulada no verbete de número 8 e, em tal dimensão, releva em importância para nossos esforços analíticos. Essa a razão de ser alocada neste tópico.

---

326. BRASIL. Supremo Tribunal Federal. *Agravo Regimental na Reclamação 21.979/DF*. Relator: Ministro Celso de Mello Agravante: Clínica Radiológica Joinville S/C Ltda Agravado: Evanir Medeiros e Outro. Julgamento: 10 nov. 2015. Órgão julgador: Segunda Turma. Publicação: DJe, 21 jan. 2016.

O juízo de não identidade entre o caso julgado e o entendimento enunciado no verbete sumular pode ser cingido à circunstância material de haver sido constatada fraude em contrato de trabalho, externado em pagamentos efetuados sem registro em carteira, e a consequência que desse fato decorra a imprescritibilidade dos créditos relativos às contribuições previdenciárias decorrentes dos pagamentos remuneratórios da prestação de serviço respectiva (sem registro em careteira de trabalho). Expliquemos.

O caso dos autos trata de procedência de reclamação trabalhista em que o reclamante originário fez reconhecer em decisão judicial o fato de que trabalhou recebendo cerca de quatro salários mínimos, quando efetivamente o registro em sua carteira de trabalho constava apenas o piso da categoria a que pertencia, inferior a tais valores, e que isso transcorrera durante período superior a cinco anos (referimo-nos aqui ao prazo quinquenal da prescrição).

Desta feita, o Egrégio Tribunal Regional do Trabalho da 12ª Região assentou que:

> Trata-se, portanto, de salário extrafolha, cujo pagamento se operou por período superior ao da prescrição quinquenal. [...]. Ao não efetuar os registros dos salários da autora em seus documentos profissionais, assim como na sua contabilidade regular, agiu o empregador com fraude, não podendo nesta situação operar prescrição ou decadência. [...]. Assim, dou provimento ao agravo para afastar a decadência e/ou prescrição dos créditos previdenciários e determinar sua apuração sobre os salários extrafolha reconhecidos judicialmente.

Ao invocar o verbete vinculante 8, sem, no entanto, aplicá-lo, por considerar imprescritíveis os créditos constituídos em decorrência de reconhecimento de fraude (salário extrafolha), o TRT 12 interpretou o verbete, distinguindo-o da situação dos prazos de decadência e prescrição das contribuições previdenciárias ante ocorrência regular de fatos geradores (sem atos fraudatórios).

A relatoria da decisão do Supremo Tribunal, a cargo do Ministro Celso de Mello, considerou a decisão acima como não transgressora do oitavo verbete vinculante aqui referido, acatando a distinção, como fica claro do trecho abaixo transcrito:

> E que as razões de decidir invocadas no ato judicial questionado (consistentes na ocorrência de fraude, apta a descaracterizar a ocorrência de prescrição ou decadência) revelam-se substancialmente diversas daquelas que deram suporte à Súmula Vinculante 8/STF (que se refere à inconstitucionalidade do 'parágrafo único do art. 5º do Decreto-Lei 1.569/77' e dos 'artigos 45 e 46 da Lei 8.212/91'), o que basta para afastar ,por inocorrente, a alegação de desrespeito à autoridade daquele pronunciamento sumular do Supremo Tribunal Federal, inviabilizando-se ao acesso à via reclamatória.

Pensamos ser perfeitamente possível identificar o critério distintivo entre o caso e os fundamentos da Súmula Vinculante 8. A falta de equivalência das circunstâncias materiais foi o reconhecimento de uma relação fraudulenta de trabalho, cuja consequência seria, ao menos, em tese, a imprescritibilidade dos créditos tributários constituídos por execução de oficio na Justiça do Trabalho.

Em similar linha de pensamento, trazemos a reboque o Acórdão exarado no Agravo Regimental na Reclamação 7.979, de seguinte ementa:

Ag. Reg. na Reclamação 7.979 Pará

> Agravo regimental na reclamação. Súmula STF 734. Ausência de identidade de temas entre o ato reclamado e o entendimento da Corte com eficácia vinculante. Agravo regimental não provido. 1. Por atribuição constitucional, presta-se a reclamação para preservar a competência do STF e garantir a autoridade de suas decisões (art. 102, inciso I, alínea l, CF/88), bem como para resguardar a correta aplicação das súmulas vinculantes (art. 103-A, § 3º, CF/88). 2. Impropriedade do uso da reclamação em face da coisa julgada incidente sobre o ato reclamado (Súmula STF nº 734). 3. Exige-se aderência estrita do objeto do ato reclamado ao conteúdo da decisão paradigmática do STF para que seja admitido o manejo da reclamatória constitucional. 4. A matéria tratada no caso sob exame não encontra identidade com as situações

debatidas nos precedentes que justificaram a edição da Súmula Vinculante nº 8, uma vez que não se analisou a questão referente à cobrança de contribuição previdenciária incidente sobre direitos reconhecidos em ação trabalhista (art. 43 da Lei nº 8.212/91), limitando-se a declarar a inconstitucionalidade dos arts. 45 e 46 do mesmo diploma legal. 5. Agravo regimental não provido.[327]

Seguindo na estrada pavimentada pelo acórdão anteriormente analisado, a decisão acima ementada também inferiu que, no caso em espécie, havia imprestável manejo de reclamação contra coisa julgada, para concluir que a reclamação para preservação da autoridade das decisões da Suprema Corte não pode ser sucedânea de outros recursos que se prestariam ao debate de mérito nas instâncias processuais pertinentes.

O que o torna interessante para nosso enfoque analítico, fazendo com que o classifiquemos neste tópico, é que, novamente, em que pesem tais conclusões acima, o dispositivo decisório acabou, de certa forma, adentrando ao mérito das circunstâncias materiais do caso, também para distingui-lo daquelas que seriam subsumidas ao enunciado do verbete vinculante 8.

Tratava o caso de discussão acerca da exclusão de parcelas das contribuições para a seguridade social, em função de que eram cobradas em um período superior ao quinquênio consagrado pelo verbete vinculante, posto que eram exigidas em função de execução de ofício promovida pela Justiça do Trabalho em função de ação com trânsito em julgado no qual houvera o reconhecimento de certos direitos trabalhistas. A exigência das contribuições, portanto, era consequência do reconhecimento meritório na reclamação trabalhista.

---

327. BRASIL. Supremo Tribunal Federal. *Agravo Regimental na Reclamação* 7.979/PA. Relator: Ministro Dias Toffoli. Agravante: Município de Nova Timboteua. Agravado: Maria Lemos de Aquino. Julgamento: 06 fev. 2013. Órgão julgador: Plenário. Publicação: DJe, 05 mar. 2013.

A sutil distinção entre os debates dos dois casos acima é que, no presente, o agravante não quis parecer se insurgir contra a decisão transitada em julgado (mérito da ação trabalhista), dado o entendimento sedimentado pela Súmula (persuasiva) 734 da Suprema Corte pela impossibilidade de fazê-lo; diferentemente, argumentou que agia contra a decisão de execução de ofício na Justiça do Trabalho, os créditos das contribuições supostamente alcançadas pela prescrição. Veja-se passagem ilustrativa do voto do Min. Dias Toffoli:

> O agravante desafia decisão monocrática em que se negou seguimento à reclamação aplicando-se a Súmula STF 734. Sustenta que a pretensão não visa desconstituir a coisa julgada formada em fase de conhecimento, mas, sim, impedir a execução *ex officio*, iniciada quando já editada a Súmula Vinculante 8, de parcelas de contribuição previdenciária atingidas pela prescrição e/ou decadência, ante a inconstitucionalidade dos arts. 45 e 46 da Lei 8.212/91[328].

Após fustigar a pretensão do então agravante com a prescrição do verbete persuasivo 734, o Ministro Dias Toffoli elencou que, mesmo não fosse caso para tal, a tese de que haveria a possibilidade de aplicação do entendimento da Súmula Vinculante 8 ultrapassaria a competência da Suprema Corte, pois teria que adentrar em seara legislativa infraconstitucional, analisando-se a delegação de competência estabelecida no art. 43, da Lei 8.212/91. Veja-se mais uma passagem de lavra do Relator:

> Para adentrar nessas questões, esta Corte teria que proceder a uma análise do ordenamento jurídico pátrio, a fim de fixar a natureza jurídica da decisão proferida pela justiça especializada, quando do exercício da competência inscrita no art. 43, da Lei 8.212/91, situação essa não abrangida pelo enunciado da Súmula Vinculante 8, que se refere apenas aos arts. 45 e 46 do mesmo diploma legal.

---

328. BRASIL. Supremo Tribunal Federal. *Agravo Regimental na Reclamação 7.979/PA*. Relator: Ministro Dias Toffoli. Agravante: Município de Nova Timboteua. Agravado: Maria Lemos de Aquino. Julgamento: 06 fev. 2013. Órgão julgador: Plenário. Publicação: DJe, 05 mar. 2013.

[...]
O tema objeto de jurisprudência pacificada nessa Suprema Corte e que justificou a elaboração da Súmula Vinculante n° 8, apontada como paradigma de confronto na presente reclamação, circunscreve-se à constitucionalidade dos arts. 45 e 46 da Lei 8.212/91 e ao § 1° do art. 5° do Decreto-lei 1.569/77[329].

No caso em espécie, arriscamo-nos a fazer tal juízo, o teste de aderência material do caso à Súmula Vinculante foi feito pelos dispositivos legais nela mencionados, ou seja, as prescrições dos artigos foram levantadas como elemento divisor para diferenciar as duas realidades (a dos fatos consagrados no processo *versus* a hipótese material da Súmula Vinculante 8).

Particularmente, pensamos insuperáveis os obstáculos para utilizar a reclamação contra a coisa julgada, dado que a execução na Justiça do Trabalho é apenas sucedâneo direto do mérito imutável na ação trabalhista em si, o que acaba por justificar as decisões no sentido em que foram tomadas.

De toda forma, não percebemos se o Ministro Dias Toffoli, querendo o enfrentamento temático do caso junto ao verbete vinculante, apercebeu-se de que os dispositivos citados como incompatíveis com a ordem constitucional, expressamente mencionados no enunciado da Súmula Vinculante 8, não são a sua razão de decidir, mas apenas a consequência dela.

Nesse sentido, podemos apenas inferir que o raciocínio do Ministro Toffoli sofreu influência da maneira pela qual se portou o agravante, fazendo parecer que atacava a decisão de execução. Ocorre que, quer-nos parecer, fazê-lo não significava tencionar discutir a competência da Justiça do Trabalho, o que de fato levaria ao exame do art. 43, da Lei 8.212/91, mas apenas visava excluir do processo de execução as parcelas que, meritoriamente, entendia indevidas em função do verbete vinculante 8.

---

329. Ibid.

De tudo isso, concluímos que os dispositivos legais mencionados na Súmula Vinculante 8 não são exatamente critérios que fazem a distinção material dos casos que possam a ela se subsumir, posto que não são as razões de decidir dos julgamentos que levaram à sua formação, são consectários da adoção da tese de reserva material da lei complementar pelo texto constitucional, esta sim, a *ratio decidendi* da Súmula Vinculante 08.

Com as considerações acima, tomadas como suficientes por ora, passamos ao que jaz na decisão proferida nos autos do Agravo Regimental na Reclamação 15.773, de ementa singelamente redigida:

> **Ag. Reg. na Reclamação 15.773 Distrito Federal**
> AGRAVO REGIMENTAL NA RECLAMAÇÃO. ALEGADO DESCUMPRIMENTO DA SÚMULA VINCULANTE 8 DO SUPREMO TRIBUNAL FEDERAL. AUSÊNCIA DE IDENTIDADE MATERIAL. PRECEDENTES. AGRAVO REGIMENTAL AO QUAL SE NEGA PROVIMENTO.[330]

A fundamentação exposta na decisão adrede ementada também considera a malversação da reclamação como sucedâneo de recursos cabíveis em outras instâncias do Poder Judiciário. No que toca à temática do caso, assunto de nosso interesse, o agravo insurge-se contra ato de inscrição em dívida ativa, de créditos tributários federais supostamente albergados pela prescrição, a teor dos prazos do Código Tributário Nacional e entendimento consolidado na Súmula Vinculante 8.

Em análise sintética, o manejo recursal visava reconhecimento da natureza de ato atentatório à Súmula Vinculante 8, consubstanciada na ação de inscrição em dívida ativa dos aludidos débitos, após, segundo se presume das narrativas,

---

330. BRASIL. Supremo Tribunal Federal. *Agravo Regimental na Reclamação 15.773/DF*. Relatora: Ministra Cármen Lúcia. Agravante: Farmacotécnica Instituto de Manipulações Farmacêuticas Ltda. Agravado: Procurador Regional da Fazenda Nacional em Brasília. Julgamento: 06 jun. 2013. Órgão julgador: Plenário. Publicação: DJe, 22 ago. 2013.

descumprimento de parcelamento realizado pelo contribuinte, ocasião em que os débitos já estariam fulminados pelo prazo prescricional.

O corpo da decisão sustenta a inocorrência de ato de desrespeito a ser corrigido pela via da reclamação constitucional. Aduz que o ato de inscrição sequer mencionou os preceitos do verbete, sequer fez juízo de valor sobre qualquer período ou prazo prescricional, o que afirma a estranheza da situação reclamada ante a descrita no preceito vinculante 8. Vejam-se as linhas insculpidas no voto da Ministra Relatora Cármen Lúcia:

> Como assentado na decisão agravada, os elementos apresentados na reclamação conduzem à inteligência de que o Procurador Regional da Fazenda Nacional não desrespeitou a Súmula Vinculante 8 deste Supremo Tribunal Federal, bem sequer fundamentou sua decisão no parágrafo único do artigo 5º do Decreto-Lei 1.569/77 e nos arts. 45 e 46 da Lei 8.212/1991, declarados inconstitucionais pelo Supremo Tribunal Federal. Assim, não há identidade material entre a decisão administrativa impugnada e a Súmula Vinculante 8 deste Supremo Tribunal, o que afasta o cabimento da reclamação[331].

Não temos clareza suficiente para enfrentar as razões materiais de distinção então pugnadas na decisão. Cremos que as razões de decidir são mais atinentes à impropriedade de utilização do instituído recursal da reclamação do que despropositadas em termos de materialidade.

Se, de fato, pode-se tomar como premissa a inscrição em dívida ativa de débitos fustigados pela prescrição, a temática, em princípio, parece ser inerente ao conteúdo jurídico que procura expressar o verbete obrigatório número oito, ainda que não houvesse qualquer espécie de referência expressa aos dispositivos tidos como inconstitucionais ou mesmo ao próprio enunciado do verbete.

---

331. BRASIL. Supremo Tribunal Federal. *Agravo Regimental na Reclamação nº 15.773/DF.* Relatora: Ministra Cármen Lúcia. Agravante: Farmacotécnica Instituto de Manipulações Farmacêuticas Ltda. Agravado: Procurador Regional da Fazenda Nacional em Brasília. Julgamento: 06 jun. 2013. Órgão julgador: Plenário. Publicação: DJe, 22 ago. 2013.

Queremos crer, uma vez mais, que a referência material não pode ser realizada apenas com a balança de haver, ou não, citação de dispositivos invocados pelo ato decisório. A mera execução de débitos intempestivos pela hermenêutica sumular vinculante, ainda sem qualquer expressa referência a dispositivos legais, cuidam, em tese, de enquadrar-se materialmente em sua moldura.

Não é um caso em que o fundamento do afastamento da Súmula Vinculante 8 ocorreria por distinção temática, mas por inviabilidade de análise da reclamação como sucedâneo de recursos, como amplamente consagrado na jurisprudência da Suprema Corte de Justiça.

Em linhas finais sobre as decisões que, em alguma medida, adentraram na seara meritória sobre a aplicação da Súmula Vinculante 8, queremos nos referir a duas decisões simultaneamente, as duas últimas listadas nesse item

A referência conjunta obedece a algumas razões: a primeira é que guardam identidade das circunstâncias fáticas que as levaram à apreciação da Suprema Corte; a segunda, que tiveram desfechos em sentidos muito diversos; e, finalmente, a terceira, que proporcionaram riquíssimo debate na Suprema Corte acerca da extensão semântica dos fundamentos que levaram à edição da Súmula, e o próprio enunciado verbete vinculante 8, em clara constatação da distinção do enunciados a partir dos quais se constroem as normas e veículos de introdução desses enunciados.

Tratam-se das decisões cujas ementas seguem reproduzidas:

> **Ag. Reg. no Recurso Extraordinário com Agravo 783.000 Distrito Federal**
>
> AGRAVO REGIMENTAL NO RECURSO EXTRAORDINÁRIO COM AGRAVO. ADMINISTRATIVO. EXECUÇÃO FISCAL. MULTA ADMINISTRATIVA DE INFRAÇÃO TRABALHISTA: NATUREZA JURÍDICA. PRAZO PRESCRICIONAL. NECESSIDADE DE

ANÁLISE PRÉVIA DA LEGISLAÇÃO INFRACONSTITUCIONAL. AUSÊNCIA DE OFENSA CONSTITUCIONAL DIRETA. AGRAVO REGIMENTAL AO QUAL SE NEGA PROVIMENTO.[332]

Ag. Reg. no Recurso Extraordinário 816.084 Distrito Federal

Agravo regimental em recurso extraordinário. Prescrição. Multa por infração à norma celetista. Crédito não tributário. Artigo 5º, parágrafo único DL 1.569/77. Declaração de inconstitucionalidade. Súmula Vinculante 8. Alcance. Matéria constitucional. Devolução dos autos ao TST, sob pena de supressão de instância. 1. O parágrafo único do art. 5º do Decreto-Lei 1.569/77 foi declarado inconstitucional por esta Corte apenas na parte em que se refere à suspensão da prescrição dos créditos tributários, por se exigir, quanto ao tema, lei complementar. 2. O Supremo Tribunal Federal não declarou a inconstitucionalidade da suspensão da prescrição de créditos não tributários decorrente da aplicação do *caput* art. 5º do Decreto-Lei 1.569/77. O tema ainda se encontra em aberto para discussão no âmbito do STF. 3. Afastada, no caso concreto, a aplicação da Súmula Vinculante 8, os autos devem retornar ao Tribunal Superior do Trabalho para que esse emita juízo sobre o art. 5º do Decreto-Lei 1.569/77, considerada a hipótese de execução de crédito não tributário, sob pena de supressão de instância. 4. Agravo regimental provido para dar parcial provimento ao recurso extraordinário, no sentido de determinar o retorno dos autos ao Tribunal de origem para que prossiga no julgamento do feito, como de direito.[333]

Em ambas as decisões, a União levara ao Supremo Tribunal, em grau recurso extraordinário, decisões do Tribunal Superior do Trabalho (TST) que aplicaram os fundamentos do verbete vinculante 8, reconhecendo a prescrição da cobrança de <u>multas administrativas</u> decorrentes do descumprimento

---

332. BRASIL. Supremo Tribunal Federal. *Agravo Regimental no Recurso Extraordinário com Agravo 783.000/DF.* Relatora: Ministra Carmén Lúcia. Agravante: União. Agravado: Indústria Açucareira Antonio Martins de Albuquerque S/A. Julgamento: 21 out. 2014. Órgão julgador: Segunda Turma. Publicação: DJe, 03 nov. 2014.

333. BRASIL. Supremo Tribunal Federal. *Agravo Regimental no Recurso Extraordinário nº 816.084/DF.* Relator do Acórdão: Ministro Dias Toffoli. Agravante: União Agravado: Jefferson Barros Cavalcanti e Outros. Julgamento: 10 março. 2015. Órgão julgador: Primeira Turma. Publicação: DJe, 15 mai. 2015.

de legislação trabalhista. O pano de fundo das demandas era saber qual o regime jurídico prescricional a que estaria submetida a cobrança das tais multas, o regime estabelecido pelo Código Civil ou o prazo insculpido no Decreto 20.910/32, que é quinquenal.

Firmada sólida posição na jurisprudência de que o regime prescricional é o trazido pelo Decreto 20.910/32, posição erigida sobre os alicerces de que a multa aqui referida tem caráter e natureza jurídica administrativa, a União pugnava, desta feita, em ambos os casos concretos, pelo reconhecimento da aplicação do art. 5°, parágrafo único, do Decreto-Lei 1.569/77, que prevê a suspensão do prazo prescricional em caso de débitos de pequeno valor, de forma a defender a não ocorrência da prescrição e, por consequência, a exigibilidade das cobranças havidas no contexto dos casos em concreto.

Naquele momento surgia o grau de importância das decisões aqui versadas; o Tribunal Superior do Trabalho afastou a incidência do dispositivo suspensivo do prazo prescricional (art. art. 5°, parágrafo único, do Decreto-Lei 1.569/77) sob argumento de sua inconstitucionalidade, aplicando à espécie o enunciado da Súmula Vinculante 8.

O inconformismo da União, que a levou em ambos os casos ao Supremo Tribunal, consubstanciou-se no fato de que o verbete vinculante 8 tinha aplicação específica para as cobranças de créditos tributários, e não outros créditos inscritos em dívida ativa, mas de matizes jurídicas distintas e, na espécie, não especificamente às multas administrativas.

Estabelecia-se, na ocasião, contenda hermenêutica sobre o enunciado da Súmula Vinculante 8, exatamente sobre a extensão semântica da declaração de inconstitucionalidade do art. 5°, parágrafo único, do Decreto-Lei 1.569/77. Seria uma declaração e reconhecimento de incompatibilidade constitucional amplos, que culminariam com a extração do enunciado do sistema de direito positivo pátrio, ou apenas uma incompatibilidade parcial, temática, reconhecida especificamente para os casos de prazos prescricionais para a cobrança de créditos tributários?

No primeiro dos julgados aqui referidos (Agravo Regimental no Recurso Extraordinário com Agravo 783.000), datado de 21 de outubro de 2014, os Ministros da Segunda Turma da Suprema Corte adotaram posição unânime, seguindo o voto da Ministra Relatora Cármen Lúcia, acerca da impossibilidade de exame da questão acima posta em sede de recurso extraordinário, na medida em que assentaram que adentrar no mérito dessa contenda seria imiscuir-se em análise da legislação infraconstitucional, como resta claro pela passagem do aludido voto da Ministra Cármen Lúcia:

> 2. Como afirmado na decisão agravada, a apreciação do pleito recursal demandaria o exame e a interpretação da legislação infraconstitucional aplicável à espécie (Decreto 20.910/1932). Assim, a alegada contrariedade à constituição da República, se tivesse ocorrido, seria indireta, a inviabilizar o processamento do recurso extraordinário: [...]
>
> [...]
>
> Ao contrário do alegado pela Agravante, o Tribunal de origem limitou-se a aplicar o entendimento firmado por este Supremo Tribunal Federal de que '*São inconstitucionais o parágrafo único do Decreto-Lei n. 1.569/77 e os arts. 45 e 46 da Lei 8.212/1991, que tratem de prescrição e decadência de crédito tributário*' (Súmula Vinculante 8)[334].

Pouco menos de um semestre após a decisão da Segunda Turma, adrede comentada, em 10 de março de 2015, a Primeira Turma do Supremo Tribunal Federal decidiu, de maneira diversa, exatamente sobre o mesmo tema. O Agravo Regimental no Recurso Extraordinário 816.084 estava originariamente sob a relatoria do Ministro Marco Aurélio, e o recurso

---

334. BRASIL. Supremo Tribunal Federal. *Agravo Regimental no Recurso Extraordinário com Agravo 783.000/DF.* Relatora: Ministra Carmén Lúcia. Agravante: União. Agravado: Indústria Açucareira Antonio Martins de Albuquerque S/A. Julgamento: 21 out. 2014. Órgão julgador: Segunda Turma. Publicação: DJe, 03 nov. 2014, *grifo nosso*.

da União parecia ter a mesma sorte de seu predecessor, na medida em que o Eminente Ministro adotava posição similar à decisão anterior, cujo emblema se dá na seguinte passagem:

> **Voto Ministro Marco Aurélio (Relator)**
> O deslinde da controvérsia deu-se à luz dos fatos e das provas sob o ângulo estritamente legal, e não considerada a Constituição da República. A conclusão adotada fez-se alicerçada em interpretação conferida à legislação de regência da matéria, não ensejando campo ao acesso ao Supremo[335].

A divergência sobre a conclusão acima foi aberta pelo voto-vista do Ministro Dias Toffoli, sendo seguido em seu sentido pelos votos-vista dos Ministros Luiz Fux e Luís Roberto Barroso. A Ministra Rosa Weber acompanhou o Ministro Marco Aurélio, de forma que a decisão vencedora fez-se por maioria, sendo designado para o redator do Acórdão o Ministro Dias Toffoli.

Identificar as razões de decidir de decisões precedentes, ou seja, os fundamentos nucleares decisórios dessas decisões, é padrão seguro para comparação com as circunstâncias materiais do caso em concreto, de forma a realizar ou não a aplicação do entendimento do precedente. Um simples enunciado sumular seria apto a tal identificação?

Para indicar o caminho da resposta, profícuo é promover a transcrição dos trechos dos votos e registros oficiais dos debates, pelo singelo motivo de que, esta decisão, em nosso sentir, é símbolo da insuficiência dos enunciados das Súmulas (quaisquer umas) para abarcar toda a significação semântica dos argumentos e fundamentos das decisões que culminam com as suas edições.

---

335. Id. Supremo Tribunal Federal. *Agravo Regimental no Recurso Extraordinário 816.084/DF.* Relator do Acórdão: Ministro Dias Toffoli. Agravante: União Agravado: Jefferson Barros Cavalcanti e Outros. Julgamento: 10 março. 2015. Órgão julgador: Primeira Turma. Publicação: DJe, 15 mai. 2015.

O Ministro Dias Toffoli iniciou a divergência assentando que o tema debatido era constitucional, na medida em que versava, justamente, sobre a interpretação da Súmula Vinculante 8, e, em tal medida, merecia ser enfrentado pela Suprema Corte:

Voto-vista Ministro Dias Toffoli

Ao meu ver, a questão trazida a esta Corte é eminentemente jurídica e possui envergadura constitucional, notadamente por evolver a interpretação da Súmula Vinculante 8 e sua incidência ou não sobre créditos não tributários.

[...]

É possível dizer que o veículo normativo legal (a redação do dispositivo, seu texto) abrange duas diferentes normas: a) aplicação do **caput** do art. 5º do Decreto-Lei 1.569/77 e a consequente suspensão da prescrição de **créditos tributários**; e b) aplicação do **caput** do art. 5º do mesmo diploma e a consequente suspensão da prescrição de **créditos não tributários**. Reparo, no entanto, que, dentre essas, tão somente a primeira norma foi submetida à apreciação desta Casa e considerada inconstitucional.

Com efeito, naqueles julgados que sustentaram a edição da Súmula Vinculante 8, o Relator, Ministro **Gilmar Mendes**, expressamente destacou a relevância da questão constitucional então tratada, isto é, "a necessidade do uso de lei complementar para regular matéria relativa à prescrição e à decadência tributárias.

[...]

Desse modo, extrai-se desses julgados o sentido de que o parágrafo único do art. 5º do Decreto-Lei 1.569/77 foi declarado inconstitucional apenas **na parte em que se refere à suspensão da prescrição dos créditos tributários, por se exigir, quanto ao tema, lei complementar**. Inexistiu declaração de inconstitucionalidade quanto ao restante. Permaneceu, assim, com **presunção** de constitucionalidade a segunda norma do dispositivo, isto é, a suspensão da prescrição de créditos não tributários decorrente da aplicação do **caput** do art. 5º do Decreto-Lei 1.569/77.

[...]

Em síntese, para ficar indene de dúvidas, destaco que o Supremo Tribunal Federal não declarou a inconstitucionalidade da suspensão da prescrição de créditos não tributários decorrente da aplicação do **caput** do art. 5º do Decreto-Lei 1.569/77, **mas** também não declarou sua constitucionalidade. O tema ainda se encontra em aberto para discussão no âmbito desta Casa e também no presente feito.

A conclusão de voto do Ministro Toffoli deu-se no sentido de uma afastada a aplicação da Súmula Vinculante 8, por ausência de identidade de matéria; seria o caso de devolver o caso à apreciação do TST para, de fato, exarar juízo de valor sobre a causa debatida, sem considerar a inconstitucionalidade do art. 5º, parágrafo único, do Decreto-Lei 1.569/77. Os votos-vista dos Ministros Luiz Fux e Luís Roberto Barroso seguiram a mesma sorte.

Valem os destaques abaixo feitos, por serem de uma ilustração didática da discussão, sendo o primeiro passagem do voto proferido pelo Ministro Luiz Fux e o segundo uma intervenção oral feita pelo Sr. Odim Brandão, Subprocurador Geral da República, na ocasião do julgamento:

> **Voto-vista Ministro Luiz Fux**
>
> Com efeito, as normas relativas à prescrição e à decadência dos créditos tributários, por possuírem natureza de normas gerais de direito tributário, devem ser disciplinadas por lei complementar, nos termos do art. 18, § 1º, da Constituição de 1967 e 146, III, b, da Carta atual, mandamento constitucional que, no entanto, não vale para a prescrição e decadência e crédito de natureza diversa, matéria que poderá ser prevista em leis ordinárias.
>
> **Intervenção do Sr. Subprocurador-Geral da República Odim Brandão**
>
> A tese da Fazenda seria de que o afastamento da prescrição deu-se por uma inconstitucionalidade formal do decreto que a encurta. Sucede que inconstitucionalidade forma, aí, no caso, decorreria do fato de lei ordinária ou decreto-lei ter disposto sobre tema reservado ao CTN. Então havia uma competência de lei complementar. Mas, como a multa de que se cogita não tem natureza tributária, malgrado seja cobrada por meio de execução fiscal, a *ratio* da Súmula vinculatória 8 não alcançaria o crédito da multa trabalhista, diversamente do que ocorre com o crédito tributário.[336]

---

336. BRASIL. Supremo Tribunal Federal. *Agravo Regimental no Recurso Extraordinário 816.084/DF*. Relator do Acórdão: Ministro Dias Toffoli. Agravante: União

A pedagogia clarividente dos trechos acima destaca-se por representarem a melhor técnica de elucidação da fundamentação de decisões precedentes, as razões de decidir que podem ser adotadas em um julgado de potencialidades vinculativas.

Queremos dizer que as razões argumentativas são condutores fieis aos elementos de distinção que foram adotados como fundamentos de não aplicação do precedente sumular vinculante.

Em linhas finais deste capítulo, consideramos que a Súmula Vinculante 8 expressa em seu enunciado uma técnica particularmente ruim de descrição de posicionamento jurisprudencial ou, ao menos, incompleta, potencialmente geradora de defeitos e ruídos na comunicação do sistema de decisões judiciais quando da aplicação dessas decisões precedentes.

A análise empírica dos julgados aqui trazidos identifica que suas razões de decidir têm núcleo comum expresso na circunstância de que há reserva material de lei complementar para tratamento de certas questões, dentre elas a prescrição e a decadência de créditos tributários, a teor do disposto no art. 146, III, "b", da Carta Constitucional.

Apenas em função da interpretação acima, houve a consequência da inconstitucionalidade dos artigos 45 e 46 da Lei 8.212/91 e do parágrafo único do artigo 5º, do Decreto Lei 1569/1977.

O enunciado expressa a consequência e não a razão nuclear de decidir das decisões precedentes que culminaram com a edição do enunciado da Súmula Vinculante 8. A preocupação já ocupava a enunciação em que ocorrerá os debates de sua aprovação:

Agravado: Jefferson Barros Cavalcanti e Outros. Julgamento: 10 março. 2015. Órgão julgador: Primeira Turma. Publicação: DJe, 15 mai. 2015.

O DR. FABRÍCIO DA SOLLER (PROCURADOR DA FAZENDA NACIONAL) – Senhor Presidente só uma questão de ordem.

Com relação ao parágrafo único do artigo 5º, ele diz respeito a créditos tributários e não tributários. Se este for o caso do entendimento do Tribunal, da súmula veicular declaração de inconstitucionalidade sem fazer referência de que se trata apenas para os créditos tributários, poderá induzir a todos os demais créditos a serem considerados também prescritos na mesma situação quando não há o óbice constitucional. [...].

O SENHOR MINISTRO MENEZES DIREITO – Está dito expressamente na aprovação de súmulas que tratam de prescrição e decadência de crédito tributário. Não há esse risco, porque na parte final nos explicitamos concretamente que estão alcançados na inconstitucionalidade apenas os créditos de natureza tributária, que quer dizer que os demais não estão incluídos.[337]

Em que pese a pretensa clareza, a pragmática da aplicação das decisões precedentes, revelada nos acórdãos aqui analisados, cuidaram de evidenciar o ruído na movimentação da comunicação do sistema jurídico, com decisões que estenderam a aplicação do precedente para créditos de natureza não tributária, por incorreta construção da proposição a partir do enunciado da Súmula.

Conforme dito em capítulos anteriores, normalmente se identifica que as razões de decidir de um caso são voltadas às suas circunstâncias materiais. E aquiescemos com essa afirmação, desde que ela não seja tomada como sinônimo de fatos.

Circunstâncias materiais ou a substância de um caso podem ser reveladas em questões de fato (enunciadas no processo), normalmente atreladas às justificações externas a que aludiu ALEXY, ou questões relativas às teses jurídicas, aqui tomadas na porção significativa de hermenêutica normativa ou de relações de encadeamento de normas (coordenação e

---

337. BRASIL. Supremo Tribunal Federal. *Agravo Regimental no Recurso Extraordinário 816.084/DF.* Relator do Acórdão: Ministro Dias Toffoli. Agravante: União Agravado: Jefferson Barros Cavalcanti e Outros. Julgamento: 10 março. 2015. Órgão julgador: Primeira Turma. Publicação: DJe, 15 mai. 2015.

subordinação), estas ligadas mais às justificativas internas.

Pensamos ser esse o caso das razões de decidir dos precedentes que geraram o enunciado, ao nossos ver, insuficiente, da Súmula Vinculante 8, e que deveriam ser aplicados aos casos análogos. Queremos dizer que a razão de decidir é nitidamente um caso de análise de ontologia legislativa (matéria da lei) *vs* veículo introdutor (instrumento legislativo).

A reserva material à lei complementar, em certas matérias, e dentre elas a prescrição e decadência dos créditos tributários, é razão de decidir das decisões que originaram a súmula vinculante aqui versada. Foi uma análise, um esforço hermenêutico tipicamente estrutural do sistema de direito positivo; precipuamente uma tese jurídica, sem ligações com enunciados de fatos ocorridos no mundo fenomênico.

A consequência da análise feita acima foi a inconstitucionalidade dos dispositivos citados no enunciado da Súmula, pois seus enunciados foram introduzidos por instrumentos legislativos distintos dos requeridos pelo Texto Constitucional, como seriam inconstitucionais quaisquer outros enunciados normativos introduzidos no sistema por veículo introdutor diferente do requerido pela Carta, pois essa é, verdadeiramente, a razão de decidir das decisões precedentes, sequer mencionadas no enunciado da Súmula Vinculante 8.

7. AS DECISÕES ACERCA DA SÚMULA VINCULANTE 19

O enunciado da Súmula Vinculante de número dezenove foi aprovado no contexto da Proposta de Súmula Vinculante 40, na Sessão Plenária do Supremo Tribunal Federal, em 29 de outubro do ano de 2009, e publicada em ambos os diários oficiais (Diário de Justiça Eletrônico e Diário Oficial da União), em 10 de novembro do mesmo ano.

Dezessete processos são listados no sítio do Supremo Tribunal Federal como decisões que serviram de precedentes à edição do enunciado, inclusive o Recurso Extraordinário com Questão de Ordem e Repercussão Geral – RE-QO-RG 576.321, de relatoria do Ministro Ricardo Lewandowski, e que é a única decisão citada expressamente na PSV 40. A Súmula possui o seguinte enunciado:

> **Súmula vinculante 19**
>
> A taxa cobrada exclusivamente em razão dos serviços públicos de coleta, remoção e tratamento ou destinação de lixo ou resíduos provenientes de imóveis, não viola o art. 145, II, da Constituição Federal.

Seguindo o caminho anteriormente traçado, encontramos dezoito decisões colegiadas da Suprema Corte que fizeram referência direta ao precedente vinculante aqui objeto de nossas considerações.

Ao enumerá-los em ordem cronológica de julgamento, evidenciamos nosso substrato de análise para identificação das razões de decidir em cada um deles. Vamos à lista de acórdãos:

1) Agravo Regimental no Recurso Extraordinário 571.241/RN Relatoria do Ministro Joaquim Barbosa, da Segunda Turma do STF, julgado em 20/04/2010;

2) Agravo Regimental no Recurso Extraordinário 602.741/DF, Relatoria do Ministro Celso de Mello, Segunda Turma do STF, julgado em 25/05/2010;

3) Agravo Regimental no Agravo de Instrumento 632.521/PR, Relatoria do Ministro Ayres Britto, Segunda Turma do STF, julgado em 01/02/2011;

4) Agravo Regimental no Agravo de Instrumento 311.693/SP, Relatoria do Ministro Dias Toffoli, Primeira Turma do STF, julgado em 06/12/2011;

5) Agravo Regimental no Agravo de Instrumento 629.959/PR, Relatoria do Ministro Marco Aurélio, Primeira Turma do STF, julgado em 21/08/2012;

6) Agravo Regimental no Recurso Extraordinário com Agravo 761.889/BA, Relatoria da Ministra Cármen Lúcia, Segunda Turma do STF, julgado em 25/10/2013;

7) Agravo Regimental no Recurso Extraordinário 635.886/SP, Relatoria do Ministro Teori Zawascki, Segunda Turma do STF, julgado em 10/12/2013;

8) Agravo Regimental no Recurso Extraordinário 555.225/SP, Relatoria do Ministro Dias Toffoli, Primeira Turma do STF, julgado em 27/05/2014;

9) Agravo Regimental no Recurso Extraordinário 773.736/PE, Relatoria do Ministro Ricardo Lewandowski, Segunda Turma do STF, julgado em 05/08/2014;

10) Agravo Regimental no Recurso Extraordinário 487.363/SP, Relatoria do Ministro Teori Zawascki, Segunda Turma do STF, julgado em 03/02/2015;

11) Agravo Regimental no Recurso Extraordinário com Agravo 861.311/BA, Relatoria da Ministra Rosa Weber, Primeira Turma do STF, julgado em 10/03/2015;

12) Agravo Regimental no Recurso Extraordinário 901.412/BA, Relatoria do Ministro Dias Toffoli, Segunda Turma do STF, julgado em 27/10/2015;

13) Agravo Regimental na Reclamação 21.982/BA, Relatoria do Ministro Edson Fachin, Primeira Turma do STF, julgado em 27/10/2015;

14) Agravo Regimental na Reclamação 21.981/SP, Relatoria do Ministro Roberto Barroso, Primeira Turma do STF, julgado em 15/12/2015;

15) Agravo Regimental no Agravo de Instrumento 702.161/SC, Relatoria do Ministro Roberto Barroso, Primeira Turma do STF, julgado em 15/12/2015;

16) Agravo Regimental na Reclamação 23.065/SP, Relatoria do Ministro Dias Toffoli, Segunda Turma do STF, julgado em 15/03/2016;

17) Agravo Regimental na Reclamação 18.344/SP, Relatoria da Ministro Gilmar Mendes, Segunda Turma do STF, julgado em 17/05/2016;

18) Agravo Regimental nos Embargos de Declaração no Agravo Regimental no Recurso Extraordinário

827.018/RN, Relatoria da Ministra Cármen Lúcia, julgado em 09/09/2016.

Na trilha já percorrida, empreendemos a tarefa analítica de depuração das decisões, com o objetivo já conhecido de segregação em grupos ou classes representativas de identidade ou mesmo de similaridade em seu núcleo decisório, com vistas a identificar razoavelmente suas razões de decidir materiais que apontaram para a aplicação ou não aplicação do teor da Súmula Vinculante 19.

Coube, também, identificar casos de ausência de apreciação acerca do juízo de mérito sobre a aplicação ou não do verbete, ante a presença de questões, no mais das vezes, de ordem processual, que impedissem que a Corte Suprema adentrasse ao cerne das circunstâncias fáticas que justificariam a aplicação da súmula obrigatória.

Reafirmamos a advertência já feita anteriormente de que, após examinadas as decisões, o critério distintivo para agrupá-las nas classes (i) com juízo de mérito sobre a aplicação ou (ii) sem juízo de mérito sobre a aplicação, foi a presença de referências de quaisquer questões de jaez material que pudessem influenciar na composição dos argumentos da decisão, reverberando, assim, em razões de decidir.

Nesta ordem de ideias, esclarecemos que, após feitos os esforços de análise sobre os acórdãos aqui listados, observamos que em nenhuma das decisões há razões de decidir meramente formais como óbices à análise substancial dos casos sob a moldura dos fundamentos que evidenciam o enunciado da Súmula Vinculante 19.

Queremos dizer que em todas as decisões é possível, em certa medida, identificar a adoção de elementos de um juízo material, meritório, sobre a aplicação do verbete obrigatório de número 19. Desta feita, o conjunto de decisões que fazem juízo de aplicação é universal com relação aos julgados aqui coletados e apontados.

Universo de acórdãos referentes à Súmula Vinculante 19 → 18 decisões			
Com juízo meritório sobre o tema sumulado	18	Com aplicação da súmula ao caso	17
		Sem aplicação da súmula ao caso	1
Sem juízo meritório sobre o tema sumulado	0		

7.1 Universo dos acórdãos com juízo meritório sobre o tema da Súmula Vinculante 19

Sendo que a totalidade das decisões analisadas compõem o universo das que realizaram juízo meritório sobre o tema da Súmula Vinculante 19, dispensamos listar novamente os acórdãos.

Nesse sentido, faz-se premente a distinção entre os acórdãos que aplicaram e os que não aplicaram o verbete vinculante aos casos sob julgamento, buscando identificar as razões de decidir de cada uma. E sobre isso, podemos dizer que identificamos que, na quase totalidade das decisões, a caracterização da especificidade e da divisibilidade do serviço público remunerado mediante a taxa debatida ou a possibilidade de utilização de um ou mais elementos das bases de cálculo de tributos foram utilizadas, como razão de decidir fundamental, para a aplicação do Verbete Vinculante 19.

Em apenas uma das decisões encontramos a caracterização da utilização potencial do serviço posto à disposição do contribuinte como razão fundamental de decisão, também no sentido de aplicação do verbete vinculante 19.

Curioso destacar, ainda, que em 6 (seis) decisões há aplicação conjunta da Súmula Vinculante nº 29, sendo um caso de não aplicação por diversidade material e outros cinco com aplicação.

Esse dado explica-se a partir da proximidade temática das razões de decidir adotadas em ambos os verbetes, especificamente na seara da legalidade da base de cálculo das taxas de coleta de lixo em específico (SV 19) e das taxas em geral (SV 29).

Nessa dimensão, daremos ênfase somente aos argumentos especificamente referidos à Súmula Vinculante 19, dado que a de 29 será objeto específico de tratamento e porque também pretendemos destacar a dimensão das razões de decidir apenas do verbete vinculante nº 19. Poderemos, todavia, adentrar em tal seara, ainda que se maneira perfunctória, apenas para auxiliar na composição argumentativa das decisões referentes ao verbete 19, caso isso se revele necessário.

7.1.1 Decisões com juízo de mérito que aplicaram a Súmula Vinculante 19

Nessa classe de decisões encontram-se aquelas que realizaram juízo meritório e aplicaram o precedente vinculante, ora para prover recursos, ora para refutá-los, e, em todos os casos, fazendo valer o entendimento enunciado na Súmula Vinculante aqui referida, para confirmar ou infirmar as decisões que eram objeto dos ataques pelas vias recursais.

Como anteriormente acautelado, a subdivisão aqui é função da identificação de uma razão nuclear de decisão ou, poderemos chamar, o núcleo material da razão ou razões de decidir do acórdão. Eis a lista sobre a qual fora feita a análise investigatória:

1) Agravo Regimental no Recurso Extraordinário 571.241/RN Relatoria do Ministro Joaquim Barbosa, da Segunda Turma do STF, julgado em 20/04/2010;

2) Agravo Regimental no Recurso Extraordinário 602.741/DF, Relatoria do Ministro Celso de Mello, Segunda Turma do STF, julgado em 25/05/2010;

3) Agravo Regimental no Agravo de Instrumento 632.521/PR, Relatoria do Ministro Ayres Britto, Segunda Turma do STF, julgado em 01/02/2011;

4) Agravo Regimental no Agravo de Instrumento 311.693/SP, Relatoria do Ministro Dias Toffoli, Primeira Turma do STF, julgado em 06/12/2011;

5) Agravo Regimental no Agravo de Instrumento 629.959/PR, Relatoria do Ministro Marco Aurélio, Primeira Turma do STF, julgado em 21/08/2012;

6) Agravo Regimental no Recurso Extraordinário com Agravo 761.889/BA, Relatoria da Ministra Cármen Lúcia, Segunda Turma do STF, julgado em 25/10/2013;

7) Agravo Regimental no Recurso Extraordinário 635.886/SP, Relatoria do Ministro Teori Zawascki, Segunda Turma do STF, julgado em 10/12/2013;

8) Agravo Regimental no Recurso Extraordinário 555.225/SP, Relatoria do Ministro Dias Toffoli, Primeira Turma do STF, julgado em 27/05/2014;

9) Agravo Regimental no Recurso Extraordinário 773.736/PE, Relatoria do Ministro Ricardo Lewandowski, Segunda Turma do STF, julgado em 05/08/2014;

10) Agravo Regimental no Recurso Extraordinário 487.363/SP, Relatoria do Ministro Teori Zawascki, Segunda Turma do STF, julgado em 03/02/2015;

11) Agravo Regimental no Recurso Extraordinário com Agravo 861.311/BA, Relatoria da Ministra Rosa Weber, Primeira Turma do STF, julgado em 10/03/2015;

12) Agravo Regimental no Recurso Extraordinário 901.412/BA, Relatoria do Ministro Dias Toffoli, Segunda Turma do STF, julgado em 27/10/2015;

13) Agravo Regimental na Reclamação 21.982/BA, Relatoria do Ministro Edson Fachin, Primeira Turma do STF, julgado em 27/10/2015;

14) Agravo Regimental na Reclamação 21.981/SP, Relatoria do Ministro Roberto Barroso, Primeira Turma do STF, julgado em 15/12/2015;

15) Agravo Regimental no Agravo de Instrumento 702.161/SC, Relatoria do Ministro Roberto Barroso, Primeira Turma do STF, julgado em 15/12/2015;

16) Agravo Regimental na Reclamação 23.065/SP, Relatoria do Ministro Dias Toffoli, Segunda Turma do STF, julgado em 15/03/2016;

17) Agravo Regimental nos Embargos de Declaração no Agravo Regimental no Recurso Extraordinário 827.018/RN, Relatoria da Ministra Cármen Lúcia, julgado em 09/09/2016.

7.1.1.1 Uso potencial do serviço público remunerado por taxa

Exemplar único da espécie de decisões que aplicaram a Súmula Vinculante 19 sem contar com o núcleo decisório na especificidade e divisibilidade do serviço público ou com a questão da base de cálculo, a ementa a seguir retrata a adoção de uma moldura fático-jurídica a ensejar a aplicação do precedente insculpido no verbete, bem assentado e evidente nas razões de decidir do caso.

Ag. Reg. no Recurso Extraordinário 602.741 Distrito Federal

RECURSO EXTRAORDINÁRIO - TAXA INCIDENTE, EXCLUSIVAMENTE, SOBRE OS SERVIÇOS PÚBLICOS DE COLETA, REMOÇÃO E TRATAMENTO OU DESTINAÇÃO DE LIXO OU RESÍDUOS SÓLIDOS - EXIGIBILIDADE DESSA ESPÉCIE TRIBUTÁRIA - SÚMULA VINCULANTE 19 - APLICABILIDADE AO CASO - RECURSO DE AGRAVO IMPROVIDO.[338]

A decisão aqui analisada foi exarada em sede de peça de agravo contra decisão que provera recurso extraordinário para aplicar o verbete vinculante 19, assentada na materialidade do julgado a constitucionalidade da exigência da taxa de coleta domiciliar de lixo que leve em consideração a <u>metragem das unidades de vagas de garagem</u> atreladas aos imóveis dos sujeitos passivos.

De se ver, e disso não se pode olvidar, que a decisão acima ementada cuidou de assentir pela aplicação do verbete pelas razões tão consagradas na Corte Suprema, a saber, a especificidade e a divisibilidade do serviço de coleta e remoção de lixo domiciliar a sustentar sua constitucionalidade. Entretanto é a firme fundamentação sobre a mera potencialidade de prestação do serviço, sem que houvesse a efetividade material de sua realização, como razão justificadora da exação, que nos interessa no momento, tanto por diferir dos outros julgados quanto por se mostrar como elemento central no conteúdo decisório do acórdão.

A alegação da parte agravante cingia-se, na descrição do próprio Ministro Celso de Mello, que já lhe refutava, à alegação de que determinadas unidades imobiliárias identificadas como vagas de garagem não podiam ser levadas em consideração para a cobrança da exação, dado que não são, nem ao menos, potencialmente, produtoras de lixo, por sua própria natureza intrínseca. Vejamos passagem que ilustra o debate:

---

338. BRASIL. Supremo Tribunal Federal. *Agravo Regimental no Recurso Extraordinário 602.741/DF.* Relator: Ministro Celso de Mello Agravante: Condomínio Centro Empresarial Brasília Agravado: Silvio de Faria Caram Zuquim e Outro(s). Julgamento: 25 mai. 2010. Órgão julgador: Segunda Turma. Publicação: DJe, 24 jun. 2010.

Finalmente, não procede a alegação da parte ora agravante de que '[...] os imóveis em exame são vagas de garagem em subsolo, que por sua própria natureza não produzem 'lixo ou resíduos´ e não se utilizam, portanto, dos ´serviços públicos de coleta, remoção e tratamento ou destinação´ dos mesmos' (fls. 271).[339]

De outra sorte, o Ministro Relator Celso de Mello, utilizando-se de expressa referência a uma decisão precedente, encampou os fundamentos decisórios ali empregados, de maneira a deixar suficientemente clara a razão de decidir sobre o tema específico. Abaixo, trecho colacionado pelo Ministro Celso de Mello em seu voto no Agravo Regimental no Recurso Extraordinário aqui comentado:

> É que esta colenda Segunda Turma, ao julgar o AI 441.038/Agr/RS, Rel. Min. CEZAR PELUSO, apreciando esse específico aspecto de tal alegação, firmou entendimento que desautoriza, por completo, referida pretensão jurídica, como resulta evidente da seguinte passagem do voto do eminente Ministro CEZAR PELUSO:
>
> 'As chamadas taxas de serviço (art. 145, II, da CF/88) são cobradas em razão da utilização efetiva ou potencial de serviços públicos específicos e divisíveis. Vale dizer, é legítima a cobrança de taxa, ainda que o particular não utilize o serviço público, bastando, para tanto, que o serviço seja efetivamente existente e esteja à disposição do contribuinte. <u>O fato de o agravante, em decorrência de suas atividades, não produzir lixo, não afasta a incidência da Taxa de Coleta de Lixo Domiciliar</u>'[340].

O elemento nuclear que justificou a aplicação da matriz do precedente vinculante sumular de 19 foi a mera potencialidade de utilização de serviço, ante a premissa verossímil de que medidas de espaço relativas a vagas de garagem realmente não externariam produção de lixo. Essa premissa é tomada como irrelevante para fins de aferição da tributação quando

---

339. BRASIL. Supremo Tribunal Federal. *Agravo Regimental no Recurso Extraordinário 602.741/DF.* Relator: Ministro Celso de Mello Agravante: Condomínio Centro Empresarial Brasília Agravado: Silvio de Faria Caram Zuquim e Outro(s). Julgamento: 25 mai. 2010. Órgão julgador: Segunda Turma. Publicação: DJe, 24 jun. 2010.

340. Ibid.

se verifica que toda a estrutura de prestação do serviço público existe e está disponível ao contribuinte, o que denotaria a possibilidade da exigência da exação ante o uso potencial do serviço que está a ser remunerado.

Transportada aos casos em concreto aqui mencionados, em análise da demanda posta ao crivo do Ministro Cézar Peluso, a parte inconformada com a exação alegava um fato específico e subjetivo, característico de sua atividade pessoal, portanto, personalíssimo, de que não era produtor de lixo. Essa condição restou afastada no julgado ante a aceitação de que potencialidade de utilização é razão mais que suficiente a imposição tributária.

Já no caso posto à análise do Ministro Celso de Mello, decisão de aplicação da Súmula Vinculante 19 que aqui é objeto específico em nosso horizonte, o fato específico supostamente protetor à exigência das taxas era um fato objetivo, relativo às características do imóvel em que se daria a coleta, sem qualquer correlação com elementos de variabilidade pessoal dos contribuintes. Trata-se da própria natureza e utilização do imóvel, uma vaga de garagem, que não teria potencial de produção de resíduos de qualquer espécie e, nessa medida, deveria ser desconsiderada na aferição dos custos razoáveis da exação remuneratória.

De igual forma, o Ministro Celso de Mello estendeu a justificativa da potencialidade, descartando, assim, qualquer elemento objetivo (relativo ao imóvel objeto da coleta) ou subjetivo, como variáveis de verificação da validade da exigência da exação. Resta, apenas, a questão de verificar se o serviço é posto à disposição dos contribuintes em geral e, implicitamente, que a metragem de qualquer área do imóvel poderia ser utilizada para a aferição do custo a ser remunerado.

7.1.1.2 Especificidade e divisibilidade ou utilização de elementos de imposto na base de cálculo do serviço público remunerado por taxa

Nesta sorte de decisões, também encontraremos referências argumentativas orbitais ao núcleo decisório, como questões de natureza processual ou mesmo argumentos utilizados de maneira a reforçar a razão de decisão, por exemplo. A seleção de acórdãos aqui feita, no entanto, considera, como já dissemos, o elemento nuclear da decisão, a razão fundamental para o sentido do acórdão no contexto de aplicação do verbete vinculante, e, nesse espeque, todas as ementas aqui elencadas têm em comum a análise sobre a caracterização da especificidade e divisibilidade do serviço público ou da possibilidade de a base de cálculo conter um ou mais elementos da base de cálculo de impostos, desde que não se verifique integralidade de elementos relativamente à taxa de coleta e remoção de resíduos e lixos.

Num primeiro bloco, por uma questão de identidade que aqui já referimos, elencamos para análise conjunta de todas as decisões que aplicaram isoladamente a Súmula Vinculante 19 e, no segundo, as decisões que a aplicaram conjuntamente à Súmula Vinculante 29.

Utilizaremos neste bloco decisório uma dinâmica de forma a dar eficiência ao esforço analítico e que consistirá em reproduzir as ementas para tecer os comentários conclusivos a partir de identidade de razões decisórias de todas elas, ou seja, com fulcro no elemento da especificidade e divisibilidade do serviço público de coleta de lixo domiciliar, inclusive quando esse raciocínio desborda na possibilidade de utilização de elementos da base de cálculo de IPTU para potencializar a mensuração.

Destacaremos isoladamente as ementas quando necessário para fins didáticos ou quanto mereça ser tratada isoladamente pela adição de uma questão distintiva das demais em seu núcleo decisório comum. A primeira delas tem a seguinte ementa:

> Ag. Reg. no Recurso Extraordinário 571.241 Rio Grande do Norte
> CONSTITUCIONAL. TRIBUTÁRIO. TAXA. SERVIÇOS PÚBLICOS. COLETA E REMOÇÃO DE LIXO. CARACTERIZAÇÃO DA ABRANGÊNCIA DO SERVIÇO COMO INESPECÍFICO E INDIVISÍVEL. NECESSIDADE DO EXAME DA RESPECTIVA BASE DE CÁLCULO. RAZÕES DE AGRAVO REGIMENTAL INSUFICIENTES. QUESTÃO DE FUNDO. SÚMULA VINCULANTE 19. 1. O exame da possibilidade de o serviço público ser destacado em unidades autônomas e individualizáveis de fruição não se esgota com o estudo da hipótese de incidência aparente do tributo. É necessário analisar a base de cálculo da exação, que tem por uma de suas funções confirmar, afirmar ou infirmar o critério material da regra-matriz de incidência. As razões de agravo regimental, contudo, não indicam com precisão como a mensuração do tributo acaba por desviar-se da prestação individualizada dos serviços de coleta e remoção de lixo. 2. "A taxa cobrada exclusivamente em razão dos serviços públicos de coleta, remoção e tratamento ou destinação de lixo ou resíduos provenientes de imóveis, não viola o artigo 145, II, da Constituição Federal" (Súmula Vinculante 19). Agravo regimental ao qual se nega provimento.[341]

Aqui se trata da questão da aplicação do precedente vinculante de maneira bastante simples, na medida em que o caso levado ao Supremo Tribunal tinha o lastro contestatório da constitucionalidade da exação tributária na alegação de que a aludida taxa destinava-se a remunerar, indistintamente, tanto os serviços de limpeza pública de ruas como também os serviços de coleta domiciliar, não se podendo, por consequência, divisar em que medida haveria a remuneração para cada qual.

Sugerias, assim, as alegações, que não haveria condão de especificidade e capacidade de mensuração de utilização individual dos serviços.

Nota-se que a questão central estava em uma suposta contaminação da taxa pela cobrança de um serviço de nítido

---

341. BRASIL. Supremo Tribunal Federal. *Agravo Regimental no Recurso Extraordinário 571.241/RN*. Relator: Ministro Joaquim Barbosa Agravante: Sônia Lourdes Fonseca Agravado: Gênason Dantas Fonseca e Outro(s). Julgamento: 24 abr. 2010. Órgão julgador: Segunda Turma. Publicação: DJe, 02 jun. 2010.

caráter universal, o que fustigaria o precedente vinculante da Súmula Vinculante 19, afastando-o por diversidade de materialidade na medida em que aplicado apenas a serviços de coleta domiciliar, presumivelmente, específicos e divisíveis.

O elemento nuclear da decisão deu-se pelas premissas de julgados anteriormente adotados pelo Supremo Tribunal, quais sejam: (i) se o serviço prestado é de caráter universal, como, de resto, o é o serviço de limpeza de vias públicas, não pode tal ser remunerado por taxa; ou, (ii) se, de outro lado, o serviço prestado tem caráter de especificidade e divisibilidade, como assenta a Suprema Corte ser o caso das taxas de coleta de resíduos domiciliares, por exemplo, pode haver instituição de taxa a remunerá-lo.

No caso dos autos, a decisão de aplicação do precedente deu-se pela ausência de elementos probatórios trazidos pelo recorrente, no sentido de demonstrar o desvio dos critérios de mensurabilidade de utilização (divisibilidade), como de resto nota-se na seguinte passagem do voto do Ministro Joaquim Barbosa:

> **Ag. Reg. no Recurso Extraordinário 571.241 Rio Grande do Norte**
>
> As razões de agravo regimental, contudo, não indicam com precisão como a mensuração do tributo acabe por desviar-se da prestação individualizada dos serviços de coleta e remoção de lixo.[342]

Desta feita, o destino do agravo regimental aqui referido foi o mesmo do recurso extraordinário a que aderiu, a aplicação do enunciado do verbete ante a ausência de demonstração de desvio da individualidade do critério remuneratório da aludida taxa.

A segunda das decisões possui a emenda a seguir:

---

342. BRASIL. Supremo Tribunal Federal. *Agravo Regimental no Recurso Extraordinário 571.241/RN*. Relator: Ministro Joaquim Barbosa Agravante: Sônia Lourdes Fonseca Agravado: Gênason Dantas Fonseca e Outro(s). Julgamento: 24 abr. 2010. Órgão julgador: Segunda Turma. Publicação: DJe, 02 jun. 2010.

Ag. Reg. no Agravo de Instrumento 311.693 São Paulo
Agravo regimental no agravo de instrumento. Taxa de coleta de lixo domiciliar. Município de Franca. Improcedência. Precedentes. 1. O Supremo Tribunal Federal firmou entendimento no sentido da legitimidade da taxa de coleta de lixo proveniente de imóveis, entendendo como específico e divisível o serviço público de coleta e tratamento de lixo domiciliar prestado ao contribuinte ou posto à sua disposição. 2. Agravo regimental não provido.[343]

A origem dessa decisão é um agravo de instrumento que, conhecido, deu provimento a um recurso extraordinário manejado pelo município paulista de Franca, que defendia a validade da lei instituidora da taxa de coleta de lixo domiciliar, contra uma decisão do Tribunal de Justiça do Estado de São Paulo, que a teve por inconstitucional em função de que a base de cálculo adotada para a aferição da taxa seria a área dos imóveis, a mesma utilizada para critério mensurador do imposto predial e territorial urbano (IPTU), em ofensa ao art. 145, § 2º, da Carta Constitucional.

A relatoria do Ministro Dias Toffoli utilizou-se de decisões pregressas existentes na Suprema Corte sobre a específica legislação, posto que, de maneira pregressa, a Corte Suprema avaliara sob o prisma da compatibilidade constitucional exatamente a legislação instituidora da taxa de coleta e tratamento de lixo domiciliar do aludido município paulista, tendo-a como amoldada ao texto constitucional por considerar o serviço por ela remunerado digno das notas da especificidade e da divisibilidade. Essa a premissa adotada.

Sobre considerar a simultaneidade de bases de cálculo, condição vedada pelo § 2º, do art. 145, da Carta Maior, seguiu a sorte de decisões do próprio Supremo Tribunal (as quais acabariam por influenciar a edição da Súmula Vinculante 29), que atestam a possibilidade constitucional de que, com o

---

[343]. BRASIL. Supremo Tribunal Federal. *Agravo Regimental no Agravo de Instrumento 311.693/SP.* Relator: Ministro Dias Toffoli Agravante: Osmar Naves Agravado: Município de Franca Julgamento: 06 dez. 2011. Órgão julgador: Primeira Turma. Publicação: DJe, 19 dez. 2011.

propósito de potencialidade mensuradora dos serviços a serem remunerados por taxas, utilizem-se os entes tributantes de elementos componentes de bases de cálculos de impostos. O que se veda é a identidade plena.

Esse é o sentido do precedente indicado pelo Ministro Relator como núcleo de sua fundamentação para aplicar o verbete vinculante 19, ou seja, se um dos elementos da base de cálculo de um imposto, no caso do IPTU, é utilizado como critério potencial e razoável para auxiliar a aferição da utilização do serviço, ele é elemento que compactua com o preceito constitucional da divisibilidade e especificidade, aptos a chancelar a remuneração de um serviço por taxa.

Nos casos seguintes, de ementas abaixo reproduzidas, temos quase similaridade temática. Tratam-se de decisões de aplicação do verbete vinculante 19 por reconhecimento de especificidade e divisibilidade dos serviços que são remunerados pelas taxas de coleta domiciliar de lixo e resíduos e pela plena possibilidade de adoção de critérios da base de cálculo de impostos, desde que não verificada identidade total.

A única distinção é que o primeiro acórdão ementado tratava conjuntamente da progressividade das alíquotas do IPTU; de resto, tema que não tem relevo para nossos objetivos no presente momento. Veja-se:

> **Ag. Reg. no Recurso Extraordinário com Agravo 761.889 Bahia**
> AGRAVO REGIMENTAL NO RECURSO EXTRAORDINÁRIO COM AGRAVO. TRIBUTÁRIO. 1. Imposto Predial e Territorial Urbano - IPTU. Constitucionalidade da cobrança de alíquotas progressivas após a Emenda Constitucional 29/2000. Lei do Município de Salvador 7.186/2006. 2. Ausência de identidade da base de cálculo da taxa com o IPTU assentada pelo Tribunal a quo. Acórdão recorrido conforme a jurisprudência do Supremo Tribunal Federal. 3. Inviabilidade do recurso extraordinário interposto com fundamento na alínea c do inc. III do art. 102 da Constituição. 4. Agravo regimental ao qual se nega provimento.[344]

---

[344]. BRASIL. Supremo Tribunal Federal. *Agravo Regimental no Recurso Extraordinário com Agravo nº 761.889/BA*. Relatora: Ministra Cármen Lúcia Agravante:

Ag. Reg. no Recurso Extraordinário 635.886 São Paulo

TRIBUTÁRIO. AGRAVO REGIMENTAL NO RECURSO EXTRAORDINÁRIO. TAXA DE RESÍDUOS SÓLIDOS DOMICILIARES (TRSD). OFENSA AO ART. 145, II, DA CF. INOCORRÊNCIA. SÚMULA VINCULANTE 19. REPERCUSSÃO GERAL RECONHECIDA NO RE 576.321 QO-RG, REL. MIN. RICARDO LEWANDOWSKI, DJE DE 13/02/2009, TEMA 146. 1. Nos termos da Súmula Vinculante 19, "a taxa cobrada exclusivamente em razão dos serviços públicos de coleta, remoção e tratamento ou destinação de lixo ou resíduos provenientes de imóveis, não viola o artigo 145, II, da Constituição Federal". 2. Tal entendimento foi ratificado pelo Plenário do Supremo Tribunal Federal no julgamento do RE 576.321 QO-RG, rel. Min. Ricardo Lewandowski, DJe 13/02/2009, Tema 146. 3. Agravo regimental a que se nega provimento.[345]

Ag. Reg. no Recurso Extraordinário 555.225 São Paulo

Agravo regimental no recurso extraordinário. Tributário. Taxa de coleta de lixo. Constitucionalidade. Taxa de combate a sinistros. Repercussão geral reconhecida. Devolução dos autos à origem. Artigo 543-B do CPC [arts. 1.036 e 1.039 do Novo CPC] e art. 328 do Regimento Interno do STF. 1. O Supremo Tribunal Federal firmou entendimento no sentido da legitimidade da taxa de coleta de lixo proveniente de imóveis, entendendo como específico e divisível o serviço público de coleta e tratamento de lixo domiciliar prestado ao contribuinte ou posto à sua disposição. 2. A questão atinente à taxa de combate a sinistros corresponde ao tema nº 16 da Gestão por Temas da Repercussão Geral do portal do STF na internet. Aplica-se, no caso, o art. 328, parágrafo único, do Regimento Interno do Supremo Tribunal Federal, que determina a devolução dos autos ao Tribunal de origem para que observe o disposto no art. 543-B do Código de Processo Civil [arts. 1.036 e 1.039 do Novo CPC]. 3. Agravo regimental não provido na parte relativa à taxa de coleta de lixo domiciliar e, quanto à taxa de combate a incêndio, prejudicado.[346]

Empresa Bahiana de Hotéis Ltda Agravado: Município de Salvador. Julgamento: 29 out. 2013. Órgão julgador: Segunda Turma. Publicação: DJe, 30 out. 2013.

345. Id. Supremo Tribunal Federal. *Agravo Regimental no Recurso Extraordinário 635.886/SP.* Relator: Ministro Teori Zavascki Agravante: Organização Mofarrej Agrícola e Industrial Ltda Agravado: Município de São Paulo. Julgamento: 10 dez. 2013. Órgão julgador: Segunda Turma. Publicação: DJe, 31 jan. 2014.

346. BRASIL. Supremo Tribunal Federal. *Agravo Regimental no Recurso Extraordinário 555.225/SP.* Relator: Ministro Dias Toffoli Agravante: Higa Produtos

Ag. Reg. no Recurso Extraordinário com Agravo 861.311 Bahia

DIREITO TRIBUTÁRIO. TAXA DE LIMPEZA DE IMÓVEL. SÚMULA VINCULANTE 19. CONSONÂNCIA DA DECISÃO RECORRIDA COM A JURISPRUDÊNCIA CRISTALIZADA NO SUPREMO TRIBUNAL FEDERAL. RECURSO EXTRAORDINÁRIO QUE NÃO MERECE TRÂNSITO. REELABORAÇÃO DA MOLDURA FÁTICA. PROCEDIMENTO VEDADO NA INSTÂNCIA EXTRAORDINÁRIA. ACÓRDÃO RECORRIDO PUBLICADO EM 09.5.2012. O entendimento adotado pela Corte de origem, nos moldes do que assinalado na decisão agravada, não diverge da jurisprudência firmada no âmbito deste Supremo Tribunal Federal. Entender de modo diverso demandaria a reelaboração da moldura fática delineada no acórdão de origem, o que torna oblíqua e reflexa eventual ofensa, insuscetível, portanto, de viabilizar o conhecimento do recurso extraordinário. As razões do agravo regimental não se mostram aptas a infirmar os fundamentos que lastrearam a decisão agravada. Agravo regimental conhecido e não provido.[347]

Ag. Reg. no Agravo de Instrumento 702.161 Santa Catarina

DIREITO TRIBUTÁRIO. AGRAVO REGIMENTAL. TAXA DE COLETA DE LIXO DOMICILIAR. SERVIÇOS ESPECÍFICOS E DIVISÍVEIS. CONSTITUCIONALIDADE. TAXA DE SERVIÇOS URBANOS SERVIÇOS RELATIVA A SERVIÇOS DE ASSEIO NAS VIAS PÚBLICAS, BEM COMO DE CALÇAMENTO E CONSERVAÇÃO DE LEITOS NÃO PAVIMENTADOS. INCONSTITUCIONALIDADE. DESCABIMENTO. 1. Nos termos da Súmula Vinculante 19, "a taxa cobrada exclusivamente em razão dos serviços públicos de coleta, remoção e tratamento ou destinação de lixo ou resíduos provenientes de imóveis não viola o art. 145, II, da Constituição Federal". Acórdão do Tribunal de origem em conformidade com esse entendimento. 2. A jurisprudência desta Corte assentou que a Taxa de Limpeza Pública que não esteja vinculada apenas à prestação de serviço de remoção e coleta de lixo é inconstitucional. Leitura a contrário sensu do RE 773.736- AgR, de relatoria do Min. Ricardo Lewandowski. 3. Hipótese em que a resolução da controvérsia relativa à nulidade de CDA demanda a análise de legislação infraconstitucional,

---

Alimentícios Ltda Agravado: Município de Campinas. Julgamento: 27 mai. 2014. Órgão julgador: Primeira Turma. Publicação: DJe, 27 jun. 2014.

347. Id. Supremo Tribunal Federal. *Agravo Regimental no Recurso Extraordinário com Agravo 861.311/BA*. Relatora: Ministra Rosa Weber. Agravante: Escola Pan Americana da Bahia Agravado: Município de Salvador. Julgamento: 10 mar. 2015. Órgão julgador: Primeira Turma. Publicação: DJe, 25 mar. 2015.

bem como o reexame do conjunto fático e probatório dos autos (Súmula 279/STF), procedimentos inviáveis nesta fase recursal. Precedentes. 4. Agravo regimental a que se nega provimento.[348]

Ag. Reg. na Reclamação 23.065 São Paulo

Agravo regimental na reclamação. Súmula Vinculante 19. Taxa de limpeza de lixo domiciliar. Constitucionalidade. Parcial procedência da reclamação. Contraditório e ampla defesa da parte adversa nos autos originários. Ausência de violação. Agravo regimental não provido. 1. A impugnação da reclamação por "qualquer interessado", prevista no art. 15 da Lei 8.038/90, é instituída não como uma obrigação, mas como possível de ser exercida no estágio em que se encontrar a ação. Precedentes. 2. Eventual provimento cautelar obtido nas instâncias ordinárias não impede o exercício da competência originária desta Suprema Corte em sede de reclamação, cuja atribuição consiste em preservar a competência do STF e garantir a autoridade de suas decisões (art. 102, inciso I, alínea l, CF/88), bem como para resguardar a correta aplicação das súmulas vinculantes (art. 103-A, § 3º, CF/88). 3. Agravo regimental não provido.[349]

Ag. Reg. na Reclamação 21.982 São Paulo

AGRAVO REGIMENTAL EM RECLAMAÇÃO. DIREITO TRIBUTÁRIO. TAXA MUNICIPAL. COLETA DE LIXO DOMICILIAR. SÚMULA VINCULANTE 19. JUÍZO LIMINAR. ATO RECLAMADO. 1. A jurisprudência do Supremo Tribunal Federal é pacífica no sentido de que a taxa cobrada exclusivamente em razão dos serviços públicos de coleta, remoção e tratamento ou destinação de lixo ou resíduos provenientes de imóveis, não viola o artigo 145, II, da Constituição Federal. Súmula Vinculante 19. 2. Nos termos do art. 17 da Lei 8.038/90, no caso de procedência da reclamação, o STF deverá cassar o ato reclamado *in totum*, ainda por se tratar de uma decisão interlocutória concessiva de liminar prolatada por juízo de primeira instância. 3. Agravo regimental a que se nega provimento.[350]

---

348. BRASIL. Supremo Tribunal Federal. *Agravo Regimental no Agravo de Instrumento 702.161/SC*. Relator: Ministro Roberto Barroso. Agravante: Estado de Santa Catarina Agravado: Município de Florianópolis. Julgamento: 15 dez. 2015. Órgão julgador: Primeira Turma. Publicação: DJe, 11 fev. 2016.

349. Id. Supremo Tribunal Federal. *Agravo Regimental na Reclamação 23.065/SP.* Relator: Ministro Dias Toffoli. Agravante: Ivone Maria de Oliveira Garcia Agravado: Município de Jahu. Julgamento: 15 mar. 2016. Órgão julgador: Segunda Turma. Publicação: DJe, 15 abr. 2016.

350. Id. Supremo Tribunal Federal. *Agravo Regimental na Reclamação 21.982/SP.*

Ag. Reg. na Reclamação 21.981 São Paulo
AGRAVO REGIMENTAL EM RECLAMAÇÃO. CASSAÇÃO PARCIAL DO ATO RECLAMADO. CAPÍTULOS AUTÔNOMOS. POSSIBILIDADE. 1. O art. 17 da Lei 8.038/90 deve ser interpretado em consonância com os princípios da economia processual e instrumentalidade das formas, do que resulta a possibilidade de cassação de ato reclamado somente naquilo que exorbita o paradigma do STF. 2. Nos termos do art. 248, parte final, do CPC/73, a "nulidade de uma parte do ato não prejudicará as outras, que dela sejam independentes". 3. Agravo regimental desprovido.[351]

Ag. Reg. nos Emb. Decl. no Ag. Reg. no Recurso Extraordinário 827.018 Rio Grande do Norte
AGRAVO REGIMENTAL NOS EMBARGOS DE DECLARAÇÃO NO AGRAVO REGIMENTAL NO RECURSO EXTRAORDINÁRIO. CONSTITUCIONAL E TRIBUTÁRIO. MUNICÍPIO DE NATAL/RN. CONSTITUCIONALIDADE DA TAXA PELA COLETA DE LIXO DOMICILIAR. PRECEDENTES. SÚMULA VINCULANTE 19. CONTRARRAZÕES APRESENTADAS. VERBA HONORÁRIA MAJORADA EM 1%, PERCENTUAL O QUAL SE SOMA AO FIXADO NA ORIGEM, OBEDECIDOS OS LIMITES DO ART. 85, § 2º, § 3º E § 11, DO CÓDIGO DE PROCESSO CIVIL/2015, COM A RESSALVA DE EVENTUAL CONCESSÃO DO BENEFÍCIO DA JUSTIÇA GRATUITA. AGRAVO REGIMENTAL AO QUAL SE NEGA PROVIMENTO.[352]

A transcrição foi longa, mas o registro dos julgados, simbolizados por suas ementas faz-se necessário, para o bem da elaboração de juízos críticos.

Relator: Ministro Edson Fachin. Agravante: Aluisio Giglioti Agravado: Município de Jahu. Julgamento: 27 out. 2015. Órgão julgador: Primeira Turma. Publicação: DJe, 12 nov. 2015.

351. BRASIL. Supremo Tribunal Federal. *Agravo Regimental na Reclamação 21.981/SP.* Relator: Ministro Roberto Barroso. Agravante: Município de Jahu Agravado: Gerson de Souza. Julgamento: 15 dez. 2015. Órgão julgador: Primeira Turma. Publicação: DJe, 17 fev. 2016.

352. Id. Supremo Tribunal Federal. *Agravo Regimental nos Embargos de Declaração no Agravo Regimental no Recurso Extraordinário 827.018/RN.* Relatora: Ministra Cármen Lúcia. Agravante: Companhia de Águas e Esgoto do Rio Grande do Norte – CAERN. Agravado: Município de Natal. Julgamento: 09 set. 2016. Órgão julgador: Segunda Turma. Publicação: DJe, 23 set. 2016.

O núcleo decisório de todos os acórdãos acima ementados é assentado na premissa da especificidade e divisibilidade do serviço de coleta domiciliar de lixo e na guarda de respeito à Constituição da República quando o ente tributante utiliza-se de elementos conformadores da base de cálculo de impostos como índices potenciais de aferição da dimensão do serviço prestado, de forma a estipular remuneração por taxa que seja, ao menos, razoável com a materialidade do serviço prestado. Mais uma vez frisa-se a vedação à identidade total de bases de cálculo entre taxas e impostos, mas não a utilização parcial nas funções mensuradoras acima destacadas.

Em todos os julgados, direta ou indiretamente, assentam-se as premissas criadas pelo Tribunal Supremo, de que o serviço de coleta domiciliar de resíduos tem a tonalidade da especificidade e divisibilidade, por ser prestada em cada um dos imóveis, e, ao contrário, qualquer outro serviço relacionado à limpeza de vias públicas é tido como de caráter universal, impossibilitando sua remuneração por taxa.

7.1.1.3 Especificidade e divisibilidade ou utilização de elementos de imposto na base de cálculo do serviço público remunerado por taxa – conjunção das Súmulas Vinculantes 19 e 29

O derradeiro bloco de decisões de aplicação do enunciado da Súmula Vinculante 19 guarda em si um elemento comum a todos os acórdãos que o compõem, justamente o fato de que são decisões que aplicaram, conjuntamente, o enunciado da Súmula Vinculante 29. Passemos à transcrição das ementas para, ao depois, realizarmos o juízo analítico sobre o que as une.

Ag. Reg. no Agravo de Instrumento 632.521 Paraná
AGRAVO REGIMENTAL EM AGRAVO DE INSTRUMENTO. TAXA DE COLETA DE LIXO. CONSTITUCIONALIDADE. SÚMULAS VINCULANTES 19 E 29. 1. "A taxa cobrada exclusivamente em razão dos serviços públicos de coleta, remoção e tratamento ou destinação de lixo ou resíduos provenientes de

imóveis, não viola o artigo 145, II, da Constituição Federal" (Súmula Vinculante 19). 2. "É constitucional a adoção, no cálculo do valor de taxa, de um ou mais elementos da base de cálculo própria de determinado imposto, desde que não haja integral identidade entre uma base e outra"(Súmula Vinculante 29). 3. Agravo regimental desprovido.[353]

Ag. Reg. no Agravo de Instrumento 629.959 Paraná

IPTU – PROGRESSIVIDADE. A jurisprudência do Supremo Tribunal Federal sedimentou-se no sentido de ser constitucional a progressividade nas alíquotas do Imposto Predial e Territorial Urbano estabelecida mediante lei municipal em período posterior à Emenda Constitucional 29/2000. Precedentes: Recursos Extraordinários 423.768/SP e 586.693/SP. TAXA DE COLETA DE LIXO DOMICILIAR – BASE DE CÁLCULO – METRO QUADRADO – CONSTITUCIONALIDADE – PRECEDENTE DO PLENÁRIO E VERBETES VINCULANTES – CONVICÇÃO PESSOAL – RESSALVA. Na dicção da ilustrada maioria, é constitucional lei que prevê o cálculo da taxa de coleta de lixo domiciliar a partir da metragem quadrada do imóvel. Precedente: Recurso Extraordinário 232.393-1/SP. Verbetes Vinculantes 19 e 29 no mesmo sentido.[354]

Ag. Reg. no Recurso Extraordinário 773.736 Pernambuco

AGRAVO REGIMENTAL NO RECURSO EXTRAORDINÁRIO. TRIBUTÁRIO. TAXA DE LIMPEZA PÚBLICA – TLP. COBRANÇA REALIZADA EXCLUSIVAMENTE EM RAZÃO DA PRESTAÇÃO DO SERVIÇO DE COLETA E REMOÇÃO DE LIXO DOMICILIAR. CONSTITUCIONALIDADE. SÚMULA VINCULANTE 19 DO STF. UTILIZAÇÃO DE ELEMENTOS DA BASE DE CÁLCULO PRÓPRIA DE IMPOSTOS. AUSÊNCIA DE IDENTIDADE. SÚMULA VINCULANTE 29 DO STF. INTERPOSIÇÃO DE APELO EXTREMO COM BASE NAS ALÍNEAS B E C DO INCISO III DO ART. 102 DA CONSTITUIÇÃO FEDERAL. NÃO CABIMENTO. AGRAVO REGIMENTAL A QUE SE NEGA PROVIMENTO. I – Nos termos da Súmula

---

353. BRASIL. Supremo Tribunal Federal. *Agravo Regimental no Agravo de Instrumento 632.521/PR*. Relator: Ministro Ayres Britto Agravante: Milton Rizental Agravado: Rodrigo da Rocha Rosa e Outro(s). Julgamento: 01 fev. 2011. Órgão julgador: Segunda Turma. Publicação: DJe, 19 abr. 2011.

354. Id. Supremo Tribunal Federal. *Agravo Regimental no Agravo de Instrumento 629.959/PR*. Relator: Ministro Marco Aurélio. Agravante: Parmisa Participações Mabumby S/A. Agravado: Município de Curitiba. Julgamento: 21 ago. 2012. Órgão julgador: Primeira Turma. Publicação: DJe, 04 set. 2012.

Vinculante 19 do Supremo Tribunal Federal, "a taxa cobrada exclusivamente em razão dos serviços públicos de coleta, remoção e tratamento ou destinação de lixo ou resíduos provenientes de imóveis não viola o artigo 145, II, da Constituição Federal". II – "É constitucional a adoção, no cálculo do valor de taxa, de um ou mais elementos da base de cálculo própria de determinado imposto, desde que não haja integral identidade entre uma base e outra" (Súmula Vinculante 29 do STF). III – O acórdão recorrido não declarou a inconstitucionalidade de lei federal ou tratado, o que afasta o cabimento de recurso extraordinário com base na alínea b do art. 102, III, da Constituição. Ademais, não foi julgada válida lei ou ato de governo local contestado em face da Constituição, o que inviabiliza o apelo extremo com base na alínea c do art. 102, III, da mesma Carta. IV – Agravo regimental a que se nega provimento.[355]

Ag. Reg. no Recurso Extraordinário 487.363 São Paulo

CONSTITUCIONAL E TRIBUTÁRIO. AGRAVO REGIMENTAL NO RECURSO EXTRAORDINÁRIO. PRESSUPOSTOS DE CABIMENTO DE MANDADO DE SEGURANÇA. MATÉRIA INFRACONSTITUCIONAL. IMPOSSIBILIDADE DE ANÁLISE PELO STF. AUSÊNCIA DE PLANO DIRETOR, SUPOSTA AMPLIAÇÃO DA BASE DE CÁLCULO DO IPTU PELA CONVERSÃO DA UFIR E INEXISTÊNCIA DE PUBLICAÇÃO DOS ANEXOS DA LEI QUE ALTEROU A PLANTA GENÉRICA DE VALORES: REVOLVIMENTO DO CONJUNTO FÁTICO-PROBATÓRIO DOS AUTOS. INVIABILIDADE. SÚMULA 279 DO STF. IPTU. ALÍQUOTAS PROGRESSIVAS DEPOIS DA EC 29/2000. CONSTITUCIONALIDADE. TAXA DE REMOÇÃO DE LIXO DOMICILIAR. CONSTITUCIONALIDADE. SÚMULA VINCULANTE 19 E 29 DO STF. AGRAVO REGIMENTAL A QUE SE NEGA PROVIMENTO.[356]

Ag. Reg. no Recurso Extraordinário 901.412 Bahia

Agravos regimentais nos recursos extraordinários. Inovação recursal. Inadmissibilidade. Prequestionamento. Ausência.

---

355. BRASIL. Supremo Tribunal Federal. *Agravo Regimental no Recurso Extraordinário 773.736/PE*. Relator: Ministro Ricardo Lewandowski. Agravante: Hotéis Pernambuco S/A e Outros(s) Agravado: Município de Recife. Julgamento: 5 ago. 2014. Órgão julgador: Segunda Turma. Publicação: DJe, 14 ago. 2014.

356. Id. Supremo Tribunal Federal. *Agravo Regimental no Recurso Extraordinário 487.363/SP*. Relator: Ministro Teori Zavascki. Agravante: Luiz Carlos Lopes. Agravado: Município de São Vicente. Julgamento: 03 fev. 2015. Órgão julgador: Segunda Turma. Publicação: DJe, 13 fev. 2015.

Imunidade recíproca. INFRAERO. Taxa de coleta de lixo domiciliar. Base de cálculo. Área do imóvel. Constitucionalidade. Precedentes. Súmulas Vinculantes 19 e 29. 1. Não se admite, no agravo regimental, a inovação de fundamentos. 2. Não se admite o recurso extraordinário quando os dispositivos constitucionais que nele se alega violados não estão devidamente prequestionados. Incidência das Súmulas 282 e 356/STF. 3. O Plenário da Corte, no exame do ARE 638.315/BA, Relator o Ministro Cezar Peluso, com repercussão geral reconhecida, assentou que a imunidade recíproca prevista no art. 150, VI, a, da Constituição Federal alcança a INFRAERO, na qualidade de empresa pública prestadora de serviço público. 4. O Supremo Tribunal Federal consolidou o entendimento de que é constitucional a taxa de coleta, remoção e tratamento ou destinação de lixo ou resíduos provenientes de imóveis, desde que essas atividades sejam completamente dissociadas de outros serviços públicos de limpeza realizados em benefício da população em geral. Incidência da Súmula Vinculante 19. 5. O Supremo Tribunal Federal firmou o entendimento no sentido da constitucionalidade da utilização da área do imóvel como base de cálculo da taxa de coleta de lixo domiciliar. Incidência da Súmula Vinculante 29. 6. Agravos regimentais não providos.[357]

Sem cometer a audácia de antecipar a análise das decisões de aplicação do verbete 29, faremos apenas alusão ao motivo pelo qual ele fora citado e aplicado conjuntamente ao verbete vinculante 19. Para isso, é preciso conhecer o teor de seu enunciado:

Súmula Vinculante 29

É constitucional a adoção, no cálculo do valor de taxa, de um ou mais elementos da base de cálculo própria de determinado imposto, desde que não haja integral identidade entre uma base e outra.

---

357. BRASIL. Supremo Tribunal Federal. *Agravo Regimental no Recurso Extraordinário 901.412/BA*. Relator: Ministro Dias Toffoli. Agravante: Município de Salvador Agravante: Empresa Brasileira de Infra-Estrutura Aeroportuária - Infraero Agravados: Os Mesmos. Julgamento: 27 out. 2015. Órgão julgador: Segunda Turma. Publicação: DJe, 11 dez. 2015.

Vistas as ementas decisórias, o primeiro ponto fundamental a ser assentado é que <u>todas elas continuam a tratar da análise de taxas de coleta e lixo e resíduos domiciliares</u> ou em estabelecimentos específicos, com identificação plena do local em que se dá a intervenção da ação de prestação de serviço estatal. Nenhuma se refere às taxas que serviriam à remuneração de serviços de limpeza de vias ou locais públicos, refutada como inconstitucional pela Suprema Corte.

Cada uma das decisões externa a premissa aqui já assentada como razão de decidir de todos os julgados atinentes a esse verbete, a de que o serviço aqui aludido, portanto, identificado como sendo o de coleta e remoção de resíduos domiciliares, possui a característica da especificidade e divisibilidade, requeridas pelo art. 145, II, do Texto Supremo, e complementada pelos artigos 77 e 79 do Código Tributário Nacional.

A razão fundamental para que as decisões compatibilizassem a aplicação de ambos os verbetes sumulares, de 19 e 29, é consequência direta de outra das premissas estabelecidas em todos os julgados que referem à Súmula Vinculante 29. Trata-se da assertiva de que as taxas aludidas têm em comum a utilização das medidas da metragem dos imóveis em que os serviços são prestados, como um elemento mensurador da especificidade da intervenção estatal, servindo esse elemento à aferição potencial do custo de prestação de serviços a cada um dos contribuintes usuários e, consequentemente, ao propósito de estabelecimento do quanto devido por cada um deles.

Nos casos em concreto de aplicação do verbete 19, certas medidas ou metragens dos imóveis nos quais os serviços seriam prestados, os quais identificam-se como componentes da base de cálculo para fins de mensuração do IPTU, foram utilizadas pela legislação como índices componentes de equações formadoras da potencialidade de utilização dos serviços pelos usuários, em complemento com outros fatores e critérios trazidos pela legislação instituidora das taxas. Nesse sentido, após a edição da Súmula Vinculante 29, passou ela a ser justificativa dessa posição.

7.2.1.4 A Decisão que não aplicou a Súmula Vinculante 19 ao caso em julgamento

O exemplar isolado desta classe de decisões é o Agravo Regimental na Reclamação 18.344/SP, Relatoria da Ministro Gilmar Mendes, Segunda Turma do STF, julgado em 17/05/2016, assim ementado:

> **Ag. Reg. na Reclamação 18.344 São Paulo**
> Agravo regimental em reclamação. 2. Alegação de descumprimento das súmulas vinculantes 19 e 29. Ausência de correspondência entre ato reclamado e o entendimento desta Corte. 3. Reclamação como sucedâneo recursal. 4. Não cabimento. 5. Agravo regimental a que se nega provimento.[358]

A não aplicação da Súmula Vinculante 19 no presente caso deu-se em razão de ausência de identidade material entre a decisão que era objeto de reclamação no Supremo Tribunal Federal e as prescrições normativas do verbete vinculante, segundo fundamentação do relator e que foi acatada pelos demais Ministros julgadores.

Em que pese possamos encontrar ainda uma razão de decidir formal, pelo juízo de que a reclamação movida estava a ser utilizado como sucedâneo de recurso, constatação feita pelo Relator Ministro Gilmar Mendes, é na circunstância de falta de identidade material que deveremos nos ater.

Nesse sentido, a decisão colegiada manteve a negativa de seguimento da reclamação monocraticamente proferida pelo Ministro Relator por ausência de identidade temática, no caso em que o Município de Jundiaí manejava a peça reclamatória contra decisão do Tribunal de Justiça do Estado de São Paulo que julgara inconstitucional a taxa de coleta domiciliar sob fundamento de que sua lei instituidora adotara unicamente a

---

358. BRASIL. Supremo Tribunal Federal. *Agravo Regimental na Reclamação nº 18.344/SP.* Relator: Ministro Gilmar Mendes. Agravante: Município de Jundiaí Agravado: Luiz Carlos Vieira e Outro(s). Julgamento: 17 mai. 2016. Órgão julgador: Segunda Turma. Publicação: DJe, 01 jun. 2016.

metragem do imóvel no qual se haveria de dar a remoção dos resíduos, como fórmula para composição do valor da exação tributária contraprestacional.

Pode-se identificar, portanto, que a razão de decidir apontada como nuclear para a tomada de decisão pelo Tribunal Estadual Paulista, fora o descompasso entre o custo estatal para a prestação de serviço de coleta de lixo domiciliar e o valor cobrando pela taxa que servia a remunerá-lo, desproporcional a ele, em conclusão. Esse desacerto restava evidente no exame da fórmula adotada para a aferição do valor da exação tributária, que contava unicamente com a metragem do imóvel como lastro mensurador.

Ao distinguir a situação acima daquela que seria apta a subsumir-se à norma prescrita pelo verbete obrigatório 19, a Supremo Corte não aceitou a desproporção econômica evidente e notória, entre o custo do serviço estatal e a remuneração por taxa, como fato típico a se enquadrar no verbete vinculante.

O fato distintivo resta claro no exame da pequena passagem da decisão de redação do Ministro Gilmar Mendes:

> **Ag. Reg. na Reclamação 18.344 São Paulo**
>
> Conforme consignado na decisão agravada, a questão versada nos autos diz respeito ao afastamento de cobrança da taxa por não corresponder ao custo do serviço público prestado ao contribuinte ou colocado à sua disposição.
>
> [...]
>
> Assim, não se observa identidade ou similitude de objeto entre o ato impugnado e as decisões-paradigma indicadas, o que acarreta a inadmissibilidade da ação, por ausência de pressuposto de cabimento necessário.[359]

---

359. BRASIL. Supremo Tribunal Federal. *Agravo Regimental na Reclamação 18.344/SP.* Relator: Ministro Gilmar Mendes. Agravante: Município de Jundiaí Agravado: Luiz Carlos Vieira e Outro(s). Julgamento: 17 mai. 2016. Órgão julgador: Segunda Turma. Publicação: DJe, 01 jun. 2016.

A consequência do exame do contexto em que fora tomada a decisão, afastando a Súmula e impedindo a exigência da taxa, é a clara adoção pela lei instituidora de um critério de aferição do valor da taxa, que pensamos ser emblema de notório desacerto econômico entre o custo do serviço e a remuneração exigida, ante a adoção de um único critério que evidenciaria a desproporção.

De qualquer forma, é verdade que a metragem do imóvel é elemento integrante de diversas outras taxas examinadas nas decisões que aplicaram a Súmula Vinculante 19 para aquiescer com a tributação e exigência da exação contraprestacional.

A fundamentação da decisão presente não faz referência a essa impossibilidade, mas apenas evidencia a premissa adotada no processo do desacerto na remuneração em função da adoção do critério isolado, o que pensamos ser a nota de distinção em relação às decisões que aplicaram a Súmula Vinculante 19.

A nota final sobre o acórdão aqui em comento é a aplicação conjunta da Súmula Vinculante 29 ou, melhor dizendo, sobre sua não aplicação por ausência de identidade material. Sobre esse particular aspecto, reservaremos comentários pertinentes a serem feitos por ocasião da análise da Súmula Vinculante 29, dado que em nosso substrato de análise há mais cinco julgados com as características da aplicação conjunto, fenômeno que enfrentaremos logo mais.

Em conclusão ao presente capítulo, precisamos expor algumas ponderações de muita relevância, que as decisões de aplicação nos revelaram e que acabam por explicar esse fenômeno da aplicação conjunta de duas Súmulas Vinculantes.

A Proposta de Súmula Vinculante 40, que resultou na aprovação do enunciado da Súmula Vinculante 19, utilizou como referência de decisão, como já advertimos, o RE-QO-RG nº 576.321. Esta decisão conta com vinte laudas nas quais se destacam a divergência aberta pelos Ministros Carlos Britto e Marco Aurélio, em interpretação que não se coaduna com a possibilidade de exigência da taxa de coleta de lixo domiciliar, tendo por base de cálculo a metragem do imóvel, dada a incapacidade mensuradora do critério em relação ao custo do serviço. De passagem, dizemos que na decisão não há nenhuma menção ao fundamento do uso meramente potencial do serviço.

O que nos interessa, entretanto, é debate sobre a impossibilidade de mensuração do serviço público prestado e consubstanciado na coleta de lixo domiciliar.

Valem as transcrições dos trechos dos debates:

> O SENHOR MINISTRO CARLOS BRITTO: [...]. Agora confesso aos senhores que todas as vezes que paro para refletir sobre a taxa de lixo experimento um desconforto cognitivo. Ou seja, sem querer fazer trocadilho, hermeneuticamente essa taxa não me cheira bem. Todas as vezes fico em dificuldade para compreender como se pode, em artificializar a mensuração, dividir e quantificar o consumo. E as vezes chego a conclusão de que não raras vezes, a cobrança se torna uma ofensa ao princípio da razoabilidade, porque, com frequência há casas e apartamentos grandes de residências que são habitados por pouco gente e há casas e apartamentos menores habitados por muita gente. Então a produção de lixo não guarda conformidade com o tamanho do imóvel.
>
> O SENHOR MINISTRO MARCO AURÉLIO: Vossa Excelência me permite. O Município – penso – cria, aqui, até um neologismo ao se referir à volumetria, não do lixo, e sim do imóvel: metragem quadrada. E não há relação automática, de início, entre a metragem quadrada e o volume de lixo a ser recolhido.
>
> [...]
>
> O SENHOR MINISTRO CARLOS BRITTO: Específico e divisível acho difícil na prática.
>
> O SENHOR MINISTRO RICARDO LEWANDOWSKI (RELATOR): Como se faz esse cálculo? Não há outra forma. Quer dizer, calcula-se o custo do serviço – a municipalidade tem o custo desse serviço – e a melhor forma, como disse o Ministro Carlos Velloso, para que haja o mínimo de isonomia, é tomar como base um dos elementos para o cálculo do IPTU, que é a grandeza do imóvel, porque, realmente, sugere que o imóvel maior produza mais lixo que o imóvel menor.
>
> O SENHOR MINISTRO CARLOS BRITTO: Mas essa metragem só em teoria, por suposição, porque na prática não ocorre.

O SENHOR MINISTRO RICARDO LEWANDOWSKI (RELATOR): Essa é uma fórmula de cálculo universalmente adotada.

[...]

O SENHOR MINISTRO MARCO AURÉLIO: No caso, não há correlação entre o custo do serviço e o que se recolhe.

O SENHOR MINISTRO CARLOS BRITTO: As contradições são múltiplas.

A interpretação vencedora, acerca da conformidade da taxa de coleta de lixo domiciliar com a Carta da República, foi que a correspondência entre o custo do serviço (dado concreto possuído pelo Município) e o efetivamente utilizado (que seria lastro para aferir a remuneração) poderia se valer de critério (metragem do imóvel) para, ao menos, potencialmente, realizar a divisibilidade dos custos; que a correlação não precisa necessariamente ser direta e que a mensuração deve guardar apenas a razoabilidade.

A interpretação vencida, nas construções dos Ministros Marco Aurélio e Carlos Britto, negava essa correlação, até em índice potencial, e que o custo do serviço em nada se relacionaria, nem ao menos potencialmente, ao volume de lixo produzido pelas residências tributadas, este sim, um critério mensurador. As construções interpretativas são possíveis, ambas, tanto que foram feitas.

Chama-nos a atenção, após a análise empírica, que um consequencialismo há de estar presente nas justificações de argumentação para construção da tese vencedora. Isso parece ficar evidente nos dizeres do Ministro Ricardo Lewandowski: "Mas como se faz esse cálculo?", "Essa fórmula é universalmente adotada".

Chama atenção para a preocupação da tendência de universalização de uma decisão que viesse a aceitar a inconstitucionalidade das taxas de coleta domiciliares e o que isso denotaria de consequências para os municípios impedidos. Parece-nos que a construção interpretativa considerou a pragmática da prestação de serviços públicos, suas possibilidades e sua condição no contexto da imensa maioria dos municípios brasileiros.

A interpretação da correlação entre a dimensão do imóvel e a dimensão do lixo produzido não é necessariamente verdadeira, como apontaram os Ministros Marco Aurélio e Carlos Britto; haveria como medir o volume de lixo, pelo menos em grau maior de acerto do que o que se tem hoje, bastando instalar balanças nos caminhões coletores, extrair o peso das sacolas na ocasião da coleta, com os coletores fazendo as devidas anotações, somar mensalmente o volume em cada residência e enviar o documento de lançamento para o sujeito passivo, o qual poderia pesar previamente seu lixo, antes de disponibilizá-lo à coleta, para futura conferência do valor do lançamento; haveria um referencial econômico por peso estipulado. Isso conferira maior correção, sem dúvida.

Mas a indagação é: a solução é factível? É viável economicamente? Prejudicaria a eficiência na coleta?

A solução de correlação construída entre a dimensão do imóvel e a produção de lixo, de certo, não é a mais eficiente. Mas é possível que tal construção hermenêutica seja feita, porque o critério de correlação não é absurdo. Não se pode afirmar sua necessária correlação, mas também não se pode afirmar em que grau e ordem haja um desalinho nos parâmetros.

Diferente ocorreu com as taxas de iluminação pública. Não haveria interpretação possível em nosso sistema que cuidasse de desmentir a indivisibilidade e inespecificidade do serviço.

Desta feita, consignou-se o entendimento sobre a possibilidade de adoção de um elemento da base de cálculo do IPTU para a aferição da taxa de coleta de lixo, desde que não haja, obviamente, integralidade dos elementos, o que levaria à identidade plena das bases de cálculos entre as espécies tributárias, taxas e impostos.

Essa a razão de decidir nuclear, decorrente da premissa de divisibilidade e especificidade do serviço de taxa de coleta domiciliar. Esse entendimento acabou por desbordar essa espécie de taxa, gerando a edição da Súmula Vinculante 29.

A razão de decidir, assim, experimentada em todas as decisões analisadas, foi a possibilidade de uso de critérios de mensuração do IPTU (elemento formador da base de cálculo do imposto municipal) como um dos índices ou critérios de aferição potencial da utilização dos serviços públicos e, portanto, elemento componente da mensuração da taxa devida (taxa de coleta de lixo) guarda compatibilidade com a Constituição da República, que veda apenas a identidade plena de bases de cálculos entre impostos e taxas.

8. AS DECISÕES ACERCA DA SÚMULA VINCULANTE 21

Publicada no diário oficial da União em 10 de novembro do ano de 2011, após ser aprovada a Proposta de Súmula Vinculante 21, na Sessão Plenária de nossa Suprema Corte ocorrida em 29 de outubro deste mesmo ano, e tendo como precedentes citados exatos quinze decisões anteriormente exaradas pela própria Corte Máxima, a Súmula Vinculante 21 possui a seguinte redação:

Súmula vinculante 21
É inconstitucional a exigência de depósito ou arrolamento prévios de dinheiro ou bens para admissibilidade de recurso administrativo.

Das decisões que aplicam os precedentes da Suprema Corte e que são referentes e mencionaram a Súmula Vinculante 21, temos 14 (quatorze acórdãos). Cabe-nos, como temos sempre feito, enumerá-los, de forma a delinear o rol de decisões aqui versadas.

1. Embargos de Declaração no Recurso Especial 346.882/RJ, Relatoria do Ministro Joaquim Barbosa, da Segunda Turma do STF, julgado em 06/04/2010;

2. Agravo Regimental no Agravo de Instrumento 639.805/PR, Relatoria do Ministro Dias Toffoli, Primeira Turma do STF, julgado em 31/08/2010;

3. Agravo Regimental no Agravo de Instrumento 545.063/BA, Relatoria do Ministro Marco Aurélio, Primeira Turma do STF, julgado em 21/06/2011;

4. Ação de Descumprimento de Preceito Fundamental 156/DF, Relatoria da Ministra Cármen Lúcia, julgado pelo Plenário do STF em 18/08/2011;

5. Embargos de Declaração (recebidos como Agravo Regimental) interpostos no Recurso Especial com Agravo 811.580/SP, Relatoria do Ministro Celso de Mello e julgado na Segunda Turma do STF em 02/11/2012;

6. Agravo Regimental no Agravo de Instrumento 428.249/RJ, Relatoria do Ministro Roberto Barroso, Primeira Turma do STF, julgado em 09/04/2014;

7. Embargos de Declaração na Reclamação 10.590/PR, Relatoria do Ministro Ricardo Lewandowski, Segunda Turma do STF, julgado em 24/06/2014;

8. Embargos de Declaração na Reclamação 16.281/MG, Relatoria da Ministra Rosa Weber, Primeira Turma do STF, julgado em 09/09/2014;

9. Agravo Regimental na Reclamação 18.384/SP, Relatoria do Ministro Teori Zavascki, julgado pela Segunda Turma do STF em 05/05/2015;

10. Embargos de Declaração na Reclamação 20.932/SP, Relatoria do Ministro Teori Zavascki, Segunda Turma do STF, julgado em 30/06/2015;

11. Agravo Regimental na Reclamação 21.189/CE, Relatoria do Ministro Teori Zavascki, Segunda Turma do STF, julgado em 25/08/2015;

12. Agravo Regimental na Reclamação 11.750/MG, Relatoria do Ministro Edson Fachin, Primeira Turma do STF, julgado em 15/09/2015;

13. Embargos de Declaração no Agravo Regimental na Reclamação 21.189/CE, Relatoria do Ministro Teori Zavascki, Segunda Turma do STF, julgado em 22/09/2015;

14. Agravo Regimental na Reclamação 22.546/ES, Relatoria do Ministro Luiz Fux, Primeira Turma do STF, julgado em 23/02/2016.

A Proposta de Súmula Vinculante – PSV 21 traz como referência expressa uma única decisão pregressa, o RE 388.359-3/PE, de relatoria do Ministro Marco Aurélio, julgado pelo Plenário em 28 de março de 2007; um acórdão que conta com cinquenta e quatro laudas de debates e considerações, com um único registro de divergência do Ministro Sepúlveda Pertence.

Nesta decisão, utilizada como parâmetro para a PSV 21, por sua vez, o voto do Ministro Marco Aurélio faz referência ou cita trechos de cinco decisões pregressas diferentes sobre a matéria e fundamenta sua decisão no direito de petição e no direito ao contraditório. Não é o caso de exposição singular de cada uma das decisões citadas, posto que somente queremos destacar, por agora, a multiplicidade de decisões e argumentos que formam um caldo bruto a ser depurado, para poder identificar potencialmente "a" ou "as" razões de decidir para conhecimento pleno dos argumentos e fundamentos de justificação do precedente.

Assim, insta-nos destacar que, nesse particular, por sua vez, o Ministro Joaquim Barbosa refere-se em seu voto também ao direito de petição, ao contraditório e invoca o princípio da proporcionalidade, citando ainda a mais quatro outras decisões pregressas, sendo que apenas uma dessas guarda coincidência com as citações do Ministro Marco Aurélio.

O Ministro Ricardo Lewandowski cita o direito de petição e a isonomia, ferida pelo critério diferenciado de acesso ao contencioso administrativo ser econômico.

No voto do Ministro Celso de Melo, outras seis decisões, sendo uma delas coincidente com as citadas pelo Ministro Joaquim Barbosa e nenhuma com as citadas pelo Ministro Marco Aurélio.

O Ministro Ayres Britto cita o direito de petição e o direito ao contraditório.

O Ministro Sepúlveda Pertence concretiza a única divergência, sob argumentos de que a Constituição não garante o processo administrativo, mas garante a universalidade de jurisdição do Poder Judiciário.

O Ministro Cesar Peluso, isonomia, direito de petição, razoabilidade e cita uma questão de incompetência material das leis ordinárias para tratar do tema da exigência de depósito, a teor do que dispõe o art. 146, III, "b", do texto da Carta da República. Nenhum outro Ministro usou esse argumento. O Ministro Gilmar Mendes, de sua feita, referiu-se ao princípio da proporcionalidade.

O voto da Ministra Cármen Lúcia refere-se a "todas as razões expostas".

O Ministro Celso de Melo sustenta seu voto no direito de defesa e no respeito ao *due processo of law*.

Essas assertivas inaugurais dão conta de algumas das dificuldades de nosso sistema, mas que se acentuarão com as novas regras processuais do Código de Processo Civil. Quando é o precedente, quais são as circunstâncias materiais que devemos conhecer para aplicar ou não a decisão que se configura como um precedente? E que decisão se configura como um precedente?

São respostas que apenas a pragmática analítico-empírica das decisões nos darão, pelo menos até que tenhamos mais racionalidade sistêmica para aplicação (e caracterização) dos precedentes.

8.1 Necessárias advertências

Em sua origem, nossas considerações sobre o corte material que fizemos no presente trabalho, assentamos que somente nos interessavam as decisões que haviam aplicado precedentes vinculantes nos temas de natureza tributária. Nesse sentido, sobre todos os verbetes vinculantes foi aplicado um filtro lógico que identificasse o tratamento de matérias ligadas, de forma ampla, à instituição, à arrecadação e à fiscalização de tributos, com toda a dimensão empírica que disso poderia decorrer.

Nessa ordem de ideias, a Súmula Vinculante 21 foi selecionada pela singela razão de que no contexto dos processos administrativos tributários, cujos objetos eram a discussão dos créditos tributários constituídos por autos de infração, processos de compensação, etc., quer em nível federal, estaduais ou mesmo municipais, não era incomum, sendo, até mesmo uma regra, a existência de dispositivos que exigiam percentuais das exigências fiscais, como condição de acesso às "instâncias recursais" do contencioso administrativo tributário.

Essa circunstância era motivo suficiente para classificarmos o verbete obrigatório 21 como versado em matéria tributária. Ocorre que, diferentemente de todos os outros verbetes, que tratam de instituto e categorias tributárias, por exemplo, espécies de tributários, impostos e taxas específicas, prescrição e decadência tributárias, etc., esse verbete enuncia apenas a impossibilidade de exigências de depósitos como pressuposto de admissibilidade de recursos administrativos.

E se a nossa narrativa é verdadeira, que era uma regra tal exigência no contexto dos processos administrativos tributários, também é fato que os processos administrativos são diversos em suas matérias, podendo tratar de questões disciplinares do funcionalismo público, questões atinentes às mais variadas sanções pecuniárias, tais como multas de trânsito, multas por descumprimento de regras administrativas, uso e ocupação do solo, enfim, uma gama quase infindável de matérias que podem ser colocadas como objeto de discussão em processos administrativos.

Nesse sentido, do universo referido dos acórdãos aqui aludidos, três deles não serão objeto de nossa análise, justamente pelo fato de se tratarem de temas de outras searas da ciência do direito, não sendo afetos à temática tributária. Essas decisões foram as proferidas nos seguintes processos:

1. Ação de Descumprimento de Preceito Fundamental 156/DF, Relatoria da Ministra Cármen Lúcia, julgado pelo Plenário do STF em 18/08/2011;

2. Embargos de Declaração (recebidos como Agravo Regimental) interpostos no Recurso Especial com Agravo 811.580/SP, Relatoria do Ministro Celso de Mello e julgado na Segunda Turma do STF em 02/11/2012;

3. Agravo Regimental na Reclamação 18.384/SP, Relatoria do Ministro Teori Zavascki, julgado pela Segunda Turma do STF em 05/05/2015.

A primeira decisão trata da exigência de depósito recursal feita pelo artigo 636, § 1º, da Consolidação das Leis Trabalhistas (CLT), tratando, portanto, de depósito prévio integral, em processo administrativo por imposição de multas administrativas por descumprimento à legislação trabalhista.

O segundo acórdão versa sobre a exigência de depósito prévio de percentual da multa administrativa prevista na legislação que regula o controle de poluição no Estado de São Paulo, pela emissão de poluentes atmosféricos, com nítido caráter administrativo-ambiental.

A terceira e última trata de multa administrativa imposta pelo Conselho Regional de Farmácia do Estado de São Paulo, por descumprimento da legislação reguladora da atividade profissional respectiva, com exigência de depósito prévio de percentual da multa aplicada para acessar a instância superior de julgamento do órgão regulador. Desta feita, por absoluta impertinência temática, deixaremos de lado tais análises.

Retirando do universo de análise sobre a aplicação do verbete obrigatório em matéria tributária as decisões acima, segregamos o restante dos acórdãos nas subclasses já conhecidas, que representassem identidade material em seu núcleo decisório, com o objetivo já conhecido de identificar, com o maior grau afirmação possível, seus fundamentos decisórios nucleares.

Nesse espeque, o rearranjo dos grupos encontrou as seguintes ordens de decisões: (i) com juízo meritório sobre o enunciado do verbete obrigatório 21, aplicando-o ao caso concreto; (ii) com juízo meritório sobre o enunciado do verbete obrigatório 21, distinguindo-o do caso concreto, ou seja, não aplicando o enunciado sumulado; e (ii) sem apreciação de mérito, reconhecendo-se a presença de questões impeditivas de exame de mérito, notadamente as de índole processual e de direito intertemporal, depurando, assim, as decisões:

Universo de acórdãos referentes à Súmula Vinculante 21 → 14 decisões			
Com juízo meritório sobre o tema sumulado	10	Com aplicação da súmula ao caso	5
		Sem aplicação da súmula ao caso	5
Sem juízo meritório sobre o tema sumulado	1		
Sem pertinência com temática tributária	3		

8.2 O universo dos acórdãos sem juízo meritório sobre o tema da Súmula Vinculante 21

A decisão cuja ementa abaixo transcrevemos é o único elemento integrante deste conjunto que não inseriu argumentos no debate meritório acerca da aplicação do enunciado do verbete vinculante aqui tratado. O fundamento do obstáculo já nos é conhecido, tendo-o classificado anteriormente sob a alcunha de direito intertemporal.

Trata-se dos Embargos de Declaração na Reclamação 10.590, o qual já cuidamos de reproduzir a ementa para, em seguida, tecer os necessários comentários:

> **Emb. Decl. na Reclamação 10.590 Paraná**
> RECLAMAÇÃO. EMBARGOS DECLARATÓRIOS OPOSTOS CONTRA DECISÃO MONOCRÁTICA. RECURSO RECEBIDO COMO AGRAVO REGIMENTAL. ALEGAÇÃO DE OFENSA À SÚMULA VINCULANTE 21. ATO RECLAMADO ANTERIOR À PUBLICAÇÃO DA SÚMULA VINCULANTE SUPOSTAMENTE DESRESPEITADA. NÃO CABIMENTO DA VIA RECLAMATÓRIA. PRECEDENTES. AGRAVO A QUE SE NEGA PROVIMENTO. I – Embargos de declaração recebidos como agravo regimental, na linha da pacífica jurisprudência do Supremo Tribunal Federal, por terem sido opostos contra decisão monocrática. II – Inexiste ofensa à autoridade de pronunciamento da Corte se o ato reclamado é anterior à decisão dela emanada. III – Da mesma forma, as súmulas vinculantes só podem ser eventualmente contrariadas, à luz do art. 103-A, § 3º, da Constituição Federal, por atos administrativos ou decisões judiciais surgidos após a edição e a publicação de seus respectivos enunciados. Precedentes. IV– Agravo regimental a que se nega provimento.[360]

A reclamação atacava ato concernente em despacho decisório da Delegada da Receita Federal do Brasil, em

---

[360]. BRASIL. Supremo Tribunal Federal. *Agravo Regimental no Agravo de Instrumento 428.249/RJ*. Relator: Ministro Robeto Barroso. Agravante: Paes Mendonça S/A. Agravado: Estado do Rio de Janeiro Julgamento: 09 abr. 2014. Órgão julgador: Primeira Turma. Publicação: DJe, 18 mai. 2014.

Londrina-PR, que indeferira processamento de recurso administrativo julgado deserto em função da ausência de depósito administrativo como condição de admissibilidade de recurso, situação a qual, em princípio, parecia se amoldar aos quadrantes da Súmula Vinculante 21.

A impossibilidade de aplicação de juízo meritório sobre o caso deu-se, em função da intercorrência temporal adstrita ao caso, que pode bem ser sumarizada na passagem do acórdão que ora comentamos.

> **Emb. Decl. na Reclamação 10.590 Paraná**
>
> Conforme indicado na inicial, a reclamação insurge-se, expressamente, contra ato de Delegacia da Receita Federal do Brasil em Londrina que indeferiu requerimento administrativo apresentado em 11/12/2009 pela reclamante, com a finalidade de dar seguimento a recurso administrativo interposto em 1998.
>
> Verifico, contudo, que a reclamante tomou ciência da negativa de seguimento do recurso administrativo em 29/9/1998, data anterior à publicação, em 29/10/2009, da Súmula Vinculante 21, cujo desrespeito se alega nesta reclamação.
>
> Esclareço, de início, que a jurisprudência desse Supremo Tribunal Federal firmou-se no sentido de que inexiste ofensa à autoridade de pronunciamento da Corte se o ato reclamado é anterior à data da decisão dela emanada[361].

A conclusão de que se parte da leitura do trecho é que aplicou-se o que vimos chamando presentemente como regra direito intertemporal, que impinge o caráter de obrigatoriedade do precedente vinculante sumulado somente após a publicação do verbete nos órgãos oficiais, e que a configuração de desrespeito ao seu caráter obrigatório somente de desenha com atos que lhe sejam contrários e que praticados após a publicação.

---

361. BRASIL. Supremo Tribunal Federal. *Embargos de Declaração na Reclamação 10.590/PR*. Relator: Ministro Ricardo Lewandowski. Embargante: ZKF Confecções Ltda. Embargado: Delegado da Receita Federal de Londrina. Julgamento: 24 jun. 2016. Órgão julgador: Segunda Turma. Publicação: DJe, 14 ago. 2016.

Desta feita, a Corte apenas rendeu homenagens ao enunciado do artigo 103-A, §3°, da Constituição da República[362], aqui já transcrito e citado, não havendo que se falar em qualquer análise meritória com relação ao caso em espécie.

8.3 O universo dos acórdãos com juízo meritório sobre o tema da Súmula Vinculante 21

São dez os acórdãos que em suas razões e fundamentos versaram o tema substancial da Súmula Vinculante 21, que bem sem mais demoras para facilitação de análises e consultas:

1. Embargos de Declaração no Recurso Especial 346.882/RJ, Relatoria do Ministro Joaquim Barbosa, da Segunda Turma do STF, julgado em 06/04/2010;

2. Agravo Regimental no Agravo de Instrumento 639.805/PR, Relatoria do Ministro Dias Toffoli, Primeira Turma do STF, julgado em 31/08/2010;

3. Agravo Regimental no Agravo de Instrumento 545.063/BA, Relatoria do Ministro Marco Aurélio, Primeira Turma do STF, julgado em 21/06/2011;

4. Agravo Regimental no Agravo de Instrumento 428.249/RJ, Relatoria do Ministro Roberto Barroso, Primeira Turma do STF, julgado em 09/04/2014;

---

362. "Art. 103-A, CF. O Supremo Tribunal Federal poderá, de ofício ou por provocação, mediante decisão de dois terços dos seus membros, após reiteradas decisões sobre matéria constitucional, aprovar súmula que, a partir de sua publicação na imprensa oficial, terá efeito vinculante em relação aos demais órgãos do Poder Judiciário e à administração pública direta e indireta, nas esferas federal, estadual e municipal, bem como proceder à sua revisão ou cancelamento, na forma estabelecida em lei. § 3° Do ato administrativo ou decisão judicial que contrariar a súmula aplicável ou que indevidamente a aplicar, caberá reclamação ao Supremo Tribunal Federal que, julgando-a procedente, anulará o ato administrativo ou cassará a decisão judicial reclamada, e determinará que outra seja proferida com ou sem a aplicação da súmula, conforme o caso."

5. Embargos de Declaração na Reclamação 16.281/MG, Relatoria da Ministra Rosa Weber, Primeira Turma do STF, julgado em 09/09/2014;

6. Embargos de Declaração na Reclamação 20.932/SP, Relatoria do Ministro Teori Zavascki, Segunda Turma do STF, julgado em 30/06/2015;

7. Agravo Regimental na Reclamação 21.189/CE, Relatoria do Ministro Teori Zavascki, Segunda Turma do STF, julgado em 25/08/2015;

8. Agravo Regimental na Reclamação 11.750/MG, Relatoria do Ministro Edson Fachin, Primeira Turma do STF, julgado em 15/09/2015;

9. Embargos de Declaração no Agravo Regimental na Reclamação 21.189/CE, Relatoria do Ministro Teori Zavascki, Segunda Turma do STF, julgado em 22/09/2015;

10. Agravo Regimental na Reclamação 22.546/ES, Relatoria do Ministro Luiz Fux, Primeira Turma do STF, julgado em 23/02/2016.

De lista décupla acima, cinco acórdãos realizaram argumentações fundadas no mérito temático da Súmula Vinculante 21 para concluir pela aplicação do verbete obrigatório ao caso julgado, e a outra metade assim o fez para afastar a aplicação da Súmula.

O esforço de análise depurativa sobre o cerne dos fundamentos dos acórdãos é o dever que nos cumpre a seguir.

8.3.1 As decisões que aplicaram a Súmula Vinculante 21 ao caso concreto

Chegamos à hora de verificar os acórdãos que aplicaram em seus respectivos casos sob análise o teor dos enunciados de argumentação jurídica que são resumidos no verbete obrigatório de 21. São, como anunciado, cinco decisões com suas particularidades e contextos próprios, em razão de que faremos as análises de forma a identificar pontos de convergência das razões de decidir em cada um deles. Vejamos a lista de decisões:

1. Embargos de Declaração no Recurso Especial 346.882/RJ, Relatoria do Ministro Joaquim Barbosa, da Segunda Turma do STF, julgado em 06/04/2010;

2. Agravo Regimental no Agravo de Instrumento 639.805/PR, Relatoria do Ministro Dias Toffoli, Primeira Turma do STF, julgado em 31/08/2010;

3. Agravo Regimental no Agravo de Instrumento 545.063/BA, Relatoria do Ministro Marco Aurélio, Primeira Turma do STF, julgado em 21/06/2011;

4. Agravo Regimental no Agravo de Instrumento 428.249/RJ, Relatoria do Ministro Roberto Barroso, Primeira Turma do STF, julgado em 09/04/2014;

5. Agravo Regimental na Reclamação 22.546/ES, Relatoria do Ministro Luiz Fux, Primeira Turma do STF, julgado em 23/02/2016.

Destacamos a análise de dois acórdãos que tratam a matéria de maneira direta e singela, dado que em ambos os casos o contexto fático tratava-se da discussão em si mesma da constitucionalidade da exigibilidade dos depósitos prévios como condição de acessibilidade aos órgãos do contencioso administrativo. A diferença entre ambos é que o primeiro listado tratava da exigência em âmbito federal, e o segundo em nível estadual, especificamente do Estado do Rio de Janeiro. Vamos às ementas de ambos:

Emb. Decl. no Recurso Extraordinário 346.882 Rio de Janeiro
COMPETÊNCIA DESTA TURMA FIRMADA FACE À AUSÊNCIA, NA ATUAL COMPOSIÇÃO DA PRIMEIRA TURMA, DE

MINISTROS QUE PARTICIPARAM DO JULGAMENTO DO RECURSO EXTRAORDINÁRIO QUE DEU ORIGEM AOS EMBARGOS EM EXAME (cf. art. 10, § 3º, do RISTF). EMBARGOS DE DECLARAÇÃO. EFEITO MODIFICATIVO. SUPERVENIÊNCIA DE ALTERAÇÃO NO ENTENDIMENTO DO STF. RECURSO ADMINISTRATIVO. EXIGÊNCIA DE DEPÓSITO PRÉVIO. INCONSTITUCIONALIDADE. SÚMULA VINCULANTE 21. Nos termos da atual jurisprudência deste Tribunal, é inconstitucional a exigência de depósito prévio como condição de admissibilidade de recurso administrativo. Embargos de declaração acolhidos para negar provimento ao recurso extraordinário.[363]

Ag. Reg. no Agravo de Instrumento 428.249 Rio de Janeiro

AGRAVO REGIMENTAL EM AGRAVO DE INSTRUMENTO. RECURSO ADMINISTRATIVO. EXIGÊNCIA DE DEPÓSITO PRÉVIO. INCONSTITUCIONALIDADE. PRECEDENTES. SÚMULA VINCULANTE 21. Nos termos da atual jurisprudência deste Tribunal, ratificada pelo Súmula Vinculante 21, "é inconstitucional a exigência de depósito ou arrolamento prévios de dinheiro ou bens para admissibilidade de recurso administrativo". O Plenário deste Supremo Tribunal Federal nos autos do AI 398.933-AgR, Rel. Min. Sepúlveda Pertence, declarou a inconstitucionalidade do art. 250 do Decreto-Lei 5/1975, com redação ditada pela Lei 3.188/1999, do Estado do Rio de Janeiro. Agravo regimental provido, para, conhecendo do agravo de instrumento, prover o recurso extraordinário e afastar a exigência do depósito prévio.[364]

Ambas as decisões atacavam as exigências de depósitos prévios, previstas na legislação federal então no art. 32 da Lei 10.522/2002, que conferia redação ao artigo 33, § 2º, do Decreto 70.235/72 e na legislação do Estado do Rio de Janeiro, mais precisamente no art. 250 do Decreto-Lei 5/1975, na redação que lhe conferiu a Lei Estadual RJ 3.188/1999.

---

363. BRASIL. Supremo Tribunal Federal. *Embargos de Declaração no Recurso Extraordinário nº 346.882/RJ*. Relator: Ministro Joaquim Barbosa. Embargante: SERSAN – Sociedade de Terraplanagem Construção Civil e Agropecuária Ltda Embargado: União. Julgamento: 06 abr. 2010. Órgão julgador: Segunda Turma. Publicação: DJe, 22 abr. 2010.

364. BRASIL. Supremo Tribunal Federal. *Agravo Regimental no Agravo de Instrumento 428.249/RJ*. Relator: Ministro Robeto Barroso. Agravante: Paes Mendonça S/A. Agravado: Estado do Rio de Janeiro Julgamento: 09 abr. 2014. Órgão julgador: Primeira Turma. Publicação: DJe, 18 mai. 2014.

Ambos, igualmente, fustigavam os dispositivos por frontal ataque aos consagrados direitos de petição, à ampla defesa e ao contraditório, insculpidos todos no rol dos direitos e garantias do artigo 5º da Carta Constitucional.

O primeiro deles, o Embargo de Declaração no Recurso Extraordinário 346.882, é rico na citação das decisões precedentes que levaram à consagração do entendimento acima exposto, destacando como fundamentos de justificação o precedente persuasivo vazado no julgamento do RE 346.882, os procedentes vinculantes havidos no julgamento das ADIs 1.976 e 1.922, o reconhecimento da repercussão geral no julgamento do AI 698.626 e, por fim, o precedente vinculante enunciado na Súmula 21.

Nota interessante sobre a presente decisão são os efeitos modificativos emprestados aos Embargos de Declaração, posto que o Recurso Extraordinário no qual foram opostos, sob relatoria do então Ministro Moreira Alves, conhecia e provia o apelo recursal da União, mantendo as exigências dos depósitos prévios. Entre esta decisão e o julgamento do recurso aqui comentado, a Corte Suprema mudou seu entendimento histórico, que anteriormente acatava a constitucionalidade da exigência de depósitos prévios.

Com relação ao acórdão que feriu o tema do direito de petição, da ampla defesa e do contraditório tendo sob pano de fundo a legislação carioca, o enfrentamento da questão pela Suprema Corte pode ser explanado com as seguintes passagens:

Ag. Reg. no Agravo de Instrumento 428.249 Rio de Janeiro

1. O agravo deve ser provido. Nota-se que o presente recurso extraordinário versa sobre a inconstitucionalidade da nova redação conferida ao art. 250, do Decreto-Lei 05/1975, a qual condicionou a admissibilidade de recurso administrativo ao depósito de, no mínimo, 50% (cinquenta por cento) da exigência fiscal definida na decisão.

2. Trata-se de determinação eivada de inconstitucionalidade, tal como constatou o Plenário do Supremo Federal nos autos do AI

398.933-AgR, julgado sob relatoria do Ministro Sepúlveda Pertence. [...].

3. Na oportunidade, conclui-se que o recurso administrativo é um desdobramento do direito de petição, razão pela qual a ele deve ser assegurada a garantia prevista no art. 5º, XXXIV, da Constituição Federal. Ademais afirmou-se que, por configurar patente supressão do direito de recorrer, a medida denota nítida afronta aos princípios da proporcionalidade e do contraditório[365].

As duas decisões, portanto, têm em comum a análise de circunstâncias fáticas, traduzidas em fatos jurídicos processuais, acerca da supressão do direito de acesso aos órgãos administrativos de julgamento, notadamente aos de "instância superior", com juízo acerca da constitucionalidade dos dispositivos condicionantes.

A aferição à afronta aos direitos constitucionais acima aludidos era tarefa a ser desenvolvida de maneira direta, com o simples cotejo da situação impeditiva de recursos administrativos a que estavam sendo submetidas as partes processuais, em cotejo com os direitos e garantias constitucionais do direito de petição, da ampla defesa e do contraditório, fundamentos jurídicos para a edição e aplicação do verbete vinculante 21 aos casos aqui mencionados.

Essas duas decisões tratam de óbice do processamento de recursos administrativos e guardam consonância com a moldura fático-jurídica das razões de decidir que se enunciam na Súmula Vinculante 21 e, portanto, não carecem de mais comentários específicos, para além dos já realizados.

Os dois acórdãos seguintes também não diferem das conclusões acima desveladas. São dois agravos regimentais interpostos em agravos de instrumento, 639.805 e 545.063 e ambos versam também sobre a aplicação direta do precedente

---

365. BRASIL. Supremo Tribunal Federal. *Agravo Regimental no Agravo de Instrumento 428.249/RJ*. Relator: Ministro Robeto Barroso. Agravante: Paes Mendonça S/A. Agravado: Estado do Rio de Janeiro Julgamento: 09 abr. 2014. Órgão julgador: Primeira Turma. Publicação: DJe, 18 mai. 2014.

vinculante sumular 21 a situações em que havia o relato contextual da restrição direta ao direito de socorrerem-se as partes dos recursos administrativos ao atual Conselho Administrativo de Recursos Fiscais (CARF), então Conselho de Contribuintes (CC).

Vejamos as referidas ementas:

Ag. Reg. no Agravo de Instrumento 639.805 Paraná

Agravo regimental no agravo de instrumento. Ausência de violação ao artigo 97 da Constituição Federal. Recurso administrativo. Necessidade de depósito prévio. Inconstitucionalidade da exigência. Repercussão geral reconhecida. Precedentes. 1. Não ofende a cláusula de reserva de plenário a decisão do Relator que se limita a aplicar entendimento anteriormente firmado pelo Plenário do Supremo Tribunal Federal no sentido da inconstitucionalidade de norma. 2. O Plenário desta Corte, na Questão de Ordem no AI 698.626/SP, Relatora a Ministra Ellen Gracie, concluiu pela existência da repercussão geral da matéria versada nos presentes autos, ratificando, na ocasião, a Jurisprudência do Supremo Tribunal Federal no sentido de ser inconstitucional a exigência de depósito prévio como requisito de admissibilidade de recurso administrativo. 3. Agravo regimental não provido.[366]

Ag. Reg. no Agravo de Instrumento 545.063 Bahia

RECURSO ADMINISTRATIVO – DEPÓSITO – §§ 1º E 2º DO ARTIGO 126 DA LEI 8.213/1991 – INCONSTITUCIONALIDADE. A garantia constitucional da ampla defesa afasta a exigência do depósito como pressuposto de admissibilidade de recurso administrativo.[367]

---

366. BRASIL. Supremo Tribunal Federal. *Agravo Regimental no Agravo de Instrumento 639.805/PR*. Relator: Ministro Dias Toffoli. Agravante: União. Agravado: Placas do Paraná S/A. Julgamento: 31 ago. 2010. Órgão julgador: Primeira Turma. Publicação: DJe, 11 nov. 2010.

367. Id. Supremo Tribunal Federal. *Agravo Regimental no Agravo de Instrumento 545.063/BA*. Relator: Ministro Marco Aurélio. Agravante: União. Agravado: Trikem S/A. Julgamento: 21 jun. 2011. Órgão julgador: Primeira Turma. Publicação: DJe, 16 ago. 2011.

De igual forma, o relevo analítico de ambas as decisões acima ementadas advém do contexto fático-processual das demandas postas ao crivo da Suprema Corte. Essa especificidade de ambas, que as torna dignas de menção em separado, atrela-se ao fato de que a aplicação do enunciado das Súmulas Vinculantes foi feita de maneira distinta, quando considerados os pleitos deduzidos em ambos os processos. Vamos explicar.

No primeiro caso (AgR no AI 639.805), a irresignação levada ao STF não decorria diretamente da restrição recursal consubstanciada na exigência de depósito prévio em dinheiro ou mesmo do prévio arrolamento de bens, mas, sim, de uma pretensa ofensa ao princípio da legalidade em função de que a previsão legal do arrolamento (art. 33, do Decreto-Lei 70.235/72) não distinguia a oferta de bens móveis ou imóveis, sendo permitidas ambas as classes de bens. Seria ofensiva à legalidade a exigência que lhe faziam, de arrolamento de bens imóveis de seu ativo fixo como condição de processamento de seu recurso.

No segundo caso (AgR AI 545.063), a nuance era que o pleito recursal aceitava reconhecimento da possibilidade de substituição do depósito prévio em dinheiro pelo arrolamento de bens.

Como em todos os demais casos de aplicação da razão de decidir que se atrela ao enunciado da Súmula Vinculante 21, o contraditório, a ampla defesa e o direito de petição foram a espinha dorsal dos julgamentos, referidos em todos os procedentes persuasivos e vinculantes sempre invocados, e disso nada diferem os dois casos acima aludidos nessa passagem.

A nota curiosa é que, no primeiro caso listado, o Ministro Relator Dias Toffoli, valendo-se da argumentação do voto do Ministro Menezes Direito no Agravo de Instrumento, apenas ateve-se ao pleito deduzido pela parte, e, no segundo, o Ministro Relator Marco Aurélio simplesmente ignorou a alegação de União de julgamento além do pedido. Vejam-se as transcrições que confirmam nossa narração:

Ag. Reg. no Agravo de Instrumento 639.805 Paraná.

A fundamentação desenvolvida pela agravante na petição de recurso extraordinário, com a correta indicação da afronta ao artigo 5º, incisos, II, LIV e LV, da Constituição Federal, bem como aos princípios do devido processo legal e da ampla defesa, seria suficiente para o deferimento de ordem para isentá-la da obrigatoriedade do depósito prévio. Ocorre, todavia, que o provimento do recurso extraordinário está limitado pelo pedido formulado na petição inicial do mandado de segurança e no recurso extraordinário, para que seja considerado eficaz o arrolamento do bem imóvel ofertado, e que se dê prosseguimento ao recurso administrativo interposto pelo contribuinte.[368]

Ag. Reg. no Agravo de Instrumento 545.063 Bahia

A União, na minuta de folha 116 a 118, salienta ter havido julgamento além do pedido. Aduz que 'o recorrente pretende, no seu recurso extraordinário, não a declaração de inconstitucionalidade da exigência do depósito prévio, mas sim a possibilidade de arrolar bens, em substituição ao depósito de 30% exigido'.

[...]

A articulação do agravante não merece prosperar. A matéria versada nos autos encontra-se pacificada por esta Corte. O Plenário editou o Verbete Vinculante 21, da Súmula deste Tribunal, com a seguinte redação: [...].[369]

As particularidades das decisões são importantes para nossas análises, que resultam, ambas, na aplicação do entendimento da Súmula Vinculante 21, mas de formas bastantes distintas.

O primeiro acórdão buscava a possibilidade de arrolar bens "móveis", ante a exigência do arrolamento de bens "imóveis" para o processamento do recurso administrativo à

---

368. BRASIL. Supremo Tribunal Federal. *Agravo Regimental no Agravo de Instrumento nº 639.805/PR*. Relator: Ministro Dias Toffoli. Agravante: União. Agravado: Placas do Paraná S/A. Julgamento: 31 ago. 2010. Órgão julgador: Primeira Turma. Publicação: DJe, 11 nov. 2010.

369. BRASIL. Supremo Tribunal Federal. *Agravo Regimental no Agravo de Instrumento 545.063/BA*. Relator: Ministro Marco Aurélio. Agravante: União. Agravado: Trikem S/A. Julgamento: 21 jun. 2011. Órgão julgador: Primeira Turma. Publicação: DJe, 16 ago. 2011.

segunda instância federal. Alegava-se ofensa à legalidade, ante a indistinção de possibilidade de oferta de bens entre móveis e imóveis. O Ministro Dias Toffoli, mantendo os fundamentos anteriormente construídos pelo Ministro Menezes Direito, então relator do Agravo de Instrumento, invocou o precedente sumular 21, mas limitou-se a garantir que o processo seguiria seu curso, nos termos do pedido da parte, ou seja, permitiu que fossem arrolados bens móveis, à escolha do ofertante.

No segundo acórdão, o pleito era similar e jazia no pedido de arrolar bens e não necessariamente de fazer o depósito em dinheiro. De maneira diferente, o Ministro Marco Aurélio invocou o enunciado do verbete e simplesmente proclamou a desnecessidade de depósito, genericamente considerado, portanto.

Indiferentemente a tais variações, todavia, as razões de decidir são as mesmas: que o obstáculo ao acesso pleno de todas as instâncias de processos administrativos ofende aos princípios do contraditório, da ampla defesa e do direito de petição, concretizados na faculdade de interposição de recursos administrativos sem prévia exigência de realização de depósitos em dinheiro ou arrolamento de bens ofertados em garantia pelos usuários do contencioso administrativo e, se de diversas formas essa amplo acesso for respeitado, de diversas formas ele poderá ser concretizado.

Na derradeira ementa de aplicação, seguir transcrita, temos um caso atrelado ao contexto fático-processual de uma ação de execução. Vejamos o julgado:

Ag. Reg. na Reclamação 22.546 Espírito Santo
AGRAVO REGIMENTAL NA RECLAMAÇÃO. ALEGAÇÃO DE AFRONTA AO ENUNCIADO DA SÚMULA VINCULANTE 21. RECURSO ADMINISTRATIVO. EXIGÊNCIA DE DEPÓSITO PRÉVIO. INCONSTITUCIONALIDADE. AGRAVO REGIMENTAL DESPROVIDO. 1. A decisão que não reconhece a inconstitucionalidade da exigência de depósito prévio para a interposição de recurso administrativo viola a Súmula Vinculante 21. 2. A circunstância de o recurso ser interposto antes da edição do enunciado com força vinculante por este Tribunal "não tem

o condão de afastar a inconstitucionalidade da exigência de depósito prévio para interposição de apelos administrativos" (Rcl 10.938/PE, Rel. Min. Gilmar Mendes). 3. Agravo regimental DESPROVIDO.[370]

O caso versa sobre agravo regimental interposto pela União de decisão de procedência em Reclamação constitucional por desrespeito ao verbete vinculante 21. O contexto que possibilitou o manejo da reclamação deu-se da seguinte maneira: contribuinte insurgiu-se contra ação de execução fiscal, mediante exceção de pré-executividade, na qual cobravam-se créditos tributários que não puderam ser discutidos administrativamente em sua plenitude pela exigência do depósito/ arrolamento de bens prévios, que não fora feito. O contribuinte alegava nulidade dos créditos, em função da nulidade do processo administrativo que os discutia. O juízo da execução, alegando que a decisão denegatória de processamento dos recursos administrativos ocorreu em momento anterior à edição da Súmula, não reconheceu vícios suficientes nos créditos tributários a serem reconhecidos em sede de exceção de pré-executividade. Desta decisão deu-se a reclamação provida, objeto do presente acórdão pela União.

A União sustentara, por sua vez, que o juiz da execução não adentrou no mérito da aplicação ou não do verbete, limitando-se apenas a realizar juízo sobre o cabimento ou não da exceção de pré-executividade.

A posição do Supremo Tribunal Federal na decisão, sob relatoria do Ministro Luiz Fux, supreendentemente direcionou-se no sentido de que a decisão judicial afrontou à postura erigida no verbete vinculante 21 do STF, que deveria ter aplicado o entendimento da Súmula. A decisão judicial era o ato que reclamava a aplicação do verbete.

---

370. BRASIL. Supremo Tribunal Federal. *Agravo Regimental na Reclamação* 22.546/ ES. Relator: Ministro Luiz Fux. Agravante: União. Agravado: Proribeiro Administração e Organização de Comércio Ltda. Julgamento: 23 fev. 2016. Órgão julgador: Primeira Turma. Publicação: DJe, 11 mar. 2016.

Desta feita, concluiu a Suprema Corte que a decisão adotada pelo juízo da execução, esta sim, posterior à edição e publicação do verbete, não se limitou a emitir juízo acerca do cabimento da exceção de pré-executividade, mas, conhecendo de todos os fatos, não aplicou a Súmula Vinculante 21, o que desencadeou o julgamento de procedência da reclamação e consequente improcedência do agravo interposto pela União.

Vemos um nítido caso de *ampliative distinguishing*, se considerarmos com parâmetro de razão de decidir seja afeta ao processamento de recursos administrativos sem exigência de prévios depósitos, em garantia do contraditório, ampla defesa e direito de petição. A ampliação teria se dado nas circunstâncias materiais do caso concreto, dado que o pleito não se referia ao afastamento de obstáculo para o processamento de recursos administrativos, estes já encerrados. A aplicação do entendimento da Súmula Vinculante no contexto do caso denotaria a nulidade dos títulos executivos por consequência direta da nulidade da decisão administrativa que não processou o recurso da parte pela ausência de depósito prévio, contexto em que o ato reclamado era uma exceção de pré-executividade.

Dado interessante é que não houve exposição expressa de argumentos e fundamentos justificadores na decisão, que não a referência a julgados anteriores. Não há enunciados que digam respeito ao contraditório, à ampla defesa, ao direito de petição no voto.

O contexto de aplicação é completamente distinto, por amplitude, das demais decisões que aplicaram a Súmula Vinculante 21. Todas as demais garantiam, no contexto dos processos subjacentes, acesso pleno às instâncias administrativas.

A decisão aqui referida, tida no contexto de uma execução fiscal, ou melhor, no contexto de uma exceção de pré-executividade, amplia consideravelmente as circunstâncias materiais que potencialmente requererão a aplicação do precedente.

Isso porque, em tese, a seguir-se a razão de decidir, de aplicação do verbete em ações judiciais de execução fiscal, a qualquer tempo a parte executada poderia dispor da via da exceção de pré-executividade e invocar a Súmula Vinculante 21, observada a condição de que, no passado, seus recursos não tivessem sido processados.

Esse entendimento possui uma gama de aplicação muito vasta, parecendo-nos que sequer tais consequências foram ponderadas.

8.3.2 As decisões que não aplicaram a Súmula Vinculante 21 ao caso concreto

Há cinco decisões identificadas em nosso grupo de acórdãos que não aplicaram a Súmula Vinculante 21 aos respectivos casos em análise. Todas elas, de alguma maneira e em certo grau de argumentação, analisaram o cerne das circunstâncias materiais e os fatos jacentes aos processos, de forma a fazer a distinção dos fatos sobre os quais queria-se a aplicação do verbete em cotejo com o seu enunciado. Vejamos quais são:

1. Embargos de Declaração na Reclamação 16.281/MG, Relatoria da Ministra Rosa Weber, Primeira Turma do STF, julgado em 09/09/2014;

2. Embargos de Declaração na Reclamação 20.932/SP, Relatoria do Ministro Teori Zavascki, Segunda Turma do STF, julgado em 30/06/2015;

3. Agravo Regimental na Reclamação 21.189/CE, Relatoria do Ministro Teori Zavascki, Segunda Turma do STF, julgado em 25/08/2015;

4. Agravo Regimental na Reclamação 11.750/MG, Relatoria do Ministro Edson Fachin, Primeira Turma do STF, julgado em 15/09/2015;

5. Embargos de Declaração no Agravo Regimental na Reclamação 21.189/CE, Relatoria do Ministro Teori Zavascki, Segunda Turma do STF, julgado em 22/09/2015.

Queremos destacá-las em função dos temas que as distinguem, dado que é justamente a matéria versada em seus contextos que resultaram no juízo negativo de aplicação do precedente vinculante da Súmula Vinculante 21.

O primeiro dos casos trata-se do Embargo de Declaração recebido pela relatoria como Agravo de Instrumento, interposto na Reclamação 20.932/SP, Relator Ministro Teori Zawascki, cuja transcrição de ementa segue abaixo:

> **Emb. Decl. na Reclamação 20.932 São Paulo**
>
> CONSTITUCIONAL E PROCESSUAL CIVIL. EMBARGOS DE DECLARAÇÃO RECEBIDOS COMO AGRAVO REGIMENTAL. REJEIÇÃO DE EXCEÇÃO DE PRÉ-EXECUTIVIDADE, UMA VEZ QUE A MATÉRIA NELE DISCUTIDA SERIA OBJETO DE MANDADO DE SEGURANÇA, DO QUAL HOUVE DESISTÊNCIA PARA FINS DE ADESÃO AO REFIS. AUSÊNCIA DE ESTRITA ADERÊNCIA ENTRE O CONTEÚDO DO ACÓRDÃO RECLAMADO E O DA SÚMULA VINCULANTE 21. AGRAVO REGIMENTAL A QUE SE NEGA PROVIMENTO.[371]

Em que pese também tratar-se de ato reclamado que fosse anterior à edição da Súmula Vinculante 21, dando ensejo a essa conclusão, houve juízo de impertinência temática relativamente ao verbete, razão pela qual identificamos o critério de distinção da decisão.

Queremos, de forma a dar eficiência às nossas conclusões, expor as razões decisivas para a tomada de decisão negativa na aplicação do verbete. Veja-se os trechos do acórdão:

---

371. BRASIL. Supremo Tribunal Federal. *Embargos de Declaração na Reclamação 20.932/SP.* Relator: Ministro Teori Zavascki. Embargante: Viação Bola Branca Ltda. Embargado: União. Julgamento: 30 jun. 2015. Órgão julgador: Segunda Turma. Publicação: DJe, 12 ago. 2015.

Emb. Decl. na Reclamação 20.932 São Paulo

No caso, não há indispensável correlação entre o decidido pelo ato questionado e o conteúdo da Súmula Vinculante 21 *('É inconstitucional a exigência de depósito ou arrolamento prévios de dinheiro ou bens para a admissibilidade de recurso administrativo')*, uma vez que o acórdão reclamado, ne realidade, limitou-se a consignar que não pode ser discutida em exceção de pré-executividade matéria que seria objeto de mandado de segurança, do qual houve desistência para fins de adesão ao REFIS, o que caracteriza reconhecimento de dívida fiscal.[372]

A aparentemente o caso é muito semelhante ao tratado anteriormente (AgR na Rcl 22.546), que aplicou o entendimento do enunciado da Súmula Vinculante 21, dado que as circunstâncias materiais do contexto referiam a uma decisão de exceção de pré-executividade que debatia uma dívida já ajuizada para cobrança em execução fiscal.

Entretanto, havia uma nuance que permitia pensar sobre a aplicação do verbete. Havia uma ação de mandado de segurança interposto justamente para fazer cessar a exigência dos depósitos administrativos para acesso ao hoje Conselho Administrativo de Recursos Fiscais (CARF); esse processo foi extinto por desistência para ingresso em programa de parcelamento incentivado; pretensamente houve descumprimento ao parcelamento e ajuizamento da cobrança do débito; fora apresentada exceção de pré-executividade, alegando o ocorrido, pugnando pela aplicação da Súmula Vinculante 21, com rejeição pelo Juízo de origem, mantida por decisão do Tribunal Regional Federal da 3ª Região (TRF3), ato reclamado.

Não havia jacente ao processo debate sobre a decisão de não processamento do recurso admintrativo, apenas feriu-se a questão da aceitação, ou não, da exceção de pré-executividade, cujo razão de decidir foi a confissão do contribuinte sobre os débitos inseridos no parcelamento.

---

372. BRASIL. Supremo Tribunal Federal. *Embargos de Declaração na Reclamação 20.932/SP.* Relator: Ministro Teori Zavascki. Embargante: Viação Bola Branca Ltda. Embargado: União. Julgamento: 30 jun. 2015. Órgão julgador: Segunda Turma. Publicação: DJe, 12 ago. 2015.

Dessa feita, no contexto acima, o elemento distintivo para não cogitar da aplicação do verbete obrigatório, notadamente em comparação com a decisão comentada anteriormente, parece ter sido a confissão do débito por parte do contribuinte, justificativa para rejeição da exceção de pré-executividade e, da mesma forma, pelo não acolhimento da reclamação contra tal ato.

Houve, em relação à decisão anterior, uma restrição de aplicação (*restrictive distinguishing*). Se tomarmos como padrão de precedente a decisão do RE 388.359, mencionado na PSV 21, houve simplesmente o *distinguishing*.

A questão é: que precedente é o padrão para raciocínios de ampliação ou restrição, dada a multiplicidade de casos que são citados em todas as decisões, inclusive alguns que sequer foram citados no próprio RE 388.359? Nosso sistema deverá responder a essas perguntas, a bem de seu novel funcionamento.

Os dois acórdãos a seguir transcritos são inerentes à mesma situação, dado que trata-se, respectivamente, de um Agravo Regimental interposto em uma Reclamação, a de número 21.189/CE, Relator Ministro Teoria Zavascki, e dos Embargos de Declaração que foram interpostos dessa decisão; os acórdãos foram julgados em intervalo temporal menor que um mês e são idênticos em suas razões de decidir, razão pela qual a análise é conjunta.

Vejamos as ementas:

Ag. Reg. na Reclamação 21.189 Ceará

CONSTITUCIONAL E PROCESSUAL CIVIL. AGRAVO REGIMENTAL NA RECLAMAÇÃO. AUSÊNCIA DE ESTRITA ADERÊNCIA ENTRE O CONTEÚDO DO ATO RECLAMADO E O DA SÚMULA VINCULANTE 21. AGRAVO REGIMENTAL A QUE SE NEGA PROVIMENTO.[373]

---

373. BRASIL. Supremo Tribunal Federal. *Agravo Regimental na Reclamação 21.189/CE*. Relator: Ministro Teori Zavascki. Agravante: João Quevêdo Ferreira Lopes.

Emb. Decl. no Ag. Reg. na Reclamação 21.189 Ceará
PROCESSUAL CIVIL. EMBARGOS DE DECLARAÇÃO NO AGRAVO REGIMENTAL NA RECLAMAÇÃO. AUSÊNCIA DE ESTRITA ADERÊNCIA ENTRE O CONTEÚDO DO ATO RECLAMADO E O DA SÚMULA VINCULANTE 21. INEXISTÊNCIA DE QUAISQUER DOS VÍCIOS DO ART. 535 DO CPC. PRETENSÃO DE REDISCUTIR QUESTÕES JÁ DECIDIDAS. EMBARGOS DE DECLARAÇÃO REJEITADOS.[374]

O caso único de ambas as decisões parece mesmo ser emblema de impertinência temática latente. Difícil mesmo até divisar em linhas claras a argumentação distintiva utilizada pela decisão, eis que a lógica acaba por cumprir a função, tal a disparidade de temas entre o enunciado da Súmula Vinculante 21 e os fatos constituídos no contexto do processo em que se pugnava em sede de reclamação, sua aplicação.

Uma passagem da decisão havida nos autos do Agravo Regimental, de lavra tão simples quanto necessária, cuida de evidenciar toda essa diferença de densidade material, da qual decorre a impossibilidade de incidência da Súmula Vinculante aos fatos trazidos à análise da Suprema Corte.

> **Ag. Reg. na Reclamação 21.189 Ceará**
> Trata-se de reclamação, com pedido de liminar, contra atos da Delegacia da Receita Federal do Estado do Ceará que estariam afrontando o teor da Súmula Vinculante 21. Alega o reclamante, em síntese, que: (a) suas restituições a título de imposto de renda são objeto de retenção para compensação de tributos que a receita federal pensa ser devidos; [...]".
>
> No caso, não há indispensável correlação entre o decidido no ato questionado – que consistiria na compensação tributária de

---

Agravado: Delegada da Receita Federal do Brasil em Fortaleza. Julgamento: 25 ago. 2015. Órgão julgador: Segunda Turma. Publicação: DJe, 08 set. 2015.

374. Id. Supremo Tribunal Federal. *Embargos de Declaração no Agravo Regimental na Reclamação 21.189/CE*. Relator: Ministro Teori Zavascki. Embargante: João Quevêdo Ferreira Lopes. Embargado: Delegada da Receita Federal do Brasil em Fortaleza. Julgamento: 22 set. 2015. Órgão julgador: Segunda Turma. Publicação: DJe, 07 out. 2015.

ofício de valores que deveriam ser restituídos ao contribuinte de imposto de renda – e o conteúdo da Súmula Vinculante 21.[375]

Temos aqui um caso clássico de distinção material hialina, por absoluta ausência de circunstâncias materiais. Em comparação argumentativa apenas para fins didáticos, é como se quisesse fazer incidir a norma que prescreve ser a propriedade de veículos automotores um fato jurídico tributário do Imposto sobre a Propriedade de Veículos Automotores (IPVA) sobre a fato de um sujeito ser proprietário de um imóvel na zona urbana de um determinado município (IPTU).

Impossível a comparação de suposta retenção para compensação de ofício com a exigência de depósito prévio eliminado pelo enunciado da Súmula Vinculante 21. A compensação de ofício é processo administrativo cujo termo final é a operação de encontro de contas entre débitos e créditos tributários; esse ato final somente será efetivado caso haja oposição pelo contribuinte após o percurso do decido processo administrativo, com a dedução de todas as razões e argumentação que lhe impediriam a ocorrência. O contribuinte pode deduzir no contexto desse processo tudo o quanto lhe aproveitar para impedir o ato final de compensação, sem qualquer exigência prévia de qualquer depósito.

Não existe ato de retenção de eventual restituição de imposto de renda. O direito à eventual restituição nasce da antecipação à maior do pagamento de imposto de renda ao longo do exercício fiscal encerrado, conclusão à qual somente se chega com a entrega da declaração de imposto de renda no exercício seguinte. Enquanto não paga a restituição, não fica ela retida. Simplesmente não há disponibilização de valor ao contribuinte até o aviso de pagamento. Antes de tal ocorrência, porém,

---

375. BRASIL. Supremo Tribunal Federal. *Agravo Regimental na Reclamação 21.189/CE*. Relator: Ministro Teori Zavascki. Agravante: João Quevêdo Ferreira Lopes. Agravado: Delegada da Receita Federal do Brasil em Fortaleza. Julgamento: 25 ago. 2015. Órgão julgador: Segunda Turma. Publicação: DJe, 08 set. 2015.

há prévia checagem de débitos do sujeito que a receberá para que, nos termos da legislação, seja aberto processo de compensação de ofício, garantido a ampla defesa, o contraditório e o acesso a todos os meios inerentes a essas garantias.

Podemos apontar como critérios de distinção aptos a justificar o acerto da decisão de não aplicação: inexistência de qualquer depósito prévio como exigência de participação a qualquer instância administrativa; amplo acesso à defesa e contraditório no processo de compensação de ofício sem qualquer condição de depósito; distinção entre a natureza jurídica da retenção de valores, com relação à indisponibilidade por cronograma de pagamento das restituições devidas.

Temos aqui um caso em que é mais fácil tentar encontrar algum elemento material de convergência com Súmula do que encontrar em si mesmo um elemento de distinção, dada a disparidade material entre enunciado e matéria sobre o qual quer fazer-se incidir a norma.

Em seguida, mais outra decisão de não aplicação do enunciado Sumular 21 por distinção temática com o caso da Suprema Corte de Justiça posto sob julgamento. Vejamos como foi ementado o acórdão:

> **Ag. Reg. na Reclamação 11.750 Minas Gerais**
> AGRAVO REGIMENTAL EM RECLAMAÇÃO. SÚMULA VINCULANTE 21 DO STF. AUSÊNCIA DE PERTINÊNCIA ESTRITA. 1. A Súmula Vinculante 21 do STF não tem a necessária relação de pertinência estrita com acórdão proferido em processo judicial que aplica a multa prevista no art. 557, § 2º, do CPC [art. 1.021, §4º do Novo CPC], com a condicionante legal do pagamento da referida multa para a interposição de outros recursos. 2. Agravo regimental a que se nega provimento.[376]

---

[376]. BRASIL. Supremo Tribunal Federal. *Agravo Regimental na Reclamação 11.750/ MG*. Relator: Ministro Edson Fachin. Agravante: Parapeuna Comércio e Indústria Ldta. Me. Agravado: Superior Tribunal de Justiça. Julgamento: 15 set. 2015. Órgão julgador: Primeira Turma. Publicação: DJe, 29 set. 2015.

Trata-se de caso em que houvera a interposição de exceção de pré-executividade em dado processo de execução fiscal, rejeitada em todos os seus pleitos; dessa decisão recorreu-se via agravo de instrumento ao Tribunal de Justiça de Minas Gerais, e a cuja oposição foi aplicada multa de 10% (dez por cento) sobre o valor do débito executado, situação da qual a parte recorreu sucessivamente por Recurso Especial, Agravo de Instrumento contra denegação de processamento do Recurso Especial, agravo interno contra decisão de não provimento no Agravo de Instrumento, colhendo insucessos sequenciais, dos quais resultou a manutenção da imposição da multa de 10% (dez por cento) pelo juízo da execução.

Da última decisão acima, a parte promoveu a reclamação ora em comento, alegando que a multa ofenderia o verbete vinculante de 21, dado que a prescrição contida no art. 557, § 2º, do revogado Código de Processo Civil de 1973, vedada a interposição de qualquer outro recurso sem observância do recolhimento da multa.

Conhecidas as circunstâncias fáticas, temos que a razão de distinção utilizada para afastar o enunciado sumular foi de uma clareza hialina e de um acerto preciso:

> **Ag. Reg. na Reclamação 11.750 Minas Gerais**
>
> Como bem definido pela decisão agravada, a Súmula Vinculante 21 do STF, por cuidar apenas da admissibilidade de recursos em processos administrativos, não tem a necessária relação de pertinência estrita com acordão proferido em processo judicial que aplica a multa prevista no art. 557, §2º, do CPC [art. 1.021, §4º do Novo CPC], com a condicionante legal do pagamento da referida multa para interposição de outros recursos.[377]

Entendemos não haver motivos para outras digressões. Sem sequer adentrar na natureza da multa que fora imposta

---

377. BRASIL. Supremo Tribunal Federal. *Agravo Regimental na Reclamação 11.750/ MG*. Relator: Ministro Edson Fachin. Agravante: Parapeuna Comércio e Indústria Ldta. Me. Agravado: Superior Tribunal de Justiça. Julgamento: 15 set. 2015. Órgão julgador: Primeira Turma. Publicação: DJe, 29 set. 2015.

à parte reclamante, a singeleza didática da razão de distinção utilizada no julgamento é a diferença fundamental das circunstâncias materiais do caso sob julgamento, vazadas também no regime jurídico havido entre processos administrativos e processos judiciais, estes últimos não atinentes ao enunciado da Súmula Vinculante 21.

A circunstância distingue-se pelo fato de que não há nenhum obstáculo a qualquer acesso a processo administrativo na imposição da multa processual. Como a própria natureza indica, é sanção por litigância de má-fé, sem qualquer correção material com os obstáculos econômicos impostos ao acesso pleno aos órgãos julgadores administrativos. A lógica razoável impõe que não teçamos maiores comentários.

Na derradeira decisão de não aplicação do vigésimo primeiro verbete vinculante do STF, temos o que se pode chamar de curioso caso de não aplicação da súmula, por considera-la já aplicada ao caso. Expliquemos a situação que somente o exame detido das ocorrências fático-processuais jacentes ao caso podem nos fornecer. Previamente, entretanto, vejamos a ementa:

> **Emb. Decl. na Reclamação 16.281 Minas Gerais**
> EMBARGOS DE DECLARAÇÃO CONVERTIDOS EM AGRAVO REGIMENTAL. RECLAMAÇÃO. AUSÊNCIA DE CONTRARIEDADE À SÚMULA VINCULANTE 21. A teor da Súmula Vinculante 21, "é inconstitucional a exigência de depósito ou arrolamento prévios de dinheiro ou bens para admissibilidade de recurso administrativo". No caso em exame, não se divisa contrariedade ao aludido verbete, pois os recursos administrativos da reclamante foram admitidos e processados sem exigência de depósito ou arrolamento prévio de dinheiro ou bens. Embargos de declaração recebidos como agravo regimental, ao qual se nega provimento.[378]

---

378. BRASIL. Supremo Tribunal Federal. *Embargos de Declaração na Reclamação 16.281/MG*. Relator: Ministra Rosa Weber. Embargante: Peixoto Comércio Indústria Serviços e Transportes Ltda, Igor Alexander Miranda Carvalhaes. Embargado: Delegado da Receita Federal de Uberlândia. Julgamento: 09 set. 2014. Órgão julgador: Primeira Turma. Publicação: DJe, 06 out. 2016.

Tratou-se, no caso, de situação na qual um contribuinte, em sede de agravo de instrumento interposto nos autos de embargos à execução fiscal, obteve decisão do Tribunal para que fossem processados os recursos administrativos julgados desertos ante a ausência de depósito recursal prévio e que deram origem aos créditos executados.

A ordem de processamento fora acatada pelo Delegado da Receita Federal do Brasil em Uberlândia-MG, que, em data de 14.09.2011, determinou o processamento dos recursos administrativos, os quais, por alegada ausência de intimação, correram à revelia do contribuinte.

Entrementes à decisão obtida em sede de agravo e o despacho de processamento dos recursos administrativos, a Procuradoria da Fazenda Nacional cancelou as certidões de dívida ativa, o que deu fim à ação de execução fiscal, ante a ordem obtida de processamento dos recursos administrativos e a impossibilidade de coexistência de ambos os contenciosos tributários, judicial e administrativo.

O recurso interposto à Suprema Corte, que clamava pela aplicação da Súmula Vinculante 21, objetivava cassar as decisões de processamento dos recursos administrativos pela autoridade administrativa (os quais correram à sua revelia), para emitirem-se novos despachos de admissibilidade dos recursos, desta feita com sua intimação.

A decisão nos presentes embargos de declaração, convertidos em agravo regimental, seguiram a sorte de manutenção da decisão exarada na Reclamação, de não aplicação da Súmula Vinculante, por considerar que as decisões reclamadas, ou seja, as decisões de processamento dos recursos administrativos na data de 14.09.2011 estão em compasso perfeito com o enunciado do verbete vinculante 21. Vejam-se trechos elucidativos do julgado, tanto do relatório, quanto do voto em si:

Emb. Decl. na Reclamação 16.281 Minas Gerais

Presentes os pressupostos extrínsecos. Transcrevo teor da decisão que desafiou os embargos de declaração: [...].

'No tocante à alegação de violação da Súmula 21/STF segundo a qual é *inconstitucional a exigência de depósito ou arrolamento prévios de dinheiro ou bens para a admissibilidade de recurso administrativo* -, a reclamação não merece prosperar, uma vez que o interesse do reclamante foi atendido pela autoridade reclamada, a qual determinou o processamento dos recursos administrativos, anteriormente obstados em razão da ausência de depósito recursal. [...].

Uma vez admitidos e julgados os recursos administrativos sem a exigência de depósito, não há falar em afronta à Súmula 21/STF. [...]'.

Feito o registro, tendo em vista que, no caso, não houve exigência, por parta da autoridade reclamada, de prévio depósito ou arrolamento de dinheiro ou bens para admitir recursos administrativos, a evidenciar a inexistência de contrariedade à Súmula Vinculante 21, concluo que as razões do agravante são insuficientes para modificar a decisão agravada, traduzindo mero inconformismo e resistência em pôr fim à demanda.[379]

De se ver que se reconheceu que a reclamação estava a ser utilizada como instância recursal. A razão pela não aplicação da Súmula Vinculante ao caso, portanto, não guarda relação com distinção do caso em função das circunstâncias fáticas que o diferenciasse do substrato hipotético do enunciado da Súmula Vinculante 21, mas, ao oposto, foi reconhecido que a decisão reclamada não poderia ser atacada justamente porque tratou de cumprir o determinado pelo verbete.

Assim, a distinção de não aplicação ao caso, se é que assim podemos chamar, foi justamente o juízo de que o verbete já havia sido aplicado, advindo daí todas as consequências que lhe são decorrentes.

---

379. BRASIL. Supremo Tribunal Federal. *Embargos de Declaração na Reclamação 16.281/MG*. Relator: Ministra Rosa Weber. Embargante: Peixoto Comércio Indústria Serviços e Transportes Ltda, Igor Alexander Miranda Carvalhaes. Embargado: Delegado da Receita Federal de Uberlândia. Julgamento: 09 set. 2014. Órgão julgador: Primeira Turma. Publicação: DJe, 06 out. 2016.

Em notas finais deste capítulo, adiantaremos uma preocupação que já nos atormenta. Ser-nos-ia dado concluir que a PSV 21, ao adotar o RE 388.359 como precedente, faria com que as decisões de aplicação da Súmula Vinculante 21 a ele fizessem referência para estabelecer padrões de similaridade ou distinção das circunstâncias materiais e razões de decidir vinculadas ao verbete obrigatório, o que, sem dúvida, forneceria segurança aos aplicadores.

Não é o caso. A própria PSV 21 desmente a adoção do recurso extraordinário acima referido como parâmetro referencial, ao dizer "Trata-se de proposta de súmula vinculante encaminhada ao Plenário desta Corte, conforme decidido no julgamento do RE 388.359, entre outros precedentes [...]".

Não há, assim, segurança e estabilidade em saber dos fundamentos das decisões precedentes que serão aplicadas no contexto da Súmula Vinculante 21, porque não há essa indicação. Nem mesmo as decisões da própria Corte Suprema que aplicaram o entendimento vinculado ao verbete obrigatório 21 fazem referência ao recurso acima mencionado.

Para além disso, muitas decisões fazem referência a outras pregressas, que sequer foram citadas no próprio RE 388.359. A citação de decisões é aleatória.

A própria publicação do STF, sobre a aplicação e interpretação das Súmulas Vinculantes, parece utilizar como "precedente representativo" aleatoriamente a ADI 1.976, e nem menciona o RE 388.359.

Desta feita, o funcionamento do sistema de aplicação dos precedentes, para adequar-se ao novo sistema processual, tem muito a evoluir.

9. AS DECISÕES ACERCA DA SÚMULA VINCULANTE 28

A Súmula Vinculante 28 foi chancelada pelos Ministros do Supremo Tribunal Federal nos trabalhos de seu plenário ocorridos em 03 de fevereiro de 2010, pela aprovação da Proposta de Súmula Vinculante – PSV 37. Seus efeitos foram sentidos em nosso sistema a partir da publicação no diário oficial da União no dia dezessete do mesmo mês e ano.

Seu verbete foi precedido a partir do julgado havido no bojo da Ação Direta de Inconstitucionalidade (ADI) 1.074, que culminou no enunciado adiante transcrito:

> **Súmula vinculante 28:**
> É inconstitucional a exigência de depósito prévio como requisito de admissibilidade de ação judicial na qual se pretenda discutir a exigibilidade de crédito tributário.

Como anteriormente assentado, três são as decisões coletivas que guardam referência direta à Súmula Vinculante 28, segundo os critérios de pesquisa pré-estabelecidos. Ao examiná-las isoladamente, entretanto, pudemos verificar que uma delas, em verdade, não se trata de aplicação do preceito vinculante, mas da própria proposta debatida pelos Ministros da Suprema Corte para aprová-la, sendo identificada como a Proposta de Súmula Vinculante 37 (PSV 37).

Desta feita, pudemos contornar o exíguo universo de decisões colegiadas de aplicação da Súmula Vinculante 28 da seguinte maneira:

Universo de acórdãos referentes à Súmula Vinculante 28 → 3 decisões			
Com juízo meritório sobre o tema sumulado	2	Com aplicação da súmula ao caso	0
		Sem aplicação da súmula ao caso	2
Sem juízo meritório sobre o tema sumulado	1*	*Trata-se da PSV 37	

Com essa identificação, após análise das duas decisões remanescentes, estas, sim, já o dizemos, dotadas de raciocínio meritório sobre substância da matéria versada na Súmula Vinculante, acerca de sua aplicação/não aplicação, pudemos identificar que seria conveniente e, mais que isso, deveras importante, percorrer o registro dos debates de aprovação do verbete sumular vinculante, pelos motivos que serão deduzidos no item a seguir.

9.1 O Universo dos acórdãos com juízo meritório sobre o tema da Súmula Vinculante 28 que não aplicaram o preceito ao caso concreto

Cuidemos, assim, de evidenciar as decisões acima aludidas, que adentraram no juízo meritório versado no vigésimo oitavo verbete vinculante, pelas transcrições de suas respectivas ementas, já nos adiantando no sentido de que ambas possuem o mesmo núcleo de fundamentação, e, portanto, poderíamos dizer, as mesmas razões de decidir, e são, senão idênticos, de uma similaridade tal, que nos permitem a atitude de tecer comentários extensivos a ambas as decisões colegiadas. Vejam-se:

Ag. Reg. na Reclamação 19.724 Rio de Janeiro
AGRAVO REGIMENTAL NA RECLAMAÇÃO. ALEGAÇÃO DE AFRONTA AO ENUNCIADO DA SÚMULA VINCULANTE 28. INEXISTÊNCIA. AUSÊNCIA DE IDENTIDADE DE TEMAS ENTRE O ATO RECLAMADO E O PARADIGMA DESTA CORTE. AGRAVO REGIMENTAL A QUE SE NEGA PROVIMENTO. 1. A ausência de identidade de temas entre o ato reclamado e o paradigma desta Corte conduz à inadmissão da Reclamação. 2. *In casu*: a) A Súmula Vinculante 28 dispõe que é inconstitucional a exigência de depósito prévio como requisito de admissibilidade de ação judicial na qual se pretenda discutir a exigibilidade de crédito tributário; b) Neste feito, o reclamante se insurge contra decisão que determinou sua inclusão no polo passivo de execução fiscal. Não há identidade ou similitude entre o ato impugnado e a súmula vinculante tida por desrespeitada. 3. Agravo regimental desprovido.[380]

Ag. Reg. na Reclamação 20.617 Rio de Janeiro
DIREITO PROCESSUAL CIVIL. RECLAMAÇÃO. GARANTIA DA EXECUÇÃO FISCAL. SÚMULA VINCULANTE 28. 1. Não guarda estrita pertinência com a Súmula Vinculante 28 decisão que exige garantia para embargos à execução fiscal (art. 16, § 1º, III, da Lei 6.830/1980). 2. Não é possível conhecer da reclamação no ponto em que aponta violação à Súmula Vinculante 21, por não indicar as respectivas razões. 3. É certo que a impossibilidade econômica de arcar com a garantia do juízo não pode ser fator impeditivo do exercício do contraditório e da ampla defesa. A incidência de tal entendimento, todavia, deve ser buscada na via processual própria. 4. Recurso ao qual se nega provimento.[381]

Essas decisões colegiadas cuidaram de analisar o cotejo dos preceitos do verbete vinculante 28, em contraposição à exigência de garantia do juízo como condição para oposição de embargos do devedor, nas formas que são preconizadas

---

380. BRASIL. Supremo Tribunal Federal. *Agravo Regimental na Reclamação 19.724/ RJ*. Relator: Ministro Luiz Fux. Agravante: James Douglas Tompkins Agravado: União e Outro(s). Julgamento: 17 mar. 2015. Órgão julgador: Primeira Turma. Publicação: DJe, 06 abr. 2015.

381. Id. Supremo Tribunal Federal. *Agravo Regimental na Reclamação 20.617/RJ*. Relator: Ministro Roberto Barroso. Agravante: James Douglas Tompkins Agravado: União. Julgamento: 02 fev. 2016. Órgão julgador: Primeira Turma. Publicação: DJe, 23 fev. 2016.

pelo disposto no artigo 16, § 1º, da Lei 6.830/80, a Lei de Execuções Fiscais – LEF.

Veja-se, para facilitar nossa ação de raciocínio, o dispositivo acima citado.

> Art. 16. O executado oferecerá embargos, no prazo de 30 (trinta) dias, contados:
>
> I – do depósito;
>
> II – da juntada da prova da fiança bancária ou do seguro garantia;
>
> III – da intimação da penhora;
>
> § 1º. Não são admissíveis embargos do executado antes de garantida a execução.
>
> [...]³⁸²

Nessa ordem de ideias, portanto, a matéria e a questão então submetidas à Corte Suprema têm extensão sobre os dispositivos ensejadores de prévia garantia do juízo na ação de execução fiscal, como condição para que o devedor possa se opor ao título executivo fiscal, e objetivam saber se há vedação de exigência de depósito para acessar o judiciário nas discussões sobre a exigibilidade do crédito tributário, enunciada no verbete 28.

Enfim, tratava-se de saber se as situações fáticas descritas, sendo (i) a exigência de prévio depósito como condicionante de acesso ao Judiciário para discutir a exigibilidade de crédito tributário e (ii) a exigência de prévia garantia para opor-se ao título executivo fiscal no Judiciário, são situação idênticas ou cuja similaridade permitisse o mesmo tratamento, ao abrigo do enunciado da Súmula Vinculante 28.

Em ambas as decisões, por idênticos fundamentos e argumentações, a Corte Constitucional distinguiu as duas situações anteriormente descritas, para decidir pela não aplicação

---

382. BRASIL. Presidência da República. *Lei 6.830*, de 22 de setembro de 1980. Dispõe sobre a cobrança judicial da Dívida Ativa da Fazenda Pública, e dá outras providências. Brasília: DOU, 24 set. 1980.

do verbete vinculante aos casos de exigência de prévia garantia para oposição de embargos do devedor, permitindo a convivência do enunciado do verbete vinculante de 28, com a exigência preconizada pelo artigo 16, § 1º, da Lei 6.830/80.

A corte fez, portanto, um nítido *distinguishing* para afastar a razão de decidir, cuja avaliação faremos, que originou o enunciado da Súmula Vinculante 28, para apontar a diversidade de temática das circunstâncias materiais entre os casos julgados e o teor material da Súmula Vinculante 28.

A prévia exigência de *depósito* de qualquer valor, referente ao crédito tributário que se pretenda discutir em ação própria, foi tida pela Corte como supressora do direito de amplo acesso à justiça, diga-se, ao direito de acesso ao Poder Judiciário, a teor do disposto no artigo 5º, inciso XXXV, da Constituição da República.

Entretanto, a exigência prévia de *garantias* do crédito executado, nas formas previstas pelo dispositivo da lei de execuções fiscais, uma das quais, inclusive, pode ser o *depósito* do valor integral do crédito tributário, a teor do que dispõe o inciso I, do parágrafo 1º, do artigo 16, da Lei 6.830/80, não foi considerada pelo Supremo Tribunal como atentatória ou restritiva do mesmo direito de acesso ao Judiciário.

O núcleo distintivo, portanto, foi a diferença de conteúdo semântico do termo *depósito* em relação ao termo *garantia*, ambos analisados sob o contexto do exame do exercício do direito de acesso ao Poder Judiciário.

Essa distinção aqui defendida parece restar clara quando estabelecido paralelo comparativo entre os julgados postos sob análise. Reproduzimos, com destaque inicial para os enunciados integrantes do Agravo Regimental na Reclamação 19.724, que expressamente fez menção aos enunciados da ADI 1.074, os trechos que são emblemáticos no sentido de estabelecer a distinção:

> Saliento que o enunciado da Súmula Vinculante em questão foi proposto após o julgamento da ADI 1.074, Rel. Min. Eros Grau, ocasião em que a Corte entendeu pela inconstitucionalidade do art. 19, *caput*, da Lei 8.870/1994, que exigia o depósito prévio do valor discutido, monetariamente corrigido e acrescido de multa e juros, como condição para o ajuizamento de ações judiciais que tivessem por objeto a discussão de créditos tributários.
>
> [...]
>
> Nos debates que antecederam a aprovação do verbete, decidiu-se por retirar de sua redação a alusão à Lei 8.870/1994, sob o fundamento de que é inconstitucional qualquer exigência de depósito prévio para discussão judicial de crédito tributário, por configurar óbice ao acesso à justiça.
>
> [...]
>
> Nesta reclamação, de outra banda, a ora agravante se insurge contra decisão que determinou sua inclusão no polo passivo de execução fiscal. Questiona a exigência de garantia do juízo para o ajuizamento de embargos à execução, conforme previsão do art. 16, § 1º, da Lei 6.830/80, que é coisa diversa daquela versada na Súmula Vinculante 28.
>
> [...]
>
> Como se vê, não há identidade entre o enunciado do verbete vinculante 28 e o tema versado no ato reclamado.
>
> [...] O que pretende o reclamante, em última análise, é a declaração de inconstitucionalidade do art. 16, § 1º, da Lei 6.830/80, providência inviável na estreita via da reclamação.[383]

Vejam-se, neste turno, os trechos destacados da decisão havida nos autos do Agravo Regimental na Reclamação 20.617:

> No julgamento da ADI 1.074, o Supremo Tribunal Federal, com fundamento no princípio da inafastabilidade de jurisdição (art. 5º, XXXV, da CRFB/1988), declarou inconstitucional o art. 19, *caput*, da Lei 8.870/1994, que condicionava o ajuizamento de ações judiciais relativas à débitos perante o INSS ao '*depósito*

---

383. BRASIL. Supremo Tribunal Federal. *Agravo Regimental na Reclamação 19.724/RJ*. Relator: Ministro Luiz Fux. Agravante: James Douglas Tompkins Agravado: União e Outro(s). Julgamento: 17 mar. 2015. Órgão julgador: Primeira Turma. Publicação: DJe, 06 abr. 2015.

preparatório do valor do mesmo, monetariamente corrigido até a data da efetivação, acrescido de juros, multa de mora e demais encargos`. O referido precedente é o único que ensejou a PSV 37, que resultou da edição da Súmula Vinculante 28, assim redigida:

[...]

Assim, ao contrário do que sustenta a inicial, a decisão reclamada não está propriamente a exigir *depósito*, e sim *garantia* da execução, gênero do qual o depósito é apenas uma espécie, como se vê do art. 9º da Lei 6.830/80 e do art. 655 do CPC [art. 835 do Novo CPC]. Eventual rejeição de bens ofertados, por iliquidez, não pode ser equiparada à exigência de depósito prévio, e pode ser objeto de questionamento na sede própria, valendo observar que a reclamação não é sucedâneo recursal.

[...]

Nessas circunstâncias, mostra-se inviável a invocação da Súmula Vinculante 28 para afastar a exigência de garantia do juízo nos embargos à execução fiscal. Observe que adotar interpretação em sentido diverso implicaria o reconhecimento, em sede de reclamação constitucional, da não recepção do art. 16, § 1º, da Lei 6.830/80, entendimento nunca afirmado pelo Plenário desta Corte.

[...]

Assim, não há relação de estrita identidade entre o ato reclamado e a súmula vinculante cuja autoridade a parte reclamante alega ter sido violada, o que torna inviável a reclamação.[384]

Feitas as necessárias reproduções, notamos a importância, em ambos os julgados, das citações da decisão precedente que originou a Súmula Vinculante 28 (nascida dos debates da PSV 37), para salientar que, no caso, discutia-se apenas a questão da inconstitucionalidade do depósito prévio especificamente do art. 19, da Lei 8.870/94, e não qualquer espécie de garantias. Por ser fundamental na análise das razões da decisão, que aplicaram o Preceito Vinculante 28, cuidamos de analisar os debates aludidos.

---

384. BRASIL. Supremo Tribunal Federal. *Agravo Regimental na Reclamação 20.617/RJ*. Relator: Ministro Roberto Barroso. Agravante: James Douglas Tompkins Agravado: União. Julgamento: 02 fev. 2016. Órgão julgador: Primeira Turma. Publicação: DJe, 23 fev. 2016.

De fato, na oportunidade da discussão da PSV 37, tratou-se, inicialmente, da questão atinente apenas e tão somente ao disposto no art. 19, da Lei 8.870/94, nos termos do que havia sido decidido nos autos da ADI 1.074, este, de fato, o próprio precedente ensejador dos debates da PSV 37.

Ocorre que, indo à fonte, os Ministros quiseram conferir um espectro amplo ao entendimento ali vazado, ou seja, os debates togados rumaram para firmar e assentar como razão de decisão do verbete que qualquer exigência de depósito prévio para discussão de exigibilidade de créditos junto ao Poder Judiciário seria atentatória aos direitos e garantias fundamentais dos cidadãos, circunspectos no amplo direito de acesso à Justiça.

A questão do dispositivo em si – art. 19, da Lei 8.870/94 – passava, então, a ser mero pano de fundo para a pavimentação da estrada do livre acesso ao Poder Judiciário, sem qualquer condicionante de depósito, de qualquer valor do crédito tributário. Nesse sentido, os Ministros decidiram suprimir da redação do verbete, qualquer menção a qualquer lei.

Oportunas as seguintes reproduções dos anais dos debates travados na Proposta de Súmula Vinculante 37 (PSV 37):

> O SENHOR MINISTRO RICARDO LEWANDOWSKI – Com relação à sugestão da Ministra Ellen Gracie, salvo engano, Sua Excelência sugeriu que é inconstitucional o depósito de quantia correspondente ao débito exigido, mas a mim pareceu-me que decidimos que qualquer depósito obsta o acesso à justiça, porque normalmente exige-se depósito qualquer, não precisa corresponder necessariamente ao débito.
>
> A SENHORA MINISTRA ELLEN GRACIE – Vossa Excelência proporia, então: é inconstitucional a exigência de depósito prévio como requisito de admissibilidade de ação judicial em que se pretenda discutir a exigibilidade do crédito tributário. Eu concordo.
>
> [...]
>
> O SENHOR MINISTRO MARCO AURÉLIO – Estamos todos de acordo, portanto, não cabe exigir qualquer depósito, mesmo porque o preceito fulminado na Ação Direta de Inconstitucionalidade versava a exigência de 30% do valor questionado.

> O SENHOR MINISTRO GILMAR MENDES (PRESIDEN-TE) – Estará abrangendo, também, leis estaduais e municipais eventualmente.
>
> O SENHOR MINISTRO CEZAR PELUSO – O disposto na lei fica nas referências.
>
> A SENHORA MINISTRA ELLEN GRACIE – Fica só nas referências.
>
> [...]
>
> O SENHOR MINISTRO RICARDO LEWANDOWSKI – Sim, porque o espírito da nossa decisão foi exatamente esse, evitar que se coloque obstáculos à Justiça (grifo nosso).

Estes trechos cuidam de explicitar a amplitude da proposição configurada na razão de decidir. A exigência de depósitos prévios para a discussão da exigibilidade do crédito tributário ofende o amplo acesso à justiça, consagrado constitucionalmente.

O enunciado sumular parece ter refletido essa posição e transborda as referências a qualquer lei específica. Assenta, assim, a tutela de amplo acesso ao manejo de ações judiciais para a discussão da exigibilidade de crédito tributário, vedando a exigência de depósitos prévios a esse acesso.

Entretanto, fazemos importante referência a um questionamento do Ministro Joaquim Barbosa, feito na sequência do posicionamento do Ministro Cézar Peluso, no contexto dos debates da PSV 37, o qual ecoou sem resposta no ambiente da Corte Suprema, ou, se resposta houve, ela se perdeu na fluidez de sua enunciação, que não fora enunciada no texto da PSV 37:

> O SENHOR MINISTRO CEZAR PELUSO – Não importa quem vai entrar com a ação. Importa é que, se tiver que discutir a exigência de crédito tributário, não se pode exigir para a admissibilidade de ação nenhum depósito.
>
> O SENHOR MINISTRO JOAQUIM BARBOSA – <u>É bom termos presente que isso terá incidência sobre a Lei de Execução Fiscal. Ela tem um dispositivo que estabelece exigência de depósito, o valor do débito</u> (grifo nosso).

A inquietação do então Ministro Joaquim Barbosa chegou ao Supremo Tribunal Federal nos autos dos processos cujas decisões aqui analisamos. A propositura de ação de embargos à execução, nos termos do art. 16 da Lei de Execuções Fiscais, é condicionada à prévia garantia do juízo da execução. Umas das espécies de garantia é o depósito prévio, em dinheiro, do valor do débito corrigido monetariamente.

À Suprema Corte cabia, então, a resposta anteriormente negligenciada à indagação do Ministro Joaquim Barbosa. O acesso amplo à justiça, tutelado pelo verbete vinculante 28, cujo teor veda a exigência de depósito, aplica-se ao depósito do inciso I, do § 1º, da Lei 6.830/80?

A resposta já nos é conhecida. Mas qual seria o critério para diferenciar a natureza dos depósitos, já que do enunciado da Súmula Vinculante não se delimitava quaisquer condicionantes e não se fazia referência a quaisquer legislações?

Em primeiro lugar, só encontramos o critério distintivo na argumentação justificativa das diferentes naturezas jurídicas nos depósitos aqui examinados. O primeiro deles, chamemo-lo de depósito puro e simples, caracterizado como condição de manejo de ações que guerreiam créditos tributários, é tido como um desestímulo ao contribuinte, sem razão substancial de natureza financeira ou econômica aparente, atentatório ao amplo acesso à justiça preconizado no rol dos direitos constitucionais; o segundo depósito, seria, na verdade, uma garantia-depósito, cujo objetivo da disponibilidade visaria fornecer certo grau de certeza à satisfação do crédito tributário objeto de perseguição pela via do processo executivo fiscal, ante todo a presunção (ainda que relativa) de sua certeza e liquidez.

Ao adotarmos esse critério na argumentação jurídica distintiva, teríamos uma situação com desdobramentos bastante interessantes no contexto de nossas discussões. Vamos à empiria.

Na decisão proferida na ADI 1.074, precedente único utilizado para a Proposta de Súmula Vinculante 37, que resultaria na Súmula Vinculante 28, havia uma delimitação de universo de incidência da regra deste precedente, cujo contorno era apenas a inconstitucionalidade, por ofensa ao amplo acesso ao Judiciário, do depósito prévio exigido pela Lei 8.870/94, *verbis*:

> Art. 19. *As ações judiciais, inclusive cautelares, que tenham por objeto a discussão de débito para com o INSS serão, obrigatoriamente, precedidas do depósito preparatório do valor do mesmo, monetariamente corrigido até a data de efetivação, acrescido dos juros, multa de mora e demais encargos.*
>
> [...][385]

Ainda que esse contorno houvesse sido feito, até por exigência do controle abstrato de constitucionalidade, que no caso se referia a um dispositivo expresso, a razão de decidir, o fundamento nuclear da tomada da decisão foi evitar que se condicionasse a discussão de créditos tributários, pelos contribuintes, no Poder Judiciário, à realização de depósito prévio.

Isso fica claro que, com a consulta da enunciação-enunciada dos debates da PSV 37 denota que a Corte realizou ao aprovar o enunciado, sem qualquer referência ao artigo que era fustigado pela inconstitucionalidade, na Lei 8.870/94, ampliou consideravelmente o campo de aplicação da razão de decidir do julgado na ADI, para estendê-lo ao campo de aplicação diretamente relacionado à razão de decidir daquele julgado.

A Corte, assim, cristalizou no enunciado da Súmula 28 a razão de decidir da ADI 1.074, decisão tomada como seu precedente pela Corte, sem referência legislativa, porquanto ela era contingente àquele processo de controle concentrado, mas não a razão decisiva para a tomada de decisão.

A Corte nada mais fez que introduzir os enunciados das razões de decidir da ADI 1.074, pela via da Súmula Vinculante 28, esta, denotadora sem reparos, de um verdadeiro

---

385. BRASIL. Presidência da República. *Lei 8.870, de 15 de abril de 1994*. Altera dispositivos das Leis 8.212 e 8.213, de 24 de julho de 1991, e dá outras providências. Brasília: DOU, 16 maio 1994.

enunciado da razão de decidir do precedente tomado como seu formador.

Com as decisões de aplicação ora analisadas, a Corte adotou postura decisória de realização de hialino *restrictive distinguishing* entre a circunstâncias do prévio depósito à exigência de discussão de crédito tributário, nas diversas espécies de ações (razão de decidir da ADI 1.074 e cristalizado no enunciado da Súmula Vinculante 28) *versus* a exigência de depósito prévio, como uma das modalidades de garantia, condicionante da distribuição da ação de embargos à execução, nos termos da específica Lei 6.830/80.

O relevo que queremos chamar atenção é que a Súmula Vinculante funcionou como um veículo introdutor de enunciados da decisão ADI 1.074, pois é a eles que as decisões de aplicação verdadeiramente recorrem. O verbete é índice. Todo o discurso jurídico, as argumentações, as justificações (internas e externas) são colhidos de trechos de votos (enunciados) da decisão na ADI. Isso ocorreu para formar a Súmula Vinculante e pretensamente, para aplicá-la ou, no caso, deixar de aplicá-la, distinguindo as situações de depósito condicionadores de acesso ao Judiciário, tomados genericamente, da modalidade do depósito garantia da Lei 6.830/80, o qual não havia sido sequer mencionado, nem na ADI 1.074, nem na PSV 37.

Não poupemos palavras. O enunciado da Súmula Vinculante é apenas índice para aplicação de razões de decidir de outras decisões, estas sim, aplicadas como espécie de precedente. O cotejo para julgamento jamais deve ser feito entre as circunstâncias materiais do caso concreto *vs* enunciado do precedente, mas, sim, entre aquelas e as razões de decidir do precedente. E isso, em nosso sistema, de fato, torna-se um complicador, eis que a identificação de precedente é sempre contingencial ou mesmo múltipla. Não há precedente no conceito da doutrina clássica de ser a primeira decisão de seu gênero, como decisão primeira, em matéria tributária, com raríssimas exceções.

Quando a grande gama de discussões em matéria de relações jurídicas tributárias chega ao STF para julgamento, há um sem número de decisões de todas as cortes e instância do Poder Judiciário brasileiro, e isso se revela como um grande desafio àqueles que movimentarão o sistema de precedentes que se inaugura.

10. AS DECISÕES ACERCA DA SÚMULA VINCULANTE 29

A redação do verbete vinculante número vinte e nove perfez-se na aprovação da Proposta de Súmula Vinculante – PSV 39, na Sessão Plenária do Supremo Tribunal Federal em 03 de fevereiro de 2010, sendo publicada tanto no Diário de Justiça Eletrônico quanto no Diário Oficial da União, em 17 de fevereiro deste mesmo ano.

Contou com decisões precedentes para sua edição, como a Repercussão Geral por Questão de Ordem no Recurso Extraordinário de 576.321 e a Medida Cautelar na Ação Direta de Inconstitucionalidade 1.926, além de outros precedentes, como o AgR no AI 441.038, o AgR no RE 491.216, AgR no RE 346.695, RE 241.790, RE 232.393, RE 220.316 e RE 177.835.

A única decisão mencionada na PSV 39 é o RE 576.321, exatamente a mesma decisão que ocasionou a aprovação da PSV 40, que resultou na edição da Súmula Vinculante 19. A razão é óbvia. Os fundamentos decisórios dos acórdãos que levaram à edição de ambas as súmulas são os mesmos. Ambas as Súmulas, 19 e 29, têm o mesmo núcleo de materialidade decisória. A diferença ficará nítida em breve.

Eis o enunciado de seu verbete:

Súmula vinculante 29:

É constitucional a adoção, no cálculo do valor de taxa, de um ou mais elementos da base de cálculo própria de determinado imposto, desde que não haja integral identidade entre uma outra.

São 15 (quinze os acórdãos) de aplicação de precedentes vinculante no Supremo Tribunal com referência direta à súmula acima transcrita, e, na maneira que tem sido hábito até então, evidenciaremos um a um, primeiramente, por sua ordem cronológica de julgamento. Senão, vejamos:

1. Agravo Regimental no Agravo de Instrumento 632.521/PR, Relatoria do Ministro Ayres Britto, da Segunda Turma do STF, julgado em 01/02/2011;

2. Agravo Regimental no Recurso Extraordinário 501.876/SP, Relatoria do Ministro Ricardo Lewandowski, Primeira Turma do STF, julgado em 01/02/2011;

3. Agravo Regimental no Recurso Extraordinário 613.287/RS, Relatoria do Ministro Luiz Fux, Primeira Turma do STF, julgado em 02/08/2011;

4. Agravo Regimental no Recurso Extraordinário 549.085/GO, Relatoria do Ministro Ricardo Lewandowski, Segunda Turma do STF, julgado em 23/08/2011;

5. Agravo Regimental no Recurso Extraordinário 614.246/SP, Relatoria do Ministro Dias Toffoli, Primeira Turma do STF, julgado em 07/02/2012;

6. Agravo Regimental no Agravo de Instrumento 629.959/PR, Relatoria do Ministro Marco Aurélio, Primeira Turma do STF, julgado em 21/08/2012;

7. Agravo Regimental no Agravo de Instrumento 816.159/MG, Relatoria do Ministro Dias Toffoli, Primeira Turma do STF, julgado em 05/02/2013;

8. Agravo Regimental no Recurso Extraordinário 554.951/SP, Relatoria do Ministro Dias Toffoli, Primeira Turma do STF, julgado em 16/04/2013;

9. Agravo Regimental no Agravo de Instrumento 510.583/SP, Relatoria do Ministro Marco Aurélio, Primeira Turma do STF, julgado em 07/05/2013;

10. Agravo Regimental no Recurso Extraordinário 773.736/PE, Relatoria do Ministro Ricardo Lewandowski, Segunda Turma do STF, julgado em 05/08/2014;

11. Agravo Regimental no Recurso Extraordinário 640.597/PR, Relatoria do Ministro Ricardo Lewandowski, Segunda Turma do STF, julgado em 05/08/2014;

12. Agravo Regimental no Recurso Extraordinário 599.104, do Paraná, Relatoria do Ministro Celso de Mello, Segunda Turma do STF, julgado em 02/12/2014;

13. Agravo Regimental no Recurso Extraordinário 487.363/SP, Relatoria do Ministro Teori Zawascki, Segunda Turma do STF, julgado em 03/02/2015;

14. Agravo Regimental no Recurso Extraordinário 901.412/BA, Relatoria do Ministro Dias Toffoli, Segunda Turma do STF, julgado em 27/10/2015;

15. Agravo Regimental na Reclamação 18.344/SP, Relatoria do Ministro Gilmar Mendes, Segunda Turma do STF, julgado em 27/10/2015.

Sem qualquer novidade relativamente ao método empregado, a análise das decisões serviu ao objetivo aqui consagrado de separação com lastro em seu núcleo decisório, especialmente no que tange às razões de decidir de cada um dos julgados.

Nesse confronto entre texto e contexto decisório, segregamos novamente os casos de completa ausência de apreciação acerca do juízo de mérito sobre a aplicação/não aplicação do verbete, causadas por questões já conhecidas de ordem processual ou aplicação de direito intertemporal, daquelas em que, mesmo com a consideração de impeditivos de processamento, inseriram-se no mérito das circunstâncias materiais do caso em confronto com o enunciado da Súmula Vinculante 29.

Novamente chegamos às seguintes subclasses deste específico universo de decisões: (i) decisões com juízo de mérito sobre a aplicação ou (ii) sem juízo de mérito sobre a aplicação. O critério para a distinção, como já dito, foi a presença ou ausência de referências de natureza material que destacaram-se em juízos meritórios sobre a subsunção do caso concreto ao verbete obrigatório.

O conjunto do universo de decisões de aplicação da Súmula Vinculante 29 não apresentou nenhum elemento que pudesse ser classificado no subgrupo das decisões sem inserção nas circunstâncias materiais, querendo com isso dizer, todos, que, de uma forma ou de outra, os dispositivos de fundamento dos acórdãos versaram, com seus graus de particularidade específicos, sobre eventual subsunção do quadro fato jacente ao caso concreto às normas construídas pela Súmula Vinculante nº 29. Não houve, assim, decisões sem juízo meritório sobre o enunciado vinculante.

10.1 O Universo das decisões com juízo meritório sobre o tema da Súmula Vinculante 29

Dispensaremos a lista de acórdãos que tratam do núcleo material versado na Súmula Vinculante 29 por ser coincidente com a apresentada anteriormente, já que todos os quinze acórdãos acabaram por realizar o exame substancial que adotamos como elemento de classificação.

Nesse universo, há doze decisões que aplicaram a Súmula Vinculante 29, sendo que cinco delas conjuntamente com a Súmula Vinculante 19.

Há outros três acórdãos que adentraram ao mérito de aplicação, analisando as circunstâncias materiais do caso em confronto com o enunciado normativo do verbete vinculante 29, e concluíram pela não aplicação ao caso, distinguindo-os em suas circunstâncias materiais. Há uma decisão que faz isso conjuntamente com a Súmula Vinculante 19.

As espécies de classes encontradas, com presença em seus elementos decisórios e, bem assim, com análise em sua argumentação e fundamentos de decidir acerca da temática da Súmula Vinculante 29, podem, desta feita, ser assim esquadrinhadas:

Universo de acórdãos referentes à Súmula Vinculante 29 → 15 decisões			
Com juízo meritório sobre o tema sumulado	15	Com aplicação da súmula ao caso	12
		Sem aplicação da súmula ao caso	3
Sem juízo meritório sobre o tema sumulado	0		

10.1.1 A subclassificação das decisões de mérito em função da espécie de taxa analisada

Dado empírico relevante para a análise, com direta influência na conclusão acerca das razões de decisão pela aplicação ou não da Súmula Vinculante 29 aos casos em julgamento, foi saber sobre qual espécie de taxa estava sob o crivo aplicador do verbete vinculante. Ao identificar esse dado, optamos por empreender mais esse recorte.

Isso porque, diferentemente da Súmula Vinculante 19, que trata especificamente da taxa de serviço, vinculada à ação estatal de coleta e remoção de resíduos domiciliares, a

Súmula Vinculante 29 não se refere a uma ação estatal específica, mas trata da espécie tributária "taxa", de uma maneira geral, tanto as instituídas pela prestação de serviços públicos específicos e divisíveis quanto as lastreados no exercício regular do poder de polícia.

Queremos dizer que a análise da configuração dos elementos das regra-matrizes de incidência das mais diversas taxas ganha especial relevo no juízo de aplicação do verbete vinculante 29, na medida em que critérios idênticos, componentes dos elementos intrínsecos das normas instituidoras das mais diversas taxas, podem, em cada caso, a depender do pressuposto de instituição, levar a conclusões diversas sobre a incidência do precedente.

As taxas identificadas nas decisões analisadas que julgavam a aplicação do precedente vinculante 29 foram: i) taxas de coleta e remoção de lixo domiciliar (caso de aplicação conjunta das Súmulas Vinculantes de números 19 e 29); ii) taxas de fiscalização e funcionamento de estabelecimentos; iii) taxas de fiscalização florestal; e iv) taxa de licença para construção.

Faremos, assim, uma análise classificatória que combine os juízos de aplicação ou não dos verbetes a cada uma das espécies de taxas analisadas, de forma que a conclusão seja a mais próxima possível da realidade enfrentada em todo o universo de decisões.

10.1.1.1 Decisões que aplicaram a Súmula Vinculante 29 aos casos em julgamento

Das quinze decisões meritórias já listadas, doze aplicaram a Súmula Vinculante nº 29 aos casos postos sob crivo dos Ministros da Suprema Corte de Justiça. São eles:

1. Agravo Regimental no Agravo de Instrumento 632.521/PR, Relatoria do Ministro Ayres Britto, da Segunda Turma do STF, julgado em 01/02/2011;

2. Agravo Regimental no Recurso Extraordinário 501.876/SP, Relatoria do Ministro Ricardo Lewandowski, Primeira Turma do STF, julgado em 01/02/2011;

3. Agravo Regimental no Recurso Extraordinário 613.287/RS, Relatoria do Ministro Luiz Fux, Primeira Turma do STF, julgado em 02/08/2011;

4. Agravo Regimental no Recurso Extraordinário 549.085/GO, Relatoria do Ministro Ricardo Lewandowski, Segunda Turma do STF, julgado em 23/08/2011;

5. Agravo Regimental no Agravo de Instrumento 629.959/PR, Relatoria do Ministro Marco Aurélio, Primeira Turma do STF, julgado em 21/08/2012;

6. Agravo Regimental no Agravo de Instrumento 816.159/MG, Relatoria do Ministro Dias Toffoli, Primeira Turma do STF, julgado em 05/02/2013;

7. Agravo Regimental no Agravo de Instrumento 510.583/SP, Relatoria do Ministro Marco Aurélio, Primeira Turma do STF, julgado em 07/05/2013;

8. Agravo Regimental no Recurso Extraordinário 773.736/PE, Relatoria do Ministro Ricardo Lewandowski, Segunda Turma do STF, julgado em 05/08/2014;

9. Agravo Regimental no Recurso Extraordinário 640.597/PR, Relatoria do Ministro Ricardo Lewandowski, Segunda Turma do STF, julgado em 05/08/2014;

10. Agravo Regimental no Recurso Extraordinário 599.104/PR, Relatoria do Ministro Celso de Mello, Segunda Turma do STF, julgado em 02/12/2014;

11. Agravo Regimental no Recurso Extraordinário 487.363/SP, Relatoria do Ministro Teori Zawascki, Segunda Turma do STF, julgado em 03/02/2015;

12. Agravo Regimental no Recurso Extraordinário 901.412/BA, Relatoria do Ministro Dias Toffoli, Segunda Turma do STF, julgado em 27/10/2015.

Como advertimos, a realização de nossa análise respeitará a temática da espécie da taxa que era objeto do julgado que chegava ao crivo do Supremo Tribunal Federal.

10.1.1.1.1 Taxas de Coleta de Lixo – Aplicação conjunta com a Súmula Vinculante 19

Os debates acerca das taxas de coleta de lixo domiciliar são maduros em nossa cultura jurídica, gerando, inclusive, a edição do verbete vinculante 19, específico ao tema, e, cremos, foram explorados com certo grau de suficiência no item referente ao verbete 19.

Assim, resta-nos perquirir a aplicação do precedente vinculante sumular 29, complementando as análises já realizadas. Vejamos logo as ementas referentes a este item:

> **Ag. Reg. no Agravo de Instrumento 632.521 Paraná**
> AGRAVO REGIMENTAL EM AGRAVO DE INSTRUMENTO. TAXA DE COLETA DE LIXO. CONSTITUCIONALIDADE. SÚMULAS VINCULANTES 19 E 29. 1. "A taxa cobrada exclusivamente em razão dos serviços públicos de coleta, remoção e tratamento ou destinação de lixo ou resíduos provenientes de imóveis, não viola o artigo 145, II, da Constituição Federal" (Súmula Vinculante 19). 2. "É constitucional a adoção, no cálculo do valor de taxa, de um ou mais elementos da base de cálculo própria de determinado imposto, desde que não haja integral identidade entre uma base e outra" (Súmula Vinculante 29). 3. Agravo regimental desprovido.[386]

---

[386]. BRASIL. Supremo Tribunal Federal. *Agravo Regimental no Agravo de Instrumento 632.521/PR*. Relator: Ministro Ayres Britto Agravante: Milton Rizental Agravado: Rodrigo da Rocha Rosa e Outro(s). Julgamento: 01 fev. 2011. Órgão julgador: Segunda Turma. Publicação: DJe, 19 abr. 2011.

Ag. Reg. no Agravo de Instrumento 629.959 Paraná

IPTU – PROGRESSIVIDADE. A jurisprudência do Supremo Tribunal Federal sedimentou-se no sentido de ser constitucional a progressividade nas alíquotas do Imposto Predial e Territorial Urbano estabelecida mediante lei municipal em período posterior à Emenda Constitucional 29/2000. Precedentes: Recursos Extraordinários 423.768/SP e 586.693/SP. TAXA DE COLETA DE LIXO DOMICILIAR – BASE DE CÁLCULO – METRO QUADRADO – CONSTITUCIONALIDADE – PRECEDENTE DO PLENÁRIO E VERBETES VINCULANTES – CONVICÇÃO PESSOAL – RESSALVA. Na dicção da ilustrada maioria, é constitucional lei que prevê o cálculo da taxa de coleta de lixo domiciliar a partir da metragem quadrada do imóvel. Precedente: Recurso Extraordinário 232.393-1/SP. Verbetes Vinculantes 19 e 29 no mesmo sentido.[387]

Ag. Reg. no Recurso Extraordinário 773.736 Pernambuco

AGRAVO REGIMENTAL NO RECURSO EXTRAORDINÁRIO. TRIBUTÁRIO. TAXA DE LIMPEZA PÚBLICA – TLP. COBRANÇA REALIZADA EXCLUSIVAMENTE EM RAZÃO DA PRESTAÇÃO DO SERVIÇO DE COLETA E REMOÇÃO DE LIXO DOMICILIAR. CONSTITUCIONALIDADE. SÚMULA VINCULANTE 19 DO STF. UTILIZAÇÃO DE ELEMENTOS DA BASE DE CÁLCULO PRÓPRIA DE IMPOSTOS. AUSÊNCIA DE IDENTIDADE. SÚMULA VINCULANTE 29 DO STF. INTERPOSIÇÃO DE APELO EXTREMO COM BASE NAS ALÍNEAS B E C DO INCISO III DO ART. 102 DA CONSTITUIÇÃO FEDERAL. NÃO CABIMENTO. AGRAVO REGIMENTAL A QUE SE NEGA PROVIMENTO. I – Nos termos da Súmula Vinculante 19 do Supremo Tribunal Federal, "a taxa cobrada exclusivamente em razão dos serviços públicos de coleta, remoção e tratamento ou destinação de lixo ou resíduos provenientes de imóveis não viola o artigo 145, II, da Constituição Federal". II – "É constitucional a adoção, no cálculo do valor de taxa, de um ou mais elementos da base de cálculo própria de determinado imposto, desde que não haja integral identidade entre uma base e outra" (Súmula Vinculante 29 do STF). III – O acórdão recorrido não declarou a inconstitucionalidade de lei federal ou tratado, o que afasta o cabimento de recurso extraordinário com base na alínea b do art. 102, III, da Constituição. Ademais, não foi julgada

---

387. BRASIL. Supremo Tribunal Federal. *Agravo Regimental no Agravo de Instrumento 629.959/PR*. Relator: Ministro Marco Aurélio. Agravante: Parmisa Participações Mabumby S/A. Agravado: Município de Curitiba. Julgamento: 21 ago. 2012. Órgão julgador: Primeira Turma. Publicação: DJe, 04 set. 2012.

válida lei ou ato de governo local contestado em face da Constituição, o que inviabiliza o apelo extremo com base na alínea c do art. 102, III, da mesma Carta. IV – Agravo regimental a que se nega provimento.[388]

Ag. Reg. no Recurso Extraordinário 487.363 São Paulo

CONSTITUCIONAL E TRIBUTÁRIO. AGRAVO REGIMENTAL NO RECURSO EXTRAORDINÁRIO. PRESSUPOSTOS DE CABIMENTO DE MANDADO DE SEGURANÇA. MATÉRIA INFRACONSTITUCIONAL. IMPOSSIBILIDADE DE ANÁLISE PELO STF. AUSÊNCIA DE PLANO DIRETOR, SUPOSTA AMPLIAÇÃO DA BASE DE CÁLCULO DO IPTU PELA CONVERSÃO DA UFIR E INEXISTÊNCIA DE PUBLICAÇÃO DOS ANEXOS DA LEI QUE ALTEROU A PLANTA GENÉRICA DE VALORES: REVOLVIMENTO DO CONJUNTO FÁTICO-PROBATÓRIO DOS AUTOS. INVIABILIDADE. SÚMULA 279 DO STF. IPTU. ALÍQUOTAS PROGRESSIVAS DEPOIS DA EC 29/2000. CONSTITUCIONALIDADE. TAXA DE REMOÇÃO DE LIXO DOMICILIAR. CONSTITUCIONALIDADE. SÚMULA VINCULANTE 19 E 29 DO STF. AGRAVO REGIMENTAL A QUE SE NEGA PROVIMENTO.[389]

Ag. Reg. no Recurso Extraordinário 901.412 Bahia

Agravos regimentais nos recursos extraordinários. Inovação recursal. Inadmissibilidade. Prequestionamento. Ausência. Imunidade recíproca. INFRAERO. Taxa de coleta de lixo domiciliar. Base de cálculo. Área do imóvel. Constitucionalidade. Precedentes. Súmulas Vinculantes 19 e 29. 1. Não se admite, no agravo regimental, a inovação de fundamentos. 2. Não se admite o recurso extraordinário quando os dispositivos constitucionais que nele se alega violados não estão devidamente prequestionados. Incidência das Súmulas 282 e 356/STF. 3. O Plenário da Corte, no exame do ARE 638.315/BA, Relator o Ministro Cezar Peluso, com repercussão geral reconhecida, assentou que a imunidade recíproca prevista no art. 150, VI, a, da Constituição Federal alcança a INFRAERO, na qualidade de empresa pública prestadora de serviço

---

388. Id. Supremo Tribunal Federal. *Agravo Regimental no Recurso Extraordinário 773.736/PE.* Relator: Ministro Ricardo Lewandowski. Agravante: Hotéis Pernambuco S/A e Outros(s) Agravado: Município de Recife. Julgamento: 5 ago. 2014. Órgão julgador: Segunda Turma. Publicação: DJe, 14 ago. 2014.

389. BRASIL. Supremo Tribunal Federal. *Agravo Regimental no Recurso Extraordinário 487.363/SP.* Relator: Ministro Teori Zavascki. Agravante: Luiz Carlos Lopes. Agravado: Município de São Vicente. Julgamento: 03 fev. 2015. Órgão julgador: Segunda Turma. Publicação: DJe, 13 fev. 2015.

público. 4. O Supremo Tribunal Federal consolidou o entendimento de que é constitucional a taxa de coleta, remoção e tratamento ou destinação de lixo ou resíduos provenientes de imóveis, desde que essas atividades sejam completamente dissociadas de outros serviços públicos de limpeza realizados em benefício da população em geral. Incidência da Súmula Vinculante 19. 5. O Supremo Tribunal Federal firmou o entendimento no sentido da constitucionalidade da utilização da área do imóvel como base de cálculo da taxa de coleta de lixo domiciliar. Incidência da Súmula Vinculante 29. 6. Agravos regimentais não providos.[390]

O caldo das cinco decisões acima apresenta certas particularidades, como o fato de os acórdãos proferidos nos autos do AgR AI 632.521/PR e do AgR AI 629.959/PR, por exemplo, tratarem da constitucionalidade das alíquotas progressivas de IPTU, conjuntamente com a análise das taxas de coleta de lixo, o fato de que o AgR no RE 487.363/SP tratar de diversas taxas e, dentre elas, a coleta de lixo.

Cada decisão guarda em si as suas especificidades; todavia, é em sua similaridade que focamos.

Todas elas tratam da aplicação da Súmula Vinculante 29 aos casos analisados de taxas instituídas para a remuneração do serviço público de coleta e remoção de resíduos domiciliares.

Nesse sentido, em todas notamos a adoção de uma única razão de decidir, que é vinculada ao verbete aqui tratado, qual seja, a possibilidade de adoção de critérios e elementos componentes da regra-matriz de incidência de impostos na composição mensuradora da remuneração devida pela taxa de coleta de lixo.

Seguindo no caminho desse pensamento, pode-se extrair que o mandamento nuclear da aplicação desse verbete vinculante é que não haja identidade de bases de cálculo entre as taxas e outros impostos, o que, se ocorresse, acabaria por

---

390. Id. Supremo Tribunal Federal. *Agravo Regimental no Recurso Extraordinário 901.412/BA*. Relator: Ministro Dias Toffoli. Agravante: Município de Salvador Agravante: Empresa Brasileira de Infra-Estrutura Aeroportuária - Infraero Agravados: Os Mesmos. Julgamento: 27 out. 2015. Órgão julgador: Segunda Turma. Publicação: DJe, 11 dez. 2015.

infirmar o aspecto material substrato da instituição das taxas, desfigurando-as como espécies autônomas contraprestacionais e identificando-as como verdadeiros adicionais de impostos.

Destacamos trecho símbolo dessa conclusão, de lavra do Ministro Marco Aurélio, o qual, nos autos do AgR AI 629.959, quando refere-se ao didático e emblemático Recurso Extraordinário 232.393/SP. Interessante é que o Ministro Marco Aurélio debate com o Ministro Ricardo Lewandowski acerca desse julgado, justamente na PSV 39, posto que, em que pese tenha sido o redator do acordão, o Ministro Marco Aurélio ressalvou sua posição de dissidência, contrária à constitucionalidade da taxa. Veja-se:

> **Ag. Reg. no Agravo de Instrumento 629.959 Paraná**
>
> A matéria relativa à taxa de coleta domiciliar de lixo encontra-se pacificada neste Corte, uma vez que, submetida ao Pleno na ocasião do julgamento do Recurso Extraordinário 232.393/SP, restou adotado o seguinte entendimento:
>
> 'CONSTITUCIONAL. TRIBUTÁRIO. TAXA DE COLETA DE LIXO. BASE DE CÁLCULO. IPTU. MUNICÍPIO DE SÃO CARLOS, S.P.
>
> I – O fato de um dos elementos utilizados na fixação da base de cálculo do IPTU – a metragem da área construída do imóvel – que é o valor do imóvel (CTN, art. 33), ser tomado em linha de conta na determinação da alíquota da taxa de coleta de lixo, não quer dizer que teria essa taxa base de cálculo igual à do IPTU: o custo do serviço constitui base imponível da taxa. Todavia, para o fim de aferir, em cada caso concreto, a alíquota, utiliza-se a metragem da área construída do imóvel, certo que a alíquota não se confunde com a base imponível do tributo. Tem-se, com isto, também, forma de realização de isonomia tributária e do princípio da capacidade contributiva: CF., artigos 150, II, 145, § 1º'.[391]

A mesma linha de fundamentação foi diretamente utilizada no julgamento do AgR no RE 901.412, veja-se:

---

[391]. BRASIL. Supremo Tribunal Federal. *Agravo Regimental no Agravo de Instrumento 629.959/PR.* Relator: Ministro Marco Aurélio. Agravante: Parmisa Participações Mabumby S/A. Agravado: Município de Curitiba. Julgamento: 21 ago. 2012. Órgão julgador: Primeira Turma. Publicação: DJe, 04 set. 2012.

Ag. Reg. no Recurso Extraordinário 901.412 Bahia

Ademais, verifica-se que esta Corte, ao julgar o Recurso Extraordinário 232.393/SP, de relatoria do Ministro Carlos Velloso, firmou entendimento de que a utilização de um dos critérios da hipótese de incidência do Imposto Predial e Territorial Urbano – IPTU, para fins de fixação do valor da taxa, não importa em identidade de base de cálculo entre essas exações. [...].

Corroboro, ainda, que esta Corte tem reconhecido que o princípio da capacidade contributiva também alcança as taxas.[392]

Neste sentido são todas as decisões aqui colacionadas. O elemento da metragem do imóvel foi considerado apto a medir, ao menos potencial e razoavelmente, a utilização do serviço público prestado no caso das taxas de coleta de lixo domiciliares.

Alguns apontariam a razão de decidir como a possibilidade de utilização de elementos de regras-matrizes de impostos para compor a alíquota das taxas. Pensamos que o raciocínio comporta um grau de evolução para que a razão de decidir seja a possibilidade de utilização com o propósito de mensurar a prestação de serviço, pressuposto material da instituição das taxas de coleta de lixo.

Corrobora essa linha argumentativa o fato de que, em ambas as decisões acima destacadas, para justificar os elementos formadores do raciocínio para a possibilidade de utilização da metragem do imóvel, como potencial de aferição do serviço, é reforçada uma tendência que tem ganhado certo corpo na Suprema Corte, que o princípio da capacidade contributiva é aplicável à espécie tributária das taxas.

Vemos, nesse sentido, a tolerância da utilização da metragem não como um postulado indiscutível, como um dogma

---

392. BRASIL. Supremo Tribunal Federal. *Agravo Regimental no Recurso Extraordinário 901.412/BA*. Relator: Ministro Dias Toffoli. Agravante: Município de Salvador Agravante: Empresa Brasileira de Infra-Estrutura Aeroportuária - Infraero Agravados: Os Mesmos. Julgamento: 27 out. 2015. Órgão julgador: Segunda Turma. Publicação: DJe, 11 dez. 2015.

científico ou uma categoria jurídica, mas como um pressuposto de alcance do objetivo de melhor aferir a utilização de cada contribuinte dos serviços que lhe são prestados.

10.1.1.1.2 Taxas de Coleta de Lixo – Aplicação isolada da Súmula Vinculante 29

A decisão cuja ementa transcreveremos logo a seguir bem poderia estar conjuntamente posta com as decisões de aplicação conjunta com a Súmula Vinculante 19. Isso porque, nas razões de decisão, ela em nada delas difere. Vejamos o texto de sua ementa:

> **Ag. Reg. no Recurso Extraordinário 613.287 Rio Grande do Sul**
> AGRAVO REGIMENTAL NO RECURSO EXTRAORDINÁRIO. DIREITO TRIBUTÁRIO. ARTIGO 150, INCISO VI, ALÍNEA "A", DA CONSTITUIÇÃO FEDERAL. IMUNIDADE RECÍPROCA. TAXAS. INEXISTÊNCIA. TAXA DE COLETA DE LIXO DOMICILIAR. SERVIÇOS ESPECÍFICOS E DIVISÍVEIS. CONSTITUCIONALIDADE. ELEMENTOS DA BASE DE CÁLCULO PRÓPRIA DE IMPOSTOS. SÚMULA VINCULANTE N. 29 DO STF. IPTU. AUSÊNCIA DE IDENTIDADE. ARTIGO 145, II E § 2º, DA CONSTITUIÇÃO FEDERAL. REPERCUSSÃO GERAL RECONHECIDA. CONFIRMAÇÃO DA JURISPRUDÊNCIA DESTA CORTE. 1. A imunidade tributária recíproca não engloba o conceito de taxa, porquanto o preceito constitucional (artigo 150, inciso VI, alínea "a", da Constituição Federal) só faz alusão expressa a imposto. (Precedentes: RE n. 424.227, Relator o Ministro CARLOS VELLOSO, 2ª Turma, DJ de 10.9.04; RE n. 253.394, Relator o Ministro ILMAR GALVÃO, 1ª Turma, DJ de 11.4.03; e AI n. 458.856, Relator o Ministro EROS GRAU, 1ª Turma, DJ de 20.4.07). 2. As taxas cobradas em razão dos serviços públicos de coleta, remoção e tratamento ou destinação de lixo ou resíduos provenientes de imóveis, desde que dissociadas da cobrança de outros serviços públicos de limpeza são constitucionais (RE n. 576.321-QO, Relator o Ministro Ricardo Lewandowski, DJe de 13.2.09). 3. As taxas que, na apuração do montante devido, adotem um ou mais elementos que compõem a base de cálculo própria de determinado imposto, desde que não se verifique identidade integral entre uma base e outra são constitucionais (Súmula Vinculante 29 do STF). (Precedentes: RE n. 232.393, Relator o Ministro CARLOS VELLOSO, Plenário, DJ

5.4.02; RE n. 550.403-ED, Relatora a Ministra CÁRMEN LÚCIA, 1ª Turma, DJe de 26.6.09; RE n. 524.045-AgR, Relator o Ministro CEZAR PELUSO, 2ª Turma, DJe de 9.10.09; e RE n. 232.577-EDv, Relator o Ministro CEZAR PELUSO, Plenário, DJe de 9.4.10) 4. Agravo regimental não provido.[393]

Sobre a particularidade de tratar de outros temas não aderentes à matéria da Súmula Vinculante 29, o acordão adota como razão de decidir fundamental os procedentes referentes à possibilidade de exigência das taxas de coleta e remoção de lixos domiciliares, com adoção da metragem como elemento de aferição potencial da utilização do serviço, desde que não haja integral coincidência entre os elementos adotados pela espécie dos impostos em que se espelhar.

Nada mais temos a acrescer em comentários. Bastam a referência retroativa aos que fizemos relativamente às decisões de aplicação do verbete vinculante 29, conjuntamente com a Súmula Vinculante 19.

10.1.1.1.3 Taxas de Fiscalização e Licença de Funcionamento

Até o momento, dado que unicamente havíamos analisado decisões que versavam sobre a mesma espécie de taxa, tanto a razão de decidir já nos era conhecida (possibilidade de adoção de um dos critérios de impostos em base de cálculo de taxas, desde que aptos a medir, potencialmente, o serviço prestado a ser remunerado) quanto eram conhecidos os elementos de aferição em debate – metragem do imóvel x custo do serviço (volume de lixo produzido).

Neste momento, há uma nova espécie de taxa no nosso contexto analítico. Sem outras considerações preambulares,

---

393. BRASIL. Supremo Tribunal Federal. *Agravo Regimental no Recurso Extraordinário 613.287/RS*. Relator: Ministro Luiz Fux. Agravante: União. Agravado: Município de Porto Alegre. Julgamento: 02 ago. 2011. Órgão julgador: Primeira Turma. Publicação: DJe, 18 ago. 2011.

vamos logo conhecer as ementas das duas decisões em que o Supremo Tribunal Federal aplicou o verbete da Súmula Vinculante 29, resultando na autorização para a exigência das taxas aqui em comento:

Ag. Reg. no Recurso Extraordinário 501.876 São Paulo

TRIBUTÁRIO. TAXA DE LICENÇA E FISCALIZAÇÃO PARA LOCALIZAÇÃO, INSTALAÇÃO E FUNCIONAMENTO. CONSTITUCIONALIDADE. ELEMENTOS DA BASE DE CÁLCULO PRÓPRIA DE IMPOSTOS. AUSÊNCIA DE IDENTIDADE. SÚMULA VINCULANTE 29 DO STF. AGRAVO IMPROVIDO. I – É constitucional a adoção, no cálculo do valor de taxa, de um ou mais elementos da base de cálculo própria de determinado imposto, desde que não haja integral identidade entre uma base e outra (Súmula Vinculante 29 do STF). II – Agravo regimental improvido.[394]

Ag. Reg. no Agravo de Instrumento 816.159 Minas Gerais

Agravo regimental no agravo de instrumento. CDA. Nulidade. Súmula 279 desta Corte. Constitucionalidade do uso, no cálculo do valor de taxa, de um ou mais elementos da base de cálculo de certo imposto. Súmula Vinculante 29 do Supremo Tribunal Federal. 1. Para rever a alegação de nulidade de certidão de dívida ativa, seria necessário reexaminar o conjunto fático-probatório dos autos, o que é incabível em sede de recurso extraordinário, pelo que, incide na espécie, o enunciado da Súmula nº 279 desta Corte. 2. O Supremo Tribunal Federal firmou entendimento no sentido da constitucionalidade do uso, no cálculo do valor de taxa, de um ou mais elementos da base de cálculo de certo imposto, conforme se verifica no enunciado de sua Súmula Vinculante 29. 3. Agravo regimental não provido.[395]

---

394. BRASIL. Supremo Tribunal Federal. *Agravo Regimental no Recurso Extraordinário 501.876/SP.* Relator: Ministro Ricardo Lewandowski. Agravante: Rio Negro Comércio e Indústria de Aço S/A e Outro(s). Agravado: Município de Guarulhos. Julgamento: 01 fev. 2011. Órgão julgador: Primeira Turma. Publicação: DJe, 22 fev. 2011.

395. Id. Supremo Tribunal Federal. *Agravo Regimental no Agravo de Instrumento 816.159/MG.* Relator: Ministro Dias Toffoli. Agravante: Hospital e Maternidade Santa Helena S/A. Agravado: Município de Contagem. Julgamento: 05 fev. 2013. Órgão julgador: Primeira Turma. Publicação: DJe, 20 mar. 2012.

Impinge-nos destacar, desde esse princípio, que os acórdãos aqui mencionados cuidaram de aplicar o verbete vinculante 29, adotando a possibilidade de utilização de elementos componentes das regras-matrizes de impostos, desde que com eles não se guardasse identidade plena. Até aqui, sem nenhuma novidade relativamente a tudo o quanto considerado na Súmula Vinculante 19. Resta saber, se os elementos de aferição se coadunam com a potencial correspondência entre o serviço prestado e a taxa paga, como foi admitido em relação à metragem do imóvel para mensurar o volume de lixo produzido.

A toda evidência, as taxas jacentes no contexto das decisões foram instituídas pelos entes tributantes municipais de Guarulhos-SP e Contagem-MG, com lastro no exercício do poder de polícia, concernente às atividades de fiscalização de estabelecimentos abertos ao público, com relação ao cumprimento das mais diversas prescrições normativas de ordem administrativa em relação à legislação de cada um dos municípios adrede mencionados.

Nessa margem de ideias, trazemos o que consideramos ser expressão do núcleo decisório e, portanto, das razões de decidir elementares na aplicação do precedente sumular obrigatório nos presentes casos. Para isso, valemo-nos de valiosas passagens proferidas pelo Ministro Relator Dias Toffoli, no AgR AI 816.159/MG:

> **Ag. Reg. no Agravo de Instrumento 816.159 Minas Gerais**
>
> No tocante a alegação de identidade entre a base de cálculo da taxa de fiscalização e funcionamento e a do IPTU, verifico que o Tribunal de Origem assim consignou:
>
> 'Ora, a base de cálculo da taxa aqui versada, conforme tabela anexa à Lei Municipal 1.611/83, referencia-se na medida da testada do imóvel, havendo, assim, correlação com o dispêndio de tempo e esforço na aludida fiscalização.
>
> Por sua vez, a mesma Lei Municipal fixa a base de cálculo do IPTU pelo valor venal do imóvel, ainda que para aferição desse valor importe em averiguação de várias características do

imóvel: acabamentos, tempo decorrido da construção, localização e, inclusive, a área construída'.

Desse modo, mão merece êxito a irresignação, haja vista que o Supremo Tribunal Federal firmou entendimento no sentido da constitucionalidade do uso, no cálculo do valor da taxa, de um ou mais elementos da base de cálculo de certo imposto, conforme se verifica no enunciado da Súmula Vinculante 29.[396]

Novamente aqui temos as circunstâncias materiais comuns ao núcleo de fundamentação aplicado a todas as decisões analisadas. As razões de decidir com juízo meritório sobre a aplicação do enunciado da Súmula Vinculante 29, a questão de saber se, uma vez já utilizado na composição da regra-matriz de um dado imposto, o(s) elemento(s) trazido(s) para o critério mensurador das taxas é(são), ou não, passível(is) de se verificar como apto(s) a medir a atividade estatal justificadora da instituição da taxa, e, nessa medida, portanto, um critério de utilidade ao menos potencial na ação de aferir o custo dessa atividade em relação aos contribuintes.

A consideração acima, de jaez já conhecido, reverberou em ambas as decisões para considerar exigíveis as taxas objeto dos debates nos autos, ou seja, a conclusão aqui é que o elemento adotado pelas taxas é compatível com a função mensuradora da atividade estatal em que se lastreia a cobrança da taxa.

Ingressaríamos aqui em nova consideração sobre a potencialidade de medição. A taxa é da espécie de polícia. Serve à remuneração do exercício regular do poder de polícia. Em relação a isso, já há, cremos, temperanças jurisprudenciais que nos permitem falar na adoção ou influência das consequências na justificação das decisões.

---

396. BRASIL. Supremo Tribunal Federal. *Agravo Regimental no Agravo de Instrumento 816.159/MG*. Relator: Ministro Dias Toffoli. Agravante: Hospital e Maternidade Santa Helena S/A. Agravado: Município de Contagem. Julgamento: 05 fev. 2013. Órgão julgador: Primeira Turma. Publicação: DJe, 20 mar. 2012.

Sabe-se que a administração pública não possui aparato funcional, estrutura e mão-de-obra para desenvolver atividades de fiscalização efetiva, localmente, individualmente, em cada estabelecimento, para aferir o cumprimento da legislação administrativa, urbanística, das normas em geral, relativamente a inúmeros poderes que detém.

Só isso, para algumas posições doutrinárias, seria argumento para não se falar em exigência da taxa pelo exercício do poder de polícia, que exigiria a efetiva ação de fiscalização; a potencialidade de ação pública, a permitir a exigência de taxas, seria reservada à prestação de serviços públicos. Em construção decisória, porém, a própria Suprema Corte admitiu que, se a estrutura administrativa existe, deve ser mantida pelo pagamento de taxas, independentemente da efetiva fiscalização, criando jurisprudencialmente a taxa pela fiscalização potencial.

Bem, as ponderações acima já são, em nosso ver, de viés absolutamente pragmático, com relevo no contexto em que se apresenta a administração pública em geral em nosso país, e as consequências nocivas para suas receitas, se fosse adotada a premissa de que a taxa somente poderia ser exigida no contexto de uma ação concreta e efetiva de fiscalização.

A construção guarda relação, cremos, com uma certa postura de construção normativa consequencialista, dado que, sintática e semanticamente, é mais provável que se construa, a partir dos enunciados do art. 145, II, da Constituição, a exigência de efetivo exercício do poder de polícia.

Nesse espeque, a interpretação pragmática perseverou. E como dissemos em linhas pregressas sobre a construção da equação de correspondência potencial entre a dimensão do imóvel e volume de lixo, aqui se fez presente a dimensão do imóvel e o trabalho que se tem em fiscalizá-lo.

10.1.1.1.4 As Taxas de fiscalização Florestal/Ambiental

Dois julgados asseveraram pela possibilidade de exigência do que aqui chamaremos de "taxas de fiscalização de atividades florestais". Vamos logo à leitura das ementas das decisões, para, ao depois, ponderar sobre ambas nas linhas temáticas até aqui construídas:

> **Ag. Reg. no Recurso Extraordinário 640.597 Paraná**
>
> AGRAVO REGIMENTAL NO RECURSO EXTRAORDINÁRIO. TRIBUTÁRIO. TAXA FLORESTAL. LEI ESTADUAL 11.054/1995. BASE DE CÁLCULO. VALOR IN NATURA DA MATÉRIA-PRIMA FLORESTAL. REPRESENTAÇÃO ECONÔMICA DA QUANTIDADE DO PRODUTO FISCALIZADO. CORRESPONDÊNCIA COM A ATIVIDADE DA ADMINISTRAÇÃO PÚBLICA. FISCALIZAÇÃO. INEXISTÊNCIA DE IDENTIDADE COM A BASE DE CÁLCULO DO ICMS. VALOR DA OPERAÇÃO. SÚMULA VINCULANTE 29. VERIFICAÇÃO DO EFETIVO PODER DE POLÍCIA. SÚMULA 279 DO STF. AGRAVO REGIMENTAL A QUE SE NEGA PROVIMENTO. I – É constitucional a utilização da quantidade do produto a ser fiscalizado na definição da base de cálculo de taxa cobrada pela Administração Pública no exercício do poder de polícia. Parâmetro associado ao fato gerador, suficiente para quantificar o aspecto material da hipótese de incidência. II – Entendimento que deve ser adotado para a utilização do valor in natura da matéria-prima florestal. Representação econômica do produto fiscalizado. III – Ausência de identidade entre o valor in natura da matéria-prima fiscalizada e a base de cálculo do ICMS. Diferença de conceito econômico de valor da operação. Súmula Vinculante 29. IV – Verificação do efetivo poder de polícia. Exigência do reexame do conjunto fático-probatório. Impossibilidade. Súmula 279 do STF. V – Agravo regimental a que se nega provimento.[397]
>
> **Ag. Reg. no Recurso Extraordinário 599.104 Paraná**
>
> RECURSO EXTRAORDINÁRIO – DECISÃO QUE SE AJUSTA À JURISPRUDÊNCIA PREVALECENTE NO SUPREMO TRIBUNAL FEDERAL – CONSEQUENTE INVIABILIDADE DO

---

[397]. BRASIL. Supremo Tribunal Federal. *Agravo Regimental no Recurso Extraordinário 640.597/PR*. Relator: Ministro Ricardo Lewandowski. Agravante: Iguaçu Celulose Papel S/A. Agravado: Estado do Paraná. Julgamento: 05 ago. 2014. Órgão julgador: Segunda Turma. Publicação: DJe, 14 ago. 2014.

> RECURSO QUE A IMPUGNA – SUBSISTÊNCIA DOS FUNDAMENTOS QUE DÃO SUPORTE À DECISÃO RECORRIDA – INCORPORAÇÃO, AO ACÓRDÃO, DAS RAZÕES EXPOSTAS PELO MINISTÉRIO PÚBLICO FEDERAL – MOTIVAÇÃO "PER RELATIONEM" – LEGITIMIDADE JURÍDICO-CONSTITUCIONAL DESSA TÉCNICA DE FUNDAMENTAÇÃO – RECURSO DE AGRAVO IMPROVIDO.[398]

Queremos dar destaque ao acórdão espelhado na primeira das decisões aqui colacionadas, pela riqueza argumentativa que oferta. Entretanto, já advertimos que as conclusões são as mesmas para a segunda decisão.

Assim, a primeira decisão acima ementada chegou à hora de ser analisada na Suprema Corte pela via de Agravo Regimental, que fora interposto contra decisão que conheceu e proveu recurso do Estado do Paraná para assentar a constitucionalidade da Taxa Florestal instituída pela Lei Estadual 11.054/1995.

Alegava o então recorrente a identidade de base de cálculo entre o Imposto sobre a Circulação de Mercadorias e Serviços (ICMS) e a aludida taxa, exigida como contraprestação da atividade de polícia administrativa na fiscalização do comércio de matérias-primas florestal *in natura*, à razão de 1% (um por cento) do valor líquido das matérias-primas a serem fiscalizadas, excluídos outros valores relativos impostos e transportes.

Queremos destacar as seguintes passagens da decisão:

Ag. Reg. no Recurso Extraordinário 640.597 Paraná

> Isso porque, conforme consignado na decisão ora agravada, '[...] a jurisprudência desta Corte já fixou entendimento no sentido de que é constitucional a utilização da quantidade do produto

---

398. BRASIL. Supremo Tribunal Federal. *Agravo Regimental no Recurso Extraordinário 599.104/PR*. Relator: Ministro Celso de Mello. Agravante: Klabin S/A. Agravado: Gerente de Tributação da Secretaria Municipal de Finanças do Município de Tibagi. Julgamento: 02 dez. 2014. Órgão julgador: Segunda Turma. Publicação: DJe, 17 dez. 2014.

> a ser fiscalizado na definição da base de cálculo de taxa cobrada por esta atividade da Administração Pública no exercício do poder de polícia, uma vez que esse parâmetro é associado ao fato gerador, é suficiente para quantificar o aspecto material da hipótese de incidência e não revela base de cálculo própria de imposto. Com efeito, quanto maior a quantidade do produto a ser fiscalizado, maior será, o custo do trabalho em averiguar o cumprimento das normas aplicadas [...].'
>
> Nesse último ponto, o acórdão recorrido também está em conformidade com a jurisprudência desta Corte que, no julgamento do RE 576.321-RG-QO/SP, de minha relatoria, manteve o entendimento pela constitucionalidade de taxas que, na apuração do montante devido, adotem um ou mais dos elementos que compõem a base de cálculo de determinado imposto, desde que não se verifique identidade integral entre uma base e outra.[399]

Nesse sentido, a decisão aqui analisada considerou aplicável o verbete vinculante 29 para sedimentar o caminho da constitucionalidade da exação. O Supremo Tribunal considerou haver correlação entre a base de cálculo eleita pela taxa paranaense – percentual do valor da matéria prima – e a dimensão da atividade estatal de fiscalização, calcando-se na premissa de que o maior valor indica maior trabalho de fiscalização quantitativo.

Notamos que, pelo menos ao que parece, houve a interposição de um elemento intermediário na decisão, em relação à jurisprudência que a precedia e utilizada como razão de decidir.

Diziam os julgados pregressos que a maior quantidade de produtos fiscalizáveis sugeria o maior trabalho e, portanto, justificariam o maior custo a ser ressarcido ao estado via taxa. Aqui, parece-nos que há um elemento de intermédio presuntivo, ou seja, o estabelecimento de uma premissa de que o <u>maior valor do produto</u> fiscalizado seja índice revelador de

---

399. Id. Supremo Tribunal Federal. *Agravo Regimental no Recurso Extraordinário 640.597/PR*. Relator: Ministro Ricardo Lewandowski. Agravante: Iguaçu Celulose Papel S/A. Agravado: Estado do Paraná. Julgamento: 05 ago. 2014. Órgão julgador: Segunda Turma. Publicação: DJe, 14 ago. 2014.

um trabalho mais custoso, ao se estabelecer a remuneração em percentual sobre ele.

Parece mesmo ser o caso; entretanto, não é demasiado dizer que pode haver diferentes espécies de matérias-primas, com distintos valores de mercado. Essa constatação faria com que uma quantidade maior de matéria-prima de menor valor monetário pudesse significar uma maior quantidade a ser fiscalizada, em comparação com uma menor quantidade de matéria-prima com maior valor econômico.

Novamente temos a prevalência da potencialidade mensuradora. Dentre as construções possíveis, das normas relativas à imposição das taxas, especialmente a esse caso concreto, é possível estabelecer-se que o volume em metros cúbicos, ou metros lineares, ou qualquer outra unidade de medida pudesse ser adotado como elemento mensurador da atividade de fiscalização. Parece-nos mais adequado a medir o dispêndio da atividade de fiscalização.

Entretanto, a construção normativa que permite aceitar, como potencialidade mensuradora, o valor da mercadoria, leva em consideração uma premissa de correspondência entre quantidade e valor. Quanto maior a quantidade, maior o valor. Isso não é necessariamente verdadeiro, mas é potencialmente verdadeiro. É uma das possibilidades.

Não fosse admitida a potencialidade mensuradora nas taxas, a individualização restaria impossível, com um valor de taxa para cada contribuinte-cidadão, o que torna não razoável a o sistema tributário.

10.1.1.1.5 As Taxas de Combate a Sinistros

O exemplar decisório único da aplicação do verbete vinculante a essa espécie de taxa tem a seguinte redação em sua ementa:

> **Ag. Reg. no Agravo de Instrumento 510.583 São Paulo**
> TAXA DE COMBATE A SINISTROS – CONSTITUCIONALIDADE. O Tribunal, no julgamento do Recurso Extraordinário 206.777/SP, da relatoria do ministro Ilmar Galvão, concluiu pela constitucionalidade da Taxa de Combate a Sinistros.[400]

Não é o caso de destoar-se dos argumentos expostos até o presente momento, com relação às justificativas para aplicação da Súmula Vinculante 29. Tratou-se de admitir, na composição dos elementos mensuradores da taxa que remunera a manutenção de estrutura de prestação de serviços de combate a sinistros, serviço tomado, por premissa, como específico e divisível, de elementos comuns à base de cálculo do IPTU, ou seja, a metragem do imóvel.

Nesse sentido, repisam-se as demais considerações, para considerar que o elemento componente tem a aptidão potencial de mensurar o custo do serviço, como premissa de que quanto maior a área do imóvel, maior o trabalho de prevenção e combate a sinistros.

10.1.1.1.6 As Taxas de Licença para Construção

Conheçamos, de uma vez, a ementa da decisão que chancelou a constitucionalidade da taxa de licença para construção instituída pelo Município de Goiânia:

> **Ag. Reg. no Recurso Extraordinário 549.085 Goiás**
> AGRAVO REGIMENTAL NO RECURSO EXTRAORDINÁRIO. TRIBUTÁRIO. TAXA DE LICENÇA ONEROSA PARA CONSTRUIR INSTITUÍDA PELO MUNICÍPIO DE GOIÂNIA/GO. CONSTITUCIONALIDADE. ADOÇÃO DE ELEMENTOS DA BASE DE CÁLCULO PRÓPRIA DE IMPOSTOS. POSSIBILIDADE. SÚMULA VINCULANTE 29 DO STF. AGRAVO

---

400. BRASIL. Supremo Tribunal Federal. *Agravo Regimental no Agravo de Instrumento 510.583/SP.* Relator: Ministro Marco Aurélio. Agravante: Timken do Brasil Comércio e Indústria Ltda. Agravado: Município de São Paulo. Julgamento: 07 mai. 2013. Órgão julgador: Primeira Turma. Publicação: DJe, 23 maio 2013.

IMPROVIDO. I – É constitucional a adoção, no cálculo do valor de taxa, de um ou mais elementos da base de cálculo própria de determinado imposto, desde que não haja integral identidade entre uma base e outra (Súmula Vinculante 29 do STF). II – Agravo regimental improvido.[401]

Novamente, não há elementos de novidade a tudo o quanto aqui fora considerado. Admitiu-se, pela decisão aqui ementada, a utilização de elementos típicos de imposto na composição do critério de aferição da dimensão do serviço remunerado pela taxa em comento, com a aceitação de que a metragem do empreendimento a ser construído é indicativo de um trabalho de análise do cumprimento dos requisitos normativos municipais para culminar na concessão da licença para construir na municipalidade de Goiânia.

Nesse sentido, tomou-se a indicação de uma construção de maior área como base sobre a qual elevou-se a conclusão de que os esforços empreendidos pela estrutura de análise de existência de todos os requisitos legais e cumprimento de todas as exigências normativas para o empreendimento seja tanto maior e mais custoso quanto seja a área do imóvel.

10.1.1.2 As decisões que não aplicaram a Súmula Vinculante 29 ao caso em julgamento

Os três acórdãos que, tendo adentrado ao cerne material da discussão sobre a matéria jacente à Súmula Vinculante 29, vêm ora listados:

1. Agravo Regimental no Recurso Extraordinário 614.246/SP, Relatoria do Ministro Dias Toffoli, Primeira Turma do STF, julgado em 07/02/2012;

---

401. BRASIL. Supremo Tribunal Federal. *Agravo Regimental no Recurso Extraordinário 549.085/GO*. Relator: Ministro Ricardo Lewandowski. Agravante: Ábaco Construtora Ltda. Agravado: Município de Goiânia. Julgamento: 23 ago. 2011. Órgão julgador: Segunda Turma. Publicação: DJe, 05 set. 2011.

2. Agravo Regimental no Recurso Extraordinário 554.951/SP, Relatoria do Ministro Dias Toffoli, Primeira Turma do STF, julgado em 16/04/2013;

3. Agravo Regimental na Reclamação 18.344/SP, Relatoria do Ministro Gilmar Mendes, Segunda Turma do STF, julgado em 27/10/2015.

Com a mesma força na distinção que fizemos acerca da espécie da taxa tratada, empreendemos os esforços de investigação sobre a tríade de decisões que não aplicaram o verbete vinculante 29 ao caso julgado na Suprema Corte.

10.1.1.2.1 As Taxas de Coleta de Lixo – raciocínio conjunto com Súmula Vinculante 19

O exemplar único de não aplicação da Súmula Vinculante 29 às taxas de coleta e remoção de lixo por ausência de identidade material segue abaixo transcrito em sua ementa para que possamos empreender sua análise:

> **Ag. Reg. na Reclamação 18.344 São Paulo**
>
> Agravo regimental em reclamação. 2. Alegação de descumprimento das súmulas vinculantes 19 e 29. Ausência de correspondência entre ato reclamado e o entendimento desta Corte. 3. Reclamação como sucedâneo recursal. 4. Não cabimento. 5. Agravo regimental a que se nega provimento.[402]

Como já oportunamente comentado no item relativo à não aplicação da Súmula Vinculante 19, a ausência de aplicação, mas com referência direita no acórdão a ambas as Súmulas, inclusive e especialmente a de 29, deu-se em razão de não identidade material entre os fatos constituídos pela decisão objeto de reclamação.

---

402. BRASIL. Supremo Tribunal Federal. *Agravo Regimental na Reclamação 18.344/ SP.* Relator: Ministro Gilmar Mendes. Agravante: Município de Jundiaí Agravado: Luiz Carlos Vieira e Outro(s). Julgamento: 17 mai. 2016. Órgão julgador: Segunda Turma. Publicação: DJe, 01 jun. 2016.

A constatação do Relator Ministro Gilmar Mendes é que o processo que lhe chegará às mãos pela reclamação tinha o objetivo meramente recursal, e não da preservação da força das decisões da Suprema Corte; em que pese isso, assentou a ausência de identidade material com o verbete.

O Tribunal de Justiça do Estado de São Paulo havia julgado inconstitucional a taxa de coleta domiciliar sob fundamento de que sua lei instituidora adotara unicamente a metragem do imóvel no qual se haveria de dar a remoção dos resíduos, como fórmula para composição do valor da exação tributária contraprestacional e que, por isso, não era apta a mensurar o custo da prestação do serviço a ser remunerado pela aludida taxa. A decisão foi mantida pela Suprema Corte, que afastou a aplicação da Súmula Vinculante 29, requerida pelo ente tributante (Município de Jundiaí-SP).

A razão de decidir nuclear é a ausência de compatibilidade entre o custo estatal para a prestação de serviço de coleta de lixo domiciliar e o valor cobrado pela taxa que servia a remunerá-lo, relegando o critério único da metragem como apto a medir corretamente o valor da exação tributária.

Essa foi a razão de distinção adotada claramente no julgamento da Suprema Corte. No prisma analítico adotado pelo acórdão, o enfoque sobre a simples inabilidade de aferição do custo da prestação de serviço não se compatibiliza com tema protegido pelo verbete vinculante 29, dado que ele trataria sobre o juízo de possibilidade de adoção de elementos das regras-matrizes de impostos na composição da base de cálculo das taxas, sem guardar identidade plena. Veja-se:

> **Ag. Reg. na Reclamação 18.344 São Paulo**
>
> Conforme consignado na decisão agravada, a questão versada nos autos diz respeito ao afastamento de cobrança da taxa por não corresponder ao custo do serviço público prestado ao contribuinte ou colocado à sua disposição.
>
> [...]

> Assim, não se observa identidade ou similitude de objeto entre o ato impugnado e as decisões-paradigma indicadas, o que acarreta a inadmissibilidade da ação, por ausência de pressuposto de cabimento necessário. [...].[403]

Como já asseveramos, o afastamento material da aplicação do verbete considerou que o enfoque dado pela reclamação fora o desacerto econômico entre o custo do serviço e cobrança da taxa, tendo a questão do critério da metragem apenas sido pano de fundo. A distinção foi feita por isso. A Súmula Vinculante 19 não contempla situações de exame de acerto ou desacerto econômico relativamente ao elemento contraprestacional das taxas.

Ficaremos, por ora, com essas assertivas preliminares das conclusões a que chegaremos.

10.1.1.2.2 A Súmula Vinculante 29 e as Taxas de Fiscalização e Licença de Funcionamento

As taxas de fiscalização e funcionamento de estabelecimentos, ou seja, lastreadas no poder de polícia administrativa, se isoladamente consideradas, trazem a temática que mais reverberou na aplicação do precedente vinculante sumular 29, com quatro decisões.

Desta feita, ganha contornos de relevo um esforço central na identificação dos elementos que culminaram com a conclusão dos julgamentos sobre a aplicação do verbete, tanto mais quando consideramos que há dois exemplares decisórios em cada um dos sentidos possíveis, ou seja, pela aplicação ou não do verbete.

a) Não aplicação da Súmula Vinculante 29 e as Taxas de Fiscalização e Licença de Funcionamento

---

403. BRASIL. Supremo Tribunal Federal. *Agravo Regimental na Reclamação* 18.344/SP. Relator: Ministro Gilmar Mendes. Agravante: Município de Jundiaí Agravado: Luiz Carlos Vieira e Outro(s). Julgamento: 17 mai. 2016. Órgão julgador: Segunda Turma. Publicação: DJe, 01 jun. 2016.

Aqui temos os dois casos de não aplicação do precedente do verbete vinculante 29 à taxa de licença de locação e funcionamento, idêntico, ambos tratando da mesma taxa, instituída pelo Município de São Paulo, e ambos de relatoria do Ministro Dias Toffoli. Vamos às suas ementas:

> **Ag. Reg. no Recurso Extraordinário 614.246 São Paulo**
>
> Agravo regimental no recurso extraordinário. Taxa de Licença de Localização e de Funcionamento. Base de cálculo. Número de empregados. Inconstitucionalidade. Precedentes. 1. A Corte adota entendimento no sentido da inconstitucionalidade da cobrança da Taxa de Licença de Localização e de Funcionamento pelos municípios quando utilizado como base de cálculo o número de empregados. Precedentes. 2. Os fundamentos do agravante, insuficientes para modificar a decisão ora agravada, demonstram apenas inconformismo e resistência em pôr termo ao processo, em detrimento da eficiente prestação jurisdicional. 3. Agravo regimental não provido.[404]
>
> **Ag. Reg. no Recurso Extraordinário 554.951 São Paulo**
>
> TRIBUTO – TAXA – CÁLCULO – NÚMERO DE PRESTADORES DE SERVIÇOS. O tema alusivo à taxa calculada a partir do número de empregados do contribuinte merece o crivo do Supremo no julgamento do extraordinário.[405]

Em ambas as decisões, o crivo decisório estava em saber se se aplicava o teor do verbete vinculante 29, de forma a autorizar a exigência da taxa de polícia aqui aludida, pelo município de São Paulo, cuja base de cálculo para a cobrança externava-se no número de empregados existentes no estabelecimento potencialmente fiscalizado.

---

404. BRASIL. Supremo Tribunal Federal. *Agravo Regimental no Recurso Extraordinário 614.246/SP.* Relator: Ministro Dias Toffoli. Agravante: Município de São Paulo. Agravado: Breda Transporte e Turismo Ltda. e Outro(s). Julgamento: 07 fev. 2012. Órgão julgador: Primeira Turma. Publicação: DJe, 14 mar. 2012.

405. Id. Supremo Tribunal Federal. *Agravo Regimental no Recurso Extraordinário 554.951/SP.* Relator: Ministro Dias Toffoli. Agravante: Município de São Paulo. Agravado: Marítima Seguros S/A. Julgamento: 16 abr. 2013. Órgão julgador: Primeira Turma. Publicação: DJe, 28 ago. 2013.

Aplicar o verbete significava, no contexto dos casos, autorizar a exigência da exação. Afastar a incidência da Súmula Vinculante 29 era, na prática, discordar da possibilidade de exigência das exações, mantendo, assim, as decisões que as afastaram e eram objeto de manejo de recursos junto ao Supremo Tribunal.

A identificação da razão nuclear da decisão de não aplicação, longe de revelar grandes complexidades, guarda similaridade com o que até o presente momento foi discutido em relação às taxas de coleta de lixo.

Trata-se de saber se o elemento adotado pela taxa como critério de cobrança é, ao menos potencialmente, apto a mensurar a atividade estatal, pressuposto da instituição da exação tributária ou, se em outra medida, ela não tem tal aptidão.

A conclusão no caso foi pela impossibilidade de emprestar ao número de empregados (critério utilizado nos casos para a imposição tributária) o mínimo de potencialidade mensuradora dos custos e da dimensão da atividade estatal concernente ao exercício do poder de polícia municipal, inviabilizando a aplicação do verbete vinculante 29.

Nesse sentido, citando precedentes do próprio Supremo Tribunal Federal, assentou desta forma o Ministro Relator, Dias Toffoli:

> **Ag. Reg. no Recurso Extraordinário 614.246 São Paulo**
>
> Todavia, no caso dos autos, observo que a chamada Taxa de Licença para Localização, Funcionamento Instalação, instituída pela Lei 9.670/83, utiliza como base de cálculo o número de empregados, o que acaba por desnaturar tal exação, matéria esta já pacificada nesse Supremo Tribunal Federal no sentido da impossibilidade, como dão conta os julgados a seguir transcritos:
>
> [...]
>
> TRIBUTÁRIO. TAXA DE LOCALIZAÇÃO E FUNCIONAMENTO.
>
> Sendo a taxa uma contraprestação da atividade estatal desenvolvida genericamente em prol do contribuinte, seu fato gerador

é essa atividade, a este devendo corresponder a base de cálculo. A taxa de licença não pode ter por base de cálculo o valor do patrimônio, a renda, o volume da produção, o número de empregados ou outros elementos que não dizem respeito ao custo da atividade estatal, no exercício do poder de polícia (RE 100.201/ SP, Segunda Turma, Relator Ministro Carlos Madeira, DJ de 22/11/85)'.[406]

O trecho colacionado, referente a uma decisão tomada ainda na década de oitenta, mas ainda atual, é emblema do quanto queremos destacar nessas análises. A questão da aptidão mensuradora da prestação de serviços, que é substrato das taxas, é que definirá a possibilidade de utilização de elementos na configuração de sua base de cálculo, inclusive elementos que sejam utilizados como componentes em outras exações, da espécie imposto. Essa a tônica das razões de decidir que distinguiram a aplicação do verbete, por considerar que o elemento mensurador não guardava consonância com o pressuposto de incidência da taxa aqui aludida.

A correlação entre o exercício do poder de polícia e o elemento mensurador da atividade dará o tom acerca da possibilidade de utilização do verbete vinculante 29.

Em linhas conclusivas do capítulo, a Súmula Vinculante 29 tem um universo amplo de aplicação. Foi aprovada sem unanimidade, vencidos os Ministros Marco Aurélio e Eros Grau, por entender que admitir a adoção de um elemento que seja da base de cálculo de imposto, pelas taxas, seria restringir a garantia do art. 145, § 2º, do texto da Carta da República.

Não foi essa a prevalência de entendimento. Não temos dúvida que, dentre as construções hermenêuticas possíveis, os Ministros tenham levado em consideração a dificuldade de mensuração exata da relação custo x remuneração individualização para a exigências dessa espécie tributária.

---

406. BRASIL. Supremo Tribunal Federal. *Agravo Regimental no Recurso Extraordinário 614.246/SP*. Relator: Ministro Dias Toffoli. Agravante: Município de São Paulo. Agravado: Breda Transporte e Turismo Ltda. e Outro(s). Julgamento: 07 fev. 2012. Órgão julgador: Primeira Turma. Publicação: DJe, 14 mar. 2012.

Com a postura da possibilidade de adoção de um ou mais critérios pelas taxas, dos usados nas bases de cálculo dos impostos e com a aceitação de que a mensuração para individualização somente tem contornos de potencialidade, não temos dúvida, criou-se um facilitador para a instituição das taxas, importantes fontes de recursos tributários, principalmente para os municípios. A quase totalidade das decisões de aplicação é referente às taxas instituídas pelos municípios.

Por fim, há que registrar que a decisão utilizada como referência temática na PSV 39 é utilizada em poucas decisões de aplicação das Súmulas. Em todas, há referências a múltiplas e aleatórias decisões precedentes, com dificuldade de divisar o que seria o precedente, no sentido de decisão original na Corte Suprema.

A razão de decidir da Súmula Vinculante 29, como vem sendo aplicada, é universo favorável a aceitar taxas com bases e cálculo cada vez mais próximos de impostos, como é o caso da taxa de fiscalização ambiental aqui comentada, dado que o que se veda é a integralidade da adoção dos critérios, o que tornaria a taxa uma espécie de imposto replicado.

11. AS DECISÕES ACERCA DA SÚMULA VINCULANTE 31

A Sessão Plenária do Pretório Excelso aprovou, na data 04 de fevereiro de 2010, sua trigésima primeira Súmula Vinculante, após debate da Proposta de Súmula Vinculante – PSV 35, tendo sido veiculada em ambos os diários oficiais da União (DJe e DOU) em dezessete de fevereiro seguinte.

A publicação digital do Supremo Tribunal Federal, aqui já mencionada, aponta que o molde para seu verbete foi forjado a partir dos seguintes precedentes da Suprema Corte: AgR no RE 455.613, AgR no RE 553.223, AgR no RE 465.456, AgR no RE 450.120, AgR no RE 446.003, AgR no AI 543.317, AgR no AI 551.336, AgR no AI 546.588 e RE 116.121.

Entretanto, a decisão apontada na PSV 35 é o RE 116.121, considerado o *leading case* da matéria, inclusive no próprio Supremo Tribunal Federal. Veja-se o enunciado do verbete:

> **Súmula vinculante 31**
>
> É inconstitucional a incidência do imposto sobre serviços de qualquer natureza – ISS sobre operações de locação de bens móveis.

Vinte e duas decisões colegiadas são encontradas quando o objeto de pesquisa centra-se na Súmula Vinculante 31. É o segundo enunciado vinculante com mais referências em decisões de aplicação dos precedentes sumulares, tendo à sua frente, nesse particular, apenas do primeiro verbete vinculante (Súmula 8). Eis a lista:

1. Agravo Regimental no Recurso Extraordinário 446.003/PR, Relatoria do Ministro Celso de Mello, da Segunda Turma do STF, julgado em 30/05/2006;

2. Agravo Regimental no Agravo de Instrumento 758.697/RJ, Relatoria do Ministro Joaquim Barbosa, da Segunda Turma do STF, julgado em 06/04/2010;

3. Agravo Regimental no Recurso Extraordinário 503.372/RJ, Relatoria do Ministro Joaquim Barbosa, Segunda Turma do STF, julgado em 06/04/2010;

4. Embargos de Declaração no Recurso Extraordinário 449.516/MG, Relatoria do Ministro Joaquim Barbosa, Segunda Turma do STF, julgado em 20/04/2010;

5. Recurso Extraordinário 626.706/SP, Relatoria do Ministro Gilmar Mendes, Plenário do STF, julgado em 08/09/2010;

6. Agravo Regimental no Agravo de Instrumento 623.226/RJ, Relatoria do Ministro Marco Aurélio, Primeira Turma do STF, julgado em 01/02/2011;

7. Agravo Regimental no Recurso Extraordinário 576.881/RJ, Relatoria da Ministra Cármen Lúcia, Primeira Turma do STF, julgado em 08/02/2011;

8. Agravo Regimental na Reclamação 8.623/RJ, Relatoria do Ministro Gilmar Mendes, Segunda Turma do STF, julgado em 22/02/2011;

9. Agravo Regimental no Recurso Extraordinário com Agravo 656.709/RJ, Relatoria do Ministro Joaquim Barbosa, Segunda Turma do STF, julgado em 14/02/2012;

10. Agravo Regimental no Agravo de Instrumento 736.189/SP, Relatoria do Ministro Joaquim Barbosa, Segunda Turma do STF, julgado em 06/03/2012;

11. Embargos de Declaração no Agravo de Instrumento 854.553/MG, Relatoria do Ministro Joaquim Barbosa, Segunda Turma do STF, julgado em 28/08/2012;

12. Agravo Regimental no Recurso Extraordinário 405.578/MG, Relatoria do Ministro Teori Zavascki, Segunda Turma do STF, julgado em 26/02/2013;

13. Embargos de Declaração no Agravo Regimental no Agravo de Instrumento 721.614/RJ, Relatoria do Ministro Dias Toffoli, Primeira Turma do STF, julgado em 05/03/2013;

14. Agravo Regimental na Reclamação 10.568/RJ, Relatoria do Ministro Dias Toffoli, Primeira Turma do STF, julgado em 19/09/2013;

15. Agravo Regimental no Recurso Extraordinário com Agravo 764.452/RJ, Relatoria da Ministra Cármen Lúcia, Segunda Turma do STF, julgado em 03/12/2013;

16. Agravo Regimental no Recurso Extraordinário com Agravo 664.429/RJ, Relatoria do Ministro Marco Aurélio, Primeira Turma do STF, julgado em 18/03/2014;

17. Agravo Regimental na Reclamação 14.290/DF, Relatoria da Ministra Rosa Weber, Plenário do STF, julgado em 22/05/2014;

18. Agravo Regimental no Recurso Extraordinário com Agravo 745.279/RJ, Relatoria do Ministro Dias Toffoli, Primeira Turma do STF, julgado em 27/05/2014;

19. Agravo Regimental na Reclamação 14.813/SP, Relatoria do Ministro Marco Aurélio, Primeira Turma do STF, julgado em 25/11/2014;

20. Agravo Regimental na Reclamação 17.217/DF, Relatoria do Ministro Edson Fachin, Primeira Turma do STF, julgado em 18/08/2015.

21. Ação de Direta de Inconstitucionalidade 4.413/DF, cujo mérito ainda pende de julgamento nesta data;

22. Ações de Direta de Inconstitucionalidade 4.389/DF cujo mérito ainda pende de julgamento nesta data.

Dado curioso é que, apontado e utilizado o critério de decisões aplicadoras da Súmula Vinculante 31, no sítio eletrônico do Supremo Tribunal Federal, das vinte e duas decisões, após sua devida análise, a primeira delas (Agravo Regimental no Recurso Extraordinário 446.003/PR) é anterior à edição do verbete, em que pese versar sobre a matéria que nele seria tratada, por obviedade cronológica, a ele não se referiu, razão pela qual não enquadrada como decisão de aplicação e, por isso, posta à margem de nossa análise. Para confirmar esse fato, o livro editado pelo próprio Supremo Tribunal Federal trata a decisão do processo em questão como um dos "precedentes representativos" para a edição do verbete vinculante, juntamente, tendo, inclusive, citado o entendimento no RE 116.121, e assim ele será tratado.

Ainda na senda da curiosidade, há dois outros julgados que aparecem apontados pelos critérios de pesquisa, e, em ambos, não há referência à Súmula Vinculante 31. São as Medidas Cautelares nas Ações Diretas de Inconstitucionalidade 4413/DF e 4389/DF, que versam sobre potencial conflito impositivo entre o ICMS e o ISS no contexto de operações de industrialização por encomenda na cadeia de fornecimento de rótulos para produtos tributados pelo imposto estadual. A omissão na referência ao verbete também justifica a negativa de análise dessas ações no presente trabalho.

As considerações acima são as razões pelas quais apontaremos essas três decisões como impertinentes à análise das decisões de aplicação que nos propusemos fazer, a qual estabelecemos previamente os critérios de verificação. Emerge, assim, a análise do universo de dezenove decisões que, de algum modo, se referiram à temática da Súmula Vinculante 31.

Seguidamente, a tarefa foi a de cindir esse universo em decisões que, de algum modo, expuseram juízos de substância temática do verbete. A conclusão fora de que, da totalidade das dezenove decisões, apenas uma delas não adentrou, de alguma forma, no mérito nuclear da materialidade tratada pela Súmula Vinculante aqui referida.

Ao depois, fez-se a segregação das decisões que aplicaram o verbete vinculante, por identidade de matéria dos casos postos a julgamento, daquelas que assim não fizeram, por negar-lhes similaridade material com o enunciado sumular. Desta empreitada, resultou que oito decisões sinalizaram positivamente para aplicação da súmula, e dez não a aplicaram aos casos levados a julgamento, o que permite a sumarização dos dados na seguinte tabela:

Universo de acórdãos referentes à Súmula Vinculante 31 → 22 decisões			
Com juízo meritório sobre o tema sumulado	17	Com aplicação da súmula ao caso	8
		Sem aplicação da súmula ao caso	9
Sem juízo meritório sobre o tema sumulado	2		
Impertinência aos critérios de análise eleitos	3*	*Duas decisões tratando de conflito ISS x ICMS e uma anterior à SV 31	

Seguindo em trilha conhecida, fizemos a depuração de todas essas decisões, de forma a, novamente, agrupá-las em classes que representassem similaridade em seu núcleo decisório de forma a sugerir com segurança os fundamentos e razões de decidir determinantes para a aplicação, ou não, da Súmula Vinculante 31 e, ainda, identificar aqueloutras que não tenham versado sobre o mérito do verbete.

11.1 O universo dos acórdãos sem juízo meritório sobre o tema da Súmula Vinculante 31

Firmes na dinâmica até aqui percorrida, listamos dois acórdãos em cujos escritos não se contém a mínima referência à matéria tratada no verbete vinculante 31. São eles:

1. Embargos de declaração no Recurso Extraordinário 449.516/MG, relatoria do Ministro Joaquim Barbosa, da Segunda Turma do STF, julgado em 20/04/2010;

2. Embargos de Declaração no Agravo Regimental no Agravo de Instrumento 721.614/RJ, relatoria do Ministro Dias Toffoli, da Primeira Turma do STF, julgado em 05/03/2013.

À margem de reafirmamos que releva em importância aos nossos propósitos analíticos o exame de decisões que tenham, ainda que obstado o processamento do recurso na Suprema Corte, adentrado minimamente ao mérito da demanda proposta para permitir a potencial identificação dos fundamentos de decidir jacentes à demanda, devemos expor a razão pela qual os dois julgados não se amoldam a esse critério.

O acórdão exarado nos autos dos Embargos de Declaração no Recurso Extraordinário 449.516/MG, de relatoria do Ministro Joaquim Barbosa, o qual, recebendo os embargos como agravo regimental, cuidou de dar-lhe parcial provimento (ao recurso) para determinar apenas e tão somente o retorno dos autos ao tribunal de origem para manifestação acerca de dois temas, a saber: fixação de honorários e critérios para repetição de indébito, temas que não relevam presentemente e justificam a completa nossa omissão analítica sobre a decisão.

De mesmo jaez, a conclusão negativa sobre a análise dos Embargos de Declaração no Agravo Regimental no Agravo de Instrumento 721.614/RJ, de relatoria do Ministro Dias Toffoli, na medida em que não há juízo explícito sobre o verbete ser, ou não, aplicado ao caso concreto, mas apenas e tão somente a conclusão de que a decisão em si fere somente o tema da compensação tributária, que, por seu caráter infraconstitucional, sequer foi examinado pelo colegiado supremo.

Firmes em tais considerações preambulares, temos o rol de decisões analisadas como abaixo depurado.

11.2 O universo dos acórdãos com juízo meritório sobre o tema da Súmula Vinculante 31

Posteriormente à identificação das decisões que não continham qualquer juízo de valor acerca da aplicação ou não aplicação do verbete vinculante 31, justamente por restringirem-se a questões outras que não a temática sumular, como destacamos acima, cabe evidenciar o elenco das decisões que tocaram o mérito substancial da matéria sumulada. Vejamos:

1. Agravo Regimental no Agravo de Instrumento 758.697/RJ, Relatoria do Ministro Joaquim Barbosa, da Segunda Turma do STF, julgado em 06/04/2010;

2. Agravo Regimental no Recurso Extraordinário 503.372/RJ, Relatoria do Ministro Joaquim Barbosa, Segunda Turma do STF, julgado em 06/04/2010;

3. Recurso Extraordinário 626.706/SP, Relatoria do Ministro Gilmar Mendes, Plenário do STF, julgado em 08/09/2010;

4. Agravo Regimental no Agravo de Instrumento 623.226/RJ, Relatoria do Ministro Marco Aurélio, Primeira Turma do STF, julgado em 01/02/2011;

5. Agravo Regimental no Recurso Extraordinário 576.881/RJ, Relatoria da Ministra Cármen Lúcia, Primeira Turma do STF, julgado em 08/02/2011;

6. Agravo Regimental na Reclamação 8.623/RJ, Relatoria do Ministro Gilmar Mendes, Segunda Turma do STF, julgado em 22/02/2011;

7. Agravo Regimental no Recurso Extraordinário com Agravo 656.709/RJ, Relatoria do Ministro Joaquim Barbosa, Segunda Turma do STF, julgado em 14/02/2012;

8. Agravo Regimental no Agravo de Instrumento 736.189/RJ, Relatoria do Ministro Joaquim Barbosa, Segunda Turma do STF, julgado em 06/03/2012;

9. Embargos de Declaração no Agravo de Instrumento 854.553/RJ, Relatoria do Ministro Joaquim Barbosa, Segunda Turma do STF, julgado em 28/08/2012;

10. Agravo Regimental no Recurso Extraordinário 405.578/MG, Relatoria do Ministro Teori Zavascki, Segunda Turma do STF, julgado em 26/02/2013;

11. Agravo Regimental na Reclamação 10.568/RJ, Relatoria do Ministro Dias Toffoli, Primeira Turma do STF, julgado em 19/09/2013;

12. Agravo Regimental no Recurso Extraordinário com Agravo 764.452/RJ, Relatoria da Ministra Cármen Lúcia, Segunda Turma do STF, julgado em 03/12/2013;

13. Agravo Regimental no Recurso Extraordinário com Agravo 664.429/RJ, Relatoria do Ministro Marco Aurélio, Primeira Turma do STF, julgado em 18/03/2014;

14. Agravo Regimental na Reclamação 14.290/DF, Relatoria da Ministra Rosa Weber, Plenário do STF, julgado em 22/05/2014;

15. Agravo Regimental no Recurso Extraordinário com Agravo 745.279/RJ, Relatoria do Ministro Dias Toffoli, Primeira Turma do STF, julgado em 27/05/2014;

16. Agravo Regimental na Reclamação 14.813/SP, Relatoria do Ministro Marco Aurélio, Primeira Turma do STF, julgado em 25/11/2014;

17. Agravo Regimental na Reclamação 17.217/DF, Relatoria do Ministro Edson Fachin, Primeira Turma do STF, julgado em 18/08/2015.

Com o esforço empreendido sobre a redação e os debates havidos nos acórdãos aqui referidos, subjazem dois grupos: i) acórdãos com juízo meritório que aplicaram o entendimento enunciado na Súmula Vinculante 31; e ii) acórdãos com juízo meritório que não aplicaram o verbete.

11.2.1 As decisões que aplicaram a Súmula Vinculante 31 ao caso em julgamento

Firmes no caminho que estamos a trilhar, das dezessete decisões com análise de mérito, oito delas cuidaram de aplicar a Súmula Vinculante 31 ao caso concreto sob crivo da Suprema Corte. São elas:

1. Agravo Regimental no Agravo de Instrumento 758.697/RJ, Relatoria do Ministro Joaquim Barbosa, da Segunda Turma do STF, julgado em 06/04/2010;

2. Agravo Regimental no Recurso Extraordinário 503.372/RJ, Relatoria do Ministro Joaquim Barbosa, Segunda Turma do STF, julgado em 06/04/2010;

3. Recurso Extraordinário nº 626.706/SP, Relatoria do Ministro Gilmar Mendes, Plenário do STF, julgado em 08/09/2010;

4. Agravo Regimental no Agravo de Instrumento 623.226/RJ, Relatoria do Ministro Marco Aurélio, Primeira Turma do STF, julgado em 01/02/2011;

5. Agravo Regimental no Recurso Extraordinário 576.881/RJ, Relatoria da Ministra Cármen Lúcia, Primeira Turma do STF, julgado em 08/02/2011;

6. Embargos de Declaração no Agravo de Instrumento 854.553/MG, Relatoria do Ministro Joaquim Barbosa, Segunda Turma do STF, julgado em 28/08/2012;

7. Agravo Regimental no Recurso Extraordinário 405.578/MG, Relatoria do Ministro Teori Zavascki, Segunda Turma do STF, julgado em 26/02/2013;

8. Agravo Regimental no Recurso Extraordinário com Agravo 764.452/RJ, Relatoria da Ministra Cármen Lúcia, Segunda Turma do STF, julgado em 03/12/2013.

Adicionamos à classe das decisões que aplicaram o verbete vinculante três outros subgrupos de análise, por aproximação temática das razões que resultaram na decisão de aplicação da precedente vinculante 31, por crermos que tal cisão seja um elemento de facilitação analítica.

O primeiro grupo refere-se aos acórdãos que enfatizaram a diferença substancial de materialidade, ou seja, a distinção do núcleo de ação entre as obrigações de fazer e as obrigações de dar, em congruência com os termos da clássica distinção feita pela teoria geral das obrigações.

Esse cingir levou à conclusão pela impossibilidade de tributação pelo imposto sobre serviços das ações de locação de coisas móveis, dado que, como premissa, essa ação só evidencia os contornos de uma simples obrigação de dar, não havendo competência tributária, a reboque no artigo 156, III, da Carta Constitucional, para a imposição tributária municipal.

No segundo grupo, é necessário pontuar, também encontra-se, com bastante profusão e acuidade, a argumentação da distinção entre as obrigações de dar e fazer; o que as diferencia do primeiro grupo, justificando, em nosso sentir, inseri-los em porção distinta de análise, é que em todos há fatos jungidos a uma pretensa e conjunta prestação de serviços com a reconhecida obrigação de dar (locação de coisas móveis). Nesse sentido, ganham em relevo os contornos de sua argumentação, na medida que se faz importante identificar os critérios que levaram à aplicação da Súmula, mesmo com a presença de arguições sobre a coexistência de uma obrigação de fazer no contexto do caso posto a julgamento.

Por fim, destacamos um terceiro grupo com um elemento isolado, uma decisão que referiu-se à cessão de espaço para publicidade, a qual, para além da diferenciação entre serviços e obrigações de dar, referiu-se de modo interessante à questão da cessão de direitos, merecendo o destaque que decidimos fazer. Vamos à analítica dos acórdãos.

11.2.1.1 Tema I: a clássica divergência entre obrigações de dar x obrigações de fazer

A primeira decisão analisada aludia à atividade de locação de filmes cinematográficos e outros equipamentos, como *video tapes*, cartuchos para *video games* etc. A questão foi decidida sem qualquer conflito ou debate maior entre os Ministros da Suprema Corte, à vista da premissa de que todas as atividades relacionadas com os fatos praticados nos autos seriam efetivamente obrigações de dar, configuradas (e provadas nos autos) de maneira pura e simples, sem qualquer condão de prestação de serviço, resolvendo-se o tema pela diversidade assentada na teoria geral das obrigações entre a distinta na natureza dos deveres de "fazer" e o de "dar". Veja-se a ementa do caso.

Recurso Extraordinário 626.706 São Paulo

Imposto Sobre Serviços (ISS). Não incidência sobre locação de bens móveis. Filmes cinematográficos, videoteipes, cartuchos para video games e assemelhados. Súmula Vinculante 31. Art. 156, inciso III, da Constituição Federal.[407]

Vale o destaque da passagem da intervenção feita pelo Ministro Marco Aurélio, que reforça a decisão apenas pela análise da natureza da operação pretensamente tributada.

> Presidente, apenas para ficar, como asseverado pela procuradora da tribuna, bem explícito que a situação não envolve operação mista, em que ocorre a locação e prestação de serviços, mas, como está na ementa do acórdão impugnado, atividades que não envolvem a prestação de serviço.

Nota-se, assim, na decisão acima, a preocupação em consignar a inexistência de operação mista, para usar os termos aplicados pelo Ministro Marco Aurélio, de forma a evidenciar o fundamento de distinção acerca da natureza da operação como fundamental para aplicação do verbete, sem se preocupar com confusão de materialidades ou simulações entre uma operação (prestação de serviços) e outra (locação de bens móveis).

Nos três acórdãos seguintes identificamos que, em comum, possuem o núcleo decisório fundamental centrado na mesma linha de raciocínio, ou seja, molda-se no reconhecimento da não ocorrência da configuração da materialidade tributável (prestação de serviço) pelo imposto municipal (ISS) nos casos em que seja evidente a inexistência de qualquer ônus que reflita na atividade de fornecimento de utilidade à fruição de terceiros.

A circunstância material determinante é a ausência de configuração da materialidade tributável, conformada pela

---

407. BRASIL. Supremo Tribunal Federal. *Recurso Extraordinário 626.706/SP.* Relator: Ministro Gilmar Mendes. Recorrente: Município de São Paulo. Recorrido: Enterprise Video Comercial e Locadora Ltda. Me. Julgamento: 09 set. 2010. Órgão julgador: Plenário. Publicação: DJe, 23 set. 2010.

inexistência de prestação de utilidade para fruição de terceiros, por ausência da configuração de uma obrigação de fazer; enfim, pela distinção entre o fato jurídico consignado nos autos e a moldura da norma de competência municipal para tributação pelo ISS, concluindo, desde forma, pela impossibilidade da incidência da regra-matriz do imposto.

Calcados no alicerce acima, as decisões fazem assentar o que podemos identificar como sendo as razões de decidir dos julgados, que são coincidentes com as mesmas razões consideradas no debate no RE 116.121, o primeiro da espécie julgado pelo Supremo Tribunal.

Vejamos as ementas das aludidas três decisões:

Ag. Reg. no Agravo de Instrumento 623.226 Rio de Janeiro

TRIBUTO – FIGURINO CONSTITUCIONAL. A supremacia da Carta Federal é conducente a glosar-se a cobrança de tributo discrepante daqueles nela previstos. IMPOSTO SOBRE SERVIÇOS – CONTRATO DE LOCAÇÃO. A terminologia constitucional do Imposto sobre Serviços revela o objeto da tributação. Conflita com a Lei Maior dispositivo que imponha o tributo considerado contrato de locação de bem móvel. Em Direito, os institutos, as expressões e os vocábulos têm sentido próprio, descabendo confundir a locação de serviços com a de móveis, práticas diversas regidas pelo Código Civil, cujas definições são de observância inafastável - artigo 110 do Código Tributário Nacional. AGRAVO – ARTIGO 557, § 2º, DO CÓDIGO DE PROCESSO CIVIL [art. 1.021, §4º do Novo CPC] – MULTA. Se o agravo é manifestamente infundado, impõe-se a aplicação da multa prevista no § 2º do artigo 557 do Código de Processo Civil, arcando a parte com o ônus decorrente da litigância de má-fé.[408]

Ag. Reg. no Recurso Extraordinário 576.881 Rio de Janeiro

AGRAVO REGIMENTAL NO RECURSO EXTRAORDINÁRIO. TRIBUTÁRIO. 1. NÃO INCIDÊNCIA DO IMPOSTO SOBRE SERVIÇOS DE QUALQUER NATUREZA - ISS SOBRE A LOCAÇÃO DE BENS MÓVEIS. SÚMULA VINCULANTE 31 DO

---

408. BRASIL. Supremo Tribunal Federal. *Agravo Regimental no Agravo de Instrumento 623.226/RJ*. Relator: Ministro Marco Aurélio. Agravante: Município do Rio de Janeiro. Agravado: Nobretec Comercial Ltda e Outro(a/s). Julgamento: 01 fev. 2011. Órgão julgador: Primeira Turma. Publicação: DJe, 10 mar. 2011.

SUPREMO TRIBUNAL FEDERAL. 2. A ATRIBUIÇÃO DE EFEITOS EX NUNC À DECLARAÇÃO DE INCONSTITUCIONALIDADE PROFERIDA NO CONTROLE DIFUSO SOMENTE SE DÁ EM CASOS EXCEPCIONAIS. AGRAVO REGIMENTAL AO QUAL SE NEGA PROVIMENTO.[409]

Ag. Reg. no Recurso Extraordinário com Agravo 764.452 Rio de Janeiro

AGRAVO REGIMENTAL NO RECURSO EXTRAORDINÁRIO COM AGRAVO. TRIBUTÁRIO. IMPOSTO SOBRE SERVIÇOS. LEI COMPLEMENTAR 116/2003. LOCAÇÃO DE BENS MÓVEIS. INCONSTITUCIONALIDADE. AGRAVO REGIMENTAL AO QUAL SE NEGA PROVIMENTO.[410]

Como símbolos das razões identificadas nas decisões acima, repise-se, todas de núcleo comum, colhemos transcrever dois trechos de votos. O primeiro deles, de lavra do Ministro Marco Aurélio, havido nos acórdãos proferido nos autos do AgReg no AI 623.226/RJ:

> Na espécie, o imposto, conforme a própria nomenclatura, considerado o figurino constitucional, pressupõe a prestação de serviços e não o contrato de locação. Em face do texto da Carta Federal, não se tem como assentar a incidência do tributo na espécie, porque falta o núcleo dessa incidência, que são os serviços. [...]. As definições de locação de serviços e de locação de móveis vêm-nos do Código Civil.
>
> Em síntese, há de prevalecer a definição de cada instituto, e somente a prestação de serviços, envolvido na via direta do esforço humano, é fato gerador do tributo em comento. Prevalece a ordem natural das coisas cuja força suje insuplantável; prevalecem as balizas constitucionais, à conferirem segurança nas relações Estado-contribuinte; prevalece, alfim, a organicidade do próprio

---

409. Id. Supremo Tribunal Federal. *Agravo Regimental no Recurso Extraordinário 576.881/RJ.* Relatora: Ministra Cármen Lúcia. Agravante: Município do Rio de Janeiro. Agravado: Locaralpha Locadora de Veículos Ltda. Julgamento: 08 fev. 2011. Órgão julgador: Primeira Turma. Publicação: DJe, 02 mar. 2011.

410. Id. Supremo Tribunal Federal. *Agravo Regimental no Recurso Extraordinário com Agravo 764.452/RJ.* Relatora: Ministra Cármen Lúcia. Agravante: Município do Rio de Janeiro. Agravado: Sociedade Brasileira de Endocrinologia e Metabologia Regional Rio de Janeiro. Julgamento: 03 dez. 2013. Órgão julgador: Segunda Turma. Publicação: DJe, 09 dez. 2013.

Direito, sem a qual tudo será possível no agasalho de interesses do Estado, embora não enquadráveis como primários.[411]

O segundo trecho, cunhado também pelo Ministro Marco Aurélio por ocasião do julgamento do RE 116.121, precedente principal para a formação da Súmula Vinculante 31, foi inserido e utilizado como fundamento no voto proferido pela Ministra Cármen Lúcia, nos autos do AgReg no RE com Agr 764.452/RJ. Vejamos:

> [...] a terminologia constitucional do Imposto sobre Serviços revela o objeto da tributação. Conflita com a Lei Maior dispositivo que imponha o tributo considerando contrato de locação de bem móvel. Em Direito, os institutos, as expressões e os vocábulos têm sentido próprio, descabendo confundir a locação de serviços com a de móveis, práticas diversas regidas pelo Código de Processo Civil, cujas definições são de observância inafastável – art. 110 do Código Tributário Nacional.[412]

Colhem-se dos trechos acima colacionados, em nosso sentir, o centro moldador das decisões de aplicação da Súmula Vinculante 31, que pode ser desvelado no reconhecimento de atividades, operações, desenvolvidas pelos contribuintes, que não tenham vínculo com obrigações de fazer. Ou seja, a ausência de configuração do fato jurídico tributável conformado em uma atividade que denota a obrigação de fazer algo a alguém.

As decisões de aplicação aqui versadas tratam do recolhimento do enquadramento da situação na moldura dos fundamentos do RE 116.121, utilizado na PSV 35, que aprovou a Súmula Vinculante 31, sob o fundamento nuclear de ausência

---

411. BRASIL. Supremo Tribunal Federal. *Agravo Regimental no Agravo de Instrumento 623.226/RJ*. Relator: Ministro Marco Aurélio. Agravante: Município do Rio de Janeiro. Agravado: Nobretec Comercial Ltda e Outro(a/s). Julgamento: 01 fev. 2011. Órgão julgador: Primeira Turma. Publicação: DJe, 10 mar. 2011.

412. Id. Supremo Tribunal Federal. *Agravo Regimental no Recurso Extraordinário com Agravo 764.452/RJ*. Relatora: Ministra Cármen Lúcia. Agravante: Município do Rio de Janeiro. Agravado: Sociedade Brasileira de Endocrinologia e Metabiologia Regional Rio de Janeiro. Julgamento: 03 dez. 2013. Órgão julgador: Segunda Turma. Publicação: DJe, 09 dez. 2013.

de materialidade tributável, pela diferença de ações humanas que visam à locação de coisas (dar), das que visem a um trabalho a ser desenvolvido em proveito de terceiro (fazer).

Em fecho preliminar, as razões são aqui eminentemente calcadas nos fatos jungidos às materialidades tributáveis disponíveis no texto da Carta da República e referem-se a ela como centro autorizador da atividade de tributação somente quando haja identidade fenomênica entre a norma de competência e a ação concreta (fatos levados aos autos).

11.2.1.2 Tema II: aplicação no conflito potencial e coexistência de prestação de serviços (obrigação de fazer) e locação de coisas móveis (obrigação de dar)

Este bloco de análise traz três decisões que cuidaram de aplicar a Súmula Vinculante aos casos em concreto, ante a coexistência ou simultaneidade de atividades praticadas pelos potenciais sujeitos passivos do imposto sobre serviços.

Trata-se, aqui, portanto, das chamadas operações mistas, em que haja prestação de serviços e operação de locação de coisas móveis. É um tema que tem se mostrado bastante tormentoso às decisões de aplicação dos fundamentos jurídicos que resultaram na edição do verbete vinculante aqui tratado, que revelam decisões que afastam a tributação ou que a permitem.

Todos os acórdãos aqui aludidos são referentes à locação de equipamentos. O primeiro deles versa sobre a coexistência de um contrato de locação, do qual decorria um outro de assistência técnica. Veja-se a ementa:

Ag. Reg. no Agravo de Instrumento 758.697 Rio de Janeiro
PROCESSUAL CIVIL. AGRAVO REGIMENTAL. IMPOSTO SOBRE SERVIÇOS (ISS). LOCAÇÃO DE BENS MÓVEIS. É firme o entendimento do Supremo Tribunal Federal no sentido de que não incide Imposto sobre Serviços (ISS) sobre locação de bens móveis. A caracterização de parte da atividade como

> prestação de serviços não pode ser meramente pressuposta, dado que a constituição do crédito tributário é atividade administrativa plenamente vinculada, que não pode destoar do que permite a legislação (proibição do excesso da carga tributária) e o próprio quadro fático (motivação, contraditório e ampla defesa). No caso em exame, para que fosse possível reverter a conclusão a que chegou o acórdão recorrido, seria necessário reexaminar fatos e provas (Súmula 279/STF). Possibilidade de as autoridades fiscais exercerem as faculdades conferidas pela lei para aferirem quais receitas são oriundas da isolada locação de bens móveis. Agravo regimental ao qual se nega provimento.[413]

Nessa decisão, que cita expressamente o RE 116.121, é possível identificar a inevitabilidade da premissa de que não há incidência da exação municipal denominada ISS sobre as atividades de locação de equipamentos, para, simultaneamente, aquiescer com a posição da Suprema Corte pela possibilidade de tributação de eventuais prestações de serviços que estejam envolvidas no contexto fático-jurídico deste contrato.

A questão, portanto, em que pese não revelar dificuldades aos primeiros olhares, emerge importante quanto refere-se à questão da maneira pela qual será evidenciada a ocorrência da prestação de serviços e, como essa evidência, será efetivamente considerada como prova para que a ela se atribuam as consequências tributárias que lhe são inerentes.

Desta feita, com vistas às advertências acima, ganha cores de importância a menção do voto do ministro Joaquim Barbosa:

> Ocorre que a caracterização de parte da atividade como prestação de serviços não pode ser meramente pressuposta, dado que a constituição do crédito tributário é atividade administrativa plenamente vinculada, que não pode destoar do que permite a legislação (proibição do excesso da carga tributária) e o próprio quadro fático (motivação, contraditório e ampla defesa). No caso em exame, para que fosse possível reverter a conclusão a que

---

413. BRASIL. Supremo Tribunal Federal. *Agravo Regimental no Agravo de Instrumento 758.697/RJ*. Relator: Ministro Joaquim Barbosa. Agravante: Município do Rio de Janeiro. Agravado: MAC Audio Sound Service Ltda. Julgamento: 06 abr. 2010. Órgão julgador: Segunda Turma. Publicação: DJe, 06 mai. 2010.

chegou o acórdão recorrido, seria necessário reexaminar fatos e provas (Súmula 279/STF).[414]

No caso acima, a decisão recorrida havia feito a distinção entre as materialidades dos serviços tributáveis e a locação de bem. O assento da decisão do Supremo foi aquiescer com esse entendimento, segregando os universos substanciais, com tributação pela prestação de serviços e não incidência na locação de equipamentos, e mantendo a decisão.

O trecho acima deixa claro que o discurso jurídico é limitado. Não pode ser construído indefinidamente. Os limites ali expressos são, a uma, a teoria das provas, com a aceitação dos enunciados das materialidades distintas produzidas no curso da instrução e refletidas na decisão mantida pela Supremo Tribunal; o outro limite é o próprio processo instrumental, com a impossibilidade de reexame dessas provas pela Corte Suprema.

A mesma sorte segue o segundo acórdão, cuja ementa seguirá reproduzida, ou seja, de que a atividade de prestação de serviços não pode ser pressuposta pela autoridade administrativa, destacando, uma vez mais, a nítida importância do conjunto fático enunciado no processo para o deslinde da aplicação ou não da fundamentação jurídica vazada no verbete sumular 31. Veja-se a ementa e, logo a seguir, trechos que julgamos de fundamental importância para a decisão tomada pelo STF.

Ag. Reg. no Recurso Extraordinário 503.372 Rio de Janeiro
PROCESSUAL CIVIL. AGRAVO REGIMENTAL. CONSTITUCIONAL. IMPOSTO SOBRE SERVIÇOS DE QUALQUER NATUREZA. ISS. CONTRATO DE AFRETAMENTO DE EMBARCAÇÃO NA MODALIDADE "A CASCO NU". ACÓRDÃO RECORRIDO QUE ENTENDEU PRESENTE A PRESTAÇÃO POTENCIAL E EFETIVA DE SERVIÇOS CIRCUNDANTES. ERROS MATERIAIS E DE CLASSIFICAÇÃO JURÍDICA.

---

414. BRASIL. Supremo Tribunal Federal. *Agravo Regimental no Agravo de Instrumento 758.697/RJ*. Relator: Ministro Joaquim Barbosa. Agravante: Município do Rio de Janeiro. Agravado: MAC Audio Sound Service Ltda. Julgamento: 06 abr. 2010. Órgão julgador: Segunda Turma. Publicação: DJe, 06 mai. 2010.

MATÉRIA INFRACONSTITUCIONAL. PRESCRIÇÃO E LEGITIMIDADE ATIVA PARA REPETIÇÃO DE INDÉBITO. INADMISSIBILIDADE DE EXAME EM RECURSO EXTRAORDINÁRIO. 1. Nos termos da Súmula Vinculante 31, "é inconstitucional a incidência do Imposto sobre Serviços de Qualquer Natureza - ISS sobre operações de locação de bens móveis". 2. Para afirmar a tributabilidade de operação de afretamento de embarcação na modalidade "a casco nu", o TJ/RJ considerou que este tipo de atividade costuma implicar na prestação de outros serviços (logística). Entendeu, também, que as cláusulas contratuais indicavam a efetiva prestação deste tipo de serviços 2.1. Como a constituição do crédito tributário é atividade administrativa plenamente vinculada, presunções e ficções de senso comum, não expressamente autorizadas em lei, não podem ser usadas para motivar ou fundamentar juízo pela incidência de norma tributária. Potencial de realização do fato gerador não pode substituir, pura e simplesmente, a constatação da efetiva ocorrência do fato jurídico tributário. 2.2. Evidentes erros material e de classificação jurídica. O acórdão-recorrido inverteu as posições contratuais, ao considerar a empresa-agravada como afretadora (que, segundo a lei e o próprio contrato, é a parte que recebe a embarcação para uso), e não como proprietária ou fretadora (parte que cede o uso da embarcação). 3. A decisão agravada, ao reverter o acórdão-recorrido, conforma-se rigorosamente com a orientação desta Corte sobre a matéria. 4. Matéria relativa à prescrição e à legitimidade ativa, tal como postas no quadro fático-jurídico, tem alçada infraconstitucional e não desafiam a interposição de recurso extraordinário. Agravo regimental ao qual se nega provimento.

No caso em exame o contrato de afretamento é da modalidade 'a casco nu', legalmente definido como 'contrato em virtude do qual o afretador tem a posse, o uso e o controle da embarcação, por tempo determinado, incluindo o direito de designar o comandante da tripulação' (art. 2º, I, Lei 9.432/1997). Sem prejuízo do hipotético risco de desvio em cada caso, os contratos de afretamento a casco nu tendem a se assimilar à locação de bens móveis sem a prestação de serviços independentes. O Tribunal de Justiça do Estado do Rio de Janeiro entendeu que havia a potencial e a efetiva prestação de serviços independentes. Contudo, o acórdão-recorrido contém grave erro material e de classificação legal. Às fls. 1.034, o Tribunal de Justiça do Estado do Rio de Janeiro alude ao parecer feito pelo Ministério Público em Primeira Instância para concluir pela presença de serviços acessórios no contrato de afretamento a casco nu. [...]. O acórdão-recorrido inverteu os papéis da AFRETADORA (parte que contrata os serviços) e da FRETADORA (proprietária da embarcação que coloca o bem à disposição da interessada). [...]. Assim, não apenas o acórdão-recorrido partiu de presunção de senso comum desprovida de base factual (generalização) e legal, bem como, ao classificar juridicamente o quadro fático, confundiu as partes contratantes.[415]

De hialina clareza, não só o trecho acima destacado, como também os seu pregresso citado, para assinar em tintas fortes que a questão de direito atinente à tributação do ISS na Suprema Corte é pacífica negativamente para a incidência sobre locação de coisas móveis, e positivamente quanto aos demais serviços contingencialmente vinculados a esses contratos, de sorte que a conjunção fática probatória das atividades fenomênicas praticadas pelo potencial contribuinte é que será o fiel da balança para delimitar o universo da incidência e da não incidência do imposto municipal.

Nessa linha, voltemos atenção ao próximo acordão, de ementa abaixo transcrita, que torna evidente que a segregação da facticidade material, quando possível e enunciada nos fatos processuais, dita a aplicação da Súmula Vinculante 31:

> **Ag. Reg. no Recurso Extraordinário 405.578 Minas Gerais**
> TRIBUTÁRIO E PROCESSUAL CIVIL. ISS. LOCAÇÃO DE BENS MÓVEIS. INCONSTITUCIONALIDADE. SÚMULA VINCULANTE N. 31. REVOLVIMENTO DO CONJUNTO FÁTICO-PROBATÓRIO DOS AUTOS. DESNECESSIDADE. NÃO INCIDÊNCIA DA SÚMULA 279. JURISPRUDÊNCIA DO STF. AGRAVO REGIMENTAL A QUE SE NEGA PROVIMENTO.[416]

---

415. BRASIL. Supremo Tribunal Federal. *Agravo Regimental no Recurso Extraordinário 503.372/RJ*. Relator: Ministro Joaquim Barbosa. Agravante: Vitor Rogério da Costa e Outro(s). Agravado: Município do Rio de Janeiro. Julgamento: 06 abr. 2010. Órgão julgador: Segunda Turma. Publicação: DJe, 22 abr. 2010.

416. BRASIL. Supremo Tribunal Federal. *Agravo Regimental no Recurso Extraordinário 405.578/MG*. Relator: Ministro Teori Zavaski. Agravante: Município de Belo Horizonte. Agravado: Compac Solo Ltda. Julgamento: 26 fev. 2013. Órgão julgador: Segunda Turma. Publicação: DJe, 11 mar. 2013.

A decisão acima não se refere ao RE 116.121 (*leading case* no Supremo Tribunal Federal), mas utilizou como substrato de seu fundamento a decisão no RE 626.706, a primeira decisão aqui comentada.

O acórdão aqui analisado também trazia ao crivo do Supremo Tribunal a questão da simultaneidade de obrigações de dar e fazer, com a locação de equipamentos mais uma vez em cena. Nesse momento é de interesse trazer à baila o seguinte trecho do acórdão, extraído do voto do Ministro Teori Zavascki e que faziam referência ao voto que já proferira no próprio Recurso Extraordinário, então agravado pelo município, voto esse que, por sua vez, referira alegação do sujeito passivo, a qual acabou determinante para a acolhida de sua pretensão e aplicação do verbete ao caso:

> 2. Muito bem. Compac Solo Ltda. afirma que 'é cediço, desde o juiz a quo, que a empresa Agravante, entre outras atividades, é locadora de bens móveis´, não havendo falar 'em necessidade de reexame de provas'. Prossegue argumentando que 'o fato de a empresa prestar serviços tributáveis pelo ISQN não lhe retira o direito de pleitear não pagar ISSQN sobre a atividade de locação de bens móveis. Daí requerer o provimento do agravo e, consequentemente, do recurso extraordinário. [...]. 3. Tenho para mim que o agravo merece acolhida. Isto porque, em boa verdade, é desnecessário o reexame do conjunto probatório dos autos. Assim, me posiciono porque o cerce da controvérsia não passa pela discussão acerca da finalidade estatutária da empresa contribuinte. Pelo que é de ser afastada, no caso dos autos, a Súmula 279 deste Supremo Tribunal. 4. Superado esse óbice, passo a ao exame de mérito do apelo extremo. Ao fazê-lo, anoto, de saída, que assiste razão à empresa recorrente. É que, nos termos da serena jurisprudência desta colenda Corte, é ilegítima a expressão 'da locação de bens móveis', contida no item 79 da Lista de Serviços anexa ao Decreto 406/68 (na redação dada pela Lei Complementar 56/87). [...]. Saliente-se que tal orientação foi consolidada no julgamento do mérito da repercussão geral no RE 626.706, Relator(a) Min. GILMAR MENDES, Tribunal Pleno, julgado em 08/09/2010, PUBLIC 24-09-2010, ensejando a edição da Súmula Vinculante 31 (É inconstitucional a incidência do imposto sobre serviços de qualquer natureza – ISS sobre operações de locação de bens móveis).[417]

---

417. BRASIL. Supremo Tribunal Federal. *Agravo Regimental no Recurso*

A transcrição, em que pese longa, merece atenção por evidenciar que a aplicação do entendimento do verbete ao caso é condicionada aos fatos já enunciados no processo, os quais, a toda evidência, não são passíveis de reexame na Corte Superior, e que sejam aptos a segregarem atividades sujeitas ao imposto municipal, das outras que não propiciam a incidência de sua norma. Mais uma vez revelada a disciplina do discurso jurídico, pelo próprio sistema de direito positivo (teoria das provas e limites instrumentais)

Descortina-se por entre as linhas aqui transcritas, e, logicamente, entre outras tantas dos acórdãos estudados, que os fatos processuais, aqueles que calham de chegar ao exame da suprema corte acerca da narrativa material das atividades dos contribuintes, serão determinantes para a aplicação da Súmula Vinculante 31.

Nessa medida, conclusivamente em relação ao conjunto de decisões que aplicaram a Súmula Vinculante 31, temos assente ante a singularidade da materialidade consubstanciada em uma obrigação de dar, a Suprema Corte reconhece a não incidência do ISS, calcada na impossibilidade de incidência da norma padrão de tributação do imposto municipal, ante a incompetência ou competência, delimitada no texto constitucional.

Assenta-se, para o caso de coexistência de materialidades (obrigação de dar x obrigação de fazer) que o fato tributável da prestação de serviços não pode ser presumido, deve ser relatado em enunciado próprio, integrante do processo, e que a segregação de ações é não só possível, como, por tantas vezes, corriqueira, e, nesse diapasão, a aplicação da Súmula caberá onde couber a prova de que a atividade desenvolvida tem as dimensões exatas e natureza das obrigações de dar e não das de fazer.

Extraordinário 405.578/MG. Relator: Ministro Teori Zavaski. Agravante: Município de Belo Horizonte. Agravado: Compac Solo Ltda. Julgamento: 26 fev. 2013. Órgão julgador: Segunda Turma. Publicação: DJe, 11 mar. 2013.

11.2.1.3 Tema III: a questão da cessão de espaço/cessão de direito

Como derradeiro exemplar das decisões que formaram juízo meritório e assentaram pela aplicação do verbete vinculante ao caso, temos a decisão que tratamos logo de enunciar em sua ementa:

> **Emb. Decl. no Agravo de Instrumento 854.553 Minas Gerais**
> RECURSO DE EMBARGOS DE DECLARAÇÃO. INTERPOSIÇÃO DE DECISÃO MONOCRÁTICA. PROPÓSITO MODIFICATIVO. CONHECIMENTO COMO AGRAVO REGIMENTAL. TRIBUTÁRIO. IMPOSTO SOBRE SERVIÇOS. AGENCIAMENTO DE SERVIÇOS DE PROPAGANDA. INTERPRETAÇÃO EXTENSIVA DA LISTA DE SERVIÇOS ANEXA À LC 116/2003. HIPÓTESE DIVERSA. O Tribunal de origem não afirmou que a lista de serviço anexa à lei complementar definidora das hipóteses de incidência possíveis não poderia ser interpretada extensivamente. Na verdade, o Tribunal de origem examinou o quadro fático para lhe dar a qualificação jurídica que entendeu correta. Reconheceu-se que a sublocação ou a cessão secundária de direito de uso de espaços publicitários em ônibus não se subsumia ao conceito de serviços de publicidade ou de agenciamento. Segundo a jurisprudência desta Suprema Corte, a locação de bens móveis não é tributada pelo ISS (SV 31). Ademais, o Tribunal de origem reconheceu que a agravante não provou ter a agravada praticado qualquer ato de intermediação ou de elaboração de peças publicitárias. Para que fosse possível reverter o acórdão recorrido nesse ponto, seria necessário reabrir a instrução probatória (Súmula 279/STF). Embargos de declaração conhecidos como agravo regimental, ao qual se nega provimento.[418]

Esse caso tratava de discussão acerca da tributação pelo ISS de exploração de espaços publicitários em ônibus do sistema público de transporte coletivo urbano no Município de Belo Horizonte. O debate centrava-se em saber se em tal

---

418. BRASIL. Supremo Tribunal Federal. *Embargos de Declaração no Agravo de Instrumento 854.553/MG*. Relator: Ministro Joaquim Barbosa. Embargante: Município de Belo Horizonte. Embargado: Fênix Publicidade Ltda. Julgamento: 28 ago. 2012. Órgão julgador: Segunda Turma. Publicação: DJe, 05 out. 2012.

atividade caberia a tributação como agenciamento publicitário, com previsão na lista de serviços anexa à Lei Complementar 116/2003, ou a mera sublocação de espaço.

Novamente, como em todos os outros exemplos analisados, a natureza da atividade (novamente a controvérsia DAR x FAZER) e, evidentemente, o relato apto dessa natureza na linguagem fático-probatória-processual calharam ser o catalizador da resolução da controvérsia.

Damos destaque aos trechos a seguir:

> Em verdade, o Tribunal de origem entendeu que a sublocação de espaços, para a veiculação de propaganda não poderia ser considerada agenciamento publicitário. A propósito, transcrevo o seguinte trecho do acórdão recorrido: '[A atividade agravada] não representa agenciamento, que consiste em servir de intermediário, uma que não é intermediária de ninguém, pois é a única titular do direito de exploração do espaço publicitário em ônibus no Município de Belo Horizonte. A atividade da autora também não se insere na previsão do item 17.6 da Lista de Serviços anexa à LC 116/2003 (propaganda e publicidade, inclusive promoção de vendas, planejamento de campanhas ou sistemas de publicidade, elaboração de desenhos, textos e demais materiais publicitários), eis que, conforme asseverou o sentenciante, a autora não promove vendas, não planeja bem elabora peças publicitárias, limitando-se a ceder o espaço nos ônibus para a veiculação de publicidade pelos interessados' (Fls. 1.458). Conforme orientação consolidada da SV 31, é inconstitucional a incidência de ISS sobre a operação de locação de bens móveis.[419]

De se notar que a dicotomia DAR x FAZER se faz presente em todos os julgados que aplicaram o entendimento enunciado na Súmula Vinculante 31. Nesse específico acórdão, salta aos olhos a interessante conclusão de que a cessão de espaço não é tributável, dado que o espaço cedido para publicidade é móvel, mais precisamente, integrante de veículo automotor.

---

419. BRASIL. Supremo Tribunal Federal. *Embargos de Declaração no Agravo de Instrumento 854.553/MG*. Relator: Ministro Joaquim Barbosa. Embargante: Município de Belo Horizonte. Embargado: Fênix Publicidade Ltda. Julgamento: 28 ago. 2012. Órgão julgador: Segunda Turma. Publicação: DJe, 05 out. 2012.

Entretanto, queremos chamar atenção para mais um último trecho do acordão, utilizado no contexto como *obiter dictum*, que consideramos revelador de uma potencial controvérsia, qual seja, a tributação pelo ISS da cessão de direito. Veja-se:

> Ainda que o fato em exame fosse interpretado como cessão de direito, a mesma orientação apontada na SV 31 seria aplicável.[420]

É certo que não consideramos o trecho adrede transcrito como determinante na tomada de decisão para o caso, como já dito, significando dizer, portanto, que não integra as razões de decidir do julgado, que cingem-se à questão da materialidade praticada não denotar prestação de serviços.

Em qual a razão para trazê-lo às vistas, então? Pensamos que há identificado em outro acórdão, sentido de decisão que parece conflitar antagonicamente com o trecho acima, o que poderia significar potencial conflito de teses. Chamar a atenção ao tema é suficiente por agora, para, em seguida, voltar ele no momento oportuno.

11.2.2 As decisões que não aplicaram a Súmula Vinculante 31 ao caso em julgamento

É preciso desde logo colocar em evidência os nove julgados com análise meritória que não aplicaram a Súmula Vinculante ao caso concreto em julgamento. Vejamos:

1. Agravo Regimental na Reclamação 8.623/RJ, Relatoria do Ministro Gilmar Mendes, Segunda Turma do STF, julgado em 22/02/2011;

2. Agravo Regimental no Recurso Extraordinário com Agravo 656.709/RJ, Relatoria do Ministro Joaquim Barbosa, Segunda Turma do STF, julgado em 14/02/2012;

---

420. Ibid, *grifo nosso*.

3. Agravo Regimental no Agravo de Instrumento 736.189/SP, Relatoria do Ministro Joaquim Barbosa, Segunda Turma do STF, julgado em 06/03/2012;

4. Agravo Regimental na Reclamação 10.568/RJ, Relatoria do Ministro Dias Toffoli, Primeira Turma do STF, julgado em 19/09/2013;

5. Agravo Regimental no Recurso Extraordinário com Agravo 664.429/RJ, Relatoria do Ministro Marco Aurélio, Primeira Turma do STF, julgado em 18/03/2014;

6. Agravo Regimental na Reclamação 14.290/DF, Relatoria da Ministra Rosa Weber, Plenário do STF, julgado em 22/05/2014;

7. Agravo Regimental no Recurso Extraordinário com Agravo 745.279/RJ, Relatoria do Ministro Dias Toffoli, Primeira Turma do STF, julgado em 27/05/2014;

8. Agravo Regimental na Reclamação 14.813/SP, Relatoria do Ministro Marco Aurélio, Primeira Turma do STF, julgado em 25/11/2014;

9. Agravo Regimental na Reclamação 17.217/DF, Relatoria do Ministro Edson Fachin, Primeira Turma do STF, julgado em 18/08/2015.

Novo esforço classificatório fora empreendido sobre os acórdãos que distinguiram os casos na aplicação da Súmula Vinculante 31, de forma que as matérias jacentes aos julgados pudessem denotar as razões de decisão significativas das decisões de aplicação do verbete sumular obrigatório.

Desta feita, elegemos duas outras classes de decisões, tomadas a partir da análise do que consideramos ser o núcleo fundamental das razões de decidir dos acórdãos.

Sem pestanejos, a primeira classe de decisões compõe o principal e mais rico substrato de análise e refere-se aos julgados que cuidaram de analisar alegações de coexistência de prestação de serviços (obrigação de fazer) e locação de bens móveis (obrigações de dar). O conflito tem duas vertentes principais: a primeira, de índole material, cuja análise fere especificamente à própria existência das materialidades simultâneas e suas consequências para a tributação; e a segunda, referindo-se à dimensão econômica dessas materialidades, ou seja, à correção ou à adequação das bases de cálculo utilizadas para mensurar a prestação de serviço.

No derradeiro conjunto, elencamos decisão que referiu-se à cessão de uso de marca, em certa correspondência com o terceiro grupo das decisões que aplicaram o verbete, na tentativa de expor o núcleo distintivo em ambas as decisões. Vamos à analítica dos acórdãos.

11.2.2.1 Tema I: não aplicação no conflito potencial e coexistência de prestação de serviços (obrigação de fazer) e locação de coisas móveis (obrigação de dar)

A riqueza de considerações argumentativas dos julgados analisados neste tópico avulta-se em função da diversidade contextual em que foram vazados, tendo como pano de fundo sempre a pretensa simultaneidade de ações consistentes na locação de coisas móveis e, conjugada a ela, alguma espécie de prestação de serviços.

É nessa tonalidade de ideias que encontramos nas decisões aqui analisadas resultados que variam entre o não reconhecimento de atividade conjugada, aquiescendo apenas pela existência de prestação de serviços, assentida a Supremo Corte com a tributação pelo ISS e afastando a Súmula Vinculante 31, e pelo reconhecimento da simultaneidade da ocorrência das distintas naturezas obrigacionais, na já conhecida dicotomia DAR x FAZER, terminando por concluir acerca da correção, ou não, da tributação segregada, a depender do caso específico.

A primeira dessas decisões, que vem abaixo ementada, denota que a Corte Suprema manteve-se firme aos ditames do verbete vinculante, sem, porém, aplicá-la ao caso concreto, dado que <u>não vislumbrou possibilidade de segregação das atividades de locação de coisas móveis das de prestação de serviço, no contexto do caso concreto</u>, mas que, por uma razão, reconheceu a prevalência da atividade de "fazer", em posicionamento que pode parecer em oposição diametral ao afirmado nas decisões do tópico anterior, de que a prestação de serviços não se presume. Veja-se:

> **Ag. Reg. no Recurso Extraordinário com Agravo 656.709 Rio Grande do Sul**
>
> TRIBUTÁRIO. IMPOSTO SOBRE SERVIÇOS DE QUALQUER NATUREZA. LOCAÇÃO DE BENS MÓVEIS ASSOCIADA A PRESTAÇÃO DE SERVIÇOS. LOCAÇÃO DE GUINDASTE E APRESENTAÇÃO DO RESPECTIVO OPERADOR. INCIDÊNCIA DO ISS SOBRE A PRESTAÇÃO DE SERVIÇO. NÃO INCIDÊNCIA SOBRE A LOCAÇÃO DE BENS MÓVEIS. SÚMULA VINCULANTE 31. AGRAVO REGIMENTAL. 1. A Súmula Vinculante 31 não exonera a prestação de serviços concomitante à locação de bens móveis do pagamento do ISS. 2. Se houver ao mesmo tempo locação de bem móvel e prestação de serviços, o ISS incide sobre o segundo fato, sem atingir o primeiro. 3. O que a agravante poderia ter discutido, mas não o fez, é a necessidade de adequação da base de cálculo do tributo para refletir o vulto econômico da prestação de serviço, sem a inclusão dos valores relacionados à locação. Agravo regimental ao qual se nega provimento.[421]

A razão determinante do julgado, como de resto veremos ser a regra adotada pela Corte Máxima, é a facticidade probatória insuficiente para, no contexto processual em que se debruçaram os Ministros, segmentar as realidades materiais que denotassem os limites da obrigação de dar (locação de guindastes) da de fazer (operação do equipamento locado).

---

421. BRASIL. Supremo Tribunal Federal. *Agravo Regimental no Recurso Extraordinário com Agravo 656.709/RS*. Relator: Ministro Joaquim Barbosa. Agravante: Alberto Pasqualini – Refap S/A. Agravado: Município de Canoas. Julgamento: 14 fev. 2012. Órgão julgador: Segunda Turma. Publicação: DJe, 07 mar. 2012.

Vale o trecho do voto do Ministro Joaquim Barbosa, a confirmar nossa tese:

> No caso em exame, a agravante reconhece expressamente que o fato gerador consistiu na 'locação de guindastes com operador' (fls. 324). [...]. Portanto, o que o agravante poderia ter discutido, mas não o fez, é a necessidade de adequação da base de cálculo do ISS para refletir apenas o vulto econômico da prestação de serviços, sem a parcela de retribuição relativa à locação de bem móvel.[422]

A dicção é clara e revela fundamentos precisos. Onde houver serviços haverá a incidência das normas de tributação do ISS; em não os havendo, e verificado que a atividade é somente de locação de coisas móveis, a norma não colherá o fato para transmudá-lo em fato jurídico tributário. Aqui o caso referia à locação de guindastes, mas com o fornecimento da respectiva mão de obra especializada na operação dos equipamentos.

Trata-se, em nosso sentir, da mesma limitação discursiva a que os debates jurídicos se submetem. Não tendo sido o caso de se debater contra a ausência de segregação entre as atividades de prestação de serviço e obrigação de dar, a decisão que não aplicou o entendimento ao caso teve de cingir-se aos enunciados de fato que nele estavam postos, ou seja, a consideração de que a totalidade do contrato era efetivamente a prestação de um serviço cuja natureza impunha a utilização de um equipamento.

Por ser de materialidade similar, ou seja, tratar também da locação de equipamentos com o fornecimento de mão de obra para operá-lo, transcrevemos a ementa da decisão proferida no Agravo Regimental na Reclamação 14.290/DF, de relatoria da Ministra Rosa Weber:

---

422. Ibid.

Ag. Reg. na Reclamação 14.290 Distrito Federal
DIREITO TRIBUTÁRIO E PROCESSUAL CIVIL. IMPOSTO SOBRE SERVIÇOS DE QUALQUER NATUREZA. INCIDÊNCIA EM CONTRATOS MISTOS. LOCAÇÃO DE MAQUINÁRIO COM OPERADORES. RECLAMAÇÃO. ALEGAÇÃO DE DESCUMPRIMENTO DA SÚMULA VINCULANTE 31. DESCABIMENTO. A Súmula Vinculante 31, que assenta a inconstitucionalidade da incidência do Imposto sobre Serviços de Qualquer Natureza – ISS nas operações de locação de bens móveis, somente pode ser aplicada em relações contratuais complexas se a locação de bens móveis estiver claramente segmentada da prestação de serviços, seja no que diz com o seu objeto, seja no que concerne ao valor específico da contrapartida financeira. Hipótese em que contratada a locação de maquinário e equipamentos conjuntamente com a disponibilização de mão de obra especializada para operá-los, sem haver, contudo, previsão de remuneração específica da mão de obra disponibilizada à contratante. Baralhadas as atividades de locação de bens e de prestação de serviços, não há como acolher a presente reclamação constitucional. Agravo regimental conhecido e não provido.[423]

Neste acórdão, a razão nuclear do sentido da decisão de não aplicação do entendimento sumulado resta mais clara. No caso houve expresso reconhecimento da inaplicabilidade do verbete vinculante de número 31, também ante a imprestabilidade dos fatos probatórios em desvincular a prestação de serviços consistente na operação do maquinário supostamente locado, para que ele pudesse alcançar sua funcionalidade específica. Nessa ordem de ideias, assentou a Ministra Rosa Weber:

> A agravante não logrou demonstrar o alegado descumprimento da Súmula Vinculante n. 31. Conforme ressaltado na decisão recorrida, os debates do processo que originou essa súmula vinculante evidenciam a persistência da controvérsia atinente aos contratos mistos, que englobam tanto a prestação de serviços quanto a locação de bens. [...]. <u>Em relações contratuais complexas, somente se pode falar em descumprimento da Súmula</u>

---

[423]. BRASIL. Supremo Tribunal Federal. *Agravo Regimental na Reclamação 14.290/ DF.* Relatora: Ministra Rosa Weber. Agravante: Construtora e Transportadora Carvalho Ltda. Agravado: Município de Parauapebas. Julgamento: 22 mai. 2014. Órgão julgador: Plenário. Publicação: DJe, 18 jun. 2014.

> Vinculante 31 quando a locação de bem móvel esteja nitidamente segmentada da prestação de serviços, seja no que diz respeito ao seu objeto, seja no que concerne ao valor específico da contrapartida financeira. No caso dos autos, as atividades não se encontram devidamente apartadas, na medida em que, dentre os encargos da contratada, há previsão de disponibilização de trabalhadores, identificados por crachá, juntamente com o maquinário (cláusula sétima e oitava dos contratos celebrados). Com assinalado na exordial, a reclamante 'entrega à Prefeitura as máquinas e equipamentos com os seus operadores', sendo que esta 'coordena o uso dos equipamentos, qual a localidade que atenderão, etc' (fl. 3). Inexiste outrossim, previsão de remuneração específica da mão de obra disponibilizada à contratante. Baralhadas as atividades de locação de bens e de prestação de serviços, não há como acolher a presente reclamação constitucional.[424]

Parece ser tendência que os contratos de objetos imprecisos e não delineados em suas áreas de atuação, cuja natureza não seja evidentemente clara do ponto de vista jurídico (como nos contratos de afretamento de embarcações a casco nu, por exemplo), sejam considerados contextualmente como prestação de serviço, com reconhecimento de uma espécie de preponderância das atividades exercidas pela mão de obra especializada sobre a simples entrega de coisa. Evidentemente que não podemos tomar isso como uma regra, apenas como uma tendência. E isso está diretamente relacionado ao contexto fático-probatório dos autos.

No mesmo sentido caminham as duas decisões seguintes, as quais aludem a atividade mista de locação de andaimes e sua respectiva montagem. A diferença entre elas foi a maneira pela qual desfechou-se processualmente o tema. Vamos à primeira ementa da decisão relativa à locação de andaimes:

---

424. BRASIL. Supremo Tribunal Federal. *Agravo Regimental na Reclamação 14.290/DF*. Relatora: Ministra Rosa Weber. Agravante: Construtora e Transportadora Carvalho Ltda. Agravado: Município de Parauapebas. Julgamento: 22 mai. 2014. Órgão julgador: Plenário. Publicação: DJe, 18 jun. 2014, grifo nosso.

Ag. Reg. no Recurso Extraordinário com Agravo 664.429 Rio Grande do Sul

RECURSO EXTRAORDINÁRIO – MATÉRIA FÁTICA E LEGAL. O recurso extraordinário não é meio próprio ao revolvimento da prova, também não servindo à interpretação de normas estritamente legais. MULTA – AGRAVO – ARTIGO 557, § 2º, DO CÓDIGO DE PROCESSO CIVIL.[art. 1.021, §4º do Novo CPC] Surgindo do exame do agravo o caráter manifestamente infundado, impõe-se a aplicação da multa prevista no § 2º do artigo 557 do Código de Processo Civil. [art. 1.021, §4º do Novo CPC] [425]

O caso tratava especificamente da conjugação da locação de andaimes e sua montagem para o usuário final. E outra vez mais o núcleo determinante para o afastamento da Súmula Vinculante 31 foi a imprestabilidade dos elementos probatórios dos autos para dissociar a prestação de serviços (montagem), entendida como premente no contexto dos autos, da obrigação de fornecer os andaimes. Note-se isso nas letras do Ministro Marco Aurélio, relator do caso:

> O Tribunal de origem afastou a incidência do Verbete Vinculante. 31, assentando que o negócio jurídico realizado pela agravante não envolve apenas a locação de andaimes, mas também o serviço de montagem destes. Daí ter consignado a cobrança do imposto. No caso, não se mostra possível, dissociar a locação do serviço de montagem, para efeito de prover o extraordinário. A agravante não logrou infirmar as premissas do acórdão recorrido. Em sede excepcional atua-se à luz da moldura fática delineada soberanamente pelo Colegiado de origem, considerando-se as premissas constantes do pronunciamento impugnado. A jurisprudência sedimentada é pacífica a respeito, devendo-se ter presente o Verbete 279 da Súmula deste Tribunal.[426]

---

425. Ibid. Supremo Tribunal Federal. *Agravo Regimental no Recurso Extraordinário com Agravo 664.429/RS*. Relator: Ministro Marco Aurélio. Agravante: Petrobrás Logística de Exploração e Produção S/A. Agravado: Município de Canoas. Julgamento: 18 mar. 2014. Órgão julgador: Primeira Turma. Publicação: DJe, 04 abr. 2014.

426. BRASIL. Supremo Tribunal Federal. *Agravo Regimental no Recurso Extraordinário com Agravo 664.429/RS*. Relator: Ministro Marco Aurélio. Agravante: Petrobrás Logística de Exploração e Produção S/A. Agravado: Município de Canoas. Julgamento: 18 mar. 2014. Órgão julgador: Primeira Turma. Publicação: DJe, 04 abr. 2014.

A segunda decisão, também do binômio locação/instalação de andaimes, trata o acórdão proferido nos autos do Agravo Regimental na Reclamação 10.568/RJ, razão pela qual sua ementa segue ora reproduzida:

> **Ag. Reg. na Reclamação 10.568 Rio de Janeiro**
> Agravo regimental na reclamação. Súmula Vinculante n. 31. Inexistência de identidade de temas entre o ato reclamado e o paradigma da Corte. Agravo regimental ao qual se nega provimento. 1. Por atribuição constitucional, presta-se a reclamação para preservar a competência do STF e garantir a autoridade de suas decisões (art. 102, inciso I, alínea l, CF/88), bem como para resguardar a correta aplicação das súmulas vinculantes (art. 103-A, § 3º, CF/88). 2. Deve haver aderência estrita do objeto do ato reclamado ao conteúdo da decisão do STF dotada de efeito vinculante e eficácia erga omnes para que seja admitido o manejo da reclamatória constitucional. 3. Decisão reclamada proferida em sede de decisão cautelar na qual se entende não estarem presentes os requisitos autorizadores da concessão da medida liminar não tem o condão de afastar a aplicabilidade da Súmula Vinculante 31. 4. Agravo regimental não provido.[427]

O caso tratava-se de reclamação contra ato de Juízo que se absteve de apreciação de liminar para evitar a incidência do ISS sobre a locação de andaimes. Por essa razão, julgado impertinente o manejo da reclamação e mesmo a pretensa ofensa à Súmula, dado que sequer havia sido produzido juízo de valor sobre a tributação do ISS sobre eventuais atividades de locação de bens móveis.

> Na decisão atacada, não se promove juízo de valor sobre a possibilidade de cobrança ou não do ISS (Imposto sobre Serviço de Qualquer Natureza), muito menos se afasta a inconstitucionalidade da incidência do referido imposto sobre a locação de bens móveis, o que representaria clara ofensa à Súmula Vinculante 31. <u>Por se tratar de análise de pedido de liminar, o Juízo entendeu ser necessária a instrução dos autos originários para que</u>

---

427. Ibid. Supremo Tribunal Federal. *Agravo Regimental na Reclamação 10.568/RJ*. Relator: Ministro Dias Toffoli. Agravante: Antub – Andaimes Brasil Locação Ltda. Epp. Agravado: Secretário de Arrecadação Fiscal do Município do Rio de Janeiro. Julgamento: 19 set. 2013. Órgão julgador: Plenário. Publicação: DJe, 07 nov. 2013.

fosse verificado, com exatidão, o alcance da atividade efetivamente exercida pela reclamante para que houvesse perfeita adequação ao debate travado nesta Corte Suprema quando da votação da Súmula paradigma, o qual novamente reproduzo: [...].[428]

Entretanto, valem as considerações acima reproduzidas, feitas pelo Ministro Relator Dias Toffoli, justamente para, mais outra vez, sublinhar a importância crucial nas razões de decidir acerca da aplicação do presente verbete, das questões fático--probatórias relativas às atividades concretamente exercidas pelos sujeitos passivos, para, somente então, produzir raciocínio decisório seguro sobre a aplicação da Súmula Vinculante 31.

Essa decisão, com a argumentação do Ministro Dias Toffoli, dá a tônica atual da interpretação do Supremo Tribunal Federal, acerca do universo de incidência do entendimento firmado no RE 116.121 e posteriormente enunciado sob o verbete vinculante nº 31. A corte Suprema garantirá o respeito às suas decisões que guardam a locação de bens da incidência do ISS, mas estará atrelada aos fatos enunciados no processo, sobre a existência/inexistência de prestação de serviços.

Nesta trilha de análise, agrupamos novamente duas decisões por similitude temática, dado que ambas versam, ainda que com especificidades isoladas, do pretenso conflito entre atividades, relativamente à sua caracterização como serviço ou locação.

A primeira das decisões, cuja ementa abaixo reproduzimos, versa sobre o dissenso entre fisco e sujeito passivo tributário, relativamente à ontologia das ações praticadas e que se revestiriam, ou não, da característica da prestação de serviços. Vamos à primeira ementa, já com um trecho do acórdão destacado para análise:

---

428. BRASIL. Supremo Tribunal Federal. *Agravo Regimental na Reclamação 10.568/ RJ*. Relator: Ministro Dias Toffoli. Agravante: Antub – Andaimes Brasil Locação Ltda. Epp. Agravado: Secretário de Arrecadação Fiscal do Município do Rio de Janeiro. Julgamento: 19 set. 2013. Órgão julgador: Plenário. Publicação: DJe, 07 nov. 2013, *grifo nosso*.

Ag. Reg. no Recurso Extraordinário com Agravo 745.279 Rio Grande do Sul

Agravo regimental no recurso extraordinário com agravo. Tributário. ISS. Natureza da atividade. Reexame de fatos e provas, da legislação infraconstitucional e do contrato social. Súmulas 279 e 454/STF. 1. O Tribunal de origem consignou que prevalece, no caso, o serviço de guarda e proteção de veículos de terceiros, não constituindo a atividade da recorrente mera locação, razão pela qual estaria sujeita à incidência do ISS. 2. Para ultrapassar o entendimento do Tribunal a quo e acolher a alegação da recorrente, seria imprescindível o revolvimento do conjunto fático-probatório constante dos autos, bem como da legislação ordinária e das cláusulas contratuais. Incidência das Súmulas 279 e 454/STF. 3. Agravo regimental não provido.

O Tribunal de origem consignou que prevalece, no caso, o serviço de guarda e proteção de veículos de terceiros (atividade fim), não consistindo a atividade da recorrente mera locação, razão pela qual estaria sujeita ao ISS. Neste sentido, transcrevo o seguinte trecho do acórdão recorrido: 'A leitura do contrato acostado aos autos evidencia que atividade envolveu mais do que a mera locação: *A responsabilidade do LOCADOR dependerá de comprovação da culpa por parte dele, LOCADOR, ou de seus prepostos, ficando, contudo, limitada aos valores e condições especificadas na apólice de seguro específica feita pelo LOCADOR, no ramo 'responsabilidade civil', modalidade guarda de veículos de terceiros.'*, fls. 385, com prevalência deste serviço no caso. [...]. A própria recorrente, ora agravante, reconhece que o acórdão recorrido concluiu pelo enquadramento das suas atividades como prestação de serviço, a partir da constatação da existência de um dever de guarda e proteção do veículo contido em cláusulas contratuais. A revisão do julgado, acerca da atividade preponderante, na espécie, se a guarda do veículo (obrigação de fazer) ou a locação de espaço (obrigação de dar), importa no revolvimento do conjunto fático probatório constante dos autos. E das cláusulas contratuais, situação a qual atrai a incidência das Súmulas 279 e 454 desta Corte. Inviável, portanto, a abertura da via extraordinária.[429]

---

429. BRASIL. Supremo Tribunal Federal. *Agravo Regimental no Recurso Extraordinário com Agravo 745.279/RS*. Relator: Ministro Dias Toffoli. Agravante: Rio Bravo Investimentos S/A Distribuidora de Títulos e Valores Mobiliários Agravado: Município de Porto Alegre. Julgamento: 27 mai. 2014. Órgão julgador: Primeira Turma. Publicação: DJe, 23 jun. 2014, *grifo nosso*.

As teses que se antagonizam nos autos do processo e que permeiam a presente decisão podem ser sumariamente delineadas como sendo: a) o contrato atípico de garagem e guarda de veículos não se confunde com locação de espaço, pois trata-se de prestação de serviços que envolvem as atividades de locação, depósito, além de outros, com o fim de preservar e proteger o veículo, prevalecendo a obrigação de fazer, o dever de guarda, de vigilância; de outro lado, b) trata-se apenas de atividade de cessão de espaço em que não há contornos de uma utilidade prestada a terceiros, ou seja, não estaria presente nenhum elemento conotativo de prestação de serviços, cingindo-se a operação a mera disponibilização de espaço-estacionamento de veículos.

Elemento determinante na resolução do caso, identificamos, foi o exame das cláusulas que conformavam os deveres contratuais impostos a cada uma das partes. Assim, determinado que os deveres da locadora impunham ação humana consistentes na vigilância, zelo, proteção, enfim, condutas que externam a assunção de responsabilidade de fazer algo em função de um objetivo específico, conclui-se pelo afastamento do entendimento Sumulado, sendo essas as circunstâncias materiais do caso concreto que formam suas razões de decidir.

Nota-se a veracidade da afirmação acima quando a decisão menciona cláusulas contratuais de responsabilização civil pelo eventual descumprimento dos deveres acima elencados e que foram expressamente adotadas nas razões fundamentais de decidir do caso.

O segundo caso envolve a guarda, o depósito e o armazenamento de objetos, sendo assim ementado:

> **Ag. Reg. na Reclamação 14.813 São Paulo**
> RECLAMAÇÃO – VERBETE VINCULANTE 31 DA SÚMULA DO SUPREMO – ENQUADRAMENTO DA ATIVIDADE – CONTROVÉRSIA. Havendo controvérsia acerca do enquadramento da atividade, não se verifica a inobservância ao teor do Verbete Vinculante n. 31 da Súmula do Supremo, no que excluídas da

incidência do Imposto sobre Serviços as operações de locação de bens móveis.[430]

Pela singeleza de sua ementa, julgamos exteriorizar o caso nas palavras do Ministro Marco Aurélio, relator do acordão, fazendo-o pelos trechos seguintes:

> É imprópria a irresignação. Consoante se observa da leitura da documentação trazida com a inicial, há controvérsia a envolver as atividades desenvolvidas pela agravante, objeto das autuações. [...] A aferição do acerto quanto ao enquadramento efetuado pela autoridade fiscal é medida que ultrapassa os limites da reclamação, devendo ser buscada na via adequada. Reitero, o que consignei:
>
> Observem os parâmetros da espécie. O Município de Cubatão autuou a reclamante com fundamento no item 11.04 da lista anexa à Lei Complementar 116/2003, que prevê a incidência do Imposto Sobre Serviços de Qualquer Natureza nas atividades que envolvam armazenamento, depósito, carga, descarga, arrumação e guarda de bens de quaisquer espécies. <u>Inexiste, portanto, explícita tentativa de tributar a atividade de locação de bens móveis, até porque as notas fiscais indicadas pela administração tributária descrevem, segundo mencionado, a prestação de serviços.</u>[431]

O sentido da decisão, bem simbolizado pelo voto acima parcialmente reproduzido, reafirma a ideia de impossibilidade de interpretação pela Suprema Corte dos fatos carreados como certos aos autos do processo, ao mesmo tempo em que, aceitando-os como provas, permitem a perfeita diferenciação no estado de coisas fáticas.

Queremos dizer que acatou-se o reconhecimento da prática de atividades de prestação de serviços a terceiros, na clássica definição de fornecimento de utilidade fruível por

---

430. BRASIL. Supremo Tribunal Federal. *Agravo Regimental na Reclamação 14.813/SP.* Relator: Ministro Marco Aurélio. Agravante: Ideal Guindastes e Equipamentos Ltda. Agravado: Município de Cubatão. Julgamento: 25 nov. 2014. Órgão julgador: Primeira Turma. Publicação: DJe, 12 dez. 2014.

431. Ibid., *grifo nosso*.

terceiro, razão pela qual inaplicável o teor jurídico da Súmula Vinculante 31.

Ne mesma seara corre a decisão seguinte, cuja ementa tem-se a seguir, com o destaque para o trecho preponderante do acordão, revelador de seu núcleo decisório:

> **Ag. Reg. no Agravo de Instrumento 736.189 São Paulo**
>
> AGRAVO REGIMENTAL. TRIBUTÁRIO. IMPOSTO SOBRE SERVIÇOS DE QUALQUER NATUREZA. FILMAGEM E SONORIZAÇÃO. ACÓRDÃO QUE DECIDE O LITÍGIO COM BASE NO QUADRO FÁTICO-JURÍDICO ESPECÍFICO. AUSÊNCIA DE VIOLAÇÃO DA SÚMULA VINCULANTE 31. O Tribunal de Justiça do Estado de São Paulo admitiu que o ISS não incide sobre a locação de bens móveis. Porém, deixou de aplicar a orientação firmada na SV 31 ao litígio, na medida em que a agravante não teria comprovado praticar apenas atos de locação de bens móveis. O reexame do acórdão recorrido dependeria da reabertura da instrução probatória, medida incabível no exame do recurso extraordinário (Súmula 279/STF). Agravo regimental ao qual se nega provimento.
>
> [...]
>
> <u>A previsão da atividade no contrato social representa um indício importante, mas não absoluto</u>, dos atos praticados pela pessoa jurídica. Essa relatividade decorre da potencialidade do contrato social, que pode não corresponder aos atos efetivamente praticados.
>
> No caso em exame, o acórdão-recorrido expressamente reconheceu a deficiência da instrução probatória para separar os atos de mera locação de bens móveis dos atos de efetiva prestação de serviços: 'nada obstante, não fora juntado aos autos nenhum documento que comprovasse não se tratar de serviços com emprego de equipamentos. [...]. Ao sustentar que loca serviço de áudio e vídeo, obrigatoriamente, denota-se, em consequência, que presta serviços de sonorização, filmagem e exibição de imagens e serviços estes nos quais se utiliza dos respectivos equipamentos de sua propriedade (vídeo e áudio): mencionada ação não se confunde, por evidente, com locação de bens móveis' (fls. 89/91).[432]

---

432. BRASIL. Supremo Tribunal Federal. *Agravo Regimental no Agravo de Instrumento 736.189/SP.* Relator: Ministro Joaquim Barbosa. Agravante: Satelite Cine Video Ltda Epp. Agravado: Município de São José dos Campos. Julgamento: 06 mar.

Chama atenção o assento do acordão quando reverbera que previsões abstratas em contratos sociais, acerca do objeto, das atividades a serem exercidas pelo sujeito passivo, são apenas potencialidades a serem verificadas em concreto, não se prestando a fazer prova da prática, ou não, das ações ali consignadas. Nesse sentido, reconheceu que o quadro fático processual do caso estava bem posto, não cabendo, por impedimentos processuais, seu reexame, e conclui pela não aplicação do verbete vinculante, admitindo a prestação de serviços pelo contribuinte.

Grassa dizer que a fundamentação da decisão decorre da impossibilidade de comprovação da atividade de locação, no caso, não realizada nos autos; e que, em consequência, tomaram-se as provas como demonstrativas da prestação de serviços de filmagem e sonorização, decorrentes, justamente, da atividade empresarial exercida pela então recorrente.

Por fim, temos uma decisão que, exarada no sentido inequívoco do descabimento da Reclamação na espécie, apresenta-se como frutífera para determinar a posição da Suprema Corte Constitucional no sentido de inaplicação do verbete vinculante 31 aos contratos de empreitada, ou seja, que envolvam construção civil. Vejamos a ementa:

> **Ag. Reg. na Reclamação 17.217 Distrito Federal**
> AGRAVO REGIMENTAL EM RECLAMAÇÃO. LEI MUNICIPAL INDICADA COMO ATO RECLAMADO. JURISPRUDÊNCIA DO STF. 1. O efeito vinculante das súmulas previstas no art. 103-A da Constituição não abrange o Poder Legislativo, no exercício de sua competência legislativa. 2. Não é possível o manejo de reclamação como sucedâneo das ações judiciais cabíveis. 3. Não cabe reclamação quando o ato reclamado for anterior à publicação do parâmetro de controle. 4. Agravo regimental a que se nega provimento.[433]

2012. Órgão julgador: Segunda Turma. Publicação: DJe, 19 mar. 2012.

433. BRASIL. Supremo Tribunal Federal. *Agravo Regimental na Reclamação 17.217/ DF.* Relator: Ministro Edson Fachin. Agravante: Obragen Engenharia e Construções Ltda. Agravado: Município de Itaberá. Julgamento: 18 ago. 2015. Órgão julga-

O Ministro relator Edson Fachin, após evidenciar todos os óbices suficientes a impedir a análise meritória da Reclamação manejada, dentre os quais que o ato reclamado era uma lei municipal anterior à edição da Súmula Vinculante e que descabe reclamação como sucedâneo de recurso e outros entraves mais, serve o presente aos nossos propósitos na medida em que, colhendo decisão monocrática anteriormente proferida pelo então relator para o caso, Ministro Ricardo Lewandowski, assenta-se que locações de equipamentos não podem ser vestes nas quais se disfarçam contratos de empreitada. Vejamos o trecho do voto:

> Por fim, e ainda que fosse possível superar todos os insuperáveis óbices já mencionados ao cabimento da reclamação, destaco, por estar correta a decisão agravada, proferida pelo Ministro Ricardo Lewandowski, ao afirmar que a Súmula Vinculante 31 não abrange contratos de empreitada.
>
> [...]
>
> Assim, verifico que a Súmula Vinculante 31 não trata dos contratos mistos, nos quais há conjugação da locação de bem móvel com a prestação de serviço. Desse modo, tendo em vista a manifesta ausência de identidade material entre o conteúdo da súmula vinculante ora invocada e a situação à qual a ora reclamante pretende vê-la aplicada, não se mostra viável a pretensão ora em exame. [...]. Por fim, observo que, diferentemente do que alegado pela reclamante em sua inicial, o contrato firmado com o Departamento de Estradas de Rodagem do Estado de São Paulo sequer configura um contrato de locação de bens móveis, acompanhado, acessoriamente, da prestação de serviços, tratando-se, na verdade, de um típico contrato de empreitada.[434]

Asseverando-se, assim, da fundamentação anteriormente revelada pelo voto singular, diferencia-se entre os muros da Suprema Corte a atividade de construção civil, de execução

---

dor: Primeira Turma. Publicação: DJe, 10 set. 2015.

434. BRASIL. Supremo Tribunal Federal. *Agravo Regimental na Reclamação 17.217/DF*. Relator: Ministro Edson Fachin. Agravante: Obragen Engenharia e Construções Ltda. Agravado: Município de Itaberá. Julgamento: 18 ago. 2015. Órgão julgador: Primeira Turma. Publicação: DJe, 10 set. 2015.

de obra por empreitada, com inerentes equipamentos para tanto, da atividade na qual preponderaria a locação de equipamentos, ainda que fossem operados por mão de obra fornecida pelo próprio locador.

Em tons de finalização parcial, determinante, em todos os quadrantes de análise aqui esquadrinhados, a circunstância fática, relatada em provas, sobre a ontologia da ação do contribuinte como fator determinante que permite delimitar o universo de abrangências do precedente vinculante sumular 31.

11.2.2.2 Tema II: a questão da cessão de espaço/cessão de direito

É chegada a hora de retornar ao tema da tributação pela cessão de marca, para o qual pedimos atenção no item 11.2.1.3 do presente trabalho, quando destacamos trecho *obiter dictum* da decisão ali analisada, que previa a impossibilidade de tributação pelo ISS no caso de cessão de direitos, por oportunidade da análise do caso da tributação da cessão de espaços para publicidade em ônibus do transporte coletivo urbano do Município de Belo Horizonte.

Pois bem, para oparmos os pretensos raciocínios conflituosos, fazemos valer a transcrição da emenda, que não aplicou a Súmula Vinculante ao caso a seguir:

> **Ag. Reg. na Reclamação 8.623 Rio de Janeiro**
>
> Agravo regimental em reclamação. 2. Paradigma proferido pela 2ª Turma em processo subjetivo. 3. Inexistência de estrita adequação entre o acórdão-paradigma e o ato reclamado. Precedentes. 4. ISS. Incidência sobre contratos de cessão de direito de uso da marca. Possibilidade. Lei Complementar 116/2003. Item 3.02 do Anexo. 5. Agravo regimental ao qual se nega provimento.[435]

---

[435]. Ibid. Supremo Tribunal Federal. *Agravo Regimental na Reclamação 9.623/RJ.* Relator: Ministro Gilmar Mendes. Agravante: White Martins Investimentos Ltda. Agravado: Município do Rio de Janeiro. Julgamento: 22 fev. 2011. Órgão julgador: Segunda Turma. Publicação: DJe, 09 mar. 2011.

O contexto desse julgado atinava-se ao insurgir de sujeito passivo tributário contra autos de infração que foram lavrados contra si, exigindo o ISS em contratos de cessão de direito de uso e licença de marca, em que a parte alegava que a Suprema Corte já havia considerado tais operações como locação de bens móveis, e, nessa medida, intributáveis pela exação do município.

De valia inestimável para o presente enfoque de análise a reprodução do seguinte trecho da decisão:

> Por fim, ressalte-se que há alterações significativas no contexto legal e prático acerca da exigência de ISS, sobretudo após a edição da Lei Complementar 116/2003, que adota nova disciplina sobre o mencionado tributo, prevendo a cessão de uso de marcas e sinais da lista de serviços tributados, no item 3.02 do Anexo. Essas circunstâncias afastam a incidência da Súmula Vinculante 31 sobre o caso, uma vez que a cessão do direito de uso de marca não pode ser considerada locação de bem móvel, mas serviço autônomo especificamente previsto na Lei Complementar 116/2003.[436]

No sentido das razões acima expostas, parece que o enfrentamento da questão da tributação da cessão do uso de marca foi trazido à tona de maneira mais expressiva neste caso, mesmo não tendo sido utilizado como raiz da decisão, foi base de composição dos fundamentos que determinaram o sentido da decisão, ou seja, pela possibilidade de incidência do ISS nos contratos de cessão de uso de marca.

Dado que o Ministro Joaquim Barbosa, relator do caso em que *obiter dictum* da não incidência de ISS sobre cessão de direitos não estava presente no julgamento aparentemente em sentido oposto, e de relatoria do ministro Gilmar Mendes, somente a análise pragmática de futuras decisões poderá revelar se é cabível a aplicação do entendimento da Súmula Vinculante 31.

---

436. BRASIL. Supremo Tribunal Federal. *Agravo Regimental na Reclamação 9.623/ RJ*. Relator: Ministro Gilmar Mendes. Agravante: White Martins Investimentos Ltda. Agravado: Município do Rio de Janeiro. Julgamento: 22 fev. 2011. Órgão julgador: Segunda Turma. Publicação: DJe, 09 mar. 2011.

Em linhas finais do presente capítulo, identificamos que as razões de decidir de todos os julgados alinham-se com o que foi originalmente assentado pelo RE 116.121, único acordão mencionado na PSV 35, que aprovou a SV 31.

Ainda que nem todas as decisões de aplicação façam menção ao *leading case*, ainda que a maioria o faça, é em seus argumentos que se sustentam as decisões de aplicação e não aplicação da Súmula Vinculante 31.

A premissa forte é pela não incidência de ISS sobre materialidades que não denotem prestação de serviço, ou seja, que denotem simples obrigações de dar. Ela é clara no sentido de se configurar como razão de decidir de todos os julgados aplicadores.

A natureza jurídica de uma obrigação de dar, que seja raiz estrutural de uma ação qualquer no mundo fenomênico, atrairá a aplicação do entendimento sumular. O contexto de aplicação será determinado pelos enunciados de fato constantes no processo, acerca dessas ações.

Em não havendo complexidade substancial, em cujos enunciados reflitam apenas ações que denotem simples obrigações de dar, não há maiores divergências, e o tributo será afastado pela aplicação do precedente.

Havendo a complexidade de ações, refletidas na simultaneidade das materialidades, há que se cuidar de produzir enunciados fático-probatórios para dimensionar, inclusive economicamente, tais atividades, para segregação dos universos tributáveis e não tributáveis.

A tendência, caso não tenha havido tal segregação, é de prevalência dos enunciados fáticos processuais, pela não incidência do ISS, em casos em que a prestação de serviços não possa ser presumida, com aplicação dos fundamentos da Súmula Vinculante nº 31, ou pela incidência do imposto municipal, em casos em que ela não possa ser afastada, porquanto haja enunciados a evidenciá-la no processo, como procedimentos de fiscalização, autos de infração, etc.

O RE 116.121 teve intensos debates em suas cinquenta e quatro laudas, cujos fundamentos reverberaram nas razões de decidir do caso, como sendo a distinção das naturezas jurídicas das obrigações de dar e fazer, apoiados nos conceitos jurídicos do Código Civil vigente e do art. 110, do Código Tributário Nacional.

> TRIBUTO - FIGURINO CONSTITUCIONAL. A supremacia da Carta Federal é conducente a glosar-se a cobrança de tributo discrepante daqueles nela previstos. IMPOSTO SOBRE SERVIÇOS - CONTRATO DE LOCAÇÃO. <u>A terminologia constitucional do Imposto sobre Serviços revela o objeto da tributação. Conflita com a Lei Maior dispositivo que imponha o tributo considerado contrato de locação de bem móvel.</u> Em Direito, <u>os institutos, as expressões e os vocábulos têm sentido próprio, descabendo confundir a locação de serviços com a de móveis</u>, práticas diversas regidas pelo Código Civil, cujas definições são de observância inafastável - artigo 110 do Código Tributário Nacional.[437]

A Súmula Vinculante 31 é um caso típico de verbete (enunciado) que reflete os fundamentos da decisão precedente que o gerou (RE 116.121), mas somos sólidos em afirmar que a aplicação sempre remeterá aos fundamentos, às razões de decidir de outra decisão.

Essa é uma constatação corrente em nossa análise empírico-pragmática.

---

437. BRASIL. Supremo Tribunal Federal. *Recurso Extraordinário 116.121/SP*. Relator para acórdão: Ministro Marco Aurélio. Recorrente: Ideal Transportes e Guindastes Ltda. Recorrido: Prefeitura Municipal de Santos. Julgamento: 11 out. 2000. Órgão julgador: Tribunal Pleno. Publicação: DJ, 25 mai. 2001, *grifo nosso*.

12. AS DECISÕES ACERCA DA SÚMULA VINCULANTE 32

A aprovação da Súmula Vinculante 32 deu-se na Sessão Plenária da Máxima Corte Constitucional no dia 16 de fevereiro de 2011, com publicação nos órgãos da imprensa oficial, aos vinte e quatro dias do mesmo fevereiro.

De fato, a ideia e sentido da decisão que acabaria por ser veiculada no verbete aqui tratado já guardavam raízes na Súmula (persuasiva) 541, editada pelo próprio Supremo Tribunal Federal, o que precipitou a sua aprovação no contexto do julgamento do Recurso Extraordinário 588.149.

É a única Súmula Vinculante das aqui examinadas que não foi aprovada em um contexto procedimental próprio, ou seja, em um procedimento de debates e aprovação da Corte. Sua aprovação se deu no julgamento do Recurso Extraordinário 588.149/SP, Relatoria do Ministro Gilmar Mendes.

Assim, adicionados os demais precedentes contidos na ADI 1.648, nas Medidas Cautelares nas ADIs 1.332 e 1.390, chegou-se ao seguinte enunciado para esse verbete:

> **Súmula vinculante 32:**
> O ICMS não incide sobre a alienação de salvados de sinistro pelas seguradoras.

Seguindo a trilha e nossos critérios de pesquisa, encontramos três decisões colegiadas da Suprema Corte de Justiça, com referência direta à Súmula Vinculante aqui debatida, a saber:

1. Agravo Regimental na Reclamação 12.741/DF, Relatoria do Ministro Ricardo Lewandowski, julgado na Segunda Turma do STF, julgamento em 09/09/2014;

2. Agravo Regimental na Reclamação 11.667/RS, Relatoria da Ministra Cármen Lúcia, julgado no Plenário do STF em 30/06/2011;

3. Recurso Extraordinário 588.149/SP, Relatoria do Ministro Gilmar Mendes, julgado em Plenário na data de 16/02/2011.

Desta forma, acerca das decisões colegiadas acima referidas, duas delas seriam, em princípio, peremptórias no sentido de não aplicar efetivamente o verbete caso concreto, posto tratarem ambas da aplicação de regras de direito intertemporal, na medida em que suscitam a inviabilidade do manejo dos instrumentos de Reclamações para fazerem valer o teor e sentido do verbete vinculante aqui analisado pela simples razão de que os atos reclamados como desrespeitosos ao verbete sejam anteriores à sua publicação.

Pensamos, de fato, ser o caso, ou seja, não há juízo explícito sobre a incidência do ICMS em operações de alienação de salvados, pelas seguradoras. Entretanto, a depuração dos argumentos das decisões, no contexto dos casos julgados, indica um interessante argumento que fora decisivo para resultar no juízo de ausência de identidade material entre os atos reclamados em face do substrato material e fundamentos jurídicos que, ao menos, potencialmente, sustentam o enunciado da Súmula Vinculante 32, e que revelam juízo sobre a materialidade tratada no verbete. Em que tenhamos classificado os acórdãos na classe de decisões sem análise de mérito sobre o verbete, sua análise é profícua, pois identifica um critério que, se replicado, obstará a aplicação das súmulas vinculantes aos atos de inscrição em dívida ativa, pelo menos os decorrentes de decisões administrativas que mantenham exigências de tributos.

De outro lado, o último acórdão listado, como resta evidente nos escritos que abrem este capítulo, não se trata efetivamente de uma decisão de aplicação, mas sim, da decisão formadora da Súmula, já que fora nos debates traçados no contexto do julgamento do Recurso Extraordinário 588.149 que deu-se a aprovação do verbete aqui aludido.

Desta feita, podemos desenhar o seguinte quadro:

Universo de acórdãos referentes à Súmula Vinculante 32 → 3 decisões			
Com juízo meritório sobre o tema sumulado	0	Com aplicação da súmula ao caso	0
		Sem aplicação da súmula ao caso	0
Sem juízo meritório sobre o tema sumulado	3*	*incluindo o acórdão que propiciou a aprovação da Súmula Vinculante 32	

Passemos, então, às considerações e dados que nos chamaram a atenção, ainda que as decisões não tenham adentrado no mérito dos fundamentos substanciais que são enunciados no verbete, para fazer o juízo de sua aplicação, nas duas decisões mencionadas acima.

12.1 As duas decisões sem juízo meritório sobre o tema da Súmula Vinculante 32

Esforço analítico sobre decisões que serão abaixo transcritas cuidaram de evidenciar que as razões de rejeição das petições de reclamação foram a inadequação do meio processual utilizado (Reclamação), por inaplicabilidade ao caso concreto, ne medida em que se consigna peremptoriamente que os atos reclamados nos autos como atentatórios à Súmula Vinculante 32 lhe são anteriores. Vejamos logo as ementas:

Agr. Reg. Na Recl. 12.741/DF

AGRAVO REGIMENTAL NA RECLAMAÇÃO. CONSTITUCIONAL. INSCRIÇÃO NO CADASTRO DE DÍVIDA ATIVA. ALEGAÇÃO DE DESCUMPRIMENTO DA SÚMULA VINCULANTE 32 DO SUPREMO TRIBUNAL FEDERAL. AGRAVO REGIMENTAL AO QUAL SE NEGA PROVIMENTO.

1. O cabimento de reclamação, nos termos art. 103-A, § 3º, da Constituição da República, pressupõe a existência de súmula vinculante anterior ao ato administrativo impugnado. 2. Inexistência de identidade material entre a Súmula Vinculante 32 do Supremo Tribunal Federal e a inscrição da Agravante no Cadastro da Dívida Ativa. 3. Impossibilidade de utilização da reclamação como sucedâneo de recursos ou ações cabíveis e eventualmente não utilizadas pela agravante. Precedentes.[438]

Agr. Reg. Na Recl. 11.667/RS

AGRAVO REGIMENTAL. RECLAMAÇÃO. ALEGAÇÃO DE OFENSA À SÚMULA VINCULANTE 32. AUSÊNCIA DE IDENTIDADE MATERIAL. ATO RECLAMADO ANTERIOR À PUBLICAÇÃO DA SÚMULA VINCULANTE SUPOSTAMENTE DESRESPEITADA. NÃO CABIMENTO DA VIA RECLAMATÓRIA. AGRAVO REGIMENTAL A QUE SE NEGA PROVIMENTO.

I – Ausência de identidade material entre os fundamentos do ato reclamado e aqueles emanados da súmula vinculante ora invocada. II – Inexiste ofensa à autoridade de pronunciamento da Corte se o ato reclamado é anterior à decisão dela emanada. III – Da mesma forma, as súmulas vinculantes só podem ser eventualmente contrariadas, à luz do art. 103-A, § 3º, da Constituição Federal, por atos administrativos ou decisões judiciais surgidos após a edição e a publicação de seus respectivos enunciados. IV – Agravo regimental a que se nega provimento.[439]

---

[438]. BRASIL. Supremo Tribunal Federal. *Agravo Regimental na Reclamação 11.667/RS*. Relatora: Ministra Carmen Lúcia. Agravante: Sul América Companhia Nacional de Seguros. Agravado: Departamento da Receita Pública Estadual da Fazenda do Estado do Rio Grande do Sul. Julgamento: 30 jun. 2011. Órgão julgador: Plenário. Publicação: DJe, 08 ago. 2011.

[439]. Id. Supremo Tribunal Federal. *Agravo Regimental na Reclamação 12.741/DF*. Relator: Ministro Ricardo Lewandowski. Agravante: Sul América Companhia Nacional de Seguros. Agravado: Estado do Rio Grande do Sul. Julgamento: 09 set. 2014. Órgão julgador: Segunda Turma. Publicação: DJe, 17 set. 2014.

Na medida das decisões ementadas, vê-se que os Ministros do Supremo teriam aplicado a regra do artigo 103-A, combinado com seu parágrafo 3º, todos da Carta Constitucional, abaixo reproduzido, que não deixa qualquer dúvida quanto à regra temporal dos efeitos vinculantes das súmulas a serem editadas pela Suprema Corte:

> Art. 103-A. *O Supremo Tribunal Federal poderá, de ofício ou por provocação, mediante decisão de dois terços dos seus membros, após reiteradas decisões sobre matéria constitucional, aprovar súmula que, a partir de sua publicação na imprensa oficial, terá efeito vinculante em relação aos demais órgãos do Poder Judiciário e à administração pública direta e indireta, nas esferas federal, estadual e municipal, bem como proceder à sua revisão ou cancelamento, na forma estabelecida em lei.*
>
> *[...]*
>
> § 3º Do ato administrativo ou decisão judicial que contrariar a súmula aplicável ou que indevidamente a aplicar, caberá reclamação ao Supremo Tribunal Federal que, julgando-a procedente, anulará o ato administrativo ou cassará a decisão judicial reclamada, e determinará que outra seja proferida com ou sem a aplicação da súmula, conforme o caso.[440]

Entretanto, de ambas as decisões, os quais em um primeiro momento não teriam nenhuma espécie de contribuição para o estudo do discurso de racionalidade jurídica, pode-se extrair valiosa premissa sobre o parâmetro de identidade material utilizado pelo Supremo Tribunal Federal, para configuração do ato reclamado, na efetiva análise dos casos objeto de reclamação em contraposição com o verbete das Súmulas Vinculantes, o que as torna interessantes nesse aspecto, sobretudo quando tocamos o tema tributário.

Preliminarmente, advertimos que todas as considerações que serão ora tecidas, tendo como pano de fundo o Agravo

---

440. BRASIL. *Constituição da República Federativa do Brasil*: texto constitucional promulgado em 5 de outubro de 1988, com as alterações determinadas pelas Emenda Constitucionais de Revisão 1 a 6/94, pelas Emendas Constitucionais 1/92 a 91/2016 e pelo Decreto Legislativo nº 186/2008. Brasília, 1988.

Regimental na Reclamação 11.667, o primeiro aqui reproduzido, podem ser estendidas sem reservas para a outra decisão aqui colacionada, o Agravo Regimental na Reclamação 12.741, dado que os casos são idênticos e dado que o primeiro serviu, inclusive, de fundamento para o segundo.

Assim, nos autos do AgR na Rcl 11.667, os Ministros negaram seguimento ao recurso interposto nos termos do voto da Ministra Relatora Cármen Lúcia, o qual, inicialmente, destaca por premissa a razão pela qual a reclamação chegou ao Supremo Tribunal:

> 2. Como afirmado na decisão agravada, o que se pôs em foco nesta reclamação é se o Tribunal Administrativo de Recursos Fiscais do Estado do Rio Grande do Sul teria desrespeitado a Súmula Vinculante n. 32 do Supremo Tribunal Federal, ao inscrever a Agravante na dívida ativa em razão de sua condenação no processo n. 76487-14.00/10-4, no qual se reconheceu a incidência do Imposto sobre a Circulação de Mercadorias e Serviços – ICMS na operação de saída do bem sinistrado da seguradora.
>
> [...]
>
> Na espécie vertente, a decisão administrativa foi proferida pelo Tribunal Administrativo de Recursos fiscais em 9.2.2011 (fls.2, doc. 3) e a Súmula Vinculante n. 32 foi editada na Sessão Plenária de 16.11.2011, ou seja, posteriormente ao ato administrativo impugnado.[441]

Até o momento, todos os trechos parecem indicar a mera aplicação de regra de direito temporal acima já referida. Todavia, os novos fragmentos de texto a seguir destacados evidenciam a importância das decisões na medida em que adotam um argumento de justificação para distinguir o critério de identidade material no cotejo do ato impugnado *versus* o verbete vinculante supostamente desrespeitado pelo ato. Veja-se:

---

441. Id. Supremo Tribunal Federal. *Agravo Regimental na Reclamação 11.667/RS*. Relatora: Ministra Carmen Lúcia. Agravante: Sul América Companhia Nacional de Seguros. Agravado: Departamento da Receita Pública Estadual da Fazenda do Estado do Rio Grande do Sul. Julgamento: 30 jun. 2011. Órgão julgador: Plenário. Publicação: DJe, 08 ago. 2011, *grifos nossos*.

> 4. Alega a Agravante, na petição de agravo regimental, que 'o ato administrativo contra o qual se volta a presente reclamação é o de inscrição em dívida ativa, realizado em 5 de abril de 2011, ou seja, em data posterior à edição da Súmula Vinculante n. 32' (fl. 3).
>
> Contudo, a inscrição da Agravante no cadastro da dívida ativa é mero ato decorrente da decisão administrativa proferida pelo Tribunal Administrativo de Recursos fiscais do Estado do Rio Grande do Sul, nos autos do processo n. 76487-14.00/10-4, conforme dispõe o art. 201 do Código Tributário Nacional:
>
> [...]
>
> A Súmula Vinculante n. 32 do Supremo Tribunal Federal apenas dispõe que 'o ICMS não incide sobre a alienação de salvados de sinistro pelas seguradoras'.
>
> Assim, não há identidade material entre a inscrição da Agravante no cadastro da dívida ativa e o disposto na Súmula Vinculante n. 32 deste Supremo Tribunal, apontada como paradigma, conforme exige a jurisprudência do Supremo Tribunal Federal.[442]

A consequência da exposição é adoção um critério de distinção de identidade material para aferir o ato impugnado, tido como desrespeitoso ao verbete vinculante, elemento distintivo este que foi identificado como o ato de inscrição em dívida ativa.

O fato de que a agravante tenha deixado de atacar a decisão do Tribunal Federal de Recursos do Rio Grande do Sul, cujo teor é de manutenção da exigência do ICMS na alienação de salvados por seguradora, para atacar diretamente um ato administrativo de inscrição em dívida ativa, fez com que o Supremo Tribunal Federal fosse instado a se manifestar pela configuração do ato reclamado, substância e razão de decidir das presentes decisões, para aplicação, ou não, da regra de

---

442. BRASIL. Supremo Tribunal Federal. *Agravo Regimental na Reclamação 11.667/ RS*. Relatora: Ministra Carmen Lúcia. Agravante: Sul América Companhia Nacional de Seguros. Agravado: Departamento da Receita Pública Estadual da Fazenda do Estado do Rio Grande do Sul. Julgamento: 30 jun. 2011. Órgão julgador: Plenário. Publicação: DJe, 08 ago. 2011, *grifo nosso*.

direito intertemporal, cujo enunciado está esculpido no art. 103-A, § 3º, da Constituição da República.

O argumento de distinção, utilizado pela Súmula, foi que os atos de inscrição em dívida ativa considerados em si mesmos não revelam naturalmente o teor de materialidade da dívida, mas, sim, apenas fazem registrar em procedimento prévio de exigência, seus aspectos materiais, e classificam-se como atos administrativos que são desdobramentos dos procedimentos de cobrança de um débito cuja materialidade substancial tenha sido assentada em circunstância precedente (no caso, pela decisão administrativa).

Está claro que o recurso adotado pela parte agravante nos autos foi uma tentativa de furtar-se ao fato de que a edição da Súmula Vinculante 32 é posterior à decisão do Tribunal Administrativo, o que, por si só, afastaria a reclamação por seu desrespeito.

A conclusão a que se chega é que, se as decisões analisadas não cuidaram diretamente dos fundamentos substanciais que são resumidos e enunciados no verbete vinculante nº 32, suas razões de decidir assentaram importante distinção da identidade material, relativamente à configuração do ato reclamado.

A aplicação da regra de direito intertemporal foi resultado direto da decisão de tomar a inscrição em dívida ativa como uma mera consequência da exigência que se consubstanciou na decisão administrativa do tribunal gaúcho, evitando a aplicação da Súmula 32.

Ao assentar essa premissa circunstância que revela a razão de decidir do julgado, em nossa identificação, evitou o juízo meritório sobre a incidência do ICMS no caso, pela aplicação da regra de direito intertemporal, e, sendo assim, caso essa razão seja adotada, de fato, como conceito jurídico de precedente, essa decisão poderia ser usada para refutar quaisquer reclamações outras, contra quaisquer atos de inscrição em dívida ativa, em função da consideração argumentativa exposta.

Considerando a natureza e a importância dos atos de inscrição em dívida ativa no contexto da discussão das relações jurídicas tributárias e seu modo de satisfação atual, essa razão de decidir pode ter importante influência em uma gama infindável de relações jurídicas.

Permitir-nos-emos, dado que esse não é nosso enfoque, comentar em singelas linhas a decisão que originou a Súmula Vinculante 32.

O Recurso Especial 588.149/SP no qual houve a proposta de edição da Súmula vinculante 32 é que mais se aproxima de uma tradição de precedentes, nos conceitos que firmamos pregressamente, relativamente à edição de uma Súmula Vinculante.

Um acórdão que conta com cinquenta laudas, com intensos debates, com formas de argumentação típicas da ciência econômica, com considerações feitas em relação à racionalidade de que seria sempre melhor para o lucro das companhias seguradoras que não houvesse sinistros, com formas de argumento dogmáticos, com utilização de ampla doutrina tributária sobre os conceitos jurídicos dos termos *operação*, *circulação* e *mercadoria*, tudo para, no contexto da competência constitucional deflagrada aos Estados para instituição de ICMS, em cotejo com a forma de argumento a contrário, em comparação com a competência dada à União para a tributação de operações de seguro, firmar entendimento, por maioria, acerca da não configuração da operação de alienação de salvados, pelas seguradoras.

A decisão, entretanto, fora por maioria. Votos contra dos Ministros Ricardo Lewandowski, Joaquim Barbosa e Ayres Britto consideravam a operação de alienação do bem objeto de sinistro isolada e autônoma em relação à operação de securitização.

Prevaleceu, no entanto, a hermenêutica do contexto da operação da seguradora, em que a alienação seria apenas uma das formas de viabilizar economicamente as operações de seguro, visando equilíbrio financeiro dos contratos e manutenção das atividades de securitização; em função disso, teriam substância econômica isoladamente consideradas as alienações, não visariam lucro, a habitualidade seria contingente e não desejável, o que não permitiria incluir os bens objeto de alienação no conceito jurídico de mercadorias, argumentos os quais perfizeram as circunstâncias que formaram a razão de decidir do julgado, que implicaram o afastamento da regra de incidência do ICMS, por ausência de fatos jurídicos aptos a desencadearem a relação jurídica tributária.

Pensamos ser prestigiosa a interpretação de argumentos contextuais, que deslocam as lentes do julgador para toda a atividade de seguros, que estava sob julgamento, e não isoladamente, operações que, fora desse contexto, poderiam ensejar uma interpretação de incidência do ICMS.

De qualquer forma, é um caso de enunciado sumular que expressa com nitidez a matéria substancial sob julgamento, de forma que se torna útil como sumário indicativo de existência de jurisprudência consolidada, que não deve resultar em dificuldades de aplicação com relação à sua substância fático-jurídica.

13. AS DECISÕES ACERCA DA SÚMULA VINCULANTE 41

A Súmula persuasiva 670 do Supremo Tribunal Federal era símbolo do entendimento enraizado desde há muito na Suprema Corte de que a prestação de serviços de iluminação pública não poderia ser remunerada por taxas que fossem instituídas pelos entes detentores da competência tributária.

Nesse sentido, o entendimento sumular persuasivo continha a seguinte e singela redação: "O serviço de iluminação pública não pode ser remunerado mediante taxa".

Com esse histórico, foi natural e compreensível a aprovação, aos onze dias do mês de marco de 2015, pelo Plenário do Supremo Tribunal, após a aprovação da Proposta de Súmula Vinculante – PSV 98, o enunciado da Súmula Vinculante 41, o qual, publicado aos vinte dias do mesmo mês nos órgãos de imprensa da União, elevou o entendimento consagrado no Pretório Excelso à condição de precedente obrigatório.

Desta feita, sendo citados exatos cinquenta e seis julgados pregressos como precedentes justificadores da edição do verbete sumular vinculante de 41, veio ele à luz com enunciado idêntico ao seu predecessor de efeito persuasivo:

Súmula vinculante 41

O serviço de iluminação pública não pode ser remunerado mediante taxa.

Assim, o presente verbete vinculante, em decisão colegiada da Suprema Corte Constitucional brasileira consolida entendimento acerca da impossibilidade de remuneração por taxa de serviços que não sejam específicos e divisíveis, ante o enunciado normativo contido no artigo 145, II, do texto da Constituição da República.

O assunto, à primeira aparência, sem dificuldades temáticas, revela-se mais intrincado.

O primeiro aspecto que devemos ressaltar é que o PSV 98 utilizou para fundamentação de aprovação da Súmula Vinculante 41 diversas decisões anteriores da própria Corte Suprema, no sentido de que as taxas de iluminação pública não poderiam ser remuneradas por taxas, em função de que seu fato jurídico tributário revelar-se-ia na prestação de um serviço público inespecífico e não divisível. Na esteira desse fundamento, mencionou o RE 233.332/RJ, julgado em 10.03.1999, de relatoria do Ministro Ricardo Lewandowski e julgado pelo Plenário da Corte, que julgava a constitucionalidade da taxa de iluminação pública instituída pelo Município de Niterói-RJ. Além dessa decisão, a PSV 98 mencionou, ainda, transcrevendo trechos dos seguintes julgados: AI 595.728 AgR/RJ, 2ª Turma, Rel. Ministro Gilmar Mendes, AI 588.248 AgR/RJ, 1ª Turma, Rel. Ministro Dias Toffoli, AI 630.498 AgR/MG, 1ª Turma, Rel. Ministra Cármen Lúcia e AI 479.587 AgR/MG, 2ª Turma, Rel. Ministro Joaquim Barbosa, todos de mesma substância – impossibilidade de remuneração por taxa, dos serviços de iluminação pública, para além de invocar a Súmula 670, que já consolidava o verbete que viria a ser convertido na Súmula Vinculante nº 41.

Entretanto, a PSV fez mais: mencionou, como razão e fundamento da necessidade de aprovação do verbete, o julgamento ocorrido pela sistemática da repercussão geral no RE

724.104/SP (o qual, por sua vez, remete ao julgamento do RE 573.675-RG/SC), no qual se assentou a constitucionalidade da cobrança da Contribuição para o custeio da iluminação pública, pelos municípios, após a Emenda Constitucional 39/2002 (EC 39/2002), que inseriu o artigo 149-A e seu parágrafo único no texto da Constituição da República.

Os fundamentos jurídicos assentados, firmando a constitucionalidade das contribuições municipais para o custeio da iluminação pública foram: (i) a EC 39/2002 criou nova espécie de tributo, diferentemente das taxas; (ii) é possível a cobrança apenas dos consumidores de energia elétrica, ante a impossibilidade de atingir todos os usuários do serviço; (iii) é possível a instituição de alíquotas progressivas, tendo como base de cálculo o valor em função do consumo de energia elétrica dos consumidores; e (iv) a exação respeita a razoabilidade e proporcionalidade.

Destacamos, exatamente sobre este ponto, que, no processo de aprovação da PSV 98, proposta pelo Ministro Gilmar Mendes para "converter" a Súmula 670 em verbete vinculante, houve manifestação do Ministro Luis Roberto Barroso sobre a necessidade de aprovação da Súmula Vinculante, cujos trechos do debate com o Ministro Ricardo Lewandowski merecem ser aqui reproduzidos:

> O SENHOR MINISTRO LUÍS ROBERTO BARROSO – Senhor Presidente, não quero ir na contramão da maioria. Portanto, se a maioria está de acordo, vou acompanhá-lo. Mas, de novo aqui, essa matéria foi objeto de emenda constitucional expressa prevendo que seja contribuição e que não seja taxa. A jurisprudência do Supremo é tão pacificada que está materializada em uma súmula. De modo que todo mundo pode decidir monocraticamente. Eu apenas não consegui alcançar qual é o exato proveito de se criar uma súmula vinculante.
>
> O SENHOR MINISTRO RICARDO LEWANDOWSKI (PRESIDENTE E RELATOR) - É porque, mesmo depois da criação da súmula, em 24/9/2003, detectamos - e até mesmo após reafirmarmos a tese num RE com repercussão geral - que inúmeros casos voltam a bater às portas desta Casa no sentido de insistir com essa tese: que é possível que o serviço de iluminação pública seja

remunerado mediante taxa. Ministro Barroso, essa súmula vinculante é um instrumento e pode ser modificado, alterado, mas, nesse momento, é um instrumento importante para que possamos barrar essa avalanche.

O SENHOR MINISTRO LUÍS ROBERTO BARROSO – Estou tentando entender. Se há controvérsia atual, acho que está superado.

O SENHOR MINISTRO RICARDO LEWANDOWSKI (PRESIDENTE E RELATOR) - E há mesmo.

O SENHOR MINISTRO LUÍS ROBERTO BARROSO - É que não consigo, neste momento, imaginar o que a súmula vinculante vai agregar ao que nós já podemos fazer.

O SENHOR MINISTRO LUIZ FUX - Ela vincula a Administração. Acho que é por isso.

O SENHOR MINISTRO RICARDO LEWANDOWSKI (PRESIDENTE E RELATOR) - Ela vincula no sentido de que, nas instâncias inferiores, a súmula vinculante estabelece um comando muito claro. Então, antes de elas virem ao Supremo e exigirem a manifestação de um Ministro do Supremo com base nessa Súmula 670, a matéria já terá sido - com perdão da palavra - abortada nas instâncias inferiores.

O SENHOR MINISTRO LUÍS ROBERTO BARROSO – Ressalto que acho que há risco de complicar, em vez de ajudar, pela proliferação de reclamações. Mas se há consenso no Plenário, estou acompanhando.[443]

Em alinho com todas essas informações, é de se concluir que a Súmula Vinculante 41, a despeito de seu enunciado, traz duas afirmações de caráter absolutamente distintos, pelo menos é que se infere dos debates da enunciação-enunciada atrelados ao PSV 98.

A primeira refere-se à inconstitucionalidade das taxas de iluminação pública, ante a impossibilidade de remuneração, por essa espécie tributária, de serviços que sejam inespecíficos e indivisíveis, a teor do preceito do artigo 145, II, da Carta Magna.

---

443. BRASIL. Supremo Tribunal Federal. *Proposta de Súmula Vinculante 98/DF.* Julgamento: 11 mar. 2015. Órgão Julgador: Tribunal Pleno. Brasília: DJe, 15 maio 2015, p. 6-7.

A segunda é atinente à constitucionalidade das exações criadas para o custeio do serviço de iluminação pública, após a edição da EC 39/2002, pelo reconhecimento de que elas não são taxas, mas uma espécie de contribuição (dada sua destinação específica); e, além, adentrando em juízos de constitucionalidade de características da instituição desses tributos, como bases de cálculo, alíquotas progressivas, conforme acima mencionado.

Portanto, o enunciado da Súmula Vinculante 41 não cuida de representar toda a extensão de seu campo de aplicação, conclusão a que se chega do cotejo entre a PSV 98 e o Verbete Vinculante 41.

13.1 A decisão de aplicação

De acordo com nossos critérios delimitadores, uma decisão colegiada fora encontrada, aplicando a Súmula Vinculante 41, e, para reafirmar as constatações acima, em que pese uma primeira sorte de análise, pode parecer que a sentença sumular trata-se exclusivamente das taxas de iluminação pública, este definitivamente não é caso.

Uma investigação detida cuida de revelar que a taxa de iluminação pública é apenas o pano de fundo das discussões que levaram à edição e, bem assim, à aplicação do verbete pelo Supremo Tribunal Federal.

A única decisão colegiada da Suprema Corte que efetivamente aplicou a Súmula Vinculante 41 é um agravo regimental no recurso extraordinário 739.311, de origem no Rio Grande do Sul, cuja análise das razões de decidir retira o véu da taxa de iluminação pública e revela que o fundamento de aplicação do verbete sumular; na verdade, é a natureza dos serviços públicos que pretensamente são remunerados pelas taxas.

Nesse diapasão, a dualidade classificatória entre serviços gerais (*uti universi*) e serviços individuais (*uti singuli*) é o fundamento que distingue a aplicação do verbete vinculante, o que torna o teor da súmula diferente do que possa parecer à primeira vista.

Vejamos, primeiramente, a ementa do julgado:

> TAXA DE SEGURANÇA PÚBLICA – SERVIÇO NÃO DISSOCIADO DE ATIVIDADE GERAL – INCONSTITUCIONALIDADE – ARTIGO 145, INCISO II, DA CARTA DA REPÚBLICA. A atividade de segurança pública é serviço público geral e indivisível, a ser remunerado mediante imposto, violando o artigo 145, inciso II, da Carta da República a exigência de taxa – Verbete Vinculante 41 do Supremo.[444]

Logo na ementa do julgado que aplicou o precedente vinculante sumular 41 verifica-se que a espécie de taxa analisada no caso concreto é absolutamente diferente das taxas de iluminação pública, dado que se refere a uma espécie de taxa de segurança pública criada no Estado do Rio Grande do Sul

De outra sorte, resta hialina que a razão de decidir fundamental do julgado que aplica o precedente vinculante é, na verdade, a natureza universal ou singular dos serviços que se pretendem ver remunerados pelas taxas. Isso se confirma pela passagem aposta no relatório do Ministro Marco Aurélio, relator do Recurso Extraordinário, que refere à sua própria decisão no recurso aqui citado, na oportunidade em que lhe dava provimento:

> 1. O Supremo, no Verbete Vinculante 41 da Súmula, assentou a inconstitucionalidade da cobrança da taxa em razão da prestação de serviços de iluminação pública. O Tribunal consolidou entendimento quanto à violação do artigo 145, inciso II, da Carta da República, da exigência do tributo em decorrência da prestação de serviço em proveito da população em geral.
>
> No caso concreto, tem-se potencial atividade de segurança pública, revelado serviço público geral e indivisível, a ser remunerado mediante impostos.[445]

---

444. BRASIL. Supremo Tribunal Federal. *Agravo Regimental no Recurso Extraordinário 739.311-RS*. Relator: Ministro Marco Aurélio. Agravante: Estado do Rio Grande do Sul. Agravado: Banco do Brasil S/A. Julgamento: 22 set. 2015. Órgão julgador: Primeira Turma. Publicação: DJe, 09 out. 2015.

445. BRASIL. Supremo Tribunal Federal. *Agravo Regimental no Recurso Extraordinário 739.311-RS*. Relator: Ministro Marco Aurélio. Agravante: Estado do Rio

Ao seu turno, o Estado do Rio Grande do Sul, agravante, combatera a decisão sob alegação de que o serviço pretensamente prestado teria a natureza singular, sendo específico e divisível, na medida em que seria prestado às específicas instituições financeiras que disparassem indevidamente alarmes bancários (a taxa seria remuneratória pelas falsas chamadas), sem, contudo, jamais ter alegado a diversidade das taxas como razão de distinção para a não aplicação da Súmula Vinculante 41.

Veja-se:

> O agravante, na minuta do regimental, sustenta a validade da cobrança da taxa, a cobrir chamada indevida por disparo acidental de alarme bancário, prestado à instituição financeira, em consonância com o artigo 145, inciso II, da Constituição Federal.[446]

Ambos os trechos aqui transcritos identificam o real fundamento jurídico para aplicação do verbete vinculante de 41, do STF, que passa ao largo de ser atinente à espécie da taxa, para demonstrar-se, em toda sua força, como sendo a natureza do serviço prestado, em sua porção distintiva entre geral e singular, específico ou não; tais critérios, eles, sim, atestatórios da possibilidade de remuneração de dado serviço público pela espécie tributária das taxas.

Elucidativos dessas conclusões são os trechos aqui reproduzidos pelo Ministro Marco Aurélio, mencionado a decisão recorrida que lhe chegou à análise:

> O Tribunal de Justiça do Rio Grande do Sul consignou trata-se de taxa exigida em virtude de potencial atividade de segurança pública, embora tenha concluído pelo caráter específico e divisível. Todavia, considerada a natureza da atividade, o benefício é dirigido à toda a coletividade, revelando serviço público geral e indivisível, a ser remunerado mediante impostos.

Grande do Sul. Agravado: Banco do Brasil S/A. Julgamento: 22 set. 2015. Órgão julgador: Primeira Turma. Publicação: DJe, 09 out. 2015.

446. Ibid.

> No mais, quando exigida a obrigação em razão de contribuinte particular – instituição financeira –, decorrente de indevida solicitação do serviço, tem-se a descaracterização da figura da taxa, aproximando-se de sanção administrativa.[447]

Deste turno, resta claro que, no embate travado nos autos do acórdão, a matéria determinante para aplicação do precedente judicial vinculante do STF, tornando-se, portanto, sua razão de decidir, foi a atribuição do caráter geral do serviço de segurança pública, identificando-lhe negativamente como uma atividade específica e divisível, a teor do prescritivo legal contido no artigo 145, II, da Carta da República.

Podemos, por essa razão, concluir que a natureza do serviço prestado, mais especificamente ser ele, ou não, de caráter geral, emerge como o critério de identificação de, a um só tempo, aplicação e distinção do precedente no caso analisado pelo STF.

Da análise de todo esse caldo de informações e da única decisão que aplicou o verbete vinculante 41, somos instados a empenhar nossas assertivas no sentido de que o enunciado da Súmula Vinculante 41 não expressa os fundamentos das decisões precedentes utilizados na PSV que a originou, pois, como já dito, para além de afirmar a inconstitucionalidade das taxas de iluminação pública, afirmou a constitucionalidade das contribuições para o custeio de iluminação pública.

E do simples enunciado (SV 41) da inconstitucionalidade de um tributo (taxas) não se pode inferir a constitucionalidade de outro (contribuições), dado que seria uma inferência absolutamente mortal para a legalidade tributária e todos os demais princípios protetores dos contribuintes e, até mesmo, porque de nenhum raciocínio supostamente fundamentado em uma espécie de analogia pode resultar qualquer exigência de tributo.

---

447. BRASIL. Supremo Tribunal Federal. *Agravo Regimental no Recurso Extraordinário 739.311-RS*. Relator: Ministro Marco Aurélio. Agravante: Estado do Rio Grande do Sul. Agravado: Banco do Brasil S/A. Julgamento: 22 set. 2015. Órgão julgador: Primeira Turma. Publicação: DJe, 09 out. 2015.

De outro lado, como vimos, a decisão que aplicou a Súmula Vinculante 41 o fez em caso concreto que versava sobre a instituição de uma taxa para remuneração de serviços de segurança pública, cuja única identidade com as taxas de iluminação pública é a espécie de serviço público prestado, diferenciado pelos carácteres de generalidade/especificidade e da indivisibilidade/divisibilidade.

Se pudermos tomar como premissa, e temos restrições nesse sentido, dado que nos parecem apenas exemplos e não caos cuidadosamente preparados para a proposta, que as circunstâncias materiais dos casos citados na PSV sejam tomadas como enunciados a partir dos quais possa e deva se construir a *ratio decidendi* que se quer fazer obrigar as instâncias inferiores do Poder Judiciário, estaríamos à frente de uma espécie de *ampliative distinguish*, na medida em que, ao reconhecer a aplicação da Súmula Vinculante 41 para taxas de segurança pública, houve expressa manifestação da Corte que essa espécie de serviço é tida como universal, não específica e não divisível, em similaridade com o serviço de iluminação pública.

Dissemos uma "espécie" de *ampliative distinguish* porquanto a *ratio* é a circunstância material do reconhecimento da universalidade do serviço prestado, impondo a impossibilidade de constituições de relações jurídicas que tenham por objeto o pagamento de taxas de quaisquer espécies.

O caso concreto apenas inclui no gênero da expressão *serviço público universal* a *espécie serviço de segurança pública*, que já continha, nos termos das decisões da PSV, o *serviço de iluminação pública*.

À guisa de conclusão, parece que o enunciado do verbete se revela, de alguma sorte, de diminuta utilidade para a movimentação do sistema decisório brasileiro, eis que, sob sua singela expressão, camufla o verdadeiro fundamento, a verdadeira razão de decidir que culminou no juízo de impossibilidade de exigência da espécie tributária – taxas, que são prestação de serviços não específicos e não divisíveis de qualquer taxa.

14. AS SÚMULAS VINCULANTES SEM DECISÕES COLEGIADAS

14.1 A Súmula Vinculante 48

A Súmula Vinculante 48 também veio à luz em prestígio do entendimento do Supremo Tribunal Federal, já anteriormente vazado na Súmula de efeito persuasivo de 661. Aprovada na Sessão Plenária do Pretório Excelso em 27 de maio de 2015, pela via da Proposta de Súmula Vinculante – PSV 94, com publicação veiculada aos dois dias do mês de junho do mesmo ano, o verbete tem idêntica redação ao seu predecessor aqui citado:

> **Súmula vinculante 48**
>
> Na entrada de mercadoria importada do exterior, é legítima a cobrança do ICMS por ocasião do desembaraço aduaneiro.

O enunciado da Súmula Vinculante aqui aludida tem um pequeno histórico jurisprudencial em seu cerne, o qual, nos adiantamos em dizer, é um fruto maduro, semeado, tratado e colhido pela jurisprudência de diversos órgãos e tribunais pátrios, notadamente o Supremo Tribunal Federal, após a inauguração do regime constitucional de 1988.

A toda evidência, por não se tratar de objeto de nosso tema, não adentraremos em tal terreno, apenas diremos que a matéria aqui versada trata sobre o aspecto temporal da ocorrência do fato gerador do imposto sobre a circulação de mercadorias e serviços (ICMS), legitimando, ou não, a cobrança por ocasião do desembaraço aduaneiro de mercadoria ou bem importados.

O Supremo Tribunal Federal, prestigiando entendimento havido desde a inauguração do sistema, em esforço hermenêutico sobre a redação do art. 155, § 2º, IX, "a", da Carta Constitucional de 1988, assentou ser plenamente possível que as legislações dos entes da federação tratassem do aspecto temporal da ocorrência do fato gerador do ICMS, legitimando, consequentemente, a exigência do imposto estadual no momento do desembraço aduaneiro.

O fato é que o tema do presente verbete vinculante, de um lado, possui um histórico de debates sedimentados e de argumentações abundantes, e, de outro, guarda em si uma tal objetividade, que não há de permitir tantas mais variantes hermenêuticas nascidas em casos concretos.

Essa razão que expusemos acima, talvez tenha impossibilitado a aplicação do precedente vinculante ora tratado pelo Supremo Tribunal Federal até o presente momento. A tendência, se encontrarmos acerto em nossas razões, é que as discussões acerca da constitucionalidade/inconstitucionalidade da incidência e exigibilidade do ICMS no desembaraço aduaneiro das mercadorias importadas caiam em terreno estéril antes de galgar os salões do Supremo Tribunal, fazendo com que a Súmula Vinculante 48 seja uma espécie de dogma que impeça sequer a inauguração de ações com objeto idêntico ao seu tema.

Somado a isso, adicionamos o componente temporal, para pensar que o quadragésimo oitavo verbete vinculante da Suprema Corte tem pouco mais de um ano, o que é uma justificativa suficiente para o resultado de que não houve sucesso em encontrar na base decisória do Supremo Tribunal Federal quaisquer decisões, quer colegiadas, quer monocráticas, que cuidassem de aplicar a Súmula aqui tratada.

Assim, esquadrinhado o rol de decisões da Suprema Corte com os critérios aqui eleitos para identificação das decisões que aplicassem os precedentes criados pela Súmulas Vinculantes, podemos concluir negativamente por sua existência.

Nota de derradeira hora é que o STF, em sua publicação sobre Súmulas Vinculantes, destaca a matéria do verbete com o seguinte trecho da decisão, colhida do Recurso Extraordinário 193.817, julgado em 23.10.1996, utilizado pela corte como seu "precedente representativo", e que, portanto, deveria representar o núcleo decisório formador do verbete.

> Desnecessário muito esforço interpretativo para concluir-se que a necessidade de definição do Estado competente para a exigência do ICMS decorreu da alteração introduzida quanto ao elemento temporal referido ao fato gerador do tributo, que na hipótese em tela deixou de ser o momento da entrada da mercadoria no estabelecimento do importador, para ser o do recebimento da mercadoria importada. [...] Antecipado o elemento temporal para o momento do recebimento da mercadoria, vale dizer, do desembaraço, fez-se ela necessária, tendo em vista que a entrada da mercadoria, não raro, se dá em terminal portuário ou aéreo situado fora dos limites do Estado de destino da mercadoria. Consagrou a nova Carta, portanto, finalmente, a pretensão, de há muito perseguida pelos Estados, de verem condicionado o desembaraço da mercadoria ou do bem importado ao recolhimento, não apenas dos tributos federais, mas também do ICMS incidente sobre a operação. <u>O benefício decorrente da medida salta à vista: reduzir praticamente a zero a sonegação, com simultânea redução do esforço de fiscalização, sem gravame maior para o contribuinte</u>.[448]

Sem nenhuma pretensão de análise, em função de nosso corte metodológico, insta apenas ressaltar que, dentre as

---

448. BRASIL. Supremo Tribunal Federal. *Recurso Extraordinário 193.817/RJ*. Voto do Relator: Ministro Ilmar Galvão. Julgamento: 23 out. 1996. Órgão Julgador: Tribunal Pleno. Publicação: DJ, 10 ago. 2001, *grifo nosso*.

setenta laudas que possui o acórdão, fruto dos intensos debates a que acima nos referimos, a Suprema Corte tenha destacado um trecho do Ministro relator Ilmar Galvão, que reverbera uma sorte de consequencialismo tributário, voltado para perseguir o objetivo fundante de toda a administração tributária, a de evitar a evasão de tributos.

14.2 A Súmula Vinculante 50

O enunciado da quinquagésima Súmula Vinculante editada pelo Supremo Tribunal, fruto da aprovação da Proposta de Súmula Vinculante – PSV 97, também tratou de consolidar entendimento pacífico na Suprema Corte e que já era objeto da Súmula sem efeitos obrigatórios.

Nesse sentido, a Sessão Plenária da Suprema Corte ocorrida na data de 17 de junho de 2015 prestigiou o sentido dos julgados anteriormente proferidos pelo Tribunal Máximo, com a citação de vinte e três casos precedentes para consolidar o teor da Súmula persuasiva 669, sobre a não aplicação do princípio da anterioridade às modificações legislativas que introduzissem apenas o prazo do recolhimento das obrigações tributárias.

Em conclusão, foi publicada nos órgãos de imprensa oficial, em 23 de maio de 2015, a Súmula Vinculante 50, fruto da conversão da Súmula persuasiva 669 e de verbete de redação idêntica à sua predecessora:

> **Súmula vinculante 50**
>
> Norma legal que altera o prazo de recolhimento de obrigação tributária não se sujeita ao princípio da anterioridade.

Há de se dizer sem demoras que, em mais essa ocasião, aplicados todos os critérios de pesquisa aqui anteriormente expostos e objetivados, também não foram encontradas quaisquer decisões do Supremo Tribunal Federal que tenham sido exaradas após a edição da Súmula Vinculante 50, que aplicassem o teor e, por assim dizer, as razões de decidir, do verbete obrigatório.

Não há decisões colegiadas em nenhuma das duas turmas de julgamento que compõem o Supremo Tribunal, e, sequer, de seu órgão plenário. Com essa realidade constatada, a bem do prestígio da pesquisa, procuramos exemplos de decisões que tenham aplicado o enunciado vinculante pelos Ministros Relatores, monocraticamente, em processos que, eventualmente, não puderam seguir seu curso para chegar a julgamento colegiado.

O resultado, após essa ampliação de campo analítico, não sofreu qualquer alteração. Não há registros nos bancos de dados da Suprema Corte Brasileira de qualquer decisão que tenha sido exarada unilateralmente por seus Ministros ou por quaisquer de seus órgãos de julgamento, diga-se, quer na primeira, quer na segunda turma, e tanto menos no plenário do tribunal.

Arriscamo-nos a emitir juízo acerca dos motivos e razões dessa falta. O primeiro deles, a justificar essa ausência de aplicação da Súmula 50 em casos posteriores à sua edição pela própria Suprema Corte de Justiça, possa ser o tempo recente de sua edição, como já tivemos oportunidade de expor no item anterior.

A outra razão é que o versado no verbete vinculante é de uma objetividade tal a não permitir que se guardem nuances hermenêuticas nascidas em casos concretos que tenham possibilitado a aplicação do precedente pelo Supremo Tribunal Federal. A tendência, se encontrarmos acerto em nossas razões, é que as discussões acerca das alterações legislativas que simplesmente modificam o prazo de recolhimento de tributos não mais ocorram no contexto dos órgãos e tribunais integrantes do Poder Judiciário Brasileiro, fazendo com que a Súmula Vinculante 50 seja uma espécie de dogma que impeça sequer a inauguração de ações com objeto idêntico ao seu tema.

De igual forma às observações que fizemos em relação à Súmula 48, queremos apenas destacar a citação de dois "precedentes representativos" no STF, os Recursos Especiais 209.386 e 240.266.

A nota de revelo que contribuirá para nossas conclusões cinge-se apenas ao fato de que a matéria da observância do princípio da anterioridade tributária, sob as circunstâncias de alterações legislativas, as quais não resultassem em maior onerosidade, já havia sido examinada pelo STF por ocasião do Recurso Extraordinário 67.046, de relatoria do Ministro Xavier de Albuquerque e julgado em 30.03.1973.

De outro giro, exatamente a mesma matéria já havia sido objeto de análise pelo STF, na ocasião do julgamento do Recurso Extraordinário 181.832-AL, de relatoria do Ministro Ilmar Galvão, julgado em 28.06.1996.

> Por força do art. 195, § 6º, da Constituição Federal 'as contribuições sociais de que trata este artigo só poderão ser exigidas após decorridos noventa dias da data da publicação a lei que as houver instituído ou modificado´.
>
> A exigência da contribuição, assim, só se dará após decorrido o prazo estabelecido pela norma.
>
> Cumpre saber se a alteração de prazo de recolhimento da exação fiscal, imposta pela legislação impugnada, estaria abrangida no conceito de modificação inserto no mencionado artigo.
>
> Impõe-se a negativa
>
> Em realidade, nem toda alteração introduzida, por lei, no sistema de exigência dessas contribuições há de ser entendida como sinônima da modificação.
>
> Não seria admissível que se aguardasse o protraimento da eficácia da regra legislativa, simplesmente por haver alterado a data de pagamento da obrigação tributária, sem qualquer outra repercussão.
>
> A tese da recorrente, como entendeu o aresto, é insustentável.[449]

Desta feita, outrossim, sem a pretensão analítica que impõe a fidelidade aos nossos critérios, a conclusão pontual é que os "precedentes representativos" são decisões sobre a matéria,

---

449. BRASIL. Supremo Tribunal Federal. *Recurso Extraordinário 181.832/AL*. Relator: Ministro Ilmar Galvão. Julgamento: 28 jun. 1996. Órgão Julgador: Tribunal Pleno. Publicação: 27 set. 1996.

precedentes no sentido cronológico em relação à edição da Súmula Vinculante 50, mas não "precedente" no sentido conceitual, como versamos nos presentes escritos, dado que anteriormente já havia decisão cuja substância era exatamente a mesma.

Nesse sentido, há de perquirir, uma vez mais, qual terá sido o elemento fundamental na eleição dos julgados para a citação dos precedentes representativos e, mais importante ainda, qual é a verdadeira importância na práxis da aplicação da Súmula Vinculante 50.

14.3 A Súmula Vinculante 52

Por fim, coroando até o momento a tendência que o Supremo Tribunal tem dado à elevação de seus precedentes persuasivos à categoria dos precedentes vinculantes, se é que assim podemos considerar, em 18 de junho de 2015 a Corte aprovou a edição da Súmula Vinculante 52, resultado da Proposta de Súmula Vinculante 107, para consolidar o que já anteriormente assentava o verbete da Súmula 724.

Publicada em 23 de junho de 2015, utilizando-se de quatorze julgamentos pregressos como precedentes para a edição do verbete, os órgãos da imprensa oficial traziam em seus cadernos a redação da Súmula Vinculante 52, idêntica ao que possui o seu antecessor verbete persuasivo:

> **Súmula vinculante 52**
>
> Ainda quando alugado a terceiros, permanece imune ao IPTU o imóvel pertencente a qualquer das entidades referidas pelo art. 150, VI, "c", da Constituição Federal, desde que o valor dos aluguéis seja aplicado nas atividades para as quais tais entidades foram constituídas.

Aplicados os critérios de pesquisa, não houve resultados positivos para a existência de decisões colegiadas acerca da aplicação da mais recente Súmula Vinculante em matéria tributária editada pelo Supremo Tribunal Federal.

Em verdade, o resultado é uma única decisão. Há um único exemplar de decisão que aplica o precedente criado pelo verbete obrigatório de número 52. Trata-se de uma decisão monocrática que desprovê recurso de agravo movido contra decisão que não admitiu o processamento de um recurso extraordinário.

Em que pese, em princípio, a análise da presente decisão transborde as fronteiras traçadas para nosso campo investigativo, uma leitura mais demorada nos permite aplicar uma lógica da adequação e necessidade ao enriquecimento do substrato de nossa pesquisa, senão por outra razão, por tratar-se do derradeiro verbete objeto de nossas análises.

Desta feita, longe de fugir ao nosso universo delimitado, a análise da decisão monocrática, repise-se, única em sua natureza até então, sobre a aplicação da Súmula Vinculante 52, cuida de justificar o debruçar científico sobre ela e de escusar qualquer pensamento que possa ocorrer no sentido de desvio em nossos critérios, especialmente quando consideramos que ela, a Súmula Vinculante 52, é outro exemplo de conversão de Súmula persuasiva, conforme aqui exposto, e pode ajudar na investigação dos fundamentos, argumentos e da própria natureza das Súmulas Vinculantes.

Vamos ao seu teor:

> Decisão: 1. Trata-se de agravo contra decisão que inadmitiu recurso extraordinário interposto com base no art. 102, III, da Constituição Federal em que a parte recorrente sustenta, preliminarmente, a existência de repercussão geral da matéria e aponta ofensa, pelo juízo recorrido, a dispositivos constitucionais. 2. O Supremo Tribunal Federal firmou entendimento no sentido de que é ônus do recorrente a demonstração formal e fundamentada de repercussão geral da matéria constitucional discutida no recurso extraordinário, com indicação específica das circunstâncias reais que evidenciem, no caso concreto, a relevância econômica, política, social ou jurídica. Não bastam, portanto, para que seja atendido o requisito previsto nos artigos 102, § 3º, da CF/88 e 543-A [art. 1.035 do Novo CPC], § 2º, do CPC, alegações genéricas a respeito do instituto, como a mera afirmação de que (a) a matéria controvertida tem repercussão geral; (b) o

tema goza de importância econômica, política, social ou jurídica; (c) a questão ultrapassa os interesses subjetivos da parte ou tem manifesto potencial de repetitividade; (d) a repercussão geral é consequência inevitável de suposta violação a dispositivo constitucional; ou, ainda, (e) há jurisprudência pacífica desta Corte quanto ao tema discutido. Nesse sentido: ARE 691.595-AgR, Rel. Min. RICARDO LEWANDOWSKI, Segunda Turma, DJe de 25/02/2013; ARE 696.347-AgR-segundo, Rel. Min. CÁRMEN LÚCIA, Segunda Turma, DJe de 14/02/2013; ARE 696.263-AgR/MG, Rel. Min. LUIZ FUX, Primeira Turma, DJe de 19/02/2013; AI 717.821-AgR, Rel. Min. JOAQUIM BARBOSA, Segunda Turma, DJe de 13/08/2012. Ora, no caso, a alegação de repercussão geral não está acompanhada de fundamentação demonstrativa nos moldes exigidos pela jurisprudência do STF. 3. Ademais, o acórdão recorrido encontra-se em consonância com a pacífica jurisprudência do Supremo Tribunal Federal, consubstanciada na Súmula Vinculante 52: Ainda quando alugado a terceiros, permanece imune ao IPTU o imóvel pertencente a qualquer das entidades referidas pelo art. 150, VI, 'c', da Constituição Federal, desde que o valor dos aluguéis seja aplicado nas atividades para as quais tais entidades foram constituídas. No caso dos autos, o Tribunal de origem consignou que a recorrida aplica os recursos relativos aos aluguéis do imóvel tributado tão somente na manutenção de seu objetivo social. Dissentir dessa conclusão demandaria o reexame de matéria fático-probatória, o que faz incidir o óbice constante da Súmula 279/STF (Para simples reexame de prova não cabe recurso extraordinário). Nesse sentido, em casos análogos: EMENTA: AGRAVO REGIMENTAL EM RECURSO EXTRAORDINÁRIO COM AGRAVO. IMUNIDADE TRIBUTÁRIA DE FUNDAÇÃO PÚBLICA. IPTU. DESTINAÇÃO DO IMÓVEL. PRETENSÃO CUJO ACOLHIMENTO DEMANDARIA REEXAME DE FATOS E DO MATERIAL PROBATÓRIO. SÚMULA 279/STF. PRECEDENTES. A jurisprudência da Corte vem consolidando o entendimento de que não cabe ao ente imune demonstrar que utiliza o bem de acordo com suas finalidades institucionais. Ao contrário, cabe à Administração tributária demonstrar a eventual tredestinação do bem gravado pela imunidade. Esta inversão circunstancial do ônus da prova justifica-se pelo fato da imunidade não ser concedida por ato do Fisco. Trata-se de uma garantia que se reveste do caráter de regra supressiva da competência tributária, cujos efeitos decorrem diretamente da Constituição Federal. Nos termos dos precedentes assentados por este colegiado, o debate relativo à ausência de comprovação da destinação do imóvel para fins de imunidade demanda o reexame de fatos e provas. Agravo regimental a que se nega provimento. (ARE 796191 AgR, Rel. Min. ROBERTO

BARROSO, Primeira Turma, DJe 9/3/2015) Ementa: AGRAVO REGIMENTAL NO RECURSO EXTRAORDINÁRIO COM AGRAVO. TRIBUTÁRIO. IPTU. IMUNIDADE. TEMPLO DE QUALQUER CULTO. DESTINAÇÃO DO IMÓVEL. ANÁLISE DE LEGISLAÇÃO INFRACONSTITUCIONAL E INCURSÃO NO ACERVO FÁTICO-PROBATÓRIO DOS AUTOS. SÚMULA Nº 279 DO STF. INCIDÊNCIA. 1. A imunidade do IPTU deferida aos templos de qualquer culto, quando controversa a comprovação da finalidade do imóvel, não enseja o cabimento de recurso extraordinário, por demandar a análise da legislação infraconstitucional, bem como, a incursão no acervo fático-probatório dos autos. Precedentes: AI 595.479-AgR, Rel. Min. Ayres Britto, Primeira Turma, DJe 6/8/2010, e AI 651.138-AgR, Rel. Min. Eros Grau, Segunda Turma, DJe 17/8/2007. 2. O recurso extraordinário não se presta ao exame de questões que demandam revolvimento do contexto fático-probatório dos autos, adstringindo-se à análise da violação direta da ordem constitucional. 3. A violação reflexa e oblíqua da Constituição Federal decorrente da necessidade de análise de malferimento de dispositivo infraconstitucional torna inadmissível o recurso extraordinário. 4. *In casu*, o acórdão recorrido assentou: "Direito Tributário. Imunidade de templos religiosos (art. 150, VI, "b" da Constituição Federal). Agravo interno contra decisão que reconheceu a imunidade do imóvel da demandante. Irregularidade da representação que pode ser sanada a qualquer tempo, ratificando-se os atos anteriormente praticados, segundo jurisprudência pacífica do STJ e TJRJ. Imunidade tributária que deve ser reconhecida. De acordo com a jurisprudência mais recente do STF e STJ, milita presunção relativa de que os imóveis da entidade religiosa seriam destinados às finalidades essenciais da instituição (art. 150, § 4º da Constituição), sendo ônus do ente federativo provar eventual desvio de finalidade. Recurso desprovido. 5. Agravo regimental DESPROVIDO. (ARE 841.212 AgR, Rel Min LUIZ FUX, Primeira Turma, DJe 9/12/2014) 4. Diante do exposto, nego provimento ao agravo. Publique-se. Intime-se. Brasília, 16 de setembro de 2015. Ministro Teori Zavascki Relator Documento assinado digitalmente.[450]

Primeiramente, tratemos logo de evidenciar que a decisão monocrática acima referida invoca expressamente a

---

450. BRASIL. Supremo Tribunal Federal. *Agravo em Recurso Extraordinário 891.596/SE*. Relator: Ministro Teori Zavascki. Agravante: Município de Aracajú. Agravado: Fundação Manuel Cruz. Julgamento: 16 set. 2015. Órgão julgador: Decisão monocrática. Publicação: DJe, 21 set. 2015.

Súmula Vinculante 52, quando adverte o sentido da decisão que será adotada, o que resta claro pelo seguinte trecho:

> 3. Ademais, o acórdão recorrido encontra-se em consonância com a pacífica jurisprudência do Supremo Tribunal Federal, consubstanciada na Súmula Vinculante 52: Ainda quando alugado a terceiros, permanece imune ao IPTU o imóvel pertencente a qualquer das entidades referidas pelo art. 150, VI, 'c', da Constituição Federal, desde que o valor dos aluguéis seja aplicado nas atividades para as quais tais entidades foram constituídas.[451]

Trata-se, portanto, de típica decisão do Supremo Tribunal Federal, que é emblema de aplicação do teor da Súmula Vinculante 52 como fundamento decisório.

Seguindo-se essa consideração preambular, de se ver que a decisão traz em seu corpo consideração específica, de cunho meritório, sobre o caso concreto e sua consonância com os ditames da Súmula Vinculante aqui tratada, versando sobre a circunstância do preenchimento dos requisitos para enquadramento de entidade potencialmente imune, nos arquétipos da regra constitucional prevista nos enunciados dispostos no art. 150, VI, "c", da Carta Constitucional.

Em uma leitura apressada da decisão e pela própria análise das partes recorrentes (Município de Aracajú *vs.* Fundação Manuel Cruz), poderíamos afirmar tratar-se de um típico caso de aplicação do enunciado do verbete sumular, sobre a análise do preenchimento de requisitos para enquadramento nas regras de imunidade que eximem os partidos políticos e suas fundações, as entidades sindicais dos trabalhadores, as instituições de educação e de assistência social, sem fins lucrativos do pagamento de tributos da espécie imposto, tudo a teor do quanto dispõe a alínea "c", do acima citado dispositivo constitucional.

De fato é do que se trata, mas o absolutamente interessante de nota é que a decisão monocrática que menciona o concerto com a Súmula Vinculante 52 invoca expressamente um

---

451. Ibid.

precedente que trata da imunidade dos templos de qualquer culto (Agr no ARE 841.212/RJ), entidades que não estão inseridas na alínea "c", do artigo 150, inciso VI, da Carta da República.

Evidentemente que a decisão acima referida, invocada como suporte de fundamento da presente decisão, não guarda relação com o dispositivo constitucional que é expressamente enunciado na Súmula Vinculante 52 (art. 150, VI, "c"), mas refere-se à entidade que é estruturalmente alocada no art. 150, VI, "b", da Carta da República. Como invocá-lo, então, para sustentar o sentido da decisão, de reconhecimento da imunidade no caso concreto?

A nota de distinção da decisão aqui analisada é justamente fazer referência à decisão pregressa da própria Corte Suprema, com identidade de fundamento decisório, cristalizado na central questão acerca da destinação dos recursos (rendimentos) auferidos em função de locação de imóveis cuja propriedade seja pertencente às entidades beneficiárias das regras de imunidade previstas tanto no dispositivo da alínea "c", mas cuja decisão invocada trata de entidade da alínea "b" do já citado artigo 150, VI, do Texto Constitucional.

Os fundamentos decisórios que invocam a Súmula Vinculante 52, portanto, abrangeriam, para além dos partidos políticos, com suas respectivas fundações, dos sindicatos representativos dos trabalhadores, das entidades de educação e de assistência social sem fins lucrativos, de expressa menção em seu enunciado, também os templos de qualquer culto, inserindo a alínea "b" no contexto interpretativo do verbete vinculante nº 52.

A figura do Ministro Relator, editor da decisão representativa da aplicação dos fundamentos da Súmula Vinculante, ao invocar a decisão vazada no Agr no ARE 841.212-RJ, assenta em tintas firmes e claras que a circunstância fundamental para a aplicação do entendimento sumulado no caso fora, em quaisquer casos das alíneas "b" e "c", do art. 150, VI, da Constituição de 1988, saber se a aplicação dos recursos por tais entidades é condizente com os valores tutelados pelas regras de imunidade, no casos, a proteção e incentivo à liberdade de exercício de direitos políticos, aos valores da educação e do amparo social por entes alienígenas à estrutura da administração pública, e à diversidade de cultura religiosa.

A abrangência ampliativa aqui constatada e defendida resta indisputável quando a decisão que aplica a Súmula Vinculante 52 refere-se especificamente a um precedente do Supremo Tribunal Federal que versa diretamente sobre a imunidade dos templos religiosos, cujo trecho já reproduzido na decisão comentada, é aqui novamente destacado no que interessa:

> AGRAVO REGIMENTAL NO RECURSO EXTRAORDINÁRIO COM AGRAVO. TRIBUTÁRIO. IPTU. IMUNIDADE. TEMPLO DE QUALQUER CULTO. DESTINAÇÃO DO IMÓVEL. ANÁLISE DE LEGISLAÇÃO INFRACONSTITUCIONAL E INCURSÃO NO ACERVO FÁTICO-PROBATÓRIO DOS AUTOS. SÚMULA Nº 279 DO STF. INCIDÊNCIA. 1. A imunidade do IPTU deferida aos templos de qualquer culto, quando controversa a comprovação da finalidade do imóvel, não enseja o cabimento de recurso extraordinário, por demandar a análise da legislação infraconstitucional, bem como, a incursão no acervo fático-probatório dos autos [...] 4. *In casu*, o acórdão recorrido assentou: "Direito Tributário. Imunidade de templos religiosos (art. 150, VI, "b" da Constituição Federal). De acordo com a jurisprudência mais recente do STF e STJ, milita presunção relativa de que os imóveis da entidade religiosa seriam destinados às finalidades essenciais da instituição (art. 150, § 4º da Constituição), sendo ônus do ente federativo provar eventual desvio de finalidade.[452]

Os fundamentos de aplicação da Súmula Vinculante 52, portanto, denotam uma maior extensão semântica de seus termos e enunciados. Em verdade, o fio nuclear do verbete *vinculante* é constatação de duas situações, a saber: (i) constatação da presença de um dos entes potencialmente enquadráveis

---

452. BRASIL. Supremo Tribunal Federal. *Agravo Regimental no Recurso Extraordinário com Agravo 841.212/RJ*. Relator: Ministro Luiz Fux. Agravante: Município do Rio De Janeiro, Procurador-Geral do Município do Rio de Janeiro. Agravado: Igreja Tabernáculo Evangélico de Jesus, Marivaldo Sena Sacramento e outro. Julgamento: 18 nov. 2014. Órgão Julgador: Primeira Turma. Publicação: DJe, 09 dez. 2014.

nas regras de imunidades de ambas as alíneas "b" e "c", do artigo 150, VI, da Constituição; e (ii) comprovação da finalidade, do destino, da aplicação dos recursos advindos dos frutos percebidos em função da titularidade de propriedade imobiliária, em clara referência ao que dispõe o artigo 150, §4º, da Carta da República.

> Art. 150, §4º. As vedações expressas no inciso VI, alíneas "b" e "c", compreendem somente o patrimônio, a renda e os serviços, relacionados com as finalidades essenciais das entidades nelas mencionadas.[453]

A primeira situação descrita acima, atinente às espécies de entidades, é uma premissa de aplicação dos dispositivos imunizantes. Já na segunda, temos uma contingência de duas possibilidades que são excludentes entre si e que acabaram por se revelar como pedra de toque das razões de decidir no caso presente. Ou se aceita e acata que as provas produzidas nos autos sejam aptas a significar que os recursos auferidos em função de rendimentos advindos de propriedades imobiliárias das entidades são efetivamente aplicados em cada um de seus objetivos constitucionalmente tutelados, o que faz com que se tenha o substrato para a aplicação das regras de imunidades, ou isso não resta comprovado, e, de outro lado, haverá a incidência das regras de tributação.

Neste caso, inclusive, o Supremo Tribunal guarda posição de presumir a aplicação dos recursos aos objetivos inerentes às entidades potencialmente imunes, reservando a contraprova à Fazenda Pública, o que é revelado pelo trecho abaixo:

> No caso dos autos, o Tribunal de origem consignou que a recorrida aplica os recursos relativos aos aluguéis do imóvel tributado tão somente na manutenção de seu objetivo social. Dissentir dessa conclusão demandaria o reexame de matéria

---

453. BRASIL. *Constituição da República Federativa do Brasil*: texto constitucional promulgado em 5 de outubro de 1988, com as alterações determinadas pelas Emenda Constitucionais de Revisão 1 a 6/94, pelas Emendas Constitucionais 1/92 a 91/2016 e pelo Decreto Legislativo 186/2008. Brasília, 1988.

fático-probatória, o que faz incidir o óbice constante da Súmula 279/STF.[454]

Parece que o verbete vinculante 52 constata que não houve refutação válida à presunção jurisprudencial adotada pela Suprema Corte, de que as entidades referidas no art. 150, VI, "b" e "c", da Carta de 1988, apliquem todos os recursos que auferem, inclusive os advindos de frutos de imóveis de suas titularidades, na consecução dos objetivos que lhe são inerentes e característicos, cujos valores intrínsecos foram objeto de proteção pelas regras protetivas contra a tributação de impostos trazidas pela Magna Carta.

A conclusão tópica parece-nos hialina. Se estivéssemos diante da aplicação de uma proposição normativa, construída a partir do enunciado da Súmula Vinculante 52, não haveria razão ou, melhor dizendo, seria uma contradição invocar a decisão referente a entidades da alínea "b", do art. 150, VI, da Carta Republicana, no que parece um desembocar na assertiva de que o enunciado da Súmula Vinculante 52 possui extensão enunciativa menos ampla que as circunstâncias fundamentais invocadas como razão de decidir que justificam sua aplicação.

Por fim, queremos destacar uma peculiaridade que se nos apresentou na análise empírica. Assentamos claramente todas as linhas de definição de nosso universo de decisões, e não encontramos, como resultado da pesquisa, nenhuma decisão colegiada que aplicasse a Súmula Vinculante 52.

Eis que o próprio STF, na publicação digital sobre Súmulas Vinculantes aqui já mencionada, refere-se ao Agravo Regimental no Recurso Extraordinário com Agravo 895.972, do Rio de Janeiro, relatoria do Ministro Roberto Barroso, e que fora julgado em 02 de fevereiro de 2016, como uma decisão de aplicação.

---

454. Id. Supremo Tribunal Federal. *Agravo em Recurso Extraordinário 891.596/SE*. Relator: Ministro Teori Zavascki. Agravante: Município de Aracajú. Agravado: Fundação Manuel Cruz. Julgamento: 16 set. 2015. Órgão julgador: Decisão monocrática. Publicação: DJe, 21 set. 2015.

O espanto causado pela ausência em nossas fronteiras de análise só fora superado por aquele causado quando de sua análise. É interessante que vejamos, ao menos, a ementa do julgado:

> EMENTA: DIREITO TRIBUTÁRIO. IPTU. IMUNIDADE. INSTITUIÇÕES RELIGIOSAS. IMÓVEIS. TEMPLO E RESIDÊNCIA DE MEMBROS. CONSTITUCIONALIDADE. PRECEDENTES. 1. O fato de os imóveis estarem sendo utilizados como escritório e residência de membros da entidade não afasta a imunidade prevista no art. 150, VI, c, § 4º da Constituição Federal. 2. Agravo regimental a que se nega provimento.[455]

O Município do Rio de Janeiro insurgia-se contra a regra de imunidade do art. 150, VI, "b", do texto constitucional – a imunidade dos templos de qualquer culto, asseverando o desvio de finalidade eclesiástica do templo religioso imune, dado que o imóvel servia de residência e escritório de seus integrantes.

Essa circunstância foi a razão determinante para a decisão de manutenção da imunidade, pela constatação de que o fato de o imóvel ser utilizado com as finalidades de (i) residência e (ii) escritório, para acolher integrantes da entidade imune são fatos que se inserem no campo de finalidades eclesiásticas de um templo. Mas essa questão, que poderia até reverberar em um *ampliative distinguish*, se considerado o teor da Súmula Vinculante 52, nem foi a que nos clamou atenção. As questões que se apresentam relevantes em nosso contexto de análise são de duas dimensões, as quais acabam por se complementar.

O fato que nos chamou atenção para essas questões é a decisão acima referida estar listada, pelo próprio Supremo Tribunal Federal, no livro sobre a aplicação e interpretação das Súmulas Vinculantes pelo STF, como decisão de aplicação do verbete obrigatório 52.

---

455. BRASIL. Supremo Tribunal Federal. *Agravo Regimental em Recurso Extraordinário com Agravo 895.972/RJ*. Relator: Ministro Roberto Barroso. Agravante: Município do Rio de Janeiro. Agravado: Igreja Universal do Reino de Deus. Julgamento: 02 set. 2016. Órgão julgador: Primeira Turma. Publicação: DJe, 21 set. 2015.

Dessa constatação, a primeira questão de relevo é repetição das ponderações que fizemos na análise da decisão monocrática, anteriormente comentada. Aplica-se a Súmula Vinculante 52, com enunciado expresso que indica a imunidade das entidades do art. 150, VI, "c", para concertar decisão que reconhece a imunidade de entidades referidas pelo texto constitucional na alínea "b". E, assim, todas as considerações que fizemos sobre o espectro de fundamentos decisórios em descompasso com o enunciado do verbete se fazem valer também aqui.

A segunda questão de relevo é que, sendo uma decisão listada na aplicação, após análise de seus enunciados, pudemos constatar que em nenhuma linha sequer há menção à aplicação da Súmula Vinculante 52. Há menções a duas decisões da Corte Suprema, anteriores ao caso em julgamento e que foram utilizadas como fundamento de decidir, em função da similaridade das circunstâncias determinantes da decisão (AI 690.712 Agr e ARE 694.453 Agr), e há menção há Súmula (persuasiva) 724, mas não há, repisamos, uma linha sequer sobre o verbete vinculante 52.

Poderíamos até fazer ilações de que os Ministros entenderam que o caso não se ajustava ao enunciado da Súmula Vinculante 52, por nele constar expressamente o art. 150, VI, "c", enquanto que os templos religiosos são insertos na alínea "b". Mas não se trata do caso, do contrário, não haveria menção à Súmula 724, de idêntica redação ao verbete *vinculante*.

A constatação é que há uma decisão da Corte Suprema, que aplicou, a um caso em julgamento os mesmos fundamentos, as mesmas razões de decidir que, ao menos em suposição, contribuíram para a formação de um enunciado de uma da Súmula Vinculante, sem sequer fez menção a ela.

É caso de perquirir se há mesmo necessidade de enunciados sumulares, vinculantes ou não, no sistema de direito pátrio, pelo menos até agora.

15. CONCLUSÃO

15.1 O caminho para as linhas finais

No primeiro capítulo, procuramos assentar, por honestidade intelectual e científica, as bases epistemológicas que nos guiaram. Acentuamos na oportunidade, e o fazemos novamente em reforço, que essa fixação teve objetivos claros de deixarmos claras nossas posturas investigativas, sem tônica de convencimento sobre os alicerces ali expostos.

Expusemos os elementos fundadores do pragmatismo de CHARLES SANDERS PEIRCE, que adotamos na seara da epistemologia geral, trazendo o contextualismo e o consequencialismo para externar um pragmatismo jurídico que nos serviu à investigação de decisões de um sistema de direito positivo que tomamos como um sistema de comunicação, como prescrevem os cânones da teoria comunicacional do direito, e terminamos em revelar que a decisão, para ser explicada, deve calcar-se em um discurso jurídico racional e com objetivo de correção, como expõe ROBERT ALEXY.

No capítulo segundo, buscamos estabelecer conceitos doutrinários típicos de uma teoria dos precedentes. Conceitos como *ratio decidendi, overruling, overriding*, de domínio comum apenas à doutrina processual, passaram a ter outra dimensão de importância no contexto da comunidade jurídica brasileira, após o exame dos enunciados do novo Código de Processo Civil. Este capítulo foi dedicado a estabelecer um repertório comum a ser utilizado no desenvolvimento dos demais capítulos de investigação analítica das decisões.

Nessa senda, a trilha seguiu o curso anunciado nas linhas do capítulo inaugural que o método de aproximação e investigação do fenômeno dos precedentes judiciais em matéria tributária no sistema de direito positivo brasileiro seria empírico.

As decisões de aplicação das Súmulas Vinculantes em matéria tributária, pelo próprio Supremo Tribunal Federal, foram o campo analítico de nossas investigações por representarem instrumentos emblemáticos na representação da doutrina do *stare decisis* no Brasil, pelo menos até o dia 18 de março de 2016, ocasião em que adquiriram vigor os enunciados da Lei 13.105, de 16 de março de 2015 – o "Novo Código de Processo Civil Brasileiro".

A vigência da nova lei instrumental suscitou as dúvidas que nos fizeram levantar certas hipóteses, conforme exposição feita no item 1.7, as quais procuramos analisar ao longo de nossos escritos pelo método aqui desvelado.

Após o desfecho de nossas investigações, pudemos segregar as dúvidas em duas ordens de ideias: (i) sobre a aproximação do sistema de direito positivo brasileiro ao *common law* e pretensos reflexos nas decisões judiciais; e (ii) dúvidas sobre pragmática da aplicação dos precedentes obrigatórios (Súmulas Vinculantes) no sistema de direito positivo brasileiro, para caracterização de sua natureza jurídica.

Com lastro em recursos comparativos, que nos fizeram examinar elementos componentes de diferentes sistemas de direito, e com muita força no método pragmático-empírico de análise das decisões de aplicação das Súmulas Vinculantes em matéria tributária pelo Supremo Tribunal Federal, pudemos resolver, em nosso sentir, as dúvidas às hipóteses levantadas.

As respostas obtidas ao longo do processo de investigação merecem agora sua síntese conclusiva, que procuraremos dar em assertivas objetivas, com as necessárias referências ao processo de investigação aqui colhido.

15.2 Sobre a aproximação do sistema de direito positivo brasileiro ao *common law* – reflexos nas decisões judiciais

15.2.1 Há uma aproximação entre os sistemas de direito identificados pela *civil law* e pela *common law*?

Nas linhas do terceiro capítulo tivemos oportunidade de examinar alguns elementos de sistemas de direito estrangeiros. Fizemos isso com vistas aos nossos objetivos, evidentemente, sem esgotar descrições.

Nesse sentido, a constatação é que nos dois sistemas aqui analisados, tidos como expoentes significativos do *common law*, especificamente os Estados Unidos da América e o Reino Unido, há um movimento que se adensa em tempos recentes de crescimento da edição de atos normativos, em uma grande diversidade de matérias. Em ambos os sistemas, com maior ênfase em relação ao sistema norte-americano, podemos falar em *case law*, em que os precedentes são sempre decisões proferidas anteriormente pelas Supremas Cortes Estaduais e principalmente pela Suprema Corte da Federação.

O fenômeno da edição de atos normativos nesses países se revela como tendência, na medida em que, ao traçar uma linha cronológica sobre a edição desses instrumentos, verifica-se que em décadas recentes a edição de atos normativos se revela em muito maior potencialidade.

De outro giro, em um sistema que é notoriamente conhecido como um dos principais emblemas da *civil law* – a Alemanha –, os elementos que tivemos oportunidade de examinar dão conta da existência da doutrina do *stare decisis* nas matérias constitucionais afetas à competência do *Bundesverfassungsgericht*, ao mesmo tempo em que se registra como uma pragmática do respeito aos precedentes das cortes de superior hierarquia pelas decisões das cortes a ela inferiores, ainda que nenhum elemento normativo do sistema alemão assim o preveja de maneira expressa.

Na França, país que a história do direito registra como o berço moderno da *civil law*, não se adota a doutrina do *stare decisis* e, teoricamente é o local mais afeto à tradição do juiz aplicador da lei, que o faria de maneira declarativa de seu conteúdo. Mesmo assim, no cenário da pragmática dos tribunais, na movimentação do sistema de comunicação jurídica, há cada vez mais espaço para pronunciamentos sobre o papel construtivo do judiciário quando o assunto se volta para a decisão judicial. E isso significa que a função do Judiciário vai experimentando novas tendências.

A ordem dos fenômenos na aproximação de ambos os sistemas não é pela adoção de elementos de um sistema pelo outro, indiscriminadamente, com substrato na eficácia ou por serem melhores que o outro. A aproximação é do tipo resposta-produto das sociedades complexas. É demanda da modernidade. É necessidade da aldeia global em que se transformou o mundo.

Desde o ano de 1.642, quanto o matemático francês Blaise Pascal criou o que se considera a primeira máquina de calcular mecânica da histórica, até os dias de hoje, o salto tecnológico foi de proporções até então inimagináveis, e isso transformou a imensa maioria das comunidades sociais em nosso planeta. Outrora a era da revolução industrial, hoje a era da revolução da informação.

Apenas para falar em termos de comunicação, a evolução dos canais comunicativos permitiu imprimir uma velocidade diferente nas ações sociais (que são ações de comunicação, afinal) em níveis jamais vistos. *Traders* podem participar de diversas reuniões em diferentes hemisférios do planeta em questão de horas, por meio das videoconferências, negócios jurídicos dos mais diversos matizes são fechados a cada instante de tempo por comunicação digital em tempo real, contratos das mais variadas espécies são assinados em ambientes virtuais, mercados financeiros reflexamente conectados, e os exemplos tendem ao infinito. Enfim, o que mais está por vir?

Estamos a passos largos na evolução da eletrônica para a "spintrônica", área na qual os *spins* (propriedade dos elétrons associadas ao magnetismo) substituem os próprios elétrons, e para a "optrônica" com utilização de fótons (partículas e luz); fala-se em desenvolvimento de novos materiais, produto da combinação de outros já conhecidos, com o auxílio da nanotecnologia; no desenvolvimento de áreas como a genética, a química verde, a neurociência, a inteligência artificial; enfim, é um mundo sem limites.[456]

Em termos de produção de conhecimento, há cerca de 100 anos havia por volta de duzentas publicações relativas a revistas científicas no mundo; hoje são mais de cem mil. Acredita-se que uma edição diária de um grande jornal nos dias atuais possa conter mais quantidade de informações do que a tenha recebido um cidadão inglês que viveu no século XVII, ao longo de toda a sua vida.

A magnitude com que se produz informação alcança níveis ininteligíveis para a capacidade humana, e o reflexo se dá nos fatos da vida social, que são moldados por novas circunstâncias e tecnologias, que são enunciados em meios diferentes, como os *softwares* que permitem prestação de serviços *on-line*, em qualquer lugar do planeta, para qualquer lugar do planeta, assinaturas de documentos que ocorrem via comunicação digital, a internet se oferecendo como um oceano de possibilidades nas relações sociais (com reflexo nas relações jurídicas), como permitir desde a criação de empresas que

---

456. PIMENTA, Marcos. *Novas Tecnologias para o Século XXI*. Rio de Janeiro: Academia Brasileira de Ciências, 2016. Disponível em: < https://goo.gl/YGBJhh >. Acesso em: 28 nov. 2016.

operam apenas virtualmente, como instituições financeiras sem agências, até permitir ocultar a prática de delitos praticados pelo canal virtual das redes sociais, por exemplo.

Enfim, alta complexidade, em progressão, das relações nessa sociedade permanentemente interconectada de maneira global, requer novas respostas dos sistemas de direito positivo, que sirvam às expectativas dessas relações, na mesma proporção de sua variável dimensão.

Reputamos que a aproximação de ambos os matizes dos sistemas de direito aqui examinados (*common law* e *civil law*) tenha como uma de suas principais, senão a causa determinante, essas interconexões das relações sociais em nível supranacional.

As sociedades-nações, com raríssimas exceções, como a Coreia do Norte, por exemplo, estão em permanente *estado de informação*, e usamos essa expressão para designar uma permanente postura cognitivo-performativa, cuja tendência é achar que a próxima informação é sempre o alvo; a informação é o objetivo da ação, que gera ação, que gera busca de nova informação, em um sistema de retroalimentação infinita. Busca-se a informação o tempo todo, sobre quaisquer matizes de relação social. Assim agem os governos, os conglomerados econômicos e os demais atores dessa complexa sociedade. Os agentes de comunicação jurídica não fogem a essa regra.

Os sistemas de direito positivo dessas nações, nesse ambiente, têm um tom de recepção de experiências mais elevado que em qualquer tempo histórico. Elementos tidos como originários do *civil law*, como os atos normativos são adotados em profusão pelos países da *common law*. E isso expressa ser uma tendência. Um sistema decisório que estabeleça o respeito obrigatório aos fundamentos de uma decisão precedente hoje é comum aos sistemas de *civil law*, ainda que tenham origem histórica no *common law*.

A complexidade das relações e ações sociais deve ser dirimida no interior dos sistemas de comunicação jurídica. Assim é o sistema decisório, o qual, em um ou outro sistema, seja *civil law* ou *common law*, não admite omissão do julgador. A emissão da decisão sempre ocorrerá.

A troca de experiências, com adoção de técnicas que seriam típicas de ambos os matizes, é implementada como fator de resposta às necessidades de eficácia (também decisória) que as relações sociais hoje exigem do sistema de direito de cada comunidade social. Quanto maior a abertura para as relações internacionais, para a informação, maior a tendência de influxos externos nos sistemas de direito positivo que buscam eficiência.

Se há uma aproximação entre ambos os matizes sistêmicos (*civil law e common law*). Pensamos que definitivamente sim. Se a distinção desses matizes sistêmicos ainda é útil nos dias de hoje? Isso depende de qual seja o objetivo do sujeito que as adotará.

Se a intenção é estudar os fenômenos de comunicação jurídica ocorridas no interior de um dado sistema jurídico, em uma dada sociedade, para melhor compreender seu funcionamento, já não é mais suficiente classificá-los em uma das suas opções tradicionais.

De forma pragmática, é melhor debruçar-se sobre o sistema a ser conhecido singularmente, no sentido de examinar suas normas orgânico-funcionais e seu sistema decisório, pois em quaisquer que sejam as realidades, conhecer a jurisprudência temática das Cortes é dever de qualquer um que se aventure e desenvolver relações sociais no interior desses sistemas.

> No afã de atingir esse escopo deparamo-nos com o excesso de formalismos processuais, e com um volume imoderado de ações e de recursos. *Mergulhamos com profundidade em todos os problemas, ora erigindo soluções genuínas, ora criando outras oriundas de sistema judiciais de alhures*, optando por instrumentos eficazes, *consagrados nas famílias da civil law e da common law*, sempre prudentes com os males das inovações abruptas mas cientes em não incorrer no mimetismo que se compraz em repetir, ousando sem medo[457].

---

457. Trecho da Carta de encaminhamento do anteprojeto do Código Civil, do

Os sistemas de direito hoje são, em regra, quando tomamos em comparação com as porções históricas do *civil law* e *common law*, híbridos, com elementos ou, ao menos, influências típicas de ambos os matizes, e guardam tantas particularidades que a maior dimensão de conhecimento é estudá-los singularmente. Pelo menos é a constatação no mundo ocidental que temos a partir da experiência brasileira, padrão de comparação com outros sistemas.

Essa constatação é fruto de nossa experiência e as conclusões são feitas a partir de um conhecimento contextual (do sistema de direito brasileiro tal como se apresenta) em comparação com outros sistemas. A pretensão de generalidade orientou nossas ações; entretanto, é inato ao sujeito cognoscente pensar em termos de seu repertório, e esse repertório respeita contextos e limites de aquisição.

Por mais pretensões de generalidade que tivessem, KELSEN, quando cunhou sua teoria pura do Direito, tinha como repertório o sistema de direito positivo alemão, assim como HART tinha o direito inglês.

É importante, portanto, dedicarmos as nossas novas assertivas conclusivas ao ambiente de nosso repertório.

15.2.2 Os juízes e as decisões judiciais no sistema de *civil law* brasileiro

O sistema de direito positivo brasileiro, à margem de qualquer aproximação com elementos e categorias jurídicas do *common law*, é calcado na lei como suporte da norma jurídica. Portanto, utilizados os clássicos padrões de comparação, somos caracterizados por ser um sistema *civil law* sob o império de uma Constituição. E isso ocorreu desde sempre, ou

---

Ministro do Supremo Tribunal Federal, Luiz Fux, Presidente da Comissão de Juristas instituída pelo Ato do Presidente do Senado Federal 379, de 2009, destinada a elaborar Anteprojeto de Novo Código de Processo Civil, ao Presidente do Senado Federal José Sarney, em 2010, *grifos nossos*.

seja, desde nossa independência, e particularmente do 1824, quando o modelo de Estado era outro, conforme pudemos expor no capítulo 4.

A República Federativa do Brasil, é um "Estado Democrático de Direito", e isso é uma opção da Constituição de 1988, em uma espécie de ciclo em que o Estado cria o Direito que cria o Estado. A Constituição modelou a República em forma de federação, estabeleceu os Poderes de Estado e suas funções, os valores da sociedade e seus princípios fundamentais. Todos são iguais perante a "lei", e ninguém será obrigado a fazer, ou deixar de fazer algo, senão pela vontade da lei.

Em mais uma resposta às indagações realizadas em nossas considerações introdutórias, especificamente no item 1.7, o sistema brasileiro continua tradicionalmente associado ao *civil law*. A lei é o fundamento último das justificativas jurídicas para a tomada de decisões no interior do sistema de direito positivo brasileiro.

A decisão judicial não foge a essa regra.

E sobre a formação da decisão (justificação jurídico-racional), temos que os julgadores, seres humanos que são, já possuem um repertório axiológico-social (queremos dizer que têm ideologias políticas, sociais, religiosas, enfim, centros de preferências de valores) que forma uma espécie de repertório pré-cognitivo.

Não havendo pensamento fora da experiência, esse repertório ideológico é constantemente moldado pela experiência no decorrer da vida social, em diversos aspectos, e tende a exercer uma força impulsiva de influência quando do primeiro contato com o caso. Nenhum sujeito é imune a isso porque nenhum sujeito é axiologicamente neutro.

Uma espécie de sentimento reflexo, ao tomar o primeiro contato com o caso, sentimento esse que pode ser associado à categoria fenomenológica da *Primeiridade* de PEIRCE. Um contato imediato, uma potencialidade de caso, ao saber da matéria, eventualmente das partes, enfim, do recebimento das primeiras informações. Nesse momento há uma descarga dessa massa pré-concebida de experiências. Uma sociedade empresária que é reiteradamente acionada na Justiça do Trabalho provoca o sentimento de *Primeiridade*, que não cumpre as normas das relações de trabalho; uma outra que tem recorrência constante em ser sujeito passivo em processos de execução fiscal tende a permitir um sentimento de Primeiridade que não cumpre com suas obrigações e deveres estabelecidos pelas normas tributárias, etc.

Essa potencialidade, no entanto, é refreada ou superada pelo conhecer mais acurado, que permite juízos de ação e reação, pensamentos de choques de contradição, estabelecimento de padrões de comparação, por exemplo, entre as narrativas do discurso processual de uma das partes com o mundo fenomenológico (alega-se um fato que é notoriamente contrário a todos os enunciados históricos, por exemplo, que o Brasil foi colonizado pelos Russos). Refreiam-se as potencialidades para ingresso no campo das ações concretas.

As características acima dão a tônica de *Secundidade*, que se identifica no contraponto de teses e antíteses das partes, em toda e cada uma das microrrelações processuais (impugnações de valores de causa, alegações de impedimento, suspeição, falsidade, contraponto a pedidos singularmente considerados, etc.) que se desenvolvem no interior da relação jurídica processual principal, em que se discute o objeto do pedido em função das causas de pedir do autor da ação.

A decisão judicial ingressa na fenomenologia de Peirce como *Terceiridade*. A articulação dos raciocínios da decisão, a partir dos enunciados estabelecidos nos limites do discurso jurídico-processual, deverão ingressar na composição da fundamentação das decisões, as quais deverão ser justificadas interna e externamente, nos termos da racionalidade discursiva proposta por Alexy.

A decisão judicial cria regra que regula a realidade fenomenológica, dotando o padrão de comportamento nela descrito como potencialidade universal (princípio da justiça formal em ALEXY), com tendência de aceitação e acatamento para aplicação em todos os casos similares.

O princípio da fundamentação das decisões – art. 93, IX, da Carta da República[458] – é pedra angular das decisões judiciais, é garantia constitucional que coíbe arbítrios, que impede que as decisões judiciais sejam tomadas com lastro, por exemplo, apenas e tão somente nos sentimentos e ideologias pessoais dos julgadores.

Garante-se, ao menos em tendências, com a fundamentação das decisões e em suas justificações, a prevalência da racionalidade do discurso jurídico, que impele que a decisão tenha coerência com os enunciados de prova do processo, em função do princípio da persuasão racional.

Ao decidir, o juiz terá sempre o contexto da discussão judicial como ambiente de decisão para impor o padrão de comportamento singular. Mas considerará sempre o contexto social, mais amplo, em função da potencialidade de universal do padrão de comportamento estabelecido, e, principalmente, das consequências gerais dessa tendência.

> A decisão jurídica apresenta-se como algo extremamente complexo, exigindo, além de atos de valoração, a prévia atividade interpretativa. Somente após compreender as escolhas possíveis é que se pode optar por uma delas. No contexto do sistema jurídicos, exige-se a interpretação dos enunciados normativos como pressuposto à aplicação do direito. Tal assertiva assume caráter absoluto, pois não há texto sem interpretação. E, sendo a interpretação uma atividade humana, o valor é a ela imanente.[459]

---

458. Art. 93, IX, CF/1988. "Todos os julgamentos dos órgãos do Poder Judiciário serão públicos, e fundamentadas todas as decisões, sob pena de nulidade, podendo a lei limitar a presença, em determinados atos, às próprias partes e a seus advogados, ou somente a estes, em casos nos quais a preservação do direito à intimidade do interessado no sigilo não prejudique o interesse público à informação; [...]."

459. TOMÉ, Fabiana Del Padre. *A prova no direito tributário*. São Paulo: Noeses,

A decisão jurídica, sob o aspecto discursivo é, de fato a construção de proposições a partir dos enunciados textuais do processo, as quais aglutinadas formarão a estrutura da norma jurídica que movimentará o sistema de direito. E há diversas possibilidades de interpretação de enunciados, há variabilidades distintas de interpretação porque a hermenêutica jurídica envolve a valoração desses enunciados, emprestando-lhes dimensões de hierarquia.

A decisão precisa ser justificada do ponto de vista interno, de acordo com as regras de movimentação do sistema, com sua lógica comunicativa nas relações de subordinação e coordenação de normas. É preciso buscar a norma a ser aplicada, notadamente em sistemas de *civil law*.

Assim, os enunciados de direito, e/ou de fato, tomados como elementos nucleares das decisões precisarão ser justificados (externa), nas formas de argumentação: (*i*) regras de interpretação (lei); (*ii*) regras de argumentação dogmática (ciência do direito); (*iii*) regras do uso dos precedentes (precedente); (*iv*) regras da argumentação prática geral (razão); (*v*) regras da argumentação empírica (empiria); e (*vi*) regras das formas especiais de argumentos jurídicos.

A justificação da decisão não é cartesiana. Não segue movimento de ordem cronológica. Não há pensamento estanque, ordenado, que adote ordem de coisas para pensar a decisão judicial. A própria racionalidade do julgador será fruto de intensos conflitos de raciocínio, de valoração, de ponderação, de escolhas.

O julgador escolherá um dentre os caminhos de decisão que se apresentem possíveis, segundo os limites do discurso jurídico. A justiça formal impõe a potencialidade universal. A decisão deve adotar regras universais, com aplicação geral.

A construção do discurso da decisão se apoiará em todas as formas de argumento possíveis – apontadas na justificação

---

2005, p. 253.

externa, para poder conferir lógica e coerência à decisão, segundo os padrões de justificação interna.

No exemplo que será dado abaixo, para tentar externar nossas considerações, utilizamos a sigla FJP n.1 para designar fato processual 1, FJP n.2 para designar fato processual 2 e assim sucessivamente:

(i) Apresenta-se o caso (C) de conflito de incidência entre ISS x IPI na construção de barcos que exige uma decisão judicial (D).

(ii) **FJP n.1**: Apresenta-se a tese inicial defendida pela parte A que pede o reconhecimento da incidência de ISS, com aplicação da norma respectiva (N-ISS), sob o argumento de que trata-se de um fato que se configura na Prestação de Serviços (FPS) de montagem de um barco encomendado diretamente pelo usuário final, sob a égide do item 14.06 da Lista de serviços da Lei Complementar 116/2003 e correspondente legislação do município M. A peça vem com doutrina (argumento dogmático), com decisões jurisprudenciais persuasivas (argumento do precedentes) e fotos da embarcação (argumento empírico).

(iii) **FJP n.2**: Apresenta-se a antítese defendida pela parte B, que pede o reconhecimento da incidência do IPI, com aplicação da norma respectiva (N-IPI), sob o argumento de que se trata de fato que se configura Processo de Industrialização (FPI), ao abrigo do art. 46, § único, do Código Tributário Nacional e Lei 4.502/1964, e demais dispositivos. A contestação vem com os mesmos argumentos (dogmático e precedentes).

Em simples aplicação da lógica, a "escolha" de FPS ou FPI implica na aplicação da de N-ISS ou N-IPI, simplesmente por um silogismo, ou, sob outro ponto de vista, uma operação de inclusão de classes.

A premissa a ser adotada na decisão é "escolher" entre FPS **ou** FPI, e a consequência, cujas relações subordinação e coordenação normativas podem seguir desde regras de competência constitucional, passando pelo CTN, até os enunciados das respectivas leis e decretos, implica necessariamente em decidir aplicar N-ISS **ou** N-IPI.

Teríamos:

Premissa FPS: D = FPS → N-ISS

Ou

Premissa FPI: D = FPI → N-IPI

A coerência interna (justificação interna) do discurso estará garantida pela aplicação da norma ao fato ou inclusão do fato no arquétipo da norma. A decisão tende à universalização porque, em qualquer fato que se configure uma prestação de serviço (FPS) ou um processo de industrialização (FPI), serão sempre aplicadas as normas respectivas N-ISS e N-IPI.

Entretanto, a fundamentação e a motivação das decisões judiciais, impostas pela Constituição e abarcadas tanto no revogado quanto no atual Código de Processo Civil, sob o modelo de justificação da persuasão racional, indicará que o silogismo acima descrito não será suficiente para conferir a necessária validade à decisão. Bem, do ponto de vista estritamente lógico, sim.

É preciso, todavia, como deixamos exposto no capítulo de introdução, que a decisão judicial, como discurso racional e tendente à correção, exponha as entranhas das premissas de sua premissa maior.

Retomando o caso (C), após FJP n.1 e FJP n.2, teremos:

(iv) **FJP n.3**: enunciado de prova de parte A: documento de encomenda da montagem do Iate "*Vittorio Emanuele II*" pelo usuário final à Parte A;

(v) **FJP n.4**: enunciado de prova da parte A: formulário preenchido pelo usuário final, destinado à Parte A, com todas as especificações de materiais de acabamento e personalização de decoração do iate;

(vi) **FJP n.5**: enunciado de prova da parte A: notas fiscais de aquisição de parte dos equipamentos (peças, materiais, etc.) para a montagem da embarcação, emitidas pelos fornecedores, em nome do usuário final (sem participação da Parte A);

(vii) **FPJ n. 6**: enunciado de prova da parte A: emissão de Nota Fiscal de prestação de serviços pela Parte A, tendo como destinatário a Parte B, pelo pagamento dos serviços de montagem e instalação de equipamentos da embarcação.

Os enunciados de prova (fragmentos de linguagem jurídica) **FJP n.3, n.4 e n.5**, seriam tomados em consideração para justificar a prova de que no mundo fenomênico haveria ocorrido serviço especializado de montagem de embarcação, o que seria utilizado na narrativa da decisão para justificar a adoção de **FPS** e, portanto, pelas regras de movimentação do sistema de direito positivo, a aplicação de N-ISS.

Entretanto, se retomássemos a análise do caso (C), encontraríamos:

(viii) **FPJ n.6**: enunciado de prova da parte B: notas fiscais de partes e peças da embarcação emitidas pelos fornecedores em nome da Parte A (descaracterizando a aquisição por usuário final);

(ix) **FPJ n.7**: enunciado de prova da parte B: peças de marketing veiculadas na mídia, pela Parte A, de que é líder de mercado em construção de embarcações, com indicação de *site* eletrônico com diversas ofertas de embarcações, novas e usadas;

(x) **FPJ n.8**: enunciado de prova da parte B: transferências bancárias entre a Parte A e fornecedores, comprovando, em tese, a compra de materiais pelo construtor, com recursos próprios, e não do usuário final.

Ao se considerar tais enunciados **FPJs n. 6, 7 e 8**, a indicação corre em sentido contrário, para corroborar ter havido a ocorrência de FPI, pela caracterização de um processo de industrialização da embarcação. Eis a escolha posta em caminhos bidirecionais opostos.

E, se houvesse, por fim, enunciados produzidos em réplica (FPJ n. 9), dialogando com **FPJs n. 6. 7 8**:

(xi) **FPJ n. 9**. Apresentação de réplica assim estruturada pela Parte A:

(xi.1) em relação ao FPJ n. 6: a aquisição de equipamentos diretamente pela Parte A ocorreu em virtude de que havia fornecedores que ofereciam melhorias nas condições comerciais ou se recusavam a emitir notas fiscais de venda tendo como destinatário pessoas físicas (usuário final);

(xi.2) em relação ao FPJ n. 7: de fato, a Parte A é empresa que se dedica à construção de embarcações para venda e, nessas operações, sujeita-se ao recolhimento do ICMS e do IPI, dentre outros tributos incidentes sobre a operação, o que não refuta a tese de que, no caso concreto, tenha sido contratada pelo usuário final para montagem, instalação e personalização de equipamentos, partes e peças de uma determinada embarcação;

(xi.3) em relação ao FPJ n. 8: os pagamentos feitos pela Parte A foram feitos por conta e ordem do usuário final, em função de que nas datas aprazadas para pagamentos de fornecedores, estavam com problemas de acesso aos seus recursos aplicados em fundos de investimento; que fora ressarcido pelo usuário final por transferências bancárias ocorridas nos quinze dias subsequentes, nos mesmo valores. Junta extrato bancário (**FPJ n.10**).

Por sua própria natureza linguística, na tomada de decisão, haverá o confronto dialógico entre todos os enunciados de prova, entre todas as formas argumento (externas) deduzidas no contexto da relação processual.

E como enunciados que são, as provas estarão, elas mesmas, sujeitas à interpretação, para reconstrução dos fatos (ou eventos) ocorridos no mundo fenomênico. É nesse ponto que entendemos que a pragmática do discurso jurídico deve empreender sua mais forte influência e também entendemos que a ideologia exercerá influência, exatamente na atribuição de dimensão valorativa aos fatos.

O exemplo aqui é singelo. Enunciados de prova podem ser perfeitamente produzidos e, em indício, apontarem para direções distintas nos vetores da decisão.

Como ressaltamos, a alta complexidade da sociedade, refletida nos negócios jurídicos, reservará essa dose de incerteza ou, melhor, de possibilidade de produção de enunciados de prova que impliquem em possibilidades de escolha da premissa da decisão.

Atribuir valores de hierarquia aos enunciados probatórios para exercer a tomada de decisão da adição da premissa ou das premissas, para aplicação normas, deve ser uma atividade contextual, tendo em vista as consequências da decisão a ser tomada, em função da tendência ao menos potencial de universalização.

E ao juiz caberá buscar a correção da decisão com a iniciativa de instar a parte a promover a justificação do próprio enunciado de prova, através de outros enunciados que visem sustentar a prevalência pragmática do ocorrido.

A compreensão de um poder judiciário mais passivo, centrado na estabilização das relações sociais, vai paulatinamente cedendo espaço para uma outra, que concebe como figura ativa no enfrentamento das várias carências de nossa sociedade.[460]

Isso poderia ser feito com diligências, com determinação de perícias, enfim, com o aparato de produção de discurso jurídico para buscar plenamente a justificação da premissa a ser adotada na decisão de FPS ou FPI, pois a consequência será N-ISS ou N-IPI.

A racionalidade do discurso jurídico se preserva quando não haja impossibilidade linguística na adoção das premissas, ou seja, quando a premissa não se sustenta em uma interpretação possível dos enunciados.

Pensamos que a construção de uma decisão judicial pode perfeitamente seguir o fluxo acima. E estamos convictos que isso foi confirmado pela análise empírica que fora empreendida nos capítulos de 6 a 14.

A questão que se põe agora é saber se essa construção se altera pela adoção da doutrina do *stare decisis* vertical no Brasil.

15.2.3 Os juízes e as decisões: a forma de justificação no sistema (*civil law*) de direito brasileiro com a adoção do *stare decisis* vertical no Novo Código de Processo Civil

Dissemos no tópico anterior que "A lei é o fundamento último das justificativas jurídicas para a tomada de decisões no interior do sistema de direito positivo brasileiro. A decisão judicial não é diferente".

Muda algo com a adoção da doutrina do *stare decisis* no Brasil, na construção da decisão?

---

460. ALMEIDA, Leonardo Monteiro Crespo de; REGO, George Browne. Pragmatismo jurídico e decisão judicial. *Pensar* – revista de ciências jurídicas, Fortaleza, v. 20, n. 2, p. 404-429, maio/ago. 2015, p. 405.

Pensamos que os precedentes fornecem padrão comparativo justamente para a justificação da adoção as premissas da decisão. Nesse sentido, mudará a caminho da composição, porque houve, pelas Cortes Superiores, atribuição prévia de valores a determinados enunciados (as chamadas circunstâncias materiais do caso).

O precedente é espécie de matriz valorativa dos enunciados de prova, que implicam na adoção de fatos, que implicam na aplicação da norma. Expliquemos.

Se no exemplo construído no item acima, adotássemos o seguinte resultado:

D = FPS → N-ISS

haveria que se indagar quais foram as justificativas para adoção de FPS, buscando as razões de decidir para sua adoção. Ao analisar a decisão encontraríamos:

(xii) FPJ n.10: Decisão (D). A decisão indicaria a adoção da premissa do FPS pelas razões de que

(xii.1) a inicial traz fotos da embarcação, com interior estilizado e personalizado com, por exemplo, iniciais do usuário final gravadas em todos os tecidos de bancos, sofás, carpetes etc., o que indica servir a um usuário específico;

(xii.2) pela análise das notas fiscais de aquisição de equipamentos, partes e peças, trazidas aos autos, verificou-se que cerca de 90% (noventa por cento) de seu volume (representando cerca de 80% – oitenta por cento do valor da embarcação), consta como destinatário o usuário final;

(xii.3) o fato de a Parte A praticar fatos geradores de IPI e de ICMS não impede que pratique também fatos geradores de ISS, o que é, inclusive, previsto em seus estatutos sociais;

(xii.4) houve transferências bancárias entre o usuário final x Parte A, na quinzena subsequente aos pagamentos feitos diretamente a fornecedores pela Parte A, correspondentes ao 10% (dez por cento) restantes das notas fiscais, cuja Parte A era a destinatária, o que não desconfigura a natureza do negócio jurídico praticado entre a Parte A e o usuário final – prestação de serviços (FPS);

(xii.5) cita doutrina sobre o conflito de incidência de ISS x IPI, no sentido de identificar a real natureza do negócio jurídico pelas características que o cercam.

Se a decisão acima fosse tomada com um precedente obrigatório, em função de ter sido emitida por uma Corte Superior, a força vinculativa estaria nas justificativas da adoção de premissa de FPS, cujas razões de decidir (R) poderíamos singelamente resumir em duas R1 e R2:

D =

(R.1) se houver personalização no produto indicando encomenda específica;

(R.2) se houver aquisição de estruturas, partes, peças etc., com recursos de usuário final;

(R.2.a) o parâmetro adotado considerou aceitável que 10% (dez por cento) do volume das notas não contivesse como destinatário o usuário final;

(R.2.b) o parâmetro adotado considerou aceitável que 20% (vinte por cento) dos valores do produto não houvessem sido pagos diretamente pelo usuário final;

(R.2.ab.1): A aceitação dos parâmetros ocorreu por considerar que o intervalo de quinze dias para ressarcimento da Parte A pelo usuário final (representados pelos pagamentos de 10% (dez por cento) das notas que representavam 20% – vinte por cento do valor) indica mera dificuldade de pagamento, e não aquisição com recursos próprios da Parte A.

A conclusão é pela natureza de prestação de serviço: FPS. E, se houve FPS, deve ser N-ISS.

Na aplicação dos precedentes, as decisões a serem tomadas deverão levar em consideração as justificativas para a adoção da premissa do julgamento, compondo assim a coerência total do discurso jurídico decisório, adotando decisões iguais para casos em que as circunstâncias materiais levariam à adoção da mesma premissa (FPS) pelas mesmas razões (personalização e aquisição com recursos do usuário final, indicante que a remuneração da Parte A serve somente à contraprestação da montagem e instalação de equipamentos).

E se não houver personalização do interior da embarcação? E se, por motivos de qualquer ordem, 35% (trinta e cinco por cento) das notas, representando 30% (trinta por cento) dos valores da embarcação, ocorresse em um caso concreto subsequente, seria aplicável o precedente?

É neste ponto que ganha força a consideração de que a decisão precedente, se, de um lado, busca e fornece os valores da segurança jurídica e da estabilidade, de outro, é também dinâmica, se revalidando, se reconsolidando e se moldando a cada decisão que o aplica.

No sentido da assertiva acima, os parâmetros poderão ser renovados e ratificados pelas decisões de aplicação. E isso implicará em que o Juiz faça a demonstração de similaridade entre as circunstâncias materiais da decisão precedente, identificando sua *ratio decidendi*, com a situação do caso concreto. Essa tarefa passará pela identificação das justificativas que levaram à adoção da decisão em um dado sentido, que resultará, necessariamente, na aplicação de uma ou outra norma integrante do sistema de direito positivo.

É certo que no exemplo utilizado a *ratio decidendi* se referia diretamente a uma circunstância de fato, dependente de argumentos empíricos, *v.g.*, saber se as circunstâncias fáticas caracterizavam prestação de serviço ou processo de industrialização.

Mas não menos correto é que a *ratio decidendi* também pode se configurar-se em uma tese jurídica, conforme alertamos no capítulo 2, item 2.4.2. Isso se deve à sua íntima conexão com a *premissa* tomada para orientar o sentido do julgamento; essas premissas (que serão objeto da justificação externa), conforme expusemos no item 1.4.5.1, do Capítulo 1, podem ser relativas a fundamentos de validade de normas, abrangência ontológica de sua competência. É o que se verifica, por exemplo, quando se analisam as relações de coordenação e subordinação das normas no interior do sistema.

Exemplo das assertivas acima pode ser colhido da análise do conjunto decisório da Súmula Vinculante 8, formada a partir de decisões em que podemos identificar um núcleo comum (*ratio decidendi*) em que a há o reconhecimento de ausência de fundamento de validade em uma lei ordinária (Lei 8.212/1991) sob o argumento de que tratou de matérias reservadas a outra espécie de veículo introdutor de normas (Lei Complementar).

De toda a sorte, as assertivas com as quais queremos terminar esse item são duas.

A primeira é de que o modelo de construção da decisão judicial deve se adaptar ao *stare decisis* vertical, na medida em que, ao fazer juízo sobre de justificação da adoção da premissa de julgamento, para aplicação das normas, o Juiz deverá realizar juízo comparativo acerca das circunstâncias da *ratio decidendi*, das justificativas adotadas para a tomada da decisão considerada como precedente, com o caso a ser julgado; havendo similaridade, deve-se aplicar o precedente, não havendo deve-se justificar a distinção.

Em segundo, em última análise, a norma, a lei, continua como esteio da decisão judicial, ou porque o precedente fora afastado, dando lugar à aplicação de outra norma com a devida justificação de distinção pelo aplicador, ou porque o precedente fora aplicado, e, nessa aplicação, as justificativas externas para a premissa decisória nada mais são que matrizes que anteriormente já realizaram a justificação das premissas em casos idênticos, não havendo nova necessidade de justificações.

15.3 Pragmática da aplicação dos precedentes obrigatórios (Súmulas Vinculantes) no sistema de direito positivo brasileiro e a caracterização de sua natureza jurídica

Nesse específico item, faremos referência às conclusões diretamente relacionadas à análise empírica que procedemos dos acórdãos de aplicação dos precedentes e, portanto, acerca da pragmática de aplicação das Súmulas Vinculantes em matéria tributária.

Isso não significa negar que as conclusões dos itens anteriores não sejam resultado direto da análise empírica, posto que as são; apenas queremos evidenciar a práxis de aplicação temática, especificamente das Súmulas Vinculantes.

15.3.1 A Súmula Vinculante é aplicada?

E por falar em aplicação de Súmula Vinculante, ela é aplicada? O uso da linguagem nas decisões judiciais indicará que sim. Há inúmeros e diversos exemplos de decisões que fazem menção à aplicação das Súmulas Vinculantes. E em certo sentido ela é mesmo aplicada.

Advertimos no Capítulo 5, quando expressamente anunciamos que, ao usar "aplicação das Súmulas Vinculantes", não diríamos nada sobre a antecipação de nossas conclusões ou da correção da expressão do ponto de vista técnico-jurídico, para justamente poder chegar a esse ponto de exposição, para adentrar nessa temática com os dados que a análise empírica nos revelou.

Se o sentido de aplicação é saber se o enunciado da Súmula é aplicado, a resposta será pela negativa. O enunciado linguístico da Súmula Vinculante não é aplicado como tal como se apresenta.

O que se revela nas decisões de aplicação das Súmulas, mesmo naquelas mais singelas, cuja fundamentação se resume a poucos parágrafos, é que sempre faz-se referência às circunstâncias materiais de julgados pregressos, os quais cumpriram o papel de precedentes para o caso em análise.

Essa referência às circunstâncias materiais, são, em última análise, a *ratio decidendi* dessas decisões pregressas e utilizadas como parâmetro para "aplicação das Súmulas Vinculantes". A exposição dessas circunstâncias nas decisões de aplicação aqui analisadas é feita de algumas formas. Uma delas é a referência no relatório. Ao ler os relatórios das decisões de aplicação das Súmulas Vinculantes (muitas vezes muito mais extensos que a própria fundamentação), dá-se conta das circunstâncias do caso e do sentido da decisão recorrida ou ato reclamado em face da Súmula, e essa narrativa, tomada como enunciados provados, dará o suporte para o sentido da decisão.

Para além da referência no relatório, há decisões que dedicam extensa discussão sobre essas circunstâncias, sobre os elementos essenciais do caso, em comparação com casos pregressos, para decidir sobre a "aplicação" da Súmula, na própria parte de fundamentação do voto, utilizando-se se argumentos históricos, dogmáticos, e uso de outros precedentes (decisões pregressas) para composição do discurso decisório.

Há casos em que a referência é indireta. Não é incomum encontrarmos, principalmente na fundamentação, narrativas que argumentam utilizando fundamentos de outras decisões pregressas, apenas mencionando-as, sem, no entanto, transcrever exatamente trechos e fundamentos nas quais se suportam.

Dessa sorte, de uma maneira ou de outra, ao "aplicar" uma Súmula Vinculante, não é seu enunciado que é, de fato, aplicado, senão os enunciados das decisões pregressas, que são utilizadas pelas decisões de aplicação como precedentes no caso, para justificar o seu sentido, "aplicando" ou "não aplicando" a Súmula Vinculante.

A *ratio decidendi* de decisões pregressas é que são os enunciados utilizados como parâmetro para os casos em que são aplicadas as Súmulas Vinculantes, para justificar a adoção da decisão, no sentido de fazer prevalecer o juízo de correspondência das circunstâncias materiais do caso concreto, não com o enunciado da Súmula, mas com as proposições normativas construídas a partir das *ratio decidendi* de outras decisões, as quais podemos dizer que foram aglutinadas, sintetizadas sob esse verdadeiro índice que é um enunciado sumular.

Mas, enfim, podemos dizer que a Súmula Vinculante é aplicada? Em certo sentido sim, como se pode dizer que estou a aplicar a Lei 13.105, de 16 de março de 2015. A pragmática linguística refere-se a aplicar uma lei. Para além disso, somos pela negativa à indagação, dado que o enunciado linguístico, o verbete da súmula, não é aplicado como tal nas decisões judiciais.

Essa constatação nos leva a outros questionamentos, já levantados no capítulo introdutório. Devemos buscar as devidas respostas.

15.3.2 Súmula Vinculante é "Norma Jurídica"?

A norma jurídica, conforme já expusemos, é tomada aqui como construção de sentido, construção de proposições, a partir dos enunciados integrantes do sistema de direito positivo, que são estruturadas logicamente em proposição antecedente, descritora de fatos de possível ocorrência no mundo real fenomênico, a qual atrela-se pela conexão deôntica (dever ser neutro) a uma outra proposição consequente, descritora, por sua vez, de um fato jurídico relacional, vinculantes sujeitos de direitos em função de um objeto comum, que se revela ao mesmo tempo, no direito/dever comportamental estabelecido.

Se consideramos que as Súmulas Vinculantes são enunciados componentes do sistema de direito positivo, pois previstas no art. 103-A, parágrafos 1º, 2º e 3º, da Constituição da República, com procedimento de criação disciplinado no Regimento Interno do Supremo Tribunal Federal, artigos 354-A a 354-G, em certo sentido, pensamos ser possível construir norma a partir de seu texto (enunciado).

Seria dado ao intérprete, ao debruçar-se sobre o texto das Súmulas Vinculantes, fragmentos de linguagem jurídicas que construam proposições em estrutura lógica hipotético-condicional, que descreva fatos e prescreva comportamentos, que passaremos a designar por norma jurídica de comportamento, aquelas que modalizam comportamentos na tríade proibido, permitido e obrigatório.

Tomemos como exemplo a Súmula Vinculante 31, de enunciado já conhecido:

> O ICMS não incide sobre alienação de salvados de sinistro pelas seguradoras.

O fato descrito no antecedente poderia bem ser construído como sendo: "Se as seguradoras alienarem veículos objeto de sinistro, então deve ser o dever jurídico do estado em omitir-se na exigência de ICMS". Talvez não seja a melhor fórmula normativa já criada, mas é possível tal construção de sentido. A prestação de relação seria um comportamento omissivo de não exigir ICMS na operação, com o respectivo direito de opor-se, se tal conduta viesse a ser implementada pelo Estado. O modal proibido seria destinado ao Estado.

Ou, ainda, em relação ao enunciado da Súmula Vinculante 19, igualmente aqui já revelado:

> A taxa cobrada exclusivamente em razão dos serviços públicos de coleta, remoção e tratamento ou destinação de lixo ou resíduos provenientes de imóveis, não viola o artigo 145, II, da Constituição Federal.

Poder-se-ia constituir proposição normativa estruturada como uma simples norma de incidência: se o Município instituir taxa para remunerar o serviço de coleta de lixo domiciliar, então o usuário tem o dever de recolher a respectiva taxa ao erário municipal. A prestação da relação seria um comportamento comissivo de dar.

Não é nossa intenção elaborar modos de construção de juízos hipotético-condicionais para as Súmulas, senão alertar para o fato de que será possível que assim se o faça em alguns casos, a depender da redação do verbete, do texto produzido.

Em outros casos, a dificuldade de concatenação das proposições nessa estrutura normativa para designar comportamentos pode ser maior. Veja-se o caso da Súmula Vinculante 8, cujo enunciado denota inconstitucionalidade de três dispositivos legais.

> São inconstitucionais o parágrafo único do artigo 5º do Decreto-Lei 1.569/1977 e os artigos 45 e 46 da Lei 8.212/1991, que tratam de prescrição e decadência de crédito tributário.

Que espécie de norma poderia ser construída? Dado que são inconstitucionais os dispositivos tais, então, as autoridades tributárias têm o dever se omissão em sua aplicação? É possível.

Entretanto, a análise empírica revela algo distinto da realidade de ser o enunciado da Súmula Vinculante uma norma jurídica que dita comportamentos. Como já adiantado no item pregresso, não há construção de incidência dos enunciados dos verbetes, não há descrição de fatos que se subsumam às hipóteses de seus enunciados, há, de outro lado, conclusão por "aplicação" da Súmula, após todas as referências feitas às razões de decidir de outros casos, os quais levaram à edição das Súmulas Vinculantes.

A conclusão a partir das análises das decisões de *aplicação* da Súmula Vinculante é que esse instrumento não atua como norma de comportamento, seu enunciado não incide sobre fatos do mundo real social, simplesmente porque não há necessária correspondência entre o texto enunciado no verbete e o âmbito ontológico de sua aplicação. Seria como aplicar uma norma em cuja hipótese descreve um fato "X" para fatos ocorridos no mundo real social de natureza "Y".

Queremos dizer que a pragmática da aplicação das Súmulas revela-se suficiente para afirmar que seus enunciados (verbetes) não guardam correspondência necessária com os fundamentos de sua aplicação (enunciados consistentes nas razões de decidir que são invocadas nas decisões de aplicação).

Tomarmos o enunciado da Súmula Vinculante como uma norma jurídica comportamental seria como, a partir de um texto de direito, construíssemos uma proposição que lhe fosse distinta do ponto de vista pragmático.

O dado para o qual chamamos a atenção é a corrente na verificação, a partir da análise empírica das decisões de aplicação, é que não há necessária correspondência entre a proposição que podemos construir do texto da Súmula, e os enunciados que são tomados como justificativas (razão de decidir) das decisões que as aplicam, o que impede a tomada da Súmula como norma de comportamento.

O fenômeno que verificamos seria algo similar ao exemplo abaixo, que, se é prosaico, é também didático por ser ilustrativo de nosso raciocínio.

> Enunciado normativo (Sintaxe): *se cruzar o semáforo na luz vermelha, então deve ser multa de R$ 100,00*;
>
> Proposição normativa (semântica): *se cruzar o semáforo na luz vermelha, então deve ser multa de R$ 100,00*;
>
> Aplicação da norma (Pragmática): *Dado que estacionaste em local proibido, aplico-lhe multa de R$ 200,00.*

A análise revelou não haver conexão necessária entre a literalidade do enunciado e o âmbito de sua aplicação. E, se assim o é, não podemos tomar como norma de comportamento algo que se aplique em eventos que não estejam previstos em suas hipóteses.

Sem negar a natureza de norma comportamental para as Súmulas Vinculantes, não há como explicar, por exemplo, que na "aplicação" da Súmula Vinculante 52, cujo enunciado **expressamente** diz respeito às entidades assistenciais e sem fins lucrativos do **art. 150, VI, "c"**, da Constituição, tenha-se invocado uma decisão como precedente que era alusiva aos templos religiosos, elencados na alínea **"b", desse mesmo artigo 150, VI**, da Carta Constitucional, como vimos no item 14.3, do Capítulo 14.

Deitaria sem explicação, para além, como uma decisão que aplicou a Súmula 41, cujo enunciado é *"O serviço de iluminação pública não pode ser remunerado mediante taxa"*, para um caso concreto em que se estava discutindo a exigibilidade de uma taxa de *segurança pública* instituída no Rio Grande do Sul, conforme vimos no Capítulo 13, item 13.1.

Seria uma "norma" que trata de taxa remuneratória de serviço de iluminação pública aplicada para o caso de uma taxa de segurança pública? Não haveria neste específico ponto uma distinção ontológica apta a sequer cogitar a aplicação dessa tal norma? Pensamos que nesse aspecto sim.

Nesse sentido, a conclusão aqui exposta é: a Súmula Vinculante não é norma que regula comportamentos ou prescreve relações. As decisões que a aplicaram cuidaram de revelar a impossibilidade de assim tomá-las, ante a demonstração de ausência de identidade entre enunciado e ambiente ontológico de aplicação.

Todavia, se não pode ser tomada como norma de comportamento, pode ser tomada como outra espécie de norma. E essa afirmação nos remete a outras considerações.

15.3.3 Qual a natureza jurídica da Súmula Vinculante?

Se as Súmulas Vinculantes não são "aplicadas" e não guardam natureza de norma jurídica que prescrevem comportamentos, o que a caracterizaria enquanto componente do sistema de direito positivo brasileiro?

A Súmula Vinculante é uma norma jurídica da espécie geral e concreta, que é veículo introdutor de outros enunciados no sistema de comunicação jurídica. Essa a natureza das Súmulas Vinculantes: são instrumentos introdutores de enunciados no sistema de direito positivo brasileiro, com ênfase especial no sistema decisório judicial, mas não exclusivamente a ele.

> Em suma: a norma veículo introdutor resulta da aplicação da norma sobre a produção jurídica e é da espécie concreta e geral, construída a partir da leitura da epígrafe e do preâmbulo do documento normativo, responsável por introduzir enunciados prescritivos no sistema.
>
> O seu antecedente é composto por um enunciado protocolar – fato jurídico – que projeta no documento normativo a linguagem constitutiva do agente competente, do espaço, do tempo em que se realizou a sua atividade, bem como deixa indícios (nome da espécie do veículo introdutor) do procedimento utilizado para a confecção do documento. Todos presumidos juris tantum.
>
> O consequente é composto de uma relação jurídica modalizada pelo functor obrigatório (O), que prescreve o dever de toda a comunidade observar as regras jurídicas criadas pelo exercício de uma dada competência e de um dado procedimento.
>
> Para concluir, cabe esclarecer que nenhum enunciado-enunciado entra no sistema de direito positivo sem ser através de um veículo introdutor previsto pelo próprio sistema.[461]

A transcrição de Tárek Moysés Moussallem cuida de elucidar muito de nosso processo de raciocínio, para chegarmos à conclusão acima já exposta, mas abaixo reforçada em fortes tintas.

A Súmula Vinculante tem função de "Veículo Introdutor" de enunciados-enunciados, os quais, por sua vez, são consistentes nos enunciados correspondentes às razões de decidir das decisões que são usadas como seus precedentes.

No sentido acima, portanto, a Súmula Vinculante pode ser tomada como norma, mas não de comportamento, mas

---

461. MOUSSALLEM, Tárek Moysés. *Fontes do direito tributário*. 2. ed. São Paulo: Noeses, 2006, p. 132.

da espécie norma geral e concreta, que injeta prescrições no sistema de direito positivo, de observância obrigatória a toda a comunidade jurídica, desde os cidadãos, passando por todos os membros do Poder Judiciário, e mesmo o Estado-Administração.

Pode-se falar, nesse espeque, em aplicação da Súmula Vinculante 8, por exemplo, tanto quanto pode-se falar em aplicação da Lei 10.637, de 30 de dezembro de 2002. Mas, de fato, a aplicação é de seus enunciados-enunciados, das prescrições normativas que são introduzidas no sistema pela mão do veículo introdutor.

O artigo 103-A da Constituição da República estabelece a norma de competência. Os artigos aqui já citados, do regimento interno do Supremo Tribunal Federal (arts. 354-A a 354-G) estabelecem o procedimento.

A Proposta de Súmula Vinculante (PSV) é o documento que registra o procedimento de enunciação, tornando-se enunciação-enunciada. O caráter normativo da Súmula Vinculante é construído a partir desse raciocínio, de ser ela uma norma concreta e geral que introduz prescrições normativas em nosso sistema. Todos os dêiticos estarão impressos nesse documento, a evidenciar o exercício da competência constitucionalmente atribuída à Suprema Corte, pelo procedimento de aprovação, tudo conforme enunciados integrantes do próprio sistema de direito positivo.

Os enunciados que permitiriam construir a proposição antecedente e a proposição consequente dessa norma concreta e geral poderiam ser assim evidenciados:

Antecedente: Dado que os Ministros do Supremo Tribunal Federal, no exercício da competência que lhes foi atribuída pelo art. 103-A, parágrafos 1º e 2º, da Constituição da República, reunidos em Plenário em cumprimento do procedimento estabelecido nos artigos 354-A a 354-G, do Regimento Interno do Supremo Tribunal, aprovaram Proposta de Súmula Vinculante X de enunciado Y,

Deve ser (functor deôntico neutro)

Consequente: que todos os demais órgãos do Poder Judiciário e da administração pública direta e indireta, nas esferas federal, estadual e municipal deverão observar os enunciados introduzidos no sistema de direito positivo.

Quais são os enunciados-enunciados introduzidos pela norma geral e concreta de uma Súmula Vinculante? A pragmática da aplicação das Súmulas, ou seja, a análise das decisões do Supremo Tribunal Federal indica serem justamente os enunciados que se consubstanciam nas razões de decidir das decisões tomadas como precedentes.

Estamos autorizados a afirmar, a partir da análise empírica que promovemos, que os enunciados consubstanciados nas razões de decidir de decisões que eram meramente persuasivos, e, portanto, não obrigatórios, são introduzidos no sistema de direito positivo brasileiro, pela via da edição da Súmula Vinculante, como enunciados dotados de observância obrigatória.

Tal como uma lei introduz seus enunciados para aplicação aos comportamentos ocorridos no mundo real social, a Súmula Vinculante introduz um conjunto de enunciados que compõem o núcleo decisório de diversas decisões que de forma pregressa estipularam as justificativas para a tomada de decisão sobre certa matéria em certo sentido.

Esses enunciados-enunciados, diferentemente dos enunciados de uma lei, como geralmente ocorre, não estarão no corpo físico textual do veículo introdutor, mas em outras espécies de normas, normalmente individuais e concretas relativas a decisões judiciais.

Mas o que é, então, o enunciado da Súmula? A resposta indica ser uma simples ementa, um índice que, como todo índice, é apenas indicativo da matéria tratada pela Súmula, mas não corresponde necessariamente a todo o conteúdo material de seus enunciados. Exatamente como ocorre com as ementas quando da publicação de veículos introdutores emitidos pelo Poder Legislativo ou do Poder Executivo, como parece ficar claro no modelo sugerido pela subchefia de assuntos jurídicos da Presidência da República:

> Presidência da República
>
> Subchefia para Assuntos Jurídicos
>
> Ementa
>
> A ementa é a parte do preâmbulo que sintetiza o conteúdo da lei, a fim de permitir, de modo imediato, o conhecimento da matéria legislada, <u>devendo guardar estreita correlação com a ideia central do texto</u>, bem assim com o art. 1º, do ato proposto.
>
> Deve ser evitada apenas a menção genérica do tópico da Lei ou Decreto acompanhado do clichê "e dá outras providências".
>
> MODELO
>
> Dá nova redação aos arts. 13, 14, 15 e 16 da Lei 8.212, de 24 de julho de 1991, que dispõe sobre a organização da Seguridade Social, institui Plano de Custeio, e dá outras providências
>
> Forma: Tamanho: ± 9cm alinhando à direita.
>
> Padrão de Formatação Word.
>
> Formatar, parágrafo, esquerdo 3,2", direito 0"[462]

A função de ementar a ideia central que é contida nos enunciados-enunciados (prescrições) parece ajustar-se perfeitamente ao enunciado da Súmula. Ele é texto indicativo da ideia central ou, podemos dizer, do núcleo representativo da razão de decidir comum às decisões que lhe foram precedentes. Mas não guarda relação direta e necessária com os fundamentos desses enunciados, com a matéria central, com as circunstâncias tomadas como razão de decidir nos precedentes e que são aplicadas nas decisões

---

462. BRASIL. Presidência da República. *Ementa*. Brasília, [199-?]. Disponível em: <http://www.planalto.gov.br/ccivil_03/Dicas/Ementa.htm>. Acesso em: 27 nov. 2016.

A ideia de ementa parece guardar consonância, inclusive, com a própria semântica da palavra *Súmula*, que é substantivo feminino que significa resumo, síntese.

Desta feita, teríamos a Súmula X como veículo introdutor. Seu enunciado como ementa. Os enunciados-enunciados, os quais são de fato aplicados obrigatoriamente, seriam as razões de decidir dos precedentes que levaram ao exercício da competência do Supremo Tribunal Federal, nos termos do art. 103-A, da Constituição, para a edição de uma Súmula Vinculante.

15.3.4 Qual é a função (utilidade) da Súmula Vinculante?

Nas considerações que fizemos nas linhas acima, apresentamos conclusões, feitas a partir da análise do discurso decisório de aplicação das Súmulas Vinculantes, de que elas não são aplicadas como normas que regulam comportamentos.

No quadrante de classificação das normas, as Súmulas Vinculantes seriam normas gerais e concretas, veículos introdutores de enunciados prescritivos consubstanciados nas razões de decidir das decisões utilizadas como precedentes, estes, sim, enunciados a partir dos quais podem-se construir proposições jurídicas para a composição de normas para aplicação ao caso concreto, como de fato fora feito anteriormente pelo precedente.

A indagação que emerge dessa constatação, portanto, seria acerca da utilidade da Súmula Vinculante em geral, e em matéria tributária em especial.

A indagação é diretamente relacionada com a adoção da teoria dos *stare decisis* vertical em nosso sistema, externada pelo artigo 927 do Código de Processo Civil, novamente aqui reproduzido:

> Art. 927. *Os juízes e os tribunais observarão:*
>
> I - *as decisões do Supremo Tribunal Federal em controle concentrado de constitucionalidade;*

II - os enunciados de súmula vinculante;

III - os acórdãos em incidente de assunção de competência ou de resolução de demandas repetitivas e em julgamento de recursos extraordinário e especial repetitivos;

IV - os enunciados das súmulas do Supremo Tribunal Federal em matéria constitucional e do Superior Tribunal de Justiça em matéria infraconstitucional;

V - a orientação do plenário ou do órgão especial aos quais estiverem vinculados.[463]

Queremos imprimir especial atenção, em função de sua relação direta com o tema em apreço, ao disposto no inciso IV, que alça os enunciados das Súmulas do Supremo Tribunal Federal e do Superior Tribunal de Justiça, as quais, até o início da vigência do novo Código de Processo Civil, tinham natureza meramente de persuasão, para o patamar dos enunciados obrigatórios.

E se afirmamos em bom tom que as Súmulas Vinculantes seriam apenas veículos introdutores de enunciados prescritivos (razões de decidir) a partir dos quais seriam construídas proposições jurídicas para formação de normas de aplicação ao caso concreto, que diferença haveria, atualmente, entre as súmulas vinculantes e as demais súmulas do STF e do STJ, a teor do art. 927, IV, do Código de Processo Civil?

Estruturalmente não vemos diferença. Ou seja, tanto as vinculantes quanto outras súmulas são veículos introdutores que injetam no sistema de direito enunciados que consubstanciam elementos centrais de decisão, a partir dos quais se formarão proposições jurídicas para aplicação ao caso concreto.

A resposta, então, para a única diferença que identificamos entre as súmulas vinculantes e as demais súmulas, obviamente para além de seu procedimento de criação, fornece também a resposta acerca de sua utilidade, especialmente em

---

463. BRASIL. Presidência da República. *Lei 13.105, de 16 de março de 2015*. Código de Processo Civil. Brasília: DOU, 17 mar. 2015.

relação à matéria tributária, o que justificaria a importância e prevalência desse veículo introdutor no sistema de direito positivo brasileiro.

A resposta é a vinculação da administração pública, a teor do art. 103-A, da Constituição da República:

> [...] terá efeito vinculante em relação aos demais órgãos do Poder Judiciário e à <u>administração pública direta e indireta, nas esferas federal, estadual e municipal</u>, bem como proceder à sua revisão ou cancelamento, na forma estabelecida em lei.[464]

O âmbito de abrangência vinculativa é a diferença fundamental. Enquanto as súmulas até então persuasivas, que ora são obrigatórias, e assim as chamaremos para diferenciar das súmulas vinculantes, têm abrangência vinculante limitada às decisões do Poder Judiciário, as súmulas vinculantes obrigam a administração pública, e isso revela seu papel de relevo para o direito tributário mais do que qualquer outra seara, dado que o Estado-Administração tributária é a uma constante na equação das relações jurídicas tributárias.

Esse relevo salta aos olhos quando assimilarmos que, no sistema de direito positivo brasileiro, o julgamento pelas Cortes Administrativas, das imposições tributárias aos contribuintes, é uma importante função da administração tributária no Brasil. A estruturação de tribunais administrativos para julgamento das relações jurídicas tributárias havidas entre os contribuintes e o fisco tem destaque em nível federal, em todos os Estados da Federação e na maioria dos grandes Municípios do Brasil.

Fazer com que as súmulas vinculantes sejam observadas por esses tribunais é contributo indiscutível para evitar que muitas ações judiciais sejam distribuídas junto ao Poder

---

464. BRASIL. *Constituição da República Federativa do Brasil*: texto constitucional promulgado em 5 de outubro de 1988, com as alterações determinadas pelas Emenda Constitucionais de Revisão 1 a 6/94, pelas Emendas Constitucionais 1/92 a 91/2016 e pelo Decreto Legislativo 186/2008. Brasília, 1988, *grifo meu*.

Judiciário. Isso reflete em eficácia decisória quanto se remete ao tempo em que a decisão de sentido alinhado com a súmula vinculante é obtida, evitando-se tramitação da ação judicial. Isso reflete em segurança jurídica, pela evidência do respeito da administração tributária aos enunciados fundamentais do Supremo Tribunal Federal.

Essa importância parece ter ficado nítida no capítulo 13, quando transcrevemos os debates ocorridos no contexto da discussão da Proposta de Súmula Vinculante 98, que aprovou a Súmula Vinculante 41.

Fazer com que os enunciados fundamentais à edição das súmulas vinculantes possam se estender ao Estado-fisco justifica, por si só, a existência e a manutenção da veiculação desses instrumentos em nosso sistema decisório, mesmo após a adoção do *stare decisis*.

15.3.5 A Súmula Vinculante tem *ratio decidendi*?

Pensamos que resposta é negativa. Se seguirmos o caminho aqui trilhado, de que as Súmulas são veículos introdutores de enunciados prescritivos de outras decisões, transmudando-as, pelo menos para o efeito de eficácia geral, de enunciados persuasivos em enunciados vinculantes (os enunciados já eram vinculantes às partes do processo), teremos que necessariamente falar em campo de aplicação ou em âmbito de aplicação.

Uma delimitação ontológica formada a partir de múltiplas *rationes decidendi*, com suas respectivas distinções restritivas e ampliativas no curso da positivação de outras decisões no interior do sistema de direito.

A análise empírica das decisões de aplicação revelou que pode ser possível identificar um conjunto de *rationes decidendi* formado pelas referências em cada uma das decisões de aplicação das súmulas vinculantes.

15.3.6 Identificando os critérios de aplicação das Súmulas Vinculantes em matéria tributária

Com lastro na assertiva acima, de que não se pode falar em *ratio decidendi* de súmulas vinculantes, torna-se possível, entretanto, a partir da análise das decisões de aplicação das súmulas, identificar fundamentos de similaridade e elementos de distinção, para propiciar as linhas gerais de ambiente formador do campo de aplicação da Súmula, sendo possível identificar, potencialmente, os casos em que elas se aplicariam.

Nesse ponto queremos duas considerações importantes.

A primeira refere-se diretamente à nossa análise empírica. A identificação de um singular precedente tomado como referência para os fundamentos de edição da súmula vinculante nem sempre é possível, ou seria ainda mais condizente afirmar, com lastro em nossa análise empírica, que em regra, a identificação singular não é possível.

Isso porque no curso de nossas investigações, como ressaltamos diversas vezes nos capítulos de análise das decisões de cada súmula, não se segue uma regra de adoção expressa de uma decisão como matriz de precedente. A decisão ou decisões citadas como precedentes nas propostas de súmulas vinculantes não se expressam como de citação obrigatória nas decisões de aplicação futuras.

Ainda que uma singularidade possa ser identificada, dado que em diversas propostas de súmulas vinculantes se faça referência a apenas uma decisão (citamos como exemplos a PSV 40, que aprovou a SV 19 e a PSV 21, que aprovou a SV 21), isso revela-se um parâmetro artificial, posto não tenha conteúdo de vinculação; em diversas decisões de aplicação, a referência à decisão citada na PSV sequer aparece.

Há decisões de aplicação que citam outras decisões como precedentes, e sequer citam a decisão ou decisões utilizadas como fundamento de edição das súmulas vinculantes nas propostas. Fazem menção a diversas e distintas decisões.

São as seguintes situações encontradas:

(i) PSV cita expressamente uma única decisão precedente de edição:

(i.1) decisões de aplicação citam singularmente a decisão da PSV;

(i.2) decisões de aplicação citam a decisão da PSV e outras decisões diversas;

(i.3) decisões de aplicação não citam a decisão da PSV e citam outras decisões diversas para realizar juízo de aplicação da SV ao caso concreto;

(ii) PSV cita expressamente mais de uma decisão como precedente de edição:

(ii.1) decisões de aplicação citam todas as decisões da PSV;

(ii.2) decisões de aplicação citam uma das decisões da PSV;

(ii.3) decisões de aplicação citam uma das decisões da PSV e outras decisões distintas;

(ii.4) decisões de aplicação sequer citam os precedentes da PSV e citam outras decisões distintas para realizar juízo de aplicação da SV ao caso concreto.

Há ainda o caso da Súmula Vinculante 8, aprovada sem PSV, em sessão deliberativa do Plenário do Supremo Tribunal Federal, conforme visto no capítulo 6, e que utiliza quatro decisões precedentes e da Súmula Vinculante 32, aprovada no contexto do julgamento do RE 588.149, conforme destacamos no capítulo 12. Mesmo em tais casos, há decisões de aplicação que fazem referência à(s) decisão(ões) citada(s) como fundamento de aprovação e outras que não o fazem, no mesmo sentido das decisões que aplicaram as súmulas vinculantes que contaram com PSV.

Essa realidade, imposta pela análise empírica aqui empreendida, trabalha em desfavor da pragmática da realização de juízo comparativo, dada a multiplicidade de decisões precedentes utilizadas para justificar a aplicação das súmulas vinculantes e da igual dificuldade de identificação das razões de decidir comparativas, dado que em que cada decisão encontramos distintas decisões parâmetro, as quais, ainda que muito similares, guardam suas especificidades.

Melhor seria se houvesse uma matriz segura de comparação, com a Corte identificando o precedente parâmetro e o utilizando sempre e necessariamente para a realização dos juízos de comparação com os casos concretos postos sob julgamento.

A segunda consideração tem relação com primeira. É que o precedente se faz e refaz no dinamismo das decisões de aplicação. Como destacamos no capítulo 2, item 2.4.4.1, as decisões podem restringir o âmbito de aplicação do precedente e podem ampliá-lo.

Mas esse juízo de aplicação, de distinção ampliativa ou restritiva, seria muito mais específico e preciso, com a utilização de uma matriz única de comparação. No caso das súmulas vinculantes em matéria tributária, diversas são as matrizes, e esses juízos somente podem ser feitos se adotadas as necessárias premissas sobre quais decisões estão a se comparar.

Observamos, outrossim, que um obstáculo insuperável no juízo de aplicação das Súmulas Vinculantes se revela comum: não se pode aplicar súmula vinculante em reclamação cujo ato reclamado seja anterior à edição da Súmula Vinculante. Outros obstáculos comuns à aplicação de todas as súmulas são índole processual, tais como: (i) não se poder usar a Reclamação como sucedâneo de recurso ou para suprimir instância de julgamento; e (ii) não se poder aplicar súmula vinculante para ofender coisa julgada.

Assim, reveladas nossas condições analíticas, empreendemos esforços para delimitação potencial do campo de aplicação das Súmulas Vinculantes em matéria tributária, pelas decisões de aplicação do Supremo Tribunal Federal e o fazemos de maneira a sintetizar os juízos já empreendidos em cada um dos capítulos de 6 a 14.

15.3.6.1 Súmula Vinculante 8

> São inconstitucionais o parágrafo único do artigo 5º do Decreto-Lei 1.569/1977 e os artigos 45 e 46 da Lei 8.212/1991, que tratam de prescrição e decadência de crédito tributário.

De todas as considerações feitas no capítulo 6, podemos identificar o núcleo material decisório nas decisões de aplicação da Súmula Vinculante 8, como sendo a ofensa à reserva material constitucional à Lei Complementar para tratar de temas tributários elencados no art. 146 da Constituição da República.

A justificativa para tomar por inconstitucionais os dispositivos citados no enunciado da Súmula Vinculante 8 foi centrado no dinamismo da comunicação jurídica, pela análise da concatenação e respeito às normas de comunicação jurídica reveladas pelas relações de coordenação e subordinação das normas.

Ao empreender essa análise verificou-se a inadequação do veículo introdutor (Lei ordinária) para dispor sobre matérias para as quais a Constituição reservou outra espécie de Veículo Introdutor, as Leis Complementares, as quais, na espécie dos casos concretos, seriam as matérias de prescrição e decadência do crédito tributário – art. 146, III, "b", da CF/1988.

Esse juízo levou à proclamação da consequência dessa premissa, que foi a declaração da invalidade de três dispositivos – artigos 45 e 46 da Lei 8.212/91 e o parágrafo único do artigo 5º, do Decreto-Lei 1569/1977.

Assim, a análise dos casos concretos revelou todo potencial do campo de aplicação da razão de decidir comum às decisões como sendo todas as relações jurídicas tributárias que pudessem ser extintas pela edição de uma norma reconhecendo a decadência ou de prescrição, constatando fluência superior a cinco anos nas contagens dos prazos decadenciais ou prescricionais dos créditos tributários, nos termos dos artigos reguladores do Código Tributário Nacional.

A única restrição potencial encontrada a esse universo de aplicação, como revelamos no item 6.2.2, foi a ocorrência de fraude em contratos de trabalhos, que fez com que o STF afastasse a aplicação dos fundamentos da Súmula Vinculante 8 para cobrança, na Justiça do Trabalho, de contribuições previdenciárias decorrentes do reconhecimento do registro em carteira com valores menores do que os efetivamente pagos ao trabalhador (salário extrafolha).

15.3.6.2 Súmula Vinculante 19

> A taxa cobrada exclusivamente em razão dos serviços públicos de coleta, remoção e tratamento ou destinação de lixo ou resíduos provenientes de imóveis, não viola o artigo 145, II, da Constituição Federal.

Aqui a matéria tratada diz respeito às condições constitucionais de instituição da espécie tributária "taxa".

Firmes nas considerações feitas no capítulo 7, o núcleo material decisório nas decisões de aplicação da Súmula Vinculante 19 pode ser identificado: (i) reconhecimento de que as espécies tributárias "taxas" podem se utilizar de elementos componentes das bases de cálculo próprios da espécie tributária "imposto" para instituir a remuneração de serviços públicos, sem ofender ao artigo 145, II, da Constituição Federal, por não haver coincidência integral das bases de cálculo das duas espécies; (ii) que a correspondência entre o custo do serviço e a efetiva remuneração por sua prestação, divisível por cada usuário, pode ser apenas potencial, guardada a razoabilidade nessa mensuração; (iii) que, em função da razão adrede citada, o serviço de coleta de lixo domiciliar pode ser identificado como específico e divisível; e (iv) a remuneração pelo serviço público de coleta de lixo domiciliar não guarda correspondência direta com a utilização efetiva dos serviços, podendo ser potencial, bastando que o serviço esteja à disposição do usuário.

As razões nucleares identificadas em (i), (ii) e (iv) são extensíveis a todas as taxas, pelo que a potencialidade de seu campo de atuação desbordaria essa específica exação, alcançando quaisquer taxas nessa condição. As decisões de aplicação, assim, só não revelam a aplicação em outras espécies, porque esse campo de aplicação, que, pragmaticamente, se tornou uma verdadeira salvaguarda para a instituição de taxas, foi abarcado pela Súmula Vinculante 29. A constatação evidente dessa nossa conclusão é que o precedente para a edição de ambos os enunciados sumulares é o mesmo, como já dissemos nos capítulos 7 e 10 (RE-QO-RG n° 576.321).

As justificativas nucleares acima levaram as decisões de aplicação a proclamar a consonância constitucional de taxas de coleta de lixo que utilizassem algum ou alguns dos elementos próprios de imposto, nos casos em concreto, da metragem do imóvel, para aferição potencial dos custos a serem remunerados pelo usuário.

Esse universo de constitucionalidade das taxas criado pelos fundamentos de edição das Súmula Vinculante n° 19, conforme aqui versado, veda apenas a identidade de bases de cálculo.

15.3.6.3 Súmula Vinculante 21

> É inconstitucional a exigência de depósito ou arrolamento prévios de dinheiro ou bens para admissibilidade de recurso administrativo.

O tema é a garantia do devido processo nas Cortes Administrativas. Analisa-se se normas que prescrevem depósitos ou arrolamentos de bens para acesso pleno às cortes administrativas guardam fundamento de validade em princípio constitucionais.

Mais uma vez, temos a dinâmica da comunicação vazada nas relações de coordenação e subordinação das normas jurídicas, que têm enfrentamento hermenêutico.

Conforme as decisões verificadas e análises procedidas no capítulo 8, identifica-se o núcleo fundamental das decisões de aplicação da Súmula Vinculante 21 como sendo o juízo de que a exigência de depósitos em dinheiro ou arrolamento de bens como condição de acesso às instâncias administrativas de julgamento não condiz com o conteúdo jurídico dos princípios constitucionais (i) da ampla defesa e do contraditório (art. 5º, LV), (ii) do devido processo legal (art. 5º, LIV), com o direito de petição (art. 5º, XXXIV, "a") e com a isonomia.

As justificativas para tomar por contrárias à Constituição as exigências de depósito ou arrolamento de bens fazem com que o campo de aplicação da Súmula Vinculante 21 atinja todas as relações jurídicas processuais de índole administrativa, garantindo a tramitação em todas as respectivas instâncias do contencioso administrativo em quaisquer órgãos da administração pública em geral, inclusive nas cortes administrativas tributárias.

Uma ampliação desse universo de aplicação pode ser inferida de uma decisão que reconheceu a aplicação da Súmula para um caso cujo contexto se deu em ação de execução fiscal, ou seja, para além dos limites da relação jurídica processual administrativa, em que a parte requeria do Juízo de origem a declaração de nulidade das certidões de dívida ativa objeto de uma ação de execução fiscal, conforme análise feita no Capítulo 8, item 8.3.1.

Como lá alertamos, é possível vislumbrar *ampliative distinguishing*, ao considerarmos com parâmetro de razão de decidir seja afeta ao processamento de recursos administrativos sem exigência de prévios depósitos, em garantia do contraditório, ampla defesa e direito de petição. Aplicação em casos assim ensejariam a possibilidade de pleito de nulidade das Certidões de Dívida Ativa nas ações de execução fiscal, caso não houvesse sido processado o recurso por ausência de depósito ou arrolamento.

De outra sorte, é possível vislumbrar nitidamente uma temperança a essa ampliação, como consideramos no item 8.3.2, em função da desistência de ação que discutia a aplicação da Súmula para processar recurso administrativo, para ingresso em programa de parcelamento incentivado, sendo a confissão do débito critério de distinção para aplicação da Súmula Vinculante 21.

15.3.6.4 Súmula Vinculante 28

> É inconstitucional a exigência de depósito prévio como requisito de admissibilidade de ação judicial na qual se pretenda discutir a exigibilidade de crédito tributário.

O tema, similar ao anterior, mas referente à garantia de acesso ao judiciário.

As considerações que empreendemos no Capítulo 9 nos fazem identificar que o núcleo fundamental das decisões de aplicação da Súmula Vinculante 28 é o juízo de que a exigência de depósitos em dinheiro como condição de acesso ao Poder Judiciário ofende ao princípio constitucional da inafastabilidade de jurisdição, conforme prescrito no artigo art. 5º, XXXV, e dos princípios da ampla defesa e do contraditório, este no artigo 5º, LV, todos da Carta da República, porque obstaria o acesso à Justiça e, por consequência, mitigaria os recursos da ampla defesa e contraditório em casos de impossibilidade de disposição de recursos.

Sob esse fundamento, na pragmática da análise dos casos concretos, indica-se que qualquer exigência de depósito condicionante à propositura de ações judiciais será tida por contrária à Constituição, o campo de aplicação da Súmula pode ser potencialmente qualquer afastar a exigência de efetivação de depósitos para instaurar quaisquer relações jurídicas processuais que tenham por objeto a discussão de créditos de natureza tributária.

Identificamos critério de distinção nas decisões analisadas, no que pode ser considerado um *restrictive distinguishing*. Houve adoção de critério distintivo entre exigência de depósito condicionante ao acesso de discussão de crédito tributário *e* exigência de depósito prévio, como uma das modalidades de garantia, condicionante da distribuição da ação de embargos à execução, nos termos da específica Lei 6.830/80.

Assim, o universo de aplicação da inafastabilidade de acesso ao judiciário por exigência prévia de depósitos alcança todas as relações jurídicas de natureza tributária, salvo as ações de embargos à execução, para as quais se exige o depósito-garantia. A natureza de garantia parece ser a distinção elementar.

15.3.6.5 Súmula Vinculante 29

> É constitucional a adoção, no cálculo do valor de taxa, de um ou mais elementos da base de cálculo própria de determinado imposto, desde que não haja integral identidade entre uma base e outra.

O tema de fundo da Súmula Vinculante 29 é novamente as condições constitucionais de instituição das taxas, conforme já adiantamos no item referente à Súmula Vinculante 19 (item 15.3.6.2)

É o caso de remeter às considerações realizadas no Capítulo 10, para podermos identificar o núcleo material decisório nas decisões de aplicação da Súmula Vinculante 29, os quais, por similaridade, inclusive de precedente tomado como fundamento da edição da súmula, guarda correspondência com as razões de decidir da Súmula Vinculante 19, com a diferença de amplitude de espectro de aplicação.

Podemos relatar as seguintes razões: (i) reconhecimento de que as espécies tributárias "taxas" podem se utilizar de elementos componentes das bases de cálculo próprios da espécie tributária "imposto" para instituir a remuneração de serviços públicos, sem ofender ao artigo 145, II, da Constituição Federal, por não haver coincidência integral das bases de cálculo das duas espécies; (ii) que a correspondência entre o custo do serviço e a efetiva remuneração por sua prestação, divisível por cada usuário, pode ser apenas potencial, guardada a razoabilidade nessa mensuração; (iii) a remuneração pelo serviço público de coleta de lixo domiciliar não guarda correspondência direta com a utilização efetiva dos serviços, podendo ser potencial, bastando que o serviço esteja à disposição do usuário.

Como havíamos adiantado, as razões nucleares acima identificadas coincidem com as da Súmula Vinculante 19, pelo que absolutamente dispensável a existência de ambos os enunciados, sendo que o da Súmula 29 abarca o da Súmula 19. O campo de aplicação da Súmula 29 perfaz concreto o campo de potencialidade de aplicação que identificamos ao tratar da Súmula Vinculante 19

Desta feita, as justificativas nucleares calham com a proclamação de validade constitucional de quaisquer taxas, seja pela prestação de serviços públicos, seja pelo exercício regular do poder de polícia, que possam se utilizar de elementos próprios de bases de cálculo de imposto, sem que com elas guardem coincidência e desde que, igualmente, sejam aptos a aferir, ao menos em potencial, a correspondência entre custo do serviço e remuneração adotada em função da divisibilidade e especificidade chanceladas.

Os casos concretos analisados informam que o STF considerou aptos os seguintes critérios: (i) metragem do imóvel para taxas de coleta de lixo domiciliar; (ii) metragem do imóvel do estabelecimento para taxas de fiscalização e funcionamento; (iii) metragem do imóvel para taxas de fiscalização para combate de sinistros; (iv) valor do produto a ser fiscalizado nas taxas de fiscalização ambiental, no contexto das análises que empreendemos no curso do Capítulo 10.

De outro lado, o Supremo Tribunal não considerou critério apto a realizar a mensuração da atividade de polícia o número de empregados do estabelecimento que estava sob fiscalização, no contexto de cobrança de taxa de licença e funcionamento municipal.

O universo de aplicação constitucional das taxas, pela via da Súmula Vinculante 29, requer a ausência de identidade de bases de cálculo de taxas e impostos e a capacidade potencial de mensurar a remuneração do serviço ou poder de polícia, face aos custos correspondentes.

15.3.6.6 Súmula Vinculante 31

> É inconstitucional a incidência do Imposto sobre Serviços de Qualquer Natureza – ISS sobre operações de locação de bens móveis.

A temática da Súmula Vinculante 31 cinge-se à controvérsia sobre a materialidade constitucional do ISS e, por consequência, do critério delimitador da competência impositiva municipal.

Feitas e consideradas as ponderações do Capítulo 11, a identificação do conjunto de razões de decidir espelhadas nas decisões de aplicação da Súmula Vinculante 31 se identifica na realização de juízo acerca da distinção ontológica entre as obrigações de dar e as obrigações de fazer. Esse o núcleo fundamental decisório.

A partir dele, justifica-se a imposição tributária do ISS sempre que a materialidade fática indicar a prestação de utilidade fruível a terceiros e, de outra sorte, a impossibilidade de imposição tributária quando a materialidade fática, o evento do mundo fenomênico significar uma simples obrigação de dar.

Com essa distinção, aplicam-se as normas de tributação para os casos configuradores de obrigações de fazer, e não se aplicam para aos casos em que se configuram simples obrigações de dar.

Os casos concretos delimitam o universo de aplicação à locação de bens (equipamentos, objetos etc.), posto ter sido essa a facticidade comparada para negar-lhe a característica de obrigação de fazer, mas a razão de decidir identificada em todas as decisões impõe a potencialidade de aplicação para quaisquer obrigações que não se exteriorizem em prestação de serviço.

As justificativas do núcleo decisório, portanto, e a análise empírica das decisões revela isso de maneira pujante, impõem a segregação fática das atividades de dar e fazer, notadamente quando haja relações jurídicas complexas em que simultaneamente seja possível a coexistência ambas as espécies de obrigações.

Os casos concretos analisados pelo STF nos dão conta de que os enunciados de fato do processo prevalecerão, seja pelo reconhecimento da segregação, o que imporia a tributação parcial desses contratos, seja pela impossibilidade de fazê-lo, o que daria prevalência a uma ou outra situação, a depender do contexto das relações jurídicas relatadas nos enunciados processuais.

15.3.6.7 Súmula Vinculante 32

> O ICMS não incide sobre alienação de salvados de sinistro pelas seguradoras.

Apesar de não contar com decisões de aplicação nos termos de nossos critérios de delimitação do universo de análise, a Súmula Vinculante 32 reserva a peculiaridade de ter sido aprovada no contexto do julgamento do RE 588.149, e, nesse sentido, há permissão para a potencial identificação do seu núcleo fundamental justificador da decisão, conforme fizemos no capítulo 12.

O tema versa sobre a materialidade tributável pelo ICMS, e, portanto, igualmente sobre a competência impositiva. As justificativas fundamentais para a prevalência da decisão que não reconheceu na operação de alienação de bens objeto de sinistro, por empresas seguradoras, foi a análise contextual, fática, das características da atividade de seguros e das operações de alienação de bens no contexto dessa atividade econômica, e não isoladamente. Este o fundamento nuclear: a análise contextual da operação de alienação, inserta no quadro de atividades de securitização.

Reconheceu-se que a alienação de bens, por seguradora, no contexto de suas atividades, não guardaria correspondência com as características necessárias e intrínsecas ao fato jurídico tributável pelo ICMS (circulação habitual de bens, que se caracterizariam como mercadorias, com objetivo de lucro).

No caso em específico prevaleceu a orientação de que a alienação seria apenas uma das formas de viabilização econômica das atividades e operações de seguro, não visando ao lucro, mas ao equilíbrio financeiro dos contratos, para a manutenção das operações de securitização.

Essas considerações implicaram no afastamento da aplicação da norma de incidência do ICMS, por ausência de materialidade tributável.

O contexto de aplicação é factual e atinente às alienações de atividades de seguro, posto que a razões de decidir são direta e intimamente ligadas com o raciocínio dessas operações.

15.3.6.8 Súmula Vinculante 41

> O serviço de iluminação pública não pode ser remunerado mediante taxa.

A Súmula Vinculante 41 tem contexto temático ligado às taxas, mais especificamente acerca de quais naturezas de serviços de podem ser por ela remunerados, ante o regime jurídico constitucional dessa espécie tributária

A única decisão colegiada de aplicação, analisada no Capítulo 13, nos permite estabelecer o conteúdo decisório que também aparece nos precedentes de sua aprovação, acerca do juízo de que serviços públicos de caráter universal, que não possam ser especificados em unidades de prestação divididas entre os usuários nos termos de sua potencial utilização, não podem ser remunerados por taxas, eis que a decisão de aplicação do enunciado da Súmula estava a julgar caso em que havia sido instituída taxa para remuneração de um serviço de segurança pública.

Assim, essa decisão cuida de conferir a devida amplitude ao enunciado da Súmula, confirmando apenas seu caráter de ementa, para poder estender seu universo de aplicação a todas e quaisquer taxas que sejam instituídas para remuneração de serviços públicos que não sejam específicos e divisíveis, sendo determinante para aplicação, ou não, da Súmula, dos enunciados fáticos produzidos acerca das circunstâncias e características da prestação de serviço.

15.3.6.9 As Súmulas Vinculantes sem decisão de aplicação 48, 50 e 52

> **Súmula Vinculante 48:** Na entrada de mercadoria importada do exterior, é legítima a cobrança do ICMS por ocasião do desembaraço aduaneiro.

> **Súmula Vinculante 50:** Norma legal que altera o prazo de recolhimento de obrigação tributária não se sujeita ao princípio da anterioridade.

Súmula Vinculante 52: Ainda quando alugado a terceiros, permanece imune ao IPTU o imóvel pertencente a qualquer das entidades referidas pelo art. 150, VI, "c", da Constituição Federal, desde que o valor dos aluguéis seja aplicado nas atividades para as quais tais entidades foram constituídas.

Em função de não terem sido encontradas decisões colegiadas que preenchessem todos os requisitos e critérios de delimitação de nosso universo de análise, o que não nos forneceu substrato para identificação do conjunto nuclear decisório, é preciso fazer considerações remissivas ao capítulo 11. Ainda assim, faremos breves considerações, tendo em vista a análise do contexto de aprovação desses enunciados.

A Súmula Vinculante 48 foi editada em contexto de precedente havido no julgamento do RE 193.817, em que a razão nuclear para a decisão fora a compatibilidade, ou possibilidade de compatibilização de legislações estaduais que antecipavam elemento temporal da regra-matriz de incidência do imposto, ante a redação do art. 155, IX, "a", da Carta da República, permitindo a configuração do fato jurídico do ICMS na importação de mercadorias no momento da entrada em território nacional (desembaraço) aduaneiro, sem a necessidade de entrada no estabelecimento comercial. A consequência da adoção dessa razão foi a possibilidade de exigir o ICMS como condição de desembaraço de mercadorias.

A Súmula Vinculante 50, de igual maneira, adotou como fundamento as razões de seus precedentes o juízo sobre a aplicação do princípio da anterioridade, para concluir que a alteração da data de pagamento não é elemento nuclear de instituição de imposto e, por isso, não abarcado pela amplitude jurídica desse princípio. A consequência é a possibilidade de alteração de datas de recolhimento de tributos em geral, sem a necessidade de respeito às regras de anterioridade constitucionalmente estabelecidas.

Por fim, na Súmula Vinculante 52, em exceção justificada, tomou-se a singular decisão acerca de sua aplicação, ainda que monocrática, para trazer a identificação de sua razão de decidir na constatação da observância da aplicação dos recursos obtidos através seu patrimônio, renda ou serviços, pelas entidades imunes descritas no artigo 150, VI, "b" e "c", na consecução das finalidades para as quais tenham sido instituídas, em referência ao que dispõe o artigo 150, § 4º, da Carta da República, para reconhecer a presença da norma da imunidade a abarcar essas entidades.

Na decisão analisada, a utilização de precedente referente às entidades da alínea "b" são conta do universo de aplicação da Súmula, posto que sua razão de decidir é a vinculação dos recursos obtidos às finalidades das entidades, e não o reconhecimento de uma imunidade para uma entidade em si.

15.4 As linhas finais: desafios na operação das comunicações do sistema de direito das decisões judiciais no Brasil

Não temos dúvidas de que a adoção da doutrina do *stare decisis* vertical no sistema de direito brasileiro, pela via da edição do novo Código de Processo Civil, apresentará desafios à comunicação jurídica, porquanto muda-se, em certa maneira, a preocupação com uma forma de argumento jurídico que até então tinha outra dimensão: o uso dos precedentes.

Não muda o sistema de *civil law* para *common law*, até porque a complexidade atual tenderá a relegar essas classificações cada vez mais para os argumentos históricos do direito, mas há mudança na operação das comunicações jurídicas, notadamente no subsistema decisório que se seguem às relações processuais.

O artigo 489, § 1º, do Código de Processo Civil[465],

---

465. "Art. 489. São elementos essenciais da sentença: [...] § 1o Não se considera fundamentada qualquer decisão judicial, seja ela interlocutória, sentença ou acórdão, que: I - se limitar à indicação, à reprodução ou à paráfrase de ato normativo, sem explicar sua relação com a causa ou a questão decidida; II - empregar conceitos jurídicos indeterminados, sem explicar o motivo concreto de sua incidência no caso; III - invocar motivos que se prestariam a justificar qualquer outra decisão; IV

complementar ao artigo 93, IX, da Constituição da República nos dá conta da importância da utilização dos precedentes no sistema de direito brasileiro, especialmente os incisos V e VI.

O enfrentamento direto das razões de decidir será fundamental para que a justificação externa da decisão se concatene com a interna, fazendo com que a decisão seja vazada nos termos do novo padrão comunicativo que alça os precedentes à condição de fundamento obrigatório, quer para aplicação, quer para o afastamento pela distinção da decisão judicial.

O argumento do precedente deverá agora ser utilizado, tanto pelas partes quanto pelos juízes, de maneira obrigatória, passando a desempenhar função operativa crucial no dialogismo entre teses e argumentos jurídicos que são levados aos tribunais.

Neste ponto, apresentou-se uma questão de ordem pragmática na comunicação jurídica, revelada pela análise das decisões de aplicação das Súmulas Vinculantes, que, em tese, acaba dificultando ou, no mínimo, causando certos ruídos de comunicação na movimentação do sistema decisório, a falta de uma matriz de precedente ou a ausência de perfeita delimitação das razões de decidir desses precedentes.

Como ressaltamos em diversas ocasiões, a decisão tomada como precedente na própria Proposta de Súmula Vinculante, que deveria funcionar como o parâmetro de comparação às razões de decidir das decisões de aplicação, não é sequer citada por elas.

Nesse contexto, as dificuldades acima expostas ganham importância porque o precedente tem função relacional com

---

- não enfrentar todos os argumentos deduzidos no processo capazes de, em tese, infirmar a conclusão adotada pelo julgador; V - se limitar a invocar precedente ou enunciado de súmula, sem identificar seus fundamentos determinantes nem demonstrar que o caso sob julgamento se ajusta àqueles fundamentos; VI - deixar de seguir enunciado de súmula, jurisprudência ou precedente invocado pela parte, sem demonstrar a existência de distinção no caso em julgamento ou a superação do entendimento."

a decisão a ser exarada. Nesse sentido, é preciso saber qual é o precedente. A ampliação ou restrição na aplicação das razões de decidir de uma decisão somente pode ser feita em relação à mesma decisão precedente, sob pena de emaranhar-se o conjunto de aplicação.

É certo que uma decisão, para ser caracterizada como precedente, basta tratar de maneira original um caso sob julgamento. No *stare decisis* vertical, impõe-se que a originalidade venha de um corte superior, quer as de segundo grau, quer as de instância especial.

Especialmente na seara tributária, ganha especial contorno o sistema de súmulas.

Alguns críticos das Súmulas dirão que elas são dispensáveis, dado que, como concluímos ao longo deste percurso, são os enunciados consubstanciados nas razões de decidir de decisões precedentes que são aplicados.

E a assertiva acima é verdadeira, mas as súmulas são parte de nossa cultura jurídica, e, se tomadas como são em sua natureza, apenas como índices, desempenham importante papel de aglutinação temática em nosso sistema.

Na temática das relações jurídicas tributárias, as Súmulas das Cortes Especiais ganham especial contorno de importância, dadas as características de nosso sistema tributário, calcado fundamentalmente em dispositivos constitucionais e em leis nacionais (leis complementares). As decisões do Supremo Tribunal Federal e do Superior Tribunal de Justiça assim ganham especial contorno, em função da competência recursal que possuem.

Desta feita, se tomamos a utilidade das Súmulas como índice, é preciso que esse índice seja o mais preciso possível, de forma a evitar ruídos de comunicação. As Súmulas deveriam desempenhar a função de dizer, de forma a vincular a aplicação de decisões futuras, quais são as decisões precedentes. Melhor seria se adotasse apenas uma.

E na aplicação das decisões, a referência fosse sempre a essa decisão paradigma, de forma a possibilitar juízos seguros de ampliação, restrição ou mesmo superação das razões de decidir dos precedentes.

Não é isso que vemos na práxis da comunicação jurídica, de onde surgem dificuldades de análise das próprias razões de decidir utilizadas como justificativa para o sentido das decisões judiciais.

A relação julgador/precedente é sempre intermediada pela lei. Na decisão de aplicação, ou se afasta o precedente para aplicar normas componentes do sistema de direito positivo, ou se aplica o precedente, que já o fez a casos anteriores e similares ao que se julga. Portanto, as justificativas para a premissa da decisão serão originais, calcadas diretamente em normas, quando afastado o precedente, ou indiretamente referidas à lei, quando aplicado o precedente, que já previamente justificou a decisão para aplicação das normas.

Todas as relações jurídicas tributárias são fundadas na legalidade. As atividades de arrecadação, fiscalização e instituição de tributos são primadas pelo princípio do respeito à lei, da vinculação à lei. Nada muda, porque, em última análise, a interpretação da lei cabe às cortes superiores. A diferença é que essa interpretação será previamente imposta ao sistema decisório.

Nos dizeres de CELSO LAFER, no prefácio à obra de NORBERTO BOBBIO:

> Para Ascarelli, a interpretação não é declaratória, mas criativa, pois o sistema jurídico não é um dado, mas um processo, e a sua unidade não é um pressuposto, mas um resultado. Neste contexto a função da interpretação é manter a continuidade do sistema, movendo-se entre os pólos da criatividade e persistência.[466]

---

466. BOBBIO, Norberto. *Da estrutura à função* – novos estudos de teoria do direito. Barueri: Manole, 2007, p. LVI.

Estamos preparados com a nossa cultura jurídica para a adoção desse sistema? Só a pragmática da comunicação jurídica nos dirá. Resta esperar que os precedentes possam conformar-se aos valores prestigiados pelo sistema de direito positivo e, especialmente, pelo subsistema de direito tributário.

REFERÊNCIAS

ABBAGNANO, Nicola. *Dicionário de filosofia*. Tradução coordenada por Alfredo Bosi. São Paulo: Mestre Jou, 1982.

ALEXY, Robert. *Conceito e validade do direito*. Trad. Gercélia Batista de Oliveira Mendes. 1 ed. 2. tiragem. São Paulo: WMF Martins Fontes, 2011.

_____. *Teoria da argumentação jurídica*: a teoria do discurso racional como teoria da fundamentação jurídica. Trad. Zilda Hutchinson Schild Silva. rev. tec. da trad. e introd. Cláudia Toledo. 3. ed. Rio de Janeiro: Forense, 2013.

ALMEIDA, Leonardo Monteiro Crespo de; REGO, George Browne. Pragmatismo jurídico e decisão judicial. *Pensar* – revista de ciências jurídicas, Fortaleza, v. 20, n. 2, p. 404-429, maio/ago. 2015.

ALMEIDA, Marcelo Pereira de. *Precedentes judiciais*: análise crítica dos métodos empregados no Brasil para a solução de demandas de massa. Curitiba: Juruá, 2014.

ANDREASSA JÚNIOR, Gilberto. Jurisprudência x precedentes judiciais: a equivocada aplicação dos sistemas nos tribunais superiores. In: _____; AMARAL, Letícia Mary Fernandes do (Coords.). *Novos Rumos do direito*. Curitiba: Juruá, 2013. p. 9-24.

ARAÚJO, Clarice von Oertzen de. Da incidência como tradução. In: HARET, Florence Cronenberger; CARNEIRO, Jerson (Coords.). *Vilém Flusser e juristas*. São Paulo: Noeses, 2009. p. 1-731.

_____. *Incidência Jurídica*: teoria e crítica. São Paulo: Noeses, 2011.

_____. O problema do conceito de direito e a crítica ao ontologismo. In: ROBLES, Gregorio; CARVALHO, Paulo de Barros. (Coord.). *Teoria comunicacional do direito*: diálogo entre Brasil e Espanha. São Paulo: Noeses, 2011. p. 49-73.

_____. *Semiótica do direito*. São Paulo: Quartier Latin, 2005.

ASSIS, Araken de. *Manual dos recursos*. 2 ed. rev., atual. e ampl. São Paulo: Revista dos Tribunais, 2008.

ATALIBA, Geraldo. *Hipótese de incidência tributária*. 6. ed. São Paulo: Malheiros, 2000.

_____. *República e Constituição*. 2. ed. São Paulo: Malheiros, 1998.

ÁVILA, Humberto. *Teoria dos princípios* – da definição à aplicação dos princípios jurídicos. 11. ed. São Paulo: Malheiros, 2010.

AZEVEDO, Álvaro Villaça. Os assentos no direito processual civil. *Justitia* – Órgão do Ministério Público de São Paulo, n. 74, p. 115-143, 1971.

BALEEIRO, Aliomar. *Direito Tributário Brasileiro*. 11. ed. Rio de Janeiro: Forense, 2000.

BARBOSA, Rui. *Oração aos Moços*. Rio de Janeiro: Edições Casa de Rui Barbosa, 1999.

BARBOZA, Estefânia Maria de Queiroz. Escrevendo um romance por meio dos precedentes judiciais: Uma possibilidade de segurança jurídica para a jurisdição constitucional brasileira. *A&C* – Revista de Direito Administrativo & Constitucional, Belo Horizonte: Fórum, ano 14, n. 56, p. 177-207, abr./jun. 2014.

BARBOZA, Estefânia Maria de Queiroz. *Precedentes judiciais e segurança jurídica*: fundamentos e possibilidades para a jurisdição constitucional brasileira. São Paulo: Saraiva, 2014.

BARROSO, Luis Roberto. *Interpretação e Aplicação da Constituição*. 5. ed. São Paulo: Saraiva, 2003.

BECHO, Renato Lopes. *Lições de direito tributário*: teoria geral e constitucional. São Paulo: Saraiva, 2011.

BECKER, Augusto Alfredo. *Teoria Geral do Direito Tributário*. 3. ed. São Paulo: Saraiva, 1998.

BERNSTEIN, Richard J. *A sedução do ideal*. Trad. Cecília Almeida Salles. *Revista Semestral de Semiótica e Comunicação*, v. 3, n. 2, p. 195-206, jul./dez.1990.

BOBBIO, Norberto. *Teoria da norma jurídica*. Tradução de Fernando Pavan Baptista e Ariane Bueno Sudatti. 4. ed. rev. São Paulo: Edipro, 2008.

_____. *Da estrutura à função* – novos estudos de teoria do direito. Barueri: Manole, 2007.

BORGES, José Souto Maior. *Obrigação tributária*: uma introdução metodológica. 2. ed. São Paulo: Malheiros, 1999.

BRAGHITTONI, Rogério Ives. Uniformização de jurisprudência e art. 555, §1º, do CPC. In: NERY JUNIOR, Nelson; ABBOUD, Georges (Coords.). *Direito Processual Civil*: Recursos. V. 2. São Paulo: Revista dos Tribunais, 2015. p. 1179-1183.

BRASIL. Congresso Nacional. Senado Federal. *Comissão de Juristas Responsável pela Elaboração de Anteprojeto de Código de Processo Civil*. Brasília: Senado Federal; Presidência, 2010.

_____. *Constituição da República dos Estados Unidos do Brazil*. Collecção das Leis da República dos Estados Unidos do Brazil de 1891. Rio de Janeiro: Imprensa Nacional, 1892.

_____. *Constituição da República Federativa do Brasil*: texto constitucional promulgado em 5 de outubro de 1988, com as alterações determinadas pelas Emenda Constitucionais de

Revisão nºs 1 a 6/94, pelas Emendas Constitucionais nºs 1/92 a 91/2016 e pelo Decreto Legislativo nº 186/2008. Brasília, 1988.

_____. Presidência da República. *Decreto nº 848, de 11 de outubro de 1890*. Organiza a Justiça Federal. Rio de Janeiro. CLBR de 1890. Decretos do Governo Provisório da República dos Estados Unidos do Brazil, decimo fascículo, de 1 a 31 de outubro de 1890. Rio de Janeiro: Imprensa Nacional, 1890.

_____. Presidência da República. *Decreto nº 2.684, de 23 de outubro de 1875*. Dá força de lei no Imperio a assentos da Casa da Supplicação de Lisboa e competencia ao Supremo Tribunal de Justiça para tomar outros. Coleção de Leis do Império do Brasil de 1875, v. I, pt I. Rio de Janeiro: Typographia Nacional, 1876.

_____. Presidência da República. *Decreto nº 16.273, de 20 de dezembro de 1923*. Reorganiza a Justiça do Districto Federal. Collecção das Leis da República dos Estados Unidos do Brazil de 1923. V. III, pt. I. Rio de Janeiro: Imprensa Nacional, 1924.

_____. Presidência da República. *Ementa*. Brasília, [199-?]. Disponível em: <http://www.planalto.gov.br/ ccivil_03/Dicas/ Ementa.htm>. Acesso em: 27 nov. 2016.

_____. Presidência da República. *Lei Complementar nº 104, de 10 de janeiro de 2001*. Altera dispositivos da Lei nº 5.172, de 25 de outubro de 1966 – Código Tributário Nacional. Brasília: 11 jan. 2001.

_____. Presidência da República. *Lei nº 5.172, de 25 de outubro de 1966*. Dispõe sobre o Sistema Tributário Nacional e institui normas gerais de direito tributário aplicáveis à União, Estados e Municípios. Brasília: DOU, 27 out. 1966.

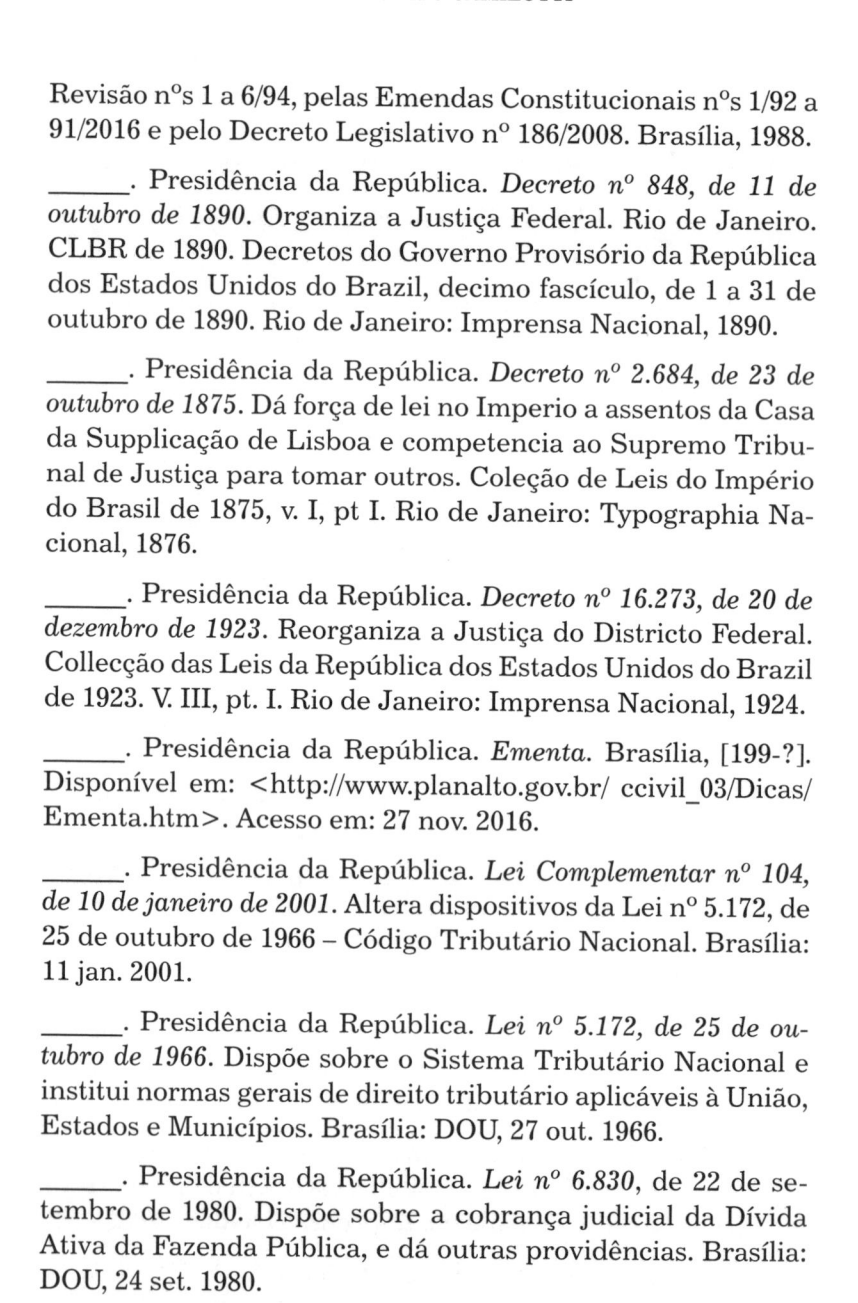

_____. Presidência da República. *Lei nº 6.830, de 22 de setembro de 1980*. Dispõe sobre a cobrança judicial da Dívida Ativa da Fazenda Pública, e dá outras providências. Brasília: DOU, 24 set. 1980.

_____. Presidência da República. *Lei nº 8.870, de 15 de abril de 1994*. Altera dispositivos das Leis nºs 8.212 e 8.213, de 24 de julho de 1991, e dá outras providências. Brasília: DOU, 16 maio 1994.

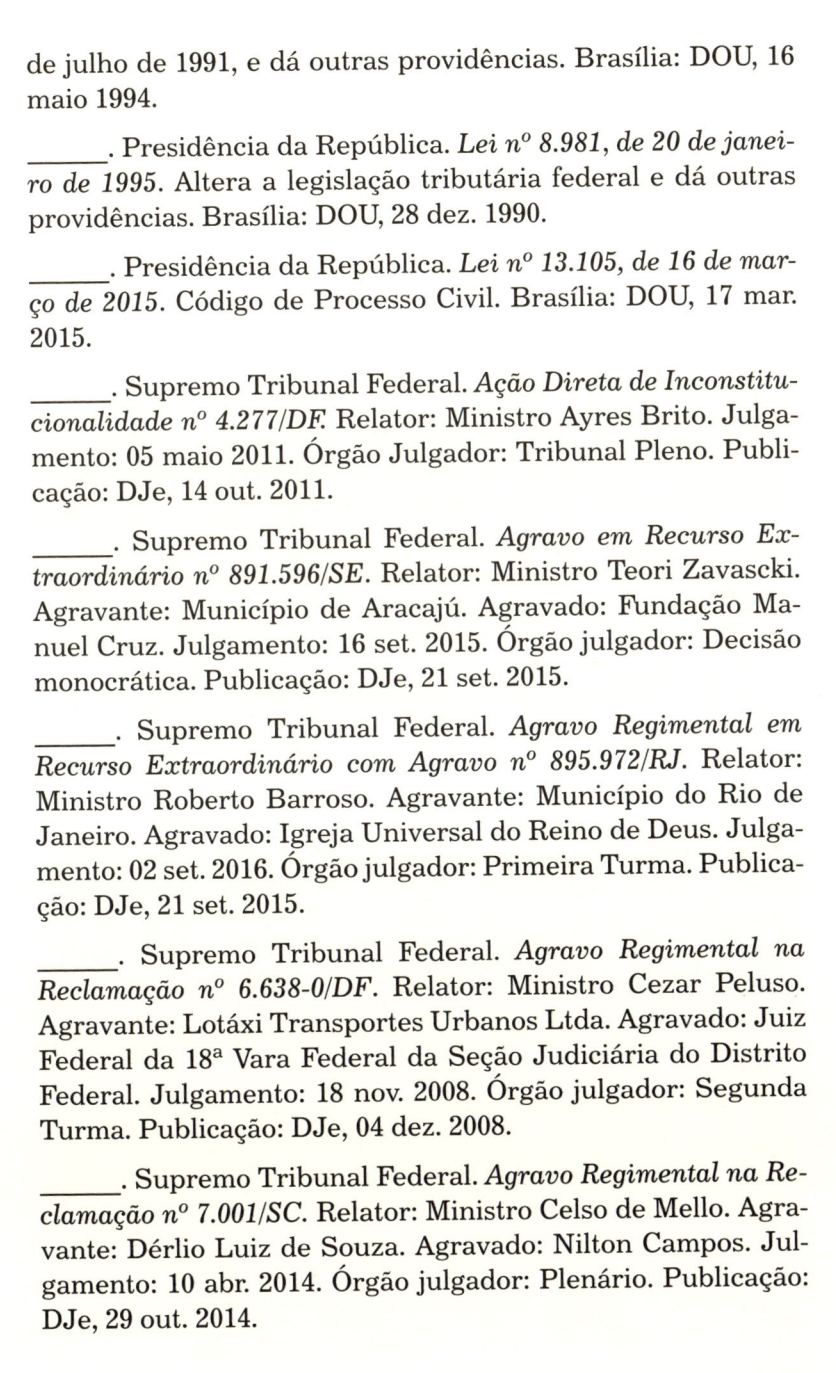

_____. Presidência da República. *Lei nº 8.981, de 20 de janeiro de 1995*. Altera a legislação tributária federal e dá outras providências. Brasília: DOU, 28 dez. 1990.

_____. Presidência da República. *Lei nº 13.105, de 16 de março de 2015*. Código de Processo Civil. Brasília: DOU, 17 mar. 2015.

_____. Supremo Tribunal Federal. *Ação Direta de Inconstitucionalidade nº 4.277/DF*. Relator: Ministro Ayres Brito. Julgamento: 05 maio 2011. Órgão Julgador: Tribunal Pleno. Publicação: DJe, 14 out. 2011.

_____. Supremo Tribunal Federal. *Agravo em Recurso Extraordinário nº 891.596/SE*. Relator: Ministro Teori Zavascki. Agravante: Município de Aracajú. Agravado: Fundação Manuel Cruz. Julgamento: 16 set. 2015. Órgão julgador: Decisão monocrática. Publicação: DJe, 21 set. 2015.

_____. Supremo Tribunal Federal. *Agravo Regimental em Recurso Extraordinário com Agravo nº 895.972/RJ*. Relator: Ministro Roberto Barroso. Agravante: Município do Rio de Janeiro. Agravado: Igreja Universal do Reino de Deus. Julgamento: 02 set. 2016. Órgão julgador: Primeira Turma. Publicação: DJe, 21 set. 2015.

_____. Supremo Tribunal Federal. *Agravo Regimental na Reclamação nº 6.638-0/DF*. Relator: Ministro Cezar Peluso. Agravante: Lotáxi Transportes Urbanos Ltda. Agravado: Juiz Federal da 18ª Vara Federal da Seção Judiciária do Distrito Federal. Julgamento: 18 nov. 2008. Órgão julgador: Segunda Turma. Publicação: DJe, 04 dez. 2008.

_____. Supremo Tribunal Federal. *Agravo Regimental na Reclamação nº 7.001/SC*. Relator: Ministro Celso de Mello. Agravante: Dérlio Luiz de Souza. Agravado: Nilton Campos. Julgamento: 10 abr. 2014. Órgão julgador: Plenário. Publicação: DJe, 29 out. 2014.

_____. Supremo Tribunal Federal. *Agravo Regimental na Reclamação nº 7.971/PA*. Relatora: Ministra Cármen Lúcia. Agravante: Município de Nova Timboteua. Agravado: Juiz do Trabalho da Vara do Trabalho de Capanema. Julgamento: 25 nov. 2009. Órgão julgador: Tribunal Pleno. Publicação: DJe, 10 dez. 2009.

_____. Supremo Tribunal Federal. *Agravo Regimental na Reclamação nº 7.979/PA*. Relator: Ministro Dias Toffoli. Agravante: Município de Nova Timboteua. Agravado: Maria Lemos de Aquino. Julgamento: 06 fev. 2013. Órgão julgador: Plenário. Publicação: DJe, 05 mar. 2013.

_____. Supremo Tribunal Federal. *Agravo Regimental na Reclamação 8.341/PB*. Relatora: Ministra Ellen Gracie. Agravante: Etiene Marinho Duarte. Agravado: Lucileia Maria da Silva. Julgamento: 02 mar. 2011. Órgão julgador: Tribunal Pleno. Publicação: DJe, 25 mar. 2011.

_____. Supremo Tribunal Federal. *Agravo Regimental na Reclamação 8.480/PI*. Relator: Ministro Celso de Mello. Agravante: Estado do Piauí. Agravado: União. Julgamento: 22 jun. 2011. Órgão julgador: Tribunal Pleno. Publicação: DJe, 05 mai. 2014.

_____. Supremo Tribunal Federal. *Agravo Regimental na Reclamação 9.623/RJ*. Relator: Ministro Gilmar Mendes. Agravante: White Martins Investimentos Ltda. Agravado: Município do Rio de Janeiro. Julgamento: 22 fev. 2011. Órgão julgador: Segunda Turma. Publicação: DJe, 09 mar. 2011.

_____. Supremo Tribunal Federal. *Agravo Regimental na Reclamação 10.568/RJ*. Relator: Ministro Dias Toffoli. Agravante: Antub – Andaimes Brasil Locação Ltda. Epp. Agravado: Secretário de Arrecadação Fiscal do Município do Rio de Janeiro. Julgamento: 19 set. 2013. Órgão julgador: Plenário. Publicação: DJe, 07 nov. 2013.

_____. Supremo Tribunal Federal. *Agravo Regimental na Reclamação nº 11.667/RS*. Relatora: Ministra Carmen Lúcia.

Agravante: Sul América Companhia Nacional de Seguros. Agravado: Departamento da Receita Pública Estadual da Fazenda do Estado do Rio Grande do Sul. Julgamento: 30 jun. 2011. Órgão julgador: Plenário. Publicação: DJe, 08 ago. 2011.

_____. Supremo Tribunal Federal. *Agravo Regimental na Reclamação nº 11.747/PA*. Relator: Ministro Gilmar Mendes. Agravante: Paula Regina Arruda de Azevedo. Agravado: Maria do Amparo da Silva Araújo. Julgamento: 20 jun. 2012. Órgão julgador: Plenário. Publicação: DJe, 01 ago. 2012.

_____. Supremo Tribunal Federal. *Agravo Regimental na Reclamação nº 11.750/MG*. Relator: Ministro Edson Fachin. Agravante: Parapeuna Comércio e Indústria Ldta. Me. Agravado: Superior Tribunal de Justiça. Julgamento: 15 set. 2015. Órgão julgador: Primeira Turma. Publicação: DJe, 29 set. 2015.

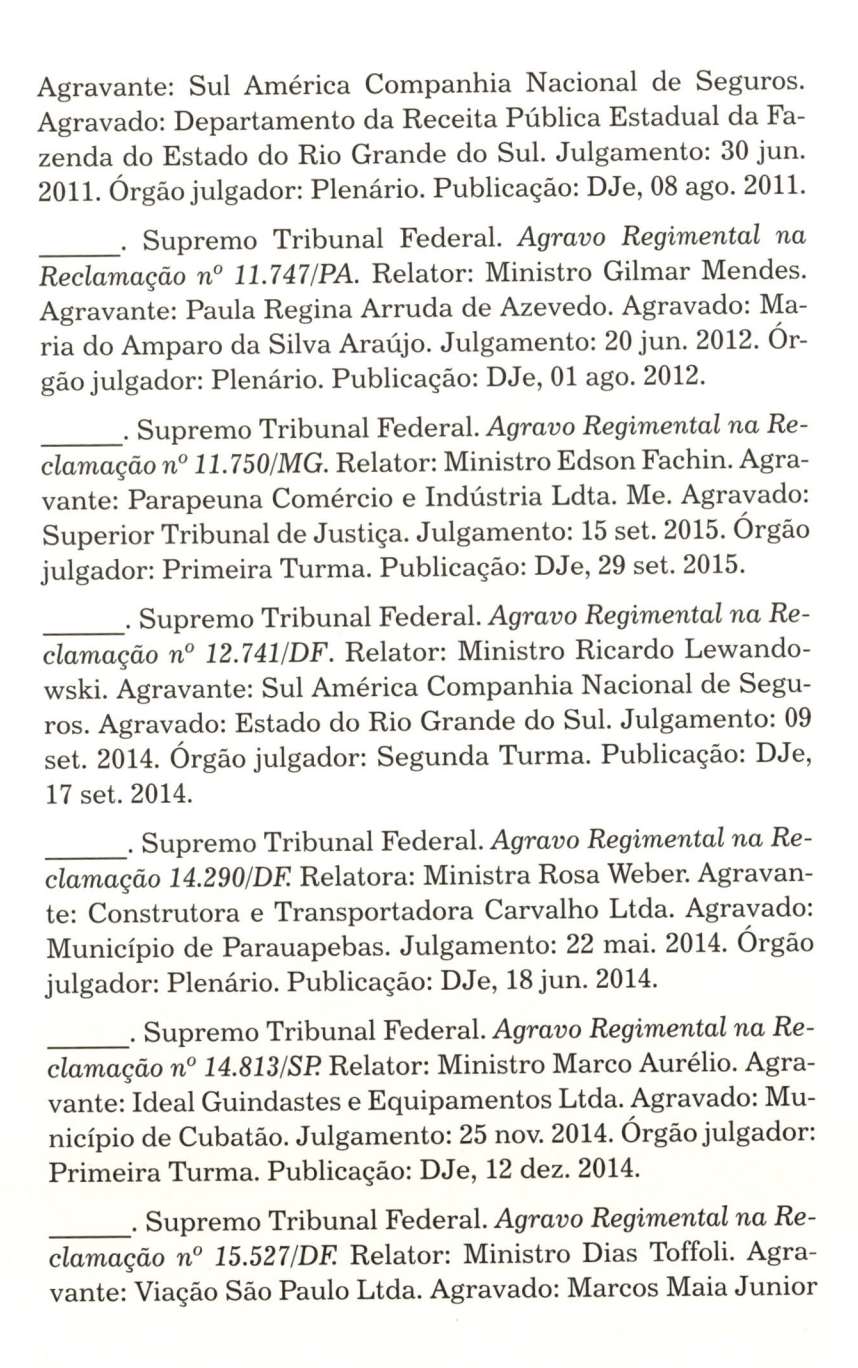

_____. Supremo Tribunal Federal. *Agravo Regimental na Reclamação nº 12.741/DF*. Relator: Ministro Ricardo Lewandowski. Agravante: Sul América Companhia Nacional de Seguros. Agravado: Estado do Rio Grande do Sul. Julgamento: 09 set. 2014. Órgão julgador: Segunda Turma. Publicação: DJe, 17 set. 2014.

_____. Supremo Tribunal Federal. *Agravo Regimental na Reclamação 14.290/DF*. Relatora: Ministra Rosa Weber. Agravante: Construtora e Transportadora Carvalho Ltda. Agravado: Município de Parauapebas. Julgamento: 22 mai. 2014. Órgão julgador: Plenário. Publicação: DJe, 18 jun. 2014.

_____. Supremo Tribunal Federal. *Agravo Regimental na Reclamação nº 14.813/SP*. Relator: Ministro Marco Aurélio. Agravante: Ideal Guindastes e Equipamentos Ltda. Agravado: Município de Cubatão. Julgamento: 25 nov. 2014. Órgão julgador: Primeira Turma. Publicação: DJe, 12 dez. 2014.

_____. Supremo Tribunal Federal. *Agravo Regimental na Reclamação nº 15.527/DF*. Relator: Ministro Dias Toffoli. Agravante: Viação São Paulo Ltda. Agravado: Marcos Maia Junior e Outro(s). Julgamento: 04 nov. 2014. Órgão julgador: Primeira Turma. Publicação: DJe, 20 nov. 2014.

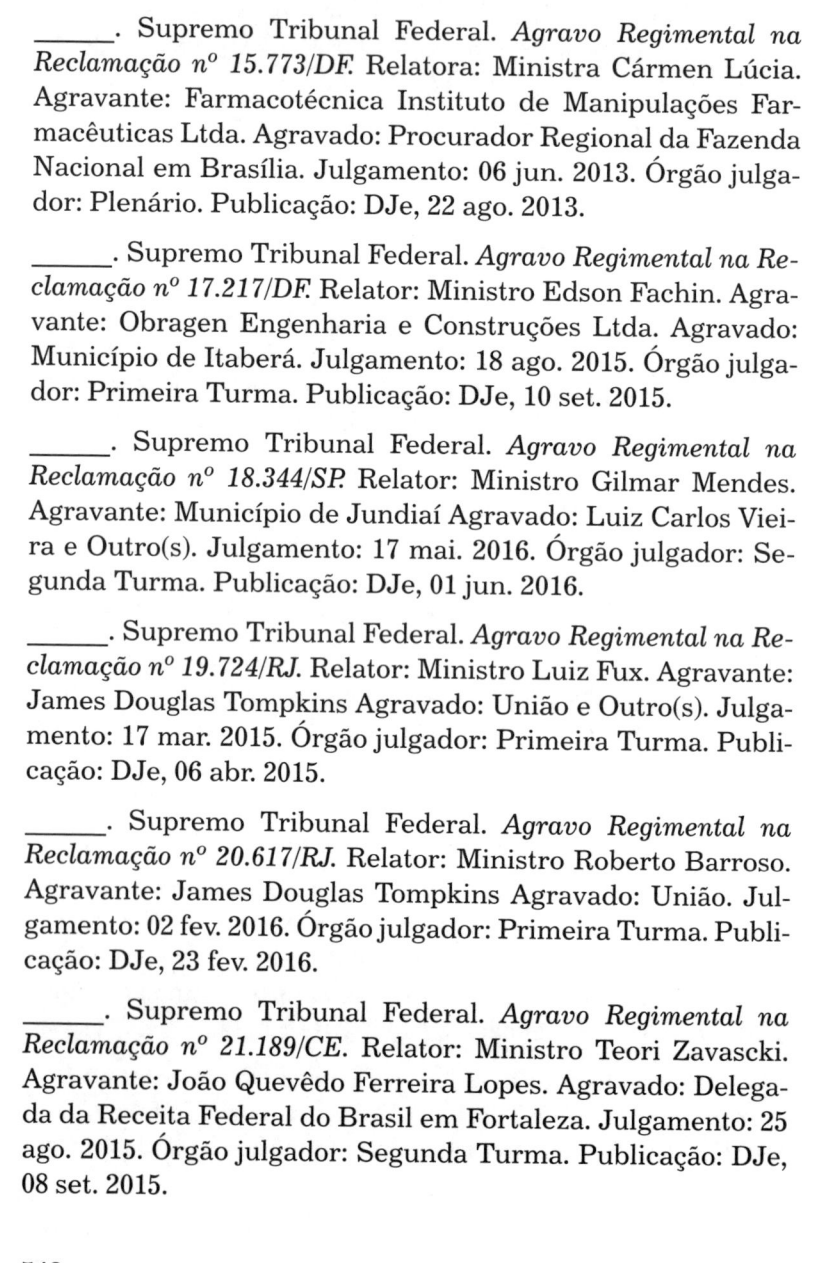

_____. Supremo Tribunal Federal. *Agravo Regimental na Reclamação nº 15.773/DF.* Relatora: Ministra Cármen Lúcia. Agravante: Farmacotécnica Instituto de Manipulações Farmacêuticas Ltda. Agravado: Procurador Regional da Fazenda Nacional em Brasília. Julgamento: 06 jun. 2013. Órgão julgador: Plenário. Publicação: DJe, 22 ago. 2013.

_____. Supremo Tribunal Federal. *Agravo Regimental na Reclamação nº 17.217/DF.* Relator: Ministro Edson Fachin. Agravante: Obragen Engenharia e Construções Ltda. Agravado: Município de Itaberá. Julgamento: 18 ago. 2015. Órgão julgador: Primeira Turma. Publicação: DJe, 10 set. 2015.

_____. Supremo Tribunal Federal. *Agravo Regimental na Reclamação nº 18.344/SP.* Relator: Ministro Gilmar Mendes. Agravante: Município de Jundiaí Agravado: Luiz Carlos Vieira e Outro(s). Julgamento: 17 mai. 2016. Órgão julgador: Segunda Turma. Publicação: DJe, 01 jun. 2016.

_____. Supremo Tribunal Federal. *Agravo Regimental na Reclamação nº 19.724/RJ.* Relator: Ministro Luiz Fux. Agravante: James Douglas Tompkins Agravado: União e Outro(s). Julgamento: 17 mar. 2015. Órgão julgador: Primeira Turma. Publicação: DJe, 06 abr. 2015.

_____. Supremo Tribunal Federal. *Agravo Regimental na Reclamação nº 20.617/RJ.* Relator: Ministro Roberto Barroso. Agravante: James Douglas Tompkins Agravado: União. Julgamento: 02 fev. 2016. Órgão julgador: Primeira Turma. Publicação: DJe, 23 fev. 2016.

_____. Supremo Tribunal Federal. *Agravo Regimental na Reclamação nº 21.189/CE.* Relator: Ministro Teori Zavascki. Agravante: João Quevêdo Ferreira Lopes. Agravado: Delegada da Receita Federal do Brasil em Fortaleza. Julgamento: 25 ago. 2015. Órgão julgador: Segunda Turma. Publicação: DJe, 08 set. 2015.

_____. Supremo Tribunal Federal. *Agravo Regimental na Reclamação nº 21.979/DF.* Relator: Ministro Celso de Mello Agravante: Clínica Radiológica Joinville S/C Ltda Agravado: Evanir Medeiros e Outro. Julgamento: 10 nov. 2015. Órgão julgador: Segunda Turma. Publicação: DJe, 21 jan. 2016.

_____. Supremo Tribunal Federal. *Agravo Regimental na Reclamação nº 21.981/SP.* Relator: Ministro Roberto Barroso. Agravante: Município de Jahu Agravado: Gerson de Souza. Julgamento: 15 dez. 2015. Órgão julgador: Primeira Turma. Publicação: DJe, 17 fev. 2016.

_____. Supremo Tribunal Federal. *Agravo Regimental na Reclamação nº 21.982/SP.* Relator: Ministro Edson Fachin. Agravante: Aluisio Giglioti Agravado: Município de Jahu. Julgamento: 27 out. 2015. Órgão julgador: Primeira Turma. Publicação: DJe, 12 nov. 2015.

_____. Supremo Tribunal Federal. *Agravo Regimental na Reclamação nº 22.546/ES.* Relator: Ministro Luiz Fux. Agravante: União. Agravado: Proribeiro Administração e Organização de Comércio Ltda. Julgamento: 23 fev. 2016. Órgão julgador: Primeira Turma. Publicação: DJe, 11 mar. 2016.

_____. Supremo Tribunal Federal. *Agravo Regimental na Reclamação nº 23.065/SP.* Relator: Ministro Dias Toffoli. Agravante: Ivone Maria de Oliveira Garcia Agravado: Município de Jahu. Julgamento: 15 mar. 2016. Órgão julgador: Segunda Turma. Publicação: DJe, 15 abr. 2016.

_____. Supremo Tribunal Federal. *Agravo Regimental no Agravo de Instrumento nº 311.693/SP.* Relator: Ministro Dias Toffoli Agravante: Osmar Naves Agravado: Município de Franca Julgamento: 06 dez. 2011. Órgão julgador: Primeira Turma. Publicação: DJe, 19 dez. 2011.

_____. Supremo Tribunal Federal. *Agravo Regimental no Agravo de Instrumento nº 428.249/RJ.* Relator: Ministro Robeto Barroso. Agravante: Paes Mendonça S/A. Agravado: Estado do Rio de Janeiro Julgamento: 09 abr. 2014. Órgão julgador: Primeira Turma. Publicação: DJe, 18 mai. 2014.

_____. Supremo Tribunal Federal. *Agravo Regimental no Agravo de Instrumento nº 510.583/SP.* Relator: Ministro Marco Aurélio. Agravante: Timken do Brasil Comércio e Indústria Ltda. Agravado: Município de São Paulo. Julgamento: 07 mai. 2013. Órgão julgador: Primeira Turma. Publicação: DJe, 23 maio 2013.

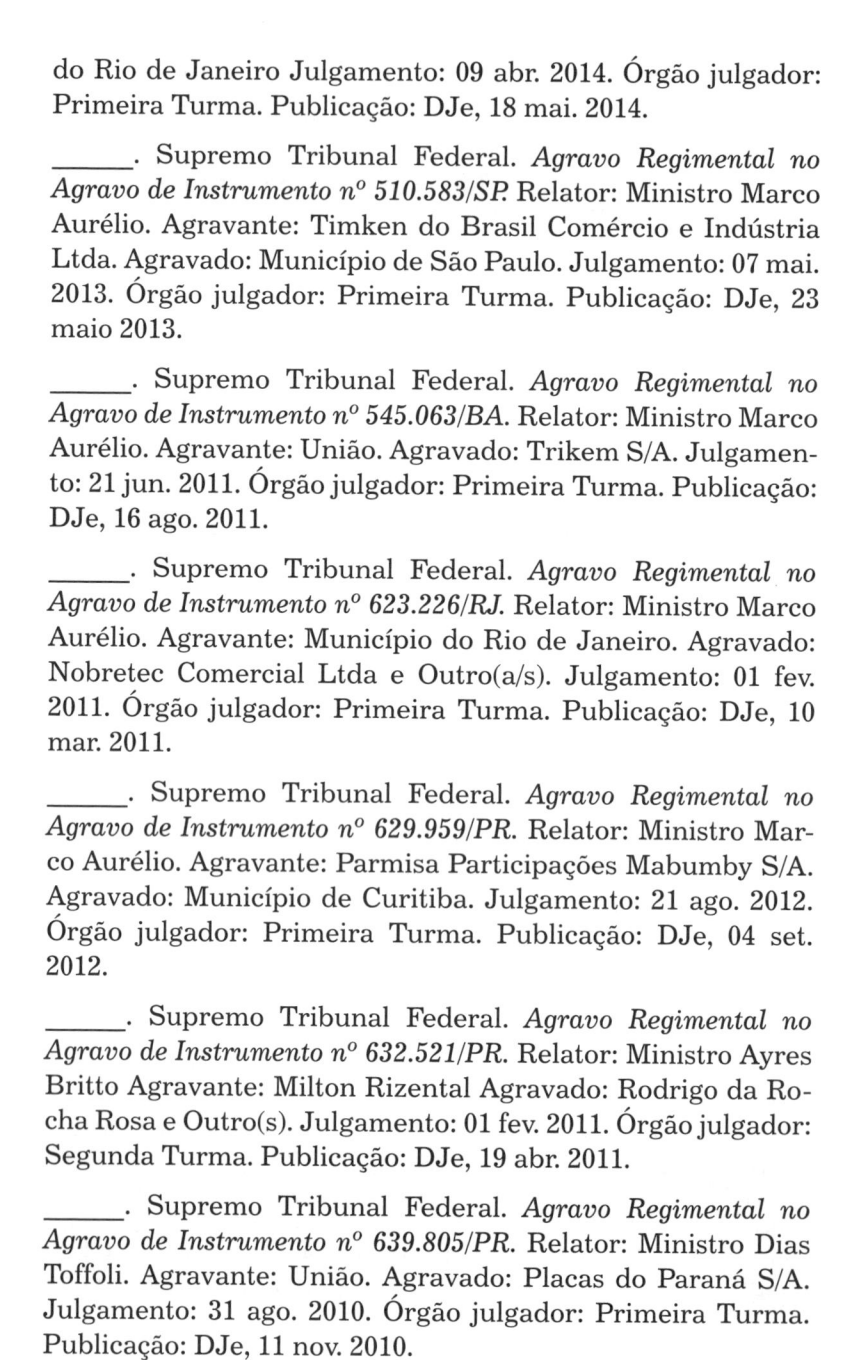

_____. Supremo Tribunal Federal. *Agravo Regimental no Agravo de Instrumento nº 545.063/BA.* Relator: Ministro Marco Aurélio. Agravante: União. Agravado: Trikem S/A. Julgamento: 21 jun. 2011. Órgão julgador: Primeira Turma. Publicação: DJe, 16 ago. 2011.

_____. Supremo Tribunal Federal. *Agravo Regimental no Agravo de Instrumento nº 623.226/RJ.* Relator: Ministro Marco Aurélio. Agravante: Município do Rio de Janeiro. Agravado: Nobretec Comercial Ltda e Outro(a/s). Julgamento: 01 fev. 2011. Órgão julgador: Primeira Turma. Publicação: DJe, 10 mar. 2011.

_____. Supremo Tribunal Federal. *Agravo Regimental no Agravo de Instrumento nº 629.959/PR.* Relator: Ministro Marco Aurélio. Agravante: Parmisa Participações Mabumby S/A. Agravado: Município de Curitiba. Julgamento: 21 ago. 2012. Órgão julgador: Primeira Turma. Publicação: DJe, 04 set. 2012.

_____. Supremo Tribunal Federal. *Agravo Regimental no Agravo de Instrumento nº 632.521/PR.* Relator: Ministro Ayres Britto Agravante: Milton Rizental Agravado: Rodrigo da Rocha Rosa e Outro(s). Julgamento: 01 fev. 2011. Órgão julgador: Segunda Turma. Publicação: DJe, 19 abr. 2011.

_____. Supremo Tribunal Federal. *Agravo Regimental no Agravo de Instrumento nº 639.805/PR.* Relator: Ministro Dias Toffoli. Agravante: União. Agravado: Placas do Paraná S/A. Julgamento: 31 ago. 2010. Órgão julgador: Primeira Turma. Publicação: DJe, 11 nov. 2010.

_____. Supremo Tribunal Federal. *Agravo Regimental no Agravo de Instrumento nº 702.161/SC*. Relator: Ministro Roberto Barroso. Agravante: Estado de Santa Catarina Agravado: Município de Florianópolis. Julgamento: 15 dez. 2015. Órgão julgador: Primeira Turma. Publicação: DJe, 11 fev. 2016.

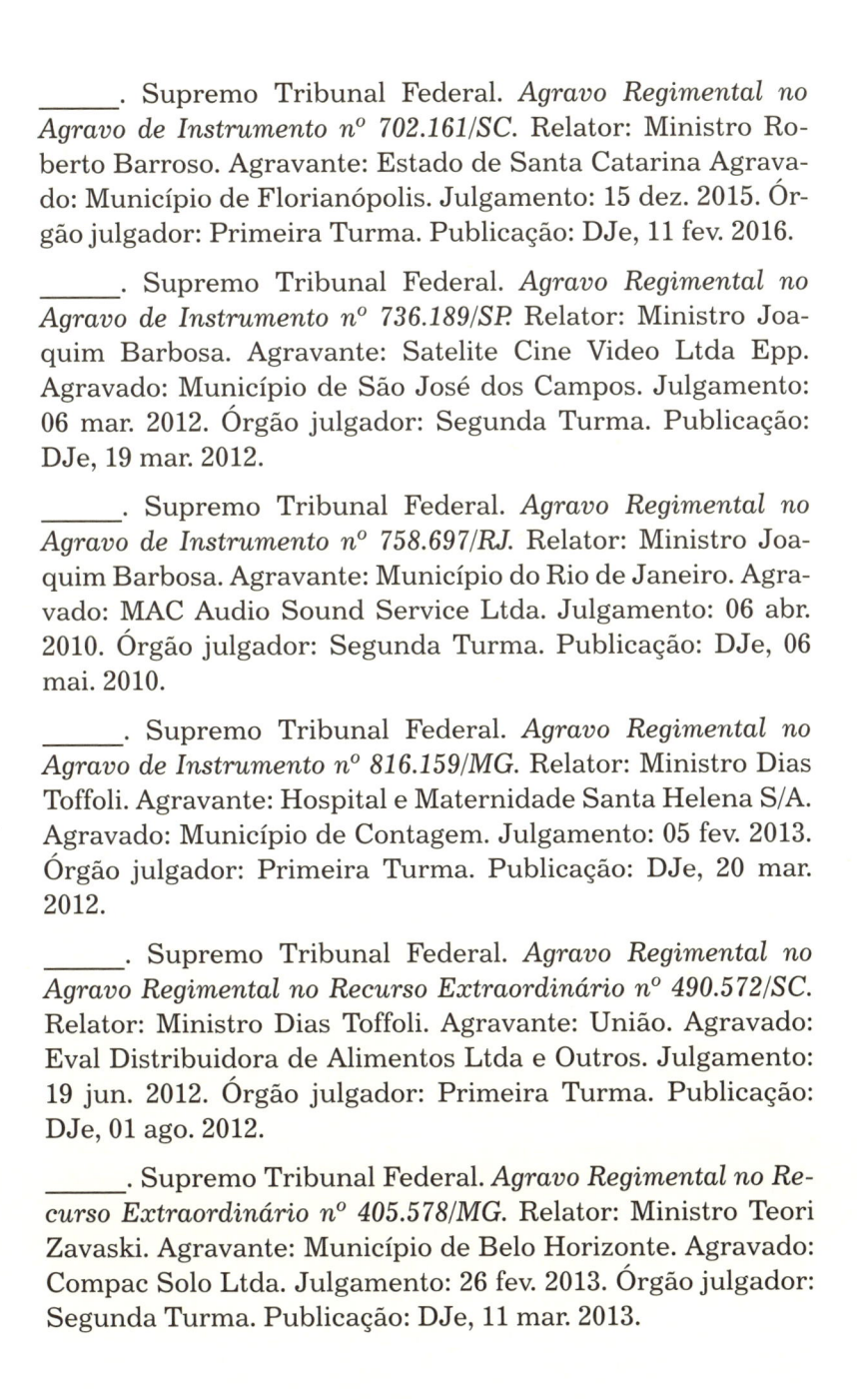

_____. Supremo Tribunal Federal. *Agravo Regimental no Agravo de Instrumento nº 736.189/SP.* Relator: Ministro Joaquim Barbosa. Agravante: Satelite Cine Video Ltda Epp. Agravado: Município de São José dos Campos. Julgamento: 06 mar. 2012. Órgão julgador: Segunda Turma. Publicação: DJe, 19 mar. 2012.

_____. Supremo Tribunal Federal. *Agravo Regimental no Agravo de Instrumento nº 758.697/RJ*. Relator: Ministro Joaquim Barbosa. Agravante: Município do Rio de Janeiro. Agravado: MAC Audio Sound Service Ltda. Julgamento: 06 abr. 2010. Órgão julgador: Segunda Turma. Publicação: DJe, 06 mai. 2010.

_____. Supremo Tribunal Federal. *Agravo Regimental no Agravo de Instrumento nº 816.159/MG*. Relator: Ministro Dias Toffoli. Agravante: Hospital e Maternidade Santa Helena S/A. Agravado: Município de Contagem. Julgamento: 05 fev. 2013. Órgão julgador: Primeira Turma. Publicação: DJe, 20 mar. 2012.

_____. Supremo Tribunal Federal. *Agravo Regimental no Agravo Regimental no Recurso Extraordinário nº 490.572/SC*. Relator: Ministro Dias Toffoli. Agravante: União. Agravado: Eval Distribuidora de Alimentos Ltda e Outros. Julgamento: 19 jun. 2012. Órgão julgador: Primeira Turma. Publicação: DJe, 01 ago. 2012.

_____. Supremo Tribunal Federal. *Agravo Regimental no Recurso Extraordinário nº 405.578/MG*. Relator: Ministro Teori Zavaski. Agravante: Município de Belo Horizonte. Agravado: Compac Solo Ltda. Julgamento: 26 fev. 2013. Órgão julgador: Segunda Turma. Publicação: DJe, 11 mar. 2013.

_____. Supremo Tribunal Federal. *Agravo Regimental no Recurso Extraordinário nº 486.169-1/PR*. Relator: Ministro Marco Aurélio. Agravante: Instituto Nacional do Seguro Social - INSS. Agravado: Banco do Brasil S/A. Julgamento: 12 ago. 2008. Órgão julgador: Primeira Turma. Publicação: DJe, 25 set. 2008.

_____. Supremo Tribunal Federal. *Agravo Regimental no Recurso Extraordinário nº 487.363/SP.* Relator: Ministro Teori Zavascki. Agravante: Luiz Carlos Lopes. Agravado: Município de São Vicente. Julgamento: 03 fev. 2015. Órgão julgador: Segunda Turma. Publicação: DJe, 13 fev. 2015.

_____. Supremo Tribunal Federal. *Agravo Regimental no Recurso Extraordinário nº 501.876/SP.* Relator: Ministro Ricardo Lewandowski. Agravante: Rio Negro Comércio e Indústria de Aço S/A e Outro(s). Agravado: Município de Guarulhos. Julgamento: 01 fev. 2011. Órgão julgador: Primeira Turma. Publicação: DJe, 22 fev. 2011.

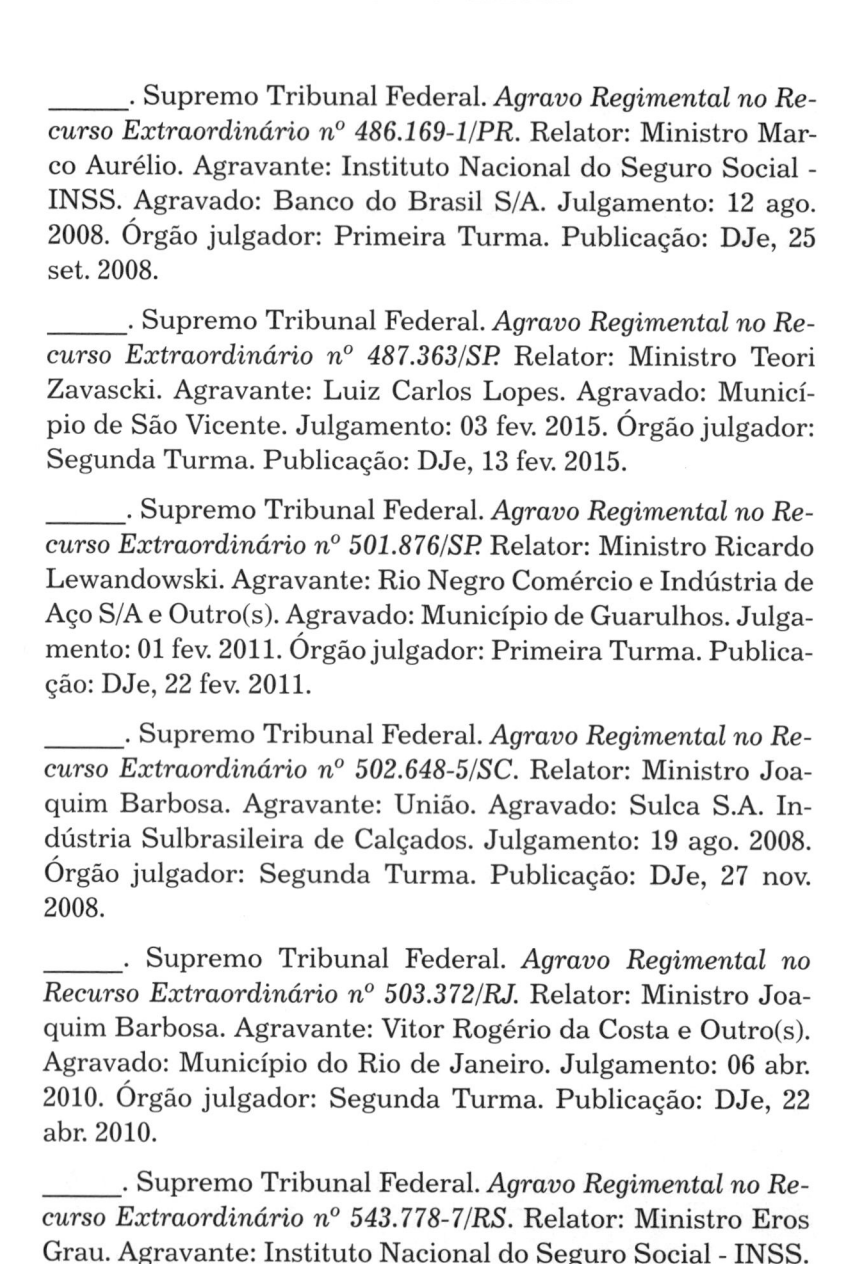

_____. Supremo Tribunal Federal. *Agravo Regimental no Recurso Extraordinário nº 502.648-5/SC*. Relator: Ministro Joaquim Barbosa. Agravante: União. Agravado: Sulca S.A. Indústria Sulbrasileira de Calçados. Julgamento: 19 ago. 2008. Órgão julgador: Segunda Turma. Publicação: DJe, 27 nov. 2008.

_____. Supremo Tribunal Federal. *Agravo Regimental no Recurso Extraordinário nº 503.372/RJ*. Relator: Ministro Joaquim Barbosa. Agravante: Vitor Rogério da Costa e Outro(s). Agravado: Município do Rio de Janeiro. Julgamento: 06 abr. 2010. Órgão julgador: Segunda Turma. Publicação: DJe, 22 abr. 2010.

_____. Supremo Tribunal Federal. *Agravo Regimental no Recurso Extraordinário nº 543.778-7/RS*. Relator: Ministro Eros Grau. Agravante: Instituto Nacional do Seguro Social - INSS. Agravado: Ivo Schuler. Julgamento: 09 dez. 2008. Órgão julgador: Segunda Turma. Publicação: DJe, 05 fev. 2009.

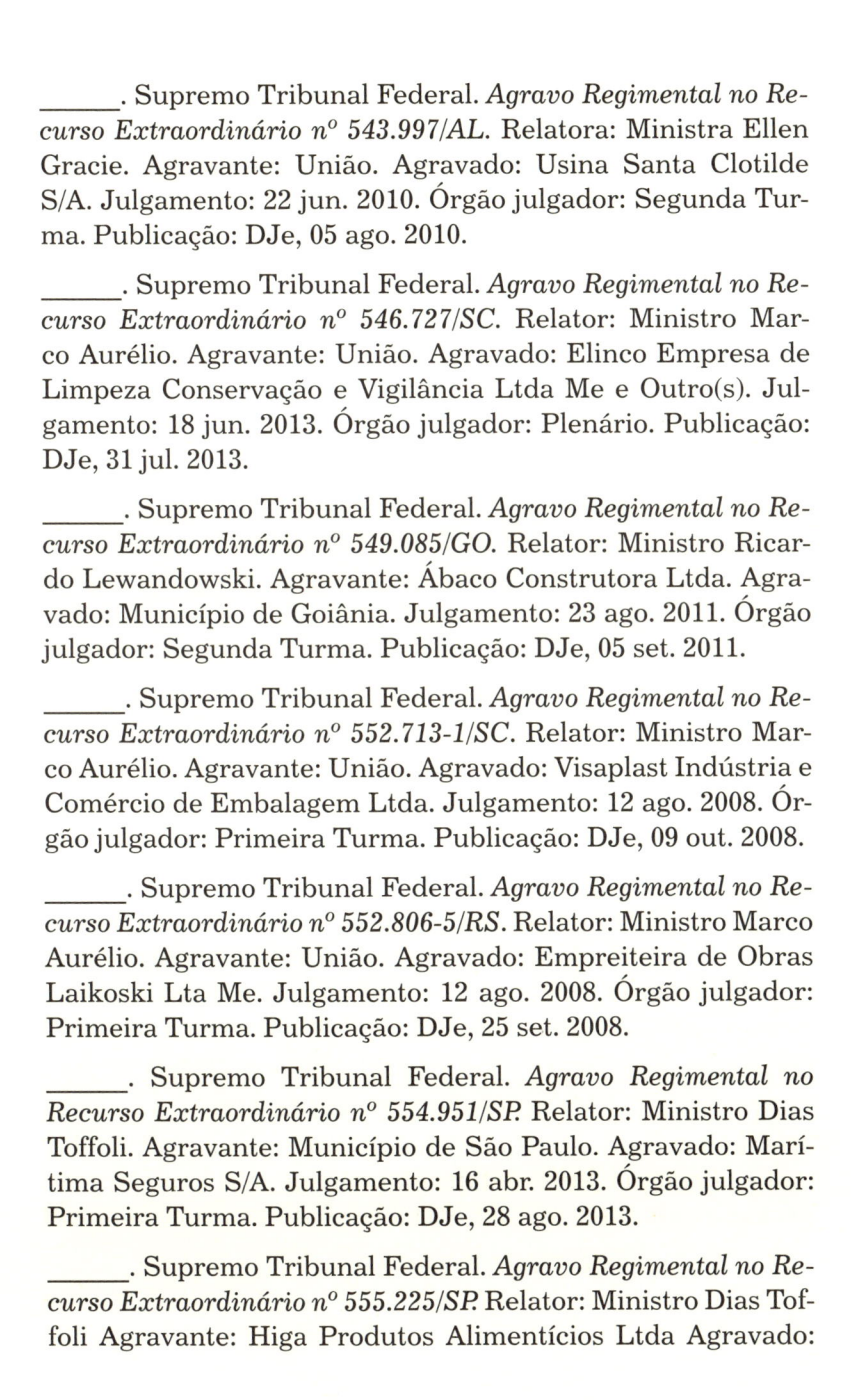

_____. Supremo Tribunal Federal. *Agravo Regimental no Recurso Extraordinário nº 543.997/AL*. Relatora: Ministra Ellen Gracie. Agravante: União. Agravado: Usina Santa Clotilde S/A. Julgamento: 22 jun. 2010. Órgão julgador: Segunda Turma. Publicação: DJe, 05 ago. 2010.

_____. Supremo Tribunal Federal. *Agravo Regimental no Recurso Extraordinário nº 546.727/SC*. Relator: Ministro Marco Aurélio. Agravante: União. Agravado: Elinco Empresa de Limpeza Conservação e Vigilância Ltda Me e Outro(s). Julgamento: 18 jun. 2013. Órgão julgador: Plenário. Publicação: DJe, 31 jul. 2013.

_____. Supremo Tribunal Federal. *Agravo Regimental no Recurso Extraordinário nº 549.085/GO*. Relator: Ministro Ricardo Lewandowski. Agravante: Ábaco Construtora Ltda. Agravado: Município de Goiânia. Julgamento: 23 ago. 2011. Órgão julgador: Segunda Turma. Publicação: DJe, 05 set. 2011.

_____. Supremo Tribunal Federal. *Agravo Regimental no Recurso Extraordinário nº 552.713-1/SC*. Relator: Ministro Marco Aurélio. Agravante: União. Agravado: Visaplast Indústria e Comércio de Embalagem Ltda. Julgamento: 12 ago. 2008. Órgão julgador: Primeira Turma. Publicação: DJe, 09 out. 2008.

_____. Supremo Tribunal Federal. *Agravo Regimental no Recurso Extraordinário nº 552.806-5/RS*. Relator: Ministro Marco Aurélio. Agravante: União. Agravado: Empreiteira de Obras Laikoski Lta Me. Julgamento: 12 ago. 2008. Órgão julgador: Primeira Turma. Publicação: DJe, 25 set. 2008.

_____. Supremo Tribunal Federal. *Agravo Regimental no Recurso Extraordinário nº 554.951/SP*. Relator: Ministro Dias Toffoli. Agravante: Município de São Paulo. Agravado: Marítima Seguros S/A. Julgamento: 16 abr. 2013. Órgão julgador: Primeira Turma. Publicação: DJe, 28 ago. 2013.

_____. Supremo Tribunal Federal. *Agravo Regimental no Recurso Extraordinário nº 555.225/SP*. Relator: Ministro Dias Toffoli Agravante: Higa Produtos Alimentícios Ltda Agravado:

Município de Campinas. Julgamento: 27 mai. 2014. Órgão julgador: Primeira Turma. Publicação: DJe, 27 jun. 2014.

_____. Supremo Tribunal Federal. *Agravo Regimental no Recurso Extraordinário nº 557.695-7/SC*. Relator: Ministro Cezar Peluso. Agravante: União. Agravado: Refrigo Indústria e Comércio de Câmaras Ltda Me e Outro(a/s). Julgamento: 02 dez. 2008. Órgão julgador: Segunda Turma. Publicação: DJe, 05 fev. 2009.

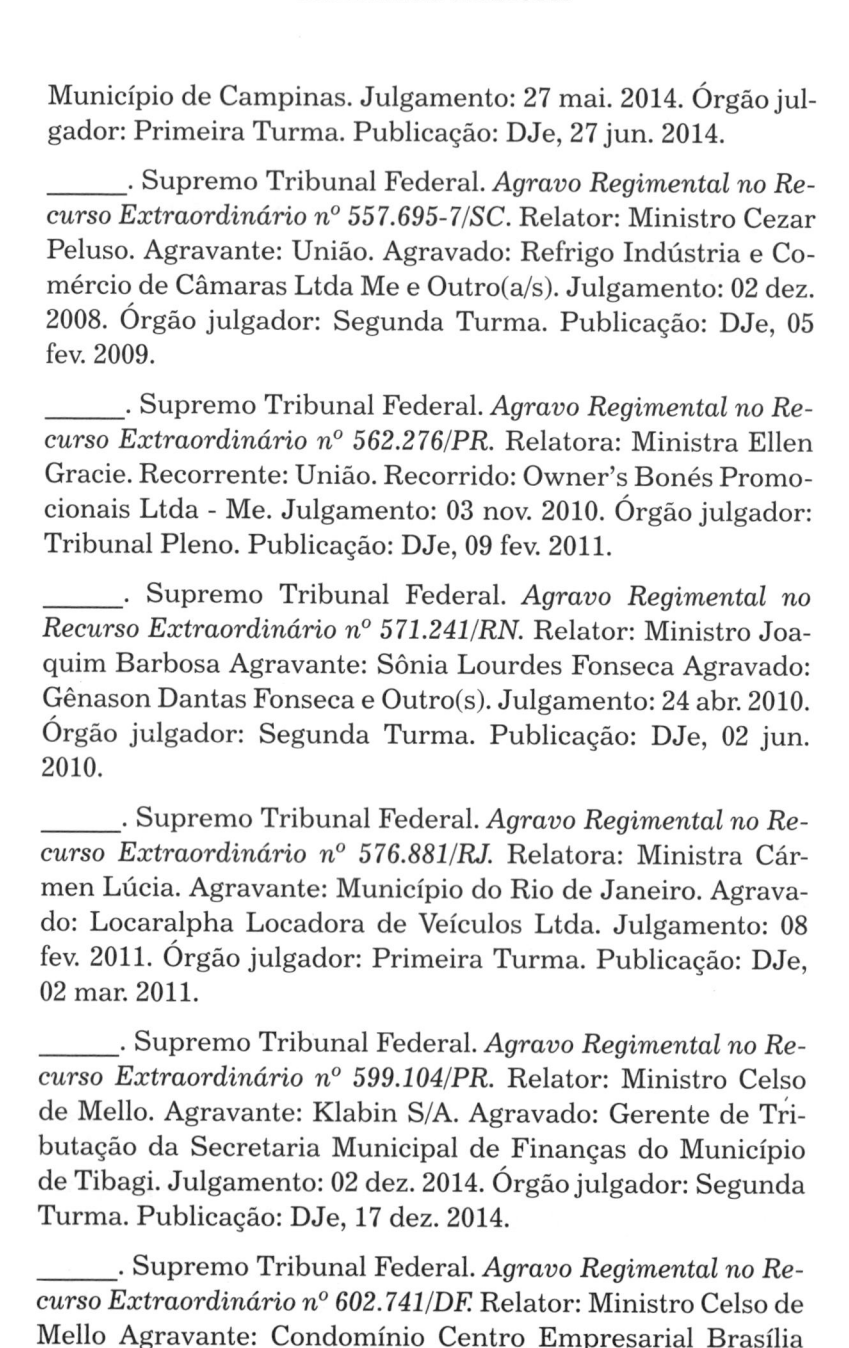

_____. Supremo Tribunal Federal. *Agravo Regimental no Recurso Extraordinário nº 562.276/PR*. Relatora: Ministra Ellen Gracie. Recorrente: União. Recorrido: Owner's Bonés Promocionais Ltda - Me. Julgamento: 03 nov. 2010. Órgão julgador: Tribunal Pleno. Publicação: DJe, 09 fev. 2011.

_____. Supremo Tribunal Federal. *Agravo Regimental no Recurso Extraordinário nº 571.241/RN*. Relator: Ministro Joaquim Barbosa Agravante: Sônia Lourdes Fonseca Agravado: Gênason Dantas Fonseca e Outro(s). Julgamento: 24 abr. 2010. Órgão julgador: Segunda Turma. Publicação: DJe, 02 jun. 2010.

_____. Supremo Tribunal Federal. *Agravo Regimental no Recurso Extraordinário nº 576.881/RJ*. Relatora: Ministra Cármen Lúcia. Agravante: Município do Rio de Janeiro. Agravado: Locaralpha Locadora de Veículos Ltda. Julgamento: 08 fev. 2011. Órgão julgador: Primeira Turma. Publicação: DJe, 02 mar. 2011.

_____. Supremo Tribunal Federal. *Agravo Regimental no Recurso Extraordinário nº 599.104/PR*. Relator: Ministro Celso de Mello. Agravante: Klabin S/A. Agravado: Gerente de Tributação da Secretaria Municipal de Finanças do Município de Tibagi. Julgamento: 02 dez. 2014. Órgão julgador: Segunda Turma. Publicação: DJe, 17 dez. 2014.

_____. Supremo Tribunal Federal. *Agravo Regimental no Recurso Extraordinário nº 602.741/DF*. Relator: Ministro Celso de Mello Agravante: Condomínio Centro Empresarial Brasília

Agravado: Silvio de Faria Caram Zuquim e Outro(s). Julgamento: 25 mai. 2010. Órgão julgador: Segunda Turma. Publicação: DJe, 24 jun. 2010.

_____. Supremo Tribunal Federal. *Agravo Regimental no Recurso Extraordinário nº 613.287/RS*. Relator: Ministro Luiz Fux. Agravante: União. Agravado: Município de Porto Alegre. Julgamento: 02 ago. 2011. Órgão julgador: Primeira Turma. Publicação: DJe, 18 ago. 2011.

_____. Supremo Tribunal Federal. *Agravo Regimental no Recurso Extraordinário nº 614.246/SP.* Relator: Ministro Dias Toffoli. Agravante: Município de São Paulo. Agravado: Breda Transporte e Turismo Ltda. e Outro(s). Julgamento: 07 fev. 2012. Órgão julgador: Primeira Turma. Publicação: DJe, 14 mar. 2012.

_____. Supremo Tribunal Federal. *Agravo Regimental no Recurso Extraordinário nº 635.886/SP.* Relator: Ministro Teori Zavascki Agravante: Organização Mofarrej Agrícola e Industrial Ltda Agravado: Município de São Paulo. Julgamento: 10 dez. 2013. Órgão julgador: Segunda Turma. Publicação: DJe, 31 jan. 2014.

_____. Supremo Tribunal Federal. *Agravo Regimental no Recurso Extraordinário nº 640.597/PR*. Relator: Ministro Ricardo Lewandowski. Agravante: Iguaçu Celulose Papel S/A. Agravado: Estado do Paraná. Julgamento: 05 ago. 2014. Órgão julgador: Segunda Turma. Publicação: DJe, 14 ago. 2014.

_____. Supremo Tribunal Federal. *Agravo Regimental no Recurso Extraordinário com Agravo nº 656.709/RS*. Relator: Ministro Joaquim Barbosa. Agravante: Alberto Pasqualini – Refap S/A. Agravado: Município de Canoas. Julgamento: 14 fev. 2012. Órgão julgador: Segunda Turma. Publicação: DJe, 07 mar. 2012.

_____. Supremo Tribunal Federal. *Agravo Regimental no Recurso Extraordinário com Agravo nº 664.429/RS*. Relator: Ministro Marco Aurélio. Agravante: Petrobrás Logística de

Exploração e Produção S/A. Agravado: Município de Canoas. Julgamento: 18 mar. 2014. Órgão julgador: Primeira Turma. Publicação: DJe, 04 abr. 2014.

_____. Supremo Tribunal Federal. *Agravo Regimental no Recurso Extraordinário com Agravo nº 745.279/RS*. Relator: Ministro Dias Toffoli. Agravante: Rio Bravo Investimentos S/A Distribuidora de Títulos e Valores Mobiliários Agravado: Município de Porto Alegre. Julgamento: 27 mai. 2014. Órgão julgador: Primeira Turma. Publicação: DJe, 23 jun. 2014.

_____. Supremo Tribunal Federal. *Agravo Regimental no Recurso Extraordinário com Agravo nº 761.889/BA*. Relatora: Ministra Cármen Lúcia Agravante: Empresa Bahiana de Hotéis Ltda Agravado: Município de Salvador. Julgamento: 29 out. 2013. Órgão julgador: Segunda Turma. Publicação: DJe, 30 out. 2013.

_____. Supremo Tribunal Federal. *Agravo Regimental no Recurso Extraordinário com Agravo nº 764.452/RJ*. Relatora: Ministra Cármen Lúcia. Agravante: Município do Rio de Janeiro. Agravado: Sociedade Brasileira de Endocrinologia e Metabiologia Regional Rio de Janeiro. Julgamento: 03 dez. 2013. Órgão julgador: Segunda Turma. Publicação: DJe, 09 dez. 2013.

_____. Supremo Tribunal Federal. *Agravo Regimental no Recurso Extraordinário com Agravo nº 783.000/DF*. Relatora: Ministra Carmén Lúcia. Agravante: União. Agravado: Indústria Açucareira Antonio Martins de Albuquerque S/A. Julgamento: 21 out. 2014. Órgão julgador: Segunda Turma. Publicação: DJe, 03 nov. 2014.

_____. Supremo Tribunal Federal. *Agravo Regimental no Recurso Extraordinário nº 739.311-RS*. Relator: Ministro Marco Aurélio. Agravante: Estado do Rio Grande do Sul. Agravado: Banco do Brasil S/A. Julgamento: 22 set. 2015. Órgão julgador: Primeira Turma. Publicação: DJe, 09 out. 2015.

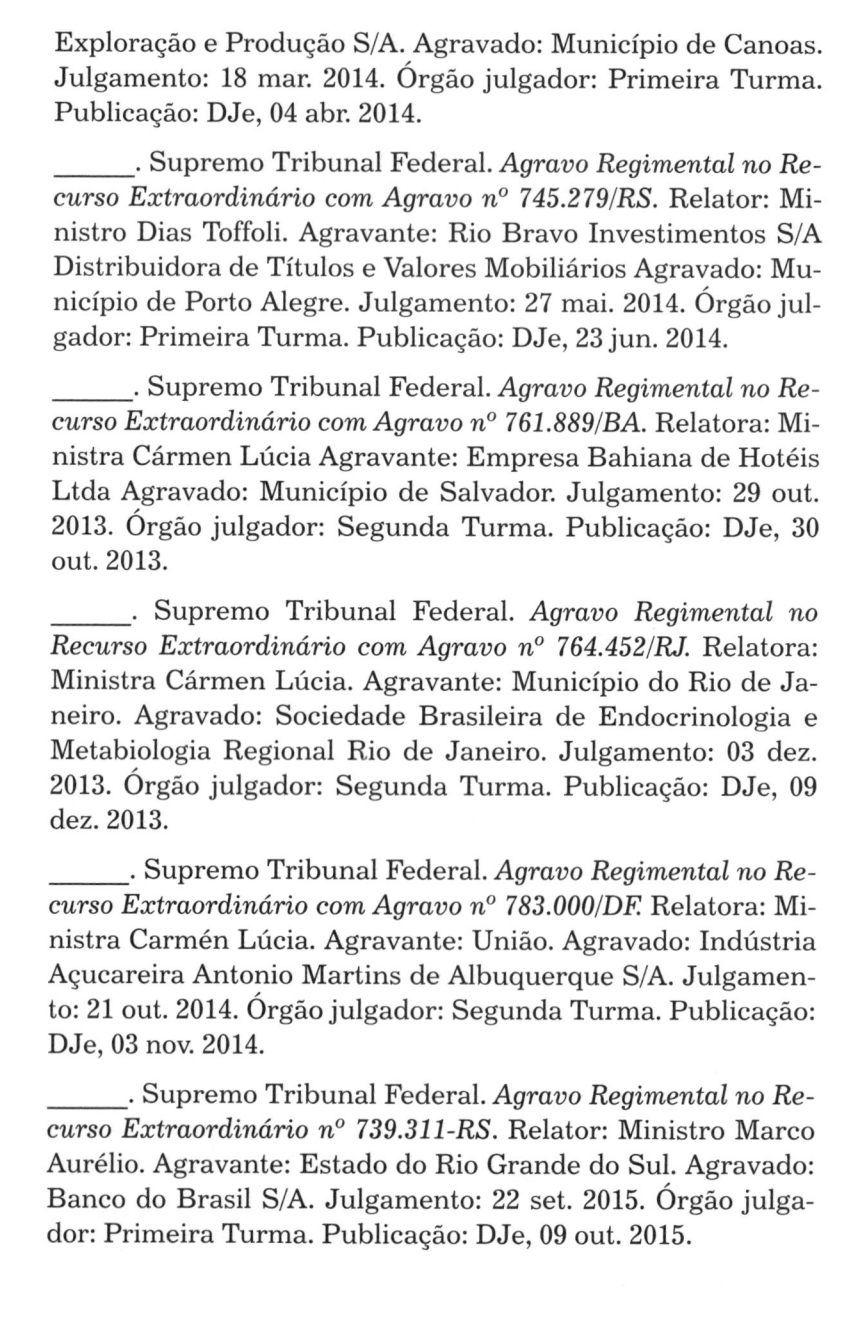

_____. Supremo Tribunal Federal. *Agravo Regimental no Recurso Extraordinário nº 773.736/PE*. Relator: Ministro Ricardo Lewandowski. Agravante: Hotéis Pernambuco S/A e Outros(s) Agravado: Município de Recife. Julgamento: 5 ago. 2014. Órgão julgador: Segunda Turma. Publicação: DJe, 14 ago. 2014.

_____. Supremo Tribunal Federal. *Agravo Regimental no Recurso Extraordinário nº 816.084/DF*. Relator do Acórdão: Ministro Dias Toffoli. Agravante: União Agravado: Jefferson Barros Cavalcanti e Outros. Julgamento: 10 março. 2015. Órgão julgador: Primeira Turma. Publicação: DJe, 15 mai. 2015.

_____. Supremo Tribunal Federal. *Agravo Regimental no Recurso Extraordinário nº 901.412/BA*. Relator: Ministro Dias Toffoli. Agravante: Município de Salvador Agravante: Empresa Brasileira de Infra-Estrutura Aeroportuária - Infraero Agravados: Os Mesmos. Julgamento: 27 out. 2015. Órgão julgador: Segunda Turma. Publicação: DJe, 11 dez. 2015.

_____. Supremo Tribunal Federal. *Agravo Regimental no Recurso Extraordinário com Agravo nº 841.212/RJ*. Relator: Ministro Luiz Fux. Agravante: Município do Rio De Janeiro, Procurador-Geral do Município do Rio de Janeiro. Agravado: Igreja Tabernáculo Evangélico de Jesus, Marivaldo Sena Sacramento e outro. Julgamento: 18 nov. 2014. Órgão Julgador: Primeira Turma. Publicação: DJe, 09 dez. 2014.

_____. Supremo Tribunal Federal. *Agravo Regimental no Recurso Extraordinário com Agravo nº 861.311/BA*. Relatora: Ministra Rosa Weber. Agravante: Escola Pan Americana da Bahia Agravado: Município de Salvador. Julgamento: 10 mar. 2015. Órgão julgador: Primeira Turma. Publicação: DJe, 25 mar. 2015.

_____. Supremo Tribunal Federal. *Agravo Regimental nos Embargos de Declaração no Agravo Regimental no Recurso Extraordinário nº 827.018/RN*. Relatora: Ministra Cármen Lúcia. Agravante: Companhia de Águas e Esgoto do Rio Grande do Norte – CAERN. Agravado: Município de Natal. Julgamento:

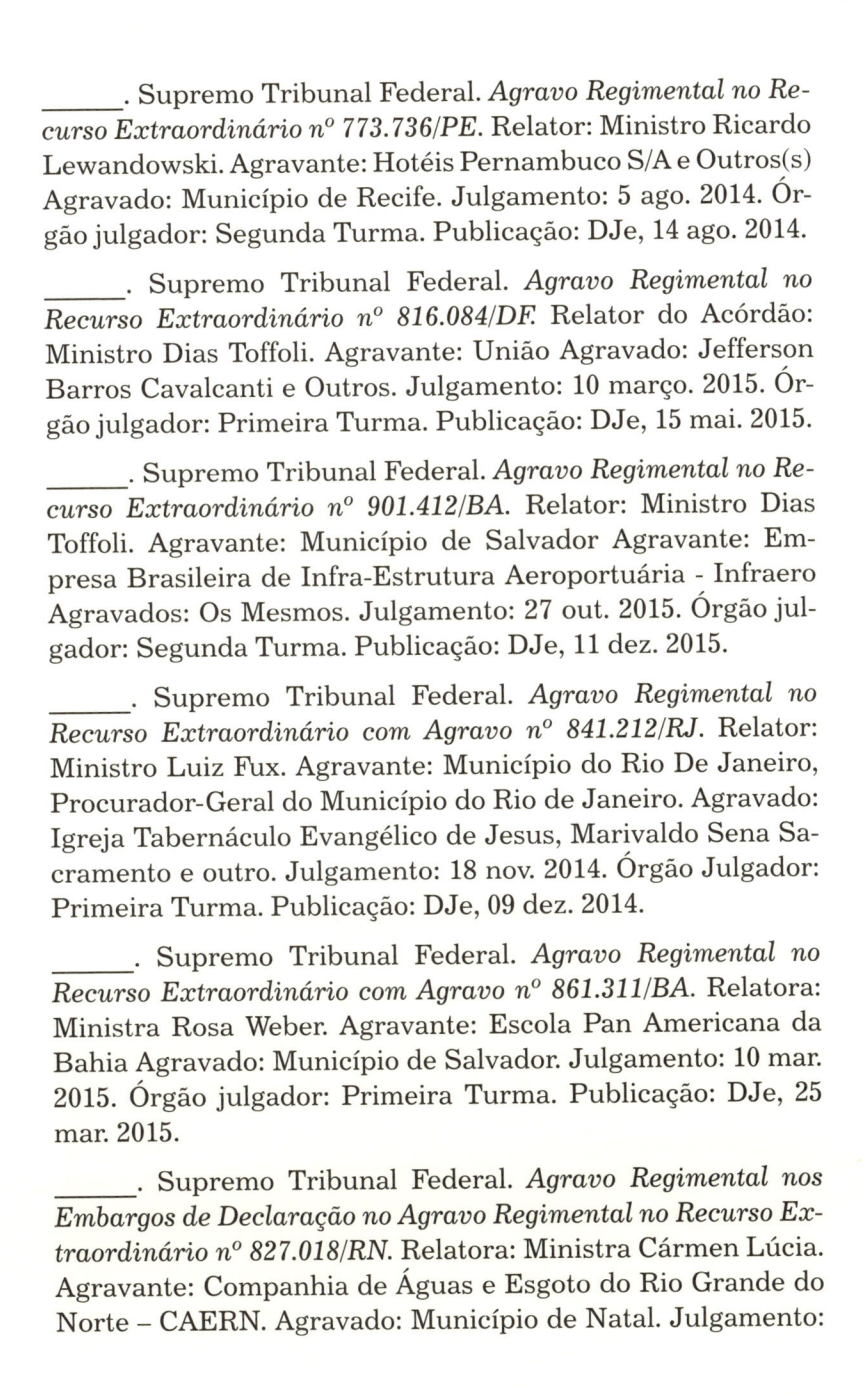

09 set. 2016. Órgão julgador: Segunda Turma. Publicação: DJe, 23 set. 2016.

_____. Supremo Tribunal Federal. *Embargos de Declaração na Reclamação nº 10.590/PR*. Relator: Ministro Ricardo Lewandowski. Embargante: ZKF Confecções Ltda. Embargado: Delegado da Receita Federal de Londrina. Julgamento: 24 jun. 2016. Órgão julgador: Segunda Turma. Publicação: DJe, 14 ago. 2016.

_____. Supremo Tribunal Federal. *Embargos de Declaração na Reclamação nº 20.932/SP*. Relator: Ministro Teori Zavascki. Embargante: Viação Bola Branca Ltda. Embargado: União. Julgamento: 30 jun. 2015. Órgão julgador: Segunda Turma. Publicação: DJe, 12 ago. 2015.

_____. Supremo Tribunal Federal. *Embargos de Declaração no Agravo de Instrumento nº 854.553/MG*. Relator: Ministro Joaquim Barbosa. Embargante: Município de Belo Horizonte. Embargado: Fênix Publicidade Ltda. Julgamento: 28 ago. 2012. Órgão julgador: Segunda Turma. Publicação: DJe, 05 out. 2012.

_____. Supremo Tribunal Federal. *Embargos de Declaração no Agravo Regimental na Reclamação nº 21.189/CE*. Relator: Ministro Teori Zavascki. Embargante: João Quevêdo Ferreira Lopes. Embargado: Delegada da Receita Federal do Brasil em Fortaleza. Julgamento: 22 set. 2015. Órgão julgador: Segunda Turma. Publicação: DJe, 07 out. 2015.

_____. Supremo Tribunal Federal. *Embargos de Declaração no Recurso Extraordinário nº 346.882/RJ*. Relator: Ministro Joaquim Barbosa. Embargante: SERSAN – Sociedade de Terraplanagem Construção Civil e Agropecuária Ltda Embargado: UnIão. Julgamento: 06 abr. 2010. Órgão julgador: Segunda Turma. Publicação: DJe, 22 abr. 2010.

_____. Supremo Tribunal Federal. *Embargos de Declaração no Recurso Extraordinário nº 478.058/RS*. Relator: Ministro Ricardo Lewandowski. Embargante: Ivo dos Santos Rocha.

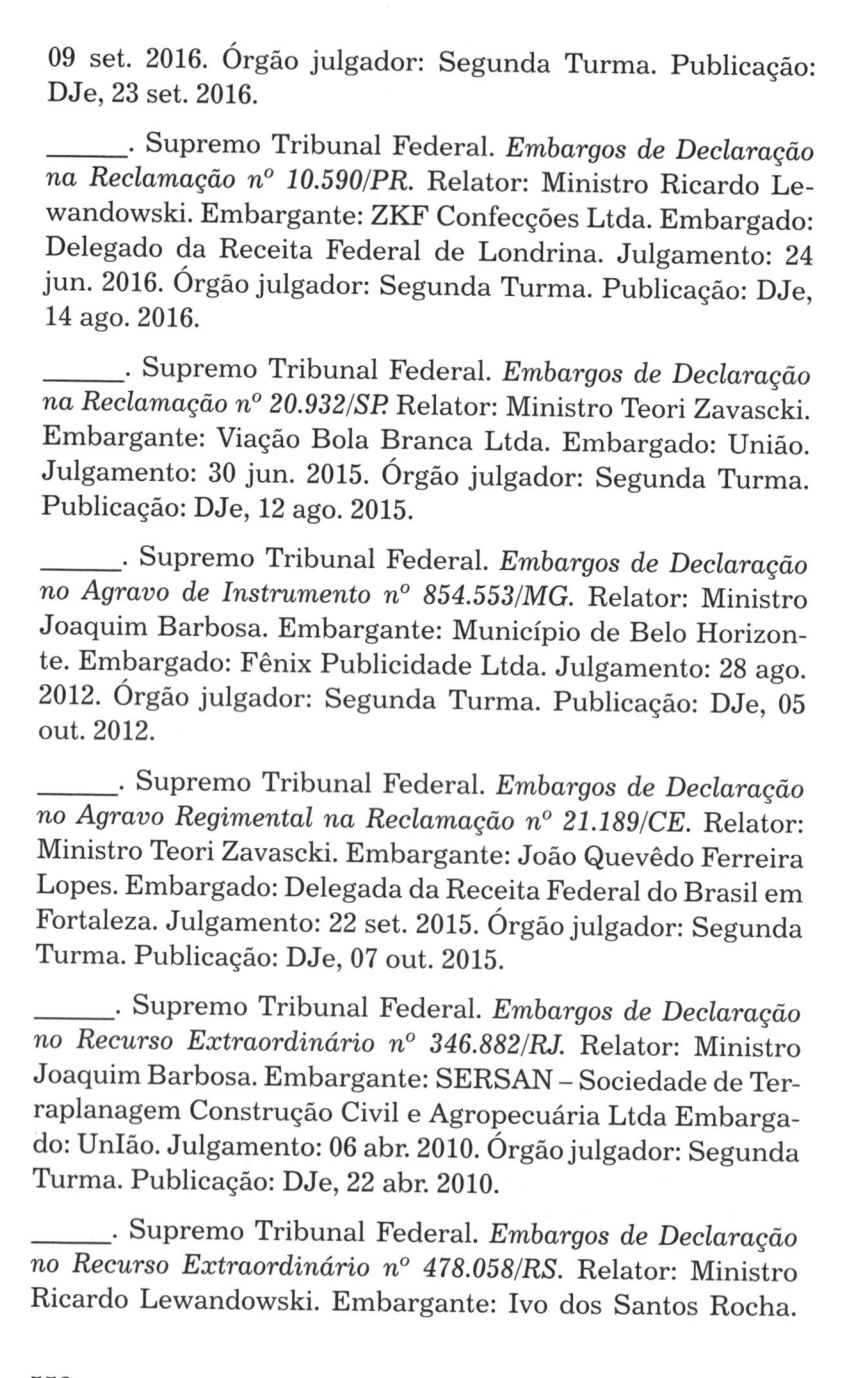

Embargado: Instituto Nacional do Seguro Social - INSS. Julgamento: 23 ago. 2011. Órgão julgador: Segunda Turma. Publicação: DJe, 09 set. 2011.

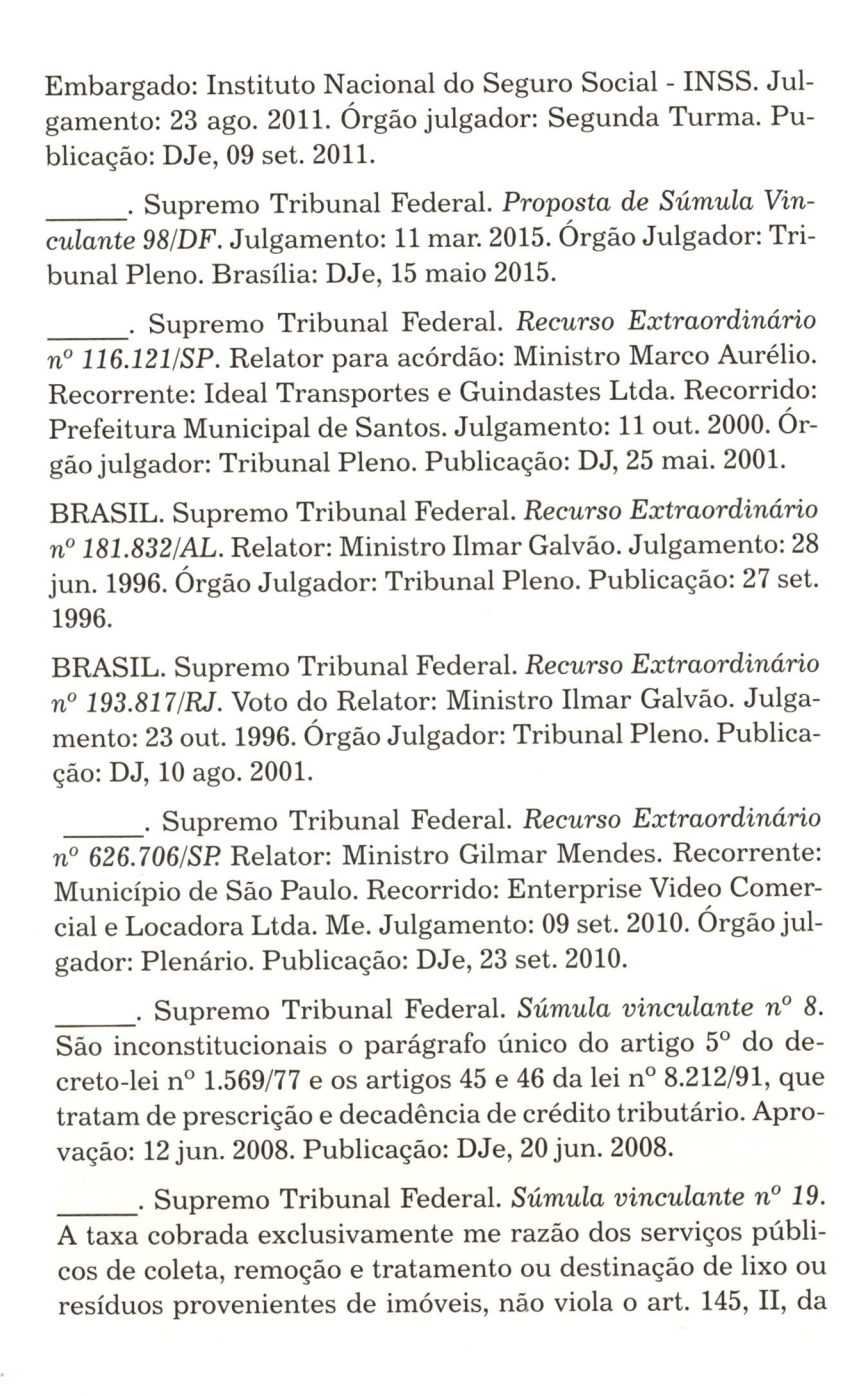

_____. Supremo Tribunal Federal. *Proposta de Súmula Vinculante 98/DF*. Julgamento: 11 mar. 2015. Órgão Julgador: Tribunal Pleno. Brasília: DJe, 15 maio 2015.

_____. Supremo Tribunal Federal. *Recurso Extraordinário nº 116.121/SP*. Relator para acórdão: Ministro Marco Aurélio. Recorrente: Ideal Transportes e Guindastes Ltda. Recorrido: Prefeitura Municipal de Santos. Julgamento: 11 out. 2000. Órgão julgador: Tribunal Pleno. Publicação: DJ, 25 mai. 2001.

BRASIL. Supremo Tribunal Federal. *Recurso Extraordinário nº 181.832/AL*. Relator: Ministro Ilmar Galvão. Julgamento: 28 jun. 1996. Órgão Julgador: Tribunal Pleno. Publicação: 27 set. 1996.

BRASIL. Supremo Tribunal Federal. *Recurso Extraordinário nº 193.817/RJ*. Voto do Relator: Ministro Ilmar Galvão. Julgamento: 23 out. 1996. Órgão Julgador: Tribunal Pleno. Publicação: DJ, 10 ago. 2001.

_____. Supremo Tribunal Federal. *Recurso Extraordinário nº 626.706/SP.* Relator: Ministro Gilmar Mendes. Recorrente: Município de São Paulo. Recorrido: Enterprise Video Comercial e Locadora Ltda. Me. Julgamento: 09 set. 2010. Órgão julgador: Plenário. Publicação: DJe, 23 set. 2010.

_____. Supremo Tribunal Federal. *Súmula vinculante nº 8*. São inconstitucionais o parágrafo único do artigo 5º do decreto-lei nº 1.569/77 e os artigos 45 e 46 da lei nº 8.212/91, que tratam de prescrição e decadência de crédito tributário. Aprovação: 12 jun. 2008. Publicação: DJe, 20 jun. 2008.

_____. Supremo Tribunal Federal. *Súmula vinculante nº 19*. A taxa cobrada exclusivamente me razão dos serviços públicos de coleta, remoção e tratamento ou destinação de lixo ou resíduos provenientes de imóveis, não viola o art. 145, II, da

Constituição Federal. Aprovação: 29 out. 2009. Publicação: DJe, 10 nov. 2009.

_____. Supremo Tribunal Federal. *Súmula vinculante nº 21*. É inconstitucional a exigência de depósito ou arrolamento prévios de dinheiro ou bens para admissibilidade de recurso administrativo. Aprovação: 29 out. 2009. Publicação: DJe, 10 nov. 2009, p. 1.

_____. Supremo Tribunal Federal. *Súmula vinculante nº 24*. Não se tipifica crime material contra a ordem tributária, previsto no art. 1º, incisos I a V, da lei nº 8.137/90, antes do lançamento definitivo do tributo. Aprovação: 02 dez. 2009. Publicação: DJe, 11 dez. 2009.

_____. Supremo Tribunal Federal. *Súmula vinculante nº 28*. É inconstitucional a exigência de depósito prévio como requisito de admissibilidade de ação judicial na qual se pretenda discutir a exigibilidade de crédito tributário. Aprovação: 03 fev. 2010. Publicação: DJe, 17 fev. 2010, p. 1.

_____. Supremo Tribunal Federal. *Súmula vinculante nº 29*. É constitucional a adoção, no cálculo do valor de taxa, de um ou mais elementos da base de cálculo própria de determinado imposto, desde que não haja integral identidade entre uma outra. Aprovação: 03 fev. 2010. Publicação: DJe, 17 fev. 2010, p. 1.

_____. Supremo Tribunal Federal. *Súmula vinculante nº 31*. É inconstitucional a incidência do imposto sobre serviços de qualquer natureza – ISS sobre operações de locação de bens móveis. Aprovação: 04 fev. 2010. Publicação: DJe, 17 fev. 2010, p. 1.

_____. Supremo Tribunal Federal. *Súmula vinculante nº 32*. O ICMS não incide sobre a alienação de salvados de sinistro pelas seguradoras. Aprovação: 16 fev. 2011. Publicação: DJe, 24 fev. 2011, p. 1.

_____. Supremo Tribunal Federal. *Súmula vinculante nº 41*. O serviço de iluminação pública não pode ser remunerado mediante taxa. Aprovação: 11 mar. 2015. Publicação: DJe, 20 mar. 2015, p. 2.

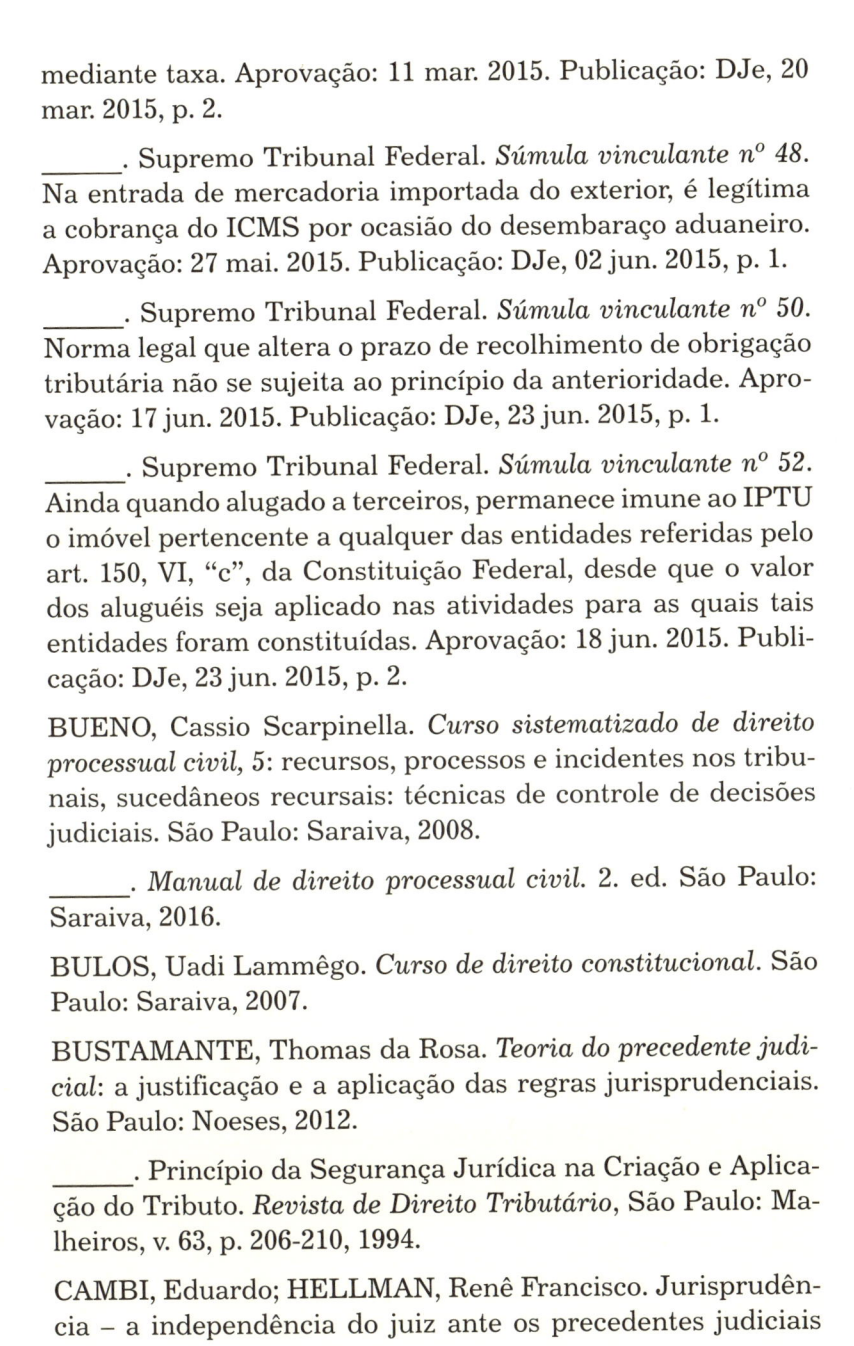

_____. Supremo Tribunal Federal. *Súmula vinculante nº 48*. Na entrada de mercadoria importada do exterior, é legítima a cobrança do ICMS por ocasião do desembaraço aduaneiro. Aprovação: 27 mai. 2015. Publicação: DJe, 02 jun. 2015, p. 1.

_____. Supremo Tribunal Federal. *Súmula vinculante nº 50*. Norma legal que altera o prazo de recolhimento de obrigação tributária não se sujeita ao princípio da anterioridade. Aprovação: 17 jun. 2015. Publicação: DJe, 23 jun. 2015, p. 1.

_____. Supremo Tribunal Federal. *Súmula vinculante nº 52*. Ainda quando alugado a terceiros, permanece imune ao IPTU o imóvel pertencente a qualquer das entidades referidas pelo art. 150, VI, "c", da Constituição Federal, desde que o valor dos aluguéis seja aplicado nas atividades para as quais tais entidades foram constituídas. Aprovação: 18 jun. 2015. Publicação: DJe, 23 jun. 2015, p. 2.

BUENO, Cassio Scarpinella. *Curso sistematizado de direito processual civil*, 5: recursos, processos e incidentes nos tribunais, sucedâneos recursais: técnicas de controle de decisões judiciais. São Paulo: Saraiva, 2008.

_____. *Manual de direito processual civil*. 2. ed. São Paulo: Saraiva, 2016.

BULOS, Uadi Lammêgo. *Curso de direito constitucional*. São Paulo: Saraiva, 2007.

BUSTAMANTE, Thomas da Rosa. *Teoria do precedente judicial*: a justificação e a aplicação das regras jurisprudenciais. São Paulo: Noeses, 2012.

_____. Princípio da Segurança Jurídica na Criação e Aplicação do Tributo. *Revista de Direito Tributário*, São Paulo: Malheiros, v. 63, p. 206-210, 1994.

CAMBI, Eduardo; HELLMAN, Renê Francisco. Jurisprudência – a independência do juiz ante os precedentes judiciais como obstáculo à igualdade e a segurança jurídicas. *Revista de Processo*, São Paulo, v. 39, n. 231, p. 349-366, maio 2014.

_____; _____. Precedentes e dever de motivação das decisões judiciais no novo código de processo civil. *Revista de Processo*, São Paulo, v. 40, n. 241, p. 413-438, mar. 2015.

CAMBI, Eduardo; MARGRAF, Alencar Frederico. Casuísmos judiciários e precedentes judiciais. *Revista de Processo*, São Paulo, v. 40, n. 248, p. 311-330, out. 2015.

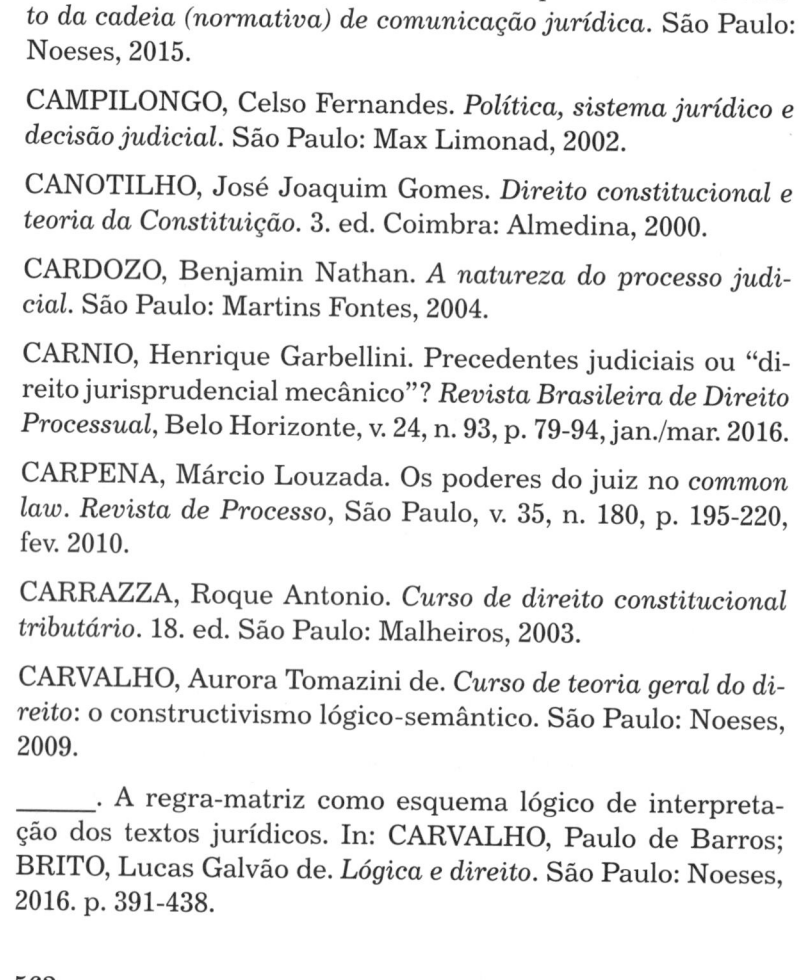

CAMILOTTI, José Renato. *Denúncia espontânea no contexto da cadeia (normativa) de comunicação jurídica*. São Paulo: Noeses, 2015.

CAMPILONGO, Celso Fernandes. *Política, sistema jurídico e decisão judicial*. São Paulo: Max Limonad, 2002.

CANOTILHO, José Joaquim Gomes. *Direito constitucional e teoria da Constituição*. 3. ed. Coimbra: Almedina, 2000.

CARDOZO, Benjamin Nathan. *A natureza do processo judicial*. São Paulo: Martins Fontes, 2004.

CARNIO, Henrique Garbellini. Precedentes judiciais ou "direito jurisprudencial mecânico"? *Revista Brasileira de Direito Processual*, Belo Horizonte, v. 24, n. 93, p. 79-94, jan./mar. 2016.

CARPENA, Márcio Louzada. Os poderes do juiz no *common law*. *Revista de Processo*, São Paulo, v. 35, n. 180, p. 195-220, fev. 2010.

CARRAZZA, Roque Antonio. *Curso de direito constitucional tributário*. 18. ed. São Paulo: Malheiros, 2003.

CARVALHO, Aurora Tomazini de. *Curso de teoria geral do direito*: o constructivismo lógico-semântico. São Paulo: Noeses, 2009.

_____. A regra-matriz como esquema lógico de interpretação dos textos jurídicos. In: CARVALHO, Paulo de Barros; BRITO, Lucas Galvão de. *Lógica e direito*. São Paulo: Noeses, 2016. p. 391-438.

CARVALHO, Cristiano. *Ficções jurídicas no direito tributário*. São Paulo: Noeses, 2008.

CARVALHO, Paulo de Barros. *Curso de direito tributário*. 18. ed. São Paulo: Saraiva, 2007.

_____. *Curso de direito tributário*. 21. ed. São Paulo: Saraiva, 2009.

_____. *Direito tributário*: fundamentos jurídicos da incidência. 5. ed. São Paulo: Saraiva, 2007.

_____. *Direito tributário*: linguagem e método. 5. ed. São Paulo: Noeses, 2013.

_____. Sobre princípios constitucionais tributários. *Revista de Direito Tributário*, São Paulo: Revista dos Tribunais, v. 55, ano 15, p. 143-155, jan./mar. 1991.

_____. Regras técnicas ou procedimentais no direito tributário. In: ROBLES, Gregorio; CARVALHO, Paulo de Barros. (Coord.). *Teoria comunicacional do direito*: diálogo entre Brasil e Espanha. São Paulo: Noeses, 2011. p. 33-45.

CARVALHO, Sabrina Nasser de. Decisões paradigmáticas e dever de fundamentação: técnica para a formação e aplicação dos precedentes judiciais. *Revista de Processo*, São Paulo, v. 40, n. 249, p. 421-448, nov. 2015.

CHULAM, Eduardo. A função e relevância dos precedentes judiciais no direito brasileiro. *Revista do Instituto dos Advogados de São Paulo*, São Paulo, v. 16, n. 32, p. 115-150, jul./dez. 2013.

CLEMENTINO, Marco Bruno Miranda. Diagnóstico da instabilidade jurisprudencial em matéria tributária no Brasil. *Revista da Escola de Magistratura Federal da 5ª Região*, Recife: TRF5, n. 13, p. 31-63, maio/ago. 2006.

COELHO, Sacha Calmon Navarro. *Curso de direito tributário brasileiro*. 10. ed. rev. atual. Rio de Janeiro: Forense, 2009.

_____. *Manual de direito tributário*. 2. ed. Rio de Janeiro: Forense, 2003.

COLNERCI, Ninon. *Guiding by Cases in a Legal System Without Binding Precedent*: The German Example, China Guiding Cases Project. Stanford, CA, US: Stanford LawSchool, June 19, 2013. Disponível em: <http://cgc.law.stanford.edu/commentaries/7-judge-colneric>. Acesso em: 12 nov. 2016.

CONRADO, Paulo César. *Compensação tributária e processo*. 2. ed. rev. e atual. São Paulo: Quartier Latin, 2010.

_____. *Processo tributário*. 2. ed. São Paulo: Quartier Latin, 2007.

COSTA, Regina Helena. *Curso de direito tributário* – Constituição e Código Tributário Nacional. São Paulo: Saraiva, 2009.

CROSS, Rupert; HARRIS. J. W. *Precedent in English law*. Oxford: Clarendon Press, 1991.

DERZI, Mizabel Abreu Machado. *Modificação da jurisprudência no direito tributário*. São Paulo: Noeses, 2009.

_____.; BUSTAMANTE, Thomas da Rosa de. O efeito vinculante e o princípio da motivação das decisões judiciais: em que sentido pode haver precedentes vinculantes no direito brasileiro? In: FREIRE, Alexandre Reis Siqueira et al. (Coords.). *Novas tendências do processo civil*: estudos sobre o projeto do novo código de processo civil. Salvador: Juspodivm, 2013. p. 333-362.

DESTEFENNI, Marcos. *Curso de processo civil* – processo de conhecimento: tutela antecipada, provas, recursos e cumprimento de sentença. V. I, tomo 2, 2. ed. São Paulo: Saraiva, 2010.

DIAS, Ana Carolina Papacosta Conte de Carvalho. Decisões, normas e autoridades jurídicas. A conversação criadora do direito. In: ROBLES, Gregorio; CARVALHO, Paulo de Barros. (Coords.). *Teoria comunicacional do direito*: diálogo entre Brasil e Espanha. São Paulo: Noeses, 2011. p. 303-341.

DIDIER JR., Fredie. *Curso de direito processual civil.* V. 3, 7. ed. Salvador: Juspodivum, 2009.

_____; BRAGA, Paula Sarno; OLIVEIRA, Rafael. *Curso de direito processual civil.* 4. ed., v. 2. Salvador: 2004.

_____ et al. (Coords.). *Precedentes.* Salvador: Juspodivm, 2016.

DONIZETTI, Elpídio. A força dos precedentes no novo código de processo civil. *Revista direito UNIFACS.* [on-line], Salvador: Núcleo web UNIFACS, n. 175. janeiro, 2015. Disponível em: <http://www.revistas.unifacs.br>. Acesso em: 12 nov. 2016.

DWORKIN, Ronald. *Levando os direitos a sério.* Trad. Nelson Boeira. 3 ed., 2. tiragem. São Paulo: Martins Fontes, 2011.

ECHAVE, Delia Tereza; URQUIJO, María Eugenia; GUIBOURG, Ricardo. *Lógica, proposición y norma.* Buenos Aires: Astrea, 2008.

ECO, Umberto. *Interpretação e superinterpretação.* Tradução de Mônica Stahel. 2. ed. São Paulo: Martins Fontes, 2005.

_____. *Os limites da interpretação.* Tradução de Pérola Carvalho. 2. ed. São Paulo: Perspectiva, 2010.

EISENBERG, José; POGREBINSCHI, Thamy. Pragmatismo, direito e política. *Revista de Direito Tributário*, São Paulo: CEBRAP, n. 62, p. 107-121, mar. 2002.

FARIA, Gustavo de Castro. *Jurisprudencialização do direito*: reflexões no contexto da processualidade democrática. Belo Horizonte: Arraes Editores, 2012.

FERRAZ JÚNIOR, Tercio Sampaio. Interpretação jurídica: interpretação que comunica ou comunicação que se interpreta. In: HARET, Florence Cronenberger; CARNEIRO, Jerson. *Vilém Flusser e juristas*: Comemoração dos 25 anos do grupo de estudos de Paulo de Barros Carvalho. São Paulo: Noeses, 2009. p. 15-49.

_____. *Introdução ao estudo do direito*. 4. ed. São Paulo: Atlas, 2003.

_____. Lógica da motivação e lógica da convicção na decisão judicial. In: CARVALHO, Paulo de Barros (Coord.); BRITO, Lucas Galvão de (Org.). *Lógica e direito*. São Paulo: Noeses, 2016. p. 273-290.

_____. *O Direito, entre o futuro e o passado*. São Paulo: Noeses, 2014.

FIGUEIREDO, Silvia Bellandi Paes de. Eficácia dos precedentes judiciais. *Revista Síntese*: Direito Civil e Processo Civil, v. 12, n. 89, p. 131-147, maio/jun. 2014.

FIORIN, José Luiz. *As astúcias da Enunciação*. São Paulo: Ática, 1996.

FREIRE, Alexandre; FREIRE, Alonso. Elementos para a compreensão do sistema de precedentes judiciais no processo civil brasileiro. *Revista dos Tribunais*, São Paulo: Revista dos Tribunais, v. 103, n. 950, p. 199-231, dez. 2014.

GAIO JÚNIOR, Antônio Pereira. Considerações acerca da compreensão do modelo de vinculação às decisões judiciais: os precedentes no novo código de processo civil brasileiro. *Revista de Processo*, São Paulo, v. 41, n. 257, p. 343-370, jul. 2016.

GAMA, Tácio Lacerda. *Competência tributária*: fundamentos para uma teoria da nulidade. São Paulo: Noeses, 2009.

_____. Obrigação e crédito tributário. Anotação à margem da teoria de Paulo de Barros Carvalho. *Revista dos Tribunais*, São Paulo: Revista dos Tribunais, n. 50, p. 98-113, 2003.

GRAU, Eros Roberto. *Ensaio e discurso sobre a interpretação/ aplicação do direito*. 5. ed. rev. ampl. São Paulo: Malheiros, 2009.

_____. *O direito posto e o direito pressuposto*. 2. ed. São Paulo: Malheiros, 1998.

GUIBOURG, Ricardo; GHIGLIANI, Alejandro; GUARINONI, Ricardo. *Introducción al conocimiento científico*. Buenos Aires: Eudeba, 1985.

GURRUCHAGA, Liliana Mijancos. La "intención inmanente" de la Teoría Comunicacional del Derecho. In: ROBLES, Gregorio; CARVALHO, Paulo de Barros (Coord.). *Teoria comunicacional do direito*: diálogo entre Brasil e Espanha. São Paulo: Noeses, 2011. p. 265-287.

HART, Herbert Lionel Adolphus. *O conceito de direito*. Trad. Antônio de Oliveira Sette-Câmara. São Paulo: WMF Martins Fontes, 2009.

HERZL, Ricardo Augusto. *Neoprocessualismo, processo e constituição*: tendências do direito processual civil à luz do neoconstitucionalismo. São Paulo: Conceito, 2013 (Coleção ensaios de processo civil, v. 6).

HESSEN, Johannes. *Filosofia dos valores*. Tradução de L. Cabral de Moncada. 4. ed. Coimbra: Armênio Amado Editor, 1974.

JESUS, Priscilla Silva. Teoria do precedente judicial e o novo código de processo civil. *Revista direito UNIFACS* [on-line], Salvador: Núcleo web UNIFACS, n. 170, ago. 2014. Disponível em: <http://www.revistas.unifacs.br>. Acesso em: 13 nov. 2016.

KELSEN, Hans. *Teoria pura do direito*. Tradução de João Baptista Machado. 7. ed. São Paulo: Martins Fontes, 2006.

LAROUSSE. *Grande Dicionário Larousse Cultural da língua portuguesa*. São Paulo: Nova Cultural, 1999.

LEMOS, Vinicius Silva. Os precedentes judiciais e suas técnicas de superação no novo código de processo civil. *Revista de Direito da Advocef*, Londrina, v. 11, n. 21, p. 77-93, nov. 2015.

LINS, Robson Maia. *Controle de Constitucionalidade da Norma Tributária*. Decadência e Prescrição. São Paulo: Quartier Latin, 2005.

LOPES, Bruno Vasconcelos Carrilho. Súmula vinculante. GIANNICO, Maurício; MONTEIRO Vítor José de Melo. *A evolução do processo civil brasileiro.* V. 1, 2. ed. São Paulo: Saraiva, 2012. p. 319-347

LOURENÇO, Haroldo. Precedente judicial como fonte do direito: algumas considerações sob a ótica do novo CPC. *Revista temas atuais de processo civil* [on-line], v. 1, n. 6, dez. 2011. Disponível em: <http://www.temasatuaisprocessocivil.com.br>. Acesso em: 12 jul. 2016.

MACCORMICK, Neil. *Legal reasoning and legal theory.* Clarendon Law Series. Oxford, MI, US: Oxford University Press: 1978.

_____. *Rhetoric and the rule of law*: a theory of a legal reasoning. Oxford, MI, US: Oxford University Press, 2005.

_____. *Why cases have rationes and what these are.* Precedent in Law. Oxford: Clarendon Press, 1987.

MACÊDO, Lucas Buril de. O regime jurídico dos precedentes judiciais no projeto do novo código de processo civil. *Revista de Processo*, São Paulo, v. 39, n. 237, p. 369-401, nov. 2014.

_____. Contributo para a definição de ratio decidendi na teoria brasileira dos precedentes judiciais. In: DIDIER JR., Fredie (Coord.). *Precedentes.* Salvador: Juspodivm, 2015.

MARINONI, Luiz Guilherme. *Novo curso de processo civil*: tutela dos direitos mediante procedimento comum. V. II. São Paulo: Revista dos Tribunais, 2015.

_____. *Precedentes obrigatórios.* 4. ed., rev. atual. e ampl. São Paulo: Revista dos Tribunais, 2016.

_____. *Repercussão geral no recurso extraordinário.* 3. ed. rev. e atual. São Paulo: Revista dos Tribunais, 2012.

_____; ARENHART, Sérgio Cruz; MITIDIERO, Daniel. *O novo processo civil.* 2. ed. São Paulo: Revista dos Tribunais, 2016.

MARQUES, Ricardo Dalmasso. Inexistência da vinculação do árbitro às decisões e súmulas judiciais vinculantes do Supremo Tribunal Federal. *Revista Brasileira de Arbitragem*, v. 10, n. 38, p. 96-137, maio/jun. 2013.

MATTOS, Eloá Alves Ferreira de. Os sujeitos da obrigação tributária. In: GOMES, Marcus Lívio; ANTONELLI, Leonardo Pietro (Coords.). *Curso de direito tributário brasileiro*. São Paulo: Quartier Latin, v. 1, 2005. p. 363-422.

MEDEIROS, Cristiano Carrilho Silveira de. *Manual de história dos sistemas jurídicos*. Rio de Janeiro: Elsevier, 2009.

MEDINA, José Miguel Garcia. *Novo código de processo civil comentado*: com remissões e notas comparativas ao CPC/1973. São Paulo: Revista dos Tribunais, 2015.

MENDES, Gilmar Ferreira. *Controle abstrato de constitucionalidade*: ADI, ADC e ADO: comentários à lei n. 9.868/99. São Paulo: Saraiva, 2012.

_____. *Curso de direito constitucional*. 7. ed. rev. e atual. São Paulo: Saraiva, 2012.

MENDES, Guilherme Adolfo. A intencionalidade jurídica. In: ROBLES, Gregorio; CARVALHO, Paulo de Barros. (Coords.). *Teoria comunicacional do direito*: diálogo entre Brasil e Espanha. São Paulo: Noeses, 2011. p. 289-302.

MENEZES, Paulo Lucena. *A ação afirmativa (affirmative action) no direito norte-americano*. São Paulo: Revista dos Tribunais, 2001.

MITIDIERO, Daniel. Precedentes, Jurisprudência e Súmulas no Novo Código de Processo Civil Brasileiro. *Revista de Processo*, São Paulo: Revista dos Tribunais, v. 40, n. 245, p. 333-349, jul. 2015.

MORA, José Ferrater. *Dicionário de Filosofia*. São Paulo: Martins Fontes, 2001.

MORAES, Denise Maria Rodrígues. O Supremo Tribunal Federal e a eficácia vinculante de suas decisões. In: FUX, Luiz

(Coord.). *Processo constitucional*. Rio de Janeiro: Forense, 2013. p. 303-352.

MORCHÓN, Gregorio Robles. *Direito como texto*: quatro estudos de teoria comunicacional do direito. Trad. Roberto Barbosa Alves. Barueri: Manole, 2005.

MORRIS, Clarence. *Os grandes filósofos do direito*. Tradução de Reinaldo Guarany. São Paulo: Martins Fontes, 2002.

MOUSSALLEM, Tárek Moysés. *Revogação em matéria tributária*. São Paulo: Noeses, 2005.

_____. *Fontes do direito tributário*. 2. ed. São Paulo: Noeses, 2006.

_____. A enunciação e os enunciados: a performatividade no direito. In: ROBLES, Gregorio; CARVALHO, Paulo de Barros. (Coords.). *Teoria comunicacional do direito*: diálogo entre Brasil e Espanha. São Paulo: Noeses, 2011. p. 243-263.

NERY JUNIOR, Nelson; NERY, Rosa Maria de Andrade. *Código de processo civil comentado e legislação extravagante*. 11. ed. rev., ampl. e atual. até 17.2.2010. São Paulo: Revista dos Tribunais, 2010.

_____; _____. *Comentários ao código de processo civil*. São Paulo: Revista dos Tribunais, 2015.

NÓBREGA, Flavianne Bitencourt. A lógica das consequências concebíveis e o raciocínio abdutivo na análise da decisão do STF sobre a exigibilidade do exame de ordem. *LEXMAX – Revista do advogado da Paraíba*, ano 1, v. 2, p. 3-16, 2015.

NOGUEIRA, Cláudia Albagli. O novo código de processo civil e o sistema de precedentes judicias: pensando um paradigma discursivo da decisão judicial. *Revista Brasileira de Direito Processual*, Belo Horizonte, v. 22, n. 88, p. 185-210, out./dez. 2014.

NOGUEIRA, Gustavo Santana. Jurisprudência vinculante no direito norte-americano e no direito brasileiro. *Revista de Processo*, São Paulo, v. 33, n. 161, p. 101-114, jul. 2008.

NOTH, Winfried. *Panorama da semiótica*: de Platão a Peirce. 4. ed. São Paulo: Annablume, 2008.

NUNES, Gustavo Henrique Schneider. Precedentes judiciais vinculantes no novo código de processo civil. *Revista dos Tribunais*, São Paulo: Revista dos Tribunais, ano 105, v. 970, p. 77-108, ago. 2016.

OLIVEIRA, Manfredo A. *Reviravolta linguístico-pragmática na filosofia contemporânea*. 4. ed. São Paulo: Loyola, 2015.

PEIRCE, Charles Sanders. *Semiótica*. Tradução de José Teixeira Coelho Neto. 4. ed. São Paulo: Perspectiva, 2010.

PEREIRA, Paula Pessoa. *Legitimidade dos precedentes*: universalidade das decisões do STJ. São Paulo: Revista dos Tribunais, 2014.

PERELMAN, Chaïm. *Juízos de valor, justificação e argumentação*. Trad. Maria Ermantina de Almeida Prado Galvão. São Paulo: Martins Fontes, 2004.

PIGNATARI, Décio. *Semiótica e literatura*. 6. ed. Cotia: Ateliê Editorial, 2004.

PIMENTA, Marcos. *Novas Tecnologias para o Século XXI*. Rio de Janeiro: Academia Brasileira de Ciências, 2016. Disponível em: <http://www.abc.org.br/centenario/?-Novas-Tecnologias-­para-o-Seculo-XXI->. Acesso em: 28 nov. 2016.

PINHEIRO, Guilherme César. Hermenêutica constitucional e o uso do precedente – a fundamentação participada das decisões e o dever de incluir o conteúdo dos precedentes judiciais nos discursos-jurídicos de aplicação das normas. *Revista do Instituto de Hermenêutica Jurídica* – RIHJ, v. 9, n. 9/10, p. 171-188, jan./dez. 2011.

PISCITELLI, Tathiane dos Santos. *Argumentando pelas consequências no direito tributário*. São Paulo: Noeses, 2011.

_____. Teoria da Linguagem nos julgados tributários do Superior Tribunal de Justiça. In: HARET, Florence Cronemberger;

CARNEIRO, Jerson. *Vilém Flusser e juristas*. São Paulo: Noeses, 2009. p. 417-442.

POPPER, Karl Raimund. *Conhecimento objetivo*: uma abordagem evolucionária. Trad. Minton Amato. São Paulo: Universidade de São Paulo, 1972.

POSNER, Richard A. *Para além do direito*. São Paulo: Martins Fontes, 2009.

REIS, Maurício Martins. As súmulas são precedentes judiciais: de como as súmulas devem ser interpretadas como se fossem precedentes de jurisprudência. *Revista de Processo*, v. 39, n. 230, p. 417-437, abr. 2014.

REVISTA DOS TRIBUNAIS. *Código de Processo Civil, Legislação Processual Civil, Constituição Federal*. Obra coletiva. 17. ed. rev., ampl. e atual. São Paulo: Revista dos Tribunais, 2012.

REZENDE, Lucas Teixeira; RICCETTO, Pedro Henrique Arcain. Crise do estado moderno, separação de poderes e stare decisis: os precedentes judiciais no novo código de processo civil. *Revista de Processo*, São Paulo, v. 40, n. 245, p. 15-35, jul. 2015.

RODRIGUES, Walter Piva. O princípio da colegialidade das decisões nos tribunais. *Revista Dialética de Direito Processual*, n. 1, p. 176-178, 2003.

SAINT-EXUPÉRY, Antoine de. *Le petit prince*. France: Gallimard, 1999.

SANTAELLA, Lúcia. A relevância da semiótica para a construção do conhecimento. In: CARVALHO, Paulo de Barros (Coord.); BRITO, Lucas Galvão de (Org.). *Lógica e direito*. São Paulo: Noeses, 2016. p. 77-101.

_____. Contribuições do pragmatismo de Peirce para o avanço do conhecimento. *Revista de Filosofia.*, Curitiba, v. 16, n. 18, p. 75-86, jan./jun. 2004.

_____. *O método anticartesiano de Peirce*. São Paulo: UNESP, 2004.

_____. *O que é semiótica?* São Paulo: Brasiliense, 2006.

_____. *Teoria geral dos signos.* São Paulo: Cortez, 1994.

SANTI, Eurico Marcos Diniz de. *Decadência e prescrição no direito tributário.* 2. ed. São Paulo: Max Limonad, 2001.

SANTOS, Raphael de Souza Almeida. *Por uma teoria da decisão judicial*: a crítica hermenêutica do direito como blindagem ao protagonismo judicial no Brasil. Rio de Janeiro: Lumen Juris, 2016.

SANTOS JÚNIOR, Rosivaldo Toscano dos. *Controle remoto e decisão judicial*: quando se decide sem decidir. Rio de Janeiro: Lumen Juris, 2014.

SARAIVA. *Código 4 em 1 Saraiva*: Civil, Comercial, Processo Civil e Constituição Federal. Obra coletiva com a colaboração de Luiz Roberto Curia, Lívia Céspedes e Fabiana Dias Rocha. 12. ed. São Paulo: Saraiva, 2016.

SEARLE, John R. *Consciência e linguagem.* Trad. Plínio Junqueira Smith. São Paulo: WMF Martins Fontes, 2010.

_____. O que é linguagem: algumas observações preliminares. In: TSOHATZIDIS, Savas L. (Org). *Força, significação e mente*: a filosofia da linguagem de John Searle. São Paulo: Editora UNESP, 2012. p. 17-51.

SIFUENTES, Mônica. *Súmula vinculante*: um estudo sobre o poder normativo dos tribunais. São Paulo: Saraiva, 2005.

SILVA, Luís Virgílio Afonso da. O proporcional e o razoável. *Revista dos Tribunais*, São Paulo: Revista dos Tribunais, ano 91, n. 798, p. 23-50, abr. 2002.

SILVA, Vicente Ferreira da. *Lógica simbólica.* São Paulo: Realizações, 2009.

SILVEIRA, Lauro Frederico Barbosa da. A comunicação de um ponto de vista pragmaticista. *Cognitio* – Revista de Filosofia da PUC-SP, n. II. p. 203-212, 2001.

_____. *Curso de semiótica geral*. São Paulo: Quartier Latin, 2007.

SOARES, Carlos Henrique; VIANA, Antônio Aurélio de Souza. Utilização antidemocrática de precedentes judiciais. *Revista Síntese*: Direito Civil e Processual Civil, v. 12, n. 90, p. 9-26, jul./ago. 2014.

SOARES, Marcos Antônio Striquer. A decisão judicial analisada sob o enfoque da crítica de Charles Sanders Peirce à tradição do cartesianismo. *Revista NEJ* – Eletrônica, v. 17, n. 3, p. 438-455, set./dez. 2012.

SOARES Marcos José Porto. A *ratio decidendi* dos precedentes judiciais. *Revista Brasileira de Direito Processual*, Belo Horizonte, v. 22, n. 85, p. 39-73, jan./mar. 2014.

SOMBRA, Laurenio Leite. *Nas fronteiras de Wittgenstein*: diálogos com o pragmatismo e a hermenêutica filosófica. São Paulo Brasília: UNB; LiberArs, 2012.

SOTELO, José Luiz Vazques. A jurisprudência vinculante na "common law" e na "civil law". In: CALMON FILHO, Petrônio; BELTRAME, Adriana (Orgs.). *Temas Atuais de Direito Processual Iber-Americano*: compêndio de relatórios e confetências apresentadas nas XVI Jornadas Ibero-americanas de Direito Processual. Rio de Janeiro: Revista Forense, 1998.

STEINER, Eva. *Theory and practice of judicial precedent in France*. In: DIDIER JR., Fredie (Coord.). *Precedentes*. Salvador: Juspodivm, 2015.

STRÄTZ, Murilo. O papel dos precedentes judiciais diante da (in)certeza e da (in)segurança jurídica: uma análise argumentativa da jurisprudência dominante. *Revista da AGU*, v. 12, n. 37, p. 307-355, jul./set. 2013.

STRECK, Lenio Luiz. *Hermenêutica em crise*. Porto Alegre: Livraria do Advogado, 1999.

TARUFFO, Michele. Conocimiento científico y estándares de prueba judicial. In: _____. *La prueba, artículos e conferencias*. Santiago del Chile: Metropolitana, 2009. p. 87-122

_____. El processo de "civil law": aspectos fundamentales. In: _____. *La prueba, artículos e conferencias*. Santiago del Chile: Metropolitana, 2009. p. 227-264

_____. Investigación judicial y producción de prueba por las partes. In: _____. *La prueba, artículos e conferencias*. Santiago del Chile: Metropolitana, 2009. p. 73-86

_____. La jurisprudencia entre casuística y uniformidade. *Revista de Derecho da Faculdad de Ciências Jurídicas y Sociales de Universidad Austral*, v. XXVII, n. 2, p. 9-19, 2014.

_____. La verdade em el processo. *Revista derecho y sociedad de Pontifícia Universidad Católica del Perú*, n. 40, p. 239-248, 2013.

_____. Narrativas judiciales. In: _____. *La prueba, artículos e conferencias*. Santiago del Chile: Metropolitana, 2009. p. 123-190

_____. Observações sobre os modelos processuais de civil law e de common law. In: WAMBIER, Luiz Rodrigues; WAMBIER, Teresa Arruda Alvim. *Coleção doutrinas essenciais*: processo civil. V. 9. São Paulo: Revista dos Tribunais, 2011. p. 144-158.

_____. ¿Verdad negociada? *Revista de Derecho da Faculdad de Ciências Jurídicas y Sociales de Universidad Austral*, v. XXI, n. 1, p. 129-151, 2008.

TEIXEIRA, Yuri Guerzet. *Precedentes judiciais*: entre normas e decisões. Curitiba: Juruá, 2015.

THEODORO JÚNIOR, Humberto. *Curso de direito processual civil* – teoria geral do direito processual civil e processo de conhecimento. Rio de Janeiro: Forense, 2010.

TOMÉ, Fabiana Del Padre. *A prova no direito tributário*. São Paulo: Noeses, 2005.

_____. A estrutura lógica das normas jurídicas. In: CARVALHO, Paulo de Barros; BRITO, Lucas Galvão de. *Lógica e direito*. São Paulo: Noeses, 2016. p. 291-311.

TSOHATZIDIS, Savas L. (Org.). *A filosofia da linguagem de John Searle: Força, significação e mente*. Trad. Luiz Henrique de Araújo Dutra. São Paulo: Unesp, 2012.

TUCCI, José Rogério Cruz e. *Precedente judicial como fonte do direito*. São Paulo: Revista dos Tribunais, 2004.

_____. Variações sobre precedentes judiciais vinculantes e persuasivos. In: _____. *O advogado, a jurisprudência e outros temas de processo civil*. São Paulo: Quartier Latin, 2010. p. 67-82.

TURIN, Roti Nielba. *Aulas: introdução ao estudo das linguagens*. São Paulo: Annablume, 2007.

TUSHNET, Mark. Os precedentes judiciais nos Estados Unidos. *Revista de Processo*, São Paulo, v. 38, n. 218, p. 99-109, abr. 2013.

TUZET, Giovanni. Projetural Abduction. *Logic Journal of the IGPL*, v. 14, n. 2, p. 151-160, 2006.

_____. Legal abduction. *Cognitio* – Revista de Filosofia da PUC-SP, v. 6, n. 2, p. 265-284, 2005.

_____. Legal abductions. In: BOURCIER, Daniele (Ed.). *Legal knlowledge and information systems*. Jurix, 2003: The sixteenth annual conference. Amsterdam: IOS Press, 2003, p. 41-50.

UNITED KINGDOM. *UK Public General Acts*. London, UK: The National Archives, 2016. Disponível em: <http://www.legislation.gov.uk/ukpga>. Acesso em: 12 jul. 2016.

UNITED STATES OF AMERICA. Library of Congress. *Search "legislation", "bill-status":"law"*. Washington, DC, US: Library of Congress, 2016. Disponível em: <https://www.congress.gov/search?q={%22source%22:%22legislation%22,%22bill-status%22:%22law%22}>. Acesso em: 14 nov. 2016.

_____. Supreme Court. *Court Rules.* Washington, D.C., US: Supreme Court, 2016. Disponível em: <https://www.supremecourt.gov/ctrules/ctrules.aspx.>. Acesso em: 15 out. 2016.

VILANOVA, Lourival. *Causalidade e relação no direito.* 4. ed. São Paulo: Revista dos Tribunais, 2000.

_____. *Escritos jurídicos e filosóficos.* V. I, II. São Paulo: Axis Mundi; IBET, 2003.

_____. *As estruturas lógicas e o sistema do direito positivo.* 4. ed. São Paulo: Noeses, 2010.

VITA, Jonathan Barros. Os efeitos dos precedentes judiciais e administrativos na interpretação e afetação nas decisões do CARF, à luz do art. 62-A de seu regimento interno. In: HENARES NETO, Halley; LINS, Robson Maia; FROTA, Rodrigo Antonio da Rocha. (Orgs.). *Contencioso tributário administrativo e judicial: estudos em homenagem a José Augusto Delgado.* São Paulo: Noeses, 2013. p. 149-184.

WAMBIER, Teresa Arruda Alvim. Interpretação da lei e de Precedentes - Civil Law e Common Law. In: BITTAR, Eduardo Carlos Bianca; ADEODATO, João Maurício. *Filosofia e Teoria Geral do Direito: homenagem a Tercio Sampaio Ferraz Jr.* São Paulo: Quartier Latin, 2001, p. 1061-1073.

WITTGENSTEIN, Ludwig. *Tractatus logicus philosophicus.* Trad. e apresent. José Arthur Giannotti. São Paulo: Companhia Editora Nacional, 1968.